ACTUELE CRIMINOLOGIE

‘Opdat gij niet, dronken van wijn, woorden krijgt en elkander verwondt,
en zo uw verblijf en vrijerij te schande zult maken.
Want wapens hebben die uitwerking nu eenmaal op mannen!’
Homerus, Odyssee boek XIX, 11-13

Actuele criminologie

Jan van Dijk
Wim Huisman
Paul Nieuwbeerta

Negende, herziene druk

Sdu
Den Haag, 2016

Omslagontwerp: Villa Y, Den Haag
Boekverzorging: LINE UP boek en media, Groningen

ISBN: 978 90 12 39810 7
ISBN eBook: 978 90 12 39811 4
NUR: 824

Voorwoord

De eerste druk van *Actuele criminologie* verscheen in 1990 als coproductie van Jan van Dijk en medewerkers van het Criminologische Instituut van de Universiteit Leiden, in een latere fase aangevuld met Marianne Junger, hoogleraar veiligheidsstudies aan de Universiteit Twente. Thans, ruim vijfentwintig jaar later, verschijnt de negende druk. Jan van Dijk, inmiddels emeritus hoogleraar victimologie aan de Universiteit van Tilburg, voerde ook bij deze druk de eindredactie. Vanaf de voorbereiding van de achtste druk hebben zijn eerdere coauteurs niet meer meegewerkt. Hun plaats is ingenomen door Wim Huisman, hoogleraar criminologie aan de Vrije Universiteit van Amsterdam, en Paul Nieuwbeerta, hoogleraar criminologie aan de Universiteit van Leiden.
In deze negende druk is het cijfermateriaal geactualiseerd. Daarnaast is het vierde hoofdstuk enigszins aangepast.
Wij danken eerdere coauteurs voor hun voortreffelijke bijdragen en de goede samenwerking, en Floortje Jansen van Sdu, Riëtte van Zwol van Line Up en Willem Dercksen voor hun ondersteuning bij de voorbereiding van deze nieuwste druk.
We hopen dat ons boek ook deze keer weer zijn weg naar vele lezers zal weten te vinden.

Jan van Dijk
Wim Huisman
Paul Nieuwbeerta

Inhoud

ROBERT.M
DOODSTRAF!

1 Criminologie: een terreinverkenning

1.1 De opdracht van de criminologie

Het studieonderwerp van de criminologie, misdaad en straf, mag zich verheugen in een brede publieke belangstelling. Dit is niet zo verbazingwekkend, want veel mensen krijgen er zelf regelmatig mee te maken. Jaarlijks wordt ongeveer een op de vijf Nederlanders persoonlijk slachtoffer van veelvoorkomende criminaliteit (Integrale Veiligheidsmonitor, 2012). Twee op de vier Nederlanders kennen iemand in hun naaste omgeving die de afgelopen twaalf maanden slachtoffers is geweest van enigerlei vorm van criminaliteit (Ettema, 2008). Berichten over ernstige misdrijven en rechtszaken tegen zogenoemde 'topcriminelen' zoals Willem Holleeder behoren bovendien tot de meest populaire onderwerpen in de massamedia. Op basis van eigen ervaringen en/of mediaberichten hebben veel burgers een uitgesproken mening over misdaad en straf. Maar hoezeer men ook van het eigen gelijk is overtuigd, de geventileerde meningen zijn verre van eensluidend. Wie in gezelschap het onderwerp 'criminaliteit' aansnijdt, weet zich verzekerd van een levendige discussie.

Veel Nederlanders – wellicht uzelf incluis – zijn ervan overtuigd dat de criminaliteit de laatste jaren is toegenomen. In 2010 was 71 procent van de Nederlanders die mening toegedaan (SCP, 2010). Slecht 5 procent van de Nederlanders meende dat de criminaliteit is gedaald. Het verbaast dan niet dat veel Nederlanders de onveiligheid als een probleem ervaren. Afhankelijk van de precieze vraagstelling voelt ongeveer 20 tot 40 procent van de Nederlanders zich tegenwoordig 'wel eens onveilig'. Het lijkt hierbij overigens meer te gaan om het oordeel dat de Nederlandse samenleving onveilig is dan om bezorgdheid over de veiligheid in de eigen buurt of de persoonlijke veiligheid (SCP, 2010). Onveiligheid wordt in Nederland vooral als een maatschappelijk en niet zozeer als een persoonlijk probleem gezien. Onveiligheidsgevoelens staan verder niet los van politieke voorkeuren. Zulke gevoelens zijn bovengemiddeld sterk bij aanhangers van de PVV en benedengemiddeld bij aanhangers van GroenLinks en D66 (Ettema, 2008). Drie kwart van de Nederlanders was in 2008 van mening dat harder en vaker zou moeten worden opgetreden tegen misdadigers, strenger zou moeten worden gestraft en dat de politie meer bevoegdheden zou moeten krijgen (Ettema, 2008). Ook zouden gevangenen volgens een meerderheid van de bevolking niet langer 'in de watten' moeten worden gelegd (bijvoorbeeld geen tv in hun cel moeten krijgen). De afgelopen twintig jaar lijkt de steun onder de bevolking voor deze zogenoemde harde aanpak iets te zijn toegenomen (vgl. Rood-Pijpers, 1988). Een uitzondering hierop is het percentage voorstanders van herinvoering van de doodstraf. Dat is gedaald van 49 procent in 1987 tot 38 procent in 2008. De harde aanpak vindt vooral steun bij PVV-aanhangers en minder bij die van GroenLinks, D66 en PvdA.

Ongeveer een kwart van de bevolking wijst er in opinieonderzoek op dat de daders van delicten vaak uit disfunctionele gezinnen komen en in de maatschappij weinig kansen hebben gehad. Zij pleiten er daarom voor dat de overheid meer doet aan preventie en hulpverlening bij risicogroepen en aan de resocialisatie van gedetineerden. Dergelijke gevoelens leven niet slechts bij aanhangers van de linkse partijen, maar ook bij aanhangers van het CDA en de ChristenUnie (Ettema, 2008). Ongeacht hun mening over de strafrechtspleging zijn de meeste Nederlanders voorstander van maatregelen ter preventie van criminaliteit in de sfeer van opvoeding en onderwijs (Junger-Tas en Terlouw, 1991). 80 procent van de Nederlanders is van mening dat ouders hun kinderen niet streng genoeg opvoeden. Bijna iedereen vindt ook dat er meer voor de slachtoffers moet worden gedaan.

Bij de meningsverschillen over de aanpak van het criminaliteitsprobleem lopen de emoties vaak hoog op. Het onderwerp 'misdaad en straf' laat bijna niemand onverschillig. Men voelt zich er in hoge mate emotioneel bij betrokken. Dit geldt uiteraard vooral voor zware misdrijven waarbij letsel aan medeburgers is toegebracht. Bij de gedachte aan ernstige misdrijven identificeren de meeste mensen zich automatisch met het slachtoffer. Men stelt zich voor hoe het is om zelf het slachtoffer van zo'n daad te worden. Medeleven met het slachtoffer is een belangrijke impuls voor de hulpverlening aan slachtoffers. Identificatie met het slachtoffer roept vaak in eerste instantie ook gevoelens van huiver en angst op. Vooral als men bepaalde sociale kenmerken gemeen heeft met het slachtoffer, kunnen de angstgevoelens sterk oplopen. Als een plaatselijke krant bijvoorbeeld bericht dat er insluipers zijn gesignaleerd in studentenhuizen of in bejaardenflats, veroorzaakt dat een golf van angstgevoelens onder respectievelijk studenten of bejaarden in de betreffende gemeente. Als de verhalen over waar gebeurde misdrijven niet te dichtbij komen – bijvoorbeeld omdat ze zich in een duidelijk ander milieu afspelen – vormen ze geliefde lectuur. De aantrekkelijkheid van criminele horrorverhalen berust op het aangename gevoel dat men er zelf beter aan toe is dan het slachtoffer (in de psychologie bekend als de zogenoemde 'neerwaartse vergelijking'). Dit mechanisme verklaart de grote populariteit van berichten over sensationele misdrijven en rechtszaken in ochtendbladen, op gespecialiseerde websites en bij reality-tv. Ernstige misdrijven roepen naast gevoelens van angst ook gevoelens van afschuw en woede op. Men is moreel verontwaardigd dat de dader een ander zoiets kan aandoen en kennelijk lak heeft aan elementaire normen van goed en kwaad (zoals respect voor andermans fysieke integriteit). De gevoelens van morele verontwaardiging zijn vooral sterk als het slachtoffer weerloos en onschuldig was zoals kleine kinderen die seksueel zijn misbruikt. Boosheid, gekoppeld aan morele verontwaardiging, leidt vaak tot een roep om vergelding. Men verwacht van de overheid dat deze de dader zijn verdiende loon geeft in de vorm van een forse straf. De wens dat overtreders van essentiële regels worden gestraft, is diep verankerd in het rechtsgevoel van de meeste mensen (Robinson en Darley, 2007). Op deze vergeldingsbehoefte, die overigens niet zonder meer gelijk mag worden gesteld met de behoefte aan wraak, komen we bij de bespreking van de strafrechtstheorieën in hoofdstuk 7 uitvoerig terug.

De door criminaliteit opgewekte emoties kunnen ook een positieve, sociaal opbouwende uitwerking hebben. De beroemde Franse socioloog Durkheim (1858-1917) heeft erop gewezen dat criminaliteit juist door het oproepen van negatieve emoties een positieve sociale functie vervult. Door hun gevoelens van morele verontwaardiging met elkaar te delen, bevestigen de leden van een gemeenschap zichzelf en elkaar in hun normbesef. Iedereen wordt zich er weer eens scherp van bewust waar de normatieve grenzen liggen. Door de dader te veroordelen, bevestigen de groepsleden bovendien hun collectieve besef van morele superioriteit ('wij zouden zoiets nooit doen'). De gezamenlijke afwijzing van de zondaar vergroot aldus de saamhorigheid. Ook het in buurtverband gezamenlijk treffen van maatregelen tegen inbrekers kan, net als gezamenlijke acties na een natuurramp, de groepsband versterken. Zo bezien bewijzen delinquenten met hun regelovertredende gedrag de gemeenschap dus onbedoeld een dienst.
De informele reacties op misdrijven hebben door de erbij loskomende sterke emoties soms de neiging te ontsporen. In beschaafde landen staat de overheid daarom terughoudend tegenover burgerwachten en zeker tegenover burgers die zelf straffen gaan uitdelen aan vermeende daders (het 'plegen van eigenrichting'). Ontsporingen ontstaan des te sneller indien er binnen een bevolkingsgroep diepe frustraties leven en/of de groep zich in zijn voortbestaan bedreigd voelt. De binnen de groep levende agressie wordt dan geprojecteerd op de pleger van het misdrijf die als gevaarlijke outsider de schuld krijgt van alle bestaande problemen. In veel primitieve culturen werden interne sociale spanningen opgeheven door de rituele doding (offering) van een zogenoemde zondebok (Girard, 1982). De binnen de groep levende frustraties werden op de zondebok afgereageerd. Het zondebokmechanisme kan ook in de moderne tijd nog optreden. Denk bijvoorbeeld aan de lynchpartijen van zwarten in de Verenigde Staten in het begin van de vorige eeuw. Het door een volksmeute arresteren en ophangen van zwarten die van een misdrijf werden beschuldigd, kwam volgens historici vooral voor in perioden van grote werkloosheid (Hovland en Sears, 1970). In de huidige tijd kan worden gedacht aan het uitbreken van rassenrellen naar aanleiding van een (echt of vermeend) misdrijf door een allochtone buurtbewoner in wijken met veel sociale spanningen. Misdrijven fungeren dan als katalysator van uitbarstingen van collectieve agressie jegens de groep waartoe de dader wordt gerekend. Op de daders worden gevoelens van woede en onmacht afgereageerd die een maatschappelijke oorzaak hebben die met het gepleegde misdrijf weinig of niets heeft te maken. Het leggen van een relatie tussen etnische minderheden en criminaliteit kan gemakkelijk voedsel geven aan sluimerende gevoelens van vreemdelingenhaat. Omgekeerd kunnen confrontaties tussen de politie en leden van etnische minderheden gemakkelijk escaleren en leiden tot grootschalige gewelddadigheden. In de grote steden van Frankrijk, België en Nederland is dat de afgelopen jaren regelmatig voorgekomen. Hierbij worden opgekropte gevoelens van frustratie en woede die voortkomen uit het gebrek aan maatschappelijk perspectief van de in de desbetreffende wijken wonende adolescenten van Noord-Afrikaanse afkomst op de politie afgereageerd. De politie fungeert hierbij dan als zondebok.

Ernstige misdrijven leiden niet altijd en zeker niet bij iedereen uitsluitend tot gevoelens van angst en van boosheid op de daders. De reacties zijn vaak enigszins tweeslachtig. Gewezen werd reeds op heimelijke gevoelens van leedvermaak ten opzichte van anonieme slachtoffers van gruwelijke misdrijven waarover de media berichten. Misdaadverhalen kunnen ook leiden tot een heimelijke identificatie met de dader(s). Succesvolle criminelen bevredigen hun driften en hartstochten zonder zich te bekommeren om de consequenties voor zichzelf of anderen. De criminele avonturier is als het ware het tegendeel van de oppassende, brave burger. De fascinatie die voor veel mensen uitgaat van georganiseerde criminaliteit, berust deels op (ten dele onbewuste) heldenverering. De film *The Godfather* dankt zijn populariteit mede aan gevoelens van heimelijke bewondering voor de levensstijl van 'de mannen van eer', zoals maffiosi zichzelf graag noemen. In bepaalde kringen in Amsterdam had Holleeder, de voormalige ontvoerder van Heineken, een soort heldenstatus. Jongemannen liepen rond met zwarte T-shirts met zijn naam erop of de tekst 'Free Holleeder'. Inmiddels is duidelijk geworden dat Holleeder één van de gevaarlijkste misdadigers is geweest uit de naoorlogse Nederlandse geschiedenis. Ook sommige rappers danken hun populariteit aan hun criminele, racistische of vrouwvijandige uitingen. De rappers zeggen openlijk waarvan anderen slechts durven te dromen. Bij een deel van de toeschouwers die zich met daders identificeren, roepen zulke gevoelens vervolgens weer schuldgevoelens op. Het eigen geweten staat niet toe dat men zich bewust in positieve zin identificeert met een misdadiger. Dit schuldgevoel leidt op zijn beurt tot een roep om strenge bestraffing van de dader. Door te eisen dat de dader streng wordt gestraft, corrigeert men de eigen, deels onbewuste, criminele impulsen. Door te eisen dat de dader wordt gestraft, roept men, als het ware, de 'crimineel in zichzelf ' tot de orde. Juist degenen die het hardste roepen om een harde bestraffing van de dader van een seksueel misdrijf voelen zich wellicht niet zo zeker over de zuiverheid van hun eigen libidineuze aanvechtingen.

De identificatie met de daders kan ook gevoelens van mededogen oproepen. Dit geldt in het bijzonder voor daders die zijn gearresteerd, veroordeeld en hun straf uitzitten. Bij het beeld van de 'tuchtende', dat wil zeggen de onder zijn straf gebukt gaande gedetineerde, verdwijnt dat van het onschuldige slachtoffer van het door hem gepleegde misdrijf enigszins naar de achtergrond. Dit geldt *a fortiori* voor mensen die tot levenslang of de doodstraf zijn veroordeeld. Particuliere initiatieven om het lot van gedetineerden te verbeteren, komen vaak voort uit bekommernis met deze kwetsbare groepen. Ook de christelijke kerken, met hun nadruk op de plicht tot vergeving, spelen hierbij van oudsher een belangrijke rol. In vrijwilligerswerk vanuit de kerken liggen in Nederland de oorsprongen van het reclasseringswerk.

Bij de ervaring van medelijden met daders worden soms eveneens persoonlijke frustraties op de daders geprojecteerd. Toeschouwers die zichzelf tekortgedaan voelen door de maatschappij, zien de door de politie gearresteerde daders soms als slachtoffers van onrechtvaardige maatschappelijke omstandigheden. De dader staat hierbij symbool voor de underdog. Zulke critici veronderstellen dan vaak ook dat politie en justitie

bepaalde bevolkingsgroepen discrimineren en/of onnodig bruut tegen arrestanten optreden (Rood-Pijpers, 1988). Dergelijke gevoelens van solidariteit met de (gearresteerde) daders kunnen bij de betrokkenen gevoelens van morele verontwaardiging oproepen over het repressieve optreden van de overheid. Politie en justitie worden dan gezien als vertegenwoordigers van de onderdrukkende, totalitaire staat. Ook deze emotionele kettingreactie kan vervolgens leiden tot gevoelens van saamhorigheid en uitingen van collectief geweld. In zijn extreme verschijningsvorm kan dit leiden tot rellen of terroristische aanslagen op politieagenten. Niet de dader van misdrijven, maar de politie fungeert dan als zondebok voor gevoelens van onvrede met de bestaande maatschappelijke situatie. Onder andere in West-Duitsland en in de Verenigde Staten zijn in de jaren zeventig van de twintigste eeuw verschillende aanslagen op politieagenten gepleegd die in die context vaak eveneens als onmensen worden afgeschilderd (bijvoorbeeld als *pigs*).
In figuur 1.1 zijn de verschillende wegen waarlangs de door criminaliteit opgeroepen emoties hun weg vinden en de maatschappelijke reacties op criminaliteit mede bepalen, schematisch weergegeven. Discussies over de strafrechtspleging zijn niet zelden dialogen tussen doven, omdat de gesprekspartners elk vanuit een geheel andere emotionele grondhouding tegen het onderwerp aankijken en alleen openstaan voor argumenten die hiermee in overeenstemming zijn.

Figuur 1.1. Emotionele reactiewijzen op zware misdrijven

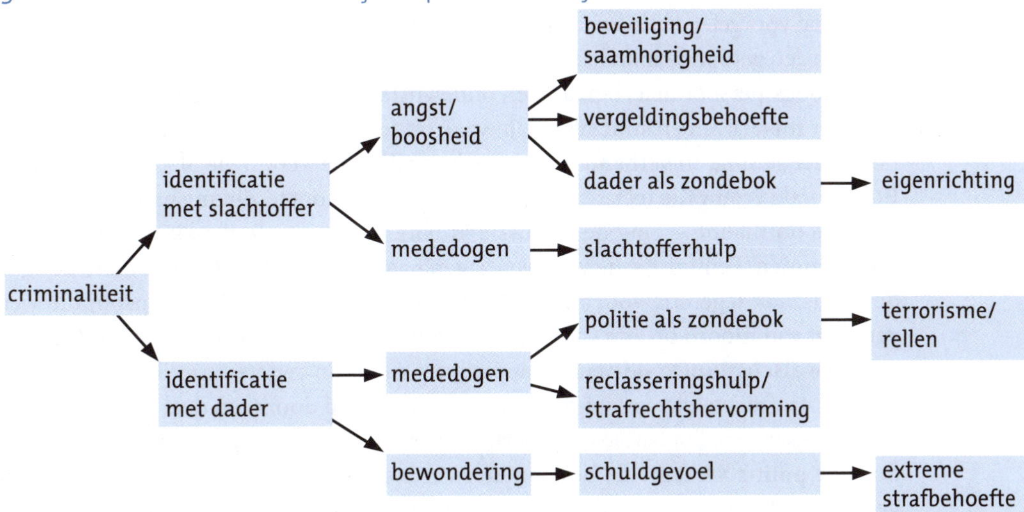

Het koele oog
Misdrijven roepen een explosieve mengelmoes van tegengestelde gevoelens op: mededogen, wraak, heimelijke bewondering, schuld, woede. Misdaadjournalisten proberen met hun artikelen of tv-programma's deze gemengde gevoelens zo effectief mogelijk te

bespelen. Een goed misdaadverhaal biedt de consument zowel mogelijkheden tot griezelen over het lot van het slachtoffer als mogelijkheden tot identificatie met de dader. Een treffend voorbeeld van dit genre is de bestseller van Peter R. de Vries over de ontvoering van de ondernemer Freddie Heineken en zijn chauffeur in 1983 (De Vries, 2006). Hoewel het gedrag van de daders plichtmatig wordt afgekeurd, is er toch vooral begrip voor de moeilijke jeugd van de daders en onverholen bewondering voor hun bravoure en Amsterdamse humor. De advocaat van de verdachten, de heer Max Moszkowicz sr., speelt in het boek een glorierol door met veel juridisch vernuft de verdediging op zich te nemen. De functionarissen van de politie en justitie stapelen fout op fout en nemen het zelf met de regels niet zo nauw. Ze worden afgeschilderd als niet al te snugger en niet recht door zee. Typerend voor het genre is verder dat de angsten en trauma's van de slachtoffers totaal niet serieus voor het voetlicht worden gebracht.
Vanwege de vele identificatiemogelijkheden behoort criminaliteit, zoals gezegd, tot de favoriete lees- en kijkonderwerpen van mediagebruikers. Het spreekt alle leeftijden aan, alle sociale milieus en zowel mannen als vrouwen. Met sport is criminaliteit daarom het favoriete gespreksonderwerp. De populariteit berust slechts zeer ten dele op serieuze belangstelling voor criminaliteit of strafrechtspleging. Het onderwerp 'criminaliteit en straf ' appelleert aan een breed palet van krachtige gevoelens. De opvattingen over het overheidsbeleid met betrekking tot criminaliteit zijn mede hierdoor vaak sterk emotioneel gekleurd en 'kort door de bocht'.
Ernstige misdrijven fungeren als het ware als een permanent door de media aan de bevolking voorgelegde Rorschachtest (de test waarbij de proefpersoon moet zeggen wat hij/zij in een getoonde inktvlek ziet). Iedereen ziet er wat anders in. Iedereen kan er zijn eigen hoogstpersoonlijke, bewuste en onbewuste frustraties op projecteren. In discussies over misdrijven en strafzaken zijn vaak onder de oppervlakte geheel andere kwesties in het geding. In verband met de rechtszaak in de Verenigde Staten tegen Lorena Bobbitt – de vrouw die na jarenlang door haar echtgenoot te zijn mishandeld, hem met een mes ontmande – ging de discussie in feite over de onderdrukking van vrouwen door mannen. Feministische vrouwen zagen haar als een rolmodel. Met betrekking tot de rechtszaak tegen de voormalige *American football*-speler O.J. Simpson, die werd verdacht van moord op zijn (blanke) ex-vrouw Nicole en haar nieuwe vriend, ging de publieke discussie over de maatschappelijke positie van zwarte Amerikanen. De arrestatie en strafrechtelijke vervolging van hun idool werd door (een deel van) de zwarten ervaren als een hedendaagse lynchpartij. De vrijspraak wegens gerezen twijfels over het door de politie verzamelde bewijsmateriaal is in deze kringen als een overwinning gevierd. Delen van de blanke gemeenschap zagen de excessieve media-aandacht, de superprofessionele verdediging en de uiteindelijke vrijspraak door de goeddeels zwarte jury als bewijs dat zwarte sporthelden straffeloos ernstige misdrijven kunnen plegen.
In de zaak Dominique Strauss-Kahn leek het aanvankelijk te gaan om een poging tot verkrachting van een weerloos kamermeisje en daarmee over de seksuele vrijheden die hooggeplaatste (Franse) mannen zich tegenover jonge vrouwen menen te kunnen per-

mitteren. In de Franse media werd de affaire echter gezien als machtsmisbruik door overijverige politiebeambten en officieren van justitie met een eigen politieke agenda. Het is begrijpelijk dat veel mensen zich bij misdrijven en strafzaken emotioneel sterk betrokken voelen en dat op strafrechtszaken soms achterliggende, maatschappelijke conflicten worden geprojecteerd. Om echter te voorkomen dat de officiële reacties op crimineel gedrag al te zeer door emoties worden beheerst, is in alle democratieën de berechting van misdadigers geheel of gedeeltelijk in handen gelegd van onafhankelijke, professionele rechters. In Nederland is al in de negentiende eeuw doelbewust gekozen voor een exclusief professionele strafrechtspleging. Er bestaat in het Nederlandse strafrecht geen juryrechtspraak en er zijn geen lekenrechters. Rechters, noch officieren van justitie of politiechefs worden door de bevolking gekozen. Zowel de strafvonnissen van de rechters als de individuele vervolgingsbeslissingen van de officier van justitie worden zo veel mogelijk buiten de politieke discussie gehouden. Er valt in Nederland in de afgelopen jaren weliswaar een tendens waar te nemen naar meer politieke discussie over vonnissen in individuele strafzaken, maar het beginsel van onafhankelijke rechtspraak staat niet wezenlijk ter discussie.

Ook de criminologie levert een bijdrage aan een evenwichtige en humane reactie op criminaliteit. Voor politiefunctionarissen, officieren van justitie, rechters, reclasseringsambtenaren, advocaten, medewerkers slachtofferzorg en alle andere bij de strafrechtspleging betrokken functionarissen wordt objectieve informatie ter beschikking gesteld over onder andere de achtergronden van crimineel gedrag, de effecten ervan op de slachtoffers en de betekenis van straffen voor daders, slachtoffers en maatschappij. De criminologie probeert over dergelijke emotionele kwesties zo veel mogelijk zakelijke informatie te verzamelen en deze systematisch te ordenen. Zij kan daarom worden beschouwd als het onmisbare koele oog van de strafrechtspleging. De criminologie beoogt tevens een bijdrage te leveren aan een op objectieve kennis gebaseerde publieke discussie over misdaad en straf. Om wat dat laatste betreft alvast een tipje van de sluier op te lichten, volgt hier de nagenoeg unanieme conclusie van criminologen over de ontwikkeling van de veelvoorkomende criminaliteit in Nederland in de afgelopen tien jaar. Zowel de meest voorkomende vormen van vermogenscriminaliteit zoals woninginbraak, autodiefstal en fietsendiefstal, als het aantal gevallen van moord en doodslag zijn in Nederland sinds 2000 fors gedaald. De 71 procent van de Nederlanders die in 2010 het omgekeerde meende, was dus criminologisch slecht geïnformeerd.

Wat is, kortom, de beroepsrol van een criminoloog? Een criminoloog is iemand die zich beroepshalve toelegt op de bestudering van misdaad en straf maar daarbij, net als de rechter, juist wanneer de emoties hoog oplopen, het hoofd koel probeert te houden. Hij of zij streeft bij zijn of haar oordeelsvorming naar een zo groot mogelijke mate van objectiviteit. Pas als alle relevante feiten en argumenten grondig in beschouwing zijn genomen, komt de criminoloog toe aan zijn eigen, al dan niet emotioneel of politiek gekleurde, oordeel.

1.2 Wat is criminologie?

Criminologie als praktijkgerichte wetenschap

Hoewel criminologen vaak zeer uiteenlopende theoretische belangstellingen hebben, zijn zij het over het algemeen eens over de volgende definitie van hun vak:

De criminologie is de wetenschap die zich bezighoudt met de bestudering van de aard en achtergronden van menselijke gedragingen die door de wetgever strafbaar zijn gesteld en van de wijze waarop de overheid en de overige maatschappij daarop reageert (vgl. Kaiser, 1988).

Volgens deze definitie wordt het wetenschappelijk object (de criminaliteit) dus bepaald door de inhoud van de strafwet. De criminoloog bestudeert gedrag dat door de wetgever strafbaar is gesteld. De criminologie als tak van wetenschap is ontstaan in het midden van de negentiende eeuw. In Nederland wordt het vak criminologie inmiddels ruim een eeuw aan de universiteiten gedoceerd. In Nederland werd het vak aanvankelijk aangeboden als een hulpwetenschap van het strafrecht. Zo werd het vak vóór de Tweede Wereldoorlog in Leiden gedoceerd door een van de hoogleraren strafrecht, prof. J.M. van Bemmelen. Het op zijn colleges criminologie gebaseerde leerboek van zijn hand heette *Leerboek der Misdaadkunde.* Het begrip misdaadkunde brengt tot uitdrukking dat het om een praktijkgerichte tak van wetenschap gaat, vergelijkbaar met de bestuurskunde of de milieukunde. Ook de Amsterdamse hoogleraar criminologie W.A. Bonger, benoemd in 1922, zag de criminologie, net als de medische wetenschap, als een praktijkgerichte wetenschap. In zijn woorden: 'De criminologie dient voor alles om de mensheid de weg te wijzen hoe zij de misdaad met goed gevolg bestrijdt en vooral voorkomt' (Bonger, 1932).

Voor deze visie op het vak criminologie is nog steeds veel te zeggen. De meeste criminologen verzamelen wetenschappelijke kennis over criminaliteit met de uitdrukkelijke bedoeling daarmee een bijdrage te kunnen leveren aan een betere, dat wil zeggen effectievere en humanere aanpak ervan. De criminoloog is gericht op het verzamelen van kennis over een bepaald maatschappelijk beleidsveld.

De inhoud van het vak wordt in deze visie niet in de eerste plaats bepaald door unieke theorieën of methoden van onderzoek, maar door zijn onderwerp: de misdaad en de beheersing ervan. Bij de verzameling van deze kennis worden op grote schaal inzichten en methoden toegepast uit andere wetenschappen. Er is binnen de criminologie dan ook sprake van een veelheid van theoretische gezichtspunten van waaruit de misdaad wordt beschouwd. Zo kunnen tegenwoordig onder andere economische, sociologische, (sociaal)psychologische en biosociale richtingen binnen de criminologiebeoefening worden onderscheiden. Omgekeerd leveren criminologen een bijdrage aan de toetsing van theorieën van andere disciplines op het gebied van misdaad en straf. De criminologie kan worden gezien als een ontmoetingsplaats van beoefenaren van verschillende wetenschappelijke disciplines.

What's in a name?

Het begrip misdaadkunde moge goed tot uitdrukking brengen dat de criminologie een praktijkgerichte tak van wetenschap is, maar is toch in onbruik geraakt. De te bestuderen gedragingen worden tegenwoordig niet aangeduid als misdaad of misdadig gedrag, maar met de begrippen delinquentie, criminaliteit of crimineel gedrag. Er wordt tegenwoordig in de alledaagse Nederlandse taal in het algemeen niet meer van misdadiger gesproken maar van crimineel of delinquent. Men hanteert deze nieuwe woorden omdat men de oorspronkelijke termen misdaad en misdadiger te hard en te veroordelend vindt klinken. Iemand die wordt veroordeeld wegens winkeldiefstal, zwartrijden of rijden onder invloed van alcohol wordt niet meer als misdadiger gezien. Het begrip misdaad is nog wel courant in de samenstelling georganiseerde misdaad. Hierbij gaat het om dermate ernstige misdrijven dat men het kennelijk niet pijnlijk vindt de ouderwetse term misdaad te hanteren. De leidende figuren worden overigens meestal niet als misdadigers aangeduid maar als supercrimineel of topcrimineel.

In de jaren zeventig van de vorige eeuw werd het begrip misdaad aanvankelijk vervangen door het wat zachtere begrip delinquentie (letterlijk: iemand die in de fout is gegaan). Men sprak niet meer van misdadigers maar van delinquenten. In plaats van misdadigers of criminelen werd gesproken van delinquenten. Het *Tijdschrift voor Strafrecht* werd in 1970 omgedoopt tot het nog steeds onder die naam bestaande tijdschrift *Delikt en Delinkwent*. Zogenoemde kritische criminologen vonden ook het begrip delinquentie nog te veroordelend. Door hen werd in die periode bij voorkeur gesproken van afwijkend of deviant gedrag in plaats van criminaliteit of delinquentie. Daders van misdrijven werden bij voorkeur wetsovertreders genoemd.

Inmiddels wordt het begrip afwijkend gedrag zelden nog gehanteerd en is ook het begrip delinquent weer enigszins op zijn retour. Sinds de jaren negentig van de vorige eeuw wordt weer vaker gesproken over jeugdcriminaliteit in plaats van over jeugddelinquentie, zoals daarvoor gebruikelijk was. In 1994 werd bijvoorbeeld een commissie ingesteld die de overheid moest adviseren over de aanpak van jeugdcriminaliteit (Van Montfrans, 1994). Kort voordien zou men zo'n commissie de commissie jeugddelinquentie hebben genoemd of commissie problematisch gedrag jongeren. De laatste jaren is zelfs de aloude term jeugdmisdaad weer courant aan het worden. Ook worden nieuwe, hard klinkende termen gehanteerd als straatterroristen. Deze verschuiving in woordkeuze hangt samen met de grotere ernst van de tegenwoordig door de jeugdrechters behandelde zaken, maar stellig ook met de eerder genoemde verharding van de publieke opinie over misdaad en straf.

Men ziet dat reeds de aanduiding van het studieobject van de criminologie politiek zeer gevoelig ligt en daarom nauw luistert. Door het gebruik van een bepaalde aanduiding geeft men al aan welke ideologische opvattingen men over het onderwerp misdaad en straf koestert. Tussen degene die spreekt over straatterroristen en degene die het heeft over jongeren met multiprobleemgedrag bestaat een wereld van politiek-ideologisch verschil. In dit boek gebruiken we de termen misdaad/misdadiger, delinquentie/delinquent en criminaliteit/crimineel als equivalenten van elkaar.

De relativiteit van het begrip criminaliteit

De aard van het strafbaar gestelde gedrag, dat wil zeggen wat onder criminaliteit wordt verstaan, wordt bepaald door de wetgever en dit zal dus van tijd tot tijd en van land tot land enigszins verschillen. Het behoeft geen betoog dat door de eeuwen heen steeds andere gedragingen onder de werking van het strafrecht zijn gebracht. In het Romeinse recht werden slechts enkele gedragingen, zoals godslastering en landverraad, als misdrijven gezien. In de middeleeuwen bestond er in Europa al een keur aan vermogensdelicten en agressieve delicten. Strafbaarstellingen op seksueel gebied waren er echter slechts in heel beperkte mate. Het Nederlandse Wetboek van Strafrecht, dat dateert van 1886, was aanvankelijk terughoudend om gedrag strafbaar te stellen dat geen concreet letsel of schade toebracht aan medeburgers. Onder politieke druk van christelijke partijen werd later het plegen van overspel toch als klachtdelict opgenomen. In het begin van de twintigste eeuw zijn onder invloed van het toen heersende puritanisme verschillende andere onzedelijk geachte gedragingen alsnog strafbaar gesteld. Het plegen van overspel, het produceren of het verkopen van pornografie of voorbehoedsmiddelen, het uitvoeren van een *abortus provocatus* en homoseksualiteit met een minderjarige werden strafbare gedragingen. Dergelijke gedragingen werden dus als crimineel bestempeld en de plegers ervan als criminelen of delinquenten. In leerboeken criminologie werd op deze onderwerpen uitvoerig ingegaan. Deze gedragingen zijn inmiddels weer uit het Wetboek van Strafrecht geschrapt. De geleidelijke opschoning van het wetboek wat betreft negentiende-eeuwse puriteinse elementen gaat nog steeds door. Zo is in 1999 het bordeelverbod opgeheven. De Nederlandse wetgever veronderstelt dat de problemen rond prostitutie en vrouwenhandel beter met bestuurlijke dan met strafrechtelijke middelen kunnen worden aangepakt.

Er verdwijnen niet slechts strafbepalingen, maar er worden ook steeds nieuwe strafbepalingen aan het Wetboek van Strafrecht of andere bijzondere wetten toegevoegd om bepaalde maatschappelijke belangen of belangen van burgers beter te beschermen. In dit verband kunnen allereerst verschillende milieuwetten worden genoemd die sinds 1950 tot stand zijn gekomen, zoals de Wet verontreiniging zeewater, de Wet inzake de luchtverontreiniging en de Wet chemische afvalstoffen. Sinds 1993 is het binnendringen in andermans (beveiligde) computerbestanden strafbaar. Ook zijn er nieuwe strafbepalingen gekomen met betrekking tot seksueel gedrag. In 1991 is, onder invloed van de vrouwenemancipatie, verkrachting binnen het huwelijk strafbaar gesteld. De strafbaarstelling van de productie van kinderporno is eveneens aangescherpt. In enkele gemeenten is verder zowel van het tippelen door prostituees als van het zoekgedrag van prostituanten een gemeentelijke overtreding gemaakt. De regering onderzoekt thans of het afnemen van seksuele diensten van kennelijke slachtoffers van mensenhandel strafbaar kan worden gesteld.

Nieuwe strafbepalingen zijn tegenwoordig vaak gebaseerd op internationale verdragen. Zo is het witwassen, dat wil zeggen het schijnbaar legaal maken van door criminaliteit verkregen gelden, in vrijwel de gehele wereld strafbaar onder invloed van verdragen van de Verenigde Naties. Het betalen van smeergeld of steekpenningen door bedrijven aan politici en ambtenaren werd tot voor kort vooral in ontwikkelingslanden als normaal zakelijk gedrag beschouwd. Dergelijk gedrag wordt nu, mede onder invloed van het VN-verdrag tegen corruptie, in vrijwel alle landen ter wereld als strafbaar gedrag aangemerkt. Sinds kort is in Nederland ook de uitbuiting van gastarbeiders in naaiateliers of kassen strafbaar als een vorm van mensenhandel.

Het strafrecht is voortdurend in beweging. Criminologen spreken bij de invoering van nieuwe wettelijke bepalingen waarop strafsancties zijn gesteld over *criminalisering* en bij het schrappen van bestaande strafbepalingen van *decriminalisering.*

De inhoud van de strafwet verschilt niet alleen per tijdperk, maar ook per land. De wetgeving ten aanzien van het gebruik van drugs is hiervan een actueel voorbeeld. In Nederland, in enkele staten van de Verenigde Staten en in sommige Duitse deelstaten is het bezit van een kleine hoeveelheid softdrugs geen misdrijf meer, maar een overtreding. In veel andere westerse landen is dat echter nog wel degelijk een misdrijf en wordt door de wetgever geen verschil gemaakt tussen softdrugs en harddrugs. In Zweden en Noorwegen, en sinds kort ook in Frankrijk, is het bezoeken van een prostituee onder alle omstandigheden een strafbaar feit waarvoor een geldboete kan worden opgelegd. In Nederland en Duitsland is dit niet het geval en is de wetgeving met betrekking tot het uitbaten van bordelen enkele jaren geleden juist versoepeld.

De consequentie van dergelijke verschillen in wetgeving is dat het wetenschappelijke object van de criminoloog tot op zekere hoogte zowel tijd- als plaatsgebonden is. Het exacte studieobject van de criminologie is voortdurend aan veranderingen onderhevig. Door de relativiteit van het criminaliteitsbegrip moet zowel bij historische als internationaal-vergelijkende criminologische onderzoeken de nodige voorzichtigheid worden betracht. Het lijkt bijvoorbeeld op zichzelf interessant internationaal onderzoek te doen naar de maatschappelijke en psychische kenmerken van drugscriminelen. Indien men daarbij afgaat op veroordeelde drugsgebruikers, dient wel te worden bedacht dat onder de veroordeelde drugsgebruikers in Frankrijk of Zweden personen zitten die zijn veroordeeld wegens het incidenteel roken of in bezit hebben van cannabis. In Nederland zullen in zo'n onderzoeksgroep vooral problematische heroïne- of cocaïneverslaafden voorkomen. Vermoedelijk zal uit het onderzoek blijken dat de Nederlandse drugsgebruikers er in sommige opzichten slechter aan toe zijn dan de Franse of de Zweedse. Aan deze conclusie mag echter niet veel waarde worden toegekend. In feite zijn immers appels en peren met elkaar vergeleken, namelijk Nederlandse zwaar verslaafden die met criminaliteit in hun onderhoud voorzien met Franse of Zweedse gelegenheidsrokers van cannabis. De categorie 'drugscrimineel' is ongeschikt voor vergelijkend internationaal of historisch onderzoek omdat de betekenis ervan per land en tijd verschilt.

1.3 De geschiedenis van de criminologie

Voor een goed begrip van de hedendaagse criminologie is enig inzicht in de geschiedenis van het vakgebied onontbeerlijk. We kunnen dan beter begrijpen waarom bepaalde opvattingen en thema's in de criminologie actueel zijn. Ook kunnen we dan herkennen wanneer ogenschijnlijk nieuwe ideeën al eerder in de geschiedenis naar voren zijn gebracht en daarvan leren. Zoals bijvoorbeeld het idee dat we door hard straffen (potentiële) daders van crimineel gedrag kunnen afhouden. Inzicht in de geschiedenis van de criminologie zal ook leiden tot een beter begrip van de concepten, thema's en theorieën die in de rest van dit studieboek zullen worden gepresenteerd.

Een lastige vraag is waar men de geschiedenis van de criminologie moet laten beginnen. De criminologie heeft geen oprichtingsakte. Zoals hieronder wordt uitgelegd, bestaat de criminologie als wetenschappelijke discipline pas zo'n 150 jaar. Opvattingen en geschriften over misdaad en straf gaan echter veel verder terug in de tijd. Je zou kunnen zeggen dat het denken over misdaad en straf zou oud is als de menselijke beschaving. De geschiedenis van het denken over misdaad voor het ontstaan van de criminologie als wetenschappelijke discipline is echter geen geschiedenis van de criminologie. Wanneer met de bril van de hedendaagse criminologie wordt teruggekeken, kan het lijken alsof bepaalde hedendaagse ideeën rechtstreeks afstammen van stromingen in het verleden, maar wanneer we die zo voorstellen worden ze uit het verband van hun tijd gerukt. De criminologie is een wetenschappelijke discipline waarin met wetenschappelijke waarnemingen onderzoek wordt gedaan en waarin op basis daarvan theorieën worden geformuleerd én op hun houdbaarheid worden getoetst door verder wetenschappelijk onderzoek. Veel van het oude denken over misdaad en straf voldoet niet aan deze definitie (Emsley, 2007). Dat wil niet zeggen dat het oude denken niet het bestuderen waard is. Het vormt de wortels van het moderne strafrecht en de actuele criminologie.

Van de klassieke oudheid tot de middeleeuwen

Een van de oudste bekende geschriften over misdaad en straf betreft de wetten die in circa 1750 voor Christus werden opgesteld door koning Hammurabi van Mesopotamië. Deze Codex Hammurabi bevat naast regels over familierecht en handel ook bepalingen over onder andere diefstal, heling, moord en geweldpleging. Op deze overtredingen stonden draconische straffen. In de Codex stonden tevens bepalingen over de schadevergoeding aan het slachtoffer. Indien de dader niet kon worden gevonden, was de gemeente waarin het misdrijf was gepleegd verplicht de schade te vergoeden. Hammurabi schreef de Codex naar eigen zeggen om de goden te behagen. Een godsdienstige rechtvaardiging voor straffen zullen we nog in de hele geschiedenis tegenkomen. Waarschijnlijk was Hammurabi niet uniek: archeologen hebben *zijn* wetten gevonden, maar er waren er in het oude Midden-Oosten vele volken met soortgelijke wetten.

Denken over misdaad en straf vinden we ook terug bij de oude Grieken. In zijn invloedrijke geschrift *De Staat* (geschreven omstreeks 380 voor Christus) maakte de filosoof Plato een onderscheid tussen drie soorten mensen op basis van hun 'zielsdeel'. De hoogste klasse zijn de wijsgeren. De laagste klasse mensen wordt volgens Plato gedreven door begeerte en genot. Een volgens Plato verwerpelijke staatsvorm is de democratie, omdat die wordt bestuurd door dit soort mensen, die hij aanduidt als 'darren' (bijen). Hij maakt daarbij een onderscheid tussen darren met angels (criminelen) en darren zonder angels (bedelaars).

Zoals bekend heeft de oude Griekse cultuur een sterke invloed gehad op de cultuur van het Romeinse rijk. Dit rijk omvatte het grootse deel van Europa en het Middellandse Zeegebied tussen circa de tweede eeuw voor Christus tot de vijfde eeuw na Christus. Het huidige recht in de Europese landen (en daarmee in alle landen van de wereld waarnaar Europees recht door onder andere kolonialisme is geëxporteerd) is in belangrijke mate gebaseerd op het oude Romeinse recht. Woorden die we in het hedendaagse strafrecht en de criminologie gebruiken, hebben ook hun oorsprong in het Romeinse recht, zoals criminaliteit, delict, en ook bijvoorbeeld fraude (Feenstra, 1984). Toch is het belangrijk te realiseren dat het Romeinse strafrecht was beperkt tot misdrijven tegen de staat of de openbare orde zoals landverraad en godslastering. Zaken die tegenwoordig onder het strafrecht vallen, zoals diefstal of mishandeling, werden in het Romeinse recht gezien als conflicten tussen burgers, waarbij het recht geen interventie van de overheid voorschreef, maar een regeling bood voor conflictoplossing en schadevergoeding. Het was de taak van de familieoudsten om conflicten met andere families te beslechten. Het Romeinse recht sluit daarmee aan bij het herstelrecht als alternatief voor het hedendaagse strafrecht, zoals dat in hoofdstuk 8 wordt behandeld.

Na het uiteenvallen van het Romeinse rijk in de vijfde eeuw bleef men in de gebieden die tot het Romeinse rijk hadden behoord het Romeinse recht gebruiken en verder ontwikkelen. Daarbij werden inheemse gebruiken en rechtsregels geïncorporeerd. Net als de Romeinen kenden de Germanen een rechtsstelsel dat vooral was gericht op het oplossen van conflicten tussen stammen of leden van een stam, bijvoorbeeld door schadevergoeding (zoengeld). Op het zich onttrekken aan of het overtreden van deze conflictoplossing door bijvoorbeeld opnieuw geweld te plegen, stonden zware straffen omdat daardoor de 'vrede' werd verstoord. Het Germaanse leenstelsel werd door keizer Karel de Grote ontwikkeld tot het feodale stelsel dat hij gebruikte om zijn grote rijk te besturen. Daarbij stelde hij leenmannen aan die delen van het gebied voor hem bestuurden. Deze konden delen weer laten beheren door vazallen, waaruit in de late middeleeuwen de hogere en lagere adel ontstond. In de loop der tijd verschoof daarbij het machtsevenwicht van de vorst naar lokale leenheren, zoals hertogen en graven. Zij begonnen hun leen en alles wat daartoe behoorde als hun privé-eigendom te beschouwen, inclusief onroerende en roerende zaken en bewoners (horigen). Criminele gedragingen zoals diefstal en geweld werden minder beschouwd als onrechtmatige daden jegens medeburgers en meer beschouwd als inbreuken op de rechten van de leenheer en werden om die reden bestraft. Er ontstond daarmee ook een verschuiving in de rechtvaardiging van het bestraffen van misdaad. Deze werd traditioneel ingegeven door de solidariteit met het slachtoffer en van daaruit de behoefte aan vergelding. Juridische en religieuze hervormers streefden vanaf het eind van de middeleeuwen naar een rechtvaardiging van het strafrecht die gebaseerd was op de autoriteiten die ze vertegenwoordigden. In dit model waren de belangrijkste partijen die werden geschaad door een misdrijf niet langer het slachtoffer en zijn of haar familie, maar de wettige vorst en God zelf (Harrington, 2012). In de middeleeuwen en ook daarna werd crimineel gedrag niet gezien als een conflict tussen burgers, maar als manifestatie van 'het kwade' en de zondige mens die in ons allen zit.

Op het Europese continent verschoof het strafproces van een accusatoir naar een inquisitoir systeem. In een accusatoir systeem worden misdrijven beschouwd als particuliere aangelegenheden waarvan de oplossing door overheidsbemiddeling tot stand komt. In een inquisitoir systeem worden misdrijven gezien als schendingen van het vorstelijke vredesgebod waartegen dus de overheid met inzet van alle middelen dient op te treden. Dit inquisitoire systeem, inclusief de mogelijkheid tot toepassing van marteling voor bewijsvergaring, is neergelegd in de eerste publicatie over misdaad en straf in de Nederlanden: *Practycke ende handbouck in criminele zaeken* uit 1555 (Fijnaut, 2014).

Van de Renaissance naar de Verlichting

In de Renaissance ontstond niet alleen een hernieuwde belangstelling voor kunst en cultuur uit de klassieke oudheid, maar kwamen vanuit het humanistisch denken ook nieuwe denkbeelden over misdaad en straf op. In het humanisme was levensbeschouwing niet langer gebaseerd op het goddelijke en wat de kerk daarover voorschreef, maar op de ratio en universele waarden zoals menselijke waardigheid. De bekendste Nederlandse denker op dit terrein is Coornhert die in 1567 *Boeventucht, ofte middelen tot mindering der schadelyke ledighghanghers* schreef. Hierin schreef hij over wat volgens hem oorzaken van criminaliteit waren en deed hij aanbevelingen voor een effectievere bestrijding van criminaliteit. Volgens Fijnaut is dit 'het eerste Nederlandstalige criminologische traktaat *avant la lettre*' (Fijnaut, 2014).

Coornhert maakte zich zorgen over het hoge niveau van criminaliteit dat hij in zijn samenleving waarnam. Naar zijn idee nam het aantal 'rabauwen' en 'schadelijk leeglopers' toe door de lage pakkans en de geringe afschrikking door de doodstraf. Hij pleitte voor een 'straffe bitterder wesende dan die dood zelve'. Volgens Coornhert was de doodstraf niet afschrikwekkend genoeg omdat een ellendig voortleven altijd nog minder aangenaam is dan een snelle dood. Daarom deed hij een pleidooi voor werkstraffen die nog afschrikwekkender zijn, en ontwikkelde hij een voorstel voor dwangarbeid op roeischepen die het openbaar vervoer tussen de Hollandse steden zouden kunnen vormen. Naast afschrikking van potentiële misdrijfplegers was het doel van straffen het nuttig gebruikmaken van wetsovertreders.

Revolutionair voor zijn tijd was ook dat Coornhert pleitte voor de bouw van gevangenissen om misdrijfplegers tijdens detentie een ambacht te leren en nuttig werk te laten doen in plaats van ze ter dood te brengen of lijfstraffen uit te delen. Hoewel hij er zelf niet direct bij betrokken was, wordt algemeen aangenomen dat denkbeelden zoals die van Coornhert ertoe hebben geleid dat in 1596 de eerste gevangenis in Europa werd geopend. In dit rasphuis in Amsterdam, een 'Huis ter kasteiding van kwaaddoeners', moest de zware arbeid van het raspen van hardhout voor verfproductie landlopers en misdadigers weer op het rechte pad brengen. De poort van dit rapshuis is nog zichtbaar bij de ingang van winkelcentrum De Kalvertoren aan de Heiligeweg. Later is ook het 'spinhuis' geopend voor delinquente vrouwen.

De klassieke school

Aan het einde van de zeventiende eeuw ontstond een culturele stroming en intellectuele beweging die is aangeduid als de 'Verlichting'. Nog sterker dan in de Renaissance ontstond het idee dat de mens in staat is door de rede – het gezond menselijk verstand – de wereld te begrijpen en te vormen. De propagandisten van de Verlichting bestreden (bij)geloof, misbruik van recht in kerk en staat en intolerantie omdat die wilsvrijheid aan banden leggen en inbreuk maken op de menselijke waardigheid. Verlicht denken had ook betrekking op misdaad en strafrecht. Verlichters wilden de absolute macht van de vorst aan banden leggen, rechtelijke willekeur voorkomen en wrede – onbeschaafde – straffen uitbannen. Verlichters hadden een voluntaristisch mensbeeld en zagen de mens als *homo economicus*: een op grond van de vrije wilsbeschikking – de ratio – handelende mens die voor- en nadelen van gedragsalternatieven afweegt.
De meest invloedrijke uitdrager van deze verlichte ideeën over misdaad en straf is Cesare Beccaria, een Italiaanse filosoof die in 1764 het zeer invloedrijke manifest *Dei delitti e delle pene* ('Over misdaad en straf') publiceerde. Beccaria was een volgeling van een belangrijke Franse verlichtingsdenker, Jean-Jacques Rousseau, volgens wie wetten een maximaal geluk voor een maximaal aantal mensen dienen te bewerkstelligen. Volgens Rousseau berust de rechtsmacht van de staat op een maatschappelijk contract dat de burgers vrijwillig zijn aangegaan. Criminaliteit was volgens Beccaria een overtreding van dat contract en zou ook alleen in de mate van de inbreuk op het contract moeten worden bestraft, het zogenoemde proportionaliteitsbeginsel. Bovendien was wreed en overmatig zwaar straffen in strijd met het utilitaristische principe: er zou daardoor minder geluk zijn. Daarmee verzette Beccaria zich ook tegen het in zijn ogen barbaarse inquisitoire strafproces waarin marteling werd toegepast. Het idee van utilitarisme noodzaakte echter wel straf, want zonder straf zou misdaad te aantrekkelijk zijn voor velen. Strafzekerheid was dus belangrijk, maar dan wel op maat (gelijkheidsbeginsel), op basis van duidelijke wetten (legaliteitsbeginsel) en niet willekeurig! Het werk van Beccaria was zeer invloedrijk en kende ook verschillende Nederlandse navolgers (Fijnaut, 2009). Het legaliteitsbeginsel, gelijkheidsbeginsel en proportionaliteitsbeginsel zijn nog steeds de pijlers van ons strafrechtsysteem.

De positivistische school

De beginselen van Beccaria staan tegenwoordig bekend als de klassieke strafrechtsfilosofie. De term 'klassieke school' is echter pas later pas bedacht door aanhangers van

alternatieve opvattingen. De negentiende eeuw kenmerkte zich door een sterke ontwikkeling in technologie en wetenschap, waaronder de sociale wetenschappen en de statistiek. Dit leidde tot een ander mensbeeld waarin het idee van de rationeel handelende mens op basis van nieuwe wetenschappelijke inzichten werd bestreden als fictie. In plaats van door de geesteswetenschappen werd het denken over misdaad en straf sterk beïnvloed door de natuurwetenschappen. Dit leidde tot een deterministisch mensbeeld: de vrijheid van handelen van de mensen wordt sterk beperkt door mogelijkheden en omstandigheden. Menselijk gedrag wordt bepaald door factoren waarop die mens zelf weinig invloed heeft. Dus is ook criminaliteit gedetermineerd gedrag.
Deze stroming is – ook weer later – 'positief ' of 'positivistisch' genoemd; niet omdat dit nu zo'n optimistisch of blij mensbeeld was, maar omdat men dacht dat menselijk gedrag met de methoden van de natuurwetenschappen bestudeerd kon en moest worden. Het woord positief wordt hier gebruikt in de zin van gebaseerd op waarnemingen; dit in tegenstelling tot het wijsgerige en sterk normatieve karakter van de ideeën waarop de klassieke school was gebaseerd. De positivistische school had een empirische ideaal: dat de werkelijkheid door wetenschappelijk onderzoek valt waar te nemen en te verklaren. Positivisten probeerden op basis van observatie, meting en inductief redeneren de oorzaken van misdaad vast te stellen. Positivisten bestreden daarom het verlichte idee van gelijk straffen, omdat dit verschillen tussen daders veronachtzaamt. Het gevangenzetten van misdadigers zou niet gericht moeten zijn op leedtoevoeging, maar op behandelen en het voorkomen van herhaling.

De Italiaanse antropologieschool

Antropologie is de studie van de mens. Deze stroming zocht de oorzaken van crimineel gedrag in de mens zelf en was sterk beïnvloed door de medische wetenschap. Door systematische observatie probeerde men de medische factoren te vinden die crimineel gedrag veroorzaken. Men was dus op zoek naar de 'criminele mens'. De belangrijkste naam die verbonden is met deze stroming is die van de Italiaan Cesare Lombroso. Lombroso was een gevangenisarts die rond 1870 de uiterlijke kenmerken van zijn patiënten systematisch ging observeren en registreren. Dit noemde hij de positivistische methode (*Scuola Positiva*). Op basis van onderzoek van circa 3.800 gevangenen en 383 schedels van gestorven misdadigers meende hij de uiterlijke kenmerken van criminelen te kunnen herkennen: onder andere een laag voorhoofd, brede kaken, zware wenkbrauwen, grote oren en weinig lichaamsbeharing.
Hij publiceerde daarover in 1876 het boek *L'uomo delinquente*('De criminele mens'). Lombroso beweerde dat criminaliteit zijn oorsprong vindt in het feit dat de criminele mens achter is gebleven in het evolutieproces – hij noemt dit atavisme – en biologisch gedetermineerd is om delicten te plegen. Criminelen zijn vanuit biologisch perspectief een soort halfmensen, een overblijfsel – of misbaksel – in de evolutie. Criminelen hadden de eigenschappen van 'wilden'. Lombroso's sterk door Darwins evolutietheorie geïnspireerde benadering werd aanvankelijk de 'criminele antropologie' genoemd.

Internationaal kreeg de antropologieschool een stormachtig onthaal dat leidde tot genootschappen, congressen en tijdschriften. Lombroso is ook buiten de academische wereld een bekende figuur geworden; hij figureert zelfs in romans van Lev Tolstoj en Bram Stoker. Ook bij beleidsmakers was de stroming populair: het verleende respectabiliteit aan zekere burgerlijke vooroordelen over 'geboren misdadigers'. Tevens bood het nieuwe, sterk uitgebreide gevangenissysteem uitstekende gelegenheden tot onderzoek onder gedetineerde criminelen. Ook in Nederland was het gedachtegoed van Lombroso en de Italiaanse antropologieschool populair. In 1896 werd een navolgeling, Arnold Aletrino, aan de Universiteit van Amsterdam aangesteld als de eerste Nederlandse 'privaatdocent' in de criminele antropologie. Hij vergeleek de schedelinhoud van onder meer geneesheren, politieofficieren en brandweerlieden met die van moordenaars (Aletrino, 1902). De uitkomsten van deze studie zijn weergeven in Tabel 1.1.
In de loop van de twintigste eeuw is het gedachtegoed van Lombroso en de Italiaanse antropologieschool in diskrediet geraakt. De statistische methoden van de school waren primitief: er werden bijvoorbeeld geen controlegroepen in het onderzoek betrokken van mensen met dezelfde uiterlijke kenmerken die niet in de gevangenis zaten. Aan de vage theorie van 'atavisme' konden geen duidelijke hypothesen worden ontleend en deze werd door biologen bovendien als onzin bestempeld. Omdat Lombroso in beginsel als een der eersten wetenschappelijke onderzoeksmethoden toepaste, wordt hij desalniettemin beschouwd als een van de grondleggers van de criminologie.
De stroming is echter vooral in diskrediet gekomen door de ontwikkelingen in nazi-Duitsland. In de context van de nazificering van Duitsland vanaf de jaren twintig werd het gedachtegoed van de criminele antropologie doorontwikkeld tot de *Kriminalbiologie*. De gedachte dat bepaalde soorten mensen gedetermineerd zijn tot bepaalde soorten crimineel gedrag en ook op uiterlijkheden herkenbaar zijn, paste goed in de officiële rassenideologie van de nazi's. In de Tweede Wereldoorlog heeft deze ideologie geleid heeft tot wat wel genoemd wordt de grootste misdaad aller tijden: de Holocaust/Shoah. Meer dan 6 miljoen mensen zijn vermoord vanwege hun (vermeende) biologische oorsprong en de daarbij behorende uiterlijke kenmerken.
Door het nazisme was onderzoek naar biologische oorzaken besmet geraakt en decennialang taboe in de criminologie. Dat werd duidelijk toen begin jaren tachtig van de twintigste eeuw de Leidse hoogleraar criminologie Buikhuisen onderzoek wilde doen naar biologische factoren zoals angstgevoeligheid, én hun wisselwerking met sociale oorzaken van crimineel gedrag. Buikhuisens werk werd verketterd door collega's en de media en hij werd beschimpt als fascist en 'de nieuwe Lombroso'. Hij zag zich genoodzaakt zijn ambt neer te leggen. Door ontwikkelingen in de medische wetenschap is onderzoek naar biologische factoren die samenhangen met crimineel – in het bijzonder gewelddadig – gedrag niet langer taboe. Het geniet bij het grote publiek zelfs veel belangstelling, getuige de populariteit van populairwetenschappelijke boeken op dit terrein.

Tabel 1.1. Meetresultaten van A. Aletrino ter toetsing van Lombroso's theorie over de geboren misdadiger

Bron: A. Aletrino, geciteerd in Bonger, 1932

Maten	Winkler	Dek-natel	Aletrino					Berends			Winkler
	50 genees-heren	50 solda-ten	50 insp. van politie	50 brig. van politie	50 agenten van politie	50 journalis-ten	50 brand-wachts	50 paranoia-lijders	50 epileptici	50 imbecie-len	50 moorde-naars
Horizontale omtrek	570,74	561,76	563,62	552,64	557,20	560,36	550,64	550,64	554,86	548,32	561,82
Linea binauricularis	128,10	127,30	139,46	135,70	135,48	135,40	134,56	129,68	128,98	127,88	128,23
Gr. voorhoofdsbr.	141,00	139,16	144,54	142,26	138,84	141,56	140,32	134,20	136,32	133,74	135,51
Kl. voorhoofdsbr.	110,24	111,24	110,88	110,10	111,62	109,92	109,84	107,46	106,54	105,88	108,82
Gr. lin.bizygom.	140,20	138,12	142,14	138,84	139,90	135,88	140,18	140,16	139,08	138,00	140,24
Kl. lin.bizygom.	117,86	109,20	104,92	108,10	107,54	105,70	104,48	122,72	120,94	119,88	114,57
Lin. bigoniaca	97,48	93,48	106,69	104,42	107,00	101,78	102,54	108,48	108,14	105,96	110,31
Oor-kinlijn	290,38	278,72	305,58	301,12	297,80	299,56	297,56	283,14	290,78	285,32	294,66

Vergelijkende tabel der maten bij niet-veroordeelden, veroordeelden en krankzinnigen. Het overwegend kleiner blijven der voorhoofdsmaten en het groter blijven van de lin. bigoniaca bij imbecielen, epileptici, paranoiisten en moordenaars blijkt hieruit duidelijk.

De Franse milieuschool

De tweede stroming binnen de positivistische school is ontstaan door de ontwikkeling van de sociologie en de statistiek. De Franse keizer Napoleon heeft aan het begin van de negentiende eeuw op het Europese continent veel aspecten van een modern overheidsapparaat ingevoerd die we vandaag vanzelfsprekend vinden: een centraal en uniform georganiseerd systeem van bestuurlijke overheden, politie, Openbaar Ministerie en rechterlijke macht. Bovendien werden al deze overheidsorganen geacht registraties bij te houden van hun activiteiten, zoals de burgerlijke stand en de justitiële statistiek (veroordelingen). Deze registraties bleken een interessante bron voor statistisch wetenschappelijk onderzoek.

De Belgische wiskundige Quetelet was een van de eersten die statistische methoden in de sociale wetenschappen toepaste. Rekenmethoden die hij als natuurkundige gebruikte voor astronomische waarnemingen ging hij toepassen op de nieuwe overheidsregistraties om sociale fenomenen te begrijpen, waaronder criminaliteit. Quetelet stelde vast dat de aantallen gepleegde misdrijven in een gebied betrekkelijk stabiel waren. Dit deed hem veronderstellen dat hieraan niet de vrije wilsbesluiten van individuen ten grondslag lagen, maar maatschappelijke wetmatigheden (bijvoorbeeld verstedelijking of armoede). Quetelet was daarmee een voorloper van de Franse milieuschool die verbanden zocht tussen menselijk gedrag en kenmerken van de samenleving. Vooral de Fransman Alexandre Lacassagne (1843-1924) verdedigde een sociaal determinisme waarmee hij zich sterk tegen Lombroso keerde: het is de sociale omgeving die iemand tot criminaliteit brengt. Aanhakend bij Pasteurs bacteriologie verkondigde hij de stelling dat de criminele mens gezien moet worden als een bacterie die alleen op een 'gunstige' voedingsbodem kan groeien. Een beroemde uitspraak van hem is: 'Iedere maatschappij krijgt derhalve de criminaliteit die zij verdient.' Deze benadering is bekend geworden onder de naam Franse milieuschool als tegenhanger van de Italiaanse biologieschool. Ook de Franse socioloog Tarde die meende dat crimineel gedrag vooral voorkomt uit de neiging van mensen om elkaars gedrag te imiteren behoort tot deze traditie.

Socialistische criminologie

De strijd tussen de antropologieschool en de milieuschool leidde tot studies die inzichten uit beide richtingen integreerden en oorzaken van crimineel gedrag zochten in zowel biologische als sociologische factoren. De bekendste is de 'criminele sociologie' van Ferri (1885). Zijn criminologische denkbeelden weken aanvankelijk weinig af van een andere voormalige aanhanger van de Italiaanse antropologieschool, Garofalo (1885), die ook een integratieve studie publiceerde en daaraan als eerste de titel *Criminologia* ('Criminologie') meegaf. Desalniettemin raakte beide heren verwikkeld in een verhit debat over met name de zin van het strafrecht. Voor Ferri deed straffen als middel tegen criminaliteit in achterlijkheid weinig onder voor aderlaten als middel tegen ziekte, terwijl Garofalo voorstaander was van harde strafrechtelijke repressie. Dit debat voltrok zich minder langs wetenschapstheoretische lijnen als wel langs politieke lijnen.

Ferri was een aanhanger van het socialisme, Garofalo was antisocialistisch. Hiermee openbaarde zich een politieke scheidslijn die zowel het politiek denken over misdaad en straf alsook de criminologie zelf lange tijd zou tekenen.

Het deel van de criminologie dat vooral oog had voor maatschappelijke omstandigheden ontwikkelde zich van criminele sociologie tot socialistische criminologie. In het begin van de twintigste eeuw werden de socialistische en communistische denkbeelden van Marx en Engels populair in veel academische kringen, waaronder die van de criminologie. Daarmee kregen criminologen meer aandacht voor economische (machts) verhoudingen in de samenleving. Het geloof ontstond dat door socialistische transformatie van de samenleving de misdaad zou verdwijnen.

In 1922 werd de eerste Nederlandse hoogleraar criminologie aangesteld aan de Universiteit van Amsterdam. Willem Bonger bouwde voort op de traditie van de Franse milieuschool, maar was ook socialist en sterk geïnspireerd door het marxisme. Hij legde een sterk accent op de relatie tussen de ontwikkeling van de criminaliteit en economische condities. Ook was hij een van de eersten die wees op wat later witteboordencriminaliteit is gaan heten: criminaliteit gepleegd door de maatschappelijke elite.

Box 1.1. Criminaliteit en de prijs van brood

In zijn proefschrift haalt de Nederlandse criminoloog Bonger het onderzoek aan van de Duitse criminoloog Von Mayr. Aan de theorie dat crimineel gedrag voortkomt uit economische ontbering ontleende Von Mayr de hypothese dat het aantal diefstallen gelijke tred zou houden met de prijs van elementaire levensmiddelen (bijvoorbeeld de broodprijs). Indien in een streek de graan- of broodprijzen zouden stijgen, dan zouden de allerarmsten uit pure nooddruft uit stelen moeten gaan en zou dus weldra het aantal veroordelingen voor diefstallen stijgen. Von Mayr toetste deze hypothese met behulp van gegevens over het aantal veroordelingen voor diefstal en de broodprijs van Duitse deelstaten over een langere periode. In figuur 1.2 is een overdruk uit een van Bongers boeken opgenomen waaruit de relatie tussen deze twee variabelen zou blijken. De broodprijs was het hoogst in de jaren 1845-1847 en 1853-1856. Dit zijn tevens piekjaren voor de aantallen gearresteerde dieven en zwervers. De broodprijzen waren het laagst in 1835 en 1848-1850. In die jaren werden er relatief weinig arrestaties geregistreerd. Von Mayr stelde in Beieren vast dat er een vaste verhouding was tussen de roggeprijs en het aantal veroordelingen voor diefstal. Evenals Aletrino's schedelmetingen heeft Von Mayrs *Sechsergesetz* de toets der empirische kritiek niet doorstaan. In de meeste latere studies bleek het veronderstelde verband afwezig. Deze theoretisch gefundeerde hypothese vormt overigens nog steeds een goede illustratie van het soort verbanden waarnaar de sociologische criminologie op zoek is. Het is tevens, net als de schedelmetingen van Lombroso en Aletrino, een goed voorbeeld van criminologische hypothesetoetsing door middel van kwantificerend empirisch onderzoek. De theorieën van Lombroso/Aletrino en Bonger/Von Mayr gelden als achterhaald. Maar de theoretische richtingen die zij vertegenwoordigden, vormen nog steeds de twee hoofdstromen binnen de etiologische criminologie.

Figuur 1.2. De relatie tussen graanprijzen (roggebrood) en door de politie in Beieren geregistreerde gevallen van diefstal, bedelarij en landloperij volgens 'Inleiding tot de Criminologie' van Bonger (1932)
Bron: Bonger, 1932.

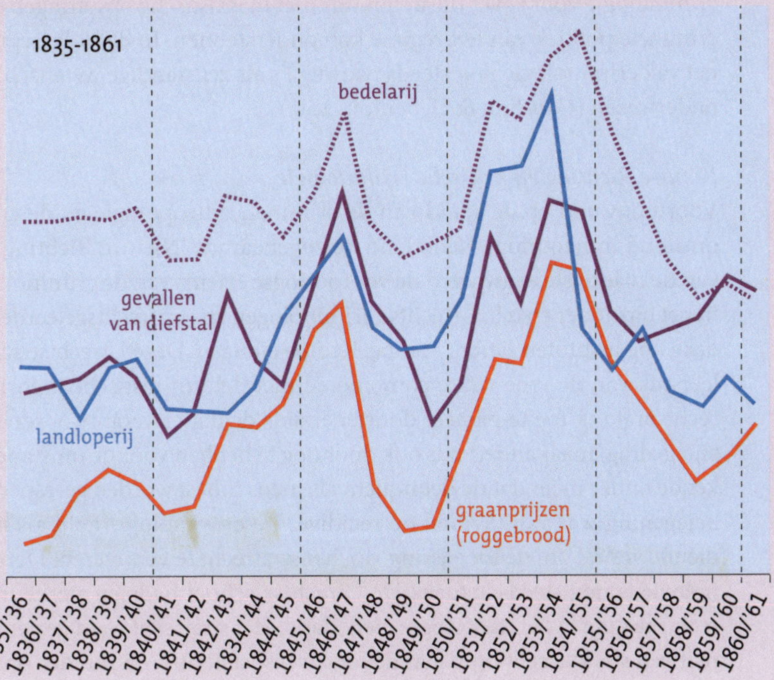

Als socialist keerde Bonger zich sterk tegen de neo-Lombrosiaanse belangstelling van de nazi's voor de *Kriminalbiologie*. Hij pleegde zelfmoord na de Duitse bezetting van Nederland.

Met enige cynisme kan de communistische staat die na de revolutie van 1917 in de Sovjet-Unie werd gevestigd, worden gezien als een criminologisch experiment. Communistische denkers zoals Marx en Engels en criminologische volgers zoals Ferri voorspelden immers dat de criminaliteit zou plaatsmaken voor een grotere sociale gelijkheid in de samenleving en het verdwijnen van een onderdrukkend justitieel overheidsapparaat. In het eerste decennium na de revolutie was er sprake van een opbloei van de criminologie in de Sovjet-Unie en was er zelfs enige ruimte voor onderzoek naar de gevolgen voor de criminaliteit van de grote socialistische hervormingen. Met de verwording van de communistische staat tot een totalitaire staat onder Stalin kwam aan deze ruimte snel een einde (Shelley, 1996). Vooraanstaande Russische criminologen werden gearresteerd en verbannen of ter dood veroordeeld. Alle bestaande criminologische instituten werden gesloten. Er was geen plaats meer voor een andere realiteit dan die van het communistische ideaalbeeld en misdadigers werden als vijanden van de staat hard aangepakt. Met als gevolg dat miljoenen 'criminelen' naar werk- en heropvoedingskampen werden gestuurd en daar omkwamen. Net als de Holocaust was het een staatsmisdaad waarop in hoofdstuk 9 nader wordt ingegaan. Na de Tweede Wereldoorlog kwam er meer ruimte voor de criminologie voor zover die in lijn was met marxistische opvattingen over misdaad en de criminele politiek van het regime kon ondersteunen. In de Volksrepubliek China wordt het vak criminologie nog steeds nauwelijks als zelfstandige wetenschappelijke discipline onderwezen (Cao, Sun & Hebenton, 2013).

Nieuwe Richting en kritische criminologie

Voortbouwend op de stand van de criminele antropologie en de criminele sociologie ontstond in naoorlogs Nederland de zogenaamde 'Nieuwe Richting'. In de jaren vijftig van de twintigste eeuw werd de vooroorlogse erfenis van de criminologie opgepakt door in het bijzonder enkele Utrechtse criminologen en strafrechtsgeleerden wier namen vandaag nog instituten sieren: Pompe, Kempe en Baan. Deze Utrechtse school probeerde het leerstuk van de vrije wil te combineren met deterministische theorieën en in de strafrechtspraktijk toe te passen: door enerzijds de dader verantwoordelijk te houden voor zijn gedrag, maar anderzijds ook door oog te hebben voor de omstandigheden. Dit betekende onder meer dat de delinquent als mens moest worden gerespecteerd: de wijze van bejegening was van invloed op recidive. De criminologie gold als hulpwetenschap en diende vooral om de toepassing van het strafrecht te verbeteren. Deze visie op de criminologie is nog steeds actueel. De Utrechtse school had een sterke invloed op de strafrechtspleging in het naoorlogse Nederland. Het strafrecht werd gezien als uiterste middel, met een sterk accent op behandeling en resocialisatie, en minder op straffen als vergelding. Mede door deze invloed heeft Nederland in vergelijking met andere landen lange tijd een zeer laag aantal gedetineerden gehad en een uitgebreid systeem voor de behandeling van geestelijk gestoorde delinquenten (de tbs-inrichtingen).
Wellicht verassend gezien het lot van de criminologie in communistische staten is de heropleving van de belangstelling voor marxistische criminologie in de jaren zeventig in veel westerse landen. De sleutelbegrippen van deze zogenoemde 'kritische criminologie' waren machtsongelijkheid, labelling of stigmatisering van delinquenten, en secundaire deviantie. De Engelse criminologen Taylor, Walton en Young (1975) betoogden dat de strafwetgeving en de strafrechtelijke praktijk vooral dienen tot bescherming van de belangen van de maatschappelijke elite (invloedrijke groepen in de samenleving). Veel aandacht ging uit naar het willekeurige, onderdrukkende en discriminerende karakter van de strafrechtspleging. Kritische criminologen concentreerden zich op vragen over criminaliseringsprocessen. Hoe verloopt de totstandkoming van nieuwe wetten en de bepaling van opsporingsprioriteiten? Welke belangen van invloedrijke groepen spelen daarbij een rol? Waarom zijn sommige gedragingen die elders niet onder de strafwet vallen in het eigen land strafbaar? De kritische criminologie staat in veel opzichten haaks op de positivistische criminologie. Niet de misdaad en de oorza-

ken ervan staan centraal, maar de problematische kanten van de strafrechtspleging als reactie op criminaliteit. Ook was de kritische criminologie meer gericht op normatieve, maatschappijkritische analyses dan op empirisch onderzoek.
In Nederland werd de kritische criminologie vooral vertegenwoordigd door de criminologen Hoefnagels, Bianchi en Hulsman. Hoefnagels (1980) zag de eerder besproken processen van criminalisering en decriminalisering als het eigenlijke onderwerp van de criminologie. Zijn leerboek had als titel *The Other Side of Criminology*. Bianchi en Hulsman bepleitten de geleidelijke vervanging van het strafrecht door nieuwe vormen van conflictoplossing (abolitionisme). In hoofdstuk 5 zullen in het bijzonder de theorieën over het labellen van delinquenten en het daarop gebaseerde begrip van secondaire deviantie nog uitvoerig aan de orde komen. In hoofdstuk 8 wordt teruggekomen op de pleidooien voor alternatieve afdoening van misdrijven (herstelrecht).

Veramerikanisering van de criminologie
Vanaf de jaren twintig en dertig werd vooral de Amerikaanse criminologie erg invloedrijk. Aanvankelijk bouwde de Amerikaanse criminologie voort op Europese wortels, maar al snel richtte de criminologie zich hier op de criminologische vraagstukken die voortkwamen uit de Amerikaanse samenleving die zo snel in ontwikkeling was. Een eerste voorbeeld zijn de studies van de Chicago-school naar de criminaliteit in bepaalde buurten in grote industriële steden. De verklaring hiervoor werd gezocht in de maatschappelijke omgeving. Het ging om oudere buurten met vervallen en goedkope huizen waar de armsten van de stad woonden, veelal immigranten en dus vele culturen bij elkaar. Met als gevolg een gebrek aan sociale cohesie en gemeenschapsstructuren, en daardoor veel criminaliteit.
Een tweede voorbeeld is het werk van de socioloog Merton (1938), de opsteller van de *anomie- of strain*theorie. Volgens Merton kwam de toegenomen misdaad in Amerikaanse steden voort uit de tegenstelling tussen de officiële ideologie van de *American dream* – vrijheid en gelijkheid voor iedereen, van liftjongen tot miljonair – en de werkelijkheid van geringe kansen voor de migranten in achterstandswijken. De gedepriveerden hebben weinig kansen om de American dream op legale wijze te verwezenlijken en grijpen daarom naar illegale manieren om carrière te maken. In hoofdstuk 5 zullen deze theorieën nog uitgebreid aan de orde komen.
In de jaren zeventig van de twintigste eeuw was de kritische criminologie ook in de Verenigde Staten invloedrijk. Binnen de Amerikaanse criminologische onderzoeksagenda lag de nadruk vooral op de oververtegenwoordiging van Afro-Amerikanen in de gevangenissen en onder ter dood veroordeelden. In een latere fase kwam hierbij de opkomst van de feministische criminologie die met name aandacht vroeg voor seksueel geweld en huiselijk geweld tegen vrouwen en meisjes. Het centrum van de Amerikaanse kritische criminologie was het criminologische instituut van de Universiteit van Berkeley in Californië. Staf en studenten van dit instituut namen actief deel aan het studentenverzet tegen de Vietnamoorlog en onderhielden banden met de Black

Panterbeweging. Dit toonaangevende instituut werd in 1976 mede om die reden onder druk van de toenmalige gouverneur van de staat Californië, en latere president van Amerika, Ronald Reagan opgeheven.
De Amerikaanse criminologie met zijn sociologische oriëntatie heeft een sterke invloed gehad op de criminologie in Europa, mede door het wegvallen en deels politiek besmet raken van de Europese criminologie in de Tweede Wereldoorlog. Deze invloed is vandaag nog sterk herkenbaar in de Europese, maar ook in de Australische en de opkomende Aziatische criminologie. (Amerikaans) Engels is de *lingua franca* geworden van de Europese criminologie. Europese criminologen toetsen met Europese data in Amerika ontwikkelde theorieën met in Amerika ontwikkelde onderzoeksmethoden. In 2000 is weliswaar de *European Society of Criminology* opgericht, maar de jaarlijkse congressen zijn gemodelleerd naar het voorbeeld van die van de *American Society of Criminology*. Dit heeft enerzijds tot voordeel dat een op Amerikaanse leest geschoeide mondiale criminologie ontstaat waarin criminologen van over de hele wereld elkaar verstaan. Anderzijds moet opgepast worden dat waardevolle nationale criminologische tradities, die juist van belang kunnen zijn voor het doorgronden van lokale criminologische vraagstukken, niet verdwijnen. Het is dan ook goed dat er recent een handboek over criminologie in Europa is verschenen (Body-Gendrot et al., 2013) en dat er nog steeds het *Nederlands Tijdschrift voor Criminologie* en de Nederlandse Vereniging voor Criminologie zijn.

Nieuwe zakelijkheid

Met de wederopbouw van de economie na de Tweede Wereldoorlog en de stijging van de welvaart en daarmee van de gelegenheden om delicten te plegen, gingen ook de criminaliteitscijfers stijgen. Met name de jaren zeventig en tachtig kenden een sterke stijging van de criminaliteit, die mede het gevolg was van toenemend druggebruik in de grote steden. Daarmee ontstond teleurstelling over de resocialisatiegedachte van de Nieuwe Richting. Ook ontstond er een zekere wrevel over de ideologische agenda van de kritische criminologie in samenlevingen die steeds onveiliger werden, of althans zo werden ervaren. In veel landen waaronder de Verenigde Staten, het Verenigd Koninkrijk, Zweden en Nederland werden omstreeks 1980 grote onderzoeksinstituten opgezet om oplossingen te vinden voor de maatschappelijke problemen van geweldscriminaliteit (vooral in de Verenigde Staten) en de veelvoorkomende vermogenscriminaliteit (vooral in Europa). Een van de nieuwe speerpunten van deze instituten was het vinden van methoden om de criminaliteitsproblemen beter in kaart te brengen, bijvoorbeeld door enquêtes onder steekproeven van de bevolking naar ervaringen met criminaliteit. Andere centrale onderwerpen waren de effectiviteit van politieoptreden, criminaliteitspreventie en meer rechten voor slachtoffers. In Londen werd de Research and Planning Unit van de Home Office een toonaangevend centrum van criminologisch onderzoek en in Nederland het Wetenschappelijk Onderzoeks- en Documentatie Centrum (WODC) van het toenmalige ministerie van Justitie. Onder kritische criminologen rees verzet tegen de dreigende suprematie van wat werd aangeduid met *Administrative*

Criminology ofwel gouvernementele criminologie. Hun ideologische bezwaren zijn goed te begrijpen: de beleidsgerichte criminologie stond in hun ogen onvoldoende kritisch ten opzichte van het gevoerde beleid en de strafrechtelijke systemen, terwijl dat in hun ogen nu juist de essentie van het vak zou moeten zijn.

De jaren tachtig en negentig hebben een terugkeer laten zien naar ideeën uit de klassieke school. De in hoofdstuk 5 te bespreken rationele-keuzetheorie werd een van de populairste verklaringen voor criminaliteit en het criminaliteitsbeleid werd gericht op het verhogen van de pakkans en de strafzwaarte voor daders. Van een land met de laagste detentiecijfers schoot Nederland omhoog naar een middenmoter in Europa. Hoewel dit voor een welvarend en open land als Nederland geen bijzondere plaats is, leidde de sterke stijging tot veel vragen bij buitenlandse criminologen: wat is er aan de hand in het als progressief en liberaal bekend staande Nederland? Maar ook de gedachten van de Franse milieuschool beleefden een renaissance. Ze zijn te herkennen in het beleid om aantrekkelijke gelegenheden binnen publieke ruimtes anders in te richten, te stelen objecten beter te beveiligen en fraudegevoelige procedures weg te nemen (situationele criminaliteitspreventie, zie hoofdstuk 6). En, zoals gezegd, door medisch en psychologisch onderzoek ontstond hernieuwde belangstelling voor biologische en psychologische risicofactoren voor crimineel – met name gewelddadig – gedrag waarop wellicht preventief geïntervenieerd kan worden.

Conclusie

Uit het historische overzicht blijkt dat de criminologie zich de afgelopen eeuwen heeft ontwikkeld van een hobby van filosofen en strafrechtsgeleerden tot een zelfstandige wetenschappelijke discipline. Tevens is duidelijk geworden hoezeer de criminologie steeds beïnvloed is door ontwikkelingen in andere disciplines en tevens telkens weer onderhevig is geweest aan de druk van de tijdgeest met de daarbij behorende mens- en maatschappijbeelden. Een permanente bedreiging voor de ontwikkeling van sociaalwetenschappelijke theorievorming over misdaad en straf is de druk uit de sociale omgeving om bestaande vooroordelen quasiwetenschappelijk te bevestigen en politiek onwelkome ideeën te verwerpen. Vanwege het emotionerende karakter van de onderwerpen misdaad en straf bestaan er juist op dit onderzoeksgebied betrekkelijk veel politieke stokpaarden en taboes (Sagarin, 1980). Onder invloed van de eerdergenoemde kritische criminologie was de discussie over misdaad en straf in Europa aan het einde van de vorige eeuw lange tijd sterk gepolitiseerd. Vrijwel iedere interventie om crimineel gedrag tegen te gaan werd afgewezen als een mogelijke vorm van onderdrukking of discriminatie. Voor de schade die door criminaliteit wordt veroorzaakt, bestond weinig aandacht. In de huidige tijd lijkt de balans weer naar de andere kant te zijn doorgeslagen. Hoewel veel criminaliteit is gedaald, wordt het als een groot maatschappelijk probleem gezien. Strenger straffen wordt door sommige politici aangeprezen als het probate middel tegen deze dreiging. Ter onderscheiding van het vaak sterk ideologisch gekleurde discours over misdaad en straf wordt binnen de criminologie thans sterk de nadruk gelegd op *evidence-based crime prevention,* naar analogie van de beweging van *evidence-based medicine.* Zo is aan de Londense Universiteit (University City College) in 2001 een instituut opgericht ter bevordering van de praktijkgerichte bestudering van criminaliteit, onder de benaming Jill Dando Institute of Crime Science (Jill Dando was een bekende tv-presentatrice die in 1999 op de stoep voor haar woning in Londen werd vermoord). Het nieuwe begrip *crime science* als alternatief voor criminologie geeft aan dat de oprichters grote waarde hechten aan de toepassing van wetenschappelijke methoden. De verwijzing naar Jill Dando indiceert de gerichtheid op het vinden van beproefde methoden om de veiligheid van de burgers te vergroten en slachtoffers te beschermen.

1.4 Aandachtsgebieden binnen de criminologie

In het voorgaande is summier geschetst welk breed terrein de criminoloog wetenschappelijk gezien tot het zijne rekent. In deze paragraaf zullen hierbinnen enkele onderscheidingen worden aangebracht die tevens de indeling in hoofdstukken van dit boek hebben bepaald.

A. Beschrijvende criminologie/criminografie
De beschrijvende criminologie, ook wel 'criminografie' of 'criminele epidemiologie' genoemd, behelst de statistische verdeling van criminaliteit in tijd en ruimte (Sutherland en Cressey, 1970). Met behulp van kwantificerende studies wordt geprobeerd een antwoord te krijgen op de veelgestelde vraag hoe het is gesteld met het niveau van de criminaliteit in een bepaald land of in een bepaalde stad. Ligt het niveau hoger of lager dan elders? Is er sprake van een toename of een afname van de criminaliteit? En welke bevolkingsgroepen lopen de grootste kans slachtoffer te worden van criminaliteit? We hebben reeds gezien dat in Nederland 71 procent van de bevolking in 2010 van mening was dat de criminaliteit de afgelopen jaren is gestegen, maar dat die indruk wel eens onjuist zou kunnen zijn. Tot de onderwerpen van de beschrijvende criminologie behoren tevens de beelden die de bevolking heeft van de criminaliteit en strafrechtspleging en oordelen die men daarover koestert.
In dit boek wordt tot de producten van de beschrijvende criminologie ook gerekend de statistische beleidsinformatie over de activiteiten van de verschillende onderdelen van het strafrechtelijke systeem, te weten de politie, het Openbaar Ministerie, de rechters en het gevangeniswezen. Dergelijke statistische overzichten geven een indruk van de werklast en de productiviteit van de betrokken organen. Ook over bepaalde kwaliteitskenmerken van deze instituties kan objectieve informatie worden verzameld. In de criminologische literatuur bestaat in het bijzonder interesse voor de kritische vraag of in de rechtspraktijk het beginsel van de rechtsgelijkheid voldoende wordt waargemaakt.

B. Oorzaken van crimineel gedrag en criminaliteit
De etiologie houdt zich bezig met het onderzoek naar de oorzaken van crimineel gedrag en criminaliteit. Zoals gezegd, zijn vanuit verschillende disciplines theorieën ter verklaring van (bepaalde vormen van) criminaliteit opgesteld die door empirisch onderzoek kunnen worden getoetst. Binnen de etiologische criminologie hebben van meet af aan twee hoofdstromingen tegenover elkaar gestaan. De biologische en psychologische criminologie probeert te verklaren waarom individuen met kenmerk X crimineel gedrag vertonen en individuen met kenmerk Y niet (of niet in dezelfde mate). De economische en sociologische benadering probeert criminaliteit te verklaren als maatschappelijk verschijnsel. Ze zoekt bijvoorbeeld antwoord op de vraag waarom in land A de criminaliteit hoger ligt dan in land B. De psychologische criminologie zoekt naar de oorzaken van crimineel gedrag, de sociologische richting probeert het niveau en de beweging van de criminaliteit te verklaren.

C. Reacties op criminaliteit: penologie
Vanuit de maatschappij wordt op diverse manieren gereageerd op criminaliteit. Er zijn de reacties van slachtoffers en potentiële slachtoffers van delicten en van omstanders. Deze reacties worden aangeduid als de *informele reacties* op criminaliteit. Naast de informele reacties bestaan de *formele reacties* van de zijde van het politiële en justitiële apparaat. Daartoe staan op verschillende niveaus allerlei middelen ten dienste van de autoriteiten, zoals arrestatie, voorlopige hechtenis, geldboete, vrijheidsstraf en terbeschikkingstelling van de regering. De hoofdvragen die in verband met de formele reacties worden gesteld, zijn: hoe ziet de praktijk van de formele reacties eruit, hoe verhoudt de praktijk zich tot de wettelijke regels en wat zijn de effecten gelet op de doelstellingen die in de strafrechtelijke literatuur dienaangaande worden genoemd? De studie van de effectiviteit van formele straffen wordt van oudsher aangeduid als de *penologie* (naar het Latijnse woord voor straf: *poena*).
In de Angelsaksische wereld wordt in toenemende mate wetenschappelijke aandacht besteed aan de kenmerken en het functioneren van de politie. Dit aandachtsgebied wordt aangeduid met *police science* (politiewetenschap). Een subgebied hierbinnen vormen de *forensic sciences* (de leer van de bij de opsporing toegepaste technieken). In deze inleiding in de criminologie kan aan de politiewetenschappen slechts heel summier aandacht worden besteed. Andere belendende disciplines zijn de forensische psychiatrie, de rechtspsychologie, de rechtssociologie en de rechtseconomie. Het gemeenschappelijke kenmerk van deze (sub)disciplines is de empirische reflectie op het recht en de rechtspraktijk. Voor zover zij zich richten op het strafrecht en de strafrechtspleging zijn hun resultaten ook voor de criminologie relevant. De forensische psychiatrie en de psychologische criminologie verschillen wat betreft de gebruikte theorieën en methoden van onderzoek, maar vertonen wat de te bestuderen onderwerpen betreft een aanzienlijke overlap.

D. Criminaliteitspreventie

Uit het penologische onderzoek is gebleken dat de effectiviteit van straffen vaak tegenvalt. De percentages gestraften die weer in de oude fout vervallen zijn hoog. Aangezien bovendien ook voor crimineel gedrag geldt dat voorkomen beter is dan genezen, wordt tegenwoordig veel onderzoek gedaan naar mogelijkheden voor criminaliteitspreventie buiten de strafrechtspleging om. Hieronder worden onder andere maatregelen verstaan die erop zijn gericht jonge mensen die tot een risicogroep behoren af te houden van een criminele levenswijze (bijvoorbeeld door pedagogische begeleiding of hulpverlening). Criminaliteitspreventie is niet meer uitsluitend gericht op potentiële daders. Ook de verbetering van de veiligheid in wijken of winkelgebieden door het ophangen van camera's of het aanstellen van stadswachten wordt tot de criminaliteitspreventie gerekend. Door criminologen wordt door middel van praktijkexperimenten de effectiviteit van de verschillende vormen van preventie onderzocht. Hierbij wordt niet alleen gekeken naar de uitwerking van de maatregelen op de criminaliteit, maar ook naar de uitwerking op de gevoelens van onveiligheid. De effectiviteit en de kosten en baten van preventieve interventies worden vervolgens vergeleken met die van strafrechtelijke sancties.

E. Victimologie

Het westerse strafrecht is van oudsher sterk dadergericht. In de afgelopen jaren is er een groeiende belangstelling ontstaan voor het slachtoffer, de vergeten derde partij in het strafgeding. In 2010 is een nieuwe afdeling in het Wetboek van Strafvordering in werking getreden die de positie van het slachtoffer in het strafproces regelt. Hierin staan de rechten van de slachtoffers omschreven, zoals hun rechten op informatie en schadevergoeding en op de uitoefening van het spreekrecht. Reeds eerder waren criminologen zich meer voor het slachtoffer gaan interesseren. Deze specialisatie binnen de criminologie staat bekend als de *victimologie* of *slachtofferkunde* (Wittebrood, 2007). Deze tak van de criminologie poogt vragen te beantwoorden als: hebben slachtoffers van misdrijven bepaalde kenmerken die hen predisponeren om slachtoffer te worden van criminaliteit? Bestond er, voorafgaand aan het plegen van het delict, een conflict tussen de dader en het slachtoffer? Wat zijn de psychische en de materiële gevolgen van een misdrijf voor het slachtoffer? En: hoe kunnen deze gevolgen het beste worden verzacht of weggenomen?

F. Zware criminaliteit

Tot de zware criminaliteit kunnen worden gerekend levensdelicten, internationale misdrijven, terrorisme, georganiseerde misdaad en witteboordencriminaliteit. Omdat zowel de oorzaken als de bestrijdingswijzen van deze vormen van misdaad afwijken, worden ze afzonderlijk behandeld.

De hier besproken indeling van de criminologie is schematisch samengevat in tabel 1.2.

Tabel 1.2. Nadere onderscheidingen binnen de criminologie

Beschrijvende criminologie (criminografie)
- omvang en trend van criminaliteit;
- cijfermatige informatie over de werking van het strafrechtelijke systeem.

Zie hoofdstuk 2 en 3.

Etiologie
- de oorzaken van crimineel gedrag/criminaliteit;
- gelegen in respectievelijk de persoon van de dader en zijn maatschappelijke achtergrond en situatie.

Zie hoofdstuk 4 en 5.

Criminaliteitspreventie
- de praktijk en uitwerking van maatregelen ter voorkoming van misdrijven naast of buiten de strafrechtspleging.

Zie hoofdstuk 6.

Penologie
- de praktijk en uitwerking van de strafrechtspleging.

Zie hoofdstuk 7.

Victimologie
- kenmerken van slachtoffers, de gevolgen van misdrijven voor slachtoffers en de praktijk en uitwerking van slachtofferrechten en slachtofferhulp.

Zie hoofdstuk 8.

Zware criminaliteit
- kenmerken en bestrijding van levensmisdrijven, internationale misdrijven, terrorisme, georganiseerde misdaad en witteboordencriminaliteit.

Zie hoofdstuk 9.

Suggesties voor te raadplegen andere bronnen:

Van de Engelstalige inleidingen in de criminologie raden wij aan:
P.J. Schram en S.G. Tibbetts, *Introduction to Criminology*, SAGE, 2014
Katherine S. Williams, *Textbook on Criminology*, Oxford University Press, Sixth edition, 2009
Tim Newburn, *Criminology*, Willan, 2007

Actuele informatie is te vinden op de volgende websites:
www.wodc.nl
www.uncjin.org
www.justitie.nl
www.jdi.ucl.ac.uk
www.homeoffice.gov.uk
www.ncjrs.org
www.heuni.fi

JUWELIER
100
102
50%
POLITIE
NIET BETREDEN

2 Beschrijvende criminologie

2.1 Inleiding

Discussies over criminaliteit in zowel de Tweede Kamer als in het café beginnen tegenwoordig vaak met de bewering dat bepaalde vormen van criminaliteit, bijvoorbeeld roofovervallen op winkeliers, geweldplegingen tegen ambulancepersoneel of het aantal wietplantages, sterk zijn gestegen en dat het de hoogste tijd wordt dat de regering hiertegen iets onderneemt. Dergelijke beweringen zijn meestal gebaseerd op vage indrukken of berichten in de media. Ook degenen die menen dat het met de criminaliteit in Nederland juist wel meevalt, gaan doorgaans niet af op de resultaten van onderzoek maar op hun eigen subjectieve impressies.

De eerste opdracht van de criminoloog is om het waarheidsgehalte van dergelijke beweringen zo objectief mogelijk te toetsen. Hoe zit het nu werkelijk met de omvang, aard en de ontwikkeling van de criminaliteit? Of beter nog: van verschillende, specifieke vormen van criminaliteit? De beantwoording van deze vraag is een voorwaarde voor een rationele discussie over het te voeren beleid. In Nederland waren in de jaren negentig van de vorige eeuw sommigen van mening dat de georganiseerde misdaad een bedreiging vormde voor de democratische rechtsorde. Anderen meenden dat het allemaal zo'n vaart niet liep. Mede om hierover uitsluitsel te krijgen, heeft de Tweede Kamer in 1994 een parlementaire enquêtecommissie ingesteld. De commissie heeft vervolgens opdracht gegeven aan vier hoogleraren in de criminologie om de omvang en aard van de georganiseerde misdaad zo objectief mogelijk in kaart te brengen. Volgens de door hen uitgebrachte onderzoekrapporten was in Nederland van grootschalige infiltratie door de georganiseerde misdaad in de landelijke politiek geen sprake (Fijnaut, Bovenkerk, Bruinsma en Van de Bunt, 1996). Wel zouden plaatselijk sectoren zoals de horeca en het vastgoed in de greep dreigen te komen van maffia-achtige groepen. Tegenwoordig zijn vooral verschillende vormen van gewelddadige criminaliteit, waaronder terrorisme, een thema in de publiciteit. Daarnaast staat in verschillende West-Europese landen, inclusief Nederland, de criminaliteit onder etnische minderheidsgroepen in de aandacht van de politiek. Zijn bepaalde etnische minderheden oververtegenwoordigd onder de daders van misdrijven of is er sprake van selectieve opsporing? Van de criminologie wordt verwacht op deze gevoelige kwesties een verhelderend licht te werpen. Het is de opdracht van de criminologie enerzijds om reëel bestaande problemen als zodanig te benoemen en anderzijds om overdrijvingen en mythevorming te bekritiseren.

Zoals hierna zal blijken, is de beschrijving van de sociale werkelijkheid omtrent misdaad en straf geen vrijblijvende aangelegenheid. Bij de ordening van de beschikbare gegevens gaat men als vanzelf nadenken over mogelijke oorzakelijke factoren van de criminaliteit en over mogelijkheden om deze terug te dringen. Het onderwerp vraagt als het ware om discussies over de beste aanpak ervan. Een goede, zo objectief mogelijke beschrijving van het te bestuderen verschijnsel is echter de eerste, onmisbare stap

om tot een goed onderbouwd plan van aanpak te komen. Betrouwbare criminologische kennis dient de plaats in te nemen van vage indrukken en sensationele mediaberichten. Door politie en justitie worden van oudsher gedetailleerde gegevens geregistreerd over alle ter kennis van de politie gekomen misdrijven en overtredingen (de zogenoemde politiecijfers) en de afhandeling daarvan door het strafrechtelijke systeem (de gerechtelijke statistieken). Deze officiële gegevens worden doorgezonden naar het Centraal Bureau voor de Statistiek (CBS) dat zorg draagt voor overzichtelijke publicatie in de vorm van overzichtstabellen en grafieken. De CBS-statistieken bieden de criminoloog een schat aan statistische gegevens over misdaad en straf. Om goed op de hoogte te blijven van de ontwikkelingen in de criminaliteit en de strafrechtspleging hoeft een criminoloog, zo lijkt het, slechts een bezoekje te brengen aan de websites van het CBS om aldaar een rijkdom aan officiële misdaadstatistieken te raadplegen.
In oudere criminologische werken werd hoofdzakelijk gebruikgemaakt van de officiële statistische gegevens over de criminaliteit en strafrechtspleging. In het vorige hoofdstuk is het voorbeeld gegeven van de studies van de criminologen Von Mayr en Bonger naar het verband tussen armoede en misdaad. Als maat voor de misdaad hanteerden zij de aantallen gearresteerde daders. De sociologische criminologie was in die tijd nog vooral gebaseerd op de analyse van de geregistreerde gevallen van misdaad volgens de gerechtelijke statistieken of politiestatistieken. Inmiddels zijn criminologen ervan doordrongen geraakt dat de aantallen veroordelingen zeer ver af staan van de aantallen werkelijk gepleegde misdrijven. In de ideale wereld worden alle gepleegde misdrijven bij de politie bekend en krijgen de daders vervolgens hun verdiende straf. In die situatie zou de statistiek van het aantal veroordelingen een volledig beeld geven van de criminaliteit. In werkelijkheid is daarvan uiteraard geen sprake. De meeste misdrijven komen nooit ter kennis van de politie of worden door de politie niet opgehelderd. Lang niet alle zaken die door het Openbaar Ministerie worden ingeschreven, leiden tot een veroordeling van een dader. Slechts een kleine selectie van alle gepleegde misdrijven komt dus terecht in de statistiek der veroordelingen. Deze statistieken geven belangrijke informatie over de activiteiten van de gerechten, maar als graadmeter van de criminaliteit zijn ze onbruikbaar. In Nederland wordt net als in de meeste andere westerse landen sinds omstreeks 1950 een statistiek bijgehouden van de ter kennis van de politie gekomen misdrijven. Deze statistiek van de door de politie geregistreerde criminaliteit telt ook de delicten waarvan de dader nooit is gevonden. In dat opzicht bieden de zogenoemde politiecijfers een vollediger beeld van de criminaliteit dan de statistieken van de aantallen veroordelingen. Toch zijn ook deze cijfers nog zeer onvolledig. Zoals gezegd komen immers lang niet alle misdrijven ter kennis van de politie. De politie maakt bij de ter kennis gekomen misdrijven onderscheid tussen haalwerk en brengwerk. Tot het haalwerk behoren misdrijven die de politie zelf constateert door controles uit te voeren, zoals verkeersmisdrijven (rijden onder invloed van alcohol) en drugs- en milieumisdrijven. Het zal duidelijk zijn dat de politie lang niet alle gevallen van rijden onder invloed van alcohol of van de handel in drugs registreert. Welk deel wordt geregistreerd heeft de politie tot op zekere

hoogte zelf in de hand. Als de politie meer controles uitvoert, neemt het aantal geregistreerde delicten toe. Zo'n toename zegt niets over de trend in deze criminaliteitsvormen. Het zegt slechts iets over de trend in de inspanningen van de politie. Vooral met betrekking tot deze categorieën van delicten is de politiestatistiek als graadmeter van de criminaliteit even weinig betrouwbaar als de statistiek van veroordelingen.

De meeste misdrijven behoren tot het zogenoemde brengwerk, dat wil zeggen dat particulieren of bedrijven aangifte doen bij de politie van een misdrijf waarvan zij het slachtoffer zijn geworden. Lang niet alle delicten worden evenwel door de slachtoffers bij de politie gemeld. Burgers zijn, op enkele uitzonderingen na, niet verplicht aangifte van een delict bij de politie te doen (in Nederland is de aangifteplicht beperkt tot enkele zeer ernstige delicten, zoals moord en verkrachting). Het deel van de tegen individuele burgers of bedrijven gepleegde delicten dat bij de politie bekend wordt, is afhankelijk van de bereidheid van de bevolking om delicten bij de politie aan te geven. Vooral kleinere delicten, zoals fietsendiefstal of delicten die in de privésfeer zijn gepleegd, worden vaker niet dan wel bij de politie gemeld. Sommige slachtoffers zien af van het doen van aangifte omdat zij zich generen met hun slachtofferschap naar buiten te treden (bijvoorbeeld bij seksuele delicten of gevallen van oplichting) of omdat zij bang zijn voor represailles van de zijde van de daders (bijvoorbeeld bij afpersing of andere vormen van georganiseerde misdaad). In het geval van fraude door eigen medewerkers en/of fraude met computerbestanden willen bedrijven hun goede naam liever niet op het spel zetten door aangifte te doen bij de politie, vanwege het risico van negatieve publiciteit over de falende beveiliging. Verreweg de belangrijkste reden om van aangifte af te zien is dat men er, gezien de geringe kansen dat de dader ooit zal worden gevonden, eenvoudigweg de zin niet van inziet. Dit geldt voor particulieren, maar bijvoorbeeld ook voor de detailhandel in geval van winkeldiefstal. Bij vermogensdelicten is in westerse landen de eis van de verzekering een belangrijke reden om aangifte te doen. Slachtoffers van diefstallen die geen verzekeringsclaim kunnen indienen, zien er vaak van af om aangifte bij de politie te doen.

Indien er aangifte bij de politie is gedaan, is dat nog geen garantie dat het delict voor de politiestatistiek zal meetellen. Soms valt voor de politie moeilijk te bepalen of er inderdaad sprake is van een misdrijf, bijvoorbeeld bij meldingen van verdwenen portemonnees en dergelijke. De politie is volgens de wet verplicht een proces-verbaal van aangifte op te maken van elk kennelijk delict, maar in de praktijk past de politie wegens tijdgebrek een zekere selectie toe. Vooral lichte geweldmisdrijven (buren- of caféruzies) worden door de politie vaak voor kennisgeving aangenomen. In het politiejargon wordt dit 'afpoeieren' genoemd.

De hier genoemde factoren leiden ertoe dat ook de officiële cijfers van de ter kennis van de politie gekomen misdrijven geen volledig beeld geven van de gepleegde misdrijven. De politiecijfers laten, zo wordt vaak gezegd, slechts het topje van de ijsberg zien. Een aanzienlijk aantal misdrijven blijft verborgen voor politie en/of justitie. Dit is de zogenoemde verborgen criminaliteit (in het Engels: *the dark number*, in het Duits: *die Dunkelziffer* of *das Dunkelfeld*).

Indien het deel van de criminaliteit dat door de politie wordt geregistreerd in een vaste verhouding zou staan tot de werkelijke omvang, zoals de zichtbare top van een ijsberg altijd 10 procent uitmaakt van het geheel, zou de politiestatistiek toch als graadmeter kunnen dienen. Door de politiecijfers met de vaste factor tien te vermenigvuldigen, zou men kunnen vaststellen hoeveel delicten er in totaal zijn gepleegd. Het deel van de criminaliteit dat door de politie wordt geregistreerd, is echter in de tijd allerminst constant. De proportie die ter kennis van de politie komt, is voortdurend aan veranderingen onderhevig. Als het publiek bijvoorbeeld de indruk krijgt dat het geen zin meer heeft om van bepaalde delicten aangifte te doen bij de politie, omdat deze toch geen actie onderneemt, neemt het verborgen deel snel toe. Dit is in Nederland onder meer lange tijd het geval geweest met het delict fietsendiefstal. Dalingen van de aantallen ter kennis gekomen fietsendiefstallen wezen niet op een daling van het aantal gepleegde diefstallen, maar slechts op een teruggelopen aangiftebereidheid. Er waren in Nederland politieposten die aangiftes van fietsendiefstallen slechts opnamen indien de eigenaar zijn postcode in de fiets had gegraveerd. Anderzijds leidt het openen van wijkbureaus en het voeren van speciale wijkgerichte acties door de politie juist tot een stijging van de bereidheid kleine delicten bij de politie te melden (Van Dijk en Junger-Tas, 1988). De laatste tijd wordt de Nederlandse bevolking opgeroepen om juist wel aangifte van fietsendiefstallen te doen. Dit heeft vanaf 2005 geleid tot een iets grotere bereidheid om aangifte te doen (van 37 procent in 2004 tot 43 procent in 2012). Het spreekwoordelijke topje van de ijsberg wordt door zulke opwaartse trends in de aangiftebereidheid dus groter, zonder dat de omvang van de kleine criminaliteit werkelijk is toegenomen. Anders verwoord: er komt meer criminaliteit boven water terwijl de werkelijke omvang van de kleine criminaliteit wellicht is gedaald.

Ook de nauwkeurigheid waarmee de politie aangiftes registreert, is variabel. De automatisering van de politieadministraties leidt in de regel tot een betere registratie. Het verborgen deel neemt dan verder af. In 1992 nam de ter kennis van de Rotterdamse politie gekomen criminaliteit bijvoorbeeld toe met 30 procent. Deze plotselinge stijging was vrijwel geheel het gevolg van een nieuwe wijze van registreren (en niet van een plotselinge explosieve toename van de criminaliteit in Rotterdam). Internationaal is bekend dat de aantallen door de politie geregistreerde delicten sterk afhankelijk zijn van de gehanteerde registratiesystemen.

Door Kester en Junger-Tas (1994) is een vergelijking gemaakt tussen de cijfers van de ter kennis van de politie gekomen criminaliteit en de schattingen van de in werkelijkheid gepleegde delicten volgens enquêtes onder de bevolking (de hierna te bespreken slachtofferenquêtes). Hieruit bleek dat in 1980 van alle delicten waarvan de bevolking slachtoffer was geworden ongeveer 16 procent door de politie was geregistreerd. In 1992 was dit percentage gestegen tot 24 procent. Met andere woorden, in 1980 maakte het zichtbare topje van de ijsberg 16 procent uit van de totale massa. Ruim tien jaar later was dat 24 procent. Hieruit blijkt dat de verborgen criminaliteit (het *dark number*) in deze periode kleiner is geworden. Een groot deel van de stijging van de ter kennis van

de politie gekomen criminaliteit in Nederland sinds 1980 is niet veroorzaakt door een stijging van het aantal gepleegde delicten, maar door een grotere aangiftebereidheid van de slachtoffers en, vooral, door een betere registratie door de politiekorpsen (o.a. ten gevolge van de automatisering). Latere berekeningen van Wittebrood en Nieuwbeerta (2007) hebben bevestigd dat een groot deel van de stijging van de criminaliteit volgens de politiestatistieken tussen 1980 en 2005 op een registratie-effect berustte.
De politiestatistiek geeft, kortom, niet het volledige beeld van de criminaliteit te zien en het deel dat ze wel laat zien, is bovendien over de jaren heen variabel. De criminologie kan zich voor de beschrijving van de criminaliteit dus niet verlaten op de politiecijfers en is gedwongen zelf gegevens hierover te verzamelen, onafhankelijk van de politie. In de volgende paragrafen komen we daarop nog uitvoerig terug. Eerst zullen we, onder het nodige voorbehoud, enkele gegevens presenteren over de ter kennis van de politie gekomen criminaliteit. Voor sommige doeleinden zijn deze statistieken namelijk toch redelijk goed bruikbaar. Deze cijfers laten in ieder geval zien hoe de werklast van de politie zich heeft ontwikkeld. Op veel gebieden zijn politiecijfers bovendien de enige beschikbare bron van informatie over de ontwikkeling van de misdaad. Dit geldt met name voor delictsoorten die relatief weinig voorkomen zoals moord en doodslag. De hierna te bespreken slachtofferenquêtes kunnen hierover geen informatie leveren. De politiecijfers blijven dus een belangrijke bron van informatie over criminaliteit. Ze dienen echter vanwege mogelijke registratie-effecten altijd met de nodige behoedzaamheid te worden geïnterpreteerd.

2.2 Politiecijfers

2.2.1 Landelijke trends

In Nederland houdt het CBS sinds 1948 een statistiek bij van de ter kennis van de politie gekomen misdrijven. Deze statistiek is gebaseerd op maandelijkse opgaven van de politie-eenheden van alle door hen geregistreerde delicten. In deze opgaven worden de delicten die staan omschreven in het Wetboek van Strafrecht onderscheiden van die uit de Wegenverkeerswet en de Wet op de economische delicten. Ook binnen de in die wetten genoemde delicten worden door het CBS nadere onderscheidingen gemaakt. De door het CBS gehanteerde indelingen voor de delicten uit het Wetboek van Strafrecht sluiten slechts ten dele aan bij de in de wet genoemde titels. Bij de gehanteerde indelingen worden door het CBS eerder criminologische dan juridische criteria gehanteerd. Internationaal gebruikelijk is in de politiestatistieken bijvoorbeeld het onderscheid tussen vermogensdelicten (delicten waarbij vooral materiële belangen worden geschaad), agressieve of gewelddelicten (delicten waarbij letsel wordt toegebracht) en seksuele delicten (delicten tegen de seksuele integriteit). Deze drie categorieën zal men in het Nederlandse Wetboek van Strafrecht tevergeefs zoeken.
Bij de indeling van de verschillende typen van delicten moeten moeilijke keuzen worden gemaakt. Zo kunnen berovingen zowel worden ingedeeld bij de vermogensdelicten als bij

de gewelddelicten. Het Wetboek van Strafrecht behandelt deze delicten onder de titel over diefstal en stroperij. Volgens de wetgever zijn het kennelijk vermogensmisdrijven. Het CBS deelt berovingen echter in bij de geweldmisdrijven. Criminologisch bezien zijn berovingen gemengde delicten. De vraag of bij een beroving het geweldselement of het vermogenselement overheerst, kan van geval tot geval verschillen. Hierbij kunnen bovendien de interpretaties van de dader en het slachtoffer van wat zich heeft afgespeeld, uiteenlopen. Terwijl de dader vaak slechts uit was op geldelijk gewin, zal het slachtoffer vaak toch vooral geschokt zijn door het tegen hem of haar gebruikte geweld of de dreiging daarmee. Ook de indeling van seksuele delicten is niet eenvoudig. De Nederlandse wetgever deelt ze in bij de titel over misdrijven tegen de zeden. Sinds enkele jaren deelt het CBS in sommige publicaties seksuele misdrijven in bij de geweldmisdrijven. Met deze indeling volgt het CBS de criminologische opvatting dat aanrandingen en verkrachtingen door de slachtoffers in hoofdzaak als een gewelddaad worden ervaren en bovendien vaak ook door de dader als zodanig zijn bedoeld.
De belangrijkste bron van statistische informatie over criminaliteit en rechtshandhaving in Nederland is de jaarlijkse gezamenlijke uitgave van het CBS en het Wetenschappelijk Onderzoek- en Documentatiecentrum (WODC) van het ministerie van Justitie in de reeks Onderzoek en Beleid (Kalidien en De Heer-de Lange, 2015) (zie voor de elektronische versie: www.wodc.nl). In de registratie van ter kennis van de politie gekomen misdrijven zijn in 2005 enkele wijzigingen aangebracht die tot een trendbreuk hebben geleid. In de laatste rapportage van CBS/WODC wordt daarom een overzicht gegeven van de cijfers vanaf 2005 (zie tabel 2.1).

Tabel 2.1. Aantal door de politie opgemaakte processen-verbaal voor misdrijven 2005-2014 in duizendtallen, in totaal en van enkele typen misdrijven (afgerond)

	2005	2012	2014
Totaal	1.348	1.194	1.007
Vermogens	792	704	624
Geweld/seksueel	122	113	97
Vernieling, openbare orde en gezag	231	184	134
Verkeer	161	154	114
Drugs	18	17	16

Het totale aantal ter kennis van de politie gekomen misdrijven is sinds 2005 gedaald met 25 procent. De dalende trend sinds 2005 geldt voor vrijwel alle onderscheiden typen van misdrijven. Het aantal geregistreerde vermogensmisdrijven nam in de periode 2005-2014 met 21 procent af, het aantal vernielingen en misdrijven tegen de openbare orde en het gezag met 41 procent, het aantal geweld- en seksuele misdrijven met 20 procent, het aantal verkeersmisdrijven met 29 procent en het aantal drugsmisdrijven met 11 procent.

De criminaliteit die ter kennis van de politie is gekomen, bestaat voor het overgrote deel uit vermogenscriminaliteit. Hieronder worden delicten verstaan als diefstal, inbraak, verduistering en heling. Het percentage vermogensmisdrijven binnen het totale aantal ter kennis van de politie gekomen misdrijven is thans ruim 60.

Trends op de langere termijn
Min of meer vergelijkbare cijfers over alle ter kennis van de politie gekomen misdrijven zijn bij het CBS beschikbaar van 1965 t/m 2014. In 1965 werden door de Nederlandse politie 169.000 misdrijven geregistreerd. Dit liep op tot 1,4 miljoen in 2002. Sindsdien heeft zich een daling ingezet. In 2014 registreerde de politie 1,07 miljoen misdrijven. Terugkijkend op de afgelopen vijftig jaar kan worden geconcludeerd dat de geregistreerde criminaliteit tussen 1965 en 2000 gestaag is toegenomen en daarna is gedaald. Het aantal geregistreerde misdrijven ligt met 1,07 miljoen thans weer op het niveau van 1985. Vooral de door de politie geregistreerde vermogenscriminaliteit is over een langere termijn bezien explosief gestegen. Tussen 1965 en 2002 is de vermogenscriminaliteit gestegen met factor acht. Tussen 1980 en 2000 is de geregistreerde vermogenscriminaliteit bijna verdubbeld (van circa 0,5 miljoen tot circa 900.000 in 2000). In hoeverre deze toename een reële stijging van de criminaliteit weerspiegelde, of berustte op een stijging van de aangiftebereidheid van de slachtoffers en/of de registratiebereidheid van de politie, is zonder nadere informatie uit andere bronnen niet te zeggen. De zojuist genoemde studies van Kester en Junger-Tas en van Wittebrood en Nieuwbeerta hebben uitgewezen dat er ook volgens de slachtofferenquêtes in die periode een lichte stijging van de vermogenscriminaliteit is opgetreden (en dat de hier getoonde stijging dus niet louter op een registratie-effect berust). Vanaf 1985 is de vermogenscriminaliteit nog enigszins gestegen, maar vanaf 1990 heeft zich een daling ingezet. De laatste tien jaar is de geregistreerde vermogenscriminaliteit fors gedaald. Dit geldt bijvoorbeeld voor de aantallen geregistreerde inbraken (hoofdgroep binnen de categorie gekwalificeerde diefstal). De hierna te behandelen resultaten van slachtofferenquêtes bevestigen dit beeld. Er is dus de afgelopen jaren een reële daling van dit type misdrijven opgetreden. De door de politie geregistreerde geweldmisdrijven, waaronder misdrijven tegen het leven, zijn tot 2010 blijven stijgen. Ook in andere Europese landen toonde de geregistreerde vermogenscriminaliteit vanaf omstreeks 2000 of 2005 een daling terwijl de geweldscriminaliteit nog bleef toenemen. Deze stijging lijkt zowel in Nederland als elders voor een groot deel het effect van een grotere inzet van de politie bij het opsporen en registreren van dit type criminaliteit (Van Dijk, 2009a). Opvallend was ook de sterke stijging vanaf 1985 van de aantallen diefstallen met geweld. De laatste jaren laten ook de geregistreerde geweldmisdrijven, zoals gezegd, een daling zien.
Het aantal gevallen van moord en doodslag is vanaf 1965 gestegen tot ruim 250 in 2001. Daarna is het aantal sterk gedaald, tot 144 in 2014 (CBS/statline 2015). Het aantal levensmisdrijven in Nederland ligt thans beneden het EU-gemiddelde.

De gewelddadige seksuele misdrijven, zoals verkrachtingen, vertoonden vanaf 1965 tot 1999 een stijging. Deze stijging zou (mede) het gevolg kunnen zijn van een grotere aangifte- en opnamebereidheid in verband met de geringere tolerantie voor seksueel geweld in de privésfeer. De laatste jaren valt het aantal door de politie geregistreerde verkrachtingen weer sterk terug (tot 1.070 in 2014). Mogelijkerwijze is het opwaartse registratie-effect van een grotere aangiftebereidheid en/of een betere registratie door de politie uitgewerkt, en wordt nu een daling in de werkelijke aantallen zichtbaar.
Het aantal door de politie geregistreerde delicten tegen de openbare orde bijvoorbeeld agressief gedrag tegen de politie en vernielingen nam vanaf 1985 fors toe. Deze stijging lijkt de heersende verontrusting over geweld tegen functionarissen te bevestigen maar zou ook op een registratie-effect kunnen berusten dat samenhangt met een lagere tolerantiedrempel bij de politie. Ook bij deze delicten heeft zich inmiddels een forse daling ingezet.
Het delict rijden onder invloed van alcohol vertoont een grillig beeld. Tussen 2005 en 2007 nam het aantal nog toe maar of er sprake is geweest van een reële toename van het aantal dronken verkeersdeelnemers, valt op grond van de politiecijfers niet vast te stellen. De stijging weerspiegelt waarschijnlijk eerder de aantallen door de politie uitgevoerde alcoholverkeerscontroles dan wijzigingen in het rij- en drinkgedrag van de bevolking. Volgens het onderzoek Rij- en Drinkgewoonten van de Stichting Wetenschappelijk Onderzoek Verkeersveiligheid (SWOV, 2016) is rijden onder invloed namelijk vanaf 1970 gestaag afgenomen. Sinds 2007 is ook het aantal geregistreerde gevallen van dronken rijden sterk gedaald, namelijk met ruim 40 procent. De cijfers van de SWOV laten zien dat dit berust op een reële daling ten gevolge van veranderingen in het normbesef van de Nederlandse bevolking met betrekking tot het rijden onder invloed van alcohol.
Opmerkelijk is het relatief lage en nog steeds dalende aantal processen-verbaal voor opiummisdrijven. Met name het aantal geregistreerde delicten in verband met softdrugs is laag te noemen (ongeveer 8.000 per jaar). De geloofwaardigheid van deze cijfers als graadmeter van de omvang van de drugshandel of het drugsgebruik is zeer gering. Voor deze categorie delicten geldt wel zeer in het bijzonder dat de politiecijfers uitsluitend iets zeggen over de opsporingsinspanningen van de politie.
De samenvattende conclusie over de ontwikkeling van de ter kennis van de politie gekomen criminaliteit in Nederland op de lange termijn is dat de vermogenscriminaliteit sinds 1965 sterk is toegenomen. De stijging was vanaf 1985 wat minder explosief en de laatste jaren is een duidelijke daling waarneembaar. Sedert 1975 is er een toename van de geregistreerde geweldmisdrijven. Deze heeft tot 2010 voortgeduurd. Door deze opwaartse geweldstrend heeft er een kwalitatieve omslag plaatsgevonden in de geregistreerde criminaliteit. Volgens de politiestatistiek heeft de criminaliteit zich enigszins verhard. Prototypisch voor de actuele criminaliteitsproblematiek in een aantal grote steden is de stijging van het aantal overvallen op winkels. Dertig jaar geleden was deze brutale en voor de slachtoffers zeer traumatische vorm van criminaliteit in Nederland nog een zeldzaamheid. De verharding van de criminaliteit moet aan de andere kant ook niet worden overdreven. Het overgrote deel van de door de politie geregistreerde mis-

drijven bestaat uit vermogensdelicten. Bovendien is ook het aantal geweldmisdrijven en het aantal levensmisdrijven (moord en doodslag) inmiddels sterk gedaald.
Verderop in dit hoofdstuk komen we nog uitvoerig terug op de vraag of de politiecijfers met betrekking tot vermogensdelicten en geweld een juist beeld geven van de reële ontwikkeling van de criminaliteit of mede worden bepaald door registratie-effecten.

2.2.2 Indexcijfers per 100.000 inwoners

Tabel 2.1 toont de absolute aantallen geregistreerde delicten, ook wel 'frequenties' genoemd. Deze frequenties zijn het resultaat van tellingen binnen de tijdseenheid van één jaar. Het CBS deelt de aantallen ter kennis gekomen delicten door de totale bevolking en vermenigvuldigt deze aantallen vervolgens met 100.000. Op deze wijze verkrijgt men de criminaliteitsindex, dat wil zeggen het aantal misdrijven dat ter kennis van de politie is gekomen per 100.000 Nederlanders. Het CBS pleegt de aantallen delicten te relateren aan de bevolking van 12 tot 79 jaar. Indien de hierboven besproken totaalcijfers worden omgezet in indexcijfers per 100.000 inwoners, blijkt de stijging voor een aantal groepen delicten minder groot dan wanneer naar de absolute aantallen wordt gekeken. De stijging berustte ten dele op de bevolkingstoename. Volgens de indexcijfers is er al sinds 1995 een zekere stabilisering in de geregistreerde criminaliteit opgetreden. De daarna optredende daling is nog sterker indien naar indexcijfers wordt gekeken in plaats van naar de absolute cijfers.
De berekening van indexcijfers per 100.000 is niet slechts noodzakelijk voor het bestuderen van ontwikkelingen van de criminaliteit in de tijd, maar ook voor vergelijkingen tussen het niveau van de criminaliteit in verschillende steden of landen. Het absolute aantal delicten zal in steden of landen met meer inwoners uiteraard doorgaans groter zijn dan in steden of landen met minder inwoners. Pas wanneer de omrekening naar indexcijfers per 100.000 of 1.000 inwoners is gemaakt, kunnen aan de vergelijking conclusies worden verbonden over de relatieve omvang van de criminaliteitsproblemen per stad of land. In dit opzicht verschillen criminaliteitscijfers niet van economische of medische statistieken die bij internationale vergelijkingen eveneens worden uitgedrukt in aantallen werklozen of ziekenhuisopnames per 100.000 inwoners.
Uit de totale indexcijfers blijkt dat de geregistreerde criminaliteit in 2014 landelijk op het niveau lag van 59,8 misdrijven per 1.000 inwoners van 12-79 jaar. De top werd bereikt in 2002 met 106 geregistreerde delicten per 1.000 inwoners. Ruwweg kan men zeggen dat de Nederlandse politie toen jaarlijks per tien inwoners een misdrijf registreerde en nu bijna de helft minder.
Tabel 2.2 laat de aantallen ter kennis van de politie gekomen misdrijven zien per 1.000 inwoners van 12-79 jaar in 2005 t/m 2014 voor Nederland en de 25 grootste Nederlandse gemeenten. In overeenstemming met zijn reputatie van wereldstad is het aantal door de politie geregistreerde delicten in Amsterdam, ook na indexering voor bevolkingsomvang, relatief hoog (115 per 1.000). Op de tweede en derde plaats staan Maastricht en Eindhoven.

Tabel 2.2. Opgemaakte processen-verbaal voor misdrijven in 2005, 2010 en 2014 per 1.000 inwoners van Nederland en de 25 grootste gemeenten

Bron: CBS/WODC 2015.

	2005	2010	2014
Nederland	82,7	72,1	59,8
Almere	85,1	72,7	67,6
Amersfoort	107,4	76,1	61,0
Amsterdam	142,2	128,1	115,5
Apeldoorn	96,7	74,1	63,4
Arnhem	124,2	112,7	91,3
Breda	121,5	94,9	78,9
Dordrecht	87,7	84,0	72,7
Ede	64,7	67,7	44,2
Eindhoven	135,9	114,3	103,7
Emmen	65,3	57,5	53,6
Enschede	98,3	91,8	77,6
's-Gravenhage	115,3	117,9	94,8
Groningen	111,5	103,0	83,5
Haarlem	86,6	88,0	68,7
Haarlemmermeer	102,6	88,9	78,2
's-Hertogenbosch	141,3	102,6	77,7
Leiden	101,5	96,1	72,9
Maastricht	129,8	123,0	108,1
Nijmegen	128,0	101,8	83,7
Rotterdam	139,2	114,8	99,7
Tilburg	111,0	92,7	81,7
Utrecht	155,7	114,5	95,2
Zaanstad	72,3	68,4	59,4
Zoetermeer	85,2	80,0	62,5
Zwolle	100,9	80,4	62,7
Overige gemeenten	65,2	59,4	46,4

Binnen de cijfers van het CBS van de ter kennis van de politie gekomen misdrijven kunnen verdere uitsplitsingen worden gemaakt van de aantallen vermogens-, geweld- of seksuele delicten per politieregio, politiedistrict of stad. Op basis van de gegevens over de afgelopen twee jaar wordt door de krant *Algemeen Dagbad* een Nederlandse misdaadkaart bijgehouden met de aantallen misdrijven per 1.000 inwoners van alle grotere Nederlandse gemeenten. Door wegingspunten toe te kennen aan de verschillende types misdrijven wordt een algemene maat voor de gemeentelijke veiligheid berekend. De focus ligt op tien delicten met een hoge impact op het veiligheidsgevoel van de burger. Deze delicten zijn: woninginbraak, diefstal van een motorvoertuig, bedreiging, mishandeling, straatroof, overval, vernieling, diefstal uit garage/schuur, diefstal uit een auto en zakkenrollen (zie box 2.1 voor de Misdaadmeter 2016, gebaseerd op de politiecijfers over 2015).

De cijfers per regio of per stad zoals die worden gepresenteerd in de Misdaadmeter dienen met de nodige voorzichtigheid te worden geïnterpreteerd. De keuze van de tien delicten en hun wegingsfactor berust op een subjectieve keuze. Maar belangrijker nog is dat de aangiftebereidheid en vooral de registratiemethoden van de politie per regio/stad kunnen verschillen. Dit betekent dat de politiecijfers per 1.000 inwoners een verkeerd beeld kunnen geven van de relatieve veiligheid van de gemeenten. In het algemeen zijn zowel de aangiftepercentages en de registratie door de politie lager in de grote steden. Het percentage delicten dat bij de politie wordt aangegeven verschilt bijvoorbeeld van 25 procent in Amsterdam tot 35 procent in Oost-Brabant (Veiligheidsmonitor, 2013). De politiecijfers van de grootste Nederlandse gemeenten geven dus een geflatteerd beeld van de criminele werkelijkheid vergeleken bij die van kleinere gemeenten. Het wekt bevreemding dat de opstellers van de Misdaadmeter in hun presentaties van de uitkomsten in het AD of op de televisie nooit op deze evidente beperkingen wijzen. Deze beperkingen zijn de reden waarom in Nederland door het CBS regelmatig enquêtes worden uitgevoerd onder de bevolking naar ervaringen met criminaliteit met zeer grote steekproeven. De steekproeven zijn groot genoeg voor uitsplitsingen van de uitkomsten per politiedistrict en/of (grote) gemeente. Deze hierna te bespreken enquête-uitkomsten bieden een betere basis voor vergelijkingen van het niveau van de criminaliteit in gemeenten dan de politiecijfers.

Box 2.1. AD Misdaadmeter 2016

© AD.

Hoewel de criminaliteit in Nederland is gedaald, geldt dat niet voor een kwart van alle gemeenten. Daar waren vorig jaar méér aangiften van veelvoorkomende misdaad, zoals inbraken, berovingen en geweld. Dat blijkt uit de AD Misdaadmeter.

De golf van dalende criminaliteit ging in totaal aan 95 gemeenten voorbij. Gekeken naar tien delicten in de AD Misdaadmeter, kenden zij méér criminaliteit. Het betreft kleinere gemeenten; gemiddeld met 29.000 inwoners. Opvallend vaak waren het gemeenten in Gelderland en Zeeland: ruim een derde van de gemeenten werd daar onveiliger.

Mishandelingen

Gemiddeld genomen kent Nederland al jarenlang een daling van de 'klassieke' criminaliteit, zoals inbraken, overvallen en mishandelingen. Vorig jaar waren er 15 procent minder straatroven, 11 procent minder aangiftes van zakkenrollen en 9 procent minder woninginbraken. De AD Misdaadmeter bekijkt per gemeente het aantal aangiftes van tien vormen van veelvoorkomende criminaliteit en weegt deze naar impact en inwoneraantal. Op de ranglijst van onveilige gemeentes staat Amsterdam weer bovenaan en Maastricht staat op 2. Beide gemeenten kampen met veel gevallen van zakkenrollerij. Daarnaast kende Amsterdam meer autokraken. Van 10 veelvoorkomende misdrijven daalde ook in Amsterdam het aantal aangiftes, maar het criminaliteitsniveau ligt zo hoog, dat het alle andere gemeenten achter zich laat. In Maastricht was er tegen de landelijke trend in een verdubbeling van het aantal overvallen en méér autodiefstallen dan een jaar eerder. Burgemeester Penn reageert nuchter. 'Bijna alle misdaadcijfers dalen in Maastricht. Maar dat is in heel Nederland. Dus zo blijven we toch op 2.'

Charme

De veiligste gemeente van het land is Ten Boer, in Groningen. 'Dat we een veilige gemeente zijn wist ik, maar de veiligste van het land is erg leuk om te horen. Toch moeten ook wij alert blijven. Veel mensen laten gewoon de achterdeur open. Dat heeft z'n charme, maar we moeten niet naïef zijn. Inbrekers kunnen ook bij ons langskomen', reageert een opgetogen burgemeester André van de Nadort. Vorig jaar gebeurde dat in de gemeente met 7.400 inwoners slechts 4 keer.

Bron: www.ad.nl.

Bij wijze van dienstverlening aan de individuele burger die zich wil oriënteren over inbraken in de eigen buurt, stelt de nationale politie informatie beschikbaar over de inbraken per buurt die de afgelopen drie maanden zijn gepleegd (www.politie.nl/misdaad-in-kaart). Deze criminele informatie op buurtniveau wordt vergezeld van informatie over te nemen preventieve maatregelen.

2.2.3 Internationale politiestatistieken

Eén van de voor de hand liggende methoden om hypothesen uit de sociologische criminologie te toetsen, is het vergelijken van het niveau en de ontwikkeling van (vormen van) criminaliteit in verschillende landen. Deze onderzoekstraditie is, zoals eerder besproken, zelfs ouder dan die van de Italiaanse Lombrososchool. Al in 1831 publiceerde de Belgische statisticus Adolphe Quetelet een vergelijkende studie naar de ontwikkeling van de criminaliteit in verschillende landen (op basis van de aantallen veroordelingen).

Internationale organisaties, zoals Interpol, de Verenigde Naties en sinds enige tijd Eurostat, de statistische afdeling van de Europese Commissie, publiceren regelmatig overzichten van de ter kennis van de politie gekomen misdrijven in verschillende landen. De hierboven besproken problemen die zich voordoen bij de interpretatie van politiecijfers uit een land, gelden *a fortiori* voor internationale cijfers. Om te beginnen zijn de wettelijke definities van de verschillende soorten misdrijven niet uniform. Zelfs het veelvoorkomende delict woninginbraak wordt per land zeer verschillend gedefinieerd. In Nederland valt het onder de 'gekwalificeerde diefstallen' en wordt er juridisch geen onderscheid gemaakt tussen een woninginbraak of een autokraak. Het Engelse begrip *burglary* heeft betrekking op delicten gepleegd door iemand die in andermans huis is binnengedrongen. Dit kunnen ook andere delicten dan diefstal zijn, bijvoorbeeld aanranding. Politiecijfers van de aantallen inbraken of woninginbraken uit Nederland kunnen dus niet zinvol worden vergeleken met de aantallen *burglaries* in Engeland. Een ander voorbeeld van de onvergelijkbaarheid van internationale politiecijfers is dat volgens de Hongaarse wet diefstallen van goederen die minder waard zijn dan ongeveer vijftig euro niet tot de misdrijven worden gerekend, maar tot bestuursrechtelijke overtredingen.

Niet alleen de wettelijke definities lopen uiteen, ook de aangiftebereidheid van het publiek en de registratiebereidheid van de politie verschillen van land tot land. In Europese landen waar relatief weinig huishoudens een inbraakverzekering hebben, zoals Spanje en Italië, wordt vaker afgezien van het doen van aangifte van vermogensmisdrijven. Dit geldt nog sterker voor ontwikkelingslanden. In landen met een minder democratische regeringsvorm is de politie bovendien minder genegen om de door particuliere burgers aangegeven delicten officieel te registreren. Door weinig delicten te registreren, kunnen politiekorpsen immers de schijn ophouden dat zij de criminaliteit onder controle hebben. In de voormalige Sovjet-Unie nam de plaatselijke politie vaak slechts aangiften op van partijleden of van delicten waarvan de dader gemakkelijk kon worden opgespoord. Op deze manier kon het criminaliteitscijfer, in overeenstemming met de officiële leer dat 'onder het communisme de criminaliteit vanzelf zal verdwijnen', kunstmatig laag worden gehouden. Dergelijke gewoonten van staatsinstellingen verdwijnen slechts langzaam. Nog steeds is het officiële criminaliteitscijfer van Rusland en andere ex-communistische landen ongeloofwaardig laag in vergelijking tot dat van andere westerse landen.

Onder deskundigen bestaat er tegenwoordig brede overeenstemming dat de indexcijfers over de geregistreerde criminaliteit van verschillende landen beslist niet kunnen worden gebruikt voor een vergelijking van het criminaliteitsniveau. Wel worden zij, bijvoorbeeld door Eurostat, nog vaak gehanteerd om de trends in de criminaliteit van landen te vergelijken. Zoals eerder gezegd, moet ook hier met registratie-effecten in de politiecijfers rekening worden gehouden.

In figuur 2.1 zijn de aantallen ter kennis van de politie gekomen misdrijven per 100.000 inwoners van vier geselecteerde Europese landen weergegeven teruggaand tot 1950 (zie voor meer details Eggen en Kalidien, 2008).

Figuur 2.1. Ontwikkeling aantal misdrijven ter kennis gekomen van de politie c.q. aantal processen-verbaal per 100.000 inwoners, 1950-2006, in vier Europese landen
Bron: CBS/WODC, 2008.

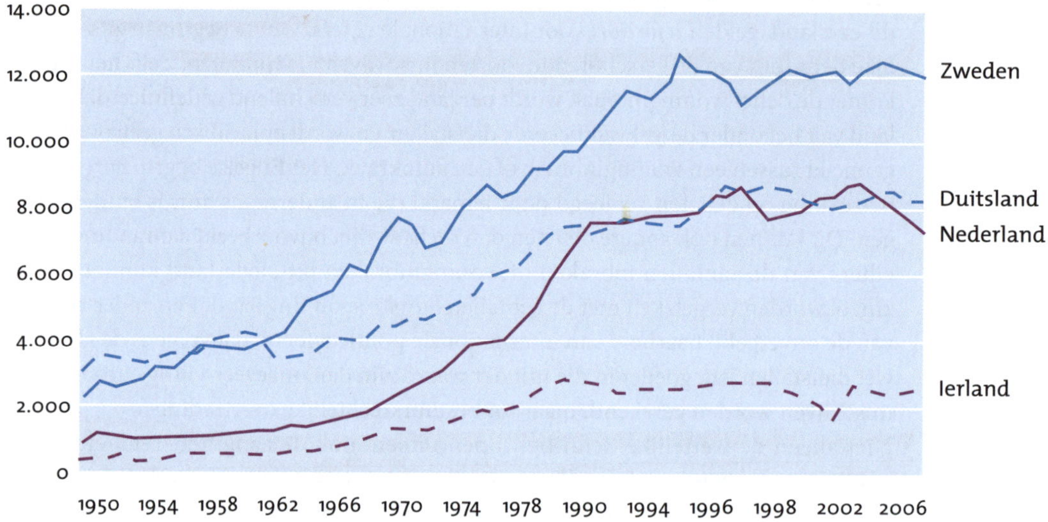

In figuur 2.1 vallen onmiddellijk enkele aspecten op. Ten eerste blijkt de door de politie geregistreerde criminaliteit in alle landen vanaf 1960 sterk te zijn gestegen. In Nederland is de stijging het sterkst geweest in de periode tussen 1970 en 1985. In de meeste landen is sinds 1985-1990 een zekere stabilisering opgetreden. Vanaf 2000 is er een lichte daling opgetreden. Opmerkelijk sterke dalingen zijn ook opgetreden in de Verenigde Staten (hier niet opgenomen). Wat zijn de oorzaken hiervan? Duidelijk is dat de gepresenteerde statistieken moeilijk zijn te rijmen met de Bongeriaanse theorie die stelt dat criminaliteit voortkomt uit armoede of uitbuiting. De stijging vanaf 1960 wijst er eerder op dat het niveau van de criminaliteit gelijke tred houdt met de welvaart (Van Dijk, 1991). Steun hiervoor biedt ook de ontwikkeling van de geregistreerde criminaliteit in Zweden. Dit land was er onmiddellijk na de oorlog vanwege de neutraliteit beter aan toe dan de rest van het Europese continent. De criminaliteit is er eerder dan elders begonnen aan de decennialange opwaartse trend. Ook in Noorwegen zijn welvaart en geregistreerde criminaliteit nauw aan elkaar verbonden. In verband met de olie-exporten is de welvaart in Noorwegen vanaf de jaren tachtig sterk toegenomen. Ook de criminaliteit zit sindsdien in de lift (Eggen en Kalidien, 2008).
Het relatieve niveau van de geregistreerde criminaliteit laat enkele opmerkelijke verschillen zien. In het oog springend zijn het relatief hoge niveau van de geregistreerde criminaliteit in Zweden en het lage niveau in Ierland. Wie Zweden enigszins uit eigen wetenschap kent, zal wel willen geloven dat een grote stad als Stockholm met bepaalde criminaliteitsproblemen kampt die zijn gerelateerd aan alcohol- en drugsmisbruik.

Moeilijk te geloven is echter dat dit land onveiliger zou zijn dan bijvoorbeeld Duitsland of Nederland. Dit leidt vervolgens tot de hypothese dat wellicht niet de criminaliteit, maar de aangifte van delicten en/of de registratie door de politie in dit land op een relatief hoog peil staat. Het hoge criminaliteitsniveau van Zweden berust wellicht op een registratie-effect. Anderzijds is het niveau van de criminaliteit in Ierland onwaarschijnlijk laag, dit temeer daar Ierland tot de meer welvarende landen van Europa behoort. Het is denkbaar dat de Ierse politie minder accuraat is in het registreren van delicten dan elders. Over de juistheid van deze hypothese kan de politiestatistiek zelf geen uitsluitsel geven. Hiervoor moet een beroep worden gedaan op de door de criminologie zelfstandig, dus los van de politieregistraties, verzamelde gegevens over het niveau van de criminaliteit. Over deze cijfers handelen de volgende paragrafen.

2.3 Onderzoeken naar verborgen criminaliteit

Om een beter inzicht te krijgen in de aard en de omvang van de criminaliteit die verborgen is gebleven, is het, zoals gezegd, noodzakelijk dat de criminoloog zelf onderzoek verricht. Het gaat daarbij in eerste instantie om het meten of schatten van de werkelijke omvang en ontwikkeling van de criminaliteit. Het gaat vervolgens ook om de vraag welk deel van de werkelijke criminaliteit door de politie wordt geregistreerd (dus om de vraag: hoe groot is het *dark number*, de verborgen criminaliteit?). Ten derde is het belangrijk om te weten of er verschillen bestaan (in sociale klasse, intelligentie, persoonlijkheidskenmerken, geslacht e.d.) tussen betrapte delinquenten enerzijds en niet-betrapte delinquenten anderzijds en of slachtoffers die aangifte doen bij de politie verschillen van degenen die dat nalaten. Centraal staat dan het probleem of de aangegeven/betrapte delinquenten respectievelijk bij de politie bekende slachtoffers representatief zijn voor de populaties van delinquenten of slachtoffers in het algemeen of daarvan een bijzondere selectie vormen. Zou dat laatste het geval zijn, dan kunnen de bevindingen met betrekking tot bij de politie bekend geworden daders en slachtoffers niet worden gegeneraliseerd naar de totale populaties. Het onderzoek naar de verborgen misdaad is dus niet slechts belangrijk voor de beschrijvende criminologie, maar ook voor de toetsing van theorieën over daders en slachtoffers van criminaliteit.
De beste methode om inzicht te krijgen in het vóórkomen van criminaliteit is de directe observatie. Dit is een methode die in de gedragswetenschappen tamelijk frequent wordt toegepast. Het waarnemen van menselijke gedragingen, dat in de directe levenssfeer of in een laboratoriumsituatie kan plaatsvinden, verschaft vaak waardevolle informatie over het functioneren van de mens. In de criminologie wordt de methode van de directe observatie aanzienlijk minder vaak gebruikt dan in andere gedragswetenschappen. De meeste delicten zijn betrekkelijk zeldzaam en worden zo heimelijk mogelijk gepleegd. Veel delinquenten streven immers naar optimalisering van de opbrengst van het door hen gepleegde delict. Daartoe behoort het zo veel mogelijk beperken van de kans om te worden gezien, en dus betrapt. De zichtbaarheidsgraad

verschilt overigens van delict tot delict. Deze is redelijk hoog bij agressieve misdrijven in de publieke sfeer en bij winkeldiefstal. In New York volgde Murphy vijfhonderd willekeurig gekozen klanten tijdens hun gang door een groot warenhuis. Hij nam waar dat een op de twaalf iets meenam zonder ervoor te betalen (Murphy, 1986). Bij de meeste vormen van criminaliteit is de zichtbaarheid echter zeer laag, zoals bij huiselijk geweld, chantage, fraude en allerlei vormen van witteboordencriminaliteit. Dit zorgt ervoor dat bij criminologisch onderzoek naar *dark numbers* niet of nauwelijks van de methode van de directe observatie gebruik kan worden gemaakt.

Om toch meer aan de weet te komen over de verborgen gebleven criminaliteit is er nog een andere mogelijkheid voor de onderzoeker: de methode om mensen te enquêteren over wat ze hebben gedaan of meegemaakt met behulp van een vragenlijst (*questionnaire*). Deze wordt door sociale wetenschappers voor tal van doeleinden benut. Algemeen bekend zijn de attitude- of opinieonderzoeken en de onderzoeken waarmee men actueel of toekomstig gedrag van mensen probeert te meten, zoals verkiezingsonderzoeken. Een bezwaar van deze methode is dat men vaak in het ongewisse blijft over de mate waarin het werkelijke gedrag van mensen correspondeert met de via de vragenlijst verkregen informatie. De geënquêteerden (respondenten) zijn vaak geneigd om sociaal wenselijke antwoorden te geven. Bekend in dit verband is een enquête onder hoteliers in het zuiden van de Verenigde Staten in de jaren vijftig van de vorige eeuw waarin werd gevraagd of zwarten welkom waren in hun hotel. Vervolgens stuurden de onderzoekers zwarte studenten naar dezelfde hotels waar deze zich als gast probeerden te laten inschrijven. Uit de uitkomsten bleek dat de meeste duurdere hotels beweerden zwarte gasten te verwelkomen, maar dit in werkelijkheid niet deden, terwijl voor de goedkopere hotels juist het omgekeerde gold. De eerste groep durfde kennelijk niet aan een enquêteur toe te geven dat zij discrimineerde, terwijl zij het wél deden. De tweede groep gaf juist openlijk aan wel te discrimineren, maar kon zich dat om economische redenen in de dagelijkse praktijk niet veroorloven.

In Nederland is ooit nagegaan of personen die zeggen uit angst voor criminaliteit 's avonds niet meer de deur open te doen, dit in werkelijkheid ook inderdaad niet doen, en omgekeerd. In 75 procent van de gevallen bleek het feitelijke gedrag met de tijdens de enquête gegeven antwoorden te corresponderen (Van Dijk en Nijenhuis, 1979). Deze laatste uitkomst is betrekkelijk gunstig voor de geloofwaardigheid van enquêtes naar gevoelens van onveiligheid die vragen naar feitelijke gedragingen.

Om toch zo betrouwbaar mogelijke resultaten te verkrijgen, wordt door de onderzoekers aan de ondervraagden bij gevoelige onderwerpen zoals criminaliteit vaak volstrekte anonimiteit toegezegd. Bovendien plegen sommige onderzoekers indringende vragen in te bedden in reeksen vragen die niet bedreigend zijn of er worden extra vragen opgenomen waarmee men de 'eerlijkheid' van de respondent kan meten (bijvoorbeeld diens neiging om sociaal wenselijke antwoorden te geven).

Bij het onderzoek naar de verborgen criminaliteit wordt de vragenlijstmethode door criminologen op twee soorten respondenten toegepast, namelijk op (eventuele) plegers

van delicten en op (eventuele) slachtoffers. Welke van deze twee doelgroepen men ook benadert, kenmerkend voor dit type onderzoek is dat men een vragenlijst voorlegt aan een goed over de verschillende bevolkingsgroepen gespreide, aselect getrokken steekproef (een doorsnede van de totale populatie). Alleen dan kunnen op grond van de antwoorden van de steekproef conclusies worden getrokken over de gehele bevolking. Zo'n steekproef kan betrekking hebben op verschillende populaties, zoals alle studenten in stad X, alle personen tussen 12 en 79 jaar in Nederland of alle vrouwen tussen de 18 en 35 jaar in provincie Z. Welke populatie men door middel van een steekproef benadert, hangt af van de informatie die de onderzoeker wil vergaren.
Het verschil tussen de twee typen *dark-number*onderzoek heeft betrekking op de aard van de gestelde vragen. Bij zelfrapportagestudies (ook wel *self-report studies* genoemd) wordt gevraagd of de geënquêteerden bepaalde typen delicten hebben gepleegd en hoe vaak zij dit hebben gedaan. Gebruikelijk is om vervolgens de vraag te stellen of de politie van de overtreding of het misdrijf op de hoogte is gekomen en, zo dit het geval is, proces-verbaal heeft opgemaakt. Bij slachtofferenquêtes wordt gevraagd of de geënquêteerden slachtoffer zijn geweest van bepaalde typen delicten. Het gaat hierbij dus niet, zoals de benaming suggereert, om een onderzoek onder slachtoffers, maar onder het algemene publiek waarbij gevraagd wordt naar eventuele slachtoffererervaringen. Het is gebruikelijk aan degenen die zeggen slachtoffer te zijn geweest, te vragen of zij van het delict aangifte bij de politie hebben gedaan en of de politie daarvan een proces-verbaal heeft opgemaakt. Ook kan de onderzoeker informatie inwinnen over de omstandigheden waaronder het delict heeft plaatsgevonden en of men slachtofferhulp heeft ontvangen of schadeloos is gesteld. In dat opzicht zijn het inderdaad slachtofferenquêtes, dat wil zeggen enquêtes naar de ervaringen van slachtoffers. In veel gevallen worden ook enkele vragen gesteld over gevoelens van onveiligheid (bijvoorbeeld de zojuist genoemde vraag naar het al dan niet 's avonds opendoen voor vreemden) en over de prestaties van de politie. De uitkomsten van vragen naar gevoelens van onveiligheid komen aan de orde in hoofdstuk 8 over victimologie.
Zowel de zelfrapportagestudies als de slachtofferenquêtes zijn voor de moderne criminologie belangrijke (meet)instrumenten. Nederland verkeert hierbij in de gunstige positie dat dergelijk onderzoek de afgelopen dertig jaar op grote schaal is gefinancierd door de overheid en daardoor op relatief grote schaal kon worden uitgevoerd. Hierna gaan we daarom op de uitkomsten van deze beide typen van beschrijvend criminologisch onderzoek uitvoerig in.

2.3.1 Onderzoek bij plegers van delicten

Als eersten in Nederland hebben Buikhuisen, Jongman en Oving (1969) onderzoek verricht naar de verborgen criminaliteit. Hun proefpersonen waren mannelijke respectievelijk vrouwelijke studenten van de universiteitsstad Groningen. De studenten werd verzocht aan te geven of en hoe vaak zij 25 in de vragenlijst opgenomen soorten delicten

hadden gepleegd na hun vijftiende verjaardag. Slechts 6 procent van de mannelijke en 34 procent van de vrouwelijke studenten gaf op nog nooit een van deze delicten te hebben gepleegd. Vrijwel niemand was in verband hiermee met de politie in aanraking gekomen. De mannelijke studenten pleegden gemiddeld bijna 3,5 maal meer misdrijven dan de vrouwelijke studenten (13,9 tegen 4,1), terwijl de (zeer geringe) kans op een proces-verbaal (dus ontdekking) niet veel verschilde (0,0036 tegen 0,0030). De uitkomsten baarden destijds veel opzien. In de Tweede Kamer werd verontrusting uitgesproken over de kennelijke immoraliteit van veel (Groningse) studenten. Zoals hieronder zal blijken, is het echter met de moraliteit van andere groepen jongeren in dit opzicht niet beter gesteld.
Inmiddels is vrij algemeen bekend dat de meeste mensen in hun scholieren- of studententijd wel eens een delict plegen, zoals winkel- of fietsendiefstal, of, in de huidige tijd, een online delict. In opdracht van het Wetenschappelijk Onderzoek- en Documentatiecentrum (WODC) van het ministerie van Justitie worden er met intervallen van twee tot vijf jaar zelfrapportagestudies uitgevoerd onder steekproeven uit de landelijke populatie van jongeren (12-17 jaar) in Nederland. Deze studies worden aangeduid als de Monitor Zelfgerapporteerde Jeugdcriminaliteit (MZJ). Ook onder andere leeftijdsgroepen is zulk onderzoek uitgevoerd. De enquête van 2015 is uitgevoerd onder steekproeven van 10- en 11-jarigen, 12- t/m 17-jarigen en 18- t/m 22-jarigen. In deze laatste enquête zijn voor het eerst verschillende vragen opgenomen betreffende online criminaliteit (Van der Laan & Goudriaan, 2016). Er kan binnen de online criminaliteit een onderscheid worden gemaakt tussen cyber- en gedigitaliseerde criminaliteit. Cyberdelicten gaan over delicten waarbij een ICT-systeem zoals een computer, laptop, smartphone of website doelwit van handelen is. Deze delicten kunnen offline niet worden gepleegd en zijn ontstaan met de komst van de ICT. Het gaat dan bijvoorbeeld om hacken. Bij gedigitaliseerde criminaliteit gaat het om traditionele vormen van criminaliteit die met behulp van ICT kunnen worden gepleegd. Het gaat hierbij bijvoorbeeld om bedreigen of chanteren van anderen via internet (via pc of mobiel apparaat). Hierbij kan men denken aan jongeren die leeftijdgenootjes via WhatsApp afpersen of chanteren door te dreigen erotisch getinte foto's of filmpjes rond te sturen.
Uit de resultaten van de enquête blijkt dat 20 procent van de 11-/12-jarigen, 35 procent van de 12- t/m 17-jarigen en 37 procent van de 18- t/m 22-jarigen de afgelopen twaalf maanden enigerlei offline delict had gepleegd. Van de 18- t/m 22-jarigen had daarnaast nog 16 procent enigerlei volwassenendelict gepleegd zoals dronken rijden of verzekeringsfraude. De percentages recente plegers van online delicten waren respectievelijk 10 procent onder de 11- en 12-jarigen, 31 procent onder de 12- t/m 17-jarigen en 28 procent onder de 18- t/m 22-jarigen. Deze uitkomsten bevestigen het beeld dat een aanzienlijk deel van de jongeren en jongvolwassenen regelmatig zowel offline als online delicten pleegt.
Tabel 2.3 toont de resultaten van de enquêtes uit 2015, inclusief de onzekerheidsmarges van 95 procent, voor offline delicten. De kans dat het werkelijke percentage buiten de aangegeven marges valt, is kleiner dan 5 procent.

Tabel 2.3. Prevalentie van zelfgerapporteerde offline delicten in de afgelopen 12 maanden onder 10- tot en met 22-jarigen in 2015, naar leeftijdsgroep

Bron: MZJ 2015.

	10 en 11 jaar N=478		12 t/m 17 jaar N=1.470		18 t/m 22 jaar N=1.240	
	%	95%-BI	%	95%-BI	%	95%-BI
Totaal jeugddelicten	20,2	(16,6-23,8)	34,7	(32,2-37,1)	37,4	(34,7-40,1)
Geweldsdelicten						
Iemand bedreigen, bang maken	2,0	(0,7-3,3)	6,9	(5,6-8,3)	5,6	(4,3-6,9)
Geslagen, persoon niet gewond	10,6	(7,8-13,4)	17,7	(15,7-19,7)	11,4	(9,5-13,1)
Geslagen, persoon gewond	4,5	(2,6-6,4)	7,0	(5,7-8,3)	7,1	(5,7-8,5)
Iemand bedreigen om te stelen	.		0,3	(0,0-0,6)	.	
Geweld gebruiken om te stelen	.		0,2	(0,0-0,4)	.	
Iemand met wapen verwond	.		0,7	(0,3-1,1)	.	
Onvrijwillige seks	.		.		.	
Totaal geweld	12,7	(9,7-15,7)	21,8	(19,7-23,9)	16,3	(14,2-18,4)
Vermogensdelicten						
Prijsjes verwisselen	1,0	(0,1-1,9)	2,8	(2-3,6)	5,0	(3,8-6,2)
Iets goedkoper dan € 10 uit winkel gestolen	5,7	(3,6-7,8)	6,0	(4,8-7,2)	4,1	(3,0-5,2)
Iets duurder dan € 10 uit winkel gestolen	.		0,9	(0,4-1,4)	1,0	(0,4-1,6)
Iets gestolen van school of werk	3,5	(1,9-5,1)	8,0	(6,6-9,4)	10,9	(9,2-12,6)
Fiets of scooter gestolen	.		1,4	(0,8-2)	2,7	(1,8-3,6)
Zakken gerold	.		0,4	(0,1-0,7)	.	
Iets van buitenkant auto gestolen	.		0,5	(0,1-0,9)	0,4	(0,0-0,8)
Heling (kopen)	.		2,6	(1,8-3,4)	7,5	(6,0-9,0)
Heling (verkopen)	.		1,8	(1,1-2,5)	2,0	(1,2-2,8)
Iets uit auto gestolen	.		.		.	
Ingebroken	.		0,5	(0,1-0,9)	0,7	(0,2-1,2)
Totaal vermogen	8,8	(6,3-11,3)	15,3	(13,5-17,1)	21,9	19,6-24,2
Vandalisme en vernieling						
Voertuig beschadigd of vernield	1,2	(0,2-2,2)	1,9	(0,2-2,2)	1,9	(1,1-2,7)
Woning beschadigd of vernield	2,0	(0,7-3,3)	2,0	(1,3-2,7)	1,3	(0,7-1,9)
Bus, tram, metro of trein vernield	.		0,7	(0,3-1,1)	1,5	(0,8-2,2)
Iets anders beschadigd	4,1	(2,3-5,9)	3,9	(2,9-4,9)	6,8	(5,4-8,2)
Muren, trams, bussen beklad	2,3	(1,0-3,6)	9,6	(8,1-11,1)	5,8	(4,5-7,1)
Totaal vandalisme	5,6	(3,5-7,7)	13,8	(12-15,6)	11,9	(10,1-13,7)
Wapenbezit						
Wapenbezit voor zelfverdediging	.		2,6	(1,8-3,4)	3,4	(2,4-4,4)
Drugsdelicten						
Softdrugs verkopen	.		2,3	(1,5-3,1)	5,9	(4,6-7,2)
Xtc, paddo's of amfetamine verkopen	.		.		3,3	(2,3-4,3)
Harddrugs verkopen	.		0,2	(0,0-0,4)	0,9	(0,4-1,4)
Totaal drugs	.		2,4	(1,6-3,2)	7,9	(6,4-9,4)
Volwassendelicten						
Rijden onder invloed					14,1	(12,2-16)
Fraude (belastingdienst)					1,1	(0,5-1,7)
Fraude (uitkeringsinstantie)					0,5	(0,1-0,9)
Fraude (verzekeringsmaatschappij)					1,8	(1,1-2,5)
Totaal volwassenendelicten					15,9	(13,9-17,9)
Totaal 18 t/m 22 inclusief volwassenendelicten					43,9	(12,2-16)

Noot: de prevalentie van delicten die door minder dan vijf jongeren gerapporteerd werden, is weergegeven met een punt. Tussen haakjes staan de 95%-betrouwbaarheidsintervallen (BI).

Tabel 2.4. Prevalentie van zelfgerapporteerde online delicten in de afgelopen 12 maanden onder 10- tot en met 22-jarigen in 2015, naar leeftijdsgroep

Bron: MZJ 2015.

	10 en 11 jaar N=478		12 t/m 17 jaar N=1.470		18 t/m 22 jaar N=1.240	
	%	95%-BI	%	95%-BI	%	95%-BI
Totaal online	10,3	(7,6-13,0)	31,0	(28,6-33,4)	28,3	(25,8-30,8)
Cyberdelicten						
Wachtwoord veranderen van iemand anders zodat die persoon niet meer in kan loggen	1,2	(0,2-2,2)	6,6	(5,3-7,9)	5,8	(4,5-7,1)
Inloggen op computer/website zonder toestemming/kennisgeving	5,6	(3,5-7,7)	12,0	(10,3-13,7)	18,1	(16,0-20,2)
Inloggen op computer/website zonder toestemming/kennisgeving en informatie veranderen	1,4	(0,3-2,5)	3,7	(2,7-4,7)	5,1	(3,9-6,3)
Virus versturen	.		1,1	(0,6-1,6)	0,6	(0,2-1,0)
DDOS-aanval uitvoeren op website/e-mail	.		2,1	(1,4-2,8)	1,1	(0,5-1,7)
Totaal cyberdelicten	6,7	(4,5-8,9)	16,5	(14,6-18,4)	21,9	(19,6-24,2)
Gedigitaliseerde delicten						
Voordoen als iemand anders op internet	4,8	(2,9-6,7)	11,7	(10,1-13,3)	7,5	(6,0-9,0)
Bedreigen via sms, e-mail of chatbox	2,5	(1,1-3,9)	7,7	(6,3-9,1)	5,4	(4,1-6,7)
Bedreigen via sociale media	2,0	(0,7-3,3)	8,4	(7,0-9,8)	4,9	(3,7-6,1)
Verkoop via internet, artikel niet opsturen	.		0,2	(0,0-0,4)	.	
Gekocht via internet, geld niet overmaken	.		0,9	(0,4-1,4)	1,2	(0,6-1,8)
Verspreiden seksueel beeldmateriaal van minderjarigen	.		4,4	(3,4-5,4)	1,6	(0,9-2,3)
Totaal gedigitaliseerde delicten	6,8	(4,5-9,1)	21,5	(19,4-23,6)	13,8	(11,9-15,7)

Uit de cijfers van de 2015-enquête valt op te maken dat de prevalentie van zelfgerapporteerd daderschap van typische jeugddelicten die offline worden gepleegd zoals winkeldiefstal of vandalisme vanaf het 10e levensjaar toeneemt, het hoogst is bij 16- en 17-jarigen en daarna afneemt. De 18- t/m 22-jarigen plegen wel meer vermogensdelicten zoals heling en drugsdelicten en tevens volwassenendelicten zoals dronken rijden. Tabel 2.4 toont de uitkomsten betreffende online delicten (cyberdelicten en gedigitaliseerde delicten).

De totale prevalentie van online delicten is onder de 10- en 11-jarigen beduidend lager dan onder de oudere leeftijdsgroepen. Ondanks dat rapporteert één op tien 10- en 11-jarigen betrokken te zijn geweest bij een online vergrijp, tegen drie op de tien 12- tot en met 17- of 18- tot en met 22-jarigen. De prevalentie van cyberdelicten (in enge zin) neemt toe naarmate jongeren ouder zijn: van 7 procent onder 10- en 11-jarigen naar 17 procent onder 12- tot en met 17-jarigen tot 22 procent onder 18- tot en met 22-jarigen. Dit geldt met name voor de prevalentie van 'inloggen op een computer zonder toestemming van een ander'. Mogelijk hangt de hogere betrokkenheid van jongvolwassenen bij cyberdelicten samen met het feit dat dit type misdrijven enige vaardigheid op internet vereist.

De prevalentie van gedigitaliseerde criminaliteit is daarentegen het hoogst onder 12- tot en met 17-jarigen. Dit laatste correspondeert ook met de bevinding dat tieners vaker dan andere leeftijdsgroepen online communiceren (Sonck & De Haan, 2015).

Meer jongens dan meisjes rapporteren een offline delict. Onder de 10- en 11-jarigen is de prevalentie in 2015 respectievelijk 24 procent en 16 procent en bij de 11- t/m 17-jarigen 39 procent en 30 procent. Bij de 18- t/m 22-jarigen is de prevalentie in zelfgerapporteerd daderschap onder mannen 1,5 keer zo groot als onder vrouwen. Het verschil tussen de seksen is met name groot bij vandalisme, geweld en drugs. De verschillen tussen de seksen zijn bij online delicten beperkter dan bij de offline delicten.

Door het WODC is de questionnaire enkele keren drastisch veranderd, onder andere door toevoeging van nieuwe delictsoorten. Vergelijkingen tussen de uitkomsten over verschillende jaren zijn slechts mogelijk vanaf 2005. Het percentage 12- tot en met 17-jarigen dat over het afgelopen jaar een offline delict rapporteert is gedaald van ruim 41 procent in 2005, naar 38 procent in 2010 en vervolgens naar 35 procent in 2015. Er is sprake van een statistisch significante afname ($p < 0{,}05$). De afname in 2015 ten opzichte van 2010 doet zich voor in alle hoofdcategorieën offline delicten, met uitzondering van wapenbezit en drugsdelicten (Van der Laan & Goudriaan, 2016).

In 1994 zijn voor de eerste keer de resultaten gepubliceerd van een internationaal vergelijkende zelfrapportagestudie die is uitgevoerd in tien verschillende landen (Junger-Tas, Terlouw en Klein, 1994). Het niveau van de jeugddelinquentie lag in alle deelnemende landen op ongeveer hetzelfde hoge niveau. De voor Nederland opvallendste uitkomst was dat onder Nederlandse jongeren het bezit van wapens (stiletto's e.d.) hoger was dan elders in Europa: 15 procent zei een wapen te bezitten. De internationaal vergelijkende zelfrapportage is inmiddels twee keer herhaald in een selectie van westerse landen (Enzmann, Marshall, Killias, Junger-Tas, Steketee en Grusczyńska, 2010). Tabel 2.5 toont de uitkomsten van de tweede ronde van de International Self Reported Delinquency Study uit 2006.

Uit de internationale enquête blijkt dat Nederland qua niveau van vermogensdelicten van jongeren in 2006 in de middenmoot verkeerde maar dat het niveau van geweldscriminaliteit onder jongeren, samen met dat in Duitsland, relatief hoog lag.

Methodologische kritiek

Uit *dark-number*onderzoek bij plegers van misdrijven kan waardevolle informatie worden verkregen over de omvang van de criminaliteit in een land en over bepaalde kenmerken van de dader(s). Deze resultaten zijn vooral voor de ontwikkeling van de

Tabel 2.5. Percentage jongeren dat opgeeft vorig jaar een delict te hebben gepleegd (2006)
Bron: Enzmann et al., 2010.

	Vermogensdelicten (excl. fietsendiefstal)	Geweldelicten
Oostenrijk	1,6	4,4
België	2,0	3,9
Tsjechië	1,6	1,7
Denemarken	2,9	3,9
Estland	1,5	2,8
Finland	2,0	2,0
Frankrijk	3,6	4,6
Duitsland	2,2	8,3
Italië	3,6	
Litouwen	0,4	1,6
Nederland	**2,4**	**6,6**
Noorwegen	1,2	3,2
Polen	1,7	2,3
Slovenië	2,3	1,4
Spanje	3,0	2,2
Zweden	1,7	2,7
Zwitserland	2,5	4,3

theorievorming over de achtergronden van jeugddelinquentie van groot belang geweest. Een voorwaarde is echter wel dat de steekproef goed wordt getrokken, dat wil zeggen: representatief is voor de populatie waarover de onderzoeker uitspraken wil doen. De groep jongeren die het meeste risico loopt delicten te gaan plegen, is de groep die veel op straat zwerft. Juist deze groep is door enquêteurs thuis of op school moeilijk te bereiken.

Een beperking van dit type onderzoek is ook dat de respondenten niet altijd betrouwbare antwoorden geven. De enquêteur vraagt immers naar gedragingen die per definitie afkeurenswaardig worden gevonden. Hoeveel garanties en geruststellingen men ook biedt, een deel van de respondenten zal bepaalde delicten toch liever verzwijgen. Dit geldt zeker voor de wat ernstiger delicten. Een andere groep zal wellicht juist geneigd zijn om het aantal gepleegde delicten uit bravoure te overdrijven. In dit opzicht lijden de enquêtes aan dezelfde zwaktes als de eerdergenoemde studies naar discriminatie door hotelpersoneel.

Uit onderzoek is gebleken dat jongeren met een islamitische achtergrond meer dan anderen geneigd zijn om eventueel door hen gepleegde delicten tegenover een enquê-

teur te verzwijgen. Cultuurverschillen, en wellicht ook wantrouwen ten opzichte van de enquêteurs/onderzoekers, spelen hierbij een rol. Andere etnische groepen zoals Antilliaanse jongens zouden juist de neiging hebben om uit bravoure het aantal gepleegde delicten te overdrijven (Junger, 1990). Nu in de grote steden ongeveer een derde deel van de jongeren tot een etnische minderheid behoort, betekent dit gegeven een verzwakking van de waarde van dit type onderzoek (vgl. Rovers, 1999).
Een ander probleem vloeit voort uit het feit dat men vaak probeert gegevens te verzamelen over een lange periode. Het geheugen van de mens is echter feilbaar en menigeen pleegt bovendien vooral bepaalde vervelende feiten uit het geheugen te bannen. Ook is het voor velen moeilijk te bepalen of een gedraging als een delict moet worden beschouwd. Slechts weinig Nederlanders blijken de (straf)wet tot in de details te kennen (en bijvoorbeeld te weten wat 'schuldheling' is). Problematisch is ook dat in Nederland de gebruikte enquêtelijsten herhaaldelijk ingrijpend zijn gewijzigd. Ook de internationale enquête is niet volledig gestandaardiseerd. Dit maakt analyses van ontwikkelingen in de tijd moeilijk uitvoerbaar. Om al deze redenen kennen ook de uitkomsten van zelfrapportagestudies de nodige beperkingen en bevatten zij de nodige ruis. Vergeleken bij de informatie van de politie hebben zij echter zeker meerwaarde. Met betrekking tot de 12-minners zijn zij zelfs de enige beschikbare informatiebron omdat de politie niet systematisch informatie verzamelt over deze groep die immers nog niet onder de werking van het (jeugd)strafrecht valt.

Criminaliteit en minderheden

Van alle tijden is de veronderstelling dat vreemdelingen, of in het hedendaagse jargon allochtonen of etnische minderheden, zijn oververtegenwoordigd onder de daders van misdrijven. In hoofdstuk 1 is er al op gewezen dat deze toeschrijving van het misdadige element aan buitenstaanders belangrijke psychologische functies vervult. Het is geruststellend het kwaad te kunnen toeschrijven aan outsiders. Uit internationaal vergelijkend onderzoek is gebleken dat de eerste generatie immigranten doorgaans minder vaak met de politie in aanraking komt dan autochtonen. Dit patroon heeft zich ook afgetekend bij de eerste generatie Turkse en Marokkaanse gastarbeiders in Nederland. In veel landen veroorzaken echter de tweede en derde generatie van immigranten bijzondere criminaliteitsproblemen vanwege het verlies aan binding met hun oude cultuur en onvolledige inpassing in economie en cultuur van het gastland (Tonry, 1997). Hoe ligt dit in Nederland? In de zelfrapportagestudies van 2005 en 2010 is uitgebreid aandacht besteed aan herkomstgroepen. Figuur 2.2 toont de percentages zelfgerapporteerde daders per herkomstgroep (Van der Laan & Blom, 2011).

Figuur 2.2. Prevalentie van zelfgerapporteerde delicten (in categorieën) in de afgelopen 12 maanden onder 12- t/m 17-jarigen in 2005 en 2010, naar herkomstgroep (procent)

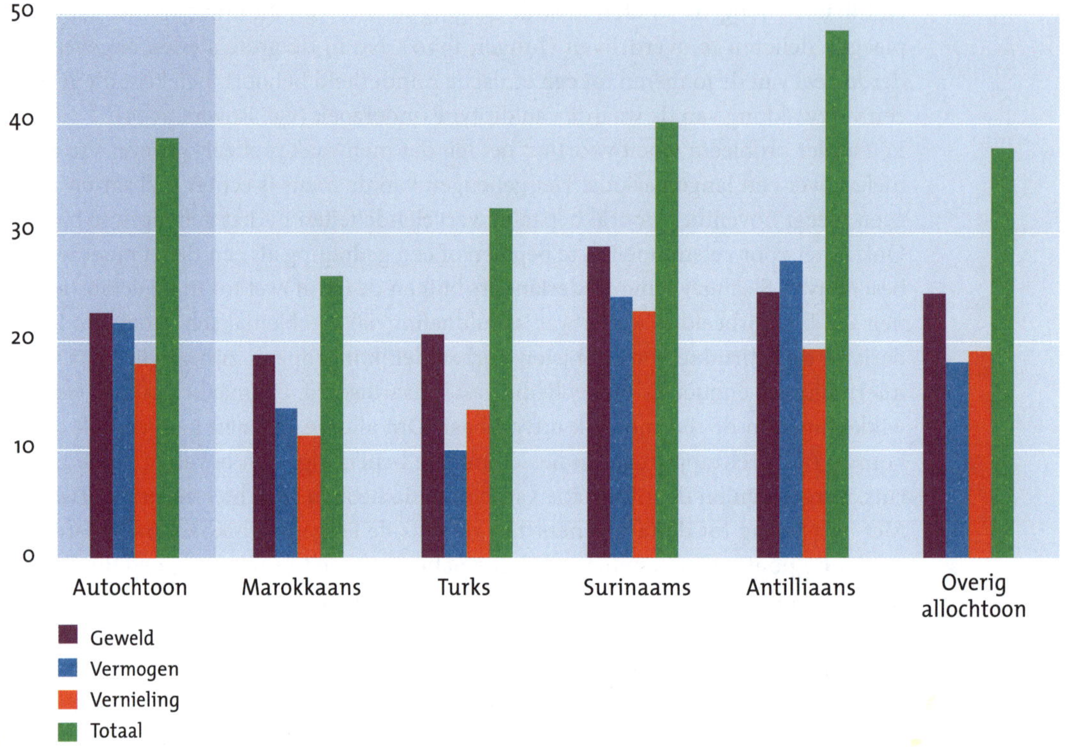

Het percentage Marokkaanse en Turkse jongeren dat zegt zich in het afgelopen jaar schuldig te hebben gemaakt aan een delict is in alle delictcategorieën lager dan onder autochtone jongeren. Surinaamse en Antilliaanse jongeren daarentegen melden overwegend vaker dan autochtone jongeren dat ze in het afgelopen jaar delicten hebben gepleegd. Door Surinaamse jongeren worden geweldsdelicten en door Antilliaanse jongeren worden vermogensdelicten vaker genoemd.

Door het WODC is in het kader van de Monitor Jeugdcriminaliteit tevens gekeken naar recente gegevens over de aantallen door de politie als verdachte aangehouden minderjarigen. Figuur 2.3 toont de aantallen verdachten per 1.000 naar herkomstgroep.

In absolute aantallen is de groep verdachten van autochtone herkomst het grootst. Van het totaalaantal verdachten in de leeftijd 12 tot en met 17 jaar is in de periode 1999-2008 iets minder dan twee derde van autochtone herkomst. Als we het aantal verdachten relateren aan hun omvang in de populatie is het beeld echter anders. Per 1.000 personen van de overeenkomstige bevolkingsgroep zijn de niet-westerse allochtonen oververtegenwoordigd. In 2008 zijn de aantallen verdachten per 1.000 onder jongeren van

Figuur 2.3. Aangehouden 12- t/m 17-jarige verdachten per 1.000 van de overeenkomstige bevolkingsgroep in de periode 1999-2008, naar herkomstgroep
Bron: HKS/SSB.

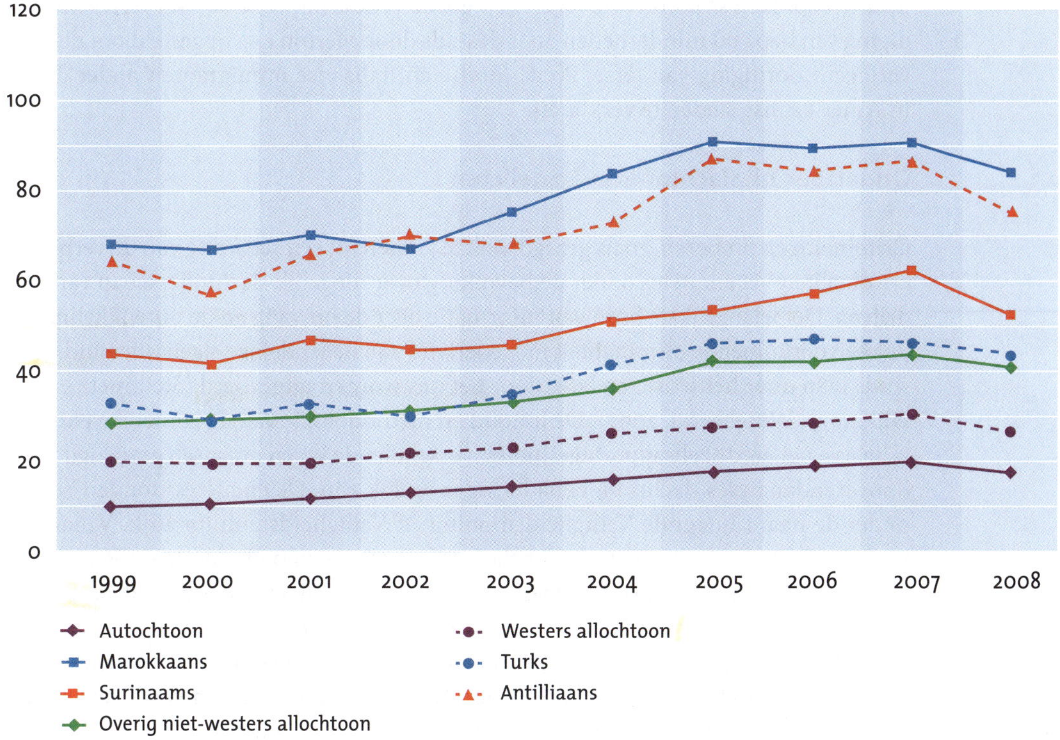

Marokkaanse en Antilliaanse herkomst het grootst. Ze worden op enige afstand gevolgd door jongeren van Surinaamse, Turkse en overige niet-westerse allochtone herkomst. De westerse allochtonen en autochtonen sluiten de rij (Van der Laan en Blom, 2011).
De discrepantie tussen de resultaten van de zelfrapportagestudies en de statistieken van aangehouden minderjarigen van de politie is frappant en vraagt om een verklaring. De eerste verklaring is dat de zelfrapportage een maat is van het daderschap van relatief lichte delicten terwijl aangehouden verdachten doorgaans ernstigere delicten hebben gepleegd. Mogelijk zijn bepaalde herkomstgroepen alleen bij de zwaardere delicten oververtegenwoordigd. De andere verklaring is volgens de auteurs zoals hierboven besproken, dat Marokkanen bij zelfrapportagestudies wellicht vaker door hen gepleegde delicten verzwijgen, bijvoorbeeld omdat ze zich bewust zijn van hun slechte imago en dit niet willen bevestigen. Antilliaanse en Surinaamse jongens zouden daarentegen wellicht juist de door hen gepleegde delicten overdrijven. De derde verklaring is dat de politie bij het aanhouden van verdachten selectief te werk gaat en jongeren met een bepaalde herkomst eerder verdenkt en aanhoudt (etnische profilering). Deze mogelij-

ke selectiviteit in de strafrechtspleging wordt nader besproken in hoofdstuk 3. Voor wat betreft de maatschappelijke achtergronden van de oververtegenwoordiging van etnische herkomstgroepen in de criminaliteit wordt tevens verwezen naar hoofdstuk 5. De daar te bepreken *strain*theorie levert een goede verklaring voor de oververtegenwoordiging van bepaald minderheden en is destijds door Merton c.s. opgesteld om de oververtegenwoordiging van Ierse, Pools-Joodse en Italiaanse immigranten onder daders in Amerikaanse steden te verklaren.

2.3.2 Onderzoek bij slachtoffers van delicten

Criminologen proberen, zoals gezegd, ook te komen tot een schatting van de verborgen criminaliteit via enquêtes onder de bevolking over mogelijk slachtofferschap van misdrijven. De belangrijkste bron van informatie over de omvang en de ontwikkeling van de veelvoorkomende criminaliteit in Nederland zijn de landelijke slachtofferstudies die sinds 1980 door het WODC en later door het CBS worden uitgevoerd (Steinmetz en Van Dijk, 1979; Wittebrood, 2007). De inhoud en methodologie van de landelijke enquêtes is helaas, net als de zelfrapportagestudies, verschillende keren drastisch gewijzigd waardoor trendanalyses slechts bij benadering mogelijk zijn. De enquêtes stonden bekend onder de naam Integrale Veiligheidsmonitor of Veiligheidsmonitor Rijk. Vanaf 2012 voert het CBS een jaarlijkse landelijke slachtofferenquête uit onder de naam Veiligheidsmonitor (VM). In de VM worden twee verschillende interviewmodes gehanteerd, namelijk internet en papier. De benaderde persoon wordt allereerst per aanschrijfbrief verzocht om de vragenlijst via internet te beantwoorden. Twee weken na verzending van de aanschrijfbrief worden de non-respondenten gerappelleerd en wordt tevens een schriftelijke vragenlijst toegevoegd. De steekproefomvang is ongeveer 80.000 personen. De uitkomsten van de Veiligheidsmonitor Rijk 2005-2010 en die van de Veiligheidsmonitor 2015 zijn, uitgedrukt in percentages slachtoffers onder de Nederlandse bevolking, weergegeven in tabel 2.6.

Uit tabel 2.6 blijkt dat de veelvoorkomende criminaliteit in Nederland tussen 2004 en 2014 is gedaald. Dit geldt zowel voor de vermogens als voor de geweldscriminaliteit. De slachtofferpercentages over 2014 zijn niet strikt vergelijkbaar wegens een gewijzigde questionnaire en methode van interviewen, maar de uitkomsten van de VM sinds 2012 bevestigen dat de dalende trend nog steeds doorgaat. Volgens berekeningen van het CBS is de door burgers ondervonden criminaliteit sinds 2005 bij benadering met 31 procent gedaald (Kaledien & Heer-de Lange, 2015).

Individuele personen kunnen gedurende een jaar slachtoffer worden van meerdere delicten. Het CBS maakt op basis van de resultaten van de enquêtes ramingen van het totaalaantal gepleegde misdrijven. Zulke ramingen zijn ook gemaakt op basis van de oudere enquêtes. Hieruit blijkt dat het totale aantal door burgers ondervonden delicten van 1980 tot 2002 is gestegen. Sindsdien is er een geleidelijke daling waarneembaar, ook voor de afzonderlijke delictgroepen diefstal, vandalisme en doorrijden na

Tabel 2.6. Slachtofferschap van delicten onder burgers van 15 jaar en ouder volgens de Veiligheidsmonitor Rijk en de Veiligheidsmonitor 2015 (percentages slachtoffers onder de bevolking per jaar)
Bron: CBS.

	2004	2006	2008	2009	2011	2014
Delicten, totaal	28,8	25,8	23,2	22,1	19,8	18,9
Wv geweld	5,8	5,3	5,0	4,8	2,6	2,3
Wv vermogens	14,4	12,3	10,3	9,8	13,2	13,0
Wv inbraak	3,0	2,6	2,4	1,7	2,9	2,9
Wv fietsdiefstal	5,8	4,7	4,4	3,5	3,7	4,1
Vandalisme	13,0	11,7	10,8	10,8	7,7	6,8
Respondenten	5.242	19.128	6.113	6.189	77.989	86.382

ongeval. De ramingen op basis van de slachtofferenquêtes laten dus ongeveer hetzelfde globale trendbeeld zien als de politiecijfers. De veelvoorkomende criminaliteit heeft zich na een sterke stijging gestabiliseerd en vertoont de laatste tien jaar een teruggang. De slachtofferenquêtes laten, duidelijker dan de politiecijfers, ook een vermindering zien van de geweldscriminaliteit.

Omgerekend naar het totale aantal delicten ging het om 3,6 miljoen delicten in 1980, om 4,2 miljoen in 1990, om 5,1 miljoen in 2002 en om 4,7 miljoen in 2004. De Veiligheidsmonitor Rijk, waarin naar meer soorten delicten wordt gevraagd, liet in 2004 een totaal zien van 6,2 miljoen. De laatste schatting, over 2014, bedraagt 4,6 miljoen. Dit betekent, omgerekend, dat het niveau van de veelvoorkomende criminaliteit nu weer terug is op het niveau van 1980, of daar zelfs onder ligt.

Van de delicten waarvan particulieren in 2014 het slachtoffer waren, is slechts ruwweg een derde deel bij de politie gemeld (38 procent). Hiervan wordt ongeveer drie vierde deel in een aangifte vastgelegd middels een ondertekend proces-verbaal of via een aangifte via internet. Dit is 29 procent van de ondervonden misdrijven. Van de veelvoorkomende criminaliteit blijft dus ongeveer 70 procent 'verborgen'. Anders gezegd: de werkelijke omvang van de door de burgers ondervonden criminaliteit ligt volgens de opgaven van de slachtoffers vier keer hoger dan de politie registreert. Het verborgen deel is vooral groot bij geweld- en seksuele misdrijven en vandalisme. De meldingspercentages voor de verschillende delictstypen zijn in Nederland al jaren redelijk stabiel.

Box 2.2. Slachtofferschap cybercrime

Sinds 2012 wordt in de Veiligheidsmonitor aandacht besteed aan slachtofferschap van criminaliteit die te maken heeft met internet of andere digitale informatiedragers. Het gaat daarbij om vier delictsoorten: identiteitsfraude (gebruik zonder toestemming van persoonsgegevens voor financieel gewin), koop- en verkoopfraude (het (ver)kopen van goederen of diensten zonder die te leveren of te betalen), hacken (het ongeoorloofd binnendringen op iemands computer) en pesten via het internet, ook wel cyberpesten genoemd. In 2012 was 12 procent van de Nederlanders van 15 jaar en ouder slachtoffer van een of meer van deze vormen van cybercrime. Hacken kwam met 6 procent het meest voor, op afstand gevolgd door cyberpesten en koop- en verkoopfraude (elk ongeveer 3 procent). Met identiteitsfraude via internet werd 1,5 procent van de bevolking van 15 jaar en ouder geconfronteerd. Jongeren die relatief actief zijn op internet hebben vaker te maken met cybercrime dan ouderen. In 2012 was bijna een op de vijf 15- tot 25-jarigen slachtoffer van computercriminaliteit. Ook onder 25- tot 45-jarigen was dit aandeel met 15 procent hoger dan gemiddeld. Van 45- tot 65-jarigen was 10 procent slachtoffer van cybercrime en van 65-plussers 5 procent. Ook voor de afzonderlijke delictsoorten hacken, koop- en verkoopfraude, en vooral cyberpesten geldt dat jongeren hier meer mee geconfronteerd worden dan ouderen. Van identiteitsfraude zijn 25- tot 45-jarigen en 45- tot 65-jarigen echter het meest slachtoffer (Akkermans en Van Roosmalen, 2012).

Door bedrijven ondervonden criminaliteit

In 2010, het meest recente jaar waarvoor cijfers beschikbaar zijn, had 31 procent van alle bedrijfsvestigingen in de onderzochte sectoren te maken met een of meer gevallen van criminaliteit (Monitor Criminaliteit Bedrijfsleven, 2011). De mate waarin bedrijven slachtoffer worden en ook de aard van de criminaliteit die zij ondervinden verschillen sterk per sector. In de zakelijke dienstverlening en in de bouw werd een kwart of minder van de vestigingen met criminaliteit geconfronteerd, tegen meer dan 40 procent van de vestigingen in de detailhandel en in de horeca. In alle sectoren is het aandeel dat slachtoffer werd in 2010 lager dan in 2005. Van alle vestigingen werd 9 procent slachtoffer van meer dan één type delict. Ook dit meervoudige slachtofferschap verschilt per sector. Vooral horeca en detailhandel worden relatief vaak geconfronteerd met meerdere soorten delicten; in de bouw en de zakelijke dienstverlening komt dit relatief weinig voor. Het aandeel meervoudige slachtofferschappen vertoont in alle sectoren een daling in de periode 2005-2010.

Diefstal is de meest voorkomende vorm van criminaliteit waar bedrijven mee geconfronteerd worden. In 2010 bedroeg het totale aantal geschatte diefstallen ongeveer 1,75 miljoen. Verreweg de meeste diefstallen komen voor in de detailhandel. In deze sector werden in 2010 ruim 1,67 miljoen diefstallen gerapporteerd. De ontwikkeling van het totale aantal diefstallen laat tussen 2005 en 2010 een grillig verloop zien. Na een forse daling van ongeveer 1,7 miljoen in 2005 naar minder dan 1,1 miljoen in 2007

volgde een forse stijging naar 1,8 miljoen in 2008. Tussen 2008 en 2010 is het aantal diefstallen relatief weinig veranderd. Per saldo is het aantal diefstallen tussen 2005 en 2010 licht gestegen.
Ongeveer 6 op de 10 bedrijven die in 2010 te maken hadden met criminaliteit, hebben één of meer delicten bij de politie gemeld. Voor alle sectoren behalve de horeca was het meldingspercentage in 2010 lager dan in 2005. Van alle getroffen bedrijven deed 26 procent in 2010 ook daadwerkelijk aangifte van één of meer delicten door ondertekening van een formulier. Het door de politie geregistreerde deel van de tegen het bedrijfsleven gepleegde delicten is dus ongeveer even groot als bij de door burgers ondervonden criminaliteit, namelijk een kwart. Van de totale criminaliteit registreert de politie dus ongeveer25 procent.

Slachtofferschap van huiselijk geweld
Slachtofferschap van seksuele handtastelijkheden, aanrandingen, (poging tot) verkrachting en dergelijke komt vooral voor bij vrouwen en meisjes. Een groot deel van het al dan niet seksueel getinte geweld tegen vrouwen en meisjes wordt gepleegd door familieleden, (ex-)partners of bekenden. Algemene slachtofferenquêtes zijn minder geschikt om deze vormen van slachtofferschap van vrouwen te meten (Bilsky, Pfeiffer en Wetzels, 1993). Door sommige respondenten zal niet snel aan dergelijk gedrag worden gedacht in de context van een enquête over criminaliteit. Ook kan er schroom bestaan om over zulke private zaken met een enquêteur te spreken.
Uit speciale enquêtes, waarbij de respondent op een anonieme wijze informatie kan verstrekken over vervelende ervaringen in de huiselijke kring, is gebleken dat op grotere schaal geweld tegen vrouwen wordt gepleegd dan uit de algemene slachtofferenquêtes blijkt. Eén op de negen van alle Nederlandse vrouwen tussen de 20 en 60 jaar heeft bijvoorbeeld ooit stelselmatig geweld van een mannelijke partner ondergaan, veelal gepaard met ongewenste seksuele handelingen (Römkens, 1989). Ook in andere landen zijn soortgelijke hoge levensloopprevalentiecijfers gevonden. Deze uitkomsten hebben veel aandacht gekregen in de publiciteit en daardoor bijgedragen aan de bewustwording over de omvang van het in de huiselijke kring tegen vrouwen gepleegde geweld. Vanuit methodologisch oogpunt zijn er echter wel enkele kritische kanttekeningen bij te plaatsen. Uit de literatuur over slachtofferenquêtes is ten eerste bekend dat over incidenten die langer dan een jaar geleden hebben plaatsgevonden door geheugenproblemen niet meer zuiver kan worden gerapporteerd. Om die reden wordt nooit gevraagd naar levensloopprevalentie maar naar slachtofferschap gedurende het afgelopen jaar of maximaal de afgelopen vijf jaren. Dat dit bij de specifieke enquêtes naar geweld tegen vrouwen toch wel vaak gebeurd, lijkt eerder propagandistische dan wetenschappelijke doeleinden te dienen. De onderzoekers rapporteren kennelijk graag over zo hoog mogelijke prevalentiecijfers. De tweede kanttekening betreft de in veel enquêtes gehanteerde definities van geweld en seksueel gedrag. Deze omvatten doorgaans ook lichtere vormen van geweld of seksueel getint gedrag die niet onder de wer-

king van het strafrecht vallen. Dit leidt tot hogere prevalentiecijfers maar die zijn vanwege de brede definities niet goed te vergelijken met de uitkomsten van algemene slachtofferenquêtes of politieregistraties. Een derde kanttekening betreft de beperking van de enquêtes tot vrouwelijke respondenten.

In 2007-2010 zijn de omvang en de aard van het huiselijke geweld in Nederland onderwerp geweest van een uitgebreid onderzoeksprogramma van het WODC waarbij deze keer zowel slachtoffergericht als dadergericht onderzoek is gedaan (Van der Veen en Bogaerts, 2010). Onderzoek naar slachtofferschap is uitgevoerd door het bureau Intomart door middel van een internetpanel, gevolgd door persoonlijke interviews. De resultaten bevestigen andermaal de verbreidheid van huiselijk geweld. Blijkens deze gespecialiseerde surveys naar huiselijk geweld was ruim 9 procent van de Nederlandse bevolking de voorgaande vijf jaar slachtoffer van wat wordt genoemd 'evident huiselijk geweld'. In bijna 75 procent van de gevallen van evident huiselijk geweld gaat het om lichamelijk geweld en/of seksueel geweld. Geschat wordt dat er jaarlijks in Nederland minstens 200.000 personen slachtoffer worden van evident huiselijk geweld dat wordt gepleegd door ongeveer 100.000 à 110.000 daders. Ongeveer 60 procent van de slachtoffers van evident huiselijk geweld is vrouw en 40 procent is man. Daders van huiselijk geweld zijn in bijna twee derde van de gevallen ook slachtoffers van (voorvallen van) huiselijk geweld en slachtoffers van huiselijk geweld zijn in ruim een derde van de gevallen ook daders van (voorvallen van) huiselijk geweld. Er bestaat dus een aanmerkelijke overlap tussen slachtoffer- en daderschap van huiselijk geweld.

Het onderzoek heeft in Nederland een discussie op gang gebracht over de vraag of geweld in huiselijke kring al dan niet vooral een probleem voor vrouwen is. Uit het WODC/Intomartonderzoek blijkt dat vrouwelijke slachtoffers gemiddeld ernstiger letsel hebben opgelopen en daarvan ook vaker langdurige emotionele en/of sociale problemen ondervinden. In een overzichtsartikel op basis van Nederlands en internationaal onderzoek maakt Römkens (2010) aannemelijk dat huiselijk geweld weliswaar zeker niet alleen vrouwen treft, maar dat het tegen hen gerichte geweld wel gemiddeld ernstiger is. Vooral met betrekking tot seksueel geweld is het verschil in risico dat vrouwen en mannen lopen evident. Cijfers over de omvang van door vrouwen gerapporteerde verkrachting binnen een relatie gedurende hun leven schommelt in westerse landen al jaren tussen de 10 tot 15 procent (Rozee en Koss, 2001; De Graaf, Meijer, Poelman en Vanwesenbeeck, 2005). Slachtofferschap van ongewenste seks ligt bij jongens in Nederland tussen de 4 en 5 procent (De Graaf, Meijer, Poelman en Vanwesenbeeck, 2005). Van partnerdoding werden in Nederland tussen 1996 en 2006 gemiddeld vier tot vijf keer zoveel vrouwen als mannen het slachtoffer (gemiddeld 32 vrouwen en 7 tot 8 mannen jaarlijks) (Liem, Geene en Koenraadt, 2007).

In de Nederlandse studie uit 2010 is, zoals gezegd, ook gekeken naar daderschap. Onder de bij de politie bekende verdachten waren mannen veruit in de meerderheid (83 procent) (Van der Knaap, el Idrissi en Bogaerts, 2010). Daderschap van huiselijk geweld lijkt dus vooral een mannelijk profiel te hebben. In deze studie is echter niet slechts gekeken naar de daders van bij de politie bekend geworden gevallen van huiselijk geweld, maar is ook een zelfrapportagestudie verricht onder een steekproef van de Nederlandse bevolking. Uit de zelfrapportagestudie kwam een ander beeld naar voren van de dader. Juist vrouwen waren nu in de meerderheid. De waarschijnlijkste verklaring voor de sterk uiteenlopende verdeling tussen mannen en vrouwen in beide onderzoeksgroepen is dat hoewel vrouwen zich minstens even vaak schuldig maken aan evident huiselijk geweld, de ernstiger vormen van letsel vaker door mannen worden veroorzaakt. Hierdoor zijn het overwegend mannen die vanwege huiselijk geweld met politie en justitie in aanraking komen. De resultaten van dit onderzoek sluiten hiermee aan op de conclusies van internationaal epidemiologisch onderzoek. Het resultaat laat zien dat op basis van onderzoek onder geregistreerde daders soms verkeerde conclusies over het daderprofiel worden getrokken.

Regionale spreiding
In Nederland wordt de Veiligheidsmonitor uitgevoerd met dermate grote steekproeven dat betrouwbare gegevens beschikbaar komen over het niveau van de criminaliteit en de gevoelens van onveiligheid per regio, alsmede over de opinies van de lokale bevolking over de dienstverlening door de politie. De Veiligheidsmonitor 2014 is uitgevoerd onder ten minste 2.000 inwoners per politiedistrict. Tabel 2.7 toont de slachtofferpercentages van 2014 voor de 43 thans bestaande politiedistricten van de nationale politie. Slachtofferschap van 'traditionele criminaliteit' onder burgers hangt duidelijk samen met de mate van verstedelijking van de woongemeente. Inwoners van zeer sterk verstedelijkte gemeenten worden vaker slachtoffer dan inwoners van niet-stedelijke gebieden. Dit geldt voor zowel alle delicten samen als voor afzonderlijke delicten en delictgroepen. Deze samenhang met verstedelijking komt ook naar voren in de verschillen in slachtofferschap naar politiedistrict. Van de 43 districten vertonen Amsterdam Noord en Amsterdam West met 31,9 en 31,6 de hoogste percentages slachtofferschap. Op de derde plaats staat Rotterdam Stad. Ook de districten Den Haag Centrum en Utrecht Stad scoren relatief hoog.
De slachtoffergegevens per district van de Veiligheidsmonitor vormen een belangrijke check op de cijfers van de politie zelf, en dus op die van de eerder besproken AD Misdaadmeter. Opvallend is bijvoorbeeld dat het slachtofferpercentage van Limburg Zuid-West (Maastricht en omstreken) niet bijzonder hoog is. De politiemonitor is verder, zoals gezegd, belangrijk vanwege de informatie over de mate van tevredenheid van de bevolking met het lokale politiewerk. Deze grootschalige enquête kan worden opgevat als een consumentenonderzoek naar de dienstverlening door de regionale eenheden.
Op internet is tegenwoordig ook particulier verzamelde informatie beschikbaar over recent gepleegde misdrijven die afkomstig is van slachtoffers of omstanders. Op de desbetreffende site wordt ook een *ranking* bijgehouden van Nederlandse gemeenten qua veiligheid die is gebaseerd op scores van de bezoekers van een website (www.misdaadkaart.nl).

Tabel 2.7. Slachtofferschap van delicten onder burgers van 15 jaar en ouder volgens de Veiligheidsmonitor 2015 (percentages slachtoffers onder de bevolking per jaar), per politiedistrict

	Percentage één of meer keer slachtoffer, 2014
Totaal	18,9
Fryslân	15,9
Groningen	18,7
Drenthe	14,8
IJsselland	15,3
Twente	15,7
Noord en Oost Gelderland	14,3
Gelderland Midden	16,8
Gelderland Zuid	18,6
Gooi en Vechtstreek	20,6
Flevoland	17,6
Oost Utrecht	16,0
Utrecht Stad	27,4
West Utrecht	18,8
Noord Holland Noord	17,2
Zaanstreek Waterland	18,7
Kennemerland	21,1
Amsterdam Noord	31,9
Amsterdam Oost	26,9
Amsterdam Zuid	26,4
Amsterdam West	31,6
Den Haag Centrum	28,1
Den Haag West	22,7
Den Haag Zuid	25,1
Zoetermeer - Leidschendam/Voorburg	15,3
Westland - Delft	19,2
Leiden - Bollenstreek	18,5
Alphen aan den Rijn - Gouda	15,9
Rijnmond Noord	21,3
Rotterdam Stad	31,0
Rijnmond Oost	22,6
Rotterdam Zuid	24,3
Rijnmond Zuid-West	15,8
Zuid-Holland-Zuid	18,5
Zeeland	16,3
De Markiezaten	18,0
De Baronie	21,0
Hart van Brabant	18,8
's-Hertogenbosch	17,5
Eindhoven	20,5
Helmond	18,8
Noord en Midden Limburg	14,1
Parkstad-Limburg	19,6
Zuid-West-Limburg	22,2
Aantal respondenten	*86.382*

Methodologische kritiek op slachtofferenquêtes

Ten eerste gelden ook hier de beperkingen die ten aanzien van de zelfrapportagestudies werden genoemd. De steekproeven moeten grosso modo representatief zijn voor de bevolking. Veel slachtofferenquêtes werden in het verleden afgenomen per telefoon. De opkomst van mobiele telefoons maakt het moeilijker om op een goedkope manier een goede steekproef te trekken. In Nederland wordt in toenemende mate gebruikgemaakt van enquêtering via internet. Door het overgaan op andere wijzen van enquêtering komt de vergelijkbaarheid met uitkomsten van eerdere enquêtes onder druk te staan. Mogelijke andere foutenbronnen tijdens de enquêtering zijn de (on)bewuste verzwijging van het slachtofferschap, het vergeten en het verdringen van het slachtofferschap, de onterechte kwalificatie van bepaald gedrag waarvan men zich slachtoffer voelt als delict en de verkeerde situering van het slachtofferschap in de tijd (Skogan, 1981). Uit controlestudies, waarbij de opgaven van de respondenten zijn vergeleken met de gegevens van de politie, is gebleken dat lang niet alle incidenten die volgens de slachtoffers bij de politie zijn gemeld in de politieregistraties kunnen worden teruggevonden (Averdijk en Elffers, 2012). Deze uitkomst zou kunnen wijzen op overreportage. Ook is aangetoond dat er een systematische neiging bestaat om te menen dat delicten gedurende de afgelopen twaalf jaar hebben plaatsgevonden die in werkelijkheid langer geleden plaatsvonden (het zogenoemde *forward time telescoping*) (Van Dijk, 1992). Dit fenomeen kan leiden tot een lichte overschatting van het aantal delicten dat gedurende de afgelopen twaalf maanden heeft plaatsgevonden (ook delicten die bijvoorbeeld anderhalf jaar geleden zijn gebeurd, worden door sommige slachtoffers gesitueerd in de referentieperiode van twaalf maanden omdat de herinnering nog vers is). In de meeste enquêtes wordt voor deze vertekening gecorrigeerd door eerst te vragen naar slachtofferschap gedurende de laatste vijf jaren en daarna of het delict het afgelopen jaar plaatsvond. Deze benadering vermindert het risico op *forward time telescoping*.

De doorsneerespondent beantwoordt vragen naar slachtoffererervaringen meer naar waarheid dan vragen over eigen daderschap (met uitzondering wellicht van vragen naar (seksueel) geweld in de privésfeer waarvoor daarom aangepaste enquêtes zijn ontwikkeld). Voor het slachtofferschap van criminaliteit hoeft men zich immers in het algemeen niet te schamen. Het is daarom aannemelijk dat slachtofferstudies vergeleken met zelfrapportagestudies betrouwbaarder uitkomsten opleveren over de omvang van het aantal gepleegde delicten. Het risico dat men in de getrokken steekproeven bepaalde voor de meting essentiële bevolkingsgroepen mist, is bovendien minder groot. Een ander pluspunt is dat men informatie kan verzamelen over de aangiftebereidheid van slachtoffers en gevoelens van onveiligheid bij slachtoffers en niet-slachtoffers.

Een nadeel is dat men geen informatie kan verkrijgen over delicten waarbij geen individueel slachtoffer bestaat, zoals milieuvervuiling of drugshandel. Een tweede nadeel is dat slachtoffers slechts zelden in staat zijn informatie te verschaffen over degene die het delict heeft gepleegd. Specifieke kenmerken van delinquenten kunnen slechts worden bestudeerd via zelfrapportagestudies of via onderzoeken waarin gearresteerde delinquenten worden betrokken. De zelfrapportagestudies en de slachtofferenquêtes vullen elkaar als informatiebronnen dus goed aan.

De internationale slachtofferenquête
In andere wetenschappen, zoals de macro-economie en de medische epidemiologie, spelen internationale vergelijkingen een belangrijke rol bij de ontwikkeling en de toetsing van theorieën. Economen bestuderen bijvoorbeeld of er een relatie bestaat tussen de hoogte van het minimumloon en de jeugdwerkloosheid; medische epidemiologen onderzoeken bijvoorbeeld de relatie tussen eet-, drink- of rookgewoonten en het voorkomen van hart- en vaatziekten of kanker. In de criminologie is het internationaal vergelijkend onderzoek lange tijd verwaarloosd omdat, zoals gezegd, de politiecijfers juist voor dit doel onbruikbaar zijn en alternatieve gegevens niet beschikbaar waren. De door criminologen uitgevoerde slachtofferenquêtes bieden in principe betere mogelijkheden voor het verzamelen van internationaal vergelijkbare gegevens over het niveau van de criminaliteit. Voorwaarde is dan wel dat de steekproeven op dezelfde manier worden getrokken en dat exact dezelfde vragenlijst wordt gehanteerd.
In 1989 is de eerste internationale slachtofferenquête uitgevoerd in zestien landen (Van Dijk, Mayhew en Killias, 1990). Deze enquête is sindsdien een of meer keren uitgevoerd in een steeds verder groeiend aantal landen (Van Dijk, Van Kesteren en Smit, 2007). In totaal is de enquête thans afgenomen bij ruim 350.000 burgers in ruim 80 verschillende landen. Het programma Dans en het onderzoekcentrum van de Universiteit van Lausanne stellen aan onderzoekers de gecomputeriseerde enquêteresultaten beschikbaar van alle deelnemende landen (http://easy.dans. knaw.nl/dms?query=icvs of http://wp.unil.ch/icvs).
In de meeste westerse landen wordt de enquête uitgevoerd met behulp van computergestuurde telefonische enquêtes onder steekproeven van reguliere telefoonaansluitingen. Door de snelle opkomst van de mobiele telefoons wordt, zoals gezegd, het trekken van een goede steekproef steeds lastiger en is deze relatief goedkope enquêtemethode problematisch aan het worden. In de Oost- en Midden-Europese landen en in de ontwikkelingslanden zijn de enquêtes afgenomen door middel van persoonlijke interviews. In de meeste ontwikkelingslanden kon de enquête slechts worden afgenomen in een van de grootste steden, doorgaans de hoofdstad (onder meer Buenos Aires, Rio de Janeiro, Peking, Jakarta, Bombay, Caïro). De resultaten voor deze steden zijn vergeleken met die van de respondenten uit de grotere steden in de geïndustrialiseerde landen.
Figuur 2.4 biedt een overzicht van de kernuitkomsten van de internationale slachtofferenquêtes die zijn uitgevoerd in de periode 1996-2005. Weergegeven zijn de percentages inwoners van grote steden in zes werelddelen die de afgelopen vijf jaar slachtoffer zijn geweest van respectievelijk enigerlei misdrijf, geweld/seksueel geweld/roof of een autodelict (diefstal van, vanaf of uit de auto). Voor landen waar de enquête twee of meer keren is afgenomen, zijn de percentages gemiddeld. De resultaten geven een beeld van de regionale verschillen wat betreft de omvang van de veelvoorkomende criminaliteit

omstreeks 2000. Meer recente enquêteresultaten vertonen nog steeds dezelfde globale patronen (Van Dijk, Van Kesteren, Smit, 2007).
Uit figuur 2.4 blijkt dat het niveau van de totale criminaliteit het hoogste is in de grote steden van Latijns-Amerika en Afrika. In deze landen ligt ook het niveau van de geweldscriminaliteit het hoogst. De slachtofferpercentages voor autodelicten laten echter een tegenovergesteld beeld zien: dit type criminaliteit maakt de meeste slachtoffers in Noord-Amerika/Australië en West-Europa. Opmerkelijk is verder dat beide vormen van criminaliteit het minst vaak voorkomen in Aziatische steden.

Figuur 2.4. Percentage van de bevolking in grote steden dat in het afgelopen jaar slachtoffer is geworden van enigerlei misdrijf, resultaten van de ICVS 1996-2005
Bron: Internationale slachtofferenquête, 1996-2005.

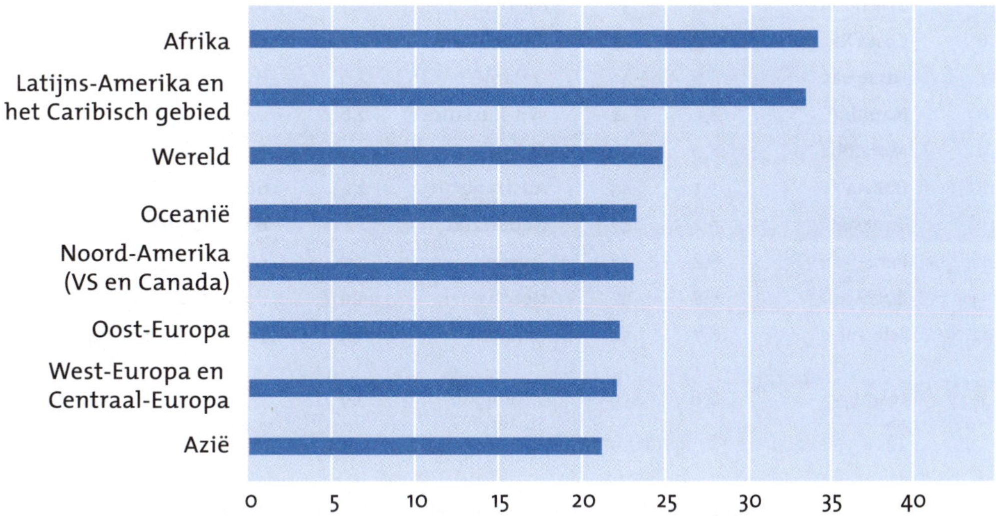

Uit de enquête is gebleken dat het niveau van de criminaliteit in het algemeen het hoogste is in Afrikaanse en Zuid-Amerikaanse/Caraïbische steden. De laagste slachtofferpercentages zijn aangetroffen in Aziatische steden zoals Tokio, Osaka, Bombay, Manilla en Peking.
In tabel 2.8 is weergegeven welk percentage van de bevolking van steden met meer dan 100.000 inwoners van 71 landen gedurende het afgelopen jaar slachtoffer is geweest van het delict woninginbraak, inclusief pogingen. Dit delict geeft blijkens eerdere analyses een goede indruk van het algemene niveau van veelvoorkomende criminaliteit in een land. In de tabel zijn gegevens opgenomen over 15 landen met de hoogste en de laagste slachtofferpercentages en over een selectie van eveneens 15 landen uit de middengroep. Voor landen waar de enquête meermalen is afgenomen, is het gemiddelde percentage berekend.

Tabel 2.8. Percentage burgers in grote steden per land waar in het afgelopen jaar ten minste een keer thuis is ingebroken, inclusief pogingen (periode 1992-2005)
Bron: Internationale slachtofferenquête, 1996-2005.

Vijftien landen met de hoogste percentages			Vijftien landen met mediumhoge percentages			Vijftien landen met de laagste percentages		
positie	land	%	positie	land	%	positie	land	%
1	Cambodja	15,8	19	Zuid-Afrika	5,4	57	Polen	1,8
2	Mozambique	12,6	22	Turkije	4,6	58	Russische Federatie	1,8
3	Zambia	10,8	24	Verenigd Koninkrijk	4,5	59	Griekenland	1,7
4	Zimbabwe	10,7	29	Slovenië	3,5	60	Italië	1,5
5	Swaziland	9,4	30	Mexico	3,5	61	Roemenië	1,5
6	Costa Rica	8,5	37	Zwitserland	2,7	62	Kroatië	1,3
7	Paraguay	8,2	41	Georgië	2,6	63	Brazilië	1,3
8	Namibië	8,1	42	Wit-Rusland	2,6	64	Hongarije	1,2
9	Mongolië	8,0	44	China	2,3	65	Filipijnen	1,2
10	Bolivia	7,7	45	Australië	2,2	66	Duitsland	1,1
11	Tunesië	7,2	47	**Nederland**	**2,1**	67	Spanje	1,1
12	Peru	6,8	48	Zweden	2,1	68	Japan	0,7
13	Botswana	6,8	52	Noorwegen	1,9	69	Portugal	0,7
14	Tsjechië	6,7	54	Canada	1,9	70	Azerbeidzjan	0,6
15	Lesotho	6,6	55	Verenigde Staten	1,9	71	Hongkong, China	0,6

De resultaten van de enquête met betrekking tot de westerse landen voldoen niet in alle opzichten aan het verwachtingsbeeld. Veel mensen zien de Verenigde Staten als het misdaadland bij uitstek en verbazen zich over het geringe verschil met andere westerse landen. Verbazing wekt ook de relatief hoge positie van Australië, Nederland, Canada en Nieuw-Zeeland, landen met een reputatie van orde en veiligheid. De resultaten tonen verder aan dat het hoge niveau van de door de politie in Zweden geregistreerde criminaliteit inderdaad, zoals eerder verondersteld, ten dele berust op een registratie-effect. Er is niets mis met de veiligheid in Zweden. De slachtofferpercentages liggen er op hetzelfde niveau als in Nederland. De Zweedse politie gaat minder selectief te werk bij het registreren van delicten dan elders in Europa gebruikelijk is, bijvoorbeeld door bij chronisch huiselijk geweld door een partner alle gemelde delicten mee te tellen. Dit verklaart waarom de politiecijfers onevenredig hoog zijn. Hierdoor wordt dus nog eens bevestigd dat de cijfers van de door de politie geregistreerde criminaliteit,

zeker in internationaal perspectief, niet kunnen worden gehanteerd als graadmeter voor de omvang van de criminaliteit.
De analyse van de resultaten met betrekking tot de andere in de enquête opgenomen delictstypen laat zien dat elk land zijn eigen unieke criminaliteitsprofiel heeft. In Nederland valt het hoge percentage huishoudens op waarvan een fiets is gestolen (8 procent per jaar). Slechts in Peking werd een hoger percentage aangetroffen. Dit hoge slachtofferpercentage hangt uiteraard samen met het relatief grote aantal fietsen dat in Nederland en China per 100.000 inwoners circuleert. In andere landen, met name Engeland en Wales, de Verenigde Staten en Australië, zijn juist de autodiefstallen, inclusief joyriding, een 'nationale sport'. In de Afrikaanse en de Zuid-Amerikaanse landen en in Europa in Spanje en Italië zijn vooral de percentages slachtoffers van straatroof opvallend hoog. Binnen de West-Europese landen valt Denemarken op met hoge en nog steeds toenemende slachtofferpercentages voor woninginbraak.
In 2005 is de enquête voor de vijfde keer uitgevoerd, onder meer in alle vijftien oudere lidstaten van de Europese Unie, met subsidie van de Europese Commissie. De enquête werd voor de eerste keer landelijk uitgevoerd in Ierland en Griekenland. In Ierland blijkt het criminaliteitsniveau ver boven het Europese gemiddelde te liggen en in Griekenland eronder. Het eerdergenoemde lage indexcijfer voor geregistreerde criminaliteit van Ierland lijkt te berusten op ontoereikende registratiesystemen bij de Ierse politie. Omdat de enquête met ongewijzigde methodologie sinds 1989 vier keer is herhaald, kan de ontwikkeling van de criminaliteit over een periode van twintig jaar worden bestudeerd. Figuur 2.5 toont de trends in het algemene slachtofferpercentage voor verschillende globale regio's (Van Dijk, 2008).
De resultaten van de ISE laten zien dat de criminaliteitstrends een opmerkelijke mate van uniformiteit vertonen. In de westerse wereld (Europa, Noord-Amerika en Australië) heeft de veelvoorkomende criminaliteit gepiekt omstreeks 1995. In de Verenigde Staten begon de daling reeds in 1990 en elders in 1995.Vanaf 2000 is de criminaliteit in nagenoeg alle westerse landen fors gaan dalen, met name autodiefstallen en woninginbraken (Van Dijk, 2012). Voor de universele daling van de criminaliteit in de afgelopen jaren zijn verschillende verklaringen gegeven. Opmerkelijk is dat de criminaliteit juist tijdens de recente economische crisis, en de daardoor sterk oplopende jeugdwerkloosheid in veel landen, is blijven dalen. We komen hierop terug in het vijfde hoofdstuk.
Bestudering van de slachtofferpercentages van de geïndustrialiseerde landen brengt aan het licht dat er geen evidente, eenvoudig te begrijpen relatie bestaat tussen het welvaartsniveau van een land en het niveau van de criminaliteit. Het is zeker niet zo dat de criminaliteit doorgaans op een hoger niveau ligt in armere landen. Dit blijkt bijvoorbeeld uit de relatief hoge slachtofferpercentages in het Verenigd Koninkrijk, Nederland, Zwitserland en Ierland, alle behorende tot de rijkere EU-landen. In een relatief arm land als Portugal is het criminaliteitsniveau juist laag. Generaliserende uitspraken over de relatie tussen welvaart en criminaliteit kunnen dus niet verantwoord worden gedaan. Wel blijkt dat landen waarin een relatief groot deel van de bevolking in een grote stad

Figuur 2.5. Trends in totale criminaliteit ervaren door nationale of stadsbevolkingen, per jaar in de periode 1988-2004
Bron: ICVS, 1989-2005.

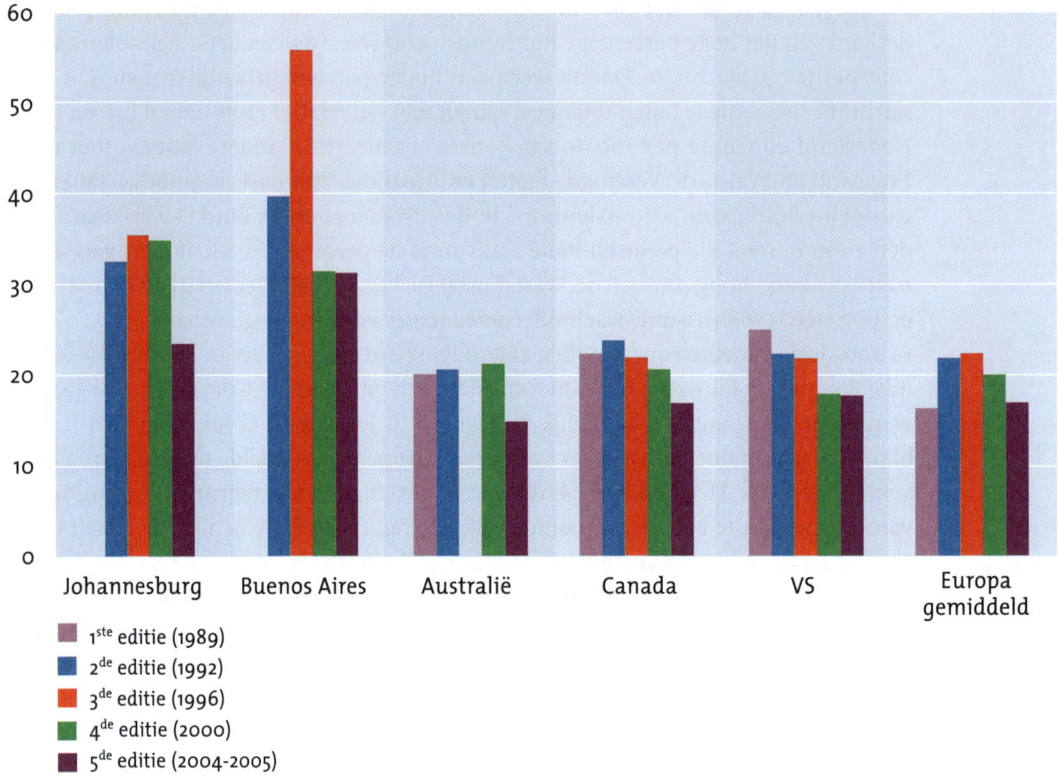

woont, over het algemeen een hoger criminaliteitsniveau vertonen. Dit geldt bijvoorbeeld in sterke mate voor Australië, waar ruim 80 procent van de inwoners in een grote stad woont. Ook het Verenigd Koninkrijk en Nederland zijn relatief sterk verstedelijkt. Omgekeerd worden de laagste slachtofferpercentages aangetroffen in landen met een minder verstedelijkt karakter, zoals Noorwegen, Noord-Ierland en Finland. Japan is de uitzondering op de regel dat sterk verstedelijkte landen meer criminaliteit kennen.

Met dit laatste gegeven is een van de belangrijkste wetmatigheden genoemd die de beschrijvende criminologie heeft aangetroffen: het niveau van de criminaliteit neemt in bijna alle landen, en in alle tijden, toe met de graad van verstedelijking in een gebied. Binnen Nederland zijn de politiële criminaliteitscijfers en slachtofferpercentages zoals hiervoor besproken, het hoogste in de gemeenten met meer dan 100.000 inwoners en het laagste in gemeenten met minder dan 10.000 inwoners. Bijna overal ter wereld zijn de geïndiceerde criminaliteitscijfers het hoogste in de grote steden. Criminaliteit is kennelijk een typisch grootstedelijk probleem. De vraag waardoor de criminaliteit juist in de grote steden gedijt, behoort niet tot de beschrijvende criminologie. Dit onderwerp wordt behandeld in hoofdstuk 5 waarin het sociologische perspectief op de oorzaken van criminaliteit wordt besproken.

2.4 Indicatoren van niet-conventionele criminaliteit

Tot de inherente tekortkomingen van slachtofferenquêtes behoort, zoals gezegd, hun gerichtheid op delicten waarvan individuele burgers of bedrijven het slachtoffer worden. Delictstypen die tot de zogenoemde economische criminaliteit behoren, zoals georganiseerde misdaad (zie daarover hoofdstuk 9), blijven buiten beeld. De internationale slachtofferenquête laat bijvoorbeeld zien dat het niveau van de veelvoorkomende vermogenscriminaliteit in het Verenigd Koninkrijk en in Nederland hoger ligt dan in Italië en in Rusland. Deze uitkomst roept de vraag op hoe het in de betreffende landen staat met het niveau van de georganiseerde misdaad.
Statistische gegevens over de omvang van de georganiseerde misdaad zijn bijzonder moeilijk te verzamelen. Meer nog dan andere vormen van criminaliteit speelt georganiseerde misdaad zich grotendeels af in het verborgene. Kenmerkend voor de meest succesvolle georganiseerde misdaad, zoals die van de maffia in Italië in de jaren tachtig van de vorige eeuw, is dat het bestaan ervan door de overheid en de media ten stelligste wordt ontkend. Extra lastig is ook dat over de definitie van georganiseerde criminaliteit, een begrip dat in slechts weinig landen door de wetgever is gedefinieerd, geen overeenstemming bestaat. Een mogelijke indicator voor de activiteiten van de georganiseerde misdaad zouden de door de politie in beslag genomen hoeveelheden illegale drugs kunnen zijn. Deze cijfers weerspiegelen echter vooral de inspanningen van de politie. Juist in landen met veel georganiseerde misdaad en corruptie treedt de politie zelden streng op tegen de drugshandel.
Ter voorbereiding op de bekende conferenties over de ontwikkeling van de wereldeconomie in Davos worden jaarlijks enquêtes uitgevoerd onder steekproeven van ondernemers uit meer dan zeventig landen. Een van de vragen in de enquête gaat over de schade die bedrijven ondervinden door activiteiten van de georganiseerde misdaad in hun land. De antwoorden op deze vragen over de afgelopen drie jaren bieden een indicatie van de ernst van deze problemen in de ogen van ondernemers. Uit analyses is gebleken dat de scores op deze indicator een zeer sterke samenhang vertonen met scores op indicatoren van de omvang van corrupte praktijken in overheidskringen per land. De landen waar ondernemers veel te stellen hebben met georganiseerde misdaad, vertonen ook de hoogste scores voor corruptie. Ten slotte bleek dat beide scores ook sterk correleren met een index van de Verenigde Naties voor het aantal moorden (Van Dijk, 2007). De omvang van de georganiseerde misdaad als waargenomen door ondernemers vertoont een sterke samenhang met de omvang van twee verschijningsvormen

van georganiseerde misdaad: corruptie onder ambtenaren en politici, en het gebruik van dodelijk geweld. Door optelling van de scores voor gepercipieerde omvang van georganiseerde misdaad, corruptie en moorden kan een samengestelde index worden verkregen voor non-conventionele misdaad. Deze index behoeft verdere verfijning, maar biedt in elk geval een interessante aanvulling op de uitkomsten van de internationale slachtofferenquête.

In figuur 2.6 is van zeventig landen zowel weergegeven hoe zij scoren op de index voor veelvoorkomende vermogenscriminaliteit als op de index voor non-conventionele criminaliteit. Op de *x*-as zijn weergeven de landenscores voor veelvoorkomende criminaliteit op basis van de internationale slachtofferenquête: landen met hoge scores bevinden zich aan de rechterzijde in de figuur. Op de *y*-as zijn weergegeven de scores volgens de samengestelde index voor non-conventionele criminaliteit (georganiseerde misdaad, corruptie en levensmisdrijven): landen met hoge scores bevinden zich in de bovenste regionen in de figuur.

Uit figuur 2.6 blijkt dat er geen samenhang bestaat tussen de omvang van de veelvoorkomende criminaliteit in een land en de omvang van de non-conventionele criminaliteit.

Juist enkele landen met veel conventionele vermogenscriminaliteit, zoals Denemarken, Engeland, Nieuw-Zeeland en Nederland, vertonen relatief lage scores op non-conventionele criminaliteit. Het omgekeerde geldt ook: in veel Aziatische landen komt weinig gewone diefstal voor, maar ligt de non-conventionele criminaliteit op een relatief hoog niveau (voorbeelden zijn India, de Filipijnen, Indonesië en Thailand). Er zijn ook verschillende landen die hoog scoren op beide vormen van criminaliteit. Dit geldt voor landen die deel uitmaakten van de voormalige Sovjet-Unie en voor enkele landen in Latijns-Amerika (Colombia en Argentinië) en in Afrika.

Eerder is de conclusie getrokken dat blijkens de uitkomsten van de internationale slachtofferenquêtes de relatie tussen welvaart en conventionele vermogenscriminaliteit niet eenduidig is. Diefstallen en inbraken komen relatief veel voor in ontwikkelingslanden, maar ook in enkele van de meest welvarende landen ter wereld, waaronder Nederland. Uit de aanvullende gegevens over non-conventionele criminaliteit komt een ander, aanvullend beeld naar voren. Deze vormen van criminaliteit komen evident vaker voor in ontwikkelingslanden. Het zal duidelijk zijn dat simpele generalisaties over welvaart en criminaliteit tekortschieten. In hoofdstuk 5 komen we nog terug op de gecompliceerde relatie tussen welvaart en criminaliteit.

Het is niet mogelijk gefundeerde uitspraken te doen over de trends in de georganiseerde misdaad per land. De uitkomsten van de enquêtes onder ondernemers naar ervaringen met georganiseerde misdaad wijzen in de meeste wereldregio's op stabilisering of een daling, bijvoorbeeld in Oost-Europa. Dit geldt echter niet voor landen in Midden-Amerika (Mexico, Venezuela en Guatemala) en veel Caraïbische eilanden. Dit is ook de enige regio ter wereld waar de aantallen moorden per 100.000 inwoners sinds 2000 sterk zijn gestegen (UNODC, 2011). Het lijdt geen twijfel dat deze stijgingen samen-

Figuur 2.6. Plotterdiagram, weergevende scores van landen op de index voor veelvoorkomende vermogenscriminaliteit op basis van de internationale slachtofferenquête en de index voor non-conventionele criminaliteit (georganiseerde misdaad, corruptie, levensmisdrijven)

Bron: Van Dijk (2007); bewerking door de auteurs.

hangen met de internationale handel in drugs, met name cocaïne en cannabis, vanuit Zuid-Amerika naar Noord-Amerika en Europa (deels via West-Afrika).

2.5 Discussie

Om een beeld te krijgen van de criminaliteit kan een groot aantal verschillende bronnen worden geraadpleegd. Hier behandeld zijn onder andere: de politiestatistiek van de geregistreerde criminaliteit landelijk en per stad, de internationale politiestatistieken, de zelfrapportagestudies van het WODC, de landelijke en regionale slachtofferenquêtes (Veiligheidsmonitor), de internationale slachtofferenquête en een nieuwe index voor non-conventionele criminaliteit. Het is niet mogelijk in zijn algemeenheid aan te geven welke bron de beste informatie biedt. Dit hangt af van de vragen die men beantwoord wil zien. Voor een globale indruk van de omvang en de trend van de veelvoorkomende criminaliteit in nationaal, lokaal of internationaal verband kan men het beste de slachtofferenquêtes raadplegen. Hierbij blijven echter delicten als winkeldiefstal en zwartrijden buiten beeld. Daarover bieden zelfrapportagestudies onder jongeren wél informatie. De slachtofferenquêtes zijn ook minder geschikt als bron van informatie over specifieke, minder voorkomende vormen van criminaliteit zoals levensmisdrijven of zware mishandelingen en georganiseerde misdaad of corruptie. Voor levensmisdrijven is de politiestatistiek van het CBS nog steeds de aangewezen bron. Inmiddels is een eerste begin gemaakt met de ontwikkeling van internationaal vergelijkbare statistieken over corruptie en georganiseerde misdaad.

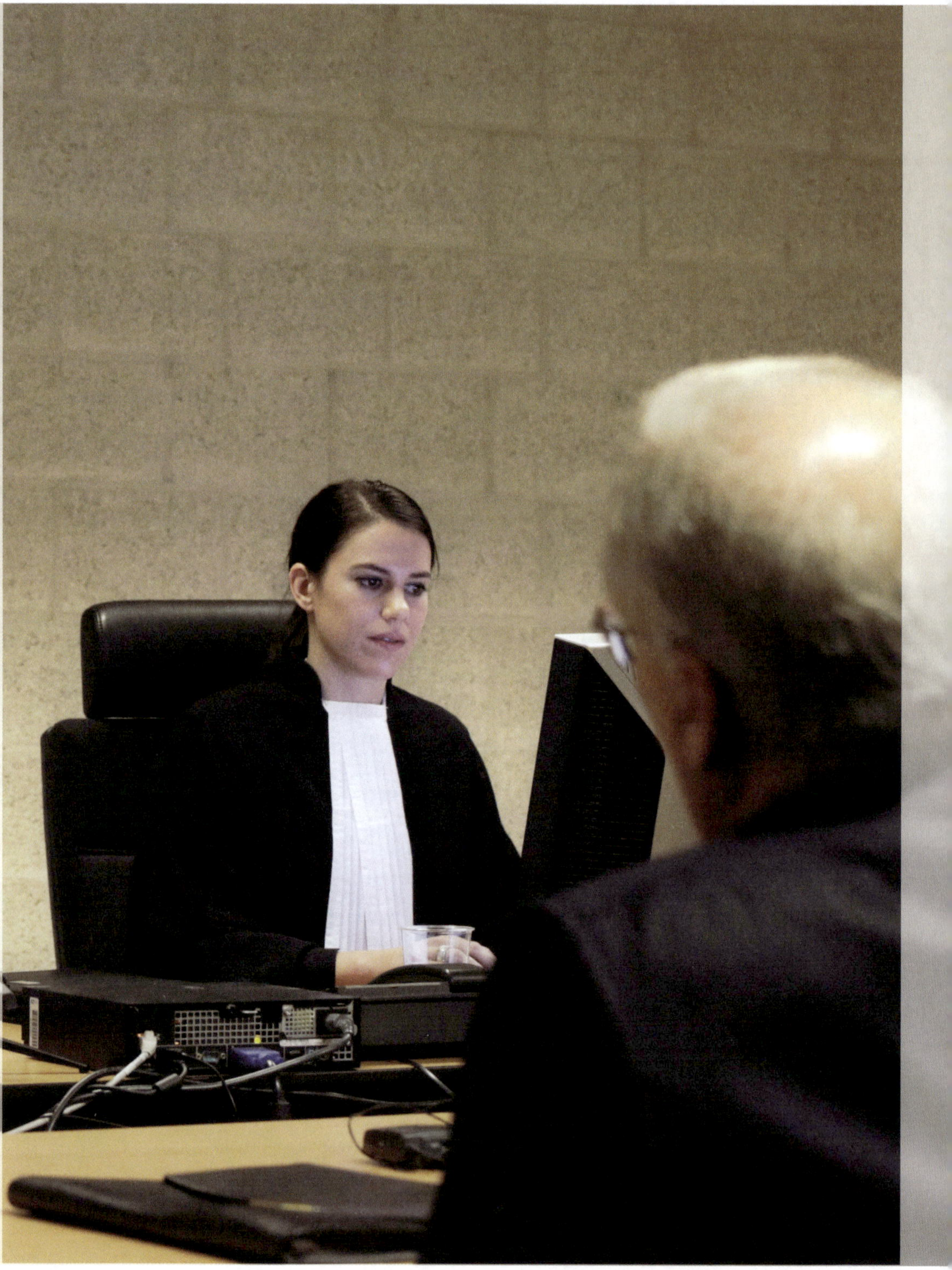

3 Het strafrechtelijk systeem in actie

3.1 Inleiding

Zoals besproken in hoofdstuk 1, bestaat het studieobject van de criminologie uit criminaliteit en de maatschappelijke reactie hierop. De belangrijkste – formele – reactie op criminaliteit in onze rechtsstaat is de toepassing van het strafrecht. Dit betekent dat de beschrijvende kant van de criminologie zich niet alleen richt op het in kaart brengen van de aard en de omvang van criminaliteit, maar ook op het in kaart brengen van de werking van de strafrechtspleging. De effecten ervan komen aan de orde in hoofdstuk 7. De strafrechtspleging is in handen van verschillende, min of meer zelfstandige organen die samen worden aangeduid als het 'strafrechtelijke systeem' of 'de strafrechtelijke keten'. Onder het strafrechtelijke systeem verstaan wij het geheel van organisaties en personen dat bepaalt welke gedragingen strafbaar zijn en zorg draagt voor de opsporing van overtreders, hun vervolging en berechting, en voor de eventuele tenuitvoerlegging van de aan hen opgelegde straffen. De belangrijkste onderdelen van dit systeem zijn:

1. de strafwetgever (zowel de centrale overheid als de lagere overheden);
2. de politie en andere instanties met opsporingsbevoegdheid;
3. het Openbaar Ministerie (de officieren van justitie);
4. de zittende magistratuur (de rechters), bijgestaan door de griffie;
5. het gevangeniswezen;
6. de reclassering.

Verschillende andere instanties kunnen eveneens tot het strafrechtelijke systeem worden gerekend. Men kan hierbij denken aan de kinderbescherming, de psychopatenzorg en Slachtofferhulp Nederland.
Kenmerkend voor het strafrechtelijke systeem is een grote mate van complexiteit en de afwezigheid van eenvoudige gezagsrelaties. Het in 2013 ingestelde korps nationale politie wordt beheerd en aangestuurd door de minister van Veiligheid en Justitie. Het Korps kent tien regionale eenheden. Deze eenheden staan onder gezag van zowel de burgemeesters als de plaatselijke hoofdofficier van justitie. De burgemeesters hebben het gezag over de politie met betrekking tot de openbare ordehandhaving en de hulpverlening. De hoofdofficier van justitie heeft het gezag over de politie waar het gaat om de strafrechtelijke handhaving van de rechtsorde en de criminaliteitsbestrijding. De politie heeft dus verschillende bazen. Het Openbaar Ministerie heeft in Nederland het alleenrecht op de vervolging van verdachten en formuleert strafeisen aan de rechter. Deze beslissingen vallen onder de politieke verantwoordelijkheid van de minister van Veiligheid en Justitie, maar deze intervenieert in beginsel niet in de afdoening van gewone individuele strafzaken. De rechters zijn vanzelfsprekend in hun beslissingen over rechtszaken geheel onafhankelijk. Zij worden echter wel organisatorisch aange-

stuurd door de leiding van de rechtbanken en hoven en door de Raad voor de rechtspraak. Delen van de kinderbescherming en slachtofferhulp zijn in Nederland in handen van semipublieke organisaties die, hoewel grotendeels gefinancierd door de overheid, een zekere mate van onafhankelijkheid bezitten. De instanties die samen het strafrechtelijke systeem uitmaken, bezitten dus een zekere mate van autonomie ten opzichte van elkaar. De noodzaak van beleidsvorming en coördinatie met behulp van kwantitatieve beleidsinformatie laat zich daardoor des te sterker voelen.

Net als dat de aard en omvang van criminaliteit kunnen worden bestudeerd op basis van gegevens die de organen van het strafrechtelijk systeem produceren, kan de werking van het strafrechtelijk systeem zelf op basis van die gegevens worden bestudeerd. Daarmee kan een oordeel worden gevormd over het functioneren van het strafrechtelijk systeem en de afzonderlijke organen daarbinnen. Op basis van dat oordeel kan vervolgens beleid worden gemaakt om het systeem als geheel en de afzonderlijke organen zodanig aan te sturen dat het doel van de strafrechtspleging (een effectieve en rechtmatige bestrijding van criminaliteit) beter wordt bereikt.

Over de activiteiten van elk van de subsystemen van het strafrechtelijke systeem kunnen statistische gegevens worden verzameld. Het geheel van deze gegevens vormt de beleidsinformatie die over het strafrechtelijke systeem beschikbaar is. Ten gevolge van de snel voortschrijdende automatisering van veel activiteiten nemen de omvang en de kwaliteit van deze informatie in snel tempo toe. Informatie die nog slechts tien jaar geleden uitsluitend door kostbaar dossieronderzoek kon worden verzameld, is tegenwoordig permanent en tegen geringe kosten beschikbaar. Het Parket-Generaal van het Openbaar Ministerie in Den Haag en de Raad voor de Rechtspraak beschikken over uitgebreide beleidsinformatiesystemen. Het ministerie van Veiligheid en Justitie publiceert tegenwoordig in samenwerking met het CBS jaarlijkse rapporten met statistische gegevens over het strafrechtelijke systeem in Nederland (de rapporten *Criminaliteit en Rechtshandhaving*, te vinden op www.wodc.nl). De mogelijkheden voor monitoring en sturing met betrekking tot de strafrechtspleging zijn daardoor navenant toegenomen.

Ook binnen de strafrechtspleging is de gewoonte ontstaan om de prestaties van de verschillende organen te beoordelen aan de hand van statistische beleidsinformatie. Deze informatie wordt dan gehanteerd als een prestatiemaat. Prestatiematen ontlenen in het algemeen hun betekenis aan vergelijkingen met prestaties in het verleden en/of met die van vergelijkbare organisaties in binnen- of buitenland. Bij de prestaties van het strafrechtelijke systeem gaat het zeker niet alleen om het halen van kwantitatieve doelstellingen (meer opsporingen of meer veroordelingen), maar bijvoorbeeld ook om de mate waarin het principe van de rechtsgelijkheid in de praktijk wordt verwezenlijkt.

In dit hoofdstuk wordt ten eerste ingegaan op het functioneren van de drie belangrijkste schakels uit de strafrechtelijke keten: politie, Openbaar Ministerie en rechterlijke macht. Ten tweede zal worden ingegaan op een belangrijk aspect van de werking van het strafrechtelijk systeem: de selectiviteit in de strafrechtspleging die maakt dat niet iedere zaak en niet iedere persoon op dezelfde wijze wordt behandeld.

3.2 De actoren in het strafrechtelijk systeem

3.2.1 De politie

Volgens artikel 3 van de Politiewet heeft de politie tot taak te zorgen voor de daadwerkelijke handhaving van de rechtsorde en het verlenen van hulp aan hen die deze behoeven. Tot de handhaving van de rechtsorde behoren enerzijds de handhaving van de openbare orde en anderzijds de strafrechtelijke rechtshandhaving. Een belangrijk onderdeel van de strafrechtelijke rechtshandhaving is de opsporing van strafbare feiten. Deze taak wordt hoofdzakelijk verricht door een onderdeel van de politie, de recherche. Recherchewerk wordt verricht op landelijk niveau (Dienst Landelijk Recherche), op districtsniveau (districtsrecherche) en door de basiseenheden. De overige taken worden verricht door de geüniformeerde onderdelen van de politie ('blauw'), voor een belangrijk deel georganiseerd in zogenoemde *basisteams*.

De politiesterkte

Volgens het jaarverslag van de politie over het jaar 2014 bedroeg de politiesterkte op 31 december 2014 51.442 fte's. In de praktijk betekent dit dat er zo'n 68.800 mensen bij de politie werken. Met de Tweede Kamer was afgesproken dat de politiesterkte niet onder de 49.500 fte zou zakken. De politiereorganisatie is deels een bezuinigingsoperatie: volgens het reorganisatieplan zal de operationele sterkte van de politie in 2015 zijn gedaald naar 49.802 fte's.

Of dit veel of weinig is en of de politiesterkte voldoende is, zijn lastige vragen om te beantwoorden. Er kan wel een vergelijking worden gemaakt met de politiesterkte in andere landen. Om vergelijkingen met het buitenland mogelijk te maken moet worden gekeken naar het aantal politiefunctionarissen per 100.000 inwoners.

De vergelijking met het buitenland moet met enig voorbehoud worden gemaakt omdat de definitie van politiepersoneel per land enigszins verschilt. Desalniettemin is de conclusie gewettigd dat het aantal politiemensen per 100.000 inwoners in Nederland iets lager ligt dan in de meeste Europese landen (De Waard, 1993).

In dit verband rijst de vraag of het relatief lage aantal politiefunctionarissen wordt gecompenseerd door de inschakeling door het bedrijfsleven en de overheid van grotere aantallen particuliere beveiligers. Het aantal particuliere beveiligers in Nederland is gegroeid van ongeveer 10.000 in 1980 tot ruim 34.000 in 2012 (Kelea Research, 2013). Toch is ook het aantal particuliere beveiligers lager dan het Europese gemiddelde. Volgens de *Confederation of European Security Services* waren er in 2011 in Nederland per 100.000 inwoners 190 beveiligers in dienst. Het gemiddelde van alle Europese landen is 310 beveiligers per 100.000 inwoners. Aangezien ruim de helft van de politiemensen in Nederland taken verricht in het openbaar, betekent dit dat er ongeveer evenveel particuliere beveiligers in het publieke domein actief zijn als politiemensen (Van Steden, 2007). Een soortgelijke ontwikkeling doet zich ook in

Tabel 3.1. Aantal politiefunctionarissen (exclusief burgerpersoneel) per 100.000 inwoners (politiedichtheid) in 2007 in enkele Europese landen
Bron: Aebi et al., European Sourcebook, 2010.

< 200	200-299	300-399	400-499	500 of meer
Finland	Albanië	Oostenrijk	Kroatië	Cyprus
Zweden	Estland	België	Tsjechië	Rusland
	Hongarije	Ierland	Slovenië	
	IJsland	Letland	Spanje	
	Moldavië	Litouwen		
	Nederland	Roemenië		
	Polen	Schotland		
	Slowakije			
	Turkije			
	Engeland & Wales			

andere landen voor. In de Verenigde Staten ligt de verhouding privaat en publiek reeds sinds jaren totaal anders dan in West-Europa: er zijn ongeveer twee keer zoveel particuliere beveiligers als politiefunctionarissen. Ook in Midden- en Oost-Europa (Polen, Hongarije en Rusland) zijn er tegenwoordig meer particuliere beveiligers werkzaam dan politiepersoneel.

Het ophelderingspercentage

De traditionele prestatiemaat voor de strafrechtelijke handhavingstaak van de politie is het percentage ter kennis gekomen misdrijven waarvan een verdachte bekend wordt (het zogenoemde ophelderingspercentage of oplossingspercentage). In Nederland lag dit percentage in 2014 op 24,6 procent. Het ophelderingspercentage verschilt sterk per soort criminaliteit, bijvoorbeeld 63 procent voor geweld- en zedenmisdrijven en 14 procent voor vermogensmisdrijven. Net als met de politiesterkte is het lastig te bepalen of een ophelderingspercentage hoog of laag is. Een ophelderingspercentage van 100 procent is uiteraard niet realistisch. Of een ophelderingspercentage als hoog of laag kan worden gezien, hangt mede af van de norm die wordt gesteld en kan mede worden bepaald door een vergelijking te maken met andere landen. Al enige jaren heeft het Openbaar Ministerie zich ten doel gesteld om, met het oog op de afschrikwekkende werking van een straf, het ophelderingspercentage te verhogen bij bepaalde categorieen delicten met hoge impact zoals overvallen en woninginbraken. Voor roofovervallen is de gestelde target van 32 procent inmiddels gehaald (38 procent in 2014). Het oplossingspercentage voor woninginbraken is echter nog verder gedaald en lag op 8 procent in 2014.

Een diepgaande analyse van de ophelderingspercentages van zeven westerse landen heeft uitgewezen dat de hoogte van het ophelderingspercentage in een land in de eerste plaats sterk afhankelijk is van externe factoren zoals de aard van de delicten waarmee de politie in aanraking komt (Smit, Van Tulder, Meijer en Groen, 2003). Ten tweede bleken beleidsmatige en juridische kenmerken van het strafrechtelijke systeem het ophelderingspercentage te beïnvloeden. In landen zoals Nederland waar politie en Openbaar Ministerie een grotere mate van beslissingsvrijheid hebben om bij verhoren al dan niet door te vragen over mogelijke andere delicten, zijn de ophelderingspercentages lager. In Nederland wordt niet meer doorgevraagd naar andere delicten zodra een voldoende aantal delicten is bekend voor een veroordeling door de rechter. De derde groep factoren is statistisch/rekenkundig van aard. Hierbij gaat het bijvoorbeeld om de criteria van wat als een opheldering geldt en de wijze van registreren. Aan de hand van het beschikbare materiaal konden de onderzoekers niet exact vaststellen in welke mate de betrokken factoren op het ophelderingspercentage van de zeven landen inwerken. Het heeft daarom niet veel zin een directe vergelijking te maken van de niveaus van het ophelderingspercentage tussen landen.
Een belangrijke zwakte van ophelderingspercentages als prestatiemaat is dat de ervoor geleverde inspanningen per delictstype zeer uiteenlopen. Het is een kleine moeite om een geval van winkeldiefstal op te lossen indien, zoals vaak gebeurt, de dader door de beveiligingsdienst van het warenhuis aan de politie wordt overhandigd. Daarentegen kunnen met het oplossen van een moord of terroristische aanslag duizenden mensuren zijn gemoeid.
Uiteraard zou het onjuist zijn de prestaties van de politie met betrekking tot de criminaliteitsbeheersing uitsluitend af te meten aan de hand van de recherchesuccessen. De politie besteedt een groot deel van haar totale werktijd aan bijvoorbeeld surveilleren, reageren op incidenten, het verlenen van hulp aan slachtoffers en het geven van voorlichting over preventie. Deze producten worden wel aangeduid als de 'zachte output' van de politie (ter onderscheiding van de zogenoemde harde output waartoe de aantallen opgehelderde misdrijven behoren). De prestaties van de politie op dit vlak kunnen ten dele worden vastgesteld met behulp van de uitkomsten van de in het vorige hoofdstuk besproken jaarlijkse Veiligheidsmonitor onder de bevolking. Aan de respondenten wordt gevraagd hoe vaak zij in hun straat surveillerende politie waarnemen en of men tevreden is over het optreden van de politie (bijvoorbeeld bij aangiftes of verzoeken om informatie). Dit deel van de politiemonitor kan worden gezien als consumentenonderzoek onder de klanten van politiële diensten. De resultaten kunnen, in combinatie met harde outputindicatoren, worden gebruikt voor het beoordelen van het functioneren van de politie. Als de ultieme prestatiemaat van de politie wordt vaak gezien de ontwikkeling van de criminaliteitscijfers of, beter nog, slachtofferpercentages. Zo heeft de minister van Veiligheid en Justitie de nationale politie in 2013 als taakopdracht meegegeven dat het aantal woninginbraken in 2017 30 procent lager moet liggen dan in 2013. Het vaststellen van een dergelijke target veronderstelt dat het niveau van

woninginbraken in belangrijke mate kan worden beïnvloed door politieoptreden. Criminologen staan in het algemeen sceptisch tegenover deze aanname. Zoals in de komende hoofdstukken zal worden behandeld, wordt het niveau van de criminaliteit mede, of zelfs in de eerste plaats bepaald door ontwikkelingen in de maatschappij en de door burgers en bedrijven getroffen preventiemaatregelen. Aan het feit dat veel vormen van criminaliteit sterk zijn gedaald, kan daarom niet de conclusie worden verbonden dat de politie goed presteert. Feit is dat de oplossingspercentages van de Nederlandse politie al vele jaren op een laag niveau verkeren. Een op verzoek van de minister van Veiligheid en Justitie uitgevoerde sterkte-zwakteanalyse van de opsporing heeft uitgewezen dat de kwaliteit ervan volgens deskundigen inderdaad in veel opzichten ernstig tekortschiet (Huisman, Princen, Klerks en Kop, 2016).

3.2.2 Het Openbaar Ministerie

Volgens de Wet op de rechtelijke organisatie is het Openbaar Ministerie belast met de strafrechtelijke handhaving van de rechtsorde. Daaronder vallen een aantal taken. Ten eerste geeft het Openbaar Ministerie leiding aan de opsporing van strafbare feiten door de politie. Ten tweede is het Openbaar Ministerie belast met de vervolging van verdachten. De laatste taak is de klassieke rol van de aanklager en die bestaat uit het dagvaarden van de verdachte, de zaak ter terechtzitting voordragen en het eisen van de straf of maatregelen. Een officier van justitie van het Openbaar Ministerie heeft een aantal alternatieven voor vervolging. Zo kan hij besluiten een zaak terzijde te leggen: dit heet het seponeren van een zaak. Wanneer hij dat doet omdat er te weinig bewijs is tegen de verdachte, dan heet dat een technisch sepot. Wanneer hij een zaak terzijde legt uit opportuniteitsoverwegingen, bijvoorbeeld omdat het om een licht vergrijp gaat, dan heet dat een beleidssepot. Een tweede alternatief is dat hij bepaalde voorwaarden stelt aan het niet vervolgen, bijvoorbeeld dat de verdachte een geldboete betaalt of een taakstraf uitvoert. Dit heet een transactie. Een laatste alternatief is dat officieren van justitie voor bepaalde delicten, buiten de rechter om, zelf de schuld van de verdachte kunnen vaststellen en een breed scala aan straffen en maatregelen kunnen opleggen. Dit heet een strafbeschikking. De verdachte kan hiertegen bezwaar maken bij de rechter. Ten derde houdt het Openbaar Ministerie toezicht op de tenuitvoerlegging van straffen, maatregelen en voorwaarden.

Wanneer nieuwe zaken worden behandeld door het Openbaar Ministerie, dan heet dat 'afdoen in eerste aanleg'. Deze zaken worden afgehandeld bij elf arrondissementsparketten waar de officieren van justitie werken onder leiding van een hoofdofficier van justitie. Er zijn twee landelijke parketten voor de complexere zaken: het Landelijk Parket voor de bestrijding van georganiseerde criminaliteit, terrorisme en internationale misdrijven en het Functioneel Parket voor de bestrijding van fraude en milieucriminaliteit. Wanneer de veroordeelde of het Openbaar Ministerie ontevreden is met het oordeel van de rechter in een zaak, dan kan hij in hoger beroep gaan. Aanklager voor deze

'zaken in tweede aanleg' zijn de zogenoemde advocaten-generaal. Zij werken bij vier ressortsparketten die worden voorgezeten door een procureur-generaal. De procureurs-generaal samen vormen het College van Procureurs-Generaal dat leiding geeft aan het gehele Openbaar Ministerie. De minister van Veiligheid en Justitie draagt de politieke eindverantwoordelijkheid voor het Openbaar Ministerie. Indien er na hoger beroep nog belangrijke juridische kwesties in een zaak zijn (zogenoemde rechtsvragen) dan kunnen Openbaar Ministerie en veroordeelde ten slotte nog in cassatie gaan bij het hoogste rechtscollege in Nederland, de Hoge Raad.
Vanwege de sterke stijging van de criminaliteit vanaf de jaren zeventig van de vorige eeuw bleek het Openbaar Ministerie niet in staat alle zaken af te handelen. In een belangrijke kabinetsnota *Samenleving en criminaliteit* beloofde de minister van Justitie in 1985, naast stimulering van preventieve maatregelen, meer straffen, harder straffen en consistenter en consequenter straffen. Daartoe moest het percentage ingeschreven strafzaken dat zonder oplegging van enigerlei sanctie terzijde werd gelegd ('kale sepots') omlaag. De achterliggende gedachte hierbij was dat de afschrikwekkende werking van het strafrecht zou zijn verzwakt door de gegroeide praktijk om bijna de helft van alle zaken zonder sanctie af te doen. Dit beleidsvoornemen is inmiddels goeddeels verwezenlijkt, waarschijnlijk mede als gevolg van de invoering van de strafbeschikking in 2008 (Boorsma en Tijhuis, 2009).
Een andere kwantitatieve doelstelling betrof de versnelling van de afhandelingsduur van strafzaken. Verondersteld werd dat de afschrikwekkende werking van de opgelegde sancties groter zou zijn als de daders als het ware 'lik op stuk' zouden krijgen. Sinds geruime tijd poogt men met meer of minder succes de doorlooptijden in strafzaken te verkorten. De doorlooptijd bij het Openbaar Ministerie – de tijd van de inschrijving tot het afdoen door het Openbaar Ministerie – nam in de periode 2000-2009 af van 20 naar 17 weken.

3.2.3 De rechtelijke macht

Op basis van het opsporingsonderzoek en het onderzoek ter terechtzitting, beslissen rechters uiteindelijk of de ten laste gelegde strafbare feiten wettig en overtuigend bewezen zijn, over de schuld van de verdachte en welke straf of maatregel op basis daarvan wordt opgelegd. De rechterlijke organisatie is dezelfde als die van het Openbaar Ministerie. Er zijn elf rechtbanken, vier gerechtshoven en de Hoge Raad. In eerste aanleg zijn er twee soorten strafrechters: de lichtere en eenvoudiger zaken worden afgedaan door een politierechter en de zwaardere en complexere zaken worden afgedaan door een meervoudige kamer bestaande uit drie rechters. Daarnaast is er de kinderrechter voor zaken betreffende minderjarige verdachten. Ten slotte is de rechter-commissaris een rechter die beslissingen neemt over het vooronderzoek in strafzaken, bijvoorbeeld over het horen van getuigen en over het in bewaring stellen van verdachten.

In 2014 deed de rechter 98.000 misdrijfzaken af, bijna een kwart minder dan in 2007. In 90 procent van de zaken sprak de rechter een schuldigverklaring uit. Het aantal vrijspraken is de afgelopen jaren toegenomen. Het aantal door de kinderrechter afgedane misdrijfzaken laat de grootste daling zien (-56 procent), terwijl de meervoudige kamer 9 procent meer zaken afhandelde dan in 2007.
In 2014 handelde de politierechter 82 procent van de misdrijfzaken af, evenveel als in 2007. De meervoudige kamer nam 13 procent in behandeling (tegen 9 procent in 2007) en de kinderrechter 5 procent (tegen 9 procent in 2007).
Ook bij de rechterlijke macht is de doorlooptijd van zaken een belangrijk punt van aandacht en zorg. Vanaf het moment van inschrijving bij het parket tot aan de eindbeslissing van de rechter verloopt vaak geruime tijd. De doorlooptijd wordt onder meer beïnvloed door de complexiteit van de strafzaak en de ernst van het gepleegde feit. De behandeling van misdrijfzaken duurde in 2012 gemiddeld 35 weken (Criminaliteit en rechtshandhaving, 2012).

3.3 Selectiviteit in de strafrechtspleging

In het Wetboek van Strafrecht staat het zo overtuigend geformuleerd: *'Hij die enig goed dat geheel of gedeeltelijk een ander toebehoort, wegneemt, met het oogmerk om het zich wederrechtelijk toe te eigenen, wordt, als schuldig aan diefstal, gestraft met gevangenisstraf van ten hoogste vier jaren of geldboete van de vierde categorie.'* Iedereen weet dat de realiteit anders is. Hij die zich schuldig maakt aan eenvoudige diefstal krijgt vaak, of zelfs meestal, helemaal geen straf. Uit warenhuizen wordt regelmatig iets meegenomen dat niet is afgerekend. Ook worden er elk weekend op grote schaal auto's bestuurd onder invloed van alcohol en worden er in de aprilmaand veel belastingformulieren niet geheel naar waarheid ingevuld. Er zijn jaarlijks miljoenen plegers van strafbare feiten en het merendeel wordt niet gestraft, zoals menigeen uit eigen wetenschap weet. Er wordt kennelijk door het strafrechtelijke systeem een bepaalde selectie toegepast. Hoe komt deze selectie tot stand? Is het alleen een kwestie van pech hebben als men tot deze selectie behoort? Lopen sommige categorieën mensen een grotere kans te worden gestraft dan andere? En zo ja, waar is die vergrote kans dan van afhankelijk? Dergelijke vragen worden in de criminologie behandeld onder de noemer van de 'selectiviteit van het strafrechtelijke systeem'. Onder selectiviteit wordt verstaan: 'het verschijnsel dat systematische, dat wil zeggen niet-toevallige, factoren bepalen welke natuurlijke of rechtspersonen uit het totaal van wetsovertreders in aanraking komen met de politie en/of justitie'.
Bij de toepassing van het strafrecht treden drie verschillende vormen van selectiviteit op: selectiviteit door capaciteitsgebrek, selectiviteit door regionale verschillen en selectiviteit op basis van persoonskenmerken van de justitiabele.

Selectiviteit door capaciteitsgebrek

De eerste vorm vloeit voort uit het onvermogen van de politie en tegenwoordig ook justitie om alle zaken die aan hen worden voorgelegd, optimaal te behandelen. Geen enkele politie-eenheid is in staat om alle bekend geworden zaken op te lossen. De werklast van de politie is inmiddels zover opgelopen dat bij middelzware gevallen zoals woninginbraak lang niet altijd nog opsporingsactiviteiten worden ontplooid. De kans dat de daders ooit worden opgespoord, anders dan bij betrapping op heterdaad, is dus gering. Het capaciteitsgebrek bij de justitiële politie leidt dus tot rechtsongelijkheid in die zin dat capabele inbrekers weinig risico lopen op een arrestatie. Gebrek aan capaciteit bij de politie dwingt het Landelijke Parket van het Openbaar Ministerie ertoe tevens een strenge selectie te maken bij het onderzoeken van maffia-achtige groepen. Ernstiger nog is dat het Openbaar Ministerie soms wegens capaciteitsgebrek niet in staat is een ingeschreven zaak tijdig te behandelen. De achterstanden bij het Openbaar Ministerie leiden ertoe dat zaken worden geseponeerd omdat de redelijke termijn voor vervolging is verstreken. Lange wachttijden kunnen er tevens toe leiden dat de door de rechter opgelegde straffen lager uitvallen bij wijze van compensatie voor het lange tijdsverloop sinds het delict is gepleegd.

Selectiviteit door regionale verschillen

De tweede hier te bespreken vorm van selectiviteit bestaat uit de soms grote verschillen in het gevoerde beleid met betrekking tot de opsporing, de vervolging en de berechting in de verschillende regio's van het land. Wat in regio A bijvoorbeeld als regel met een berisping door de politie wordt afgedaan, leidt in regio B tot de oplegging van een gevangenisstraf. Voor zover voor deze (regionale) verschillen geen inhoudelijke rechtvaardigingen worden gegeven die samenhangen met de verschillende aard van de behandelde zaken, introduceren zij een element van willekeur in de strafrechtspleging. De straf die men krijgt, is dan immers in sterke mate afhankelijk van de plaats waar men woont en van de politierechercheur, de officier van justitie of de rechter voor wie men verschijnt. Overigens is een van de doelstellingen van introductie van de nationale politie en daarmee van de invoering van meer gestandaardiseerde werkwijzen, dat deze regionale verschillen in de aanpak en afhandeling van criminaliteit zullen gaan verminderen. Ook de nieuwe indeling van het Openbaar Ministerie en de rechterlijke macht in elf in plaats van negentien eenheden kan daartoe bijdragen.

Persoonsgerichte selectiviteit

Een derde vorm van selectiviteit bestaat uit het anders afdoen van overigens gelijke zaken vanwege bepaalde groepskenmerken van de dader. Hierbij gaat het dus om persoonsgerichte selectiviteit. Voor een dergelijke, op de persoon toegesneden afdoening, kunnen goede redenen zijn. De rechter wordt immers geacht rekening te houden met de persoon van de verdachte. Bij afwezigheid van een goede rechtvaardiging wordt echter het beginsel van de rechtsgelijkheid met voeten getreden. Er wordt dan bijvoorbeeld gesproken van klassenjustitie of van politiële of rechterlijke discriminatie. Rovers geeft de volgende algemene definitie van klassenjustitie: 'de systematische benadeling van (potentiële) justitiabelen met geringe economische hulpbronnen, inclusief allochtonen, in alle onderdelen van de strafrechtketen (wetgeving, opsporing, vervolging, berechting en executie). De benadeling heeft betrekking op de kans van personen om in de strafrechtketen terecht te komen, de kans om er op enig moment weer uit te komen en de behandeling tijdens het verblijf in de keten' (Rovers, 1999).

3.3.1 De strafrechtspleging als afvalrace

In hoofdstuk 2 is uiteengezet dat slechts een fractie van de gepleegde delicten bij de politie bekend wordt en leidt tot een registratie. Van de circa 8 miljoen misdrijven die jaarlijks worden gepleegd tegen burgers en bedrijven, worden er 1,2 miljoen door de politie geregistreerd (het befaamde topje van de ijsberg). Inmiddels hebben we tevens gezien dat de politie bij 25 procent van de geregistreerde delicten een verdachte opspoort. Van deze verdachten wordt een deel door de politie 'met een standje' naar huis gestuurd of moet een boete betalen (een politiestrafbeschikking). De rest wordt ingeschreven bij het Openbaar Ministerie. Het Openbaar Ministerie doet een groot deel van de ingeschreven zaken af door middel van een sepot, transactie of beschikking. Hierna volgt de behandeling door de rechter, waarbij vrijspraak kan volgen of een straf wordt opgelegd. Een deel van deze straffen bestaat uit een vrijheidsstraf.
In het strafrechtelijke systeem heeft, kortom, een voortdurende selectie plaats. Getalsmatig is deze selectie zo dat een steeds kleiner wordend gedeelte van de aanvankelijke groep van wetsovertreders in het strafrechtelijke systeem overblijft. Vandaar dat wel eens de metafoor van een 'filter' of van een 'trechter' wordt gebruikt om de selectiviteit van de strafrechtspleging te illustreren. In tabel 3.2 is dit selectieproces, zonder compliceerende details, weergegeven voor de misdrijven van het jaar 2014.
Uitgangspunt van deze tabel is het aantal geschatte misdrijven tegen burgers en bedrijven dat in 2014 blijkens slachtofferenquêtes werd gepleegd (circa 8 miljoen). Terwijl de politie ruim een miljoen processen-verbaal opmaakte, werden als gevolg van de reeds besproken lage ophelderingspercentages niet meer dan 312.000 verdachten geregistreerd.
Per jaar krijgen 23.000 meerderjarige verdachten een politiestrafbeschikking (boete) van de politie en worden ruim 7.000 minderjarige verdachten het systeem uitgeloodst via zogenoemde HALT-afdoeningen. Van de ruim 200,000 bij het OM ingeschreven zaken worden er vijftig duizend geseponeerd. Van de overige verdachten krijgen ongeveer 49.000 mensen door een transactie of een strafbeschikking een sanctie van de officier van justitie en krijgen ongeveer 86.000 personen door de rechter een straf opgelegd. Met een vrijspraak of ontslag van rechtsvervolging eindigden in 2014 11 procent van de door de rechters afgedane zaken. Van de in 2014 opgelegde circa 96.000 onvoor-

waardelijke sancties waren 24 procent boetes, 24 procent vrijheidsbenemende sancties en 30 procent taakstraffen.

Opgemerkt moet worden dat tabel 3.2 de werkelijkheid enigszins geweld aandoet omdat de input bij de politie bestaat uit misdrijven en de output bij de rechter uit veroordeelden. Een verdachte kan verschillende misdrijven plegen en verschillende personen kunnen zich met elkaar schuldig maken aan het plegen van één misdrijf. Duidelijk is in ieder geval dat slechts op een zeer klein deel van de ter kennis van de politie gekomen delicten een strafrechtelijke reactie volgt. Van de 312.000 personen die door de politie in 2014 als verdachte werden aangemerkt, kregen 24.000 een onvoorwaardelijke vrijheidsstraf opgelegd, dat wil zeggen ongeveer 8 procent. Per gepleegd delict is de kans dat men daarvoor door de politie wordt gearresteerd ongeveer 4 procent. De zogenoemde pakkans is dus bijna nihil. Alleen bij zwaardere delicten, zoals roofovervallen of doodslag, is de pak- en strafkans nog steeds vrij hoog. De lage ophelderings- en sanctiepercentages hebben de afschrikwekkende werking van het strafrecht uiteraard verzwakt. Het Openbaar Ministerie spreekt in dit verband ook zelf van een ernstig handhavingstekort. Hierbij moet wel worden bedacht dat chronische delinquenten gedurende een langere tijd zeer regelmatig delicten plegen. Hoewel de strafkans per delict gering is, is de kans dat zulke veelplegers uiteindelijk tegen de lamp lopen nog steeds aanzienlijk. Slechts weinig stelselmatige criminelen komen tijdens hun criminele carrière nimmer met de politie in aanraking. De meesten brengen ten minste een deel van hun leven door in de gevangenis.

De lage pak- en strafkansen, die ten dele het gevolg zijn van de capaciteitsproblemen binnen schakels van het strafrechtelijke systeem, maken het voor burgers en overheden inmiddels noodzakelijk om uit te zien naar andere manieren om de criminaliteit tegen te gaan dan door de toepassing van het strafrecht. Het strafrecht is een ontoereikend stuurmiddel voor de overheid om de criminaliteit te beheersen. Deze omstandigheid verklaart mede de toegenomen aandacht voor criminaliteitspreventie en voor het inschakelen van het bestuursrecht als regelingsmechanisme, onder andere door de invoering van de bestuurlijke boete. Deze nieuwe vormen van criminaliteitsbeheersing worden in hoofdstuk 6 besproken.

De sterke filtering die optreedt tijdens de loop van strafzaken door het strafrechtelijke systeem illustreert de aanzienlijke discretionaire ruimte die functionarissen binnen dit systeem hebben. Voordat een verdachte een min of meer zware sanctie krijgt opgelegd, zijn over zijn/haar zaak een reeks van beslissingen genomen door achtereenvolgens rechercheurs, officieren, rechters-commissarissen en rechters. Bij elk van die beslissingen kunnen oneigenlijke factoren of overwegingen een rol spelen. Het stroomschema maakt dus duidelijk hoe belangrijk het is de toepassing van de discretionaire bevoegdheid in de strafrechtelijke praktijk kritisch te monitoren.

Zoals gezegd, gaat het hierbij zowel om regionale verschillen als om systematische verschillen in de afdoening van zaken met daders met bepaalde groepskenmerken.

Tabel 3.2. Afdoening misdrijven in de strafrechtsketen, 2014[a]
Bron: Criminaliteit en rechtshandhaving, 2015.

Slachtoffers				
4.600.000			door burgers ondervonden delicten (schatting)[b]	
Opsporing				
1.006.800			geregistreerde misdrijven[c]	
312.000			geregistreerde verdachten	
	0		politietransacties misdrijven[d]	
	22.800		politiebeschikkingen[e]	
	7.600		Halt-verwijzingen[f]	
Vervolging en berechting				
212.300			instroom OM	
	221.700		beslissingen OM[g]	100%
		34.500	strafbeschikkingen	16%
		14.300	transacties	6%
		11.100	vw. beleidssepots	5%
		21.200	technische sepots	10%
		20.200	onvw. beleidssepots	9%
		9.600	overige afdoeningen[h]	4%
		110.800	dagvaardingen	50%
.			instroom rechter	
	97.700		eindbeslissingen rechter	100%
		85.900	schuldigverklaringen	88%
		10.700	vrijspraken en ontslagen rechtsvervolging	11%
		1.200	overige afdoeningen	1%
	94.800		door de rechter opgelegde (deels) onvw. sancties[i]	100%
		22.000	schuldigverklaringen	23%
		23.800	vrijspraken en ontslagen rechtsvervolging	25%
		26.100	overige afdoeningen	27%
		14.200	schuldigverklaringen	15%
		6.100	vrijspraken en ontslagen rechtsvervolging	6%
		2.600	overige afdoeningen	3%

a Voorlopige cijfers. Afgeronde aantallen.
b Bron: CBS; voorlopige schatting. Het aantal kan maximaal 100.00 hoger of lager liggen. Een schatting van het aantal delicten tegen bedrijven voor recente jaren is niet beschikbaar. Voor het meest recente gegeven zie de MCB 2010 (MCB, 2011). Ook ontbreken cijfers over misdrijven zonder direct slachtoffer (zoals drugssmokkel en heling), misdrijven tegen overheidsinstellingen en misdrijven tegen 15-minners.
c Bron: CBS Politiestatistiek: inclusief misdrijven tegen bedrijven en instellingen, en inclusief geregistreerde 'slachtofferloze' misdrijven. De cijfers van 2014 betreffen voorlopige cijfers.
d Bron: CJIB.
e Bron: CJIB.
f Bron: Halt Nederland. In het aantal is een onbekend deel begrepen van andere verwijzers dan de politie.
g Bron: CBS Rechtbankstatistiek. De beslissingen OM zijn inclusief overdrachten naar een ander parket en onbekende afdoeningsgrond. Bij de transactie gaat het om de afgeronde transacties. Bij de strafbeschikking zijn de opgelegde strafbeschikkingen geteld.
h Dit is inclusief oproepingen ter terechtzitting, ongeveer 1% van het totale aantal beslissingen.
i Bron: CBS Rechtbankstatistiek. De voorwaardelijke sancties zijn buiten beschouwing gelaten. Bij combinaties van sancties zijn alle sancties afzonderlijk geteld. Daardoor is het aantal (deels) onvoorwaardelijke sancties hoger dan het aantal schuldigverklaringen.

3.3.2 Regionale beleidsverschillen

In de statistieken betreffende de geregistreerde criminaliteit en de strafrechtspleging kan men informatie vinden die een eerste indruk geeft over het eventuele bestaan van selectiviteit naar geografische plaats. Achtereenvolgens gaat het om variaties in de ophelderingspercentages bij verschillende politie-eenheden, variaties in het sepotbeleid tussen arrondissementen en verschillen in straftoemetingsbeleid, eveneens tussen arrondissementen.

Variaties in ophelderingspercentages

De ophelderingspercentages van de verschillende tot 2013 bestaande regionale politiekorpsen vertoonden betrekkelijk grote verschillen. De afwijkingen van het ophelderingspercentage ten opzichte van het landelijk gemiddelde waren aanzienlijk. Of dat voor de nieuwe politie-eenheden ook geldt, is nog niet bekend. Dergelijke grote fluctuaties kan men moeilijk toeschrijven aan het toeval, vooral omdat verschillende regio's met een hoog respectievelijk een laag ophelderingspercentage jaren achtereen hetzelfde beeld vertonen. Om dezelfde redenen waarom ophelderingspercentages van landen moeilijk met elkaar te vergelijken zijn, kunnen ook de ophelderingspercentages van lokale politie-eenheden niet zuiver met elkaar worden vergeleken. Ze zijn mede beïnvloed door verschillende wijzen van registreren (Smit, Van Tulder, Meijer en Groen, 2003). Een zeer sterke relatie is echter herhaaldelijk aangetoond tussen de oplossingspercentages en het relatieve aantal misdrijven (Fiselier, 1985). Dat wil zeggen: hoe meer misdrijven ter kennis komen van de politie per 100.000 inwoners, des te geringer is het ophelderingspercentage. Dit geldt met name voor politieregio's waarin grote steden liggen. De werkbelasting lijkt dus mede de prestatie te bepalen. De verschillen berusten ten dele echter ook op beleid en de cultuur binnen de rechercheteams. De implicatie van de gesignaleerde verschillen in de ophelderingspercentages is dat een wetsovertreder die een delict pleegt in een gebied waar de politie relatief weinig zaken opheldert – niet zelden een gemeente met een relatief hoog niveau van criminaliteit – een grotere kans heeft om niet als verdachte te worden opgespoord dan degene die een (soortgelijk) strafbaar feit begaat in een gebied met een hoog ophelderingspercentage. De keerzijde hiervan is dat ook de kans voor slachtoffers dat het tegen hen gepleegde delict wordt opgelost regionaal uiteenloopt.

Verschillen in sepotbeleid en straftoemeting

In beginsel heeft de individuele officier van justitie in Nederland een grote beleidsruimte met betrekking tot zijn bevoegdheid tot vervolgen of seponeren (dat wil zeggen: afzien van vervolging, bijvoorbeeld om beleidsredenen). Deze beleidsruimte wordt in de praktijk echter ingeperkt door landelijke richtlijnen die door de procureurs-generaal bij de gerechtshoven worden geformuleerd. Deze richtlijnen zouden de garantie moeten bieden dat het vervolgings- en sepotbeleid in Nederland een uniform karakter heeft. De feitelijke sepotpercentages per arrondissement tonen echter aan dat er nog steeds aanzienlijke verschillen bestaan. Voor een verdachte kan het dus uitmaken in welk arrondissement hij zijn misdrijf heeft gepleegd. Men kan zich afvragen in hoeverre verschillen in *workload* tussen de arrondissementen een verklaring kunnen geven voor de verschillen in sepotpercentage. Toetsing geeft aan dat deze relatie niet significant is. De geconstateerde verschillen moeten naar alle waarschijnlijkheid vooral worden geweten aan de uiteenlopende wijze waarop de OM-parketten bepaalde strafzaken beleidsmatig beoordelen.

Uit onderzoek van onder andere Fiselier (1991) en Berghuis (1992) is gebleken dat er ook in de door de rechters opgelegde straffen per arrondissement systematische verschillen bestonden. Om te beginnen verschilde het deel van het totale aantal afgedane zaken dat werd afgedaan met een (deels) onvoorwaardelijke gevangenisstraf per arrondissement. In het arrondissement Zwolle werd bij een op de twintig zaken een (deels) onvoorwaardelijke gevangenisstraf opgelegd, terwijl de verhouding in de arrondissementen Den Haag en Amsterdam ongeveer een op acht is. Vervolgens verschilde ook de duur van de opgelegde gevangenisstraffen.

De gemiddelde straffen per arrondissement kunnen allereerst met elkaar worden vergeleken voor alle afgedane zaken in totaal. Deze totaalgemiddelden kunnen zijn beïnvloed door verschillen in het pakket misdrijven dat per arrondissement is behandeld. Daarom is tevens gekeken naar de gemiddelde straffen voor de afzonderlijke typen van delicten. Daarbij is gebleken dat de gemiddelde tarieven per arrondissement fors uiteenlopen. In het magistratelijke jargon wordt de voorkeur voor strenge bestraffing aangeduid met het adjectief crimineel. Anno 1995 (recente gegevens ontbreken omdat het onderzoek niet is herhaald) behoorden Haarlem, Alkmaar, Middelburg, Den Haag en Roermond tot de meest 'criminele' rechtbanken. Tot de mildste rechtbanken behoorden Groningen, Zwolle en Amsterdam. Evenmin als dat bij het vervolgingsbeleid van het Openbaar Ministerie het geval was, kan de werkbelasting van de zittende magistratuur een afdoende verklaring geven voor de geconstateerde verschillen.

Het is niet aannemelijk dat de regionale verschillen in de door de rechtbanken opgelegde straffen voor een belangrijk gedeelte kunnen worden verklaard door verschillen in ernst van de in die plaatsen gepleegde criminaliteit. Volgens Fiselier (1991) blijven de verschillen grotendeels onverklaard en lijkt er sprake te zijn van een verschillend straftoemetingsbeleid per rechtbank. Gezien het feit dat in de Nederlandse straftoemeting de kenmerken van de dader een grote rol spelen, is het wel goed denkbaar dat verschillen in lokale daderpopulaties de vastgestelde ongelijkheden in de straftoemeting ten minste gedeeltelijk kunnen verklaren.

3.3.3 Persoonsgerichte selectiviteit

Selectiviteit in het politieoptreden

Binnen het strafrechtelijke systeem is de politie de eerstelijnsorganisatie. Met de politie krijgen relatief grote aantallen mensen te maken en het hangt voor een groot deel van de activiteiten van de politie af wat de omvang en de aard van het aanbod van gevallen zijn waarmee de volgende schakels in de strafrechtelijke keten te maken krijgen.

Men kan zich in theorie voorstellen dat de politie alle strafbare feiten opspoort en doorgeeft aan de officier van justitie; in dat geval zou er van selectiviteit op het niveau van de politie geen sprake zijn. Evenmin is hiervan sprake wanneer de politie een volslagen toevallige steekproef uit de *pool* van strafbare gedragingen zou weten op te sporen. Dit laatste valt alleen te verwachten wanneer op volstrekt willekeurige wijze, bijvoorbeeld met behulp van dobbelstenen, mensen zouden worden geselecteerd die vervolgens zouden worden gecontroleerd op het gepleegd hebben van delicten. Deze laatste aanpak wordt het meest benaderd bij massale alcoholcontroles in het verkeer. Maar ook dan is de selectie van aanhoudingen niet volstrekt willekeurig: controle geschiedt op een bepaald tijdstip, op een beperkt aantal plaatsen langs wegen en soms uitsluitend bij 'verdachte' automobilisten. In het algemeen zal de politie haar verdachten zoeken waar de kans op succes a priori het grootst wordt geschat. De beperktheid van mankracht en beschikbare tijd nopen daartoe. De aard en de omstandigheden van een delict beperken vaak al onmiddellijk de groep op wie de politie haar aandacht richt: na een inbraak, waarbij een kluis met behulp van een thermische lans is geopend, wordt de aandacht gericht op een zeer kleine groep potentiële verdachten. Een dergelijke selectieve aandacht zal op weinig weerstand stuiten. Dit wordt anders wanneer de politie bij een delict dat weinig aanknopingspunten voor opsporing biedt welhaast automatisch gaat zoeken in kringen van woonwagenbewoners, Hells Angels, Marokkaanse jongeren uit bepaalde wijken en dergelijke. In dat geval kan er sprake zijn van op vooroordelen berustende collectieve verdenkingen die het beginsel van de rechtsgelijkheid met voeten treden. Dit is het geval indien opsporingsambtenaren bij controles of in hun opsporingen selectief te werk gaan en extra aandacht besteden aan personen met bepaalde groepskenmerken zoals sociaal milieu, sekse of etniciteit.

Sociaal milieu

In het verleden is herhaaldelijke onderzoek gedaan naar de rol van sociaal milieu bij de opsporing. Volgens een observatieonderzoek bij de recherche zou de sociale status van een mogelijke verdachte in de opsporing nauwelijks een rol spelen (Fijnaut, 1971). Dit is niet zo verwonderlijk omdat de dader bij aanvang van het onderzoek vaak niet bekend is. Niettemin gaan de verdenking en daarmee de opsporingsactiviteiten waarschijnlijk meestal wel in de richting van personen uit de lagere sociale milieus. Fijnaut merkt hierover op dat de justitiële politie in de praktijk gewoonlijk te maken krijgt met strafbare feiten die worden gepleegd door personen uit die milieus, met het gevolg dat zij de daders van haar bekend geworden delicten eerder daar zoekt dan in andere milieus. Dat deze praktijk zo is, is mede een gevolg van het feit dat de politie wat betreft organisatie en opleiding vooral is gericht op de traditionele vormen van misdaad. Zo is het feit dat de recherche weinig financieel deskundigen in dienst heeft een belemmering om adequaat op te treden tegen bepaalde vormen van vermogens- en fraudedelicten. De laatste jaren is hierin verbetering gekomen, onder andere door de instelling van Bureaus Financiële Ondersteuning (BFO) bij de politie en een nauwere samenwerking met de Fiscale Inlichtingen- en Opsporingsdienst (FIOD). Het gebrek aan financiële expertise blijft echter een handicap bij het opsporen van ingewikkelde fraudes die voornamelijk worden gepleegd door personen uit hogere milieus.

Sekse

Wat betreft sekse bestaan er grote verschillen tussen het aandeel van mannen en van vrouwen in de strafrechtspleging. In alle landen ter wereld bestaat de overgrote meerderheid van de verdachten uit mannen en jongens. Dit verschil berust primair op sekseverschillen in het plegen van misdrijven (zie hiervoor box 5.4 in hoofdstuk 5). Daarnaast zou echter een rol kunnen spelen dat de actoren in de strafrechtsketen de neiging hebben om vrouwelijke verdachten coulanter te behandelen. Tot 2007 nam het aantal gehoorde verdachte jongens steeds toe. In 2007 was voor het eerst het aantal door de recherche gehoorde jongens gedaald terwijl het aantal gehoorde meisjes was gestegen. Het merendeel der gehoorde verdachten is nog steeds man, maar het aandeel vrouwen groeit. In 1980 was een op de tien gehoorde verdachten een vrouw, in 2007 was de verhouding een op de zeven. Het aantal geregistreerde vrouwelijke verdachten daalde in de periode 2005-2012 van 53.440 naar 45.490. Maar doordat naar verhouding het aantal geregistreerde mannelijke verdachten harder daalde, steeg het aandeel vrouwelijke verdachten op het totaal van 16 procent in 2005 naar 19 procent in 2012 (*Criminaliteit en rechtshandhaving*, 2012).

Wong e.a. (2012) merken op dat in de afgelopen tien jaar steeds meer meisjes zijn aangehouden op verdenking van een openbare-ordedelict en meer vrouwen op verdenking van een geweldsdelict. Vanaf 2003 is vanuit de Nederlandse regering sterk ingezet op het terugdringen van overlast door jongeren (Tweede Kamer, 2002/2003a). Het is volgens Wong e.a. denkbaar dat dit is terug te zien in de stijging van het aantal aanhoudingen van meisjes op verdenking van een openbare-ordedelict. Ook de toegenomen aandacht voor geweld kan hebben bijgedragen aan de stijgende trend. Wong e.a. suggereren dat de specifieke aandacht voor huiselijk geweld, in 2002 als beleidsprogramma gestart (Ministerie van Justitie, 2002), weliswaar is bedoeld om vrouwen beter hiertegen te beschermen maar als bijvangst heeft geleid tot een toename in de registratie van vrouwelijke verdachten van geweld.

Etniciteit

Een derde mogelijke vorm van selectiviteit betreft etniciteit en kan optreden indien allochtonen (personen waarvan minstens één ouder niet in Nederland is geboren) een grotere kans hebben om als verdachte te worden aangemerkt, om te worden vervolgd, om te worden bestraft of om een zwaardere straf te krijgen. Vergeleken met de opbouw van de Nederlandse bevolking hebben mensen met een allochtone achtergrond een disproportioneel groot aandeel in het strafrechtelijke systeem. Van alle in 2012 'uniek' geregistreerde verdachten was 53 procent autochtoon. Dit wijst op een aanzienlijke oververtegenwoordiging van allochtonen. Figuur 3.1 toont de aantallen geregistreerde verdachten naar etniciteit per 1.000 inwoners.

Figuur 3.1. Geregistreerde verdachten naar herkomstgroepering per 1.000 inwoners
Bron: CBS.

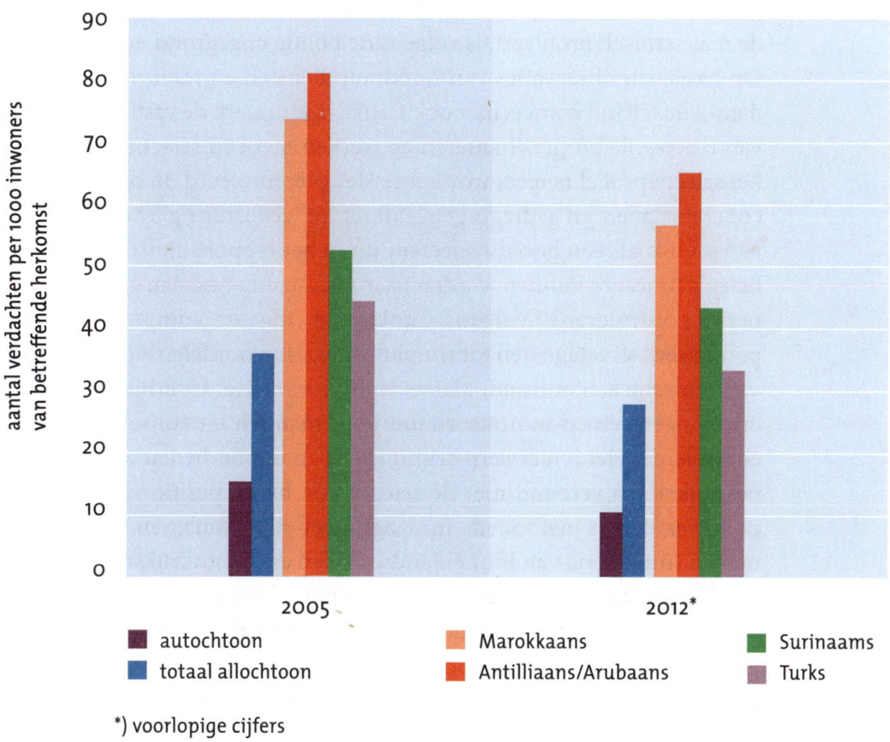

Binnen de allochtone bevolking zijn personen met een Antilliaanse/Arubaanse achtergrond relatief het sterkst oververtegenwoordigd in het strafrechtelijke systeem, gevolgd door Marokkanen en Surinamers (Blom, Oudhof, Bijl en Bakker, 2005; Jennissen en Blom, 2007). Deze oververtegenwoordiging kan een gevolg zijn van grotere betrokkenheid bij criminaliteit van leden van deze bevolkingsgroepen, maar ook van selectief optreden door de politie. In enkele oudere studies zijn aanwijzingen gevonden voor het selectief controleren, aanhouden of meenemen naar het bureau van allochtonen maar de mogelijkheden hiertoe zijn door de toegenomen bureaucratisering van het politiewerk waarschijnlijk eerder af- dan toegenomen (Rovers, 1999). Ook recent was er naar aanleiding van een rapport van Amnesty International (2013) veel discussie over dit zogenoemde 'etnisch profileren' door de politie. Volgens Amnesty worden in Nederland etnische minderheden vaker onderworpen aan politiecontroles dan oorspronkelijke Nederlanders. In het rapport stelt Amnesty dat etnisch profileren een vorm van discriminatie is en daardoor in strijd met de mensenrechten. De korpsleiding van de nationale politie is het oneens met Amnesty dat etnisch profileren bij de Nederlandse politie verder strekt dan incidenten. De politie wijst in een reactie op het rapport etnisch profileren nadrukkelijk af. De korpsleiding benadrukt de complexiteit van het politiewerk waarin veel verschillende factoren een rol spelen bij de beoordeling van elke situatie. De aanname van Amnesty dat de Nederlandse politie meer dan incidenteel en in toenemende mate etnisch profileert, is volgens de politie ongegrond en onjuist.

Op basis van observaties van noodhulpdiensten en interviews bij de Politie Amsterdam-Amstelland komt echter ook Cankaya (2012) tot de vaststelling dat agenten beelden van risicovolle burgers hanteren en werken met een selectieprofiel. Personen die naar het selectieprofiel neigen, worden eerder gecontroleerd. In plaats van zich te richten op concrete daders en gedragingen leidt dit tot (zelf)sturing op het niveau van risicopopulaties. Of zoals een hoofdinspecteur dit in het rapport uitdrukte: 'Als 90 van de 100 delicten getraceerd kunnen worden naar marsmannetjes, dan gaan we toch alle marsmannetjes controleren?' Volgens Cankaya dwingt de complexiteit van het alledaagse politiewerk straatagenten tot simplificaties. Hun oordelen zijn niet neutraal ten aanzien van etnische achtergrond, klasse, leeftijd en sekse. Uiterlijkheden werken daarbij als criminogene risico-indicatoren om jongemannen uit etnische minderheidsgroepen te controleren. Het onderwerp criminaliteit en minderheden wordt in hoofdstuk 5 nader besproken. In verband met de selectiviteit bij de politie verdient vermelding dat de politie er slechts met moeite in slaagt meer allochtonen en meer vrouwen in dienst te nemen (ministerie van Binnenlandse Zaken en Koninkrijksrelaties, 2009). De minister van Binnenlandse Zaken benadrukte in maart 2009 nog eens dat in 2011 een kwart van de topfuncties bij de politie door vrouwen en/of allochtonen bezet moet zijn en dat het aandeel allochtonen bij de politie zou moeten worden verdubbeld (*NRC Handelsblad*, 19 maart, 2009). Sedertdien lijkt er op dit punt wel enige vooruitgang te zijn geboekt.

Selectiviteit en het Openbaar Ministerie

Binnen het Nederlandse strafrechtelijke systeem neemt het Openbaar Ministerie een centrale plaats in. De officier van justitie is als het ware de spin in het web. Hij of zij kan in verschillende stadia van het strafrechtelijke proces op vaak betrekkelijk autonome wijze beslissingen nemen die voor de verdachte van ingrijpende betekenis zijn. Deze beslissingen betreffen onder andere de opsporing en de daarbij toe te passen methoden, de inverzekeringstelling, de vordering tot voorlopige hechtenis, de vervolging, de inhoud van de tenlastelegging, de strafeis en de executie van de straf. Onderzoek bij het Openbaar Ministerie heeft zich vooral gericht op de beslissing om wel of niet over te gaan tot vervolging. Bij de beslissing te vervolgen of te seponeren, spelen allerlei invloeden een rol. In theorie zijn de volgende categorieën hierop van invloed:

1. delictskenmerken (ernst, soort, omstandigheden);
2. slachtofferkenmerken (relatie met dader, al of niet particulier, leeftijd, geslacht);
3. kenmerken van de verdachte (justitieel verleden, leeftijd, geslacht, sociale status, persoonlijke omstandigheden);
4. kenmerken van het justitiële apparaat (verwerkingscapaciteit, pressie vanuit politie, capaciteit gevangeniswezen);
5. politieke invloed (van de minister van Justitie en/of leden van de volksvertegenwoordiging).

In het verleden hebben criminologische onderzoekers met name belangstelling getoond voor kenmerken van de verdachte (in relatie met delictskenmerken) en wel speciaal voor het kenmerk sociale status. Deze interesse hangt samen met de eerder genoemde kritisch-criminologische hypothese dat factoren als sociale klasse en etniciteit in justitiële beslissingen een grotere rol spelen dan in een democratische rechtsstaat toelaatbaar is.
Door het Criminologisch Instituut Groningen is in de periode 1970 tot 1980 een reeks studies uitgevoerd naar selectiviteit in het seponerings- en straftoemetingsbeleid. Jongman en Smale (1973) concludeerden dat de sociale status van de verdachte een rol speelt in de seponeringsbeslissing bij onder andere het delict 'eenvoudige diefstal'. Speciaal voor jongeren is het effect sterk, maar ook voor ouderen ligt het in de verwachte richting, dat wil zeggen dat sociaal zwakkeren vaker worden vervolgd. Van Straelen (1978) verrichtte een analyse van het vervolgingsbeleid op basis van strafdossiers (dat wil zeggen het schriftelijk materiaal betreffende een strafzaak dat bestaat uit het proces-verbaal, een uittreksel van het strafregister, een eventueel voorlichtingsrapport, e.d.). Van Straelen vond in zijn onderzoek de sociale status niet terug als een factor van belang voor de seponeringsbeslissing. Hij legt in zijn conclusie de nadruk op het veel grotere belang van de ernst van het delict voor de beslissingen van de officier.
Weenink (2007) heeft onderzoek gedaan naar de invloed van de etniciteit van minderjarige verdachten op beslissingen van het Openbaar Ministerie. Hij heeft 409 dossiers van minderjarige verdachten bij twee arrondissementen bestudeerd en gekeken naar de beslissing om een minderjarige verdachte wel of niet gedurende het opsporingsonderzoek in verzekering te stellen en de beslissing om een transactie aan te bieden of om de verdachte voor de rechter te dagvaarden. Uit het onderzoek bleek dat allochtone jongeren een significant grotere kans hebben om in verzekering te worden gesteld en om gedagvaard te worden (en dus geen transactie aangeboden te krijgen). Dit brengt Weenink tot de conclusie dat in Nederland sprake is van een ongelijke behandeling van etnische minderheden door het Openbaar Ministerie.

Persoonsgerichte selectiviteit en de rechter

Bij straftoemetingsonderzoek wordt voornamelijk gekeken naar de factoren die een rol spelen bij het bepalen van de strafmaat zoals enerzijds type en ernst van het gepleegde feit, en anderzijds extrinsieke factoren voor het misdrijf, zoals leeftijd, sekse, burgerlijke staat, het strafrechtelijk verleden van de verdachte en de sociale status. Jongman en Schilt (1976) analyseerden de straftoemeting bij eenvoudige diefstal en diefstal in vereniging. Uit hun onderzoek kwam naar voren dat de volgende vier factoren van invloed waren op de strafsoort bij eenvoudige diefstal: recidive, sociale status, werkloosheid en positieve informatie over de dader. Volgens Jongman en Schilt worden mensen uit lagere milieus en werklozen zwaarder gestraft voor hetzelfde delict dan mensen uit betere kringen en werkenden, waarbij de zwaarte van de sanctie vooral in de strafsoort (vrijheidsstraf of geldboete) tot uiting komt. Indien een geldboete werd opgelegd aan een verdachte uit een lager milieu, viel deze bovendien hoger uit dan bij verdachten uit een hoger milieu. Jongman en Schilt trokken hieruit de conclusie dat Vrouwe Justitia met twee maten meet.

In een door Van Straelen en Van der Werff (1977) verricht onderzoek naar het straftoemetingsbeleid van de rechter op basis van volledige strafdossiers, werd deze uitkomst niet bevestigd. Zij vonden 'geen of geen noemenswaard verband' tussen de sociale status van de verdachte en de beslissing van de rechter indien met alle kenmerken van daad en dader rekening werd gehouden. Buikhuisen (1977) verklaarde de uitkomsten van Jongman en Schilt uit het feit dat zij niet zozeer 'delinquenten uit de hogere klassen' met 'delinquenten uit de lagere sociale klassen' hadden vergeleken, maar 'scholieren' met 'werkende jongeren'. Hij was van mening dat het veronderstelde klasseneffect van Jongman en Schilt feitelijk een scholiereneffect was: de rechter houdt rekening met het risico van een afgebroken opleiding bij een vrijheidsstraf en met de beperktere geldmiddelen van scholieren wanneer hij hen een (lage) geldboete oplegt in plaats van een korte gevangenisstraf. Bij deze interpretatie tekende Jongman vervolgens aan dat onder 17-18-jarigen uit hogere milieus in de Nederlandse samenleving meer scholieren voorkomen dan bij die groep uit lagere milieus. Dat scholieren door de rechter coulanter worden behandeld, moge wellicht te rechtvaardigen zijn gezien hun belang een opleiding te kunnen afmaken, maar moet toch worden opgevat als een vorm van (onbedoelde) klassenjustitie (Jongman, 1993).

Oomen (1970) stelde in zijn omvangrijke poenametrische onderzoek vast dat de sekse van invloed was op het toepassen van voorlopige hechtenis. Deze werd aan vrouwen zelden opgelegd. Verder toonde het Openbaar Ministerie duidelijk de tendens bij vrouwen minder vaak vrijheidsbenemende straffen te eisen. Recent hebben Wong e.a. (2012) onderzoek gedaan naar sekseverschillen in de afdoening van zaken. Jongens en mannen krijgen in verhouding minder vaak een transactie aangeboden dan meisjes en vrouwen. Zij krijgen daarentegen relatief vaak een vrijheidsbenemende maatregel, een (on)voorwaardelijke vrijheidsstraf of een geldstraf opgelegd door de rechter. Dit verschil kan volgens de onderzoekers twee dingen weerspiegelen. Ten eerste kan het zo zijn dat vrouwen vaker dan mannen vanwege minder ernstige delicten met het Openbaar Ministerie en de rechter te maken krijgen. De lagere straf die zij krijgen is dan logisch, gezien de ernst van de delicten die zij plegen. Ten tweede kan het zijn dat meisjes en vrouwen structureel een lagere straf krijgen voor dezelfde delicten dan jongens en mannen. Buitenlands onderzoek suggereert dat dit laatste inderdaad het geval is en dat rechters bepaalde buitenwettelijke factoren meenemen bij het berechten van vrouwen (zoals of ze de zorg voor kinderen hadden), maar niet bij mannen (Jeffries et al., 2003; Spohn en Beichner, 2000; Williams, 1999). Uit onderzoek van Boone en Korf (2010) blijkt dat rechters vrouwen minder vaak conform opgestelde straftoemetingsrichtlijnen straffen. Zij krijgen twee keer zo vaak een lagere straf dan mannen. In de helft van de gevallen bleek dat rechters persoonlijke strafverlagende omstandigheden lieten meewegen waaronder niet alleen de financiële situatie en het strafrechtelijk verleden, maar ook de kwetsbaarheid van de verdachte en de lichamelijke en psychische gezondheid. Dit kan dus een reden zijn waarom de straf voor vrouwen lager uitvalt.

Een laatste factor die in straftoemetingsonderzoek werd betrokken, is het behoren tot een etnische minderheid. Timmerman, Bosma en Jongman (1986) analyseerden daartoe staten van inlichting van een steekproef van Surinamers en Antillianen (N = 465), een steekproef van Turken en Marokkanen (N = 227) en een controlegroep van Nederlanders (N = 676) die zich hadden schuldig gemaakt aan eenvoudige diefstal. Van de groep Surinamers en Antillianen bleek ruim 35 procent te zijn veroordeeld tot een onvoorwaardelijke vrijheidsstraf tegen bijna 20 procent van de Nederlanders. Anders uitgedrukt: Surinamers en Antillianen gaan voor dezelfde delicten eerder de gevangenis in. De verwachting dat 'ter compensatie' kortere straffen worden opgelegd, bleek slechts op te gaan voor recidivisten, maar niet voor *first offenders*. Bij de overige allochtonen troffen de onderzoekers geen afwijkend rechterlijk beleid aan. Bij dit onderzoek moet de kanttekening worden geplaatst dat definitieve conclusies over het optreden van een etnische factor bij de straftoemeting pas kunnen worden getrokken indien uitgebreid dossieronderzoek is verricht waarbij alle relevante kenmerken van de zaak en de persoon in de analyse worden betrokken.

Zo'n onderzoek is recent gedaan door Wermink et al. (2012). Op basis van directe observaties tijdens 333 strafzittingen van politierechters hebben de onderzoekers gekeken of kenmerken van een verdachte een rol spelen bij het bepalen van de straf. Daders met een Nederlands uiterlijk die ook de Nederlandse taal spreken blijken de minste kans te hebben om veroordeeld te worden tot een onvoorwaardelijke gevangenisstraf. In vergelijking met die groep zijn de kansen om veroordeeld te worden tot een onvoorwaardelijke gevangenisstraf voor daders met een buitenlands uiterlijk die de Nederlandse taal spreken ruim vijf keerhoger. Voor daders met een buitenlands uiterlijk die ook nog eens de Nederlandse taal niet machtig zijn, is de kans om achter de tralies te verdwijnen maar liefst twintig keer hoger. De resultaten lieten verder zien dat de kans op een onvoorwaardelijke gevangenisstraf voor vrouwen ruim 6,5 keer lager is dan voor mannen. Dit zijn zelfstandige effecten, dus onafhankelijk van andere kenmerken van de zaak

waarvoor gecontroleerd is in de analyses, zoals het aantal en het type delict(en) en het al dan niet hebben van een strafblad.
Ook Boone en Korf (2010) vonden persoonsgerichte selectiviteit voor wat betreft sekse en etniciteit bij rechters. Zij onderzochten strafzaken van vier rechtbanken tegen cocaïnesmokkelaars die werden aangehouden op luchthaven Schiphol (877 bij de politierechter en 994 bij de meervoudige kamer). Zij keken in hoeverre rechters zich houden aan straftoemetingsrichtlijnen en welke factoren bepalen of zij daarvan afwijken. De belangrijkste conclusie uit deze studie is dat persoonlijke kenmerken van verdachten de beste voorspellers zijn van de mate waarin rechters conform richtlijnen straffen. Vrouwen worden veel minder vaak conform de richtlijnen gestraft dan mannelijke verdachten. Zij krijgen twee keer zo vaak een lagere straf. Hetzelfde geldt voor verdachten die in Nederland zijn geboren of in Nederland wonen.
In deze paragraaf is duidelijk gemaakt dat het strafrechtelijk systeem een selectieve werking kent. Het werkt als een trechter en een filter: lang niet alle delicten leiden tot een bestrafte dader en niet iedere dader loopt een even grote kans als verdachte te worden aangemerkt, te worden vervolgd en (even zwaar) te worden bestraft. Voor een deel is deze selectiviteit onvermijdelijk: het strafrechtelijke systeem heeft niet de capaciteit om elk delict en elke verdachte te behandelen. Dit is een politieke keuze; het strafrecht wordt anders veel te duur. Voor een deel is de selectiviteit ook gewenst: zwaardere delicten hebben bijvoorbeeld meer kans door het systeem te komen dan lichtere delicten en veelplegers hebben meer kans dan *first offenders*. Selectiviteit kan echter ook het ongewenste gevolg zijn van regionale verschillen en discriminatoire processen. Dat is in strijd met het principe van de rechtsgelijkheid. Om gefundeerde keuzes te maken en ongewenste selectiviteit te voorkomen, zijn in Nederland de afgelopen decennia steeds meer opsporings- en vervolgingsrichtlijnen opgesteld.

3.3.4 Normering van discretionaire bevoegdheid

Een discretionaire bevoegdheid, dus enige ruimte om zelfstandig beslissingen te nemen over bijvoorbeeld aanhouding en vervolging, is noodzakelijk voor een goede taakuitoefening door politiemensen en officieren van justitie. Zoals gezegd kunnen ze niet elke zaak aanpakken. Een te grote discretionaire ruimte maakt de strafrechtspleging echter onstuurbaar en daarmee minder effectief in de criminaliteitsbestrijding. Bovendien kan het, zoals hiervoor is uiteengezet, tot een selectiviteit leiden die in strijd is met fundamentele rechtsbeginselen. De beleidsinstrumenten waarmee nadere invulling en sturing wordt gegeven aan de uitvoering van de taken zijn de aanwijzingen voor de politie en de richtlijnen voor het Openbaar Ministerie.
Met betrekking tot enkele delictstypen zijn afzonderlijke richtlijnen opgesteld die aangeven welke prioriteiten de politie moet stellen bij haar opsporingsactiviteiten. Deze richtlijnen zijn afkomstig van de minister van Veiligheid en Justitie en/of van de procureurs-generaal. Zij betreffen vormen van criminaliteit die als een belangrijk maat-

schappelijk probleem worden gezien, zoals huiselijk geweld. Voor de meer alledaagse opsporingsactiviteiten van de politie bestaan echter geen centrale richtlijnen. Een belangrijke factor in de praktijk is de ernst van de diverse delicten.
Het Openbaar Ministerie heeft enige tijd geleden voor strafvorderingsbeslissingen betreffende enkele typen misdrijven kwantificerende richtlijnen laten ontwikkelen. Daartoe is een computerprogramma ontwikkeld om per zaak de meest relevante kenmerken in te voeren (Oskamp en Schmidt, 1998). Het programma gaf vervolgens een op richtlijnen en/of eerdere beslissingen gebaseerde aanbeveling voor de in casu geëigende strafeis. De procureurs-generaal hebben dit instrument ontwikkeld om de in Nederland opgelegde straffen voor veelvoorkomende misdrijven meer op één lijn te krijgen. De officier van justitie kon slechts van dit BOS-advies afwijken indien hij/zij daarvoor argumenten kon aanvoeren. Deze argumenten werden dan in de computer ingevoerd en periodiek met collegae en superieuren besproken. Het gedisciplineerde gebruik van zo'n expertsysteem zou niet alleen de regionale verschillen kunnen verkleinen, maar vormde ook een extra controle op onbedoelde discriminerende tendenties in het vervolgings- en requisitoirbeleid (Schurer, 1999-2008). In 2015 zijn deze BOS-richtlijnen echter weer ingetrokken en vervangen door minder gedetailleerde richtlijnen voor de verschillende delictstypen (https://www.om.nl/organisatie/beleidsregels/overzicht-o/index/@88217/aanwijzing-kader-o).
Figuur 3.2 toont een fragment van de nieuwe richtlijn voor winkeldiefstal. Deze richtlijn bepaalt dat bij diefstal van een goed met een waarde tussen de 50 en 200 euro in beginsel een geldboete van 350 euro zal worden opgelegd. Indien er gebruik is gemaakt van een geprepareerde tas of jas om de beveiliging te omzeilen, zal een taakstraf van 32 uur worden geëist/opgelegd. Bij eenmalige recidive binnen 2 jaar is de op te leggen straf een taakstraf van 48 uur of een gevangenisstraf van 3 weken. De nieuwe richtlijnen bieden volgens de procureurs-generaal meer ruimte voor de professionaliteit van de officieren van justitie. Of zij zullen leiden tot minder of juist tot meer ongelijkheid in de afdoening zal moeten worden afgewacht.

Figuur 3.2. Fragment van de 'Richtlijn voor strafvordering (winkel) diefstal/verduistering al dan niet met geweld' (2015/R011)

	First offender		Eenmaal recidive	Meermalen recidive
Vanaf 50 t/m 200	geldboete € 350	5 jaar	geldboete € 500	Eis taakstraf 50 uur of gevangenisstraf 3 weken onvoorwaardelijk
		2 jaar	Idem of taakstraf 40 uur	
Geprepareerde tas of kleding	taakstraf 32 uur	5 jaar	taakstraf 48 uur	Eis taakstraf 60 uur of gevangenisstraf 1 maand onvoorwaardelijk
		2 jaar	Idem of gevangenis-straf 3 weken	

3.4 Strafrechtelijk beleid

Het Nederlandse ministerie van Justitie (thans Veiligheid en Justitie) heeft reeds enkele decennia de traditie om beleidsplannen op te stellen ter bestrijding van de criminaliteit en om de uitvoering daarvan door de politie, het Openbaar Ministerie en het gevangeniswezen te bewaken. De traditie om de strafrechtspleging als een vorm van overheidsbeleid ter vergroting van de veiligheid te zien, is al heel oud. Bij de bespreking van de geschiedenis van het denken over misdaad en straf zagen we dat die gedachte al leefde in de klassieke oudheid en bij de eerste criminologen in de negentiende eeuw. De strafrechtspleging wordt tegenwoordig mede gezien als een vorm van overheidsbeleid. Hierbij gaat de belangstelling niet uit naar de beslissingen in individuele zaken, maar naar de beslissingen in categorieën van zaken. Welke straffen worden door de Nederlandse rechters tegenwoordig gemiddeld opgelegd aan inbrekers en welke maatschappelijke doeleinden worden daarmee beoogd en al dan niet daadwerkelijk bereikt? Worden de beschikbare middelen daartoe op de beste manier ingezet?
In 2010 is de beleidsoriëntatie van justitie verdiept en verbreed door de samenvoeging van onderdelen van het ministerie van Binnenlandse Zaken met het ministerie van Justitie tot het ministerie van Veiligheid en Justitie. Het strafrechtelijke of justitiële beleid is daarmee organisatorisch gepositioneerd als onderdeel van het bredere veiligheidsbeleid, inclusief het beleid ten aanzien van de politie. Met deze positionering wordt beoogd de effectiviteit van het optreden van politie en justitie te vergroten.
Binnen de beleidsmatige benadering van de strafrechtspleging kunnen drie invalshoeken worden onderscheiden, namelijk:

1. *de economische benadering* (efficiënte besteding van overheidsgelden);
2. *de maatschappelijke* of *instrumentele benadering* (de strafrechtspleging als maatschappelijk stuurmiddel ter vergroting van de veiligheid); en
3. *de beleidsmatig-juridische benadering* (monitoring van de wijze waarop strafrechtelijke functionarissen hun discretionaire bevoegdheid hanteren).

Ten eerste de economische benadering. Ongeacht de opvattingen over de maatschappelijke doelstellingen van de strafrechtspleging, verdient de mate waarin en de wijze waarop door politie en justitie overheidsgelden worden besteed kritische, beleidsmatige aandacht. Hierbij gaat het om de in alle beleidssectoren relevante vragen van productiviteit, efficiëntie, kosten-batenverhoudingen en dergelijke. Deze vragen zijn des te klemmender geworden door de sterke oplopende begrotingen voor politie, rechterlijke macht en gevangeniswezen in de afgelopen twintig jaar. Justitie is een *spending department* geworden en staat dus meer dan vroeger in de belangstelling van deskundigen met betrekking tot de overheidsfinanciën. Deze deskundigen hebben in het bijzonder belangstelling voor cijfermatige informatie over de investeringen in politie en justitie, en in de prestaties die daarvoor worden geleverd. In de belangstelling staat bijvoorbeeld de vraag naar de kosten van speciale behandelingsinrichtingen voor psychisch gestoorde delinquenten en de mate waarin daardoor de recidive feitelijk omlaag wordt gebracht.

Ten tweede is er de maatschappelijke of instrumentele benadering. De stafrechtspleging wordt tegenwoordig door velen gezien als een geheel van activiteiten waarmee de overheid op zo doelmatig mogelijke wijze het bereiken van bepaalde maatschappelijke effecten nastreeft, zoals het vergroten van de veiligheid. In deze instrumentele visie op het strafrecht wordt enigszins geabstraheerd van de beslissingen over individuele gevallen met hun unieke kenmerken en gaat de aandacht uit naar de gemiddelde inhoud van de beslissingen en naar de effecten daarvan in hun totaliteit op de maatschappij. Ook bij deze benadering passen pogingen om binnen de strafrechtspleging genomen beslissingen te beschrijven met kwantitatieve gegevens. Binnen deze benadering gaat de interesse bijvoorbeeld uit naar het effect van het opleggen van vrijheidsstraffen aan veelplegers op lokale cijfers van woninginbraken en autodiefstallen en op de gevoelens van onveiligheid van de bevolking in grote gemeenten. Criminologen hebben vanwege hun sociaalwetenschappelijke achtergrond en belangstelling een natuurlijke affiniteit met deze laatste benadering. Zij hebben dan ook een belangrijke bijdrage geleverd aan de ontwikkeling van statistische beleidsinformatie over de strafrechtelijke praktijk.

De derde beleidsoptiek is niet gericht op de financiële aspecten of maatschappelijke effecten van de strafrechtspleging, maar op de kwaliteit van de genomen beslissingen. Dat betreft de juistheid van die beslissingen ter voorkomen van rechterlijke dwalingen waarbij onschuldigen worden veroordeeld en de rechtsbescherming van verdachten. De laatste jaren is er in Nederland veel aandacht voor het niet vinden van daders in ernstige zaken (*cold cases*) en voor de vermeende fouten van rechters in individuele strafzaken. In enkele spraakmakende strafzaken blijken bij de behandeling door de rechters ernstige fouten te zijn gemaakt. Voorbeelden hiervan zijn de Schiedammer Parkmoord en de strafzaak tegen de verpleegster Lucia de B. die ten onrechte veroordeeld blijkt te zijn voor meervoudige moord en na een detentie van zes jaar is vrijgesproken. Met grote verontwaardiging is tevens gereageerd op het besluit van een strafkamer om een beruchte vrouwenhandelaar met verlof uit het huis van bewaring te sturen. Rechtspsychologen hebben een reeks studies gepubliceerd waaruit zou blijken dat in veel meer strafzaken door de rechters beoordelingsfouten zijn gemaakt waardoor verdachten ten onrechte zijn veroordeeld (Wagenaar, Israëls en Van Koppen, 2009). De bekende opinieonderzoeker Maurice de Hond heeft zich in de publiciteit herhaaldelijk zeer kritisch uitgelaten over de kwaliteit van de rechtspraak in Nederland. Uit bevolkingsenquêtes van het Sociaal en Cultureel Planbureau blijkt dat de Nederlandse bevolking in meerderheid nog vertrouwen heeft in de rechtspraak (Dekker en Van der Meer, 2007). Zes op de tien Nederlanders hebben vertrouwen in de rechtspraak. Hogere percentages zijn slechts gevonden in Denemarken, Finland en Oostenrijk. In andere Europese landen stelt een geringer deel van de bevolking vertrouwen in de rechtspraak. Naar aanleiding van geruchtmakende gerechtelijke dwalingen en de publieke zorg hierover heeft het College van Procureurs-Generaal de Commissie evaluatie afgesloten strafzaken (CEAS) ingesteld. De CEAS heeft tot doel om na te gaan of zich in de opsporing van strafbare feiten en/of in de behandeling van daaruit voortgekomen strafzaken ernstige manco's hebben voorgedaan die een evenwichtige beoordeling van de feiten door de rechter in de weg hebben gestaan.

Het ander kwaliteitsaspect betreft de fatsoenlijke behandeling en de rechtsbescherming van verdachten tegen onjuist of overmatig overheidsingrijpen. Mensenrechtenorganisaties als Amnesty International of Human Rights Watch houden systematisch bij in hoeverre door politie en justitie mensenrechten worden geschonden. In veel landen heeft het strafrechtelijke apparaat helaas wat dat betreft een slechte reputatie. Men kan hierbij denken aan martelingen en mishandelingen op politiebureaus en in gevangenissen, maar ook aan betrokkenheid van de politie bij (georganiseerde) misdaad. Human Rights Watch, dat in 2010 een kantoor in Nederland heeft geopend, volgt ook het strafrechtelijke beleid van Nederland kritisch. De organisatie achtte onder meer het verplichte inburgeringsexamen voor legale immigranten uit niet-westerse landen discriminerend. Amnesty International heeft verschillende malen kritiek geuit op de in Nederland toegepaste vreemdelingendetentie.

In westerse landen richt de normatieve monitoring van de strafrechtspleging zich niet zozeer op machtsmisbruik, maar op de wijze waarop functionarissen hun discretionaire bevoegdheden gebruiken. Worden bij het maken van keuzes om al dan niet te arresteren, te vervolgen of te straffen fundamentele rechtsbeginselen zoals rechtszekerheid en rechtsgelijkheid voldoende nageleefd? De beginselen van de rechtszekerheid en rechtsgelijkheid zijn voor het strafrecht van grote betekenis. De burger moet kunnen weten wat hem – als hij een delict pleegt – van de zijde van de strafrechter te wachten staat en hij moet er ook op kunnen rekenen dat hij niet anders zal worden behandeld dan een ander. Juist bij de oplegging van straffen luistert het principe 'gelijke monniken, gelijke kappen' zeer nauw. De hierboven beschreven richtlijnen zijn belangrijke hulpmiddelen om rechtsongelijkheid in de strafrechtspleging tegen te gaan. In de strafrechtelijke praktijk is de toepassing van het gelijkheidsbeginsel, vanwege de afwegingen die moeten worden gemaakt in vaak complexe zaken, ook bij toepassing van deze hulpmiddelen allerminst verzekerd. Statistische beleidsinformatie kan helpen om systematische afwijkingen van genoemde beginselen te registreren en aan de kaak te stellen. Het empirisch onderzoek naar de straftoemeting dwingt politie en justitie ertoe zich te bezinnen op de inhoud en de effecten van hun beslissingen. De confrontatie hiermee kan aanleiding zijn tot bijsturing van bestaande richtlijnen. De onderzoeker houdt de praktijkmensen als het ware een spiegel voor.

Actuele informatie is te vinden op de volgende websites:
www.justitie.nl
www.om.nl
www.politie.nl
www.wodc.nl
www.europol.eu
www.interpol.com
www.bka.de (politie Bondsrepubliek Duitsland)
www.om.nl
www.police.uk
www.fbi.gov
www.rechtspraak.nl
www.ipep.info (policing expertise)
www.hrw.org (human rights watch)

4 Verklaringen voor criminaliteit: het psychologisch perspectief

Hoe komt het dat sommige individuen zich schuldig maken aan het plegen van misdrijven en anderen niet? Wat is er met hen die regelmatig in de fout gaan aan de hand? Dit hoofdstuk is gewijd aan theorieën die de oorzaken voor het ontstaan, het in stand blijven of het uitdoven van criminele gedragingen zoeken in eigenschappen van het individu. Zoals besproken in het inleidende hoofdstuk, behoort het zoeken naar de kenmerkende eigenschappen van de 'geboren misdadiger' (de *'l'uomo delinquente'*) tot de oudste vormen van criminologisch onderzoek. Dergelijk onderzoek was vroeger sterk medisch georiënteerd. Tegenwoordig worden dergelijke persoonsgerichte verklaringen voor crimineel gedrag vooral ontleend aan inzichten uit de psychologie. De volgende subdisciplines binnen de psychologie zijn voor de criminologie het meeste van belang:

- *Persoonlijkheidspsychologie.* Deze heeft tot doel het vinden van karakteristieke gedrags- en denkpatronen die kenmerkend zijn voor verschillende typen van individuen. De nadruk wordt gelegd op de consistentie van het denken en het gedrag van categorieën personen in verschillende situaties.
- *Sociale psychologie.* Bestudeert de wijze waarop de gedachten, de gevoelens en de gedragingen van de persoon worden beïnvloed door andere personen. Het aandachtsgebied van de sociale psychologie overlapt enigermate met dat van de sociologie. Speciaal de structuur en het functioneren van kleine groepen krijgen de aandacht. De focus ligt op de onmiddelijke invloed van situationele variabelen op gedrag.
- *Ontwikkelingspsychologie.* Deze onderzoekt de wijze waarop psychologische processen als emoties, motieven, waarnemen, denkpatronen, conflicten en conflicthantering ontstaan en veranderen in de loop van een mensenleven. Vooral invloeden in de jeugd, in het bijzonder de invloed van de opvoeding, krijgen veel aandacht.
- *Leerpsychologie.* Deze richt zich op relatief permanente gedragsveranderingen als resultaat van eerder opgedane ervaringen. Verschillende wijzen van leren, en de condities waaronder deze plaatsvinden, vormen het hoofdonderwerp van onderzoek.

Deze vier genoemde subdisciplines zullen elk in dit hoofdstuk worden behandeld voor zover zij van belang zijn voor de criminologie. Dit is allereerst de persoonlijkheidspsychologie. Daarna zal de sociale psychologie aan de orde komen. De invloed van de sociale omgeving op gedrag komt tevens terug in hoofdstuk vijf bij de bespreking van de gelegenheidstheorie. In de laatste twee paragrafen zal worden ingegaan op respectievelijk de bijdrage van de ontwikkelingspsychologie en van de psychologische leertheorieën.

Alvorens zal worden ingegaan op de belangrijkste psychologische perspectieven op crimineel gedrag, moet eerst worden stilgestaan bij het type gedrag waarnaar psychologen onderzoek doen. Criminologen richten zich in hun onderzoeken doorgaans op gedrag dat door de wetgever strafbaar is gesteld. Dit type gedrag is in nationale strafwetten omschreven. Een nadeel van deze gerichtheid op criminaliteit is dat de onderzoeker zich afhankelijk maakt van de wijze waarop het door hem te bestuderen gedrag door anderen, namelijk de wetgever, is omschreven. Deze officiële definitie van het te bestuderen gedrag weerspiegelt de morele opvattingen van de wetgever en kan per land verschillen. Psychologen richten zich bij hun onderzoek bij voorkeur op gedrag dat door henzelf met objectieve en universeel toepasbare begrippen is omschreven, dus onafhankelijk van wat de wetgever van hun land heeft bepaald. Hun studieobject is meestal niet crimineel gedrag maar bijvoorbeeld antisociaal gedrag of agressief gedrag of, specifieker, fysieke of verbale agressie. Dit zijn begrippen die in het Wetboek van Strafrecht niet voorkomen maar die voor de verklaring van crimineel gedrag wel van belang kunnen zijn. Het ligt immers voor de hand dat iemand die regelmatig antisociaal of agressief gedrag vertoont in elk land een grotere kans heeft om met de politie in aanraking te komen wegens crimineel gedrag. Factoren die samenhang met zulk gedrag hebben dus waarschijnlijk ook verklarende waarde voor crimineel gedrag.

4.1 De gedragsvormen die in dit kader door psychologen worden bestudeerd

4.1.1 Antisociaal gedrag

Een voor de criminologie relevante categorie van gedragingen waarnaar door psychologen onderzoek wordt verricht is 'antisociaal gedrag' (Pulkkinen, 2004). Antisociaal gedrag is een bredere categorie van allerlei gedragingen die door psychologen soms gezamenlijk en soms afzonderlijk worden bestudeerd (Rutter, Giller en Hagell, 1998). Als vormen van 'antisociaal gedrag' worden door psychologen gezien:

1. riskant gedrag, dat wil zeggen gedrag dat op zichzelf niet crimineel hoeft te zijn maar wel als risicovol wordt gezien zoals roken, en alcoholmisbruik;
2. gedragingen die als problematisch gedrag worden gezien bij minderjarigen zoals weglopen van huis of spijbelen. In de Verenigde Staten is zulk gedrag, evenals alcoholgebruik, voor minderjarigen vaak strafbaar gesteld als zogenoemde *status offences*.
3. slachtofferloze delicten zoals drugsgebruik of prostitutie, dat wil zeggen feiten die in bepaalde landen strafbaar zijn gesteld om individuen te beschermen tegen zichzelf, of op morele gronden;
4. criminaliteit in al zijn facetten.

In de praktijk gaat het dus om een brede verzameling van gedragingen die een aanzienlijk overlap vertonen met crimineel gedrag maar daarmee toch niet geheel samenvallen. Volgens psychologen zijn er aanwijzingen voor antisociaal gedrag indien een persoon minstens drie van de volgende vijftien gedragingen vertoont (Rutter et al., 1998). De persoon:

1. pest, bedreigt of intimideert vaak anderen;
2. neemt vaak het initiatief tot vechtpartijen;
3. heeft een wapen (ook fles, knuppel, et cetera) gebruikt dat anderen ernstig letsel kan toebrengen;
4. heeft mensen mishandeld;
5. heeft dieren mishandeld;
6. heeft in direct contact iets van iemand gestolen;
7. heeft iemand tot seks gedwongen;
8. was betrokken bij opzettelijke brandstichting;
9. vernielde met opzet eigendommen van anderen;
10. heeft ingebroken in iemands huis, gebouw of auto;
11. liegt veel;
12. heeft zonder direct contact met het slachtoffer iets gestolen;
13. blijft vaak, ondanks verbod van ouders, 's nachts van huis weg;
14. is minstens tweemaal van huis weggelopen en 's nachts weggebleven;
15. spijbelt vaak.

Het vertonen van drie of meer van de hier genoemde gedragsvormen wordt gezien als aanwijzing voor antisociaal gedrag. Bij kinderen word dan vaak gesproken van *conduct disorders*, ofwel van kinderen met 'gedragsproblemen'.
Een studie die de prevalentie van antisociaal gedrag onder volwassenen heeft gemeten, vond dat 12,3 procent van de volwassenen in de Verenigde Staten dergelijk gedrag vertoont (Compton, Conway, Stinson, Colliver en Grant, 2005). In een Nederlands cohort van kinderen en adolescenten (gemiddeld 11 jaar) was de prevalentie van delinquent gedrag 7 procent en van antisociaal gedrag 18 procent (Huisman et al., 2008).

4.1.2 Antisociale persoonlijkheidsstoornis

Chronische delinquenten werden vroeger vaak door psychiaters gediagnosticeerd als psychopaat of sociopaat. Tegenwoordig spreekt men van personen met een antisociale persoonlijkheidsstoornis. (*Antisocial Personality Disorder*, ASPD). ASPD is een psychiatrische diagnose die nauwkeurig staat omschreven in het *Diagnostic and Statistical Manual of Mental Disorders* (kortweg DSM, 4e editie) (American Psychiatric Assn, 1994). Dit handboek definieert de antisociale persoonlijkheidsstoornis als een omvattend en blijvend patroon van veronachtzaming en schending van de rechten van anderen. De stoornis kan worden gediagnosticeerd als er sprake is van drie of meer van de volgende gedragingen:

1. De persoon conformeert zich niet aan in het Wetboek van Strafrecht neergelegde normen, hetgeen blijkt uit het verrichten van handelingen die tot arrestatie (kunnen) leiden.
2. De persoon maakt zich schuldig aan misleiding, wat zich uit in herhaaldelijk liegen, gebruik van aliassen of het oplichten van anderen voor persoonlijk voordeel of plezier.
3. De persoon is impulsief en maakt geen plannen voor de toekomst.
4. De persoon is snel geïrriteerd en agressief, wat zich uit in het regelmatig vertonen van fysiek geweld.
5. De persoon is roekeloos en veronachtzaamt de veiligheid van zichzelf en anderen.
6. De persoon toont zich doorlopend onverantwoordelijk, wat zich uit in aanhoudend onvermogen om stabiel werkgedrag te vertonen of financiële verplichtingen na te komen.
7. De persoon toont geen berouw of spijt en is onverschillig als hij anderen heeft geschaad, verwond of mishandeld of iets van hen heeft gestolen.

Het handboek vermeldt verder de volgende noodzakelijke criteria:
- De persoon is minimaal 18 jaar oud.
- De antisociale gedragsstoornis is begonnen voor het 16e levensjaar.
- Het antisociale gedrag treedt niet uitsluitend op als onderdeel van een aanval van schizofrenie of tijdens een manische episode.

Volgens de DSM IV lijdt ongeveer 3 procent van de mannen en 1 procent van de vrouwen aan de antisociale persoonlijkheidsstoornis (American Psychiatric Assn, 1994). Europese schattingen zijn systematisch iets lager: een Engelse studie vond een prevalentie onder mannen van 1,0 procent en bij vrouwen van 0,2 procent. De diagnose is dus relatief zeldzaam (Coid, Yang, Tyrer, Roberts en Ullrich, 2006).

4.1.3 Externaliserend/internaliserend gedrag

Een andere voor de criminologie relevante psychiatrische indeling is die van externaliserend versus internaliserend gedrag. Dit onderscheid wordt gemeten aan de hand van de 'Child Behavior Checklist' (CBCL) (Verhulst, Van der Ende en Rietbergen, 1997). Deze checklist is een gestandaardiseerde gedragsvragenlijst waarbij wordt gevraagd naar de emotionele en gedragstoestanden van het kind in de afgelopen 2 of 6 maanden. Het is een psychopathologische vragenlijst die internaliserende problemen, externaliserende problemen, sociale problemen, denkproblemen en aandachtsproblemen meet. De CBCL kent aparte vragenlijsten voor 2- tot 3-jarigen en voor 4- tot 18-jarigen. Er bestaan voor adolescenten en volwassenen ook lijsten die door individuen zelf kunnen worden ingevuld (zie ook www.aseba.org).

Aan de hand van de vragenlijst is het mogelijk om scores te berekenen voor een aantal afzonderlijke syndroomschalen. Voor de 4- tot 18 jarigen zijn er acht verschillende syndroomschalen (zie tabel 4.1). Voor de CBCL voor 4- tot 18-jarigen vormen de eerste drie syndroomschalen – 'teruggetrokken', 'lichamelijke klachten' en 'angstig/depressief gedrag' – samen het domein 'internaliserende problematiek'. De syndroomschalen 'grensoverschrijdend gedrag' en 'agressief gedrag' vormen samen het criminologisch relevante domein 'externaliserende problematiek'.

Tabel 4.1. Schalen en voorbeelditems van de Child Behavior Checklist (CBCL) 4-18 jaar

Subschaal	Voorbeeld
Internaliserend	
1. Teruggetrokken	Is liever alleen dan met anderen
2. Lichamelijke klachten	Misselijkheid
3. Angstig/depressief	Voelt zich waardeloos of minderwaardig
Externaliserend	
4. Grensoverschrijdend gedrag	Lijkt zich niet schuldig te voelen na zich misdragen te hebben
5. Agressief gedrag	Vernielt eigen spullen
Overige	
6. Sociale problemen	Doet te jong voor zijn/haar leeftijd
7. Denkproblemen	Kan bepaalde gedachten niet uit zijn/haar hoofd zetten, obsessies
8. Aandachtsproblemen	Kan zich niet concentreren, kan niet lang de aandacht ergens bij houden

4.1.4 Agressie

Door psychologen is veel onderzoek gedaan naar agressief gedrag. Agressie wordt door psychologen meestal gedefinieerd als gedrag dat beoogt iemand schade te berokkenen (*intention to harm*) (Dodge en Pettit, 2003). In de psychologische literatuur worden verschillende vormen van agressie onderscheiden. Een voor de criminologie belangrijk onderscheid is dat tussen reactieve en proactieve agressie. Reactieve agressie wordt vertoond in reactie op een bedreiging of belediging. Deze vorm van agressie wordt doorgaans gemotiveerd door gevoelens van angst, woede of jaloezie, en wordt in de psychologie aangeduid als frustratieagressie (Crick en Dodge, 1994). Binnen de criminologie wordt dergelijke agressie aangeduid als 'rode agressie'. Geheel anders gemotiveerd is de proactieve of spontane agressie. Voorbeelden hiervan zijn gewelddadigheden gepleegd door voetbalhooligans die uit zijn op confrontaties met andere sides of het geweld toegepast door leden van een criminele bende tegen verraders of concur-

renten. Deze laatste vormen van agressie zijn berekenend van aard en worden relatief koelbloedig uitgevoerd. Binnen de criminologie staan ze bekend als 'witte agressie' of als 'instrumenteel geweld'.
In bepaalde situaties kan een agressieve reactie op een aanval of provocatie door de rechter verontschuldigbaar worden gevonden. In zulke gevallen wordt dan geen, of slechts een milde straf opgelegd. Een extreem voorbeeld hiervan is de '*crime passionel*', dat wil zeggen een doodslag gepleegd door iemand die zijn partner op overspel betrapt. Voor dergelijke partnerdodingen die in een gemoedsopwelling zijn gepleegd, worden door de rechters vaak relatief milde straffen opgelegd. Indien een doodslag daarentegen in 'koelen bloede' is gepleegd, dat wil zeggen met een vooropgezet plan, spreekt men in het strafrecht van moord. In zulke gevallen worden door de rechter aanzienlijk zwaardere straffen opgelegd. De aard van de agressie die ten grondslag ligt aan een geweldmisdrijf is dus een factor van belang bij de straftoemeting door de rechters.

Box 4.1. Een predispositie tot agressie?

Een steeds terugkomende vraag is of de mens van nature vredelievend is of juist van nature geneigd tot agressief gedrag. De meeste biologen lijken inmiddels tot de conclusie te komen dat agressie tot het vaste repertoire van mensen behoort. De redenering is dat agressie een manier is om anderen te manipuleren of te misbruiken en goederen of andere voordelen te verkrijgen ten bate van zichzelf. Dergelijk gedrag heeft de mens in het verleden ongetwijfeld geholpen om te overleven en zijn genen aan zijn kinderen door te geven. De Oostenrijkse etholoog Konrad Lorenz (1963) heeft erop gewezen dat sociale dieren een breed scala aan dreiggebaren en geluiden kennen waardoor conflicten kunnen worden beslecht zonder dat er geweld hoeft te worden gebruikt. Agressief gedrag helpt dus volgens hem juist om destructief geweld te voorkomen. Hij gaf daarom, enigszins provocerend, een boek over agressief gedrag bij dieren en mensen als titel mee: *Das sogenannte Böse. Zur Naturgeschichte der Aggression* (Agressie. Het vermeende kwaad). Volgens Lorenz is de mens van nature agressief en juist daarom in staat stabiele en relatief vreedzame gemeenschappen te vormen. De Nederlandse etholoog Frans de Waal is beroemd geworden om zijn studies van verzoeningsgedrag bij chimpansees. Hij schreef een boek met de titel *Van nature goed* (De Waal, 1998). Hij leek daarmee te willen aangeven dat chimpansees, maar ook mensen, van nature niet agressief zijn. Hij kreeg daarom het verwijt dat hij niet accepteerde dat de mens van nature genegen is tot agressie (Southwick, 2000). Frans de Waal antwoordde daarop dat de aanleg voor verzoeningsgedrag bij chimpansees en mensen sterk is ontwikkeld, juist als tegenhanger van hun neiging tot agressie (De Waal, 2000). Met andere woorden: ook Frans de Waal geeft aan dat er een fundamentele predispositie tot agressief gedrag is, want anders was er ook geen aangeboren behoefte aan verzoening. De conclusie is dus dat de meeste auteurs op dit moment van mening zijn dat mensen, evenals chimpansees, van nature genegen zijn tot het koesteren van agressieve gevoelens en tot agressief gedrag.

4.2 Persoonlijkheid en antisociaal gedrag

4.2.1 Inleiding

In het verleden bestond de idee dat criminelen zich zouden onderscheiden door een volstrekt afwijkende persoonlijkheid. Deze gedachte, die onder meer door (aanhangers van) Lombroso werd aangehangen, is reeds geruime tijd geleden onjuist gebleken. In de eerste plaats is het onmogelijk een waterdicht onderscheid te maken tussen criminelen en niet-criminelen. Vooral uit *dark-number*onderzoek blijkt dat nagenoeg iedereen wel eens een delict pleegt. Ten tweede blijken bijvoorbeeld criminelen geen volstrekt afwijkende persoonlijkheid te bezitten wanneer deze wordt gemeten met behulp van het moderne psychologische instrumentarium. In de volgende paragrafen wordt een overzicht gegeven van de psychologische literatuur inzake de relaties tussen persoonlijkheid enerzijds en antisociaal, agressief of crimineel gedrag anderzijds.
In de persoonlijkheidspsychologie wordt de nadruk gelegd op typen van mensen zoals die op grond van hun gedragingen kunnen worden onderscheiden. Zo zullen sommigen in het algemeen opgewekt door het leven gaan, terwijl anderen veeleer zwaar op de hand zijn. De oudere persoonlijkheidstheorieën gaan uit van een beperkt aantal typen, waarin mensen kunnen worden onderverdeeld, bijvoorbeeld het flegmatische, het melancholische, het sanguinische en het cholerische type. De meeste moderne theorieën wijzen een dergelijke zwart-wittypologie af en gaan uit van een model dat een aantal dimensies of glijdende schalen postuleert waarop individuen kunnen worden geplaatst. Volgens het oude typologische model is iemand bijvoorbeeld flegmatiek of niet, terwijl volgens het dimensionale model iedereen in een bepaalde mate flegmatiek is. Belangrijk daarbij is de plaats die mensen innemen op een bepaalde dimensie. Die dimensie is een 'latente trek', ofwel *latent trait* (Tellegen, 1991). De positie die een persoon inneemt op een specifieke dimensie is afhankelijk van genetische invloeden en/of ervaringen in de vroege jeugd.
Belangrijke kenmerken van persoonlijkheidsdimensies zijn dat ze stabiel zijn over de tijd en dat ze gedrag voorspellen in verschillende situaties (*cross-situational consistency*). Stabiliteit over de tijd is gedocumenteerd door Roberts en DelVecchio (2000). Zij bestudeerden 152 longitudinale studies en vonden gemiddeld een redelijke mate van stabiliteit. Deze stabiliteit van persoonlijkheidsdimensies nam toe over het leven: van .31 in de kindertijd, .54 tijdens de adolescentie, .64 op de leeftijd van 30 jaar, en een maximum van .74 tussen de 50 en 70 jaar. Er is ook veel onderzoek verricht naar de stabiliteit van gedrag over situaties heen. Is het zo dat mensen die liegen of agressief gedrag vertonen in een situatie ook liegen of agressief gedrag vertonen in andere situaties? Verschillende studies hebben laten zien dat er inderdaad sprake is van cross-situationele stabiliteit, maar dat deze niet perfect is en ook samenhangt met het type gedrag dat men bestudeert (Tellegen, 1991). Al met al betekent dit dus dat persoonlijkheidskenmerken inderdaad redelijk stabiel zijn.

4.2.2 Typologieën van persoonlijkheid

Er bestaan verschillende typologieën van persoonlijkheid met relevantie voor crimineel gedrag. Achtereenvolgens zullen hier het PEN-model van Eysenck (Eysenck, 1991), het spanningsbehoeftemodel van Zuckerman (Zuckerman, 1994) en het 'Big Five'-model (Costa, McCrae en Siegler, 1999) worden besproken.

Voor de bepaling van de persoonlijkheid wordt tegenwoordig veelal gebruikgemaakt van vragenlijsten met behulp waarvan het individu zichzelf kan beschrijven. Zo wordt risicogeneigdheid vastgesteld aan de hand van vragen als: 'zou jij ooit als eerste een pas dichtgevroren vijver betreden?' (ja/nee) en 'zou jij de buitentrap van een hoge fabrieksschoorsteen durven beklimmen?' (ja/nee)? In andere varianten van de vragenlijstmethode wordt gevraagd naar werkelijke ervaringen, voorkeuren en dergelijke. Bezwaren tegen deze methode zijn de mogelijk beperkte geldigheid en de betrouwbaarheid van de ingevulde antwoorden: mensen kunnen proberen zich anders voor te doen dan zij zijn, de 'bui' waarin de invuller verkeert kan van dag tot dag verschillen, misvormingen in het geheugen kunnen een rol spelen, iemands zelfbeeld kan aperte onjuistheden bevatten. Om deze gevaren zo goed mogelijk te ondervangen zijn verschillende technieken ontwikkeld. Zo worden, wanneer een vragenlijst nog in ontwikkeling is, de verkregen scores meestal gerelateerd aan het werkelijke gedrag dat vóór of na de afname van de lijst is vertoond. Ook worden lijsten bij dezelfde personen meermalen afgenomen om de stabiliteit van de antwoorden vast te stellen en worden in sommige lijsten 'leugenvragen' opgenomen om de geneigdheid tot het geven van onjuiste antwoorden te bepalen.

Alhoewel de veelgebruikte persoonlijkheidsvragenlijsten redelijk voldoen aan ontwikkelde normen voor geldigheid en betrouwbaarheid, vormen zij niettemin geen perfecte meetinstrumenten om de persoonlijkheidsstructuur vast te stellen. Daarom gebruiken sommige onderzoekers alternatieve methoden als directe gedragswaarneming in testsituaties of het meten van eigenschappen die gerelateerd zijn aan de persoonlijkheid, maar die minder gemakkelijk kunnen worden beïnvloed door de proefpersoon (bijvoorbeeld fysiologische maten, zoals huidgeleiding of zweetafscheiding bij stress). Ook worden soms ouders of vrienden van mensen ondervraagd als check op de zelf gerapporteerde gegevens. Nog steeds echter is de vragenlijst het belangrijkste meetinstrument in de persoonlijkheidspsychologie.

4.2.3 De theorie van Eysenck: het PEN-model

De theorie van Eysenck omtrent het ontstaan en het voortbestaan van crimineel gedrag gaat uit van een wisselwerking tussen omgeving en persoon. Dit interactionistische uitgangspunt impliceert dat noch erfelijke en biologische factoren, noch omgevingsfactoren als armoede, werkloosheid of een gebrekkige opvoeding op zichzelf criminaliteit kunnen veroorzaken. Wel kunnen combinaties van deze factoren leiden tot vormen van crimineel gedrag. Sommige personen zijn meer dan anderen geneigd tot bepaalde vormen van misdaad en hun levensomstandigheden bepalen vervolgens of deze geneigdheid ook daadwerkelijk tot uiting komt. In tegenstelling tot de meeste sociologisch georiënteerde theorieën benadrukt Eysencks theorie dus wel de 'genetische predispositie', ofwel de aanleg tot antisociaal en daarmee ook tot crimineel gedrag. Dit betekent niet dat hij veronderstelt dat er geboren misdadigers zijn. Zijn veronderstelling is dat sommige personen, in vergelijking met de bevolking als geheel, in het algemeen bepaalde aangeboren afwijkende eigenschappen bezitten en dat deze van invloed zijn op het vermogen sociale regels en gedragingen aan te leren. Deze eigenschappen zijn gebaseerd op voor een belangrijk deel genetisch bepaalde kenmerken van het zenuwstelsel van het individu. Een essentieel kenmerk is de gevoeligheid van het zenuwstelsel. Op grond van verschillen in de gevoeligheid en andere kenmerken van het zenuwstelsel kunnen verschillende soorten mensen worden onderscheiden. Na vele jaren van empirisch onderzoek heeft Eysenck twee belangrijke componenten binnen de persoonlijkheid gepostuleerd: extraversie en neuroticisme. Later heeft hij een derde dimensie toegevoegd, namelijk psychoticisme, resulterend in het PEN-model (psychoticisme, extraversie en neuroticisme). Deze componenten, die in de tijd tamelijk constant blijken te zijn, vormen bij elkaar niet de gehele persoonlijkheid van een mens maar wel een belangrijk deel ervan.

Psychoticisme
Iemand met een hoge score op de persoonlijkheidsdimensie psychoticisme is over het algemeen egocentrisch. Hij geeft weinig om andere mensen en is koel en afstandelijk in contact met anderen. Verder kan hij ongevoelig en wreed zijn. Ook zijn mensen met een hoge P-score geneigd om vijandig, agressief, impulsief en antisociaal gedrag te vertonen.
Volgens Eysenck scoren criminelen over het algemeen hoog op psychoticisme. Vanwege hun agressieve en antisociale gedrag, in combinatie met hun gebrek aan empathie voor anderen, hebben mensen met dergelijke kenmerken een grotere kans om crimineel gedrag te vertonen. Daarnaast hebben mensen met een hoge P-score een grotere kans op psychiatrische stoornissen, zoals schizofrenie, die ook aan criminaliteit gerelateerd zijn.

Extraversie – introversie
Er is veel psychologisch-criminologisch onderzoek verricht naar de betekenis van extraversie. De typische, hoog scorende extravert is een persoon die gesteld is op gezelschap en die behoefte heeft aan opwinding en verandering in zijn omgeving. Zij of hij is optimistisch, vaak uitbundig, impulsief, veel pratend, ongeduldig, humeurig en zo nu en dan agressief. De introvert daarentegen is veeleer teruggetrokken, kalm, voorzichtig en gelijkmatig van humeur. In het algemeen worden drukte, opwinding, veran-

dering en de meeste sociale activiteiten door de introvert vermeden. Aan de verschillen tussen intro- en extraverten ligt een verschil in behoefte aan stimulatie door de omgeving ten grondslag. De grotere behoefte aan opwinding en stimulatie van de extravert leidt ertoe dat deze een grotere kans loopt de wet te overtreden. Het onconventionele, en soms zelfs antisociale, vormen voor hem een uitdaging die moeilijk kan worden weerstaan.

Neuroticisme

Neuroticisme, ook wel 'labiele emotionaliteit' genoemd, heeft betrekking op een aangeboren, biologische predispositie om lichamelijk heftig te reageren op stressrijke gebeurtenissen. Het gaat hierbij om de intensiteit van emotionele reacties. Een individu met een hoge neuroticismescore (N-score) schrikt snel, is angstig voor allerlei zaken, prikkelbaar, tobberig, humeurig en lijdt soms ook onder aandoeningen als hoofdpijn, rugpijn en verstoorde spijsvertering. Mensen die emotioneel zeer labiel zijn, hebben de neiging neurotische trekken te ontwikkelen als obsessies (dwanghandelingen en -gedachten) en fobieën (pleinvrees, claustrofobie). Personen met een lage N-score vertonen in het algemeen kalm, emotioneel stabiel en gelijkmatig gedrag. In noodgevallen raken zij niet in paniek en reageren adequaat. Emotioneel labiele personen hebben de neiging om vaker extreem gedrag te vertonen. Op grond daarvan verwacht Eysenck dat delinquenten in het algemeen hoog zullen scoren op de N-dimensie.

4.2.4 Spanningsbehoefte en impulsiviteit

De psycholoog Zuckerman heeft een persoonlijkheidstheorie ontwikkeld waarin de behoefte aan spanning centraal staat. Deze eigenschap wordt omschreven als 'het zoeken van nieuwe, gevarieerde, complexe en intense sensaties en ervaringen en de bereidheid om daarvoor risico te nemen'. Om deze eigenschap te meten construeerde Zuckerman de *Sensation Seeking Scale* (Zuckerman, 1999; Zuckerman, 2007). Spanningsbehoefte wordt onderverdeeld in de volgende vier subschalen of kenmerken (Van den Berg & Feij, 1988):

- Risicobereidheid (Engels: *thrill and adventure seeking*): 'De neiging om activiteiten te ondernemen die een fysiek gevaar met zich meebrengen.'
- Ervaringsgerichtheid (Engels: *experience seeking*): 'De neiging tot een onconventionele manier van leven, waarbij men gericht is op het opdoen van ervaringen.'
- Behoefte aan verandering (Engels: *boredom susceptibility*): 'De behoefte aan een voortdurende afwisseling zowel qua omgeving als in contacten met mensen.'
- Ontremming (Engels: *disinhibition*): 'De behoefte om zich in sociale situaties uit te leven door onder meer het drinken van alcohol.'

Delinquenten blijken op de deelschalen van risicobereidheid en ontremming hoger te scoren dan niet-delinquenten (Farley en Sewell, 1976; Zuckerman, 2007). De verklaring hiervoor wordt gezocht in het feit dat veel, met name jonge, delinquenten zich snel vervelen, 'prikkelhonger' hebben, en zich te buiten gaan aan illegaal gedrag vanwege de spanning die dat met zich meebrengt. Ook recenter, longitudinaal onderzoek bevestigt het verband tussen *sensation seeking* en criminaliteit (Harden, Quinn and Tucker-Drobl, 2012). Uit verschillende studies is gebleken dat de mate van spanningsbehoefte een sterke genetische component kent (Zuckerman, 1994).

Impulsiviteit is een persoonlijkheidstrek die betrekking heeft op de neiging weinig overwogen en snel beslissingen te nemen op grond van momentane aandriften. Deze trek wordt bijvoorbeeld met behulp van de *Impulsivity Scale* van Barratt gemeten met vragen als: 'voor ik met iets begin, overweeg ik eerst zorgvuldig hoe het zal kunnen aflopen'. Uit onderzoek bij jeugddelinquenten blijkt dat het impulsiviteitsniveau bij zowel geregistreerde als zelfgerapporteerde delinquenten aanzienlijk hoger ligt dan bij controlegroepen. Impulsiviteit is een persoonlijkheidstrek die volgens sommige auteurs aan de basis ligt van de ontwikkeling van antisociaal gedrag (Beauchaine, Klein, Crowell, Derbidge en Gatzke-Kopp, 2009). Interessant is dat impulsiviteit niet alleen met een vragenlijst, maar ook met behulp van motorische vaardigheidstaken kan worden vastgesteld. Zo blijken impulsieve personen bij het trekken van een lijn door een doolhof meer fouten te maken dan minder impulsieve mensen (Lösel, 1975). Het voordeel van een dergelijke meting is dat de zwakheden die kleven aan de vragenlijstmethode, zoals bewuste beïnvloeding van de antwoorden, worden vermeden.

4.2.5 Het vijffactormodel: de 'Big Five'-persoonlijkheidstest

Op dit moment wordt binnen de persoonlijkheidspsychologie het zogenoemde vijffactormodel, ook vaak aangeduid als de 'Big Five', veel toegepast. Dit model is grotendeels gebaseerd op Eysencks theorie. Zo behoren tot deze 'Big Five'-persoonlijkheidsfactoren zowel neuroticisme als extraversie-introversie. De andere drie factoren zijn weliswaar niet direct ontleend aan Eysenck, maar zijn mede op grond van zijn theorie ontwikkeld (Digman, 1990). Het betreft vriendelijkheid (*agreeableness*), zorgvuldigheid (*conscientiousness*) en openstaan voor nieuwe ervaringen (*openness*). Vriendelijkheid wordt ruimer gedefinieerd dan de bereidheid om anderen te helpen; ook onbaatzuchtigheid, oprechtheid en het vertrouwen dat men in de medemens heeft, bepalen deze factor. Zorgvuldigheid slaat op het doelmatig nastreven van succes, waarbij men nadenkt alvorens te handelen en is gericht op het afmaken van taken. Openstaan voor nieuwe ervaringen, ten slotte, wordt onder meer aangeduid als gepaste nieuwsgierigheid, verbeeldingskracht en ontvankelijkheid voor nieuwe ideeën en progressieve waarden. Je kunt jezelf de 'Big Five'-persoonlijkheidstest afnemen op internetsites als www.123test.com/personality-test.

Figuur 4.1. De Big Five Personality Test
Bron: www.America.Pink.

Naast de Big Five worden voor het verklaren van crimineel gedrag ook gebruikt het 'Temperament en Karakter'-model van Cloninger (Cloninger, Bayon en Przybeck, 1997) en een model over positieve en negatieve emotionaliteit en *constraint* (zelfbeheersing) (Tellegen, 1991). Deze verschillende modellen bevatten dimensies die zijn terug te voeren tot dezelfde concepten. Er bestaat een redelijke mate van overlap tussen de Big Five en de modellen van Eysenck en Tellegen. Zo overlapt de dimensie extraversie (Big Five) met positieve emotionaliteit (Tellegen), en de dimensie neuroticisme (Big Five) met negatieve emotionaliteit (Tellegen). De dimensie *conscientiousness* (zorgvuldigheid) (Big Five) lijkt op de dimensie *constraint* (zelfcontrole) (Tellegen). Eysencks P-dimensie – psychoticisme – is een soort mix van lage conscientiousness/constraint met lage agreeableness (vriendelijkheid). De modellen onderscheiden alle een dimensie die lijkt op agreeableness (van de Big Five), namelijk extraversie (Eysenck) en negatieve emotionaliteit (omgekeerd geschaald: dus laag scoren op negatieve emotionaliteit betekent extravert bij Tellegen). Ook Cloningers dimensies overlappen met de andere modellen. Zo is *harm avoidance* (schade- of risicovermijding) omgekeerd gerelateerd aan extraversie en neuroticisme.
Tabel 4.2 geeft een overzicht van de vier modellen.

Tabel 4.2. Persoonlijkheidsmodellen en dimensies
Bron: Miller en Lynam, 2001.

	Definities
Vijffactormodel	
Neuroticisme	Emotionele stabiliteit en aanpassen versus instabiliteit en niet-aanpassen
Extraversie	Vriendelijkheid en bemiddeling
Openheid voor ervaringen	Interesses en bereidheid om nieuwe activiteiten, ideeën en overtuigingen te proberen of overwegen, intellectuele nieuwsgierigheid
Vriendelijkheid	Interpersoonlijke strategieën: meegaandheid versus antagonisme
Zorgvuldigheid	Vermogen om impulsen te beheersen, plannen en taken uit te voeren, organisatievaardigheden, het volgen van de eigen interne morele code
Eysenck	
Psychoticisme	Egocentriciteit, interpersoonlijk koel en afstandelijk, gebrek aan empathie, en impulsiviteit
Extraversie	Vriendelijkheid en bemiddeling
Neuroticisme	Emotionele stabiliteit en aanpassen versus instabiliteit en niet-aanpassen
Tellegen	
Positieve emotionaliteit	Vriendelijkheid, neiging om positieve emoties te ervaren, assertiviteit, doelgericht
Negatieve emotionaliteit	Neiging om negatieve emoties te ervaren: vermogen om met stress om te gaan
Zelfcontrole	Vermogen om impulsen te beheersen, potentieel gevaarlijke situaties te vermijden, en het onderschrijven van traditionele normen en waarden
Cloninger	
Prikkelzoekend	Neiging tot intense opwinding in reactie op nieuwe stimuli
Leedvermijdend	Neiging intens te reageren op aversieve stimuli
Gevoelig voor beloning	Neiging intens te reageren op beloningen
Volhardend	Volhardendheid ondanks frustratie en vermoeidheid
Zelfsturend	Onafhankelijkheid en wilskracht
Sociaalgericht	Neiging tot meegaandheid versus antagonisme en vijandelijkheid
Zelftranscendent	Betrokkenheid bij spiritualiteit

4.2.6 Empirische onderbouwing van persoonlijkheidstypen als risicofactor voor antisociaal gedrag

De empirische ondersteuning voor de verschillende persoonlijkheidsmodellen zal hier gecombineerd worden besproken. De reden is dat er, zoals gezegd, overlap bestaat tussen de inhoudelijke dimensies die door verschillende psychologen worden onderscheiden. In een meta-analyse hebben Miller en Lynam (2001) de relaties bestudeerd tussen persoonlijkheidsdimensies van vier modellen en antisociaal gedrag. De vier modellen zijn:

1. Eysencks driefactormodel met neuroticisme, extraversie en psychoticisme (PEN);
2. Tellegens driefactormodel;
3. Costa en McCraes vijffactormodel (Big Five); en
4. Cloningers uit zeven factoren bestaande 'Temperament and Character'-model.

De uitgevoerde meta-analyse was gebaseerd op 59 studies. Acht persoonlijkheidsdimensies hingen samen met antisociaal gedrag, en deze dimensies waren terug te voeren tot maten van vriendelijkheid/agreeableness (effectgrootte: -.41) en zorgvuldigheid/conscientiousness (effectgrootte: -.25) van het 'Big Five'-model. Oftewel: hoe vriendelijker en zorgvuldiger iemand qua persoonlijkheid is, hoe minder kans op antisociaal gedrag. De relaties waren gematigd sterk, in de orde van grootte van .30. Ook de dimensie *novelty seeking* van Cloninger was gerelateerd aan antisociaal gedrag. Deze trek lijkt op de spanningsbehoefte zoals gedefinieerd door Zuckerman. De andere dimensies van de Big Five waren niet, of aanzienlijk zwakker, gerelateerd aan antisociaal gedrag.

Een recentere meta-analyse bestudeerde alleen de 'Big Five'-dimensies in relatie tot antisociaal gedrag en vond eveneens dat vriendelijkheid/agreeableness (effectgrootte: -.44) en zorgvuldigheid/conscientiousness (effectgrootte: -.26) de belangrijkste dimensies waren in relatie tot antisociaal gedrag. De andere effectgrootten waren .09 of minder (Saulsman en Page, 2004).

Caspi et al. (1994) bestudeerden de drie dimensies van Tellegen in relatie tot criminaliteit, en dus niet tot het bredere begrip antisociaal gedrag, in een steekproef van Nieuw-Zeelandse jongens van 18 jaar oud en Amerikaanse jongens van 12-13 jaar oud uit Pittsburg, Verenigde Staten. Zij vonden dat *constraint* samenhing met zelfgerapporteerde delinquentie (Nieuw-Zeeland $r = -.44$; Pittsburg, $r = -.17$). Individuen die laag op *constraint* scoren voelen zich minder geremd om delicten te plegen. Tevens vonden zij een verband tussen negatieve emotionaliteit (te vergelijken met agreeableness) en crimineel gedrag (Nieuw-Zeeland $r = .48$; Pittsburg, $r = .13$). Deze resultaten lijken dus sterk op wat in meta-analyses gevonden is voor de samenhangen met 'antisociaal gedrag'.

4.2.7 Cognitieve vaardigheden en intelligentie

Intelligentie wordt door sommige psychologen opgevat als een algemeen vermogen tot begrijpen en redeneren dat zich op vele verschillende manieren manifesteert. Andere psychologen leggen meer de nadruk op de verscheidenheid aan uitingsvormen en beschouwen intelligentie als een reeks van speciale vermogens die onderling positief zijn gecorreleerd (Atkinson, Atkinson en Hilgard, 1983). Intelligentie wordt gemeten met intelligentietests, meestal afgekort als IQ-tests (intelligentiequotiënttest).
In het onderzoek naar de samenhang tussen intelligentie en delinquentie is vooral uitgegaan van het eerste, algemene intelligentiebegrip. Uit een overzichtsartikel (Hirschi en Hindelang, 1977) van enige tientallen onderzoeken naar deze relatie blijkt dat delinquenten gemiddeld een lagere IQ-score behalen dan niet-delinquenten. Deze onderzoeken betroffen zowel geregistreerde delinquenten als delinquenten die op grond van *self-report*onderzoek als zodanig konden worden gekwalificeerd. Latere studies hebben deze relatie opnieuw bevestigd (Ellis, Beaver en Wright, 2009; Wilson en Herrnstein, 1985). Het verband is gevonden in verschillende landen, en het geldt voor verschillende typen IQ-tests, verbale en niet-verbale tests, en ook voor schoolprestaties die niet direct IQ meten maar wel indirect samenhangen met IQ (Ellis, Beaver en Wright, 2009). Van belang is dat delinquenten op verschillende aspecten van cognitieve vaardigheden laag scoren. Zo vonden Berman en Siegal (1976) dat agressieve gedetineerde jeugddelinquenten een groot aantal afwijkingen vertoonden op het gebied van logisch denken, waarneming, taal en het coördinatievermogen. Deze resultaten worden ondersteund door onderzoek bij ernstige recidivisten (Yeudall, 1979) en andere volwassen gedetineerden (Spellacy, 1978).

4.2.8 Attention Deficit and Hyperactivity Disorder (ADHD)

De afgelopen jaren is door psychiaters en klinische psychologen veel onderzoek gedaan naar de psychische aandoening *Attention Deficit and Hyperactivity Disorder* (ADHD). Deze stoornis is omschreven in de DSM IV, 4th edition (American Psychiatric Assn, 1994). Het is een ontwikkelingsstoornis die meestal optreedt vóór het 5e levensjaar en vaak zelfs voordat het kind de leeftijd van 2 jaar heeft bereikt. De stoornis wordt gekenmerkt door rusteloosheid, impulsiviteit, overactiviteit en afleidbaarheid (Scholte en Van der Ploeg, 2000; Farrington et al., 1994; Baker, Knight en Simpson, 1995). Deze symptomen blijven vrijwel altijd bestaan tot in de puberteit en in veel gevallen zelfs tot in de volwassenheid.
De stoornis zou in Nederland bij ongeveer 3 tot 5 procent van de kinderen voorkomen (Bergsma, 1995). De prognose is in die zin ongunstig dat kinderen met ADHD een duidelijk groter risico hebben om op latere leeftijd agressief, antisociaal of delinquent gedrag te vertonen (Sibley et al., 2011). In verschillende onderzoeken is aangetoond dat ADHD raakvlakken heeft met andere vormen van (psycho)fysiologisch disfunctioneren

die in verband staan met het ontstaan van crimineel gedrag (zie bijvoorbeeld Raine, Venables en Williams, 1995). Ook raken onderzoekers er steeds meer van overtuigd dat het delinquente gedrag in relatie tot de diagnose ADHD vaak samengaat met andere problematiek, zoals drugsgebruik (Doreleijers, Scholte en Matsier, 2001). Of, en in hoeverre dergelijk gedrag later werkelijk zal optreden, wordt overigens mede bepaald door de interactie met gezinskenmerken.

4.2.9 Zelfbeheersing als overkoepelend begrip

De criminologen Gottfredson en Hirschi (1990) hebben het begrip zelfcontrole geïntroduceerd als een overkoepelend begrip ter verklaring van crimineel gedrag. Zelfcontrole is het vermogen om 'de eigen emoties, gedragingen én verlangens te beheersen met het oog op een toekomstige (grotere) beloning'. Het concept zelfcontrole is nauw verwant aan begrippen zoals impulsiviteit, geringe constraint en zorgvuldigheid, en er zijn ook verbanden met ADHD (Olson, Schilling en Bates, 1999). Gottfredson en Hirschi stellen dat een gebrek aan zelfbeheersing (*low self-control*) de belangrijkste oorzaak is van criminaliteit op individueel niveau. Zij zijn van mening dat zelfcontrole vóór de leeftijd van 8 jaar moet worden aangeleerd. Het gebrek aan zelfbeheersing zou volgens Gottfredson en Hirschi (1990) in hoofdzaak berusten op een inadequate opvoeding. Indien een kind op zijn tiende niet heeft geleerd zichzelf te beheersen, zal de betrokkene de rest van zijn leven een gebrek aan zelfbeheersing aan de dag leggen. Gebrek aan zelfdiscipline berust volgens Gottfredson en Hirschi op een genetisch bepaalde aanleg waaraan in de opvoeding te weinig tegenwicht is gegeven. Deze visie sluit dus nauw aan bij de hiervoor besproken theorieën van Eysenck en Zuckerman over respectievelijk extraversie en *sensation seeking* (spanningsbehoefte).

Een geringe zelfcontrole leidt niet alleen tot een grotere kans op crimineel gedrag, maar ook op vele andere vormen van riskant gedrag zoals middelengebruik en risicogedrag in relatie tot gezondheid en relaties (Hirschi en Gottfredson, 1994). In diverse studies is een verband gelegd tussen een gebrek aan zelfcontrole en negatieve uitkomsten zoals externaliserend gedrag (Eisenberg et al., 2001), gezondheidsbedreigend gedrag als roken en alcoholgebruik (Baumeister, Heatherton en Tice, 1994) en irrationeel economisch gedrag (Cooter en Hall, 1998; Thaler en Shefrin, 1981). Individuen die op het ene gebied deviant zijn, zijn vaak ook op vele andere gebieden deviant. Dit noemen Gottfredson en Hirschi (1990) de *Generality of Deviance thesis*.

Er is relatief veel empirische ondersteuning voor de Generality of Deviance thesis. Antisociaal gedrag op jonge leeftijd heeft voorspellende waarde voor een grote reeks aan andere ongewenste uitkomsten. Jongeren met antisociaal gedrag hebben meestal een lager niveau van cognitief functioneren (Huesmann, Eron en Warnick Yarmel, 1987) met als gevolg een problematische schoolcarrière (Wilson en Herrnstein, 1985). Ook is er meer kans op werkloosheid en veelvuldige wisselingen van werk (Kokko en Pulkkinen, 2000; Robins, 1966). Delinquenten hebben vaak ongezonde leefgewoonten

(Junger en Dekovic, 2003; Junger, Stroebe en Van der Laan, 2001), gezondheidsproblemen (Bardone et al., 1998; Farrington, 1995) en een hogere mortaliteit (Laub en Vaillant, 2000).

Antisociaal gedrag verhoogt de kans op problematische sociale relaties en psychiatrische klachten (Farrington, 1989) en op slachtofferschap van criminaliteit (Junger, Van der Heijden en Keane, 2001). Delinquenten zijn vaker betrokken bij ongevallen. In een Nederlands onderzoek bleek dat van de jongeren die opgeven nooit een delict te hebben gepleegd, 28 procent betrokken is geweest bij een verkeersongeval (Junger, Van der Heijden en Keane, 2001). Van de jongeren die tien of meer delicten opgeven, was zelfs 72 procent betrokken bij een ongeval. Dit verband wordt niet verklaard door andere kenmerken zoals leeftijd, sekse of milieu (Junger, Terlouw en van der Heijden, 1995).

Deviant gedrag is dus een heel breed verschijnsel. Deviant gedrag manifesteert zich meestal op verschillende levensgebieden. Gottfredson en Hirschi (1990) zijn van mening dat aan al deze vormen van deviant gedrag één algemene gedragstendens ten grondslag ligt, namelijk gebrekkige zelfbeheersing.

Omvangrijke meta-analyses van Pratt & Cullen (2000) en Engel (2012) laten zien dat zelfcontrole inderdaad consistent samenhangt met criminaliteit, zij het dat de verbanden niet altijd even sterk zijn. Een longitudinale studie van Moffitt et al. (2011) toonde aan dat een maat voor zelfcontrole gemeten op de leeftijd van 10 jaar een brede reeks van negatieve uitkomsten voorspelt. In deze studie in Nieuw-Zeeland is zelfcontrole gemeten op basis van informatie van leraren, ouders en de kinderen zelf toen ze 3, 5, 7, 9 en 11 jaar oud waren. Onderzocht is of zelfcontrole effect had op indicatoren van gezondheid en criminaliteit. Uit de resultaten blijkt dat ook na controle voor sociaaleconomische kenmerken van het gezin en IQ, zelfcontrole een belangrijke voorspeller is van indicatoren van lichamelijke gezondheid, middelengebruik en criminaliteit. Zo is het verschil tussen kinderen met een hoge versus een lage zelfcontrole, na 30 jaar en na controle op voorvermelde factoren, voor gezondheidsproblemen 11 procent versus 27 procent, voor middelengebruik 3 procent versus 10 procent, en voor een veroordeling 13 procent versus 43 procent.

4.2.10 Samenvatting

In de voorgaande paragrafen hebben we de bijdrage besproken van de persoonlijkheidspsychologie aan het verklaren van antisociaal dan wel crimineel gedrag. We hebben gezien dat er verbanden bestaan tussen bepaalde relatief stabiele persoonlijkheidstrekken en antisociaal of crimineel gedrag. De desbetreffende verklarende eigenschappen lijken op elkaar en zijn deels overlappend. Het betreft de eigenschappen vriendelijkheid en zorgvuldigheid uit het 'Big Five'-model alsmede een grote spanningsbehoefte, impulsiviteit en een beperkte intelligentie. Ook de psychische aandoening Attention Deficit Hyperactivity Disorder is een bewezen risicofactor voor antisociaal of crimineel gedrag. Dit cluster van criminogene eigenschappen is door de criminologen Hirschi en Goddfredson omschreven met het overkoepelende begrip lage zelfbeheersing/*low self control*. De samenhang tussen gebrekkige zelfbeheersing enerzijds en crimineel en ander riskant gedrag anderszijds is in veel studies bevestigd. In figuur 4.2 zijn deze bevindingen schematisch weergegeven.

Figuur 4.2. Schematische weergave van de relaties tussen persoonlijkheidseigenschappen en stoornissen enerzijds en antisociaal en crimineel gedrag anderzijds

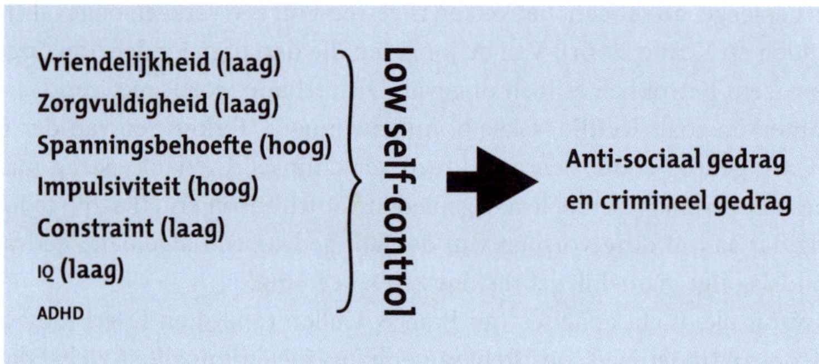

Hoewel deze samenvattende conclusie richting biedt aan het denken over psychologische verklaringen voor crimineel gedrag, blijven er nog vele vragen open. Deze vragen zullen in het resterende deel van dit hoofdstuk worden behandeld. De eerste vraag betreft de sterkte van de gevonden verbanden. De gevonden verbanden zijn vaak wel statistisch overtuigend, maar bieden toch allerminst een volledige voorspelling van wie crimineel gedrag zal vertonen en wie niet. De vraag of iemand die eigenschappen bezit die hem/haar disponeren tot crimineel gedrag dergelijk gedrag ook werkelijk zal vertonen, wordt mede bepaald door de situaties waarin de betrokken persoon tijdens zijn leven zal komen te verkeren. De onmiddelijke invloed van de fysieke en sociale omgeving op gedrag vormt het studiegebied van de sociale psychologie. In de volgende paragraaf zullen we daarom eerst ingaan op 'de macht van de situatie'. Hierbij zullen enkele klassieke sociaalpsychologische experimenten, zoals die van Milgram en Zimbardo, worden besproken.
Voorzover het voorkomen van crimineel gedrag wel vanuit bepaalde persoonlijkheidskenmerken kan worden verklaard, rijst vervolgens de vraag naar de oorsprong van die eigenschappen. In hoeverre zijn individuele eigenschappen, zoals een grote spanningsbehoefte of gebrekkige zelfbeheersing, erfelijk of anderszins biologisch bepaald, en in hoeverre zijn ze in de kindertijd of later aangeleerd of kunnen ze worden afgeleerd? Het antwoord hierop zal deels moeten komen van onderzoek naar de rol van medische en biosociale factoren, van oudsher een belangrijk studiegebied binnen de criminologie. Bij de vraag naar het onstaan van criminele eigenschappen is uiteraard ook de rol van de opvoeding belangrijk, het studiegebied van de ontwikkelingspsychologie. Ten slotte behandelen we de toepassingen van psychologische leertheorieën ter verklaring van criminaliteit en de effectiviteit van straffen.

Box 4.2. Top 600-aanpak Amsterdam

De Gemeentelijke Gezondheidsdienst (GGD) Amsterdam is betrokken bij de zogenoemde Top 600-aanpak, een intensieve aanpak van personen die in het verleden regelmatig met politie/justitie in aanraking kwamen in verband met *high impact crimes* (HIC). Het doel van de aanpak, die startte in mei 2011, is enerzijds het aantal geweldsdelicten, overvallen, straatroven en woninginbraken terug te dringen en anderzijds om mogelijke (verergering van) problematiek bij de betrokkene en diens gezin te voorkomen. Dit wil Amsterdam bereiken door in te zetten op drie pijlers, namelijk:

1. lik op stuk (orde, veiligheid, repressie);
2. zorg;
3. schilaanpak.

In het kader van pijler 1 treden politie en justitie consequent op in de vorm van intensieve recherche en voorgeleidingswerkzaamheden. Pijler 2 is het domein van de GGD; per individu wordt onderzocht of er sprake is van een medisch probleem waarvan de behandeling zou kunnen leiden tot een beter functioneren, zowel sociaal-medisch als in het openbare domein. Met de schilaanpak, ten slotte (pijler 3), wordt per individu uit de top 600 bekeken of deze jongere broertjes, zusjes of kinderen heeft op wie preventieve maatregelen toegepast zouden kunnen worden.

Personen uit de top 600 zijn in de afgelopen vijf jaar vaak meerdere malen aangehouden als verdachte voor een of meer van de volgende feiten (inclusief pogingen):

1. overval;
2. straatroof;
3. inbraak woning;
4. zware mishandeling;
5. moord/doodslag; en/of
6. openlijke geweldpleging tegen personen.

De exacte inclusiecriteria zijn bekend bij het programmabureau Top 600 (stadhuis). De lijst is dus niet statisch; nieuwe mensen kunnen instromen en mensen met wie het beter gaat kunnen na verloop van tijd uitstromen.

De Amsterdamse GGD onderzocht recentelijk tweehonderd leden van de Amsterdamse top 600 die 'niet lijken te profiteren' van het grote aantal maatregelen om ze in het gareel te helpen. De resultaten:

- 98 procent van deze jongens gebruikte al vroeg geweld.
- 77 procent deed dat in groepsverband en stond te boek als 'hardekernjongere'.
- 99 procent heeft een slecht ontwikkeld geweten.
- 89 procent voelt weinig of geen empathie.
- 89 procent is zeer beïnvloedbaar.
- 86 procent is impulsief en kan zijn agressie niet beheersen.

Gemiddeld hebben de jongens een IQ van 80. Velen zijn zwakbegaafd. In 92 procent van de gezinnen waarin de 'jongvolwassen gewelddadige veelplegers' opgroeien zijn de ouders 'pedagogisch onmachtig of onwillig' (GGD, mei 2014).

4.3 Sociaalpsychologische factoren

Lang niet alle personen met criminogene kenmerken vertonen daadwerkelijk crimineel gedrag. Opmerkelijk is bijvoorbeeld dat zelfs het verband tussen de eigenschap van agressiviteit – zoals door psychologen gemeten – en het plegen van geweldmisdrijven niet bijzonder sterk is. Een meta-analyse van Derzon (2001) vond dat agressie op jonge leeftijd helemaal niet zo'n goede voorspeller is van het plegen van geweldmisdrijven op latere leeftijd. Hij vond slechts een verband van .21, en, na statistische correcties, van .34. Ook in een Nederlandse studie bleek dat agressief gedrag op zichzelf niet altijd een goede voorspeller is van latere criminaliteit (Donker, Smeenk, Van der Laan en Verhulst, 2003). Onderzoek heeft uitgewezen dat antisociaal gedrag en agressie en een gebrekkige zelfbeheersing als algemene gedragstendensen in belangrijke mate stabiel zijn gedurende een mensenleven, maar slechts in beperkte mate concrete gedragingen bepalen zoals het plegen van een geweldmisdrijf. Hoe kan men de afwezigheid van sterkere verbanden verklaren? De kans op een geweldmisdrijf wordt niet alleen bepaald door een gedragstendens, zoals de tendens tot agressief gedrag, maar ook door de gelegenheden die zich voor zulk gedrag voordoen. Men moet niet alleen genegen of bereid zijn een misdrijf te plegen, maar ook in de situatie komen te verkeren waarin dat mogelijk is. Bij geweldmisdrijven moet men dan bijvoorbeeld denken aan de mogelijkheid om alcohol te drinken te midden van leeftijdsgenoten, dus aan het aantal kroegen in een stad en hun openingstijden en de prijs van alcohol (zie box 4.3). Voor welvarende jongeren die in een grote stad wonen, zijn de mogelijkheden betrokken te raken bij uitgaansgeweld aanzienlijk groter dan voor jongeren op het platteland in een ontwikkelingsland. Op de invloed van zulke gelegenheidsstructuren op criminaliteit, zal in hoofdstuk vijf nog uitvoerig worden teruggekomen.

Box 4.3. Alcoholgerelateerd geweld in de publieke sfeer

Gemiddeld 85 procent van de verdachten van publiek geweld in Nederland is man, 15 procent is vrouw (Lünnemann en Bruinsma, 2005). De gemiddelde leeftijd van verdachten ligt rond de 26 jaar. Een belangrijk deel van deze vorm van geweldscriminaliteit is in de huidige tijd sterk gelieerd aan het uitgaansleven. Er is weinig reden om aan te nemen dat jongeren tegenwoordig agressiever zijn of een grotere spanningsbehoefte hebben dan in het verleden. De toeneming van deze geweldsvorm hangt waarschijnlijk vooral samen met de gewijzigde uitgaansgewoonten van jongeren en de sterk toegenomen consumptie van alcohol in veel West-Europese landen waaronder Nederland (Hadfield, 2009).

De relatie tussen alcoholmisbruik en gewelddadige criminaliteit is onderzocht in historische studies in Oost-Europa en de Scandinavische landen. Hieruit is gebleken dat het niveau van het aantal geregistreerde geweldmisdrijven sterk samenhangt met de consumptie van gedestilleerd zoals wodka en de prijs daarvan op locale markten (Lenke,

1990; Rossow, 2001). Figuur 4.3 laat de statistische samenhang zien tussen de consumptie van bier in 2004 en 2005 en het slachtofferschap van bedreiging of geweld volgens de Internationale Slachtofferenquête.

Figuur 4.3. Bierconsumptie en slachtofferschap als gevolg van bedreiging/mishandeling
Bron: ICVS, 2004; World Drink Trends, 2005; Van Dijk, 2008.

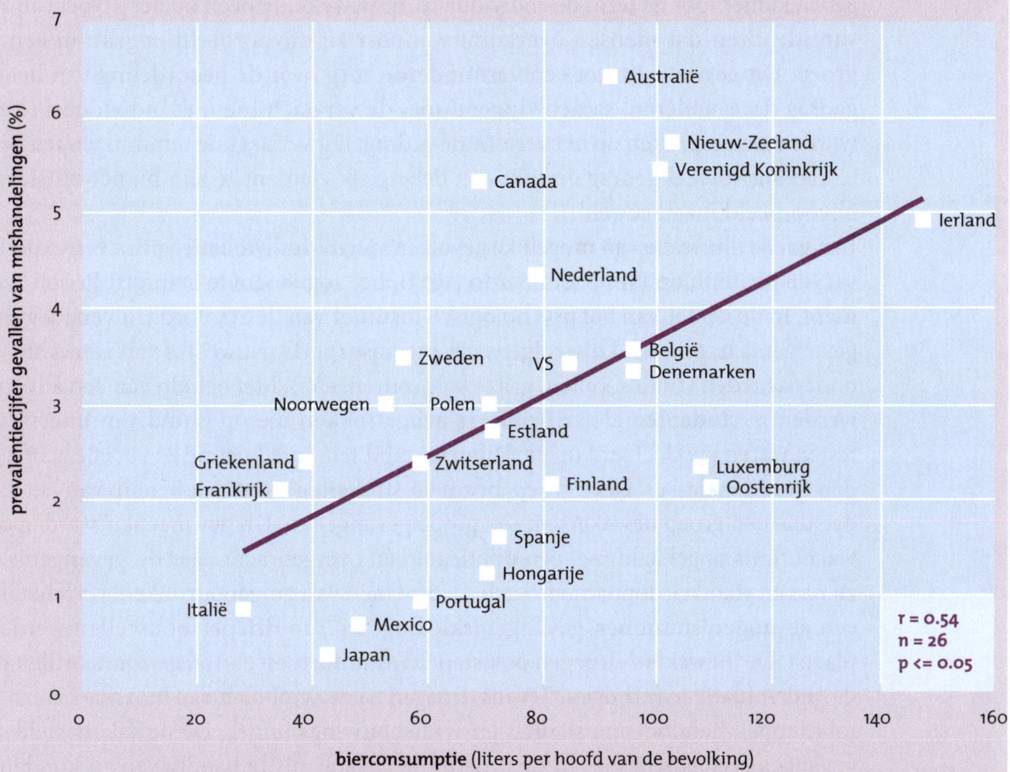

Figuur 4.3 laat zien dat er tussen de bierconsumptie per hoofd van de bevolking en het slachtofferschap van geweld een tamelijk sterk verband bestaat (r = +.54). In landen waar relatief veel bier wordt gedronken zoals Ierland, Australië, Nieuw-Zeeland, Engeland en Nederland liggen de slachtofferpercentages duidelijk hoger. Uit een multivariate analyse van factoren die samenhangen met slachtofferschap van geweld komt de bierconsumptie zelfs naar voren als de beste voorspeller, nog voor verstedelijking (Van Dijk, 2008).

Talrijk zijn de voorbeelden waarbij de situatie de primaire instigatie tot crimineel gedrag is. In een zelfbedieningswarenhuis komt men gemakkelijker tot diefstal dan in een winkel waarin de waren achter de toonbank liggen opgeslagen zoals in een apotheek. Ook de sociale omgeving stuurt het gedrag van individuen. In het algemeen kan men ook stellen dat hoe groter de sociale druk uit de omgeving is om zich op een bepaalde manier te gedragen, des te groter de geneigdheid zal zijn om dit ook feitelijk te doen, onafhankelijk van de persoonlijkheid van de handelende persoon. De invloed van de groep op menselijk gedrag is bij uitstek een thema binnen de sociale psychologie. Als voorbeeld van sociaalpsychologisch onderzoek naar de invloed van de situatie behandelen we allereerst de studie naar de invloed van anonimiteit op het gedrag. Zimbardo gebruikt hiervoor de term de-individuatie die betrekking heeft op het gevoel van verlies van identiteit dat mensen overkomt wanneer zij bijvoorbeeld opgaan in een grote groep. Dit gevoel leidt tot een verminderde zorg over de beoordeling van het eigen gedrag door anderen, samenhangend met de verwachting niet individueel te zullen worden aangesproken op het vertoonde gedrag. Dit verlaagt de remmingen ten opzichte van antisociaal gedrag en lijkt een belangrijk element te zijn bij het ontstaan van bijvoorbeeld massageweld.

Een goede illustratie van mogelijke gevolgen van de-individuatie vormt een experiment van de psycholoog Philip Zimbardo (1973), het zogenoemde Stanford Prison Experiment. In de kelder van het psychologisch instituut van de Stanford University werd een gevangenis nagebouwd die volgens gevangenisexperts nauwelijks van een echte was te onderscheiden (tralies, cellen, grijze kale muren, etc.). Met behulp van een advertentie werden 21 studenten als vrijwilligers aangetrokken die op grond van interviews en testen waren geselecteerd op emotionele stabiliteit, intelligentie en sociale achtergronden (middenklasse). Deze groep 'normale' studenten werd met behulp van het lot verdeeld in een groep bewakers en een groep gevangenen. De 'gevangenen' werden onverwacht thuis opgehaald met een politieauto en overgebracht naar de 'gevangenis', waar zij na een standaardopnameprocedure (afnemen van vingerafdrukken, verschaffen van een gevangenisnummer, gevangeniskleding, etc.) in driepersoonscellen werden geplaatst. De 'bewakers' droegen ook standaarduniformen en spiegelzonnebrillen om de de-individuatie te verhogen. Tevens droegen zij de symbolen van hun macht: een gummiknuppel, handboeien, sleutels en waarschuwingsfluitjes. De bewakers stelden een gevangenisreglement op om de orde in de gevangenis te handhaven en konden naar bevind van zaken nieuwe regels invoeren.

Binnen zes dagen waren zowel gevangenen als bewakers volledig in hun rol opgegaan. De gevangenen gingen zich onderdanig gedragen, volgden slaafs de leefregels, en hielden zich alleen nog maar bezig met gedachten aan ontsnapping, overleving en gevoelens van haat jegens de bewakers. De bewakers daarentegen traden steeds strenger op tegen de gevangenen, straften de gevangenen voor allerlei geringe overtredingen en behandelden hen in het algemeen als minderwaardige wezens. Ongeveer een derde van de bewakers maakte misbruik van hun macht en vernederde opzettelijk de gevangenen. De overige bewakers hielden zich wel aan de regels, maar grepen niet in als de andere bewakers de gevangenen brutaliseerden. De situatie werd zo ernstig dat Zimbardo het experiment, dat volgens planning veertien dagen zou duren, na zes dagen afbrak. Zimbardo concludeerde dat vele mensen, misschien zelfs de meerderheid, tot bijna alles kunnen worden gebracht wanneer zij in een situatie worden geplaatst die psychologisch dwingend genoeg is; ethische opvattingen, waarden, normen of persoonlijke overtuigingen of eigenschappen lijken dan slechts een betrekkelijk geringe rol te spelen. Het Stanford Prison Experiment van Zimbardo kreeg in de Verenigde Staten hernieuwde aandacht na de onthullingen over machtsmisbruik door Amerikaanse militairen jegens gedetineerden in de Abu Ghraib-gevangenis in Irak. Van Zimbardo's experiment is in 2010 een nieuwe, Amerikaanse film gemaakt (*The Experiment*) (zie afbeelding 4.1).

Afbeelding 4.1. Filmbeeld uit de film *The Experiment* van regisseur Paul Scheuring, 2010

Een andere illustratie van de invloed van een bepaalde situatie op het gedrag wordt gegeven door het onderzoek van Milgram (1977) naar de invloed van autoriteit op antisociaal gedrag. Milgram richtte zich hierbij op de situatie waarin een persoon met prestige of macht, een autoriteit, de opdracht geeft tot immoreel gedrag. Deze situatie is niet onbekend uit bepaalde oorlogssituaties ('*Befehl ist Befehl*'). In zijn experiment werkte Milgram met vrijwilligers die reageerden op advertenties om tegen een geldelijke beloning mee te doen aan 'psychologische leerexperimenten'. Volwassen mannen van twintig tot vijftig jaar oud werd verteld dat zij meewerkten aan een onderzoek naar de invloed van straf op het geheugen. Daartoe waren een 'leermeester' en een 'leerling' vereist. Per paar werd nu door het lot vastgesteld wie de rol van leermeester op zich moest nemen en wie die van de leerling. In feite werd gezorgd dat de 'leerling' steeds een medewerker van Milgram was. De leerling werd in een stoel vastgegespt en door middel van een elektriciteitssnoer met een elektrisch apparaat verbonden. De leermeester werd naar een andere kamer gevoerd, waar een apparaat stond opgesteld met dertig knopjes, waarop plaatjes waren aangebracht oplopend van 15 tot 450 volt, alsmede omschrijvingen oplopend van 'zeer lichte schok' tot 'gevaar: zware schok' en ten slotte tot 'xxx'. De leermeester werd nu verteld dat de persoon in de stoel een taak moest leren

en dat hij bij elk fout antwoord moest worden gestraft met een schokje. Hoe meer fouten er zouden worden gemaakt, des te zwaarder de schok die zou moeten worden toegediend. De leerling was feitelijk niet alleen geïnstrueerd om foute antwoorden te geven, maar ook om bij hogere schokken te gaan roepen, te smeken om te stoppen met de schokken en ten slotte alleen nog maar op de muur te bonzen. De leermeester was onbekend met het feit dat in het geheel geen schokken werden toegediend. Milgram vroeg zich af hoe ver personen zouden gaan in hun gehoorzaamheid aan een autoriteitsfiguur (in casu de proefleider). Tot zijn verbazing bleek dat bijna twee derde van de proefpersonen op aansporing van de proefleider bereid bleek door te gaan met schokken tot en met het hoogste niveau. In volgende experimenten, waarin de rol van de proefleider en de leerling nader werd onderzocht, werden steeds soortgelijke uitkomsten gevonden. Belangwekkend hierbij is de rol van het 'slachtoffer' van de schokken. Sommige proefpersonen stopten met het toedienen van schokken wanneer zij merkten dat zij de leerling pijn deden. Velen aarzelden en toonden tekenen van spanning (lipbijten, trillende handen, transpireren), maar gingen toch na enig aandringen van de proefleider door. Achteraf rationaliseerden zij hun gedrag vaak door te verwijzen naar de verantwoordelijkheid van de proefleider of het 'belang van de wetenschap'.
Ter verklaring van het gevonden gedrag noemt Milgram het ontbreken in de Amerikaanse cultuur van adequate modellen van ongehoorzaamheid (vergelijk sociaal leren). Dat deze verklaring waarschijnlijk niet alleen opgaat voor de Amerikaanse cultuur blijkt uit Nederlands onderzoek: ook Nederlandse proefpersonen blijken bereid bij gebruik van een 'schokkenapparaat' à la Milgram op aansporing van een proefleider anderen pijnlijke schokken toe te dienen (zie bijvoorbeeld Ekkers, 1977).
Vermeldenswaard in dit verband is ook de sociaalpsychologische bevinding dat groepen hogere risico's nemen dan individuen (Wallach, Kagan en Bem, 1964). Een mogelijke reden hiervoor is spreiding van de verantwoordelijkheid over een aantal personen; een alternatieve verklaring is dat angst soms vermindert als gevolg van het behoren tot een groep (Schachter, 1959). Dit *risky shift*-fenomeen is van aanzienlijk belang in verband met groepscriminaliteit. Veel delicten in groepsverband gepleegd, zouden niet zijn voorgekomen wanneer alle deelnemers afzonderlijk een beslissing hadden moeten nemen. Een extra risicoverhogende factor is de gewoonte van criminele groepen om angstverhogende informatie niet toe te laten (Feldman, 1977). Informatie geven over de gevolgen van een eventuele ontdekking van een beraamd delict is binnen deze groepen taboe. Op deze wijze ontstaat bij de voorbereiding een vorm van *group think* die kan leiden tot deelname aan zeer riskante ondernemingen waaraan de groepsleden zelfstandig nooit zouden zijn begonnen.

4.4 Medische en biologische factoren

De gedachte dat gedrag, en dus ook crimineel gedrag, in sterke mate door erfelijke factoren wordt bepaald, is reeds in de oudheid verwoord. Dit is niet zo verwonderlijk,

want in menig opzicht plegen kinderen op hun ouders te lijken, dus waarom niet ook qua aanleg voor antisociaal gedrag? In de vorige eeuw vormden de wetenschappelijke publicaties van Darwin en Mendel over de evolutietheorie en de genetica de basis voor Lombroso's ideeën over de 'geboren misdadiger'. Heden ten dage weten we dat er een lange en complexe weg ligt tussen erfelijkheid en gedrag. Erfelijkheid is de informatie die opgeslagen ligt in het DNA. Deze erfelijke informatie wordt chemisch vertaald in de vorming van eiwitten die op hun beurt allerlei lichamelijke processen besturen, waaronder de ontwikkeling van de hersenen (Wilson en Herrnstein, 1985). Uit veel psychofysiologisch onderzoek is gebleken dat het functioneren van bepaalde gedeelten van de hersenen van fundamenteel belang is voor tal van psychologische fenomenen, zoals emoties, percepties en cognities (Gray, 1971). Deze processen leiden tot bepaalde gedragstendensen die de kans op criminaliteit kunnen verhogen. Erfelijkheid is medebepalend voor de ontwikkeling van de persoonlijkheid en vervolgens voor het ontstaan van bepaalde gedragingen (Gray, 1972).
Van het grootste belang is dat al deze tussenstappen mede worden beïnvloed door omgevingsfactoren. In de eerste, deels prenatale ontwikkelingsstadia gaat het vooral om factoren van chemische en dus ook fysiologische aard. Zo is het gebruik van middelen door zwangere vrouwen zoals tabak, alcohol en illegale drugs een belangrijke risicofactor voor verschillende vormen van problemen en gedragingen, zoals antisociaal gedrag, ADHD en slechte schoolprestaties (National Scientific Council On The Developing Child, 2006). In de latere fasen gaat de sociale omgeving een grotere rol spelen. Er is dus sprake van een permanente interactie tussen aanleg en omgeving. Een individu met een uitgesproken muzikale aanleg zal in een omgeving waar zelden of nooit naar muziek wordt geluisterd, weinig kans krijgen zich tot een bekwaam musicus te ontwikkelen. Anderzijds kan een muzikale opvoeding ook van mensen met weinig aanleg goede musici maken. Dit gegeven vormt een groot struikelblok bij de bestudering van de invloed van de erfelijkheid op het gedrag: wat kan worden onderzocht is immers steeds een persoon die het product is van aanleg en omgeving. In ouder onderzoek, waarbij vooral stambomen werden onderzocht op het voorkomen van criminaliteit, is dit probleem te weinig onderkend. Families die generaties lang criminaliteit vertonen, kunnen dit evengoed doen omdat het van ouder op kind wordt aangeleerd als vanwege genetische factoren.

4.4.1 Kwantitatieve erfelijkheidstudies

De moderne biosociale studies bestaan uit verschillende stromingen. Allereerst bestaat er een aantal kwantitatieve genetische studies. Om het probleem van de vermenging van genetische en omgevingsfactoren op te lossen zijn in de gedragsgenetica verschillende kwantitatieve technieken ontwikkeld die een betere schatting opleveren van de invloed van genetische disposities op gedrag. Voor de criminele etiologie zijn vooral 'tweelingonderzoeken' en 'adoptiestudies' van belang.

Bij tweelingonderzoek vergelijkt men monozygotische (eeneiige) tweelingen met dizygotische (twee-eiige) tweelingen. Het erfelijk materiaal van monozygotische tweelingen is, afgezien van mutaties, identiek en daarom kunnen verschillen tussen twee leden van een dergelijke tweeling worden toegeschreven aan omgevingsinvloeden. Dizygotische tweelingen verschillen wel genetisch van elkaar, evenveel als gewone broers en zusters, en zij ondergaan eveneens verschillende omgevingsinvloeden. Onder de veronderstelling dat omgevingsinvloeden voor beide soorten tweelingen een ongeveer gelijk verschil binnen een tweelingpaar teweeg zullen brengen, verwacht men, wanneer er een erfelijke factor in het spel is, bij monozygotische tweelingen meer gelijkheid van gedrag dan bij dizygotische. Voor een bepaald kenmerk stelt men daarom vast of leden van een tweeling beiden dat kenmerk vertonen of niet. Tweelingen die allebei eenzelfde kenmerk vertonen, noemt men 'concordant' voor dat kenmerk; wanneer slechts één lid van een tweeling dat kenmerk vertoont, spreekt men van 'discordantie'. Op deze wijze is onderzocht of concordantie ten aanzien van criminaliteit bij monozygotische tweelingen hoger is dan bij dizygotische tweelingen.

Genetische studies kijken naar de mate van erfelijke bepaaldheid van kenmerken. Dit levert als uitkomst een maat voor erfelijke bepaaldheid, die *heritability* wordt genoemd en afgekort wordt als h^2 (h^2 is de variantie in antisociaal gedrag die bepaald wordt door erfelijkheid). Verder zijn er gemeenschappelijke omgevingsfactoren: factoren, bijvoorbeeld in gezinnen, die broers en zussen met elkaar delen, en unieke omgevingsfactoren, factoren in de omgeving die uniek zijn voor elk kind, bijvoorbeeld de klas of de sportclub waar het naartoe gaat.

Hoewel tweelingonderzoek een waardevolle manier is om de mate van erfelijkheid van bepaalde kenmerken of gedrag te bestuderen, is het moeilijk om met zekerheid te bepalen in hoeverre omgevingsinvloeden een rol spelen. Zo kunnen eeneiige tweelingen meer gelijk behandeld worden dan twee-eiige tweelingen. Bij het bestuderen van de erfelijke bepaaldheid van antisociaal of crimineel gedrag is het bovendien lastig dat monozygotische tweelingen altijd van hetzelfde geslacht zijn, terwijl dat bij dizigotische tweelingen niet per se het geval is. Aangezien jongens vaker antisociaal gedrag vertonen dan meisjes, is het moeilijk om te bepalen in hoeverre verschillen tussen een- en twee-eiige tweelingen verklaard kunnen worden door sekseverschillen in antisociaal gedrag.

4.4.2 Adoptiestudies

Een andere manier om de verstrengelde effecten van genetische en omgevingsfactoren te scheiden, is de bestudering van personen die op jonge leeftijd zijn geadopteerd. Men probeert daarbij vast te stellen in welke mate gedrag, zoals vertoond door een geadopteerd persoon, eveneens voorkomt bij enerzijds de biologische ouders en verwanten van die persoon, en anderzijds bij de adoptiefouders en hun verwanten. Wanneer dit gedrag wel voorkomt bij de biologische verwanten maar niet bij de adoptieve 'verwanten', vormt dit een ondersteuning van de veronderstelling dat genetische factoren van invloed zijn.

Een nadeel van adoptiestudies is dat kinderen zo veel mogelijk geplaatst worden in een omgeving die lijkt op de omgeving waaruit het kind afkomstig is. Verder kunnen kinderen niet altijd direct na de geboorte in een adoptiegezin geplaatst worden, waardoor er al beïnvloeding plaatsvindt die mogelijk effect heeft op later gedrag.
De beste manier om de invloed van genen en omgeving op gedrag te onderzoeken is om tweeling- en adoptieonderzoek te combineren. In deze opzet worden tweelingen onderzocht die kort na de geboorte geadopteerd zijn door verschillende adoptieouders. Deze kinderen groeien op in verschillende gezinnen, en worden dus aan verschillende omgevingsinvloeden blootgesteld. Gelijkenissen in gedrag van tweelingen kunnen zo dus aan genetische invloeden worden toegeschreven.
Inmiddels is er een relatief groot aantal van dergelijke studies verricht. Een meta-analyse bestudeerde 51 adoptie- en tweelingenstudies en bekeek in hoeverre de verschillen tussen individuen erfelijk bepaald waren (Rhee en Waldman, 2002). Er is gekeken naar verschillende uitkomstvariabelen: antisociale persoonlijkheidsstoornis (ASP), agressie, gedragsproblemen (*conduct disorders*) of criminaliteit. Deze studie concludeerde dat de genetische bepaaldheid van antisociaal gedrag $h^2 = .41$ was. Met andere woorden: 41 procent van de variantie tussen mensen in antisociaal gedrag (en de andere begrippen die als uitkomst zijn gebruikt) wordt dus bepaald door erfelijkheid. Het effect van gemeenschappelijke factoren in de omgeving was 16 procent en van de unieke omgevingsfactoren was dat 43 procent (Rhee en Waldman, 2002). Viding, Larsson en Jones (2009) hebben de gegevens van Rhee en Waldman (2002) in een schema gezet dat illustreert dat de genetische bijdragen gelden voor verschillende type afhankelijke variabelen, leeftijden, meetmethoden, geslacht en type studie (zie figuur 4.4).
De genetische effecten van antisociaal gedrag hangen samen met leeftijd. Genetische effecten zijn relatief groot op jonge leeftijd en nemen nog toe naarmate mensen ouder worden (Bergen, Gardner en Kendler, 2007). Naarmate mensen ouder worden, wordt hun betrokkenheid bij antisociaal gedrag dus steeds meer in overeenstemming met hun genetisch potentieel.

4.4.3 Moleculaire genetische studies

Naast statistische studies zijn er ook moleculaire studies naar het effect van specifieke genen die betrokken zijn bij aspecten van antisociaal gedrag. Dergelijke studies kijken naar genen die invloed kunnen hebben op de fysiologie van de mens die op zijn beurt gedrag regelt zoals impulsiviteit, ADHD of angstreacties (Walsh en Beaver, 2009). Deze factoren verhogen op hun beurt de kans op antisociaal gedrag, zo wordt aangenomen. In dergelijke studies is bijvoorbeeld aangetoond dat ADHD niet afhankelijk is van een enkel gen maar dat specifieke combinaties van twee genen kunnen zorgen voor een toename van de kans op ADHD met een factor 12 (Walsh en Beaver, 2009).

Figuur 4.4. Genetische en omgevingsinvloeden op antisociaal gedrag
Bron: Viding, Larson & Jones, 2009.

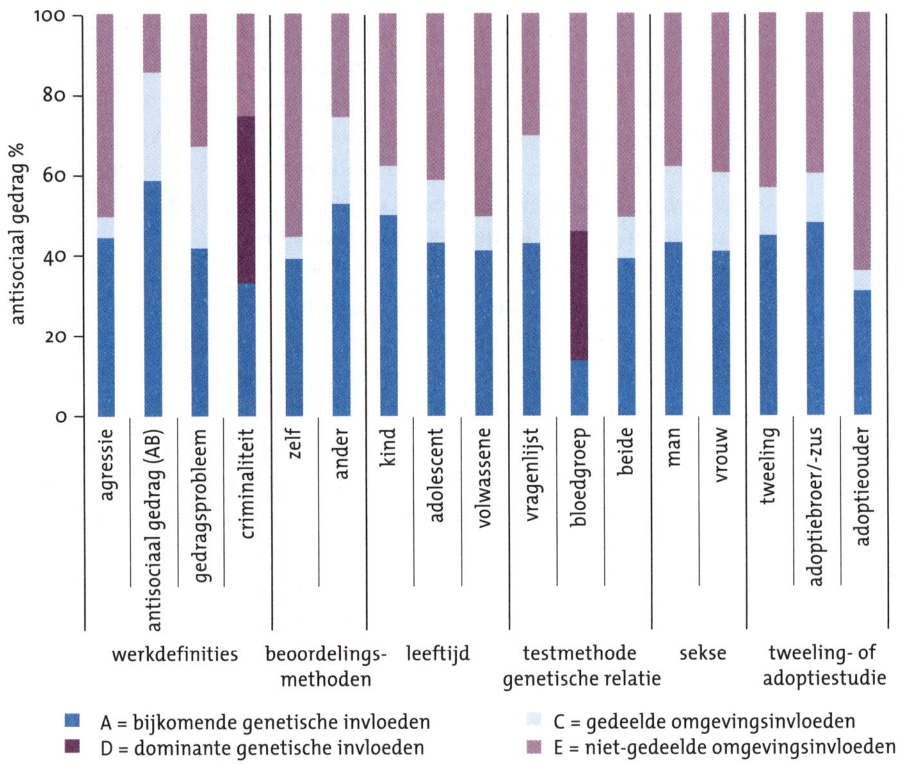

Genetische en omgevingsinvloeden op *Antisocial Behavior* (antisociaal gedrag) blijken opmerkelijk overeen te komen in omvang ondanks verschillende werkdefinities, beoordelingsmethoden, leeftijd, testmethode genetische relatie, sekse van de deelnemers en of er tweeling- of adoptiestudies zijn uitgevoerd. Figuur 4.4 geeft een selectie weer van de statistieken die in de meta-analyse van Rhee en Waldman (2002) worden gerapporteerd.

4.4.4 Andere biologische factoren

Veel lichamelijke factoren hangen samen met gedragstendensen, waaronder de tendens tot antisociaal gedrag. Onder deze factoren gaat het onder meer om kenmerken van de prenatale fase en complicaties bij de geboorte, fysiologische kenmerken, hormonale en neurologische factoren (Ellis, Beaver en Wright, 2009; Raine, 2002; Van Goozen, Fairchild, Snoek en Harold, 2007) Ook hangt antisociaal gedrag samen met verschillende psychische aandoeningen die een biologische basis hebben. Bij wijze van voorbeeld worden hier slechts enkele aspecten besproken.

- *Fysiologische factoren*. Het hartritme in rusttoestand (*heart rate at rest*) hangt samen met antisociaal gedrag. Individuen met een laag hartritme in rusttoestand hebben een grotere kans op antisociaal gedrag. Een recente meta-analyse van veertig studies toont aan dat het om een relatief sterk en stabiel effect gaat (effectgrootte van .76) (Ortiz en Raine, 2004). De psychologische interpretatie van deze bevinding is dat individuen met antisociaal gedrag weinig angst voelen en om die reden geen hoge hartslag hebben (Van Bokhoven, Matthys, Van Goozen en Van Engeland, 2005; Ortiz en Raine, 2004).
- *Hormonen*. Er is veel onderzoek gedaan naar hormonale invloeden op antisociaal gedrag (Ellis, Beaver en Wright, 2009). Een voorbeeld is testosteron. Testosteron heeft een belangrijke invloed op de vorming van de hersenen, vooral prenataal. De indruk bestaat dat testosteron leidt tot meer competitief gedrag en hiermee ook tot een hogere kans op antisociaal gedrag (Ellis 2005; Ellis, Beaver en Wright, 2009; Gottschalk en Ellis, 2009).
- Psychische aandoeningen. Verschillende psychische aandoeningen komen relatief vaker voor bij individuen die antisociaal of crimineel gedrag vertonen. Dan gaat het onder meer om ADHD, depressie en drugsverslaving. Omdat verschillende psychische aandoeningen een relatief grote erfelijke component hebben (Rutter, Silberg, O'Connor en Simonoff, 1999) zou het causale proces als volgt kunnen verlopen: erfelijke factoren -> mentale problemen -> antisociaal en crimineel gedrag.

4.4.5 Epigenetica

De epigenetica bestudeert alle processen die invloed hebben op de activiteit van genen (Walsh en Beaver, 2009). Onderzoek heeft aangetoond dat, onder de invloed van de omgeving, genen 'aan' of 'uit' kunnen worden gezet. Met andere woorden: genen kunnen op 'actief' of 'non-actief' worden gezet waardoor ze wel of niet hun invloed kunnen uitoefenen op gedrag. Dit geldt voor allerlei fenomenen, bijvoorbeeld ziektes, en het geldt ook voor sociaal gedrag (Meaney, 2010).

De omgevingsinvloeden die invloed hebben op het proces van aan- en uitzetten zijn talrijk en onderzoek hiernaar staat nog in de kinderschoenen, maar lijkt veelbelovend. Onderzoek bij muizen laat bijvoorbeeld zien dat babymuizen met een predispositie tot agressie, die worden opgevoed door een 'goede' dat wil zeggen warme moedermuis (gemeten als het veelvuldig likken van het babymuisje), geen agressief gedrag vertonen. Met andere woorden: het likgedrag van de moedermuis kan de predispositie voor agressie op non-actief zetten (Szyf, Weaver en Meaney, 2007). Opmerkelijk is dus dat, ook al is ons gedrag in zekere mate genetisch bepaald, de omgeving toch invloed heeft op de mate waarin het genetisch potentieel tot uitdrukking komt. Wel lijkt het zo te zijn dat de epigenetische veranderingen vooral ontstaan op jonge leeftijd (Walsh en Beaver, 2009). Op jonge leeftijd is de mens dus nog door omgevingsinvloeden veranderbaar, en naarmate hij ouder wordt, neemt dat af. Samenvattend: de impact van onze genen en onze constitutie zijn van essentieel belang om menselijk gedrag te verklaren. We staan aan het begin van een reeks van studies in de epigenetica die ons beeld van de interacties tussen erfelijkheid en omgeving ingrijpend zouden kunnen veranderen.

Box 4.4. De affaire Brandt Corstius

De hier besproken theorieën van Eysenck en van Gottfredson en Hirschi zijn 'gemengde' theorieën waarin elementen van *nature* en *nurture* interacteren, dit wil zeggen: worden gecombineerd. De persoonlijkheidstrekken die zij beschrijven ontstaan gedeeltelijk als gevolg van een biologische predispositie, bijvoorbeeld een bepaalde tendens om optimistisch in het leven te staan of een tendens om depressief te zijn of impulsief te reageren.

Lange tijd is veronachtzaamd dat het wenselijk is om te komen tot een integratie van theorieën waardoor zowel sociale als biologische elementen een plaats in de theorie krijgen. De eerste criminoloog die in Nederland een dergelijke integratie heeft nagestreefd, is de voormalige Leidse hoogleraar in de criminologie Wouter Buikhuisen. Reeds voordat hij zijn ideeën over een zogenoemde 'biosociale criminologie' kon ontvouwen, brak een storm van protesten los. Buikhuisen werd in de media maandenlang afgeschilderd als nazionderzoeker en fascist, en zijn oratie werd door demonstranten verstoord. De belangrijkste aanstichter van de aanvallen op Buikhuisen was de publicist Hugo Brandt Corstius die zijn hierover in het weekblad *Vrij Nederland* gepubliceerde columns als boekje uitgaf onder de titel: *Buikhuisen dom en slecht* (Brandt Corstius, 1980).

De tegenstand tegen het door hem voorgenomen biosociale onderzoek was dermate groot dat Buikhuisen zich na enkele jaren genoodzaakt zag van zijn voorgenomen studies af te zien en vervroegd met pensioen te gaan.

Wie zich ruim 35 jaar later in deze materie verdiept, moet welhaast tot de conclusie komen dat Buikhuisen destijds het slachtoffer is geworden van een heksenjacht. Zijn aanvulling op datgene wat toen criminologisch *en vogue* was, bestond uit het introduceren in de discussie over criminaliteit van enige psychofysiologische grootheden, zoals de huidgeleiding (*galvanic skin respons*), biologische factoren zoals stoffen die ons milieu verontreinigen en de stoornis ADHD (Buikhuisen en Mednick, 1988). Het ideologische tij is inmiddels gekeerd, want in de afgelopen jaren is binnen de criminologie in binnen- en buitenland een toenemende belangstelling waarneembaar voor dergelijke biologische en medische factoren van delinquent gedrag, terwijl ook het biosociale onderzoek aan populariteit wint. Zo heeft het *Tijdschrift voor Criminologie* in 2005 een themanummer gewijd aan biosociale perspectieven in de criminologie en heeft het tijdschrift *Justitiële Verkenningen* zowel in 2000 als in 2006 een aflevering doen verschijnen over biologische verklaringen voor met name agressief en antisociaal gedrag. Sinds 2009 loopt in Nederland een groot meerjarig onderzoeksprogramma naar hersenen en cognitie waarbinnen veiligheid een van de hoofdthema's is.

4.5 Ontwikkelingspsychologische noties

We zullen nu nader ingaan op de invloed van ouders op de ontwikkeling van kinderen, vooral in relatie tot antisociaal gedrag. Ontwikkelingspsychologie bestudeert psychologische processen vanuit een ontwikkelingsbenadering. Vanuit het ontwikkelingsperspectief is het interessant om het verloop van agressie tijdens de eerste levensjaren te beschrijven. Dit is wat Richard Tremblay en collega's (Tremblay, 2000a and Tremblay, 2000b) hebben gedaan in Canada. Zij richtten zich op fysieke agressie want bij kleine kinderen kun je nog geen verbale agressie of antisociaal gedrag meten. Figuur 4.5 toont de onderzoekuitkomsten. Vanaf de leeftijd van 6 maanden beginnen kinderen met schoppen en slaan (*to kick and hit*). Het duwen, schoppen en slaan neemt langzaam toe zodat op de leeftijd van 17 maanden ongeveer 50 procent van de kinderen al heeft geduwd, 20 procent al heeft geschopt en 15 procent al eens iemand heeft geslagen. Blijkbaar beginnen bijna alle baby's en peuters ergens tussen 6 en 17 maanden een of andere vorm van fysiek agressief gedrag te vertonen. In totaal heeft 80 procent van alle kinderen wel eens een van de genoemde vormen van fysieke agressie laten zien. In die zin is agressief gedrag voor een mensenkind 'normaal'. Bijna alle kinderen doen wel eens iets wat 'agressief' is. Uit figuur 4.5 blijkt dat dit vooral geldt voor jongens.

Figuur 4.5. De frequentie van slaan en bijten ('soms' en 'vaak') bij kinderen in de leeftijd van 2 tot 11 jaar
Bron: Tremblay 2000b, p. 210.

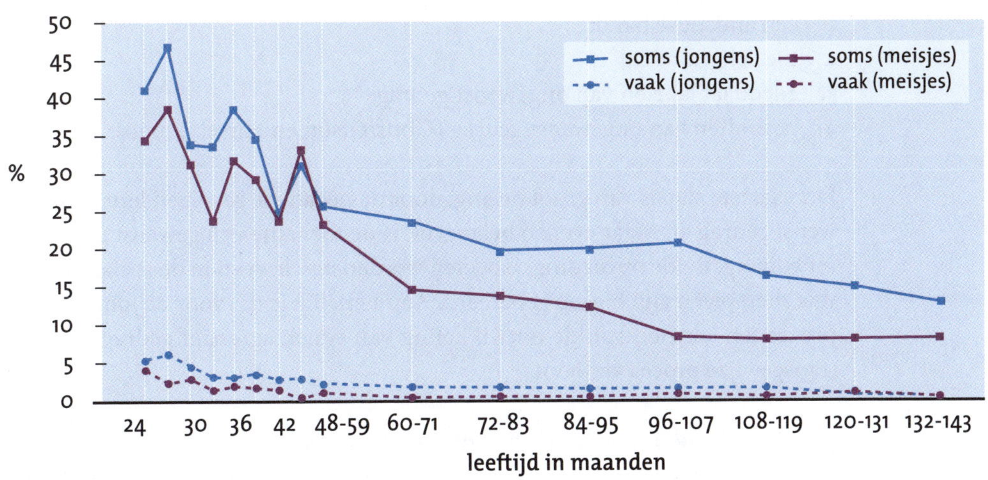

Echter, in figuur 4.5 zien we dat na een stijging tot en met de leeftijd van 2 à 3 jaar, fysieke agressie weer geleidelijk aan afneemt. Meerdere studies laten zien dat agressief gedrag bij de meeste kinderen afneemt na de leeftijd van ongeveer 3 jaar (Shaw, Gilliom

en Giovannelli, 2000; Shaw, Gilliom, Ingoldsby en Nagin, 2003). Daarom concludeert Tremblay (2006) dat agressie een kwestie van afleren is, en niet van aanleren. Agressief gedrag is bij (bijna) alle kinderen een aanwezige gedragsoptie. Maar blijkbaar leert het merendeel van de kinderen dit af. De reden dat agressie afneemt, is niet geheel helder. Een waarschijnlijke verklaring is echter dat dit komt omdat de omgeving ingrijpt en peuters afleren zich agressief te gedragen (Tremblay en Japel, 2004).
Bij sommige kinderen neemt het agressieve gedrag echter niet af. Uit verschillende studies blijkt dat 5 à 7 procent van de kinderen behoort tot deze hoogchronische groep tot en met de adolescentie (Shaw et al., 2003). Vermoedelijk komt dit doordat hun ouders niet effectief ingrepen en deze kinderen zijn blijven doen wat ze van nature al deden. Zoals eerder besproken, veronderstellen ook de criminologen Hirschi en Gottfredson dat een gebrekkige zelfbeheersing een menselijke eigenschap is die tijdens de opvoeding moet worden afgeleerd. Over de rol van de opvoeding gaan de volgende paragrafen.

4.5.1 Ouder-kindinteracties en opvoedingsvaardigheden

Er is een groot aantal studies dat laat zien dat probleemgedrag al op jonge leeftijd samenhangt met de wijze waarop ouders met hun kind omgaan (Derzon, 2010). Wanneer ouders voldoende warmte en ondersteuning bieden, adequate controle uitoefenen en straf combineren met uitleg dan is er minder kans op probleemgedrag. Opvoedingsgedrag is een zeer ruim begrip. Ten aanzien van probleemgedrag kan men stellen dat in ieder geval vier stappen noodzakelijk zijn voor een effectieve opvoeding:
1. een affectieve band;
2. toezicht houden;
3. adequaat labelen van ongewenst gedrag;
4. bestraffen van ongewenst gedrag (Gottfredson en Hirschi, 1990).

Deze laatste stap is van groot belang; door de negatieve gevolgen leren kinderen ongewenst gedrag af. Maar evenzo belangrijk is de toename van gewenst gedrag door aanmoediging. Beide opvoedingsaspecten worden beschreven in de sociale-leertheorieën; vele therapieën zijn hierop gebaseerd. Aannemelijk is dat voor de jongste kinderen dit proces ten aanzien van de ontwikkeling van fysiek agressief gedrag ook volgens dit stapsgewijze proces verloopt.

Affectieve band tussen ouder en kind en sensitiviteit
Een sterke affectieve band (ook wel hechting of *attachment*) tussen ouder en kind is van wezenlijk belang voor de ontwikkeling van kinderen (Shaw et al., 2000). Een belangrijk aspect van opvoedingsgedrag in dit verband is sensitiviteit, dit wil zeggen een ouder die goed kijkt en responsief is zodat hij tijdig en adequaat kan reageren op de behoeften van het kind (Shaw et al., 2000). De kwaliteit van de affectieve band tussen

ouder en kind op de leeftijd van 1 jaar hangt samen met toekomstig externaliserend gedrag (Shaw et al., 2000). In hoeverre dit geldt voor betrokkenheid bij fysieke agressie op hetzelfde moment en/of in de toekomst is niet bestudeerd, maar lijkt wel waarschijnlijk.

Rond de leeftijd van 1 jaar leren kinderen lopen. Dit betekent dat de actieradius van het kind aanzienlijk groter wordt. Dit gaat vaak gepaard met nieuwe activiteiten en brengt ouders voor nieuwe problemen. Enerzijds wordt veiligheid een aandachtspunt: ouders moeten ervoor zorgen dat hun kind zich niet kan verwonden. Anderzijds moeten zij ervoor zorgen dat hun kind anderen geen kwaad berokkent. Daarmee ontstaat een disciplineringsprobleem rond twee belangrijke gebieden: lichamelijke veiligheid en sociaal gedrag, respectievelijk probleemgedrag en fysieke agressie. Uit onderzoek blijkt dan ook dat bij 2- à 3-jarigen de communicatie tussen moeder en kind voornamelijk hierop betrekking heeft en dat de meeste 'huisregels' verband houden met veiligheid en sociaal gedrag (Gralinski en Kopp, 1993).

Disciplinering

Het opvoeden van kinderen kan veel inspanning vergen. De affectie die de ouders voelen voor hun kind verschaft hun de motivatie om deze inspanning te leveren. Een van de zaken die veel inspanning vergt van ouders is disciplinering. Voor disciplinering zijn hiervoor al verschillende stappen genoemd. Het is van groot belang dat ouders hun kind goed in de gaten houden (direct toezicht). Vervolgens moeten zij ongewenst gedrag herkennen en adequaat labelen als 'ongewenst' zodat zij voor zichzelf kunnen vaststellen dat een reactie geboden is. Ten slotte, wanneer een kind iets doet wat niet mag, dienen ouders een negatieve consequentie te geven. Bij mild ongewenst gedrag is dat bijvoorbeeld negeren, bij ernstig ongewenst gedrag bijvoorbeeld apart zetten (time-out). Kinderen leren ongewenst gedrag af doordat er negatieve consequenties op volgen. Daarnaast is het van groot belang dat ook benoemd wordt welk gedrag verwacht wordt en dat dit gewenste gedrag wordt aangemoedigd. Over deze principes, gebaseerd op de hierna te bespreken sociale leertheorie, zijn de meeste auteurs het eens (Eyberg, Nelson en Boggs, 2008; Patterson, 2005). Wanneer, in deze beginfase van de opvoeding, ouders verzuimen consequent te reageren op lichtere vormen van ongewenst gedrag dan bestaat het risico dat dit met de leeftijd toeneemt en ernstiger vormen aanneemt. Een escalatie van ongewenst gedrag dreigt dan samen te gaan met een escalatie van straffen. Straffen verliest dan zijn pedagogische effectiviteit en wordt een uiting van ouderlijke onmacht om het gedrag van het kind nog te beïnvloeden (Larzelere, 1992).

4.5.2 Risicofactoren van ouders

Verschillende kenmerken van ouders, zoals antisociaal gedrag en depressiviteit, hangen samen met probleemgedrag van het kind. Het verband is echter niet direct van aard maar loopt via de opvoedingsvaardigheden, waaronder inconsequentie in het hanteren van regels en afspraken. Met andere woorden: de kenmerken van de ouders oefenen hun invloed uit op het probleemgedrag van het kind via tekorten in opvoedingsvaardigheden (Capaldi, DeGarmo, Patterson en Forgatch, 2002). Ook erfelijkheid kan een rol spelen, bijvoorbeeld in de relatie tussen een moeilijk temperament van een moeder met zowel niet-optimale opvoedingsvaardigheden als een moeilijk temperament van haar kind.

Uit veel onderzoek met oudere kinderen blijkt dat er een relatie bestaat tussen kenmerken van de gezinnen van delinquenten, opvoedingsvaardigheden van de ouders en het delinquente gedrag van de kinderen (Ellis, Beaver en Wright, 2009; Loeber en Farrington, 1998; Loeber en Stouthamer-Loeber, 1986). Uit een van de eerste grootschalige empirische criminologische studies, een onderzoek van de Gluecks (1950), is bijvoorbeeld reeds gebleken dat de opvoeding van delinquente jongeren, afkomstig uit armoedige buurten van Amerikaanse steden, bij uitstek wordt gekenmerkt door inconsistentie en laksheid. De ouders zijn in het algemeen permissief in hun omgang met de kinderen. Van tijd tot tijd ondernemen zij pogingen om controle te krijgen over het gedrag van de kinderen wanneer naar hun mening de opvoeding uit de hand loopt. Zulke incidentele pogingen blijken dan vaak vergeefs (Patterson, 1982; Wilson en Herrnstein, 1985).

4.5.3 Ouder- en kindfactoren

Ook kenmerken van kinderen zelf spelen een belangrijke rol in het socialisatieproces. Niet alle kinderen laten zich even gemakkelijk socialiseren. Kenmerken zoals een laag IQ en impulsiviteit en stoornissen zoals ADHD (Attention Deficit and Hyperactivity Disorder; zie paragraaf 4.2.8) en gedragsstoornissen kunnen het socialisatieproces bemoeilijken (Moffitt 1993). ADHD wordt op verschillende manieren behandeld. In veel gevallen wordt een vorm van psychotherapeutische hulp gegeven die erop is gericht aan het kind een duidelijke structuur te bieden. De symptomen van ADHD kunnen worden onderdrukt indien ervoor wordt gezorgd dat het vertoonde gedrag voortdurend dezelfde consequenties voor het kind heeft. De zo geboden hulp biedt echter geen volledige oplossing. Volgens schattingen zou ongeveer twee derde van alle kinderen die verschijnselen van ADHD vertonen met psychotherapie onvoldoende worden geholpen (Bergsma, 1995). Medicatie is dan veelal noodzakelijk. Hiervoor wordt gebruikgemaakt van methylfenidaat (Ritalin), een soort amfetamine dat een stimulerende werking heeft en met name het concentratievermogen verbetert. Hoewel sommigen de methode enigszins controversieel vinden, blijkt het een tamelijk effectieve behandeling te zijn. Van grote betekenis blijft ook hierbij de affectieve en de pedagogische kwaliteit van het gezin waarin het kind opgroeit.

Behalve dat er een relatie tussen ADHD en delinquent gedrag bestaat, staan ook de oppositioneel-opstandige gedragsstoornis (Oppositional-Defiant Disorder, of ODD) en de antisociale gedragsstoornis (Conduct Disorder, of CD) in verband met de ontwikkeling van crimineel gedrag. De oppositioneel-opstandige gedragsstoornis wordt gekenmerkt door opstandig, ongehoorzaam en agressief gedrag en ontwikkelt zich doorgaans in de kinderjaren (American Psychiatric Association, 1994). Kinderen met ODD hebben vaak driftbuien en houden zich niet aan de regels. De symptomen van ODD kunnen verergeren en zo uitgroeien tot de antisociale gedragsstoornis, hoewel die niet per definitie door ODD vooraf wordt gegaan (Burke et al., 2002). Conduct Disorder ontwikkelt zich meestal aan het begin van de adolescentie, maar kan ook op jongere leeftijd ontstaan. In het algemeen geldt dat hoe eerder de gedragsproblemen ontstaan, hoe groter de kans op delinquent gedrag op latere leeftijd is, en ook hoe ernstiger het delinquente gedrag is (Loeber et al., 2000). Net als met ADHD zijn kinderen met ODD of CD moeilijker op te voeden, en inadequate opvoeding kan de problemen doen verergeren en zo het risico op crimineel gedrag verhogen (Burke et al., 2002). Niet alleen kindkenmerken zijn van belang. De wijze waarop ouders met hun kinderen omgaan, zal mede worden bepaald door de persoonlijkheid van henzelf en hun kroost (Belsky, 1984).

4.5.4 Parent-Child Interaction Therapy

Onderzoek, of het nu cross-sectioneel is of longitudinaal, kan niet definitief causaliteit aantonen. Alleen experimentele studies kunnen ondubbelzinnig aantonen dat een bepaalde ingreep bepaalde effecten heeft. Om te onderzoeken of ouders inderdaad impact hebben op het gedrag van hun kind zijn evaluatiestudies van therapieën daarom interessant. Een voorbeeld van een therapievorm die ouders systematisch aanleert om sensitiever te zijn en consequent te disciplineren is Parent-Child Interaction Therapy (PCIT). Bij PCIT spelen ouder en kind samen in een spelkamer en de therapeut coacht de ouder middels een microfoontje in het oor van de ouder vanachter een one-way screen. De behandeling richt zich op twee basale interacties: kindgerichte interactie (KGI) waarbij ouders met hun kind spelen met als doel de ouder-kindrelatie te versterken, en oudergerichte interactie (OGI) waarbij ouders specifieke gedragstechnieken leren om met negatief gedrag om te gaan als zij met hun kind aan het spelen zijn.
In de eerste fase van PCIT worden de ouders getraind in kindgerichte interactie (KGI), waarin ouders vaardigheden geleerd worden om een warme en veilige relatie met hun kind op te bouwen terwijl ze prosociaal gedrag bij hun kind versterken en negatief gedrag doen afnemen. De ouders gaan spelen met hun kind terwijl de therapeut achter het one-way screen meekijkt. De ouders worden direct gecoacht in het toepassen van de vaardigheden terwijl een van de ouders met het kind in de spelkamer aan het spelen is. De andere ouder observeert samen met de therapeut de ouder-kindinteractie vanachter het one-way screen. De ouder in de spelkamer oefent met het geven van gerichte complimenten, het nazeggen of nadoen van het kind en het benoemen van wat het kind doet terwijl het kind aan het spelen is. Hiermee heeft het kind de leiding in het spel en volgt de ouder het kind. Ouders worden tevens getraind om vragen, instructies en kritische opmerkingen achterwege te laten.

In de tweede fase van PCIT worden de ouders getraind in oudergerichte interactie (OGI) middels het aanleren van effectieve gedragstechnieken zoals het geven van instructies en het gebruiken van procedures, waarbij het kind apart wordt gezet als het niet luistert. Ook deze fase begint met een didactische sessie met de ouders alleen. De therapeut geeft specifieke, directe terugkoppeling aan de ouder die met het kind bezig is middels een microfoontje in het oor van de ouder. De doelstellingen van PCIT zijn onder meer het terugdringen van (risico's op) opvoedingsproblematiek voor het 7e jaar, door jonge kinderen met gedragsproblemen vroegtijdig te behandelen.
Evaluatieonderzoek laat zien dat PCIT:

1. een effectieve therapie is om gedragproblemen van kinderen te verminderen. Een recente meta-analyse rapporteert effectgroottes op probleemgedrag van het kind in termen van matig groot tot groot (Thomas en Zimmer-Gembeck, 2007);
2. leidt tot terugdringing van kindermishandeling en -verwaarlozing, en de gevolgen ervan door ouders te versterken in hun opvoedingsvaardigheden. In een recente gerandomiseerde studie werd gevonden dat PCIT effectief was bij het terugdringen van kindermishandeling (Chaffin et al., 2004). Daarmee is PCIT een van de weinige bewezen effectieve behandelmethoden die beschikbaar zijn om kindermishandeling terug te dringen;
3. leidt tot het terugdringen van antisociaal gedrag en jeugdcriminaliteit.

Actuele informatie is te vinden op de volgende websites:

http://psychology.about.com/od/personalitydevelopment/Personality_Psychology.htm
www.ncjrs.org
www.unicef.org
http://pcit.phhp.ufl.edu/
http://www.excellence-earlychildhood.ca/home.asp

4.6 Leerpsychologische noties

Ten slotte staan we in dit hoofdstuk over de psychologische perspectieven stil bij de leertheorieën. De basisveronderstelling van alle leertheorieën is dat de belangrijkste determinant van elk gedrag het leerproces is dat daaraan is voorafgegaan. Vanaf de geboorte tot aan de dood is er sprake van een voortdurende externe beïnvloeding van het individu hetgeen ertoe leidt dat er een grote variëteit aan gedragingen en houdingen wordt aan- en afgeleerd. Dit proces betreft niet alleen motorische gedragingen, zoals lopen, fietsen en schrijven, en het verwerven van kennis, bijvoorbeeld taal en rekenen, maar ook interne gedragingen, zoals manieren van denken, opinies, houdingen en zelfs emoties, gevoelens en daarmee verbonden fysiologische processen. Ieder mens heeft bepaalde persoonlijkheidseigenschappen meegekregen en de hiermee samenhangende neiging tot antisociaal gedrag. Het is, zoals besproken, aan de opvoeders, meestal de ouders, om de kinderen dat gedrag af te leren. Psychologen hebben in de loop der tijd drie hoofdvormen van 'leren' onderscheiden: klassieke conditionering, instrumenteel leren en sociaal leren.

4.6.1 Klassieke conditionering

Klassieke conditionering is vooral bekend geworden door de baanbrekende experimenten van de Russische onderzoeker Pavlov. Hij toonde aan dat een neutrale stimulus kan worden verbonden met een reactie die oorspronkelijk geen enkele relatie met die prikkel heeft. In zijn beroemdste experiment werkte Pavlov met honden die, zoals alle honden bij aanbieding van voedsel (significante stimulus), reageren met kwijlen. Vervolgens kregen ze gedurende een korte tijd, alvorens het voedsel te krijgen, eerst een belgeluid te horen (een neutrale stimulus). Daarna werd alleen de bel geluid zonder dat het voedsel volgde: de hond reageerde, ondanks de afwezigheid van de significante stimulus, met kwijlen. Hiermee was aangetoond dat een neutrale stimulus via een significante stimulus kan worden geassocieerd met een reactie. Dit leerproces wordt klassieke of Pavloviaanse conditionering genoemd.
Ook mensen leren volgens het principe van de klassieke conditionering. Zo toonde de Amerikaanse psycholoog Watson al in 1920 aan dat emotionele reacties kunnen worden gekoppeld aan neutrale stimuli (Watson en Rayner, 1920). Een 11 maanden oud kind, genaamd Albert, bleek zonder angst met een witte rat te spelen. Deze rat vormde dus een neutrale stimulus. Watson introduceerde in deze situatie een nieuwe, emotieoproepende stimulus (hard geluid) waarop in het algemeen angstreacties plegen te volgen, zoals schrikken, trillen en huilen. Gedurende enige tijd werden in dit experiment beide stimuli – de aanwezigheid van de rat en het harde geluid – gecombineerd. Reeds na zeven keer riep het aanbieden van de rat zonder het geluid angstreacties op bij het ongelukkige proefkonijn Albert.
Alhoewel dit experiment van Watson op ethische en wetenschappelijke gronden sterk omstreden is (zie bijvoorbeeld Church, 1963), heeft het aanleiding gegeven tot een groot aantal onderzoeken naar de invloed van klassieke conditionering op emotionele reacties. In het algemeen blijken onder bepaalde condities emotionele reacties als angst en vreugde te kunnen worden gekoppeld aan tal van neutrale stimuli. Zo zal het geluid van een overvliegend vliegtuig bij de één een prettig gevoel opwekken vanwege associaties met een verre vakantiebestemming, terwijl een ander ervan schrikt door een in de oorlog aangeleerde associatie met bombardementen. Het zien van een politieuniform geeft het ene individu een gevoel van veiligheid en bescherming, de chronische wetsovertreder echter een gevoel van bedreiging en gevaar.
Het afleren van sociaal ongewenst gedrag door straf kan worden opgevat als conditionering. De aandrang om het verboden gedrag te vertonen (de neutrale stimulus) roept

spontaan herinneringen (associaties) op aan de dreiging van straf (de significante stimulus). De betrokkene ervaart angst door deze associatie en ziet af van het ongewenste gedrag. Niet iedereen is in dezelfde mate vatbaar voor dit soort conditionering. Zo blijkt bijvoorbeeld dat psychopaten zeer moeilijk kunnen leren van negatieve ervaringen (Lykken, 1957). Straffen beïnvloedt hun toekomstige gedrag nauwelijks. Bij experimenten blijken psychopaten slechts zeer weinig angst te vertonen voor straffen in de vorm van elektrische schokjes (of de nadering daarvan). Een mogelijke verklaring hiervoor vormt het bezit van een hoge pijndrempel, dat wil zeggen: het niet voelen van pijn van betrekkelijk laag niveau. Deze eigenschap kan tot gevolg hebben dat voor zover in de opvoeding lijfstraffen als strafmiddel worden gebruikt, die aanpak weinig invloed heeft. De ongevoeligheid voor straf van personen met een bepaalde persoonlijkheid beperkt ook de effectiviteit van de formele strafrechtspleging. Een andere zwakte van de strafrechtspleging als vorm van conditionering is dat de straf niet onmiddellijk na het vertonen van het verboden gedrag wordt opgelegd, maar pas maanden of jaren later en dat het gedrag in die tussenliggende periode niet alleen onbestraft is gebleven, maar zelfs vaak is beloond door de opbrengsten ervan (Cavender, 1979).

4.6.2 Instrumenteel leren

Operante conditionering of instrumenteel leren is het leerproces waarbij een respons in een bepaalde context gevolgd wordt door een bekrachtiger (Engels: *reinforcer*) of bestraffer. Een bekrachtiger is elke gebeurtenis die de kans vergroot dat dezelfde respons in de toekomst weer zal optreden. Een bestraffer is daarentegen elke gebeurtenis die de kans verkleint dat de respons weer zal optreden. In dierexperimenten is de bekrachtiger vaak voedsel of drank, en de bestraffer een elektrisch schokje. Soms spreekt men ook wel van positieve en negatieve bekrachtigers.

Instrumenteel leren is een geheel ander leerproces dan klassieke conditionering. Hierbij gaat het niet om de associatie die, gewild of ongewild, door de omgeving wordt gelegd tussen stimuli, maar om doelgericht gedrag dat wordt gevormd door de gevolgen van het gedrag. De basis is hier het leren van de consequenties van gedrag: als een individu iets doet, leidt dit met een zekere waarschijnlijkheid tot onprettige of prettige gevolgen. Een kind ervaart bijvoorbeeld dat zijn vader eerder dan zijn moeder geneigd is om hem een snoepje te geven wanneer het begint te huilen. Op den duur leert dit kind alleen te gaan huilen wanneer de vader aanwezig is. Een ander voorbeeld is een student die tentamenstof bestudeert op begrip, maar een onvoldoende haalt omdat de tentamenvragen vooral feitenkennis betroffen. Voor de herkansing zal deze student zich waarschijnlijk veel nadrukkelijker concentreren op feitenkennis. De toepasbaarheid van instrumenteel leren kan nauwelijks worden overschat: zowel het meest simpele gedrag, zoals het openen van een deur, als zeer complex gedrag, bijvoorbeeld het succesvol leiden van een groot bedrijf, wordt tot op zekere hoogte aangeleerd door instrumenteel leren. De wijze waarop de ontwikkeling van gedrag plaatsvindt, wordt bepaald door bekrachtigers, ook wel de *reinforcers* genoemd. Hierbij moet men primair denken aan belonen, zoals in het voorbeeld van het kind dat een snoepje krijgt als het huilt waardoor het ongewenste gedrag wordt beloond. Daarnaast spelen ook straffen, ook wel negative reinforcers of *punishments*, een rol. Uitgangspunt is dat elk mens streeft naar zo veel mogelijk beloning en naar zo weinig mogelijk straf. Deze beloningen kunnen van velerlei aard zijn: geld, snoep, een goedkeuring, statusverhoging binnen een groep, vrije tijd. Straffen bestaan enerzijds uit het ontnemen van verworven beloningen, anderzijds uit het toedienen van onaangename prikkels als berispingen, slaag, opsluiting en dergelijke.

Uit het gezichtspunt van instrumenteel leren is veel crimineel gedrag zeer voor de hand liggend. Succesvolle vermogenscriminaliteit leidt tot een duidelijke beloning, de buit. Agressieve criminaliteit leidt vaak tot het wegnemen van een hinderpaal in het bereiken van een doel. Zedencriminaliteit leidt tot een vorm van seksuele bevrediging. Verkeerscriminaliteit leidt tot een snellere thuiskomst of bijvoorbeeld gemakkelijk parkeren. Soms lijken de beloningen voor een buitenstaander evident, maar liggen deze voor de dader in een ander vlak. Het rationele-keuzemodel heeft dit als uitgangspunt gekozen, evenals alle controlemodellen in de criminologie: een delict plegen is intrinsiek belonend, anders zou het niet gebeuren. Daarom stellen controlemodellen dat eigenlijk niet het plegen, maar juist het niet plegen van een delict moet worden verklaard. Criminaliteit ontstaat 'natuurlijk' en controlemechanismen zijn nodig om deze natuurlijke neiging onder controle te houden (zie hoofdstuk 5).

De sturende invloed van straffen is niet even groot als die van belonen. In het algemeen is de beloning het meest effectief: beloning van gedrag verhoogt de kans op herhaling van dat gedrag. Een beloning suggereert immers dat het gedrag waarvoor de beloning werd verkregen, sociaal wordt gewaardeerd. Wanneer geen beloning volgt, verdwijnt het gedrag in de regel ('uitdoving'). Ook het straffen dooft het vertoonde gedrag uit, maar in het algemeen slechts indien datzelfde gedrag niet eerder is beloond. Is er sprake van een aanvankelijke beloning en later, na hetzelfde gedrag, van straf, dan is de kans kleiner dat het gedrag verdwijnt. In het geval van zo nu en dan belonen en zo nu en dan straffen van een bepaalde gedraging volgt nagenoeg geen uitdoving.

Dit laatste beginsel wordt toegepast bij het ontwerpen van gokmachines die uiteindelijk meer geld innemen dan dat ze uitbetalen; de speler wordt van tijd tot tijd met wat geld beloond en dit schema van afwisselende beloningen en straffen kan mensen tot grote verliezen brengen. Ook in de opvoeding speelt dit beginsel een belangrijke rol: gedrag dat systematisch wordt beloond, gaat behoren tot het vaste gedragsrepertoire van het individu, terwijl niet-beloond en systematisch gestraft gedrag verdwijnt. Inconsistent straffen en niet-straffen of zelfs belonen leidt evenwel niet tot het afleren van een ongewenste gedraging. In verband met het ontstaan en het voortbestaan van crimineel gedrag speelt de inconsistente opvoedingsstijl een belangrijke rol.

Wanneer een persoon zich eenmaal schuldig heeft gemaakt aan serieuze criminele gedragingen is het moeilijk hier weer mee op te houden. Uit studies naar verborgen misdaad is bekend dat de kans op bestraffing betrekkelijk gering is. Dit betekent dat in veel gevallen binnen een reeks van misdrijven het resultaat meestal belonend is en er slechts bij uitzondering een straf volgt. Op de problematische effectiviteit van justitieel straffen komen we in hoofdstuk 7 terug.

In dit verband verdient ook nog een ander gevolg van inconsistent straffen en belonen vermelding. Bartol (1980) wijst erop dat deze inconsistentie bij het individu een gevoel van gebrek aan controle over het eigen lot kweekt. Bedreiging met straffen en aanmoediging met beloning verliezen hun effectiviteit en de persoon leert dat alleen het onmiddellijk grijpen van elke zich voordoende mogelijkheid tot behoeftebevrediging zin heeft.

4.6.3 Sociaal leren

Sinds de ontwikkeling van de theorie van het instrumentele leren, die vooral door het werk van de Amerikaanse psycholoog Skinner (1938) sterk op de voorgrond is gekomen, is er meer aandacht ontstaan voor cognitieve (op kennis betrekking hebbende) en sociale kanten van het leren. Dit komt met name tot uiting in de derde vorm van leren: sociaal leren.

De eerste leertheorieën werden ontwikkeld in laboratoria, waar vooral met dieren werd gewerkt. Pavlov gebruikte honden, Skinner werkte bij voorkeur met ratten en duiven. Gebleken is dat de via dierexperimenten ontdekte leerwetten evenzeer voor mensen gelden. Anders dan dieren echter wordt de mens in veel mindere mate bepaald door omgevingsinvloeden die hij of zij passief ondergaat. De mens heeft ook het vermogen informatie op te nemen, te verwerken en te interpreteren, om vervolgens actief beslissingen te nemen. Zo wordt de mens niet alleen beïnvloed door zijn omgeving, maar hij beïnvloedt zelf ook diezelfde omgeving.

Om dat laatste, meer typisch menselijke gedrag te begrijpen is een andere leertheorie vereist. Onder de naam sociaal leren verstaat men meer complexe wijzen van leren die onder meer de organisatie van sociale ervaringen door de hersenen en het leren door kijken naar anderen omvat. Sociaal leren veronderstelt allerlei cognitieve vaardigheden als herinnering en redeneren, alsmede de aanwezigheid van verwachtingen en waarden van het individu. Uit onderzoek bij personen die hun geheugen waren verloren, is gebleken dat het bij conditioneren en bij sociaal leren om verschillende leersystemen gaat. Men kan amnesiepatiënten wel gedragingen door conditionering aanleren, maar zij herinneren zich niet dat zij het hebben geleerd. Sociaal leren lukt echter bij hen nauwelijks (Buys, 1983). Dat deze twee leersystemen tegelijkertijd en los van elkaar werkzaam zijn, blijkt bijvoorbeeld uit het voeren van een conversatie tijdens het besturen van een auto. Het chaufferen is voornamelijk een zaak van onbewuste stimulusresponsverbindingen, terwijl het spreken wordt bepaald door het cognitieve systeem.

De theorie van het sociale leren kent vele varianten die in de loop van de tijd zijn ontwikkeld. Voor de criminologie zijn zij niet alle even belangrijk. Daarom wordt de nadere behandeling ervan beperkt tot de theorieën van drie hoofdfiguren, de psychologen Rotter en Bandura en de criminoloog Sutherland.

Rotter en cognitie

De psycholoog Julian Rotter legt de nadruk op het begrip cognitie. Cognitie behelst het psychologische proces dat is betrokken bij het vormen en het gebruiken van symbolen en begrippen. Dit proces is gerelateerd aan een veelheid van mentale activiteiten als denken, redeneren en problemen oplossen. Kort gezegd, cognitie slaat op het denkproces. De theorieën van klassieke en instrumentele conditionering beperken zich tot de relaties tussen stimulus en respons; beide zijn meestal uitwendig waar te nemen fenomenen. Rotter is geïnteresseerd in hetgeen zich tussen prikkel en de reactie binnen het individu afspeelt. Hij benadrukt vooral het belang van verwachtingen over de consequenties van het eigen gedrag. Voordat een persoon bepaald gedrag vertoont, overweegt hij of vroeger soortgelijk gedrag werd gevolgd door een beloning of door straf. Afhankelijk van deze subjectieve evaluatie wordt vervolgens een beslissing genomen.
In verband met de verklaring van crimineel gedrag is het van belang aandacht te schenken aan de verwachtingen die een dader heeft over de gevolgen van zijn gedrag. In het algemeen zal de dader verwachten dat zijn actie zal leiden tot meer bezit, macht, affectie of iets dergelijks. De kans dat hij zal worden gestraft door zijn familie, vrienden, omstanders of justitie, zal hij in het algemeen laag inschatten. Van grote betekenis is hierbij dat deze verwachtingen volstrekt niet realistisch hoeven te zijn. Overschatting van eigen vermogens, vervorming van de herinnering aan eerdere ervaringen, onderschatting van de pakkans, het over het hoofd zien van bepaalde risico's, en dergelijke kunnen leiden tot volstrekt irreële verwachtingen op grond waarvan een daad wordt uitgevoerd.
Mensen vertonen aanzienlijke onderlinge verschillen met betrekking tot het schatten van kansen en risico's. Ook bij delinquenten treft men subgroepen aan die zich van elkaar onderscheiden door karakteristieke afwijkingen in kansschattingen en de daarmee samenhangende aanvaardbaarheid van risico's (zie bijvoorbeeld Rettig en Rawson, 1963). Delinquenten blijken relatief vaak geneigd te zijn tot het nemen van risico's (zie bijvoorbeeld Dettenboon, 1971). Schwenkmezger (1977) verrichtte een uitgebreid onderzoek naar de betekenis van risicogeneigdheid door middel van een vergelijkende studie waarbij 36 meetinstrumenten van risicogeneigdheid en daaraan nauw verwante begrippen werden gebruikt. Gedetineerde delinquenten bleken zich van anderen te onderscheiden door een bereidheid tot het nemen van grotere fysieke en financiële risico's.
Een in dit verband relevante factor, waaraan door criminologen veel aandacht is besteed, is de werking van alcohol. Zoals bekend worden veel delicten, en zeker niet alleen agressieve, onder invloed van alcohol gepleegd (zie bijvoorbeeld Göppinger, 1971). Alcohol heeft in het algemeen een verhogend effect op de risicogeneigdheid van een

individu (Lösel, 1975). Dit effect kan leiden tot een grotere bereidheid tot het plegen van een delinquente handeling.

Bandura: leren door observatie

De verwachtingen die mensen hebben over het resultaat van hun gedrag, kunnen zijn gebaseerd op directe ervaringen, maar kunnen ook zijn ontstaan door het observeren van het gedrag en de gevolgen daarvan bij anderen. De psycholoog Bandura introduceerde het begrip 'leren door observatie' (*observational learning*, imitatiegedrag) als verklaring van het feit dat mensen ook gedragswijzen aanleren zonder dat daar directe *reinforcement* aan te pas komt (Bandura, 1997; Bandura, Ross en Ross, 1961). Via massamedia als film, televisie en boeken kan worden geleerd hoe met succes allerlei vormen van misdaad kunnen worden gepleegd. Bandura stelt dat veel leren het gevolg is van het imiteren van anderen, door hem 'modellen' genoemd. Hij grijpt met deze benadering in feite terug op het werk van de negentiende-eeuwse criminoloog en vertegenwoordiger van de Franse milieu school Gabriel Tarde (1843-1904) die imitatie zag als de belangrijkste oorzaak van crimineel gedrag.

Hoe belangrijker en significanter een model voor iemand is, des te sterker zal volgens Bandura de invloed van dit model op hem of haar zijn. Zulke modellen zijn in eerste instantie ouders, leraren, vrienden en vriendinnen, broers en zusters, maar ook figuren uit boeken, films en televisieprogramma's. Wanneer het voorgeschotelde gedrag tot beloning leidt, verhoogt dit sterk de kans dat het gedrag wordt nagevolgd; wanneer geen beloning volgt of zelfs straf, dan zal dit gedrag geen navolging vinden. Bandura gaat ervan uit dat goed en kwaad vooral worden aangeleerd door het voorbeeldgedrag van anderen, met name de ouders. Ook hierbij spelen cognitieve factoren een belangrijke rol. Individuen kopiëren in de regel niet exact het gedrag van het model. Uit de veelheid van voorbeeldgedragingen selecteert en construeert een persoon zijn eigen, unieke combinatie van gedrag dat past bij het eerder aangeleerde gedrag en het zelfbeeld.

Op grond van Bandura's variant van de sociale leertheorie zijn veel experimenten uitgevoerd. In Bandura's eigen experimenten bleken kleuterschoolkinderen na het zien van een film waarin een plastic opblaaspop wordt geschopt en geslagen, na afloop van de film datzelfde gedrag veel meer te vertonen dan kinderen die een neutrale film hadden gezien. Er is kritiek geweest op deze experimenten, bijvoorbeeld dat de 'modellen' in het experiment zich niet alleen passief als model gedroegen, maar de kinderen feitelijk aanmoedigden om het agressieve gedrag te vertonen (Tedeschi en Quigley, 1996). Een belangrijk toepassingsgebied van Bandura's principe van *social learning* betreft de invloed van geweld in de media op agressief gedrag. Er is veel onderzoek verricht naar de vermoedelijke schadelijke werking van het zien van gewelddadige of sadistische films op gedrag (Boeringer, 1994). Niet alle studies zijn eenduidig in hun conclusies hierover. Sommige overzichtsstudies rapporteren dat het zien van geweld leidt tot meer geweld (Anderson et al., 2003; Bushman en Anderson, 2001). Maar andere onderzoekers rapporteerden dat er geen causaal verband werd gevonden tussen mediageweld en agressief gedrag (Bloom, 2002; Browne en Hamilton-Giachritsis, 2005; Coyne, 2007).

In een nieuwe overzichtsstudie gebaseerd op een groot aantal meta-analyses concludeerde een internationale groep psychologen dat blootstelling aan geweld in de media onmiskenbaar een risicofactor is voor het vertonen van gewelddadig gedrag op zowel de korte als de langere termijn (Media Violence Commission, 2012).

Bandura en onderzoekers die in zijn traditie werken veronderstellen tevens dat kinderen van ouders die veel agressie vertonen zelf ook vaker tot agressief gedrag komen (Bandura en Walters, 1959). Deze zogenoemde intergenerationele geweldscyclus zou het gevolg zijn van leren door observeren (Gershoff, 2002). Ouders die hun kinderen mishandelen, zijn echter in vele opzichten verschillend van ouders die dat niet doen en hun kinderen kunnen ook in een aantal opzichten anders zijn dan kinderen die niet worden mishandeld. Er zijn daarom ook auteurs die betwijfelen of de relatie tussen mishandeling en antisociaal gedrag bij kinderen causaal is. Veel onderzoek op dit gebied is retrospectief en gebaseerd op zelfrapportage, wat vertekende conclusies kan opleveren (Horwitz, Widom, McLaughlin en White, 2001). Een prospectieve studie gebaseerd op officiële gegevens over mishandeling en verwaarlozing vond een genuanceerder beeld: kinderen die het slachtoffer waren van fysiek geweld en verwaarlozing hadden vaak meerdere problemen in hun jeugd en stressvolle gebeurtenissen in de loop van hun leven meegemaakt die de gevonden negatieve uitkomsten, zoals antisociaal gedrag, ook kunnen verklaren. Het effect van fysieke mishandeling en verwaarlozing op antisociaal gedrag is daarom niet direct en eenvoudig (Horwitz et al., 2001).

Sutherland: differentiële associatie

Een criminologische theorie waarin het sociale leren een essentiële plaats heeft gekregen, is de theorie van de 'differentiële associatie' die al in 1937 door de Amerikaan Edwin Sutherland werd opgesteld. Deze theorie gaat ervan uit dat crimineel gedrag niet, zoals in die tijd nog door velen werd gemeend, berust op erfelijke aanleg, maar wordt aangeleerd in contacten met anderen. Het leerproces is hierbij hetzelfde als bij het aanleren van niet-criminele gedragingen. Het verschil tussen criminelen en niet-criminelen ligt in deze visie vooral in het soort personen met wie iemand in aanraking komt (zich 'associeert'). Een persoon zal in meer of mindere mate crimineel gedrag ontwikkelen afhankelijk van de frequentie, de duur, de belangrijkheid en de intensiteit van de contacten met personen van een bepaalde criminele groep. Dit leerproces verloopt door middel van observeren, imiteren en internaliseren, het zich 'eigen maken'. Aangeleerd worden zo niet alleen criminele gedragingen en technieken, maar ook de attitudes en waarden die daarbij horen. Criminaliteit ontstaat wanneer het totaal van aangeleerde prowettelijke attitudes, waarden en gedragingen wordt overtroffen door de antiwettelijke. Het is opmerkelijk in dit verband dat de behoeften en de motieven van wetsovertreders niet behoeven af te wijken van de beweegredenen van hen die

de wetten respecteren: alleen de differentiële associaties, dat wil zeggen: de mate waarin iemand met criminele normen en criminele gedragingen in contact komt, bepalen of men zich al dan niet aan de wet zal blijven houden.
Akers (1973) heeft de theorie opnieuw geformuleerd in termen van de moderne leertheorie die voor de verklaring van vooral subculturele delinquentie van groot belang is. Een meta-analyse van Pratt et al. (2010) laat zien dat er sterke verbanden bestaan tussen het omgaan met delinquenten en het zelf vertonen van delinquent gedrag. Een zwak punt is echter dat Sutherland in zijn formuleringen allerlei vage termen gebruikt die het moeilijk, zo niet onmogelijk maken zijn theorie empirisch te toetsen. Het is bijvoorbeeld moeilijk vast te stellen wanneer er sprake is van een 'overwicht' aan 'procriminele' leerervaringen. Een ander probleem is dat de theorie niet verklaart waar criminaliteit in eerste instantie vandaan komt. Als een jongen winkeldiefstal van vriendjes heeft geleerd, is het de vraag van wie die vriendjes het weer hebben geleerd. Men verschuift zo het verklaringsprobleem zonder het op te lossen. Een bezwaar is ook dat de theorie niet verklaart waarom mensen bepaalde 'associaties' hebben. Het is heel goed mogelijk dat personen criminele vrienden kiezen omdat zij zelf reeds delicten hebben gepleegd en steun zoeken bij gelijkgezinden. Als dat zo is dan is 'differentiële associatie' niet de oorzaak van criminaliteit, maar hoogstens een versterkende factor.

4.7 Discussie

Zoals besproken in het eerste hoofdstuk, zijn er bij het zoeken van verklaringen voor crimineel gedrag/criminaliteit van meet af aan twee theoretische scholen geweest: de Italiaanse antropologieschool en de Franse milieuschool. De hier behandelde psychologische theorieën over het ontstaan van crimineel gedrag staan grotendeels in de traditie van de antropologieschool. De gedachte dat crimineel gedrag voortkomt uit de afwijkende persoonlijkheid van de dader was in de tweede helft van de vorige eeuw minder courant – denk maar aan de verguizing van de biosociale criminologie van W. Buikhuisen – maar is thans weer een belangrijk onderzoeksthema binnen de criminologie. De eigenschappen van een sterke prikkelbehoefte, Attention Deficit Hyperactivity Disorder, alsmede een gebrekkige zelfbeheersing zijn volgens de huidige literatuur in belangrijke mate genetisch bepaald. Dit betekent niet dat het fatalistische concept van 'de geboren misdadiger' weer terug is van weg geweest. Volgens bijvoorbeeld de invloedrijke criminologen Hirschi en Gottfredson wordt een gebrekkige zelfbeheersing van een kind reeds in de vroege jeugd door correcties van opvoeders afgeleerd. Parent Child Interaction Therapy is een bewezen effectieve methodiek om ouders hierbij te ondersteunen.
De bijdrage van de psychologie aan het verklaren van crimineel gedrag staat voor een deel ook in de traditie van de Franse milieuschool. Dit geldt met name voor de leertheoretische opvatting van Babdura c.s. dat agressief gedrag wordt aangeleerd door de consumptie van gewelddadige mediaboodschappen. De theorie van Sutherland kan

eveneens worden gezien als een voortzetting van de theorieën van Franse sociologen uit de negentiende eeuw, zoals Gabriel Tarde. Sutherland stelt niet slechts dat individuele personen crimineel gedrag leren van hun sociale omgeving, maar ook dat het niveau van criminaliteit in een land wordt bepaald door de proportie van de bewoners die er criminele normen op nahouden. Met deze theorie zijn we beland bij de sociologische verklaringen voor criminaliteit, het onderwerp van het volgende hoofdstuk.

BUURTVADERS

5 Het economisch en sociologisch perspectief

5.1 Inleiding

De in het vorige hoofdstuk besproken psychologische theorieën proberen verklaringen voor crimineel gedrag te zoeken in kenmerken van personen. Andere verklaringen voor crimineel gedrag richten zich meer op de keuzes die mensen maken (het economisch perspectief) en de invloed van de sociale omgeving (het sociologisch perspectief).
In dit hoofdstuk wordt een overzicht gegeven van de belangrijkste van deze economische en sociologische theorieën. Daarbij dient de lezer zich te realiseren dat sommige theorieën weliswaar worden gerekend tot de economische of sociologische verklaringen, maar toch ook elementen, termen of zelfs uitgangspunten kunnen bevatten die zijn ontleend aan de psychologie. Vice versa geldt dit ook voor bepaalde psychologische theorieën.

5.2 Het economisch perspectief

Ter verklaring van crimineel gedrag zijn diverse economische theorieën voorhanden. Deze richten zich op de keuzes die mensen maken, en gaan er alle van uit dat mensen bij hun keuzes een afweging maken tussen de kosten van gedrag en de baten die gedrag kan opleveren. Het algemene economische verklaringsmodel is in de loop der eeuwen vaak toegepast ter verklaring van criminaliteit. Ook staat het centraal in het denken over de preventie van criminaliteit. We bespreken het klassieke economische model, het criminologische model van rationele keuzes, afschrikkingstheorieën en theorieën over effecten van gelegenheidsstructuren en routineactiviteiten.

5.2.1 Klassieke ideeën

Hoewel in de moderne criminologie de economische verklaringen voor crimineel gedrag pas recent veel gebruikt worden is de oorsprong van deze ideeën veel ouder. Al in de achttiende eeuw hebben strafrechtsfilosofen deze economische ideeën verwoordt. De belangrijkste filosofen op dit terrein waren de Italiaan Cesare Beccaria (1738-1794) en de Engelsman Jeremy Bentham (1748-1832). Zij formuleerden hun ideeën niet om te verklaren waarom mensen criminaliteit plegen, zoals reeds besproken in hoofdstuk 1. Zij formuleerden hun ideeën om suggesties te geven om te komen tot een justitiesysteem op basis van rationele principes. De samenleving had destijds te maken met zeer veel criminaliteit, en ook met machthebbers die hun macht willekeurig en vooral voor eigenbelang gebruikten. Het voornaamste doel van de filosofen in die tijd was te komen tot een eerlijker, gelijker en humaner systeem van strafrechtspleging. Zij stelden daarom voor om de wetten en de handhaving ervan logischer en rationeler te maken (zie voor een uitgebreid overzicht van de klassieke en neoklassieke strafrechtstheorieën: Lanier en Henry 1998, hoofdstuk 4).

Beccaria ([1974], 1963) stelde voorop dat alle individuen van nature eigen rechten op vrijheid hebben en dat die rechten in principe belangrijker zijn dan de rechten van de overheid. Echter individuen leven in een samenleving en zijn bereid een deel van hun vrijheid op te geven in ruil voor de bescherming van een (rechts)staat (een idee gebaseerd op ideeën van de Franse filosoof Jean-Jacques Rousseau). De staat moet ze dan als tegenprestatie bijvoorbeeld beschermen tegen criminaliteit. Individuen zijn echter alleen bereid om hun rechten aan de staat over te dragen als de staat op een verantwoorde en terughoudende wijze met zijn macht en bevoegdheden omgaat. Omdat straffen (strafwetten) individuele vrijheden beknotten, moeten ze restrictief worden toegepast. Beccaria formuleerde daarom voorstellen voor een in zijn ogen beter strafrechtsysteem. Veel voorstellen van Beccaria gingen uit van economische gedachten. Straffen zouden bijvoorbeeld gerelateerd moeten zijn aan de ernst van het delict dat gepleegd wordt. Ook zouden straffen snel opgelegd moeten worden en met zekerheid ten uitvoer worden gelegd. Dit zou individuen bij het overwegen of ze wel of geen criminaliteit zullen plegen positief beïnvloeden.

Bentham ([1765], 1970) bouwde voort op de ideeën van Beccaria. Hij stelde dat de hoogte van de straf net hoog genoeg moet zijn om (potentiële) daders ervan te weerhouden een delict (opnieuw) te plegen. Hij ging er daarbij van uit dat daders rationeel handelende actoren zijn die afwegingen maken tussen de kosten van de straf en de baten van het delict. Hij ging uit van de vrije wil van individuen: mensen kiezen om de wet te gehoorzamen of te overtreden door een rationele afweging te maken tussen de kosten en de baten. Het doel van strafwetten wordt daarmee vooral het afschrikken van crimineel gedrag. Straffen moeten net genoeg ongemak toedienen om het plezier van de criminele handeling teniet te doen. De rechtvaardiging van straf is in deze visie dus afschrikking (zie ook hoofdstuk 7).

De ideeën van de klassieke strafrechtsfilosofen – en daarmee het economisch perspectief – vormen nog steeds de basis van het strafrecht en de strafrechtspleging in vele landen in de wereld. De grondwet en veel van de strafrechtswetgeving in de Verenigde Staten van Amerika is bijvoorbeeld op deze ideeën gebaseerd. De invloed van de klassieke (economische) filosofieën is echter ook zeer helder in West-Europa waar te nemen. In navolging van het Franse Wetboek van Strafrecht van 1791 dat net na de Franse Revolutie is opgesteld en deze ideeën volledig omarmde, gaan de meeste wetboeken van strafrecht op het Europese continent uit van de afschrikwekkende werking van straffen, en van het principe dat de zwaarte van de straf proportioneel moet zijn met de ernst van het gepleegde misdrijf.

5.2.2 Criminologisch model van rationele keuzes

In de moderne criminologie wordt crimineel gedrag eveneens verklaard aan de hand van economische theorieën. De grondlegger van deze moderne theorieën is de econoom en Nobelprijswinnaar Gary Becker. In een artikel van hem getiteld 'Crime and Punishment. An Economic Approach' (1968) legde hij uit dat de economische wetenschap methoden kan aanreiken die de samenleving kunnen helpen om de strafrechtpleging effectiever en efficiënter te maken. Hij laat zien hoe algemene economische theorieën kunnen worden toegepast op crimineel gedrag en de afschrikking ervan. Voor Nederland heeft Ben van Velthoven (2012) recent een boek gepubliceerd waarin hij een helder overzicht geeft van de 'Economie van misdaad en straf' en waarop wij ons in dit hoofdstuk baseren.

Economische theorieën veronderstellen dat het plegen van strafbare feiten het resultaat is van een afweging door de dader van de voor- en nadelen, van de baten en kosten. Ze gaan uit van de rationele-keuzetheorie van menselijk gedrag. Volgens de economische theorieën is het plegen van strafbare feiten vergelijkbaar met ander economisch gedrag, bijvoorbeeld consumentengedrag. In de economie wordt uitgegaan van de veronderstelling dat mensen zich in hun gedrag laten leiden door het rationele streven om tegen minimale kosten maximale baten te verkrijgen. Een consument kan kiezen uit verschillende producten, laat zich (tot op zekere hoogte) informeren, maakt (bewust of onbewust) een afweging, en kiest voor dat product waarvan hij inschat dat het de grootste bijdrage aan zijn welzijn heeft. Ofwel: hij kiest voor het product waarbij hij per saldo de hoogste opbrengst heeft, ofwel de minste kosten en de meeste baten.

Economische theorieën van crimineel gedrag gaan uit van dezelfde gedachten. Allereerst moet zich de gelegenheid voordoen om een delict te plegen. Om fietsen te kunnen stelen moeten er fietsen zijn, en om een snelheidsovertreding in een auto te begaan moet iemand een auto besturen. Gegeven deze mogelijkheid om crimineel gedrag te plegen, bedenkt een potentiële dader vervolgens wat de baten ervan zijn. Hoeveel levert een gestolen fiets mij bijvoorbeeld op als ik die weer verkoop? Of: hoe belangrijk is het om snel(ler) met mijn auto op mijn plaats van bestemming te zijn? Vervolgens zal een potentiële dader de inschatting van de baten afzetten tegen de verwachte kosten. Om een fiets te stelen is bijvoorbeeld een schroevendraaier of betonschaar nodig. Ook zijn er uiteraard de mogelijke kosten van ontdekking en strafoplegging. Potentiële daders zullen, ten slotte, kiezen voor de gedragsvorm met de meeste opbrengst: minimale kosten versus maximale baten.

Bij het inschatten van kosten van sancties staat in de economische benadering het strafrisico centraal: dit is de gemiddelde sanctie die een regelovertreder kan verwachten als gevolg van het optreden van politie en justitie. Dat strafrisico wordt in de economische theorieën gezien als het product van de pakkans en de strafmaat. De pakkans is de (gemiddelde) kans dat een regelovertreder een sanctie krijgt opgelegd. De strafmaat is de zwaarte van de sanctie. Indien bijvoorbeeld op een parkeerovertreding 50 euro

Box 5.1. De calculerende burger

Boete

Theodor Holman

Dus ik parkeer zondag de auto in de Westerstraat. Dinsdag loop ik naar Westerstraat en ik besef: de auto is weggesleept in verband met de markt.

Dat ik de auto (het was niet eens mijn auto) zondagavond niet had weggezet, was een domme fout van mij.

Dat ik mijn auto ergens aan de rand van Amsterdam moest ophalen (Spaklerweg) wist ik ook, want dat had ik wel eens gehoord. Dat ik een gigantische boete moest betalen, was mij eveneens bekend. Ik dacht dat ik wel zo'n 200 euro kwijt zou kwijt, en ik baalde, baalde, baalde.

Tot ik (eindelijk) op de plek was waar mijn auto in bewaring was gesteld.

De boete bleek geen 200 euro, maar... 449 euro. Ja, u leest het goed. In woorden: vierhonderdnegenenveertig euro!

Natuurlijk is dit een onzinnig hoge boete die niet in verhouding staat met de misdaad. En als een boete te hoog is, zo ga ik nu betogen, werkt dat juist contraproductief. Met andere woorden: het werkt misdaad in de hand.

Want:

Ik was zo kwaad – wie zou dat niet zijn – dat ik zin had om één van de personen die de boete incasseerden te verwonden. Dat ik dit niet deed, kwam door een huilend kleinkind dat ik bij me had.

Tevens had ik een gigantische lust om mijn agressie te botvieren op elk voorwerp dat kapot kon en voorhanden was. Ik wilde deuken in auto's trappen, ramen ingooien en lekkages veroorzaken.

Verder zocht ik naar methoden om het geleden verlies te compenseren. Elke dag zie ik bij Albert Heijn een bordje dat als ik betrapt word op het stelen van een product, ik een boete tegemoet kan zien van 150 euro. Dus ik kan drie keer iets bij Albert Heijn stelen. Word ik ontdekt, heb ik pech, maar word ik niet ontdekt,

Ik wilde deuken in auto's trappen en ramen ingooien

dan maak ik mijn verlies wat goed.

De hoge boete die ik moet betalen, vreet mijn moraal dus aan. Sterker: ik zou het rechtvaardig vinden als ik mijn verlies kan compenseren.

Ik voel geen boetedoening, geen vergelding. Ik deed iets verkeerd, dat erken ik, maar de belachelijke straf die ik opgelegd krijg, neemt niet alleen mijn schuld weg, maar ik vind dat ik nu krediet heb opgebouwd om me nog tot pakweg 300 euro te misdragen.

t.holman@parool.nl

Parool, 15-05-2014.

boete staat en de pakkans per uur 10 procent is, dan bedraagt het strafrisico van fout parkeren 5 euro per uur. Volgens een kosten-batenafweging betekent dit dat als het metertarief per uur hoger is dan 5 euro, men op de lange termijn voordeliger uit is door zonder te betalen te parkeren. Het plegen van een overtreding is dan dus rationeel gedrag. Vrijwel iedere burger heeft in zijn leven wel eens dergelijke afwegingen gemaakt over onbetaald parkeren of zwartrijden.

Opgemerkt moet worden dat bovenstaande bespreking van de economische theorieën van crimineel gedrag alleen de basisideeën weergeeft. Recente theorievorming maakt de algemene kosten-batenafwegingen veel ingewikkelder. Daarbij wordt bijvoorbeeld aandacht besteedt aan het feit dat sommige personen (bijvoorbeeld met psychische stoornissen) in sommige omstandigheden (bijvoorbeeld als ze onder invloed van alcohol of drugs zijn) niet altijd rationeel (kunnen) handelen – en aan wat dit betekent voor hun uiteindelijke gedragskeuze. Ook wordt in de recente theorievorming veel aandacht besteedt aan het feit dat mensen – en dus ook potentiële daders van crimineel gedrag – veelal geen volledige informatie hebben over gelegenheden, kosten en baten, maar slechts (zeer) beperkte informatie. Verder wordt in de recente economische theorieën uitgebreid aandacht besteed aan wat de gevolgen zijn als mensen verschillen in hoe ze omgaan met strafrisico's. Zoals we in hoofdstuk 4 hebben besproken, zou het voor criminelen in de visie van Gottfredson en Hirschi typerend zijn dat zij slecht in staat zijn om langetermijnkosten en -baten af te wegen. Recente theorievorming laat zien dat zij – ook vanuit het economische model – daarom andere keuzes maken, dat wil zeggen: kiezen voor gedrag dat voor hen slechts op de zeer korte termijn profijtelijk is.

5.2.3 Afschrikkingstheorie

De economische theorie van crimineel gedrag wordt in de criminologie veel gebruikt voor analyses van effectiviteit van strafrechtelijke sancties en interventies (Elffers, 1998). In de gedachtegang van Becker (1968) zou de overheid per delictstype moeten berekenen welke strafbedreigingen nodig zijn om criminelen van hun activiteiten te laten afzien, zodat door de bank genomen de kosten de baten gaan overtreffen. De strafdreiging hangt uiteraard af van de strafsoort (bijvoorbeeld geldboetes, taakstraffen, gevangenisstraffen), de omvang van de straf (bijvoorbeeld de hoogte van de boetes, de duur van gevangenisstraffen) en de wijze van tenuitvoerlegging (bijvoorbeeld wat voor soort taakstraf moet worden uitgevoerd, en in welke penitentiaire inrichting en onder welk regime moet gevangenisstraf worden uitgezeten). De overheid verhoogt in deze visie door middel van de strafdreiging de gemiddelde kosten van het criminele gedrag voor de daders.

Veel discussies over de wenselijkheid van nieuwe wetgeving in het strafrecht en manieren van handhaving door politie en justitie maken gebruik van dergelijke economische redeneringen. Een analyse van Van Noije en Wittebrood (2008) laat bijvoorbeeld zien dat dit de meest voorkomende gedachte is in Nederlandse wetgeving en beleidsnota's over straffen. In hoofdstuk 7 van dit boek bespreken we uitgebreid in hoeverre de verwachtingen van de afschrikkende werking van straffen juist zijn en in hoeverre de daarop gestoelde strafrechtelijke interventies de beoogde effecten hebben.

5.2.4 Gelegenheidsstructuren, routineactiviteiten en situationele preventie

De belangstelling voor de rationele keuzen van potentiële daders is bij criminologen niet alleen gericht op de afschrikwekkende werking van sancties of de effectiviteit van sancties, maar ook op die van preventieve maatregelen. Ook beveiligingstechnieken zijn erop gericht het gedrag van de dader te beïnvloeden door het plegen van delicten moeilijker en riskanter te maken en om zo de kosten ervan te verhogen. Impliciet ligt aan dit type van criminaliteitspreventie de aanname ten grondslag dat de delinquent zich bij de planning en uitvoering van zijn criminele intenties laat leiden door een afweging van de kosten en baten van activiteiten met betrekking tot concrete doelwitten (Cornish en Clarke, 1986). Het zogenoemde model van de rationele keuze is bijvoorbeeld toegepast om te verklaren hoe roofovervallers hun doelwitten kiezen en hoe ze tijdens het plegen van een roofoverval te werk gaan (Kroese en Staring, 1993).
De theoretische richting die zich toelegt op het bestuderen van de invloed van criminele kansen op het criminaliteitsniveau, wordt in het Nederlands aangeduid als de gelegenheidstheorie. Een van de eerste publicaties over de rol van gelegenheden bij het ontstaan van criminaliteit was afkomstig van een groep Britse criminologen werkzaam bij het ministerie van Binnenlandse Zaken in Londen (Mayhew, Clarke, Sturman en Hough, 1976). Het droeg als titel *Crime as Opportunity*. Ongeveer tegelijkertijd hebben Felson en Cohen deze theorie geformuleerd als verklaring voor de explosieve toeneming van de vermogensdelicten in de Verenigde Staten vanaf 1970. Volgens hen was de groei in de hoeveelheid in omloop zijnde draagbare (dat wil zeggen steelbare) luxe goederen ('targets'), zoals consumentenelektronica, medebepalend geweest voor de groei in het aantal woninginbraken (Cohen en Felson, 1979). De Amerikaan Felson (1997) heeft de gelegenheidstheorie, die hij overigens *routine activities theory* noemt, samengevat in een eenvoudige formule: het niveau van de criminaliteit wordt bepaald door de aanwezigheid van potentiële daders, de aanwezigheid van geschikte doelwitten en de afwezigheid van voldoende sociale bewaking. Deze theorie laat zich ook goed verwoorden in het in alle westerse talen bekende spreekwoord: de gelegenheid maakt de dief. Clarke (1992) heeft later de gelegenheidstheorie verder uitgewerkt. In verband met de nadruk die hij legt op de invloed van technische of sociale beveiligingsmaatregelen op het niveau van de criminaliteit, heeft hij de gelegenheidstheorie ook wel aangeduid als *situational crime prevention theory* (zie ook Newman, Clarke en Shoham, 1997). In hoofdstuk 6 over de preventie van criminaliteit zal dit nog uitvoerig worden besproken.
In het Nederlandse taalgebied werden gelegenheidsstructuren als verklaring voor criminaliteit geïntroduceerd in een rapport over de Nederlandse slachtofferenquête

(Steinmetz en Van Dijk, 1979). De auteurs wezen erop dat de groei in de aantallen in omloop zijnde auto's en fietsen in Nederland en de intensiteit van het uitgaansleven het niveau van de veelvoorkomende criminaliteit mede bepaalden. Ook de uitkomsten van de latere internationale slachtofferenquêtes laten zien hoe sterk zulke verbanden tussen de beschikbaarheid van geschikte doelwitten voor diefstal en het plegen van delicten zijn.

Figuur 5.1 toont bijvoorbeeld de relatie tussen het aantal fietsen per 100.000 inwoners in een land en de slachtofferpercentages voor fietsendiefstal (Van Dijk, 2008). Het delict fietsendiefstal komt blijkens de resultaten van de internationale slachtofferenquête inderdaad het meest frequent voor in typische fietslanden zoals China, Nederland, de Scandinavische landen, Japan en Canada.

Figuur 5.1. Percentages huishoudens met een of meer fietsen en slachtofferpercentages voor fietsendiefstal per land (ICVS, 1996-2000)

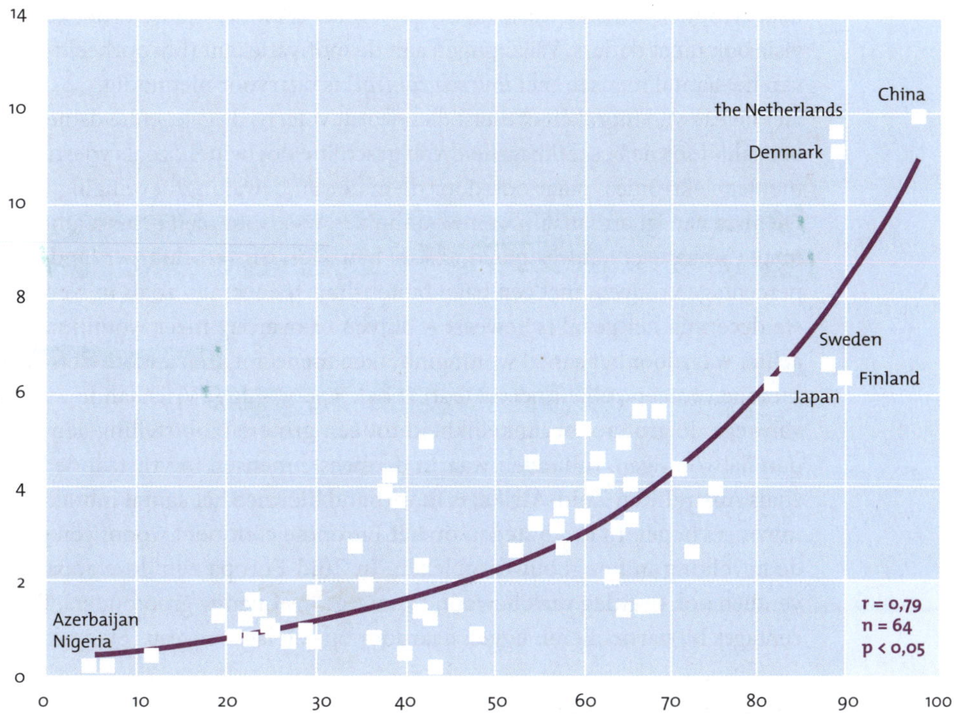

Ook het statistische verband tussen autobezit in een land en autodiefstal is sterk. Het aantal gestolen auto's per 100.000 inwoners is het hoogste in typische autolanden zoals de Verenigde Staten, Australië, Frankrijk en Engeland. In derdewereldlanden, waar minder auto's beschikbaar zijn, worden veel minder auto's gestolen per 100.000 inwoners. In een land als China is het aantal auto's en motorfietsen de afgelopen twintig jaar explosief gestegen. Dit heeft ook daar geleid tot een sterke stijging van het aantal diefstallen van zulke voertuigen. Als het om diefstal van voertuigen gaat, maakt de gelegenheid dus kennelijk inderdaad, zoals het spreekwoord zegt, de dief.

Hoewel een samenhang tussen het aantal fietsen en auto's en het aantal fietsen- en autodiefstallen mogelijk vanzelfsprekend lijkt, is het dit bij nadere beschouwing niet. Indien criminaliteit namelijk slechts zou worden gepleegd door een beperkte groep mensen met een criminele aanleg (zie het vorige hoofdstuk), zou het grotere aanbod van te stelen voertuigen niet hoeven te leiden tot meer diefstallen. Het zou er slechts toe leiden dat het risico per voertuig om te worden gestolen lager wordt. Door de aanwezigheid van meer fietsen en auto's komen er immers niet meer personen met een criminele aanleg (hoogstens zou het aantal delicten per crimineel enigszins kunnen stijgen). Indien het criminaliteitsniveau stijgt naarmate er meer doelwitten zijn, impliceert dit dat het plegen van delicten kennelijk mede wordt bepaald door kosten-batenafwegingen van groepen potentiële daders. In economische termen houdt dit in dat de vraag naar criminele winsten elastisch is. Als er meer criminele kansen zijn, komen er in deze visie ook meer daders. Wijzigingen aan de motivatiekant (bijvoorbeeld een toeneming van het aantal mensen met *low self control*) is daarvoor niet nodig.

Het niveau van inbraken of diefstallen wordt volgens de gelegenheidstheorie niet alleen bepaald door de beschikbaarheid van geschikte doelwitten, zoals voertuigen of consumentenelektronica, maar ook door de mate van bewaking/beveiliging (*guardianship*). De mate van 'guardianship' van woonhuizen voor inbraken is sterk afhankelijk van de mate van aan- of aanwezigheid van de bewoners en verschilt per land. Naarmate het percentage vrouwen met een baan buitenshuis toeneemt – zoals in Nederland de laatste decennia het geval is geweest – blijven er overdag meer woonhuizen onbeheerd achter waardoor het aantal woninginbraken toeneemt. Een andere factor die het aantal inbraken in een gebied beïnvloedt, is het type woning. Vrijstaande woningen leiden vanwege de grotere toegankelijkheid tot een grotere blootstelling aan inbraakrisico's dan flatwoningen. In landen waarin de meeste mensen in vrijstaande huizen wonen, zoals Australië en Zuid-Afrika, is in verband hiermee het aantal inbraken per 100.000 inwoners hoger. In grote steden op het Europese continent woont een groter deel van de bevolking in hoogbouwcomplexen. In Zuid-Europa zijn deze appartementen bovendien ook overdag vaak bewoond vanwege inwonende grootouders. De inbraakpercentages bij particulieren liggen daardoor op een lager niveau (Stangeland, 1996).

De markt van misdaad en beveiliging

Indien meer burgers kostbaarheden als auto's of elektronica bezitten en vaak uithuizig zijn, zal de criminaliteit volgens de gelegenheidstheorie toenemen. Er zijn dan immers meer criminele baten te behalen. Op deze epidemie van criminaliteit volgt echter waarschijnlijk een maatschappelijke tegenreactie. Voor de slachtoffers van de toegenomen criminaliteit worden de verliezen allengs groter. Naarmate de schade ten gevolge van criminaliteit hoger is, zullen de potentiële slachtoffers zich, zoals wordt besproken in hoofdstuk 8, meer bedreigd gaan voelen en dus bereid zijn meer te investeren in hun beveiliging. De mate van blootstelling van attractieve doelwitten kan door de potentiele slachtoffers worden verkleind door het nemen van beveiligingsmaatregelen. Indien het treffen van adequate preventieve maatregelen op voldoende grote schaal gebeurt, kan dit leiden tot een ongunstiger kosten-batenverhouding voor de daders en dus tot een daling van het aantal delicten. In figuur 5.2 is deze cyclische gang van zaken schematisch weergegeven.

Figuur 5.2. De criminaliteitsepidemie in westerse landen; gelegenheid en responsieve beveiliging
Bron: Van Dijk, 2008.

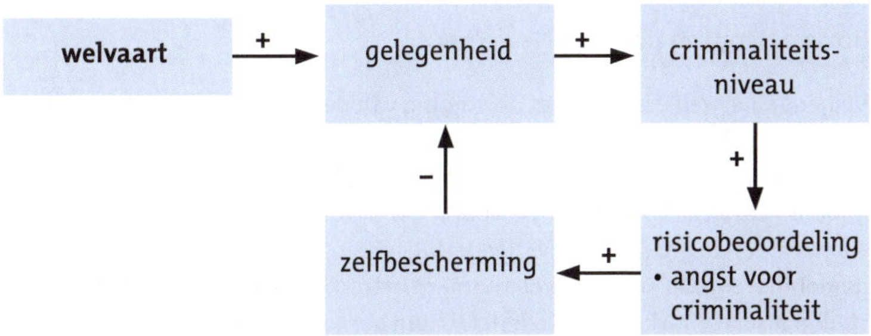

De daling van het aantal autodiefstallen in het toenmalige West-Duitsland na de invoering van de wettelijke verplichting om auto's af te sluiten met een stuurslot is een goed voorbeeld van hoe beveiliging criminaliteitstrends kan bepalen (Clarke, 1992). En ook in andere westerse landen is gebleken dat invoering van wettelijke minimumnormen voor de beveiliging van auto's heeft geleid tot een sterke daling in het aantal autodiefstallen (Farrell, Tseloni en Tilley, 2011). Een ander bekend voorbeeld is de daling van het aantal bromfietsdiefstallen na invoering van de verplichte bromfietshelm (het stelen van een bromfiets werd hierdoor kennelijk te ingewikkeld). Een frappant voorbeeld van de invloed van situationele gelegenheden op gedrag is de daling van het aantal zelfmoordgevallen na invoering van niet-dodelijke gassoorten in woningen (Clarke en Mayhew, 1989). In Nederland zijn in 1999 minimale beveiligingsmaatregelen tegen woninginbraak wettelijk verplicht geworden voor nieuwbouwwoningen. Blijkens een evaluatie van de effecten van deze maatregel is het totaal inbraken in Nederland door deze wettelijke maatregel sinds de invoering met 7 procent gedaald (Vollaard en Van Ours, 2010). Ook voor de analyse van trends in nieuwe vormen van computercriminaliteit is de *situational crime prevention*-benadering vruchtbaar gebleken (Clarke, Newman, 2008). Door nieuwe ontwikkelingen zoals commerciële transacties via internet en elektronisch bankieren worden gelegenheden geboden voor fraude en diefstal die op grote schaal worden benut. Vervolgens zijn op deelgebieden stabiliseringen of dalingen opgetreden na invoering van betere beveiligingstechnieken.

Uit de voorbeelden kan worden afgeleid dat het criminaliteitsniveau in een land wordt bepaald door de wisselwerking van de rationele keuzen van daders en slachtoffers. De (potentiële) daders reageren op de zich aandienende kansen op criminele winsten met steeds meer criminaliteit. De (potentiële) slachtoffers reageren hierop, al dan niet daartoe gedwongen door wetgeving, met extra investeringen in hun beveiliging. Voor een goed begrip van de omvang en de ontwikkeling van criminaliteit moet dus niet slechts worden gekeken naar de achtergronden en de motieven van de daders en de effecten van het overheidsbeleid, maar ook naar de wisselwerking tussen het gedrag van (potentiële) daders en (potentiële) slachtoffers.

Box 5.2. Tipping point in New York

Volgens Gladwell (2000) moet de stijging van de criminaliteit in de jaren zeventig en tachtig van de vorige eeuw worden gezien als een epidemie, dat wil zeggen: als een zichzelf versterkend proces. Door de straffeloosheid van veel criminaliteit werden anderen aangezet het criminele voorbeeld te volgen. Slachtoffers en overheid verloren steeds meer de greep op dit verloederingsproces. Allengs werden echter tegenkrachten gemobiliseerd. Op een gegeven moment waren bij de bevolking en de autoriteiten in steden als New York zo veel tegenkrachten gemobiliseerd, dat een omslagpunt (*tipping point*) werd bereikt. Enkele kleine wijzigingen in de gelegenheidsstructuren, zoals het opschonen van de metro en een meer weerbaar publiek, zouden hebben geleid tot een lawine van andere gelegenheidreducerende acties. Op deze wijze zou de radicale en in slechts enkele jaren bereikte daling van de criminaliteit in New York moeten worden begrepen. Gladwell benadrukt de noodzaak om interventies tegen criminaliteit te contextualiseren. Het gaat niet slechts om de directe effecten op criminaliteit, maar om de bijdrage aan de lokale gelegenheidsstructuur in zijn totaliteit. Zijn analyse van de criminaliteitsdaling in New York is een illustratie van de verklaringskracht van het perspectief van de gelegenheidstheorie.

5.3 Het sociologisch perspectief

Naast verklaringen vanuit het hiervoor behandelde psychologische en economische perspectief bestaan er verklaringen voor crimineel gedrag die zich meer richten op de invloed die mensen ondergaan van hun sociale omgeving: het sociologische perspectief. Het sociologische perspectief stelt dat – naast het feit dat mensen gedrag vertonen dat voorkomt uit biologische en psychologische kenmerken, en dat mensen (economische) keuzes maken waaruit crimineel gedrag voortkomt – het (criminele) gedrag van mensen mede wordt bepaald door hun sociale omgeving.

Ruwweg stellen deze theorieën dat mensen zich in hun gedrag laten leiden door de cultuur van de samenleving en/of de sociale groep waartoe ze behoren. Als in de cultuur van een samenleving of sociale groep crimineel gedrag onwenselijk of zelf verwer-

pelijk wordt gevonden, dan zullen mensen die daarvan deel uitmaken deze normen overnemen (bijvoorbeeld door opvoeding, beïnvloeding, socialisatie, en door van elkaar te leren) en zich gaan gedragen volgens die normen. De keerzijde van dezelfde redenering geldt echter ook: als mensen leven in een groep waarin een (sub)cultuur bestaat waarin crimineel gedrag niet sterk wordt afgewezen of zelfs deel uitmaakt van 'normaal' gedrag, dan zullen mensen geneigd zijn die criminele normen en waarden over te nemen – en (crimineel) gedrag vertonen. De cultuur van de gehele samenleving of de subcultuur van een sociale groep drukt dus zijn stempel op het individuele gedrag van de leden ervan. Deze leertheoretische benadering is in de criminologie in het bijzonder bepleit door de Amerikaanse criminoloog Sutherland in de jaren dertig van de vorige eeuw en heeft grote invloed gehad op de Amerikaanse criminologie (Sutherland, 1947). Zijn benadering werd, zoals besproken in hoofdstuk 4, door hem aangeduid als de theorie van de differentiële associatie: naarmate iemand meer omgaat met mensen met criminele normen, wordt de kans groter dat men zelf die normen gaat overnemen en andersom.
Culturen en subculturen hebben hun eigen ontstaansgeschiedenis. Voor het verklaren van crimineel gedrag is het belangrijk te onderkennen dat subculturen kunnen voortkomen uit de ongunstige maatschappelijke positie waarin bepaalde groepen verkeren. Een subcultuur kan voortkomen uit onvrede met reële of gevoelde maatschappelijke achterstanden. Daarnaast is nog een ander maatschappelijk mechanisme van belang: des te sterker mensen geïntegreerd zijn in een samenleving of sociale groep, des te meer zullen zij de cultuur van die samenleving of sociale groep naleven. Dit leidt dan tot de verwachting dat des te beter mensen geïntegreerd zijn in een samenleving die criminaliteit verwerpt, zij zelf ook minder criminaliteit plegen. Aan de andere kant: als mensen juist geïntegreerd zijn in een samenleving of sociale groep met een (sub)cultuur waarin criminaliteit niet sterk wordt afgewezen of deel uitmaakt van 'normaal' gedrag, dan zullen mensen vaker crimineel gedrag vertonen.
Verder veronderstellen sociologen dat als mensen zich afwijkend gedragen ten opzichte van de cultuur (en dus de normen en waarden met betrekking tot crimineel gedrag), hierop door de anderen afwijzend zal worden gereageerd. Zij plakken dan een label of stigma op. Mensen met zo'n label of stigma zullen minder goed behandeld worden door de leden van de samenleving of sociale groep. Vervolgens gaan gestigmatiseerde personen zich vaak juist nog minder gedragen volgens de heersende normen in de samenleving of sociale groep, waardoor hun gedrag mogelijk nog afwijkender en crimineler wordt.
Deze sociologische verklaringen worden hieronder uitgebreid besproken. Achtereenvolgens zullen aan de orde komen: anomie en straintheorieën, sociale-controletheorieen, sociale-desorganisatietheorieën en sociale-labelingtheorieën.

5.3.1 Anomie- en straintheorieën

Kenmerkend voor anomie- en straintheorieën is dat de bestaande sociale tegenstellingen in de westerse maatschappij als uitgangspunt voor de verklaring van delinquent gedrag worden genomen. Deze tegenstellingen manifesteren zich onder meer op materieel gebied, waardoor bepaalde groepen als gedepriveerden, dat wil zeggen als minder- of slechtbedeelden worden beschouwd. Deze gedepriveerden ontwikkelen volgens sommige auteurs een geheel eigen subcultuur waarin de bestaande waarden en normen sterk afwijken van die in de dominante cultuur.

De Franse socioloog Durkheim (1858-1917) was een van de grondleggers van deze anomietheorieën over maatschappelijke achterstanden. Hij stelde dat snelle en ingrijpende sociale veranderingen (denk aan de industriële revolutie) grote invloed hebben op allerlei groepen in de samenleving. Belangrijke waarden en normen, die tot dan toe werden geaccepteerd, vervagen of verdwijnen. Het gevolg kan zijn dat mensen zich gaan inzetten voor nieuwe doelen die strijdig zijn met vroegere doelen, dat individuen zich onzeker gaan voelen en dat er collectief gezien normonzekerheid en zelfs normloosheid ('anomie') ontstaat. De ideeën van Durkheim zijn door diverse criminologen uitgewerkt (Voor een uitgebreid overzicht van de sociologische theorieën over criminaliteit zie: Lanier en Henry, 1998). We behandelen drie varianten van deze uitwerkingen: Mertons instrumentele anomietheorie, Cohens theorie van de delinquente subcultuur, en Cloward en Ohlins subcultuurtheorie.

Mertons instrumentele anomietheorie

De Amerikaan Merton (1957) heeft de oorspronkelijke ideeën van Durkheim overgenomen en specifieker toegepast op crimineel gedrag. Merton poneert dat de westerse samenleving overmatig veel nadruk legt op het bereiken van materiële welvaart en een hoge sociale status. Deze doeleinden die de cultuur ons voorhoudt, leiden tot sterk opgeschroefde consumptieve behoeften en/of aspiraties van mensen. Het probleem is echter dat individuen niet in gelijke mate de beschikking hebben over de middelen (mogelijkheden) om deze doeleinden te realiseren. Stijging op de maatschappelijke ladder, waardoor meer status kan worden verkregen, is immers niet voor iedereen weggelegd. En materiële welvaart is moeilijker bereikbaar voor degenen die een minimumloon hebben of van een uitkering moeten rondkomen.

Anomie ontstaat, volgens Merton, als in een maatschappij de culturele doeleinden gaan botsen met de legitieme middelen die het individu ter beschikking staan om de doeleinden te bereiken. Zo'n botsing kan zich voordoen als de doeleinden worden opgeschroefd, als het arsenaal aan wettige middelen wordt ingeperkt of als er een verandering komt in de feitelijke verdeling van doeleinden en middelen (bijvoorbeeld in tijden van economische malaise). In de westerse maatschappij, en in die van de Verenigde Staten in het bijzonder, is sprake van een onevenredig grote nadruk op het bereiken van materiële welstand en de daarmee samenhangende *middle class status* (*the Ameri-*

can Dream), terwijl deze lang niet voor iedereen binnen bereik zijn. De ervaring dat men de gekozen succesdoelen niet kan bereiken, veroorzaakt volgens Merton innerlijke spanning die wordt aangeduid als *strain*. Individuen kunnen op verschillende manieren op deze strain reageren. Men kan de doeleinden accepteren (+), afwijzen (–) of vervangen door nieuwe doelen (±). Deze acceptatie, afwijzing of vervanging kan eveneens betrekking hebben op de middelen. Op deze wijze creëert Merton vervolgens het schema dat is weergegeven in tabel 5.1.

Tabel 5.1. Reactiepatronen op strain volgens de theorie van Merton

Aanpassingsvormen	Culturele doeleinden	Legitieme middelen
a. Conformiteit	+	+
b. Vernieuwing (criminaliteit)	+	–
c. Ritualisme	–	+
d. Terugtrekking (retreatisme)	–	–
e. Rebellie	±	±

a. Conformiteit

In een stabiele maatschappij zullen de doeleinden en de middelen met elkaar in evenwicht zijn. Het zich conformeren aan de wet is in een stabiele maatschappij het normale gedragspatroon van de burgers. Degenen die in voldoende mate de beschikking hebben over legitieme middelen, kunnen zich echter gemakkelijker conformeren dan degenen die minder of bijna niet over legitieme middelen beschikken.

b. Vernieuwing: deviantie of criminaliteit

Een maatschappij die wordt gekenmerkt door een te grote nadruk op de succesdoelen, zal categorieën mensen kennen die, omdat zij wat betreft de middelen zijn gedepriveerd, illegitieme middelen gaan aanwenden om de gestelde doelen toch te realiseren. Volgens Merton zullen met name mensen uit economisch zwakkere milieus, vanwege hun gebrek aan vooruitzichten, hun toevlucht nemen tot middelen die door de maatschappij als onwettig zijn gedefinieerd. Hij doelt dan op gedragingen als diefstal, heling en drugshandel. Personen worden als het ware gedwongen deviant gedrag te vertonen om te voldoen aan de algemeen aanvaarde succesdoelen.

c. Ritualisme

Een aantal mensen in de samenleving blijkt na een reeks maatschappelijke mislukkingen de culturele doeleinden op te geven. Zij streven niet meer of in verminderde mate naar rijkdom en succes. Niettemin blijven zij de voorgeschreven middelen bijna dwangmatig hanteren. Merton veronderstelt dat dit gedrag het meeste voorkomt in de lagere middenklasse. Met grote overtuiging wordt aldaar de kinderen voorgehouden dat de kans op betere vooruitzichten gering is, maar dat het toch een goede zaak blijft om je strikt aan bepaalde gedragsregels te houden.

d. Terugtrekgedrag
Sommige mensen gaan nog verder dan de ritualisten, in die zin dat zij niet alleen de cultureel bepaalde doelen opgeven, maar tevens de middelen. Het zou bij deze categorie vooral gaan om individuen die zich als een soort outcasts buiten de maatschappij plaatsen. Exponenten van deze categorie vindt men bij zwervers, alcoholisten en drugsverslaafden.

e. Rebellie of verzet
Niet iedereen die in zijn streven naar succes en status wordt gefrustreerd, zal zijn toevlucht nemen tot onwettige middelen, komen tot ritueel gedrag of zich uit het maatschappelijk gebeuren terugtrekken. 'Rebellen' zullen bijvoorbeeld vooral de schuld aan de, in hun ogen, verkeerde structuur van de samenleving geven. Deze moet volgens hen fundamenteel worden veranderd en daartoe worden zowel doeleinden als middelen opnieuw gedefinieerd. Vertegenwoordigers van deze categorie treft men aan in revolutionaire bewegingen, maar ook in buitenparlementaire actiegroepen.
Mertons anomietheorie heeft de pretentie een algemene verklaring voor afwijkend gedrag te bieden. Hij is niet slechts relevant om de criminaliteit in de Verenigde Staten te verklaren, maar bijvoorbeeld ook om de stijging te verklaren van criminaliteit en van rechtsextremisme in postcommunistische landen in de eerste jaren van transitie.
Mertons theorie heeft grote invloed gehad. Tal van criminologen hebben de uitgangspunten van zijn theorie, ondanks kritiek, gebruikt om te komen tot het ontwikkelen van eigen theorieën. Zo heeft Agnew (1992) een theorie over strain gelanceerd die algemener en uitgebreider is dan Mertons originele theorie. Agnew betoogt dat individuen in tal van situaties en met tamelijk grote frequentie hebben te maken met maatschappelijke frustraties (strain). De strain die wordt ervaren, kan aanzienlijk verschillen van situatie tot situatie, maar ook van individu tot individu; bovendien zal de een vaker en soms ook heftiger met strain worden geconfronteerd dan de ander. Volgens Agnew zal strain wel of niet leiden tot delinquent gedrag afhankelijk van een conglomeraat van factoren, zoals persoonlijkheid, aanpassingsvermogen en de invloed die uitgaat van leeftijdgenoten (zie ook Title en Paternoster, 2000).

Cohens theorie van de delinquente subcultuur
Cohen (1955) beschrijft in zijn theorie, die gedeeltelijk is gebaseerd op Merton, hoe delinquente subculturen ontstaan. Zijn theorie is specifieker dan de anomietheorie omdat hij zich beperkt tot delinquente gedragingen die in groepsverband (*gangs*) worden gepleegd. Cohen zegt dat waarden van de middenklasse als succes en welvaart voor de jongeren uit de werkende klasse onbereikbaar zijn. Zij zijn ook minder toegerust om de materiële doeleinden te verwezenlijken dan jongeren uit de middenklasse. Zo missen zij veelal het vermogen om de bevrediging van behoeften uit te stellen en hebben

zij minder controle over hun gevoelens van agressie. In feite zouden zij slechter zijn gesocialiseerd. Hierdoor ontstaan voortdurend conflicten (bijvoorbeeld op school), waardoor de jongeren te kampen krijgen met een laag gevoel van eigenwaarde (de zogenoemde statusfrustratie). Deze frustratie kan de jongere niet zelf oplossen. Hij heeft daarom de groep van gelijkgezinden nodig. De gang biedt de jongeren uit de lagere klassen de mogelijkheid de waarden van de middenklasse radicaal overboord te gooien en deze te vervangen door geheel andere waarden die welhaast tegengesteld zijn aan het dominante waardensysteem. Er ontstaat een collectieve subcultuur met geheel nieuwe statuscriteria en nieuwe regels: de delinquente subcultuur.

In deze subcultuur verkrijgen de jongeren de status die zij elders niet konden bereiken. Dat doen zij door gedrag te vertonen dat steeds weer is gericht op een snelle beloning. Volgens Cohen kan hun gedrag tevens worden beschreven als 'niet-utilitair' en 'negativistisch'. Iemand die iets steelt, zou dit volgens de anomietheorie doen omdat hij dat object nodig heeft uit statusoverwegingen. De jongeren uit Cohens delinquente subcultuur daarentegen stelen vaak niet vanwege het nuttigheidsaspect. Na de diefstal wordt het gestolene meestal weggegooid of kapotgemaakt. Zij tonen hiermee hun minachting voor de dominante kleinburgerlijke cultuur. In hetzelfde licht moet het negativisme worden gezien. Het bendelid gedraagt zich ten aanzien van leeftijdgenoten, die geen lid van zijn gang zijn, en ten aanzien van volwassenen provocerend en agressief. Bekende voorbeelden zijn het treiteren en lastigvallen van mensen op straat en het aanheffen van racistische liederen door de zogenoemde *sides* tijdens voetbalwedstrijden. Het gedrag van de jongeren komt voort uit de behoefte zich af te zetten tegen het heersende normen- en waardenpatroon van een maatschappij waarbinnen zij weinig of geen perspectieven hebben.

Box 5.3. De Mocro's van Amsterdam-West

Op basis van zeven jaar durende observaties in de wijk Overtoomse Veld in Amsterdam-West heeft De Jong (2007) een beeld geschetst van wat hij aanduidt als de 'straatcultuur' van Marokkaanse jeugddelinquenten in Nederland. De jongens, die zichzelf *Mocro's* noemen, hebben een zelfbeeld dat overeenkomsten vertoont met de door Cohen geschetste subcultuur. Een Mocro komt met geweld op voor zichzelf en zijn vrienden. Een Mocro heeft 'schijt' en toont 'ballen' (lef) met provocerend gedrag in de publieke ruimte. En een echte Mocro wil 'draaien' (succes uitstralen) door het bezit van dure spullen en door er veel vriendinnetjes (chicks) op na te houden als een echte 'player' (versierder). Iemand die te braaf is, wordt uitgemaakt voor flikker, of 'verkaast' (vernederlandst). Illustratief in De Jongs boek is de reactie van Spliff op Bokser (bijnamen) die een kans voorbij laat gaan om voor te dringen bij de bioscoop: 'Wat ga je netjes in die rij staan, sukkel? Ook nog met je: "Pardon, mevrouw." Beetje lopen slijmen bij die wijf. Wees gewoon een G (gangster), ouwe. Je bent toch geen flikkertje? Ik zou echt schijt hebben! Ik zweer 't je. Gewoon voor die bitch gaan staan, en als iemand wat zegt, ik bos (sla) d'r gewoon, asahbi (vriend)'.

Cloward en Ohlins subcultuurtheorie

Ook Cloward en Ohlin (1961) nemen de anomietheorie van Merton als uitgangspunt. Zij betogen dat delinquent gedrag moet worden gezien als een reactie op het gebrek aan mogelijkheden (*opportunities*) om succes in de vorm van materiële welvaart te bereiken door arbeid of andere legitieme middelen. De jongeren die op illegitieme wijze succesdoelen gaan nastreven, zullen dit doen door de vorming van een delinquente subcultuur. Deze is echter in oorsprong niet destructief van aard, zoals Cohen veronderstelt, maar een illegale weg om uit de situatie van armoede te geraken. De jongeren die zich realiseren dat tot de gedepriveerden behoren, zullen geleidelijk van de maatschappij vervreemd raken. Zij zullen steun bij elkaar gaan zoeken, eigen nieuwe gedragscodes ontwikkelen en vervolgens pogen gezamenlijk (in gangs) de succesdoelen te bereiken.

Echter niet alle jeugdigen uit sociaal zwakkere milieus zullen zo succes behalen. Cloward en Ohlin stellen dat dit afhankelijk is van het ontbreken van legitieme middelen, maar ook van de beschikbaarheid van illegitieme middelen. Dit laatste zal van plaats tot plaats en van wijk tot wijk verschillen. Omdat crimineel gedrag niet spontaan ontstaat, maar wordt geleerd in voortdurende interactie met anderen, spelen bij de totstandkoming van de delinquente subcultuur vooral de relaties in een buurt, zowel van criminele als niet-criminele aard, een rol. In dit verband onderscheiden Cloward en Ohlin drie subculturen, namelijk de criminele, de conflict- en de afzonderingssubcultuur.

De *criminele subcultuur* wordt met name aangetroffen in die wijken waar de criminaliteit van volwassenen in aanzien staat. In de Nederlandse context kan bijvoorbeeld worden gedacht aan jongens die opgroeien in koffiehuizen die een verzamelplaats zijn van professionele helers en drugsdealers. Het belangrijkste doel dat de jongeren zich in de criminele subcultuur stellen, is zich te profileren, zodat zij mettertijd deel mogen uitmaken van het netwerk van professionele criminelen. Na een periode als koerier of chauffeur worden de meest veelbelovende jongens gerekruteerd door de in de wijk aanwezige criminele organisaties. Familiebanden spelen hierbij een belangrijke rol. Ook voor een criminele carrière zijn, volgens Cloward en Ohlin, kruiwagens en netwerken van groot belang.

De *conflictsubcultuur* wordt gekenmerkt door het gebruik van geweld in allerlei vormen. Deze subcultuur ontstaat in buurten zonder omvangrijke volwassenencriminaliteit die de jongeren tot voorbeeld kan dienen om door utilitaire vermogenscriminaliteit frustraties te boven te komen. Daarom probeert de jongere door het tonen van fysieke moed, het nemen van risico en het gebruik van geweld status te verkrijgen. In de huidige Nederlandse context kan bijvoorbeeld worden gedacht aan Antilliaanse of Marokkaanse jongens zonder perspectieven op werk (Bovenkerk, 2003; De Jong, 2007). Aangezien er in hun directe omgeving weinig succesvolle, oudere criminelen voorkomen – onder de oudere generaties binnen deze groepen komt weinig criminaliteit voor –, zijn zij gedwongen hun eigen weg te vinden in de misdaad. Dit leidt ertoe dat zij op amateuristische – en daardoor extra gevaarlijke – wijze berovingen plegen of winkels overvallen.

Jongeren die zich noch door lidmaatschap van een delinquente subcultuur kunnen bewijzen, noch kans zien via een conflictgroep status te verkrijgen, kunnen terechtkomen in een *afzonderingssubcultuur* waarin drugs en alcohol een grote rol spelen. Deze is aanzienlijk zwakker gestructureerd dan de eerste twee en is bovendien minder stabiel van samenstelling. Deze laatste groep lijkt op de *retreatists* in het schema van Merton. In de huidige Nederlandse situatie kan worden gedacht aan de oververtegenwoordiging van jongeren met een etnische achtergrond binnen lokale populaties van verslaafden en onder jongeren met psychische problemen.

5.3.2 Sociale-controletheorieën

Volgens de Amerikaanse criminoloog Hirschi (1969) zou de criminologie niet moeten proberen te verklaren waarom sommige mensen delicten plegen, maar waarom zo velen het nalaten. Voor hem is het geen vanzelfsprekende zaak dat een individu zich onthoudt van gedrag dat ongeoorloofd is. Over het plegen van delicten zegt Hirschi: *'We all would, if we could'*. De mens is van nature hedonistisch en streeft in zijn bestaan naar de bevrediging van eigen behoeften en naar plezier. Iemand wordt alleen een sociaal wezen omdat zijn/haar sociale omgeving dat afdwingt. Sociaal aangepast gedrag is het gevolg van de bindingen van individuen met hun omgeving. Zijn theorie wordt daarom de 'theorie van de sociale controle' genoemd (in Nederland ook wel bindingstheorie).

De gewetensvorming verloopt via een proces van socialisatie door de sociale omgeving. Hirschi onderscheidt in dit socialisatieproces vier factoren die bepalen of iemand zich wel of niet zal conformeren aan de regels. Omdat de omgeving aan het individu voorhoudt welke normen en waarden moeten worden aangehangen, is de kwaliteit van de binding met die omgeving beslissend. Is deze binding sterk, dan zullen er remmingen ontstaan ten aanzien van crimineel gedrag. Is deze echter zwak, dan is de kans aanwezig dat crimineel gedrag tot ontwikkeling komt. Hirschi onderscheidt binnen deze binding vier elementen:

- gehechtheid (*attachment*);
- betrokkenheid in verband met eigenbelang (*commitment*);
- gebondenheid (*involvement*);
- normen en waarden (*beliefs*).

Gehechtheid heeft betrekking op de mate waarin iemand rekening houdt met de wensen en de verwachtingen van anderen. Wie niet gevoelig is voor het oordeel van anderen, behoeft zich ook niets van hun normen aan te trekken. Deze gevoeligheid hangt samen met de kwaliteit van de relatie met de ander: hoe meer er sprake is van wederzijdse sympathie, des te meer voelt de persoon zich verplicht aan de ander en vormt de relatie een barrière tegen afwijkingen van het gangbare, wenselijk geachte gedrag. Bepaalde personen vertonen een lage graad van gehechtheid aan anderen – bijvoorbeeld de psychopaat, maar ook de adolescent die slechte relaties heeft met ouders en school – en deze wijken gemakkelijker af van conventionele gedragsnormen dan degenen die daardoor affectie of respect kunnen verspelen.

De *betrokkenheid in verband met eigenbelang* verwijst naar de investering in tijd en energie die een persoon doet in de conventionele samenleving. Deze investeringen leiden tot een bepaalde positie, waarbij een levenswijze hoort. Wie normen overtreedt, zet deze positie op het spel. Dit element benadrukt het rationele, economische aspect van bindingen: hoe meer men materieel en emotioneel heeft geïnvesteerd in de conventionele samenleving, des te meer men heeft te verliezen wanneer men van de norm afwijkt. Van belang is dat de waarde van de investering volgens Hirschi subjectief is bepaald: de toewijding aan de conventionele orde kan zeer groot zijn bij mensen met een lage sociale positie.

Gebondenheid is een gevolg van de betrokkenheid bij activiteiten waar men belang bij heeft. Het gaat hier om de beperking van mogelijke activiteiten die voortvloeit uit iemands levenswijze. Wie bijvoorbeeld een drukke baan heeft en actief aan het plaatselijke verenigingsleven deelneemt, heeft eenvoudigweg geen tijd voor deviante activiteiten in de avonduren. Dit element betreft de omstandigheid dat iemand die maatschappelijk goed is geïntegreerd, minder in de gelegenheid is delicten te plegen (familie/werk/hobby's houden hem 'van de straat').

Het vierde element, de *normen en waarden*, verwijst naar de aanvaarding van de morele waarde van conventionele regels. Hirschi veronderstelt dat er in de maatschappij een gemeenschappelijk waardensysteem bestaat. Individuen variëren echter in de mate waarin zij dit waardensysteem onderschrijven. Een belangrijke uitdrukking van dit waardensysteem is het geheel van wettelijke normen. De morele overtuigingen, zoals hier bedoeld, komen dus sterk overeen met respect voor de wet. In een gemeenschap waar de meerderheid de wet respecteert, heerst *a culture of lawfulness*. Bij afwezigheid van de overtuiging dat de regels van de samenleving moeten worden gehoorzaamd, zijn er minder remmingen tegen het overtreden van die regels.

Wat de onderlinge verhoudingen tussen deze vier elementen betreft, redeneert Hirschi dat het uitgangspunt bij de verklaring van delinquentie moet zijn het gebrek aan *attachment*, dat wil zeggen: affectieve binding met conventionele anderen. In het bijzonder bij het ontbreken van een goede band met de ouders worden de conventionele normen niet geïnternaliseerd: morele remmingen ontstaan dan niet, het geweten blijft onderontwikkeld. Hoe sterker jongeren hun ouders en volwassenen in het algemeen respecteren, des te groter de kans is dat zij zich aan de gangbare regels zullen houden. Degenen die geen band krijgen met hun ouders, zullen volgens Hirschi vaak ook geen banden met hun leeftijdgenoten kunnen aangaan. Dit impliceert dat ook met delinquente leeftijdgenoten geen hechte band kan ontstaan. Jongeren plegen in deze visie hun delicten niet om te voldoen aan de verwachtingen van hun delinquente vrienden, maar omdat zij in het geheel geen banden hebben en daardoor geen conventionele normen hebben geïnternaliseerd. Deze laatste veronderstellingen zijn tegengesteld aan de subculturele theorieën, die juist ervan uitgaan dat delinquentie gegrond is in een sterke band met delinquente vrienden en/of ouders.

In Nederland werd de theorie van Hirschi getoetst in een aantal grote empirische studies. Bruinsma (1981) heeft een toetsingsonderzoek uitgevoerd bij schoolgaande jongens en meisjes van 12-16 jaar uit een middelgrote stad. Hij vond sterke relaties tussen het omgaan met verkeerde vrienden en jeugddelinquentie. Hij verbindt hieraan de conclusie dat de subculturele theorieën meer verklaringskracht hebben dan de theorie van de sociale controle. Junger-Tas (1985) heeft Hirschi's theorie in verschillende onderzoeken in België en Nederland getoetst. Uit haar uitkomsten blijkt steeds dat de bindingen met school de belangrijkste voorspellers zijn van delinquent gedrag. Haar dochter, M. Junger (1990), is in haar promotieonderzoek nagegaan of Hirschi's theorie mede toepasbaar is op de jeugddelinquentie onder etnische minderheden (Surinamers, Turken en Marokkanen). Op grond van haar onderzoek komt zij tot de conclusie dat de jeugddelinquentie volgens politiegegevens en zelfrapportagegegevens onder jongeren behorende tot de etnische minderheden, hoger ligt dan onder – wat betreft maatschappelijke situatie – vergelijkbare Nederlandse jongens (in het bijzonder geldt dit voor Marokkaanse jongens). Tevens concludeert zij dat ook de jeugddelinquentie van jongens uit etnische minderheden, in overeenstemming met Hirschi's theorie, sterk samenhangt met een zwakke binding met gezin en school.

Uit een langlopende studie naar de criminaliteit onder Rotterdamse jongeren in de periode 2006 tot 2010 is naar voren gekomen dat de aard van de vriendennetwerken de belangrijkste verklarende factor is, belangrijker dan sociale achterstanden, school, wijk of gezin (Driessen, Duursma en Broekhuizen, 2014).

Box 5.4. De gender gap

De geregistreerde criminaliteit van vrouwen en meisjes is, zoals besproken in hoofdstuk 2, beduidend geringer dan die van mannen en jongens. Hoewel de verhouding tussen het criminele gedrag van mannen en vrouwen varieert naar tijd en plaats, wordt een *gender gap* aangetroffen in alle landen waar men op enigerlei wijze crimineel gedrag officieel registreert. Volgens de cijfers van de geregistreerde criminaliteit zijn mannen in Nederland verantwoordelijk voor 85 procent van de geregistreerde criminaliteit. In deze verhouding komt geleidelijk aan enige verandering, maar van een trendbreuk is geen sprake (Mertens et al., 1998). Uit zelfrapportageonderzoek uit 2010 blijkt dat het percentage jongens dat delicten pleegde nog steeds anderhalf keer zo groot is als dat van meisjes (Van der Laan en Blom, 2011). Bij inbraak, bedreiging en mishandeling is de verhouding nog aanzienlijk schever. De universele wet dat het plegen van ernstige criminaliteit vooral een mannenzaak is, geldt dus nog steeds. De emancipatie van vrouwen heeft hierin geen wezenlijke veranderingen gebracht.

In hoeverre karakterologische verschillen tussen mannen en vrouwen mede bepalend zijn voor de stabiele sekseverschillen in criminaliteit is een controversiële kwestie. Volgens de feministische ideologie zijn zulke verschillen, voor zover aanwezig, cultureel bepaald. Rutenfrans (1989) heeft in zijn proefschrift over de man-vrouwverschillen in crimineel gedrag inzichten uit de psychologie gecombineerd met de sociale-controletheorie van Hirschi. Mannelijke adolescenten zouden gemiddeld meer dan meisjes de neiging hebben om binnen de groep waarvan zij deel uitmaken, respect af te dwingen door het tonen van stoer en riskant gedrag. Dit dominantiestreven zou de mentale oorsprong vormen van de ogenschijnlijk zinloze agressiviteit van jeugdbendes en voetbalsides. Vrouwen zouden daarentegen gemiddeld meer zijn gericht op het vestigen en in stand houden van goede relaties met hun sociale omgeving. De sociale omgeving verwacht bovendien van meisjes dat zij zich meer conformeren aan gangbare gedragsnormen. Aan jongens wordt meer ruimte geboden voor experimenteel gedrag. Dit is a fortiori zo binnen de islamitische cultuur. Cultuur en natuur werken in deze multidisciplinaire visie dus samen bij het in stand houden van de gender gap bij crimineel gedrag.

Junger-Tas (1983) vond in haar onderzoek onder Nederlandse jongeren dat meisjes meer zijn betrokken bij gezinsactiviteiten en dat op hen door de ouders meer controle wordt uitgeoefend. Ook de binding met de school is bij meisjes gemiddeld sterker. Bruinsma (1983) heeft vastgesteld dat bij meisjes, meer nog dan bij de jongens, ook de vriendengroep van groot belang is. Indien meisjes delicten plegen, is dit vaak samen met vriendinnen met wie zij een hechte band hebben.

5.3.3 Sociale-desorganisatietheorieën

In hoofdstuk 2 werd gewag gemaakt van het feit dat het niveau van de criminaliteit het hoogste is in stedelijke gebieden. Ook binnen de steden is echter vaak sprake van een ongelijke verdeling van het delinquente gedrag, waarbij de mate van criminaliteit van sommige wijken gedurende vele jaren vrijwel constant blijft, ondanks tal van wijzigingen in de samenstelling van de bevolking. Het verschijnsel dat bepaalde wijken in steden een vrijwel constant hoog criminaliteitsniveau hebben, werd al lang geleden geconstateerd, en leidde tot een groot aantal onderzoeken waarin men kenmerken van wijken relateerde aan het criminaliteitsniveau. Deze methode sluit aan bij de ecologie, een onderdeel van de biologie waarin planten en dieren worden bestudeerd in relatie tot elkaar en de wijze waarop zij zich aan hun directe omgeving aanpassen. Ecologen die het gedrag van de mens zijn gaan onderzoeken, hebben zich vooral gericht op de omgeving die door de mens is ontworpen en gemaakt: de stad.
Met name Shaw en McKay (1942) verrichtten in dit opzicht baanbrekend werk in de Amerikaanse stad Chicago. Hun richting binnen de sociologische criminologie wordt daarom vaak aangeduid als de Chicago School. Zij maakten bij hun statistische analyse gebruik van plattegronden waarop zij de verdeling van de criminaliteit gedetailleerd weergaven. Op grond daarvan kwamen zij tot de conclusie dat crimineel gedrag en

andere met criminaliteit samenhangende gedragingen, zoals spijbelen, het meest voorkomen in het centrum van een stad en geleidelijk afnemen naarmate een wijk meer in de periferie ligt.
Als verklaring van deze onderzoeksresultaten introduceerden zij het begrip 'sociale desorganisatie'. Deze term geeft aan dat er in de wijken met hoge criminaliteit een geringe stabiliteit en een lage sociale cohesie valt waar te nemen. Deze sociale achteruitgang wordt vooral aangetroffen in min of meer verpauperde wijken die grenzen aan het centrum van de stad. In deze buurten komen veelal ook andere sociale problemen voor zoals prostitutie en drank- en drugsgebruik. De groei van de Amerikaanse steden sinds 1920 is hier debet aan. Vele welgestelde ingezetenen verhuisden naar de betere en modernere buurten die aan de rand van de stad werden gebouwd. Het centrum werd steeds meer het zakelijke en industriële hart van de stad, bestaande uit banken, overheids- en kantoorgebouwen, warenhuizen en hotels. Rond dit centrum ontstond een in verval gerakend overgangsgebied dat werd bewoond door mensen met zeer lage inkomens en migranten. In de volgende zone treft men wat betere huizen aan, veelal bewoond door arbeiders, en nog meer naar de periferie liggen de wijken van de middenklasse.
Resultaten van verder empirisch onderzoek hebben geleid tot aanpassingen in de ecologische benadering. Een eerste invloedrijke variant is ontwikkeld door de criminologen Wilson en Kelling (1982). Zij namen waar dat misdrijven vooral worden gepleegd in wijken met een zichtbaar gebrek aan sociale controle, bijvoorbeeld blijkend uit veel gebroken ruiten en zwerfvuil. Zo'n omgeving wijst op de afwezigheid van informele of formele sociale controle en zou daardoor als het ware uitnodigen tot het plegen van ook ernstige delicten. Potentiële criminelen zouden de fysieke kenmerken van verloedering interpreteren als een vrijbrief om ernstiger delicten te plegen. Potentiële slachtoffers zouden zich in zo'n omgeving bij voorbaat weerloos en onbeschermd voelen en zich daar ook naar gedragen. Wilson en Kelling noemden hun theorie de 'Broken windows'-theorie. Deze theorie is in Nederland getoetst door een onderzoeksgroep van de Rijksuniversiteit Groningen. De groep toonde middels een experiment aan dat de neiging in een fietsenstalling op fietssturen aangebrachte folders op de grond te gooien significant groter was indien de muren vol zaten met graffiti dan in een nettere ambiance (Keizer, Lindenberg en Steg, 2008).
Een tweede variant wijst vooral op het belang van informele sociale controle binnen een wijk (Elliot et al., 1996). Op grond van de resultaten van een tamelijk grootschalig onderzoek in de Verenigde Staten kon worden geconcludeerd dat sociaaleconomische achterstand op wijkniveau nauwelijks een relatie vertoont met de ontwikkeling van probleemgedrag onder jongeren, waaronder criminaliteit. Het ontstaan van criminaliteit werd in veel sterkere mate beïnvloed door de informele sociale controle binnen een wijk. Hoe sterker de informele sociale controle, des te lager is het niveau van het probleemgedrag van jongeren binnen de wijk, ondanks de eventuele achterstandssituatie van de bewoners (Elliott et al., 1996). De invloed van informele sociale controle is door

later onderzoek bevestigd. Een belangrijke voorspeller van het criminaliteitsniveau blijkt de bereidheid van inwoners om elkaar bij problemen te helpen en elkaar te vertrouwen (Sampson, Raudenbush, 2001; Van Wilsem, 2003). Met andere woorden: criminaliteitsproblemen zijn groter in wijken met een geringe sociale cohesie.

5.3.4 Sociale-labellingtheorieën

Binnen de sociologie bestaat een theoretische richting die veronderstelt dat het sociale gedrag van mensen sterk wordt bepaald door de sociale rollen die men krijgt opgelegd of zelf aanneemt. Binnen menselijke groepen zouden als het ware voortdurend onderhandelingen gaande zijn wie welke rollen mag of moet spelen. Deze - hier slechts schetsmatig aangeduide - richting staat bekend als het symbolisch interactionisme.
Door Goffman (1963) is geanalyseerd hoe mensen met een sociaal, psychisch of lichamelijk gebrek proberen te voorkomen dat zij een sociaal vernederende rol opgedrongen krijgen, dat wil zeggen, een sociaal stigma krijgen opgelegd. Lemert (1967) werkte vervolgens de gedachte uit dat personen die een delict plegen, door toedoen van de strafrechtspleging een criminele identiteit krijgen aangemeten. Iemand wordt in deze visie geen misdadiger door een wet te overtreden maar doordat de autoriteiten hem het etiket misdadiger, crimineel, delinquent opplakken. Door zijn bejegening door politie en justitie krijgt een wetsovertreder de status van outcast en wordt hij beroofd van sommige van zijn sociale en soms ook politieke privileges. Iemand die als misdadiger is gelabeld, loopt het gevaar dat hij zichzelf ook niet meer ziet als een achtenswaardig mens. Aanvankelijk zal hij zijn lage status nog kunnen wijten aan pech, gebrek aan mogelijkheden of discriminatie. Is dit door de reacties van de maatschappij niet meer het geval, dan dreigt het gevaar dat hij zich gaat keren tegen degenen die hem labellen. Hij gaat zichzelf zien als een vijand van de bestaande orde. Een tamelijk gering delict kan zo leiden tot een echte levenslange criminele carrière. De labelling heeft dan gewerkt als *self-fulfilling prophecy.*
Het verschijnsel dat wetsovertreders de hen door de omgeving opgelegde rol van crimineel als een identiteit gaan beschouwen waarnaar zij zich vervolgens ook gaan gedragen, staat bekend als secundaire deviantie. Secundaire deviantie ontstaat als er bij de dader internalisering (verinnerlijking) heeft plaatsgevonden van de negatieve verwachtingen van zijn omgeving betreffende zijn toekomstige gedrag. Deze inzichten hebben geleid tot de beleidstheorie dat vooral ten aanzien van jeugdige delinquentie zo min en zo laat mogelijk zou moeten worden opgetreden ter voorkoming van secundaire deviantie. De strafrechtspleging zou, in de woorden van de Britse criminoloog J. Young (1988), vooral leiden tot *deviance amplification* (versterking en verbreiding van afwijkend gedrag) en dus zo veel mogelijk moeten worden beperkt. In Nederland pleitten in de vorige eeuw de hoogleraren criminologie Loek Hulsman en Herman Bianchi voor de terugdringing of zelfs algehele opheffing van het strafrecht (Van Swaaningen, 1988): het zogenoemde abolitionisme. De reactie op misdrijven zou in beginsel geheel

moeten worden overgelaten aan het civiele recht of aan het in hoofdstuk 8 nader te bespreken herstelrecht.

De labellingtheorie is als verklaring voor het ontstaan van crimineel gedrag van meet af aan controversieel geweest. Dit geldt met name voor de veronderstelling dat de bejegening door de strafrechtspleging leidt tot het aanleren van een deviante identiteit die anders achterwege zou zijn gebleven (Knutsson, 1977). Bij veel chronische delinquenten liggen er wel degelijk – zoals besproken in het vorige hoofdstuk – persoonlijkheidsstoornissen ten grondslag aan hun afwijkende gedrag. Ook behoren chronische jeugddelinquenten vaak tot criminele subculturen die ook los van eventuele contacten met politie en justitie zouden zijn ontstaan. Het probleem met strafrechtelijke interventies lijkt niet zozeer te zijn dat deze crimineel gedrag veroorzaken, maar dat ze er niet in slagen de diepere oorzaken ervan weg te nemen en deze soms slechts versterken.

5.3.5 Reintegrative shaming

De Australische criminoloog Braithwaite (1989) heeft een theoretische synthese tot stand gebracht tussen de eerder besproken anomie- en controletheorieën en de labellingtheorie.

De primaire oorzaken van een criminele carrière liggen volgens Braithwaite bij de sociale deprivatie die sommige jongeren ondervinden en de minder sterke bindingen aan de conventionele maatschappij die daardoor ontstaan. De strain die zulke jongeren ondervinden, leidt ertoe dat zij gaan experimenteren met crimineel gedrag. Deze experimenten vormen het begin van een criminele carrière indien de maatschappij, vertegenwoordigd door politie en justitie, op het vertoonde criminele gedrag reageert met stigmatisering en uitstoting. Het harde strafrechtelijke beleid in de Verenigde Staten staat bij Braithwaite model voor zo'n repressieve reactie. Contacten met het strafrechtelijke systeem leiden ertoe dat de afgestraften de gevangenis verlaten als geharde criminelen die zich nog slechts thuis voelen binnen een criminele subcultuur.

Indien echter door de sociale omgeving het vertoonde delinquente gedrag krachtig wordt afgewezen zonder dat de persoon zich afgewezen of verstoten voelt, zou het ontstaan van een criminele carrière vaak nog in de kiem kunnen worden gesmoord. Centraal in deze theorie is daarom het begrip *reintegrative shaming*. Het opwekken van gevoelens van schaamte is volgens Braithwaite in hoofdzaak de taak van de sociale omgeving. De politie en justitie zouden dit proces moeten ondersteunen of op gang moeten helpen brengen. Anders dan de aanhangers van de labellingtheorie acht Braithwaite een krachtige veroordeling van delinquent gedrag pedagogisch van het grootste belang. En anders dan de aanhangers van diverse biologische en psychologische theorieën gaat de theorie van Braithwaite uit van de maakbaarheid van de delinquent.

Een sterk punt van deze theorie is dat zij voor de bestudering van zeer uiteenlopende vormen van criminaliteit relevant is. Zij lijkt ten eerste bruikbaar voor de bestudering van (de aanpak van) gewone, niet-gewelddadige jeugddelinquentie. Maar ook veel vormen van witteboordencriminaliteit, zoals belasting- of milieufraude, kunnen vermoedelijk slechts floreren indien de betrokkenen zich er in eigen kring niet voor hoeven te schamen. De invoering van zelfregulering of beroepscodes is dus wellicht effectiever dan een harde strafrechtelijke aanpak (Van den Heuvel, 1993). Ook geweldplegingen in de privésfeer zullen volgens deze theorie vooral moeten worden teruggedrongen door een verandering van het normbesef en dus door voorlichting, in plaats van door strafrechtelijk optreden alleen. Gebaseerd op Braithwaites ideeën wordt in Australië en Nieuw-Zeeland op grote schaal geëxperimenteerd met alternatieve afdoeningswijzen van strafzaken tegen minderjarigen, waarbij de dader (eventueel ook zijn ouders) en het slachtoffer met elkaar in contact worden gebracht (Sarre, 1994).

Actuele informatie is te vinden op de volgende websites:
www.criminology.fsu.edu/crimtheory/criminology_theory_link2.htm
www.ojp.usdoj.gov/bjs
www.universiteitvannederland.nl (vandijk/colleges 3 en 4)

akerstraat

6 Criminaliteitspreventie

6.1 Inleiding

Van oudsher nemen burgers, bedrijven en overheidsinstellingen zelf maatregelen ter bescherming van have en goed. Het beroemdste schilderij uit de Nederlandse Gouden Eeuw is een afbeelding van de Nachtwacht, dat wil zeggen, een schuttersgilde, oftewel een vrijwillige burgerwacht ter preventie van misdrijven. In de meeste westerse landen bleef het tegengaan van criminaliteit tot in de negentiende eeuw de eigen verantwoordelijkheid van de gegoede burgerij. Pas in de loop van die eeuw ontstonden vanuit bestaande particuliere bewakingsdiensten statelijke politiediensten. De eerste Nederlandse politiedienst werd ingevoerd door Napoleon in 1810. In Londen werd pas in 1829 de eerste politieorganisatie opgezet. Over de taken van de Metropolitan Police schreef de eerste hoofdcommissaris: '*The primary object of an efficient police is the prevention of crime: the next that of detection and punishment of offenders if crime is committed*'. In de huidige tijd is de nadruk steeds meer komen te liggen op de strafrechtelijke, repressieve taken van de politie, dat wil zeggen op de opsporing van daders. Mede vanwege de sterk gedaalde ophelderingspercentages kan met repressie alleen de veelvoorkomende criminaliteit echter niet effectief worden teruggedrongen en beheerst. Vanaf 1960 is de criminaliteit in de westerse wereld ondanks meer politiële repressie explosief gestegen. Om die reden is omstreeks 1970 in veel westerse landen weer meer belangstelling ontstaan voor de preventieve inspanningen van politiediensten en van burgers, bedrijven en gemeentelijke instellingen. Onder criminaliteitspreventie verstaan wij: '*alle maatregelen van burgers en particuliere instellingen en van de overheid liggende buiten de strafrechtspleging die erop zijn gericht gedragingen die volgens de wet strafbaar zijn, te voorkomen*' (Van Dijk en De Waard, 1991).

In 2002 zijn door de 'Commision on Crime Prevention and Criminal Justice' van de Verenigde Naties de *Guidelines for the Prevention of Crime* aanvaard. Criminaliteitspreventie wordt hierin op dezelfde manier gedefinieerd, namelijk als: '*Strategies and measures that seek to reduce the risk of crimes occurring, and their potential harmful effects on individuals and society, including fear of crime, by intervening to influence their multiple causes. The enforcement of laws, sentences and corrections, while also performing preventive functions, falls outside the scope of the Guidelines.*'

Volgens de VN-definitie is criminaliteitspreventie niet slechts gericht op het voorkomen van misdrijven maar ook op het beperken van de schadelijke gevolgen ervan zoals angstgevoelens bij de bevolking. Het definiërende kenmerk van preventie is dat, anders dan bij de strafrechtelijke reacties, wordt ingegrepen in de veelsoortige oorzaken van criminaliteit nog voordat er een delict is gepleegd. Er bestaat een duidelijke analogie met de preventieve geneeskunde en met de brandpreventie. Preventieve geneeskunde richt zich op het aanleggen van riolering en waterleiding, de drooglegging van moerassen en de keuring van waren (vooral levensmiddelen). Dergelijke preventieve maatregelen hebben een grotere invloed gehad op de volksgezondheid dan de verzorging en behandeling van patiënten. Of, in de woorden van de Amerikaanse schrijver Benjamin Franklin: *'An ounce of prevention is worth a pound of cure'*. Ook de aanmerkelijke daling van het aantal branden is niet zozeer te danken aan de brandweer maar aan de invoering van wettelijke brandveiligheidsnormen en de brandweerinspectie. Bij de bestrijding van criminaliteit ligt het niet anders. Een overheid die het niveau van criminaliteit werkelijk en blijvend wil terugdringen, moet niet alleen inzetten op strafrechtelijke repressie van daders maar ook op de bevordering van preventieve maatregelen. Hierbij kan een beroep worden gedaan op het welbegrepen eigenbelang van burgers en bedrijven om hun schade ten gevolge van criminaliteit zo veel mogelijk te beperken door het nemen van voorzorgsmaatregelen. De overheid heeft in de zich bedreigd voelende burger of ondernemer een natuurlijke bondgenoot bij haar veiligheidsbeleid.

Theoretische grondslagen

Er bestaan veel verschillende vormen van criminaliteitspreventie. Veel preventiemaatregelen zijn gebaseerd op *common sense*, zoals het toepassen van technische beveiliging in de vorm van goede deursloten in woonhuizen. De meeste maatregelen kunnen worden gezien als praktijktoepassingen van de eerder in de hoofdstukken 4 en 5 behandelde criminologische theorieën over het ontstaan van criminaliteit (Tonry en Farrington, 1995). Criminaliteitspreventie zou daarom toegepaste criminologie kunnen worden genoemd. Elke theoretische richting binnen de (etiologische) criminologie heeft zijn eigen preventieve toepassingen. Hierna volgt een korte bespreking van de preventieve implicaties van de belangrijkste, eerder behandelde criminologische theorieën.

Volgens het klassieke strafrecht ligt aan criminaliteit een vrij wilsbesluit van de daders ten grondslag. In deze optiek is de beste preventie een hoge pakkans voor overtreders en de oplegging van zware straffen. Door het besef van de strafrechtelijke risico's van crimineel gedrag zullen potentiële daders worden afgeschrikt. In deze visie zijn er voor de overheid geen redenen om naast opsporing en bestraffing nog aan preventie te doen. De aanhangers van de positivistische school binnen de criminologie hadden daarover, zoals in hoofdstuk 1 is besproken, andere ideeën. Het opleggen van straffen had in hun visie juist betrekkelijk weinig zin. De oorzaak van criminaliteit ligt in hun visie bij de criminele aanleg van geboren misdadigers. Het criminele gedrag van deze 'geboren misdadigers' zou men door de oplegging van afschrikwekkende straffen niet kunnen veranderen. Volgens Lombroso lag de enige rationele aanpak van het misdaadprobleem daarom in het identificeren en vervolgens levenslang begeleiden van de 'geboren misdadigers'. Een deel van deze risicovolle personen zou volgens hem kunnen worden opgevangen in bij hun aanleg passende beroepen, zoals het leger. Lombroso, opgeleid als medicus, zag criminaliteit als een genetisch bepaalde ziekte die met het opleggen van straffen niet is te genezen. In de huidige tijd zullen onderzoekers die menen dat crimineel gedrag vaak voortkomt uit een persoonlijkheidsstoornis zoals gebrekkige zelfbeheersing (Gottfredson en Hirschi, 1990) of complexe ADHD, logischerwijze ko-

men tot de aanbeveling om in een zo vroeg mogelijke fase te interveniëren in het ontstaan van agressieve gedragspatronen bij kinderen. De aanhangers van deze theorieën verwachten, evenals destijds Lombroso, in ieder geval weinig van de afschrikwekkende of opvoedende werking van straffen (Buikhuisen, 2006). Personen met gebrekkige zelfbeheersing missen het vermogen om door de dreiging met straf te worden beïnvloed. Anders dan Lombroso zien de hedendaagse persoonlijkheidscriminologen over het algemeen wel mogelijkheden om de ontwikkeling van een criminele persoonlijkheid te voorkomen door op vroege leeftijd in te grijpen en bij te sturen in het socialisatieproces (Schweinhart et al., 1993; Leseman en Cordus, 1994; Tremblay, 2006).
Ook ontwikkelingspsychologen zullen hun preventieadviezen primair richten op de opvoeding. Het aanleren van 'goed en kwaad', het afleren van antisociaal gedrag en in het algemeen de gewetensvorming zijn van grote invloed op de kans dat in de toekomst crimineel gedrag zal worden gepleegd. Deze normatieve opvoeding is een proces waarbij niet alleen de ouders, maar ook anderen, zoals broers en zusters, andere familieleden, vrienden en vriendinnen en leerkrachten, een rol spelen. Bekende criminologen als Gottfredson, Hirschi, Buikhuisen en Tremblay pleiten voor projecten die het mogelijk maken kinderen met bepaalde risicokenmerken op zeer vroege leeftijd te onderkennen, waarna aan hun ouders pedagogische ondersteuning kan worden aangeboden. Dergelijke projecten worden door tegenstanders onhaalbaar geacht op praktische en principiële gronden. Met name bestaat de vrees dat de privacy van de betrokken gezinnen erdoor zal worden geschonden en dat de interventie het betrokken kind te veel apart zal zetten. Overigens pleiten Gottfredson en Hirschi op grond van hun theorie over *low self control* ook voor het verkleinen van de maatschappelijke gelegenheden om delicten te plegen. Juist personen met geringe zelfbeheersing laten zich in hun gedrag sterk leiden door situationele omstandigheden en zijn dus gevoelig voor zich voordoende criminele kansen. Zijn deze kansen er niet, dan zullen zij vaker van het plegen van delicten afzien.
De criminoloog Bonger was er, als overtuigd marxist, zeker van dat criminaliteit het meest effectief zou kunnen worden voorkomen door de inrichting van een rechtvaardiger, niet op uitbuiting gerichte samenleving. Aanhangers van de straintheorieën van Merton en anderen zullen doorgaans eveneens voorstander zijn van interventies op macroniveau, dat wil zeggen: van projecten die beogen de maatschappelijke achterstanden van risicogroepen te verminderen door de aanbieding van scholing, betere huisvesting en banen. Vanuit de ecologische school zal vooral worden aangedrongen op versterking van de sociale cohesie in sociaal zwakkere wijken. Aanhangers van de socialecontroletheorie van Hirschi zullen in het bijzonder pleiten voor ondersteuning van ouders en leerkrachten bij hun opvoedende en toezichthoudende taken.
De labellingtheorie veronderstelt dat wetsovertreders worden beïnvloed door contacten met het strafrechtelijke systeem, maar dan in negatieve zin. Door deze contacten zouden zij een stigma opgelegd krijgen en een negatief zelfbeeld ontwikkelen dat een deviante levensstijl juist in de hand werkt of versterkt. De beste formele aanpak van de

criminaliteit zou bestaan uit een minimalistische strafrechtspleging of zelfs de algehele afschaffing ervan (abolitionisme).
In de theorie van Braithwaite over integrerende beschaming wordt een grotere mate van wilsvrijheid bij de daders verondersteld dan in de psychologisch georiënteerde criminologie. Braithwaite veronderstelt dat straffen een preventieve werking kunnen hebben indien ze worden opgelegd door een sociale omgeving die de daad afwijst maar niet de dader als persoon (*reintegrative shaming*). Uit deze visie vloeien voorstellen voort voor nieuwe vormen van afdoening zoals herstelrecht of mediation.
Door aanhangers van de gelegenheidstheorie, ten slotte, wordt, net als in het klassieke strafrecht, aangenomen dat de meeste daders zich laten leiden door kosten-batenoverwegingen en dat hun gedrag dus is te beïnvloeden, zonder dat diepgaand in hun persoonlijkheid of levensomstandigheden hoeft te worden ingegrepen. Volgens de aanhangers van de '*situational crime prevention theory*', zoals R. Clarke, laten delinquenten hun gedrag in hoge mate bepalen door kosten-batenafwegingen in het hier en nu. Daardoor gaat er volgens hen meer afschrikwekkende werking uit van een goede technische beveiliging of bewaking dan van de dreiging van een straf. Aanhangers van deze theoretische richting zullen vanzelfsprekend adviseren om ter aanvulling op de strafrechtspleging zo min mogelijk gelegenheden te bieden voor criminaliteit, bijvoorbeeld door het wettelijk verplicht stellen van technische beveiliging of bewaking van diefstalgevoelige goederen, en betere voorlichting van potentiële en reële slachtoffers over riskante situaties en levenswijzen. Zij zullen tevens wijzen op het belang van een fysieke en sociale omgeving die uitstraalt dat het plegen van delicten niet wordt getolereerd met de bedoeling potentiële plegers van delicten te ontmoedigen.
In tabel is 6.1 nog eens schematisch weergegeven hoe de belangrijkste theoretische richtingen binnen de criminologie oordelen over de wilsvrijheid van de delinquent en welke consequenties dat heeft voor de erop gestoelde visies op misdaadpreventie.

Tabel 6.1. Schematische weergave van criminologische theorieën op de as indeterminisme-determinisme met de daarbij horende visie op preventie

Indeterminisme/Vrije wil	
Beccaria (klassiek strafrecht)	afschrikking door straf
Gelegenheidstheorie	reductie gelegenheden/strafrecht
Braithwaite	re-integrerende beschaming/herstelrecht
Labelling	abolitionisme/hulpverlening
Sociale controle	opvoeding/onderwijs
Deprivatie/strain	achterstandsbeleid, sociale cohesie
Zelfbeheersing	opvoeding/reductie gelegenheden
Biosociale richting	opvoeding/behandeling
Lombroso (positivisme)	opsluiting/aangepast werk
Determinisme	

6.2 Beproefde preventiestrategieën

Therapeutisch interventies op medisch gebied zijn in beginsel steeds gebaseerd op de uitkomsten van experimenteel onderzoek. Ze zijn *evidence-based.* In de Verenigde Staten en in het Verenigd Koninkrijk is in de tweede helft van de jaren negentig van de vorige eeuw een ontwikkeling op gang gekomen om ook interventies om criminaliteit tegen te gaan zo veel mogelijk te baseren op wetenschappelijke kennis: *evidence-based crime prevention.* Deze ontwikkeling maakt deel uit van een bredere stroming om alle vormen van overheidsbeleid waarvoor belastinggelden worden aangewend, te toetsen aan objectieve maatstaven van kosteneffectiviteit. Beleid van de overheid moet niet slechts ideologisch welgevallig zijn aan democratisch gekozen organen, maar ook bestaan uit strategieën en methoden waarvan de effectiviteit wetenschappelijk is bewezen. Overheidsinstituties worden hierbij gedwongen om hun uitgaven voor maatschappelijke interventies te rechtvaardigen met bewijzen voor een gunstige kosten-batenverhouding. Ook de politie en justitie worden uitgedaagd te bewijzen dat de baten van hun preventieve of repressieve interventies opwegen tegen de kosten.
Door criminologen van de Universiteit van Maryland is in 1998 een baanbrekende literatuurstudie gepubliceerd over de gebleken effectiviteit van interventies ter beperking van criminaliteit. De titel van het rapport luidt: *Preventing Crime: What Works, What Doesn't and What's Promising* (Sherman et al., 1998). Bij deze studie is als uitgangspunt genomen dat interventies moeten worden getoetst op hun effectiviteit volgens algemeen aanvaarde wetenschappelijke maatstaven. De beschikbare evaluatiestudies worden slechts als relevant beschouwd indien ze aan minimale methodologische eisen voldoen. Als gouden standaard hanteren zij de experimentele methode, dat wil zeggen dat het toeval bepaalt bij welke proefpersonen een interventie plaatsvindt (Randomized Controlled Trial/RCT). Na een nauwkeurige bestudering van alle beschikbare studies uitgevoerd naar de effectiviteit van interventies ter vermindering van criminaliteit, hebben de auteurs de verschillende typen interventies gekwalificeerd als wetenschappelijk bewezen effectief of wetenschappelijk bewezen ineffectief. Interventies waarmee gunstige resultaten in althans enkele redelijk goed opgezette studies werden behaald, maar voor wier effectiviteit nog geen harde experimentele bewijzen bestaan, worden 'veelbelovend' genoemd. Verdere experimenten zullen moeten uitwijzen of zij het predicaat 'effectief' verdienen.
Wie aan een doorsnede van Nederlanders vraagt hoe de criminaliteit het beste kan worden aangepakt, krijgt waarschijnlijk een keuze uit de volgende voorstellen te horen: jeugdige delinquenten opsluiten in penitentiaire kampen met militaire tucht, scholieren door voorlichting confronteren met de schadelijke gevolgen van drugsmisbruik, oudere criminelen huisarrest opleggen met elektronische bewaking, lange gevangenisstraffen met aansluitend intensief reclasseringstoezicht, risicojongeren een bezoek laten brengen aan gevangenissen met 'zware jongens' of het opzetten van burgerwachten. Tot dit rijtje populaire interventies moet wellicht ook nog worden gerekend het opleggen

van korte celstraffen aan mannen die hun vrouw of vriendin mishandelen (bekend als de *short sharp shock*). Zoals besproken in hoofdstuk 1 zal in andere, meer linkse of progressieve kringen de voorkeur juist uitgaan naar preventieve interventies. Op hun alternatieve lijstje van interventies staan: buitenschoolse activiteiten voor risicovolle scholieren, banenplannen voor risicojongeren en uitdagende survivaltochten in de Ardennen voor jeugddelinquenten. Door de aanhangers van de preventieve benadering wordt aangeraden in gevallen van huiselijk geweld vooral niet te arresteren, maar huisbezoeken te laten afleggen door een maatschappelijk werker of therapeut.

Uit de meta-evaluatie van Sherman c.s. blijkt dat van geen van de hierboven opgesomde populaire repressieve middelen enig nuttig effect uitgaat op de criminaliteit. Van enkele interventiesoorten, zoals het bezoeken van gevangenissen door risicojongeren (*scared straight*-programma's), staat zelfs vast dat dit het crimineel gedrag juist significant bevordert. Van de jongeren die bij een goed uitgevoerd experiment deelnamen aan zo'n bezoek, werd een veel groter percentage later zelf opgepakt voor criminaliteit dan van de controlegroep. De machocultuur in gevangenissen schrikt de doelgroep kennelijk niet af, maar trekt hen aan. En hoe is het oordeel van Sherman c.s over het alternatieve lijstje preventieve interventies? Helaas, ook van de genoemde preventieve maatregelen gaat geen enkel nuttig effect uit op de criminaliteit. Het aanbieden van extraatjes aan risicojongeren leidt niet tot minder crimineel gedrag. Sommige interventies hebben blijkens de uitgevoerde experimenten slechts positieve effecten onder bepaalde strikte condities en averechtse effecten wanneer daaraan niet wordt voldaan. Korte celstraffen voor geweldplegers in huiselijke kring werken bijvoorbeeld uitsluitend preventief bij redelijk goed geïntegreerde mannen, maar averechts bij daders uit sociaal zwakkere milieus. De rapportage van Sherman laat zien dat men zich bij de keuze van interventies tegen criminaliteit maar beter niet door het gezonde verstand of goede bedoelingen kan laten leiden. Hiervoor is criminologische kennis nodig. De uitkomsten onderstrepen de noodzaak van gedegen, bij voorkeur experimentele evaluatiestudies naar theoretisch goed onderbouwde interventies.

In aanvullende studies door economisch georiënteerde criminologen worden interventies niet alleen geanalyseerd op hun effecten op criminaliteit, maar ook op hun kosten en baten voor de overheid en de samenleving (slachtoffers). Zo zijn door het Washington State Institute for Public Policy vierhonderd verschillende anticriminaliteitsinterventies geanalyseerd op hun kosten en baten (Aos et al., 2001; Aos, Lieb, Mayfield, Miller en Pennucci, 2004). Uit deze meta-analyse bleek dat veel van de uitgeprobeerde interventies hun geld meer dan waard zijn indien de besparingen voor toekomstige slachtoffers mede in de baten worden verdisconteerd. De studie maakt het tevens mogelijk om de kosten-batenverhoudingen van verschillende programma's met elkaar te vergelijken. Uit de studie bleek dat elke geïnvesteerde dollar in een zogenoemd *scared straight*-project twintig dollar netto extra *kosten* veroorzaakt, terwijl elke geïnvesteerde dollar in huisbezoek aan alleenstaande moeders achttien dollar netto *baten* oplevert en gezinstherapie voor risicogezinnen een netto batig saldo laat zien van 130 dollar. De rapportages van Aos c.s. laten niet alleen zien wat werkt en wat niet, maar ook wat de efficiëntste aanpak is, bijvoorbeeld vroegtijdige interventies in risicogezinnen.

6.3 Een tweedimensionale typologie

In de preventieve geneeskunde wordt een onderscheid gemaakt tussen primaire, secundaire en tertiaire preventie. Onder primaire preventie worden de maatregelen verstaan die erop zijn gericht de vatbaarheid van de gehele bevolking voor bepaalde ziekten te verminderen. Voorbeelden zijn de aanleg van rioleringssystemen ter voorkoming van cholera en pest en de toevoeging van fluor aan het leidingwater ter voorkoming van cariës. Dit soort interventies wordt gericht op de gehele bevolking en wordt daarom ook wel 'universele preventie' genoemd.

Secundaire preventie is gericht op het vergroten van de weerbaarheid tegen bepaalde ziekten van groepen uit de bevolking die, bijvoorbeeld blijkens de uitkomsten van screeningsonderzoeken, een verhoogd risico lopen. Voorbeelden zijn speciale diëten of medicatie voor personen met een te hoge bloeddruk of het geven van voorlichting over aids aan prostituees of drugsverslaafden. Deze preventie is gericht op risicogroepen en wordt daarom ook wel 'selectieve preventie' genoemd.

Tertiaire preventie ten slotte bestaat uit de behandeling van personen die een bepaalde ziekte hebben (gehad) ter voorkoming van een terugval of ter verlichting van de blijvende symptomen. Hierbij kan men denken aan medicatie voor mensen die ooit een hartinfarct hebben ondergaan om bloeddruk en cholesterolgehalte te beheersen. Deze vorm staat ook bekend als 'geïndiceerde preventie'.

Deze driedeling is ook toepasselijk op de preventie van (de ontwikkeling van) crimineel gedrag. Onderscheid kan worden gemaakt tussen maatregelen die zijn gericht op bijvoorbeeld alle ouders van schoolgaande kinderen (bijvoorbeeld pedagogische adviezen), maatregelen gericht op typische risicojongeren (bijvoorbeeld opvoedingsondersteuning of straathoekwerk) en maatregelen gericht op ex-delinquenten (reclasseringswerk). Bij deze voorbeelden van respectievelijk primaire, secundaire en tertiaire criminaliteitspreventie gaat het steeds om maatregelen die ingrijpen in het leven van potentiële daders of van ex-daders. De interventies zijn dadergericht.

Criminaliteitspreventiemaatregelen kunnen ook zijn gebaseerd op de gelegenheidstheorie (*situational crime prevention*). Zulke maatregelen zijn niet rechtstreeks gericht op het gedrag van de daders, maar op het aanbrengen van wijzigingen in de omgeving, dat wil zeggen: in criminogene situaties of in riskant gedrag van potentiële slachtoffers. Er is derhalve nog een tweede criterium waarop vormen van criminaliteitspreventie kunnen worden onderscheiden, namelijk de gerichtheid van de maatregelen op respectievelijk de (potentiële) daders, op criminogene situaties of op (potentiële) slachtoffers. Aan de meeste criminaliteitsproblemen zitten drie kanten: er zijn (potentiële) daders, er zijn risicoscheppende situaties en er zijn (potentiële) slachtoffers. Elk van deze kanten biedt aanknopingspunten voor het nemen van preventieve maatregelen.

Binnen de situationele en slachtoffergerichte maatregelen kan, net als bij de dadergerichte preventie, nader onderscheid worden gemaakt tussen primaire, secondaire en tertiaire preventie. Er zijn maatregelen die op de gehele bevolking zijn gericht (primaire of universele preventie). Ten tweede zijn er maatregelen gericht op risicovolle situaties of op risicogroepen wat betreft slachtofferschap (secundaire of selectieve preventie). Er zijn, ten derde, maatregelen gericht op criminele 'probleemwijken' en op reële slachtoffers (tertiaire of geïndiceerde preventie). Zoals reclasseringswerk is gericht op het voorkomen van recidive, is slachtofferhulp mede gericht op het voorkomen van herhaald slachtofferschap. Door hulpverlening wordt gepoogd de gevolgen van het misdrijf voor het slachtoffer te beperken en om herhaling van het slachtofferschap te voorkomen. In deze visie is slachtofferhulp dus een vorm van tertiaire preventie.
Op basis van de twee genoemde criteria, het bereik van de maatregel (primair, secundair of tertiair) en de aard van de maatregel (gericht op daders, situaties of slachtoffers), kunnen negen verschillende vormen van criminaliteitspreventie worden onderscheiden. Deze zijn in tabel 6.2 schematisch weergegeven (Van Dijk & de Waard, 1991; Smallbone, Marshall & Wortley, 2008).

Tabel 6.2. Een tweedimensionale typologie van criminaliteitspreventiemaatregelen

Ontwikkelingsstadium van het criminaliteitsprobleem			
	Primaire preventie algemeen universele preventie	Secundaire preventie eerste symptomen selectieve preventie	Tertiaire preventie probleem aanwezig geïndiceerde preventie
Doelgroepen			
Dadergericht	1	2	3
Situationeel	4	5	6
Slachtoffergericht	7	8	9

Volgens de hier gepresenteerde typologie kunnen dadergerichte preventiemaatregelen zijn gericht op de gehele bevolking, op risicogroepen en op ex-delinquenten (respectievelijk primaire, secundaire en tertiaire dadergerichte preventie, oftewel de categorieen 1, 2 en 3).
Situationele criminaliteitspreventie kan worden gericht op a) alle huizen of bedrijfsgebouwen binnen een stad of land, op b) huizen of gebouwen in gebieden met veel criminaliteit en op c) criminele crisisgebieden (bijvoorbeeld stadsdelen waar zeer frequent delicten worden gepleegd, zoals uitgaanswijken, oftewel zogenoemde *hot spots*). Hierbij gaat het dan achtereenvolgens om primaire, secundaire en tertiaire situationele preventie (categorieën 4, 5 en 6).
Ten derde kan criminaliteitspreventie gericht zijn op de (potentiële) slachtoffers (slachtoffergerichte preventie). Hier kunnen worden onderscheiden primaire maatregelen

gericht op alle kinderen (bijvoorbeeld voorlichting over contacten met vreemde mannen) (categorie 7) en maatregelen gericht op risicogroepen zoals het baliepersoneel van banken in verband met roofovervallen (categorie 8). Tot de tertiaire, slachtoffergerichte preventie kan worden gerekend het geven van training of voorlichting aan individuen die recent slachtoffer zijn geweest. Degenen die eenmaal slachtoffer zijn geweest, lopen een statistisch hogere kans dit opnieuw te worden. Het verschijnsel van herhaald slachtofferschap treedt, zoals in hoofdstuk 8 nader zal worden besproken, op bij zowel vermogens- als geweldsdelicten. Het verlenen van slachtofferhulp kan ook worden opgevat als een interventie die erop is gericht om blijvende gevolgen zoals psychotrauma's te voorkomen (categorie 9).
In de volgende paragrafen worden voorbeelden besproken van de eerste acht typen van criminaliteitspreventie. Op slachtofferhulp wordt uitvoerig ingegaan in het afzonderlijke hoofdstuk over victimologie (hoofdstuk 8).

6.4 Dadergerichte preventie

6.4.1 Primaire dadergerichte preventie

Opvoeding en voorlichting
De belangrijkste vorm van criminaliteitspreventie is zonder twijfel de opvoeding van kleine kinderen. Kinderen die door hun ouders op jonge leeftijd op liefdevolle wijze zijn terechtgewezen voor de overtreding van bepaalde huiselijke regels, ontwikkelen een gewetensfunctie die op latere leeftijd blijft bestaan (Hirschi, 1983). Zulke mensen hebben hogere psychische drempels te overwinnen om een delict te begaan. De mate waarin ouders en opvoeders hun kinderen disciplineren, is sterk cultureel bepaald. In de Japanse, de Chinese en de Hindostaanse cultuur wordt grote waarde gehecht aan het aankweken van een sociaal gedisciplineerde houding en aan een mentale oriëntatie op de groep. In de westerse cultuur wordt meer ruimte gelaten voor individuele ontplooiing en voor het aftasten van grenzen door jongeren. Het hoge niveau van de veelvoorkomende criminaliteit in het westen zou wel eens de prijs kunnen zijn die moet worden betaald voor dit individualistische ethos. Wellicht dat dit *a fortiori* geldt voor samenlevingen zoals de Nederlandse, de Engelse en de Australische waarin de vrijheid van het individu een zeer hoge waarde vertegenwoordigt.
In democratisch geregeerde landen ziet de overheid het, anders dan in landen met een autocratisch regime zoals China of Iran, over het algemeen niet als haar taak de burgers op te voeden. Dat wordt overgelaten aan de ouders en maatschappelijke organisaties. Ook met de preventieve censuur op publicaties, films en video's wordt grote terughoudendheid betracht. Met betrekking tot pornografie heeft zich daarin overigens een duidelijke kentering voorgedaan. Nadat de censuur op beeldmateriaal eerst goeddeels was afgeschaft, is het bezit van kinderporno en van porno met dieren in Nederland nu weer strafbaar gesteld (gecriminaliseerd).

Ook de bemoeienis van de overheid met de opvoedende functies van het onderwijs wordt in Nederland steeds kritisch getoetst aan de beginselen van een democratische rechtsstaat. Staatsopvoeding wordt afgewezen. In Nederland is deze opvoedende taak voor wat betreft het bijzondere onderwijs uitdrukkelijk voorbehouden aan de schoolbesturen. In verschillende democratische landen is de overheid er echter toch toe overgegaan om de burgers in te prenten dat de in de strafwet verankerde normen moeten worden nageleefd en dat ouders hun kinderen daarin het goede voorbeeld moeten geven. De rechtvaardiging voor deze overheidsbemoeienis wordt gevonden in het democratische wetgevingsproces. Indien de wetgever heeft bepaald dat bepaalde normen zo belangrijk zijn dat naleving ervan door de overheid door het strafrecht mag worden bevorderd, dan mag de overheid, zo luidt de redenering, diezelfde normen ook anderszins uitdragen, bijvoorbeeld door voorlichting of projecten in het basisonderwijs. Bekende voorbeelden zijn de jaarlijkse landelijke campagnes tegen corruptie in Hongkong en andere landen. In de jaren negentig heeft het gemeentebestuur van Palermo met steun van de kerk via voorlichtingsprojecten op scholen de jeugd gemobiliseerd tegen de invloed van de maffiacultuur. Het project is gericht op het aanleren van respect voor de wet (in het Engels: *a culture of lawfulness*). Deze cultuur wordt omschreven als een samenleving waarin de meerderheid positief staat tegenover de wet als middel tot meer rechtvaardigheid en welvaart (Orlando, 2000). In verschillende landen zijn met Italiaanse en Amerikaanse steun soortgelijke projecten geëntameerd ter bevordering van respect voor de wet, zoals in Mexico, Botswana en Georgië.

In theorie zijn alle burgers in bepaalde levensfasen potentiële wetsovertreders. Voorbeelden van primaire dadergerichte preventiecampagnes zijn voorlichtingscampagnes over verantwoord verkeersgedrag, alcoholgebruik en ongewenste seksuele intimiteiten. In het hoofdstuk over straffen gaan we nader in op voorlichtingscampagnes ter bekrachtiging van de rechtshandhaving (bijvoorbeeld met betrekking tot de betaling van de motorrijtuigenbelasting). In Nederland wordt op grote schaal preventieve voorlichting gegeven over de onwenselijkheid van alcohol in het verkeer. Andere landelijke campagnes in Nederland hadden betrekking op winkeldiefstallen ('Je zou jezelf eens moeten zien'), heling van gestolen goederen ('Nog even en we weten niet beter'), vandalisme ('Vandalisme is zóóó kinderachtig') en ongewenste seksuele intimiteiten. Soortgelijke campagnes in het Verenigd Koninkrijk gebruiken slogans als *Shoplifting is Stealing* en *Idiots Drink and Drive.*

Ooit heeft het Nederlandse ministerie van Justitie de NCRV-televisieserie *HELP* gesponsord. Hierin werden uit het leven gegrepen situaties geschetst waarin een beroep wordt gedaan op het sociale verantwoordelijkheidsgevoel van de burger (bijvoorbeeld het niet doorrijden na een ongeval of het niet kopen van gestolen goederen). Jaarlijks worden door de Stichting Ideële Reclame SIRE grootschalige voorlichtingscampagnes gevoerd waaronder in de afgelopen jaren tegen digitaal pesten, zinloos geweld, huiselijk geweld en discriminatie. Verschillende omroepen besteden aandacht aan pesten op school. Het bereik van en de waardering voor deze en andere voorlichtingscampagnes is zeer groot, maar of er reële veranderingen in houding en gedrag mee kunnen worden bewerkstelligd, is onzeker. De voornaamste functie is wellicht de bevestiging van goedwillende burgers in hun reeds aanwezige positieve houding. Degenen die zich toch al aan de wet houden, krijgen als het ware een bemoedigend klopje op de schouder.

Het onderwijs

Andere voorbeelden van primaire preventie zijn antipestprogramma's op basisscholen en speciale lessen over de schadelijkheid van vandalisme, het tegengaan van spijbelen en het voortijdig verlaten van school. Voorlichting over drugs op scholen door de politie was wijdverbreid. Dit kan bij sommige leerlingen echter juist de belangstelling voor drugs opwekken en dus averechts werken. Mits de verstrekte informatie objectief is en mede afkomstig van de eigen *peer group*, kunnen er gunstige effecten mee worden behaald (UNODCCP, 2000). Goede resultaten zijn ook behaald met het aanleren van sociale vaardigheden op scholen (*life skills*) (Sherman et al., 1998). Uit de onderzoeken ter toetsing van de socialecontroletheorie is bekend dat leerlingen die een goede band hebben met hun school, weinig kans hebben een delinquente levensstijl te ontwikkelen. Scholen waarbinnen een goed sociaal klimaat heerst en duidelijke regels gelden, vormen dus een uitstekende voorzorgsmaatregel tegen jeugddelinquentie en drugsmisbruik (Mutsaers en Boendermaker, 1990; Sherman et al., 1998; Noye en Wittebrood, 2008). Grote, onpersoonlijke schoolgemeenschappen verkeren in een minder gunstige uitgangspositie om dergelijke integrerende functies te vervullen (Felson, 1997).

Algemeen achterstandsbeleid/problematische wijken

Ruim opgevat kunnen alle vormen van overheidsbeleid gericht op het wegnemen van maatschappelijke achterstanden – bijvoorbeeld door sociale vernieuwing in oude stadswijken – mede worden opgevat als vormen van criminaliteitspreventie. Omdat andere sociale doeleinden hierbij vooropstaan, kan dergelijk beleid beter worden opgevat als 'sociaal beleid met gunstige neveneffecten op de criminaliteit' dan als criminaliteitspreventie. De ervaring heeft bovendien geleerd dat een relatief hoog niveau van sociale zekerheid, onderwijs, medische voorzieningen en maatschappelijke dienstverlening toch niet altijd kan voorkomen dat allerlei vormen van criminaliteit toenemen. De verzorgingsstaat op zichzelf kan, anders dan de marxistische criminologen meenden, niet als een probaat middel tegen de misdaad worden beschouwd. In het kader van het grotesteden- en socialevernieuwingsbeleid zijn door de Nederlandse overheid de afgelopen jaren extra gelden beschikbaar gesteld voor verbetering van problematische wijken. Onderzoek wijst uit dat verbeteringen van de fysieke kwaliteit op zichzelf niet leiden tot veiliger wijken (Wittebrood en Van Dijk, 2007). Om in problematische wijken verbeteringen tot stand te brengen, dient de aanwezige daderpopulatie rechtstreeks te worden aangepakt middels een spreidingsbeleid of door een breed pakket van preventieve en repressieve maatregelen. Het omzetten van problematische wijken in prachtwijken vereist voor alles gericht veiligheidsbeleid (Van den Brink, 2007).

6.4.2 Secundaire dadergerichte preventie

In Nederland hebben veel gemeenten voorzieningen gecreëerd voor de opvang en de begeleiding van risicojongeren (de zogeheten randgroepjongeren). Deze voorzieningen bestaan bijvoorbeeld uit aparte jeugdhonken en straathoekwerkprojecten. Sommige projecten laten goede resultaten zien. Deze successen lijken vooral te danken aan de bijzondere inzet en uitzonderlijke capaciteiten van individuele jongerenwerkers. Evaluatiestudies laten namelijk over het algemeen teleurstellende resultaten zien (Polder en Van Vlaardingen, 1992; Duipmans, 1993; Poyner, 1993; Sherman et al., 1998). Voor dit type preventieprojecten lijkt de Amerikaanse uitspraak *too little, too late* op te gaan. Jongeren die reeds een delinquente levensstijl hebben ontwikkeld – waarvan naast criminaliteit vaak ook onmatig drugs- en alcoholgebruik een onderdeel is –, zijn niet met extra vrijetijdsvoorzieningen en enige vrijblijvende opvang tot gedragsaanpassingen te bewegen. Zij zullen veeleer geneigd zijn de aangeboden extra voorzieningen aan te wenden voor hun delinquente bezigheden. In de jaren tachtig van de vorige eeuw waren sommige jeugdhonken, die werden gesubsidieerd om jeugddelinquentie tegen te gaan, in feite centra voor drugshandel, alcoholmisbruik en de heling van gestolen goederen. De criminaliteit van dergelijke jongeren is al te zeer een onderdeel van hun levensstijl geworden om met zachte hand te kunnen worden omgebogen.

Op theoretische gronden hebben criminologen die behoren tot de ontwikkelingspsychologische of biosociale richting grote verwachtingen van programma's waarbij risicojongeren op zeer jeugdige leeftijd worden gesignaleerd en vervolgens professioneel begeleid (*early interventions*). Positieve resultaten zijn behaald in de Verenigde Staten met huisbezoeken door verpleegsters aan alleenstaande moeders en peuteronderwijs voor kinderen uit sociaal zwakke wijken (Aos et al., 2001; 2004). Succesvol is in de Verenigde Staten ook gebleken de aanbieding van financiële beloningen aan sociaal kwetsbare jongeren voor het behalen van schooldiploma's (Greenwood, 1996).

Onder andere in de Verenigde Staten en Denemarken hebben de politie, de lagere scholen en de jeugdhulpverlening netwerken opgezet waarbinnen zulke vroegtijdige interventies plaatsvinden. Ook in andere landen, waaronder Nederland, zijn er aanzetten voor dergelijke vroegtijdige interventieprojecten. Junger-Tas (1996) heeft een literatuurstudie uitgevoerd naar de bereikte resultaten. Uit de literatuur blijkt volgens haar dat voorschoolse stimuleringsprogramma's voor peuters, gecombineerd met oudertraining en cognitieve stimuleringsprogramma's voor 4- tot 8-jarigen, eveneens gecombineerd met oudertrainingen, veelbelovend zijn. In Nederland worden thans proeven genomen met een gezamenlijke registratie van probleemkinderen door de jeugdbescherming, de (jeugd)politie, de jeugdofficier en soms ook scholen. Vroegtijdig en consistent ingrijpen zal daardoor, naar men hoopt, worden bevorderd. Hoewel het rapport van Junger-Tas aanvankelijk veel kritiek opriep vanwege de mogelijke stigmatiserende werking van speciale opvoedingsprogramma's, is er toch meer bereidheid gekomen om in secundaire, dadergerichte preventie te investeren, bijvoorbeeld in het kader van geintegreerde projecten op buurtniveau. Voor ouders met kinderen tussen 2 en 8 jaar met probleemgedrag is een interventie ontwikkeld waarbij eerst de affectieve banden worden versterkt en de ouders daarna effectief leren straffen. Deze ouder-kindinteractietherapie is bewezen effectief ter voorkoming van zowel kindermishandeling als sociaal-problematisch gedrag van de kinderen op latere leeftijd (Junger, Feder en Côté, 2007).

6.4.3 Tertiaire dadergerichte preventie

De oudste vorm van criminaliteitspreventie is het traditionele reclasseringswerk: het geven van hulp en steun aan gedetineerden en ex-gedetineerden. In het verleden werd dergelijk werk in hoofdzaak gedaan door vrijwilligers, onder andere in kerkelijk verband. In de huidige situatie is het reclasseringswerk een taak van professionele reclasseringsmedewerkers in dienst van Reclassering Nederland. Hun kernactiviteiten zijn volgens onze typologie een vorm van tertiaire dadergerichte preventie in een strafrechtelijke setting. In de jaren tachtig van de vorige eeuw zijn nieuwe vormen van sanctionering geïntroduceerd waarbij de nadruk ligt op de opvoedende werking ervan. Dit geldt in het bijzonder voor de in hoofdstuk 7 te bespreken taakstraffen en alternatieve sancties voor minderjarigen. De tenuitvoerlegging van taakstraffen is inmiddels een van de belangrijkste functies van de reclassering geworden.

Een zuivere vorm van tertiaire preventie zijn ook de HALT-afdoeningen (HALT is een afkorting voor Het alternatief). HALT-projecten zijn samenwerkingsprojecten van gemeenten, de politie en het Openbaar Ministerie. Hun doel is de preventie en de bestrijding van vandalisme, winkeldiefstal en afsteken van gevaarlijk vuurwerk. De weg om het doel te bereiken is een alternatieve, buitenjustitiële, lik-op-stukafdoening voor strafrechtelijk minderjarige jongeren die wegens genoemde vergrijpen met de politie in aanraking komen. De effectiviteit van de HALT-afdoening ter voorkoming van recidive is inmiddels op basis van recent onderzoek in twijfel getrokken (Ferwerda, Leiden, Arts en Hauber, 2006).

Mede vanwege het falen van vrijblijvende hulpverlenings- of werkverschaffings- en trainingsprojecten – hierover rapporteren ook Sherman en zijn coauteurs in hun studie (1998) in kritische zin – en de relatieve successen van de alternatieve sancties en HALT-afdoeningen, is onder de deskundigen een voorkeur ontstaan voor dadergerichte preventieprojecten met een 'strafrechtelijke stok achter de deur'. In Amsterdam werd bijvoorbeeld op initiatief van het politiekorps geëxperimenteerd met een opleidings- annex werkervaringsproject voor Marokkaanse ex-delinquenten. De vorming bestond uit een opleiding tot vrachtwagenchauffeur die werd gegeven door beroepsmilitairen op een kazerneterrein. In Amsterdam-Zuidoost en in Rotterdam werden jongens die waren betrokken bij criminaliteit ingeschakeld bij de beveiliging van winkelterreinen onder toezicht van de politie (Gemeentepolitie Amsterdam, 1993).

In het kader van het grotestedenbeleid is jarenlang fors geïnvesteerd in de tertiaire preventie met betrekking tot jeugddelinquentie. Daartoe zijn op grote schaal contracten met chronische delinquenten afgesloten om hen op het rechte pad te krijgen. Zulke contracten met de harde kern van jeugddelinquenten behelzen doorgaans de afspraak dat de betrokken adolescenten onder toezicht van de jeugdreclassering een leer-werktraject voltooien en breken met hun delinquente levenswijze. Als zo'n contract wordt nageleefd, is er sprake van een win-winsituatie voor beide partijen. Voor de betrokken jongeren wordt in de meeste gevallen een baan gevonden. Het bekendste voorbeeld van zo'n hardekernenprogramma is 'Nieuwe Perspectieven' in Amsterdam. Volgens een evaluatiestudie is 70 procent van de cliënten van Nieuwe Perspectieven – in meerderheid jongens met veel politiecontacten – een stabiel, niet-crimineel leven gaan leiden (Van Burik en Van Dijk, 1998). Andere projecten zijn minder succesvol, maar laten toch betere resultaten zien dan een conventionele aanpak (Kleinman en Terlouw, 1997). De nieuwste vorm van tertiaire preventie is de zogenoemde top 600-aanpak waarmee de gemeente Amsterdam in 2011 is begonnen. De meest actieve delictplegers in de stad (de top 600) worden bij arrestatie snel en consequent gestraft waarna een intensief zorgtraject volgt. Nieuw hierbij is dat ter beperking van de instroom van nieuwe daders broertjes en zusjes van de veelplegers worden benaderd met onder meer intensieve schoolbegeleiding.

Ook binnen de hulpverlening aan drugsverslaafden wordt in toenemende mate gewerkt met arrangementen waarin een element van drang aanwezig is. Verslaafden die zich aan criminaliteit hebben schuldig gemaakt, worden in de zogenoemde straatjunken- of 'bed of bajes'-projecten voor de keuze gesteld zich in een kliniek te laten behandelen of een gevangenisstraf uit te zitten (Brussel, Van der Woude en Lieshout, 1994). In zowel de Verenigde Staten als in het Verenigd Koninkrijk worden de laatste jaren steeds betere resultaten bereikt met behandelingsprogramma's in gevangenissen (Sherman et al., 1998; UNODCCP, 2000). In Nederland is een wet aangenomen met betrekking tot de maatregel strafrechtelijke opvang van verslaafden. De rechter heeft krachtens die wet de mogelijkheid om verslaafden die veel delicten plegen voor maximaal twee jaar in een resocialisatieprogramma te plaatsen. Tijdens de plaatsing ligt de nadruk op het aanleren van vaardigheden en het opdoen van werkervaring. De maatregel, die inmiddels ook wordt toegepast op niet-verslaafde veelplegers, beoogt criminele carrières 'af te toppen'. Evaluatieonderzoek heeft aanwijzingen opgeleverd dat de maatregel een bijdrage heeft geleverd aan de daling van de kleine vermogenscriminaliteit in Nederland (Vollaard, 2010). De laatste ontwikkeling binnen de Nederlandse verslavingszorg is de aanbieding aan behandelingsresistente problematische verslaafden van programma's die sociaal aangepast gedrag financieel belonen.

6.5 Situationele preventie

6.5.1 Primaire en secundaire situationele preventie

Primaire situationele preventie impliceert de universele invoering van elementaire preventiemaatregelen. In de meeste gevallen zal aan primaire preventie wetgeving ten grondslag liggen. Op het gebied van de situationele criminaliteitspreventie is er in Nederland nog weinig op landelijke schaal wettelijk geregeld. Het duidelijkste voorbeeld van primaire situationele preventie is de in 1999 ingevoerde wettelijke norm voor de kwaliteit van hang- en sluitwerk in nieuw gebouwde woonhuizen. Deze norm is opgenomen in het landelijk Bouwbesluit. Als een goed voorbeeld van primaire situationele preventie zou men ook kunnen zien de verplichting om computerbestanden met gevoelige gegevens door wachtwoorden te beveiligen, zoals de Wet bescherming persoonsgegevens voorschrijft. In de Arbeidsomstandighedenwet (Arbowet) is sinds 1995 aan werkgevers de verplichting opgelegd om maatregelen te nemen ter preventie van geweldmisdrijven en seksuele geweldmisdrijven tegen hun werknemers op de werkplek (Steinmetz, 1993). Actueel is de beveiliging van mobiele telefoons tegen diefstal of roof. Indien gestolen mobieltjes geblokkeerd zouden kunnen worden, zouden zij niet langer aantrekkelijke doelwitten voor criminaliteit zijn. Hiervoor is Europese wetgeving vereist. In veel Europese landen is inmiddels het stuurslot in auto's wettelijk verplicht. De Europese Commissie heeft in 1999 een richtlijn uitgevaardigd die bepaalt dat alle nieuwe auto's moeten zijn uitgerust met een zogenoemde immobilisator, dat wil zeggen een techniek die het onmogelijk maakt de auto te starten zonder dat eerst een unieke in de sleutel opgenomen code is herkend. Evaluatieonderzoek heeft uitgewezen dat auto's uitgerust met een immobilisator een 60 procent lagere kans lopen om te worden gestolen dan niet-beveiligde auto's van dezelfde merken (Vollaard en Van Ours , 2012). Een nieuwere maatregel tegen (professionele) autodiefstal is het aanbrengen van markeringen op onderdelen van de auto (*parts marking*) waardoor deze kunnen worden getraceerd. Ook van deze relatief goedkope maatregel is de effectiviteit inmiddels bewezen. In delen van de Verenigde Staten en Taiwan is parts marking wettelijk verplicht. In Europa heeft de auto-industrie zich tot nu toe nog met succes verzet tegen zo'n verplichting.

Secundaire situationele preventie is gericht op de verbetering van de beveiliging of bewaking door inwoners van wijken of andere doelgroepen met verhoogde risico's. De verzekeringsmaatschappijen stellen bijvoorbeeld voor de duurste categorie woningen bepaalde bijzondere voorzorgsmaatregelen verplicht als onderdeel van het verzekeringscontract. Parts marking en kostbare *track-and-trace*-systemen behoren tot de standaarduitvoering van sommige luxeauto's die een gewild doelwit vormen van professionele autodieven. De meeste bestaande vormen van situationele preventie worden selectief toegepast bij risicogroepen, maar kunnen worden ingevoerd bij de gehele bevolking. Primaire en secundaire verschijningsvormen van situationele preventie worden hieronder gezamenlijk besproken. Achtereenvolgens zullen aan de orde komen: technopreventieve maatregelen, *crime prevention through environmental design*, sociopreventieve maatregelen (interventies door omstanders) en de inzet van particuliere beveiliging/functioneel toezicht.

Technopreventie
Een veelgebruikte vorm van situationele preventie is de toepassing van technische middelen bij de versterking van factoren die een belemmering vormen voor het plegen van criminaliteit (technopreventie). Veel van de beproefde technieken zijn gericht op het bemoeilijken van diefstal. Een eenvoudig voorbeeld is de kluis, andere voorbeelden zijn het dragen van deugdelijk afgesloten koffers en tassen, de invoering van buizenpost in banken, het gebruik van cheques of girobetaalkaarten in plaats van baar geld, sloten op vervoermiddelen, het aanbrengen van speciaal hang- en sluitwerk in gebouwen, uitneembare autoradio's, et cetera. Deze technieken zijn er alle op gericht om het plegen van delicten moeilijker of zelfs onmogelijk te maken (*target-hardening*). Ook alarmsystemen vallen onder technopreventie: detectoren worden opgesteld op plaatsen waar op grond van ervaring strafbaar gedrag wordt verwacht. Zodra er een verdachte situatie wordt waargenomen, treden er zoemers, bellen of zwaailichten in werking. Bij geavanceerdere systemen wordt een signaal doorgegeven naar een interne bewakingsdienst of naar de politie (stil alarm). In dezelfde sfeer ligt ook het gebruik van observatieapparatuur als televisiecamera's in en rond bedrijven (warenhuizen) om het gezichtsveld van bewakers te vergroten. In navolging van vooral het Verenigd Koninkrijk zijn tegenwoordig ook in Nederland op grote schaal videocamera's geïnstalleerd op de openbare weg, bij benzinestations maar ook steeds vaker in winkelcentra, stations en uitgaansgelegenheden. Deze laatstgenoemde technieken zijn erop gericht de risico's op betrapping voor de potentiële dader te vergroten en deze daardoor af te schrikken.
De effectiviteit en efficiëntie van technopreventie is vaak opvallend hoog. Gewezen werd reeds op de effectiviteit van de immobilisator in auto's en *parts marking*. In verschillende landen is gebleken dat de invoering van verplichte stuursloten en andere preventietechnieken hebben geleid tot een sterke daling van het aantal autodiefstallen (Farrell, Tseloni en Tilley, 2011). Een ander succes van betere beveiliging is de afname van diefstal van cd's uit warenhuizen na het besluit in de voor het publiek toegankelijke rekken alleen nog maar cd-doosjes zonder cd's te plaatsen. Het gebruik van doorlichtings- en snuffelapparatuur, die vooral op vliegvelden wordt gebruikt, heeft sterk bijgedragen aan het terugdringen van vliegtuigkapingen.
Analyses van de uitkomsten van de Nederlandse Veiligheidsmonitor bevestigen dat technopreventie gunstig uitwerkt op de kansen op woninginbraak. De kans op een inbraak bleek enige jaren geleden voor woningen zonder enige extra beveiliging 8 procent per jaar te zijn. Woningen die ten minste een technische maatregel hadden getroffen, hadden een kans van 4,5 procent. Naarmate er meer maatregelen waren genomen, bleek de slachtofferkans lager. Bij woningen met vijf of meer maatregelen was de kans nog slechts 0,5 procent. In figuur 6.1 is weergegeven wat de jaarlijkse kansen op een inbraak zijn van woningen met of zonder bepaalde maatregelen.

Figuur 6.1. Inbraakpercentages naar aanwezigheid van preventieve maatregelen en naar aantal genomen preventieve maatregelen
Bron: Willemse & Eijken, 1994.

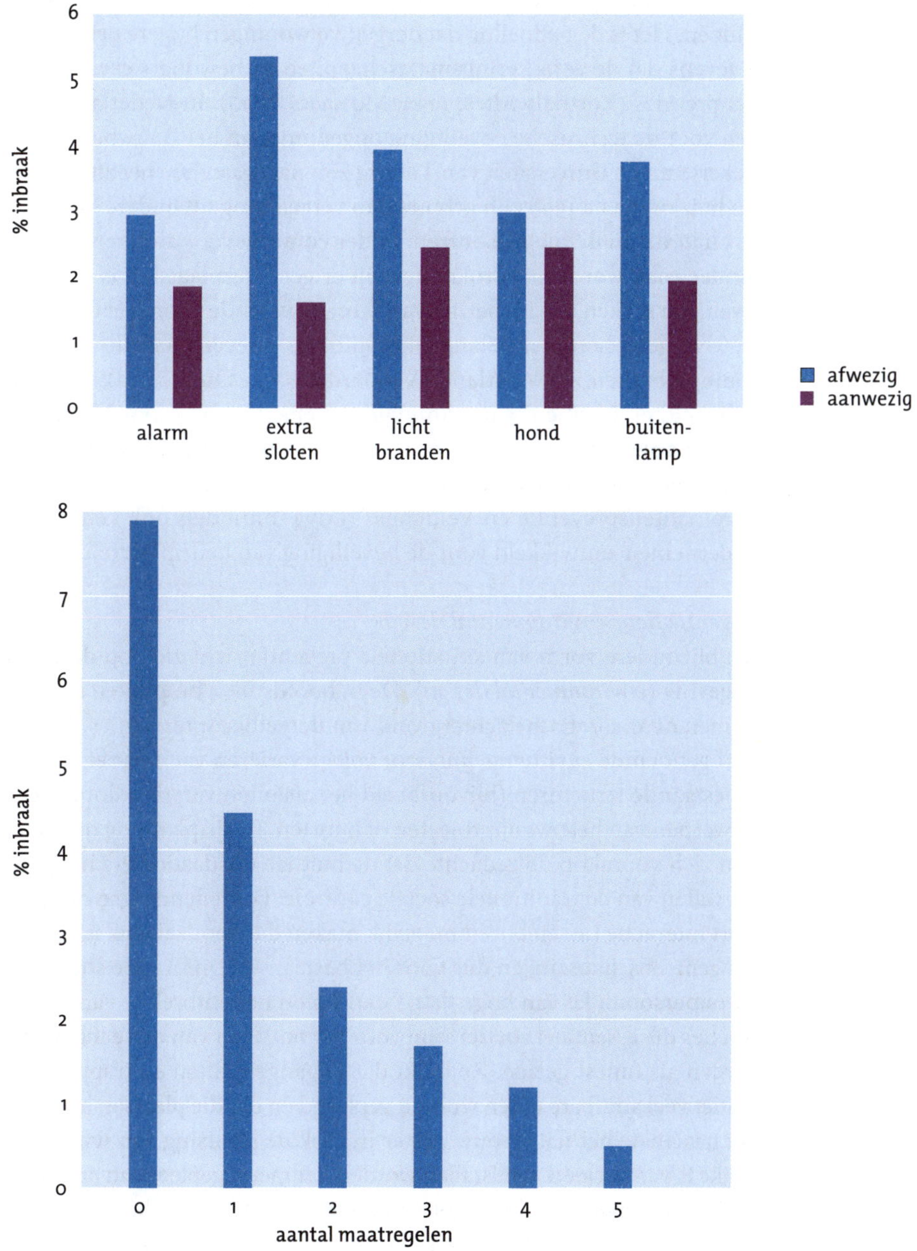

Uit figuur 6.1 blijkt dat de bekende maatregelen, zoals extra sloten, buitenverlichting, licht laten branden, een inbraakalarm of een waakhond alle leiden tot lagere inbraakrisico's. Door gemeenten en enkele politiekorpsen worden keurmerken 'Veilig Wonen' uitgereikt aan eigenaren van woningen die aan bepaalde objectieve veiligheidsnormen voldoen. Het is de bedoeling dat dergelijke woningen hogere prijzen zullen opbrengen en tevens dat de verzekeringsmaatschappijen de bewoners ervan kortingen geven op hun premies (Korthals Altes, 1994; Mutsaers, 1996). In Nederland zijn strengere normen voor de technische beveiliging opgenomen in het Bouwbesluit van 1999. Onderzoekers van de Universiteit van Tilburg zijn nagegaan hoe het zit met de inbraakrisico's van huizen die na 1999 zijn gebouwd in vergelijking tot oudere huizen. Uit deze analyses blijkt dat in de nieuwe huizen, onder controle voor andere verschillen, beduidend minder vaak wordt ingebroken terwijl er geen verplaatsing is opgetreden naar niet-beveiligde huizen. De invoering van inbraakwerende voorschriften in het Bouwbesluit heeft volgens hen een belangrijke bijdrage geleverd aan de daling van het aantal woninginbraken in Nederland (Vollaard en Van Ours, 2010). Door de minister van Veiligheid en Justitie is aangekondigd dat enkele grote woningbouwcorporaties in de periode 2014 t/m 2017 in 100.000 sociale woningen beveiligingsmaatregelen zullen aanbrengen die voldoen aan het genoemde keurmerk. Er zijn door het Centrum voor Criminaliteitspreventie en Veiligheid (CCV) inmiddels ook keurmerken voor 'Veilig Ondernemen' ontwikkeld voor de beveiliging van bedrijfsterreinen en winkelcentra.

Preventie door environmental design

Een bijzondere vorm van situationele preventie richt zich op de vormgeving van de omgeving (*environmental design*). De in hoofdstuk 4 besproken ecologische theorieën vormen de theoretische achtergrond van dergelijke interventies. De toepassingen van de zogenoemde *environmental criminology* variëren van relatief kleine veranderingen in bestaande structuren (bijvoorbeeld het afsluiten van doodlopende steegjes) tot het ontwerpen van hele woonprojecten of buurten. Bij de planning op buurtniveau baseert men zich vooral op de gedachte dat de huidige misdaadcijfers het gevolg zijn van het wegvallen van de traditionele sociale controle. De hedendaagse steden zouden niet het soort interactie tussen buren mogelijk maken die noodzakelijk is voor de ontwikkeling van gemeenschapszin, en dus voor het bestaan van informele sociale controle. Vooral het onpersoonlijke van hoge flatgebouwen en het ontbreken van een vermenging van functies die essentieel zouden zijn voor het ontstaan van een echte woongemeenschap, worden als funest gezien. Zo blijkt dat in gangen, liften en trappen van flatgebouwen relatief veel strafbare feiten worden gepleegd en dat die plaatsen bovendien gevaarlijker zijn naarmate het flatgebouw groter is. Ook de plaatsing van winkels, banken en dergelijke is van invloed. Diefstallen worden het meest gepleegd in anonieme winkelcentra of bij een straathoek, waardoor een dader gemakkelijker kan ontsnappen. Vooral die winkels worden beroofd die gelegen zijn in gebieden waar 's avonds weinig voetgangers aanwezig zijn.

De Amerikaanse architect Newman (1972) heeft een aantal principes voor veilig bouwen opgesteld die volgens hem kunnen leiden tot een *defensible space*. Door een grote mate van overzichtelijkheid en het markeren van de grenzen tussen particuliere en publieke ruimten zouden flatgebouwen beter 'verdedigbaar' kunnen worden gemaakt tegen criminele dreigingen. In Nederland is door medewerkers van de Universiteit van Delft een vergelijkbare lijst opgesteld met aandachtspunten voor planologen en architecten die sociaal veilig proberen te ontwerpen (Van der Voordt en Van Wegen, 1990).
Een beperking aan preventie door vormgeving van de omgeving wordt gesteld door het ongemak en de last die dit met zich meebrengt. Zo is het zeer wel mogelijk om bijvoorbeeld warenhuizen te ontwerpen waar diefstal bijna onmogelijk is door alle goederen in gesloten vitrines of achter toonbanken te plaatsen, door alle looppaden kaarsrecht en overzichtelijk aan te leggen en door overal helle verlichting aan te brengen. Dergelijke warenhuizen zullen echter door het winkelende publiek niet als prettig worden ervaren en dus worden gemeden. Evenzo is een wijk zonder beschutte plekjes, bosjes, afwisselende straten en pleintjes voor de meeste mensen onaantrekkelijk om te wonen. Beveiliging tegen criminaliteit is geen absoluut doel. Het is een relatieve doelstelling die in strijd kan zijn met de eveneens bij de mens aanwezige behoefte aan een aangename woonomgeving, een prettige sfeer om te winkelen en de gelegenheid sociale contacten te leggen in publieke ruimten (Van der Hoek et al., 1994).
Een verwant probleem is dat consequente beveiliging van personen en eigendommen op den duur kan leiden tot een oncomfortabele levenswijze, waarbij mensen in een soort beveiligde forten wonen, zich alleen nog maar begeven naar als veilig bekend staande plaatsen, sieraden niet meer dragen, en in hun omgang met anderen worden beheerst door wantrouwen en angst. Dit gevaar is niet geheel ondenkbeeldig wanneer men bijvoorbeeld kijkt naar sommige 'bejaardendorpen' in Florida waar slagbomen, gewapende bewakers en een algehele vijandigheid ten aanzien van vreemden de sfeer bepalen. In dezelfde lijn ligt de gewoonte van sommige juweliers om hun winkeldeur alleen nog maar van het slot te doen voor personen die er duidelijk als bonafide klant uitzien. Het vooruitzicht van een overbeveiligde maatschappij is weinig aantrekkelijk maar we zijn daar in Nederland nog ver van verwijderd. Veeleer wordt de situatie in Nederland nog altijd gekenmerkt door een relatieve onbezorgdheid: nog steeds sluiten niet alle automobilisten hun auto af, laten mensen de achterdeur van hun huis permanent open en nemen zij nauwelijks de moeite fietsen of andere waardevolle voorwerpen bij de politie te laten merken en registreren. Uit de Veiligheidsmonitor blijkt dat door veel burgers de put nog steeds pas wordt gedempt nadat het kalf is verdronken, dat wil zeggen: men brengt nieuwe sloten pas aan nadat er is ingebroken. In bijna vier op de tien woningen wordt na de inbraak alsnog de beveiliging verbeterd. Speciaal de bevolkingsgroep die het grootste risico loopt – jongeren – is van nature geneigd risico's te nemen. Daarbij moet worden bedacht dat tegenover de inspanning van het te allen tijde toepassen van dergelijke maatregelen, slechts een zeer abstracte en onzekere beloning staat: een kleiner risico. Een zekerder beloning treedt op wanneer het nemen

van beveiligingsmaatregelen wordt gekoppeld aan een lagere verzekeringspremie: met name in het bedrijfsleven is die aanpak vruchtbaar gebleken. De beste aanpak is het bij de wet verplicht stellen van minimale veiligheidsmaatregelen zoals stuursloten bij auto's en adequate beveiliging tegen woninginbraak in het Bouwbesluit van 1999, oftewel primaire preventie.

Sociopreventie

Een andere vorm van situationele criminaliteitspreventie dan de toepassing van beveiligingstechnieken wordt aangeduid met de term sociopreventie. Sociopreventie kan worden gedefinieerd als de planmatig opgezette pogingen strafbaar gesteld gedrag te voorkomen door het benutten van het in de samenleving aanwezige potentieel aan informele sociale controle (Winkel, 1981). Sociopreventie kan worden gezien als een toepassing van de gelegenheidstheorie en dan met name van de rol van *social guardianship* zoals in de *routine activity theory* van Felson (Reynald, 2011). Tot de sociopreventie behoort voorlichting die is gericht op de burger als potentieel omstander of waarnemer ('laat de politie niet alleen werken'). Hierbij wordt een beroep gedaan op de burger om bij het signaleren of dreigen van criminaliteit zelf in actie te komen. Meestal is de boodschap aan de burger niet zelf rechtstreeks te interveniëren, maar direct de politie te waarschuwen en zo mogelijk een foto of video te maken van delict en dader.

Tot de oudste vormen van sociopreventie behoren de projecten *Neighborhood Watch* in de Verenigde Staten en het Verenigd Koninkrijk, in Nederland bekend als buurtpreventie. Buurtpreventie houdt in dat buurtgenoten oplettend zijn met betrekking tot verdachte personen en situaties en bij onraad onmiddellijk de politie alarmeren. Deze projecten waren zeer populair in de jaren zeventig van de vorige eeuw. De effectiviteit ervan bleek echter vaak op termijn teleurstellend en in Nederland worden zulke projecten niet meer systematisch vanuit de politie ondersteund. De laatste jaren valt, vooral in het zuiden van Nederland een opleving waar te nemen van dergelijke projecten waarbij gebruik wordt gemaakt van WhatsApp. Een evaluatie van een WhatsApp-project in Tilburg liet veelbelovende resultaten zien op het aantal in de buurt gepleegde woninginbraken (Akkermans & Vollaard, 2015). Inmiddels zijn er in Nederland en Vlaanderen ruim 3.000 van dergelijke projecten operationeel (zie ook www.wabp.nl).

Bystander intervention

Op Amerikaanse studentencampussen worden studenten opgeroepen en soms getraind om op te treden wanneer zij zien dat een medestudent(e) wordt lastiggevallen. Een probleem bij de pogingen het publiek te mobiliseren tot een actieve houding bij het waarnemen van dreigend of actueel crimineel gedrag is, naast de beperkte effectiviteit van de daartoe gebruikte voorlichtingscampagnes, dat weinig mensen van nature zijn geneigd zelf op te treden wanneer zij een delict zien plegen. Van het verschijnsel dat omstanders bij het waarnemen van misdrijven vaak niet tot actie komen, zijn krasse staaltjes bekend. Berucht is de verkrachting van en moord op een jonge vrouw (Kitty

Genovese) op klaarlichte dag in een drukbezochte straat in een Amerikaanse stad. Het fenomeen van non-interventie door omstanders tijdens het plegen van misdrijven is herhaaldelijk onderwerp geweest van wetenschappelijk onderzoek. Winkel (1981) onderscheidt in zijn interventiemodel vier noodzakelijke voorwaarden waaraan moet zijn voldaan om een interventie te laten optreden.

1. Waarneming van het incident

Vaak wordt een crimineel incident in het geheel niet waargenomen. In een experiment waarbij (student)acteurs boeken stalen uit een universitaire boekhandel (Bickman, 1975) werd dit gedrag, alhoewel het plaatsvond onder de ogen van de klanten, slechts door ongeveer 5 procent van de omstanders waargenomen. In een ander experiment (Takooshian en Bodinger, 1980) werden auto's in Manhattan opengebroken: ongeveer de helft van de passanten slaat volstrekt geen acht op de situatie. Een persoon verliest een biljet van 10 gulden dat door een ander wordt opgeraapt en meegenomen: zelfs binnen een afstand van enkele meters neemt 15 procent het incident in het geheel niet waar (De Jong, Marber en Shaver, 1980). Uit deze en talrijke andere experimenten blijkt dat criminele handelingen vaak door de omstanders volstrekt niet worden waargenomen. Dit verschijnsel wordt nog versterkt doordat echte daders zullen proberen hun gedrag zo veel mogelijk verborgen te houden voor omstanders. Daarnaast moet worden bedacht dat wanneer het delicten betreft als het lozen van giftige afvalstoffen in de lucht, chequefraude of bedrieglijke bankbreuk het aantal omstanders dat het incident kan waarnemen bijzonder klein is.

2. Criminele definiëring

Een tweede noodzakelijke voorwaarde is dat de omstander het waargenomen incident interpreteert als crimineel gedrag. Zo wijzen Shotland en Straw (1976) erop dat veel vechtpartijen en mishandeling op straat niet als crimineel gedrag worden gezien, maar eerder als privéaangelegenheden tussen verwanten of bekenden die het beste zonder externe tussenkomst kunnen worden opgelost. Ook criminele gedragingen in een geheel andere sfeer worden zeker niet altijd als crimineel gedefinieerd. Zo kan het openbreken van een fiets- of autoslot worden geïnterpreteerd als pogingen van de eigenaar om zijn vervoermiddel weer te kunnen gebruiken. Uit veldexperimenten met gefingeerde fietsendiefstallen is gebleken dat veel omstanders niet lijken te weten of iemand die op de openbare weg een slot met een betonschaar doorknipt een eigenaar is die zijn sleutel heeft verloren of een brutale dief (Röell, Van Dijk en Steinmetz, 1982). In ieder geval ondernam bij deze veldexperimenten in Den Haag en omstreken slechts 2 procent van de omstanders enigerlei actie.

3. Betrokkenheid bij het verloop/de afloop

Om te interveniëren bij een als crimineel gedefinieerd voorval is een minimale betrokkenheid van de omstanders vereist. Dienaangaande hebben twee begrippen veel aandacht gekregen: 'individualisering' en 'spreiding van verantwoordelijkheid'. Met *individualisering* wordt in dit verband het verschijnsel aangeduid dat moderne samenlevingen worden gekenmerkt door een geringe solidariteit met vreemden. De solidariteit beperkt zich in het algemeen tot het eigen gezin, de eigen vrienden en de onmiddellijke sociale omgeving. Naarmate een slachtoffer minder behoort tot de eigen sociale omgeving, neemt de kans op interventie af. *Spreiding van de verantwoordelijkheid* heeft betrekking op de aanwezigheid van andere omstanders. Bij de aanwezigheid van meer dan één omstander bestaat de neiging bij iedere afzonderlijke getuige de verantwoordelijkheid af te schuiven op anderen. Diverse malen is aangetoond dat de kans op hulpverlening door een omstander indien hij alleen getuige is, groter is dan wanneer hij van een groep deel uitmaakt (Latané en Darley, 1976; Shernock, 1987). Een belangrijk kenmerk is het gedrag van de andere omstanders (*bystanders effect*). Zowel bij interventie als non-interventie speelt het voorbeeldgedrag een grote rol: wanneer niemand ingrijpt, 'volgen' alle anderen het non-interventiegedrag, grijpt er wel iemand in, dan wordt het interventiegedrag nagevolgd. De verklaring hiervan wordt gezocht in de omstandigheid dat zowel de situatie als de aangewezen reactie in eerste instantie ambigu kunnen zijn. In verband daarmee kan er sprake zijn van 'beoordelingsbeduchtheid' (Winkel, 1981). Elke omstander is gevoelig voor de verwachtingen en beoordelingen door de anderen van zijn gedrag. Om niet de kans te lopen 'voor gek te staan' wordt afgewacht wat de anderen ervan vinden en eraan doen. In veel westerse steden zijn tegenwoordig videocamera's aangebracht in de openbare ruimte. Middels een experimentele studie is aangetoond dat de aanwezigheid van videocamera's de verlammende werking van de groep verzwakt. In aanwezigheid van CCTV-camera's waren significant meer omstanders bereid in te grijpen ondanks de aanwezigheid van meerdere personen (Van Bommel, Van Prooijen, Elffers en Van Lange, 2014).

4. Interventiekeuze

In deze fase gaat het om de kennis over de mogelijkheden tot interventie. Vaak komt een snelle interventie niet tot stand omdat omstanders niet weten wat te doen. Kennis van het alarmnummer van de politie, het noteren van gegevens als autonummers, de afweging van de keuze tot direct tussenbeide komen of het bellen van de politie, gillen of juist kalm toespreken, het zijn allemaal cognitieve elementen die bepalen of een adequate interventie plaatsvindt. In dit proces spelen ook de verwachte baten (zoals dankbaarheid van het slachtoffer, goedkeuring van de politie, en dergelijke) en kosten (investering van tijd en moeite, kans op geweld door de dader) van al dan niet ingrijpen een rol. Een belangrijk bezwaar in dit verband is het verlies aan kostbare tijd wanneer men, na het waarschuwen van de politie, later wordt opgeroepen voor het afleggen van een getuigenverklaring. Niet in de laatste plaats moet worden gewezen op de angst slachtoffer te worden van represailles. Deze angst is helaas niet ongegrond. Uit de dagrapporten van de politie blijkt dat onder de slachtoffers van mishandeling regelmatig personen zitten die hebben geïntervenieerd in een vechtpartij of bij het plegen van een ander delict. In het algemeen moet dus worden afgeraden om de held te spelen in heterdaadsituaties. Er gaan echter ook stemmen op dat particuliere burgers in minder bedreigende situaties juist vaker zelf zouden moeten interveniëren (Denkers, 1993). Door de Stichting Maatschappij, Veiligheid en Politie is onderzoek uitgevoerd naar mogelijkheden om de zelfredzaamheid van burgers te stimuleren (SMVP, 2011). De regering heeft in 2011 opdracht gegeven aan de politie om verdachten van geweld tegen betrapte daders niet meer zoals vroeger gebruikelijk was te arresteren en in verzekerde bewaring te nemen voor verder onderzoek. Hiermee heeft men een signaal willen afgeven dat zulke interventies in beginsel begrijpelijk of zelfs wenselijk worden geacht.

Box 6.1. Billboards op Colorado State University, gesponsord door Men Can Stop Rape

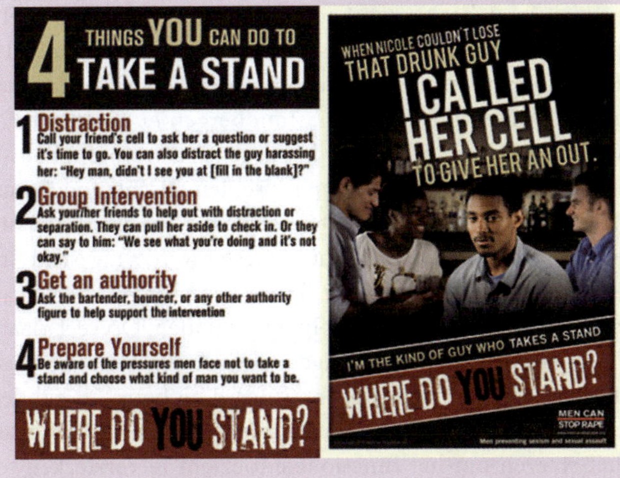

Bron: http://www.wgac.colostate.edu/bystander-intervention.

Particuliere beveiliging en functioneel toezicht

Van oudsher kent de Nederlandse samenleving de diensten van commerciële beveiligings- of bewakingsdiensten. Deze bedrijfstak heeft de afgelopen tien jaar een sterke groei gekend. In hoofdstuk 3 werd al vermeld dat er thans ruim 30.000 particuliere beveiligers werkzaam zijn. Door deze bedrijven worden niet slechts bewakingsdiensten aangeboden. In toenemende mate worden ook aansluitingen op meer of minder geavanceerde elektronische surveillanceapparatuur aangeboden. Sinds kort bestaat tevens de mogelijkheid (vracht)auto's uit te rusten met een zendertje waardoor de auto in geval van diefstal via een satelliet kan worden opgespoord en tot stilstand gebracht. In Nederland oefent de overheid controle uit op de activiteiten van de beveiligingsindustrie door middel van een vergunningen- en examenstelsel.

Op veel plaatsen in het land zijn publiek-private samenwerkingsvormen tot stand gekomen voor de beveiliging van bedrijfsterreinen. Particuliere beveiligingsbedrijven verzorgen daarbij de bewaking in opdracht van een stichting waarin ook de politie is vertegenwoordigd. Onderzoek naar de collectieve beveiligingsarrangementen als onderdeel van de Business Improvement Districts in Los Angeles heeft aangetoond dat dergelijke beveiliging een belangrijke bijdrage levert aan meer veiligheid en bovendien kosteneffectief is (Cook en MacDonald, 2010).
In verband met de beperkte mogelijkheden om de gewone burger meer te betrekken bij de uitoefening van toezicht, is er in Nederland een herwaardering op gang gekomen van functionarissen die mede een toezichthoudende functie vervullen. Op het functionele toezicht door tramconducteurs, schoolconciërges, parkwachters, et cetera is in de jaren zeventig van de vorige eeuw drastisch bezuinigd. In verband met de sterke stijging van de kleine criminaliteit in het openbaar vervoer, schoolgebouwen en flatgebouwen is gepleit voor het terugbrengen van dergelijk functioneel toezicht. In het openbaar vervoer in de grote steden is weer meer toezichthoudend en controlerend personeel ingezet. Dit heeft geleid tot een duidelijke daling van het zwartrijden en van vandalisme (Van Andel, 1989; Hauber, Zandbergen en Toornvliet, 1991). Door het ministerie van Justitie zijn verder subsidies gegeven aan woningbouwcorporaties voor de aanstelling van sociale huismeesters in problematische hoogbouwcomplexen. Dit initiatief is succesvol geweest. Ten eerste is gebleken dat de criminaliteit en de vervuiling op de complexen waar een sociale huismeester werd aangesteld significant daalden (Hesseling et al., 1991; Hesseling, 1993). Tevens heeft het voorbeeld van de experimentele complexen door het hele land navolging gevonden. Op veel plaatsen zijn blijvend huismeesters aangesteld. In het verlengde van het huismeesterproject zijn assistent-huismeesters aangesteld die worden gerekruteerd uit huurders zonder werk en die als tegemoetkoming bijvoorbeeld geen huur betalen. Een ander vermeldenswaardig voorbeeld van het streven om het functionele toezicht te versterken ter preventie van criminaliteit en onveiligheidsgevoelens, is de instelling van stadswachten. Stadswachten zijn ambtenaren in dienst van de gemeente die toezicht uitoefenen in de centra van de grote steden zonder politiële bevoegdheden. De stadswachten werden aanvankelijk vooral gerekruteerd uit langdurig werklozen. Zij worden tijdens hun actieve periode als stadswacht soms opgeleid tot particulier beveiliger. De stadswachten worden over het algemeen door de bezoekers van de binnensteden zeer gewaardeerd, zij het dat sommigen zich wel afvragen of ze voldoende bevoegdheden hebben om effectief te kunnen optreden (Hauber et al., 1993). De bijzondere opsporingsambtenaren (BOA's) van de gemeenten kunnen worden gezien als een nieuwe generatie stadswachten met beperkte opsporingsbevoegdheden. Er zijn inmiddels ruim 25.000 BOA's werkzaam in de Nederlandse gemeenten (*NRC*, 2016). Uit de meta-analyses van de in Nederland sinds 1985 uitgevoerde experimenten met nieuwe vormen van criminaliteitspreventie blijkt dat het functionele toezicht een van de meest veelbelovende methodieken is om op begrensde locaties criminaliteit terug te dringen (Polder en Van Vlaardingen, 1992).

Bijkomende voordelen zijn dat het leefklimaat er over het algemeen door wordt verbeterd en dat het werkgelegenheid schept voor laaggeschoolden. Meer recente meta-analyses van het Sociaal en Cultureel Planbureau hebben de bijzondere effectiviteit van gerichte, situationele preventie ter vergroting van objectieve en subjectieve veiligheid nog eens bevestigd (Van Noye en Wittebrood, 2008).

6.5.2 Tertiaire, ofwel geïndiceerde situationele preventie

Uit Amerikaanse studies is bekend dat de helft van alle meldingen van delicten betrekking heeft op slechts circa 3 procent van de adressen in een stad. In de meeste grote steden kunnen op basis van geautomatiseerde politieregistraties gedetailleerde criminaliteitskaarten worden opgesteld. Hierop valt te lezen in welke wijken, straten of zelfs portieken op bepaalde tijdstippen frequent misdrijven worden gepleegd. Figuur 6.2 geeft een overzicht van de locaties waar in 1997 woninginbraken zijn gepleegd in de gemeente Den Haag en omstreken. Deze criminele kaart is opgesteld door het Bureau Analyse en Research van het regionale korps politie Haaglanden. Het gaat hierbij om delen van de stad met veel uitgaansgelegenheden, commerciële seksbedrijven, gokpaleizen, coffeeshops, en dergelijke. In de Amerikaanse en Britse politieliteratuur worden zulke stadsdelen *hot spots* genoemd. Politiesurveillances worden gericht ingezet op de hot spots (Eck et al., 2005). Uit experimenten in New Jersey en Seattle is gebleken dat *hot spots policing* leidt tot minder criminaliteit op de hot spots alsook in de omringende gebieden. Er treedt dus geen verplaatsing (*displacement*) op, maar juist een uitstraling naar de omgeving (*diffusion of benefits*) (Clarke en Weisburd, 1994).

Figuur 6.2. Spreiding (poging tot) woninginbraak 1997, regio Haaglanden
Bron: HKS. Bewerking Politie Haaglanden/Bureau Analyse en Research.

Uit de criminele kaart in figuur 6.2 blijkt dat in Den Haag de inbraakrisico's het hoogste zijn in de binnenstad achter het station Hollands Spoor. In veel grote Nederlandse gemeenten is de veelvoorkomende criminaliteit sterk geconcentreerd in bepaalde wijken. De preventie van criminaliteit op hot spots bestaat niet slechts uit intensieve surveillances door de politie, maar vooral uit goede afspraken met de uitbaters over het door henzelf uit te oefenen toezicht. Door middel van gespreide sluitingstijden kan worden voorkomen dat er rond sluitingstijd grote concentraties bezoekers ineens op straat staan. Betere regelingen met betrekking tot het openbare vervoer en taxivervoer kunnen eveneens helpen om vechtpartijen en straatschenderij te voorkomen. In sommige gevallen is het mogelijk door middel van het planologische of stedenbouwkundige ontwerp problemen te voorkomen, bijvoorbeeld door uitgaansgelegenheden te situeren aan de rand van een stad met een goede aansluiting op het openbaar vervoer. Ook het aanbrengen van videocamera's en betere verlichting bij hot spots is een in Engeland vaak toegepaste en bewezen effectieve vorm van tertiaire, situationele preventie (Goldblatt en Lewis, 1998). In een experimentele studie met twee testcondities en een controlegroep in Florida is gebleken dat met een combinatie van *hot spots policing* en *problem-oriented policing* (POP) grotere effecten kunnen worden bereikt op het niveau van geweld in de openbare sfeer dan met intensieve surveillance alleen (Taylor, Koper, Woods, 2011).
Een andere door bij de politie werkzame misdaadanalisten veelgebruikte vorm van *crime mapping* brengt de woon- en pleegplaatsen van hoogfrequente daders (*hot shots*) in kaart. Uit het in figuur 6.3 gegeven voorbeeld uit Utrecht blijkt dat de meeste daders van autokraken, evenals inbrekers, een zeer beperkte actieradius hebben (de met groen aangegeven dader vormt hierop een uitzondering).

Figuur 6.3. Woonadres (ster) en pleegplaatsen (rondjes) van de top vier autokrakers in Utrecht, 2006/2007

Bron: Politie Utrecht, Divisie Informatie/afdeling analyse.

6.6 Slachtoffergerichte preventie

6.6.1 Primaire slachtoffergerichte preventie

Primaire slachtoffergerichte preventie is de evenknie van primaire dadergerichte preventie. Met behulp van voorlichtingsmiddelen als advertenties, folders, stickers en tv-spots wordt geprobeerd verandering te brengen in de attitudes en gedragingen van potentiële slachtoffers. Zo verspreidt bijvoorbeeld de Nederlandse politie reeds vele jaren voorlichtingsmateriaal over het voorkomen van inbraak, fietsendiefstal en vernielingen. Een deel van deze voorlichting is gericht op het ingang doen vinden van bepaalde vormen van technopreventie (gebruik deugdelijk hang- en sluitwerk, niet laten merken dat bewoners op vakantie zijn) of maatregelen die opsporing kunnen vergemakkelijken (zoals de registratie van het framenummer van fietsen). De burger wordt daarbij als potentieel slachtoffer benaderd. Ten behoeve van het midden- en kleinbedrijf is onder andere een cd-rom ontwikkeld met suggesties voor een adequate beveiliging tegen computercriminaliteit. Door de Verenigde Naties worden wereldwijd videospotjes uitgezonden waarin vrouwen worden gewaarschuwd tegen de rekrutering voor mensenhandel en uitbuiting of worden opgeroepen aangifte te doen van verdachte situaties.
Op het gebied van agressieve criminaliteit wordt technopreventie vooral toegepast door middel van – liefst zichtbare – afweermiddelen die het potentiële slachtoffer kan gebruiken. Het gaat dan bijvoorbeeld om slag-, steek- en vuurwapens, spuitbusjes met bedwelmende stoffen en rookontwikkelende apparatuur. Het daadwerkelijke gebruik van wapens ter zelfverdediging wordt door de Nederlandse overheid, mede vanwege de risico's voor het slachtoffer, ontraden. Ook dat is een vorm van preventie. Het besef zichzelf in noodgevallen te kunnen verdedigen, kan overigens wel leiden tot een groter gevoel van veiligheid. Door de stichting Kenau worden weerbaarheidstrainingen gegeven voor vrouwen ter voorkoming van seksuele intimidatie en dergelijke. Vrouwen en meisjes die een dergelijke training hebben gevolgd, blijken in de praktijk beter te kunnen omgaan met dit soort bedreigingen (Slits, 1990). Door de politie Amstelland is in 2011 voorlichting gegeven op de huishoudbeurs in Amsterdam over het signaleren, voorkomen en melden van huiselijk geweld. Aparte vermelding verdient ook de organisatie Meld Misdaad Anoniem waar burgers informatie over concrete delicten, zoals wietteelt of mensenhandel, kunnen melden bij een zogenoemde kliklijn (www. meldmisdaadanoniem.nl).

6.6.2 Secundaire slachtoffergerichte preventie

Warenhuizen, geldinstellingen en pompstations geven trainingen aan winkel- en baliepersoneel over de meest effectieve en veilige manier van reageren bij roofovervallen. Topondernemers krijgen instructies over de voorkoming van gijzelingen. Bejaarden wordt aangeraden geen vreemden in huis te laten die zeggen van een gemeentelijke dienst te zijn, maar zich niet kunnen legitimeren (zogeheten pseudo's). In de Verenigde Staten worden bejaarden voorgelicht over de gevaren van telefonische colporteurs of aanbiedingen via internet (Pak en Shadel, 2007). In veel landen, waaronder Nederland, worden vrouwen en meisjes gewaarschuwd voor riskante relaties (zie afbeelding 6.2). Een onderdeel van de trainingen van bankemployees bestaat bij sommige Nederlandse banken uit de confrontatie met een door acteurs nagespeelde roofoverval. Uit evaluatieonderzoek is gebleken dat zo'n ervaring de betrokkenen beter laat reageren op een eventuele echte overval – onder andere omdat men minder snel in paniek raakt – en daardoor tevens een bijdrage levert aan de verwerking van de psychische gevolgen ervan. Vergeleken met de controlegroep bleek een kleiner deel van de experimentele groep last te krijgen van psychotraumatische effecten (Markus, 2000). Het voorbereiden van personen op een mogelijk slachtofferschap van een delict in de toekomst heet inoculatie (de training werkt als een soort inenting).

Afbeelding 6.2. Voorbeelden van voorlichtingscampagnes gericht op (potentiële) slachtoffers van respectievelijk datingfraude en verkeringsgeweld

6.6.3 Tertiaire slachtoffergerichte preventie

Tertiaire slachtoffergerichte preventie bestaat uit de voorlichting aan slachtoffers hoe zij herhaalde victimisatie kunnen voorkomen (Farrell en Pease, 1993). Dergelijke voorlichting wordt vaak gegeven door de politie. Personen die recent slachtoffer zijn geworden, lopen statistisch gezien verhoogde risico's opnieuw slachtoffer te worden. Zij zijn in het algemeen zeer gemotiveerd om hun beveiliging te verbeteren en waarderen de gegeven adviezen in hoge mate. Preventievoorlichting aan ex-slachtoffers is daardoor een van de effectiefste vormen van hulp bij de verwerking van de gevolgen van een misdrijf (De Waard, 1993). In Engeland zijn ook proeven genomen met intensievere vormen van tertiaire slachtoffergerichte preventie. In Huddersfield zijn in woningen waarin reeds twee keer was ingebroken, stille inbraakalarmen en/of verborgen camera's

aangebracht om de terugkerende dader(s) te kunnen betrappen. Hiermee zijn veelbelovende resultaten bereikt (Chenery, Holt en Pease, 1997). Andere politiekorpsen in Engeland hebben met succes geëxperimenteerd met de uitgifte van persoonlijke alarmapparatuur aan vrouwen die werden lastiggevallen door hun (ex-)partners (Lloyd, Farrell en Pease, 1994). Deze maatregelen werden gecombineerd met de oplegging van straatverboden aan de betrokken partners.
Uit een meta-analyse van de internationale literatuur over interventies tegen herhaald slachtofferschap is gebleken dat voorlichting aan slachtoffers van inbraken en andere vermogensdelicten leidt tot een reductie van slachtofferrecidivisme (Kunst et al., 2008). Tevens is uit evaluatie met proefnemingen in Zuid-Limburg gebleken dat de slachtoffers dergelijke advisering hogelijk waarderen (Van Haaf, De Muijnck, Bruinsma en Kunst 2008). Zoals gezegd wordt de tertiaire slachtoffergerichte preventie, zoals emotionele slachtofferhulp, verder behandeld in hoofdstuk 8.
In tabel 6.3 wordt een samenvattend overzicht gegeven van de verschillende typen preventiemaatregelen.

Tabel 6.3. Schematische weergave van de verschillende typen van criminaliteitspreventie

	Primair toepassing algemeen	Secundair risicogroepen/risicowijken	Tertiair probleemgroepen/plekken
Dadergericht	• normstellende voorlichting • spijbelpreventie • achterstandsbeleid	• *early intervention*, bijv. opvoedingsondersteuning	• reclassering • alternatieve sancties • HALT • harde-kernenprojecten/top 600
Situationeel	• bouwvoorschriften • startonderbreker auto's • computerbeveiliging	• sociale huismeester • buurtpreventie • stadswachten • security-eisen van verzekeringswezen	• horecabeleid • videoscanners bij hot spots
Slachtoffergericht	• voorlichting kinderen • weerbaarheidstrainingen voor meisjes/vrouwen	• instructie baliepersoneel banken • fraudevoorlichting bejaarden	• preventie herhaald slachtofferschap • slachtofferhulp

6.7 Discussie

Een van de meest genoemde punten van kritiek op de situationele preventie is dat hierdoor slechts wordt bereikt dat de criminaliteit zich verplaatst naar andere locaties, doelwitten of tijdstippen. Degenen die de betere beveiliging hebben aangebracht, profiteren er zelf van, maar leveren geen bijdrage aan een betere beheersing van de criminaliteit. Het niveau van de criminaliteit zou er niet wezenlijk door worden beïnvloed. Dit verschijnsel staat bekend als het verplaatsings- of verschuivingsverschijnsel (*displacement*).

Wie uitgaat van een deterministische theorie over het ontstaan van criminaliteit, zal inderdaad veronderstellen dat de potentiële daders dermate sterk zijn gemotiveerd om delicten te plegen dat zij zich hiervan niet door verbeterde beveiliging zullen laten weerhouden. De aanhangers van de gelegenheidstheorie en trouwens ook Gottfredson en Hirschi veronderstellen echter dat veel criminaliteit gelegenheidscriminaliteit is die wordt gepleegd door adolescenten zonder ernstige sociale of psychische problemen. Het optreden van verschuivingen van de criminaliteit naar andere doelwitten pleit op zichzelf niet tegen deze vorm van preventie. Voor de betrokkenen zijn de maatregelen immers wel effectief. Het optreden van verschuivingen naar andere doelwitten is wel een argument voor het invoeren van situationele preventiemaatregelen op landelijke schaal (primaire situationele preventie). Een groot deel van de veelvoorkomende criminaliteit kan volgens deze opvatting effectief worden voorkomen door het plegen ervan moeilijker te maken. Bovendien wordt verondersteld dat ook professionelere delinquenten hun kosten en baten steeds afwegen. Indien het plegen van bepaalde misdrijven in hun directe omgeving moeilijker wordt gemaakt, moeten zij uitwijken naar verder gelegen locaties of andere doelwitten kiezen. Aan zulke aanpassingen van de *modus operandi* zijn echter kosten verbonden. De gelegenheidstheorie gaat ervan uit dat door deze hogere kosten althans een deel van de potentiële daders zal afhaken. Uit empirisch onderzoek is gebleken dat er bij toepassing van situationele preventie slechts zelden volledige verplaatsing optreedt (Hesseling, 1994). Een deel van de delicten die ter plekke zijn voorkomen, wordt vervolgens in een naburige wijk gepleegd, maar een ander deel blijft achterwege omdat de daders de voor de verschuiving benodigde economische of mentale kosten niet willen maken. Het onderzoek van Vollaard (Vollaard en Van Ours, 2010) naar de beveiligingsvoorschriften in het Bouwbesluit uit 1999 heeft dat bevestigd. Er werden geen aanwijzingen gevonden van verschuiving naar nieuwere, minder beveiligde panden in dezelfde gemeente of naar andere gemeenten. Uit een onderzoek van Matthews (1986) bleek dat het beperken van de situationele gelegenheden voor straatprostitutie in een bepaalde stad leidde tot een reële daling van de lokale prostitutie omdat 'gelegenheidsprostituees' niet uitweken naar andere gemeenten maar naar andere inkomensbronnen op zoek gingen. In veel onderzoek is gebleken dat situationele preventie vaak een gunstige uitwerking heeft op andere vormen van criminaliteit of op criminaliteit elders (zogenoemde *diffusion*). Conducteurs op de tram helpen niet slechts tegen het zwartrijden, maar vergroten ook de sociale veiligheid in de tram. Het verplaatsingsverschijnsel leidt overigens wel tot de conclusie dat situationele preventie effectiever is naarmate de maatregelen op grotere schaal worden toegepast. Een extra beveiligde straat is beter dan een extra beveiligd huis, maar beter is nog de verbetering van het hang- en sluitwerk in bijvoorbeeld alle huizen in een stad. In de terminologie van het hier gepresenteerde model betekent dit dat vanuit het oogpunt van het algemeen belang de voorkeur uitgaat naar 'primaire situationele preventie' boven 'secundaire situationele preventie'.

Critici van de situationele preventie veronderstellen vaak dat dadergerichte preventiemaatregelen grotere effecten kunnen bereiken omdat de daders die op het rechte pad worden gebracht definitief ophouden delicten te plegen. Feit is dat het afbreken van een criminele carrière op de korte termijn winst oplevert voor de maatschappij. Vergeten wordt echter dat er bij ongewijzigde gelegenheidsstructuren en sociaaleconomische achterstanden altijd instroom van nieuwe daders zal zijn die de plaats van hun voorgangers innemen. Bij lokale drugsmarkten is dit verschijnsel maar al te bekend. Handelaren bewaken binnen een bepaald gebied hun monopoliepositie. Na hun arrestatie ontstaan er nieuwe kansen voor andere, beginnende handelaren. Dit verschijnsel zou men in navolging van het verplaatsingseffect het 'vervangingseffect' kunnen noemen (*replacement*). Volgens het criminologische marktmodel is er bij een gegeven beveiligingsniveau ruimte voor een bepaald aantal actieve delinquenten. Indien een deel van deze groep uit de roulatie wordt gehaald door middel van het strafrecht of dadergerichte preventie, zal er na verloop van tijd vervanging door nieuwe gelegenheidsdaders optreden (Van Dijk, 1994). Het vervangingsverschijnsel heeft als consequentie dat tertiaire dadergerichte preventie op zichzelf vaak niet zal leiden tot een blijvend lager criminaliteitsniveau. Indien potentiële slachtoffers hierdoor hun beveiligingsinzet gaan verminderen, kan het zelfs op termijn averechts werken omdat de gelegenheden tot criminaliteit dan toenemen.
Uit meta-evaluatie van criminaliteitspreventie in binnen- en buitenland komt over de effectiviteit ervan het volgende beeld naar voren (Polder, Van Vlaardingen, 1992; Sherman et al., 1998; Goldblatt en Lewis, 1998; Noye en Wittebrood, 2008). De meeste kansen op successen op de korte termijn biedt secundaire en tertiaire situationele preventie. Het staat inmiddels vast dat plaatsen waar veel criminaliteit wordt gepleegd door middel van bouwkundige en technische maatregelen en verbetering van het toezicht door politie en/of particuliere beveiliging veiliger kunnen worden gemaakt (Junger, 2009). De samenleving is in dit opzicht dus wel degelijk maakbaar. Overheid en particulieren hebben echter vaak te weinig geld over voor het kwaliteitsaspect veiligheid. Populaire oplossingen, zoals buurtpreventie door vrijwilligers, zijn goedkoper maar op termijn vaak minder kansrijk, onder meer omdat het moeilijk is de motivatie vast te houden. Ook bij preventie gaat de kost voor de baat uit.
Bepaalde vormen van criminaliteit kunnen op landelijke schaal worden teruggedrongen indien elementaire preventiemaatregelen algemeen worden toegepast. Het Nederlandse Bouwbesluit uit 1999 is hiervan een goed voorbeeld. De daling van de vermogenscriminaliteit zoals autodiefstallen en woninginbraken in veel westerse landen is vermoedelijk in de eerste plaats het gevolg van de verhoging van het beveiligingsniveau. Deze verhoging berust deels op eigen initiatief van de belanghebbenden en deels op beleid en regelgeving van verzekeraars en de overheid. Gunstig voor de preventie van diefstallen en dergelijke is ook de geleidelijke vervanging van baar geld door plastic geld, het zwaarder worden van televisietoestellen en de inbouw van *security* in elektronische apparatuur (Felson, 1997).

Wat de slachtoffergerichte preventie betreft, kan worden gewezen op goede resultaten met de training van baliepersoneel met betrekking tot agressieve cliënten en dergelijke. Ter sprake kwamen ook reeds de aansprekende Engelse successen met intensieve vormen van tertiaire, slachtoffergerichte preventie ter voorkoming van herhaald slachtofferschap.
De ervaringen met dadergerichte preventie zijn minder eenduidig. Projecten die bestaan uit de aanbieding van recreatieve voorzieningen of vrijblijvende vormen van voorlichting, opvang of hulpverlening aan risicojongeren laten bijna steeds teleurstellende resultaten zien. Intensieve leer- en werkervaringsprojecten voor al dan niet verslaafde delinquenten kunnen echter succesvol zijn. Dit geldt ook voor gedwongen hulpverlening aan mannen die hun vrouw of vriendin mishandelen (Sherman et al., 1998). Het meest kosteneffectief lijken, zoals besproken, projecten die zijn gericht op de opvoedingsondersteuning van ouders met kleine kinderen met gedragsproblemen of het ondersteunen van sociaal kwetsbare jongeren op school door middel van financiële prikkels of mentorsystemen. Volgens de econoom Heckman geldt voor beleid gericht op het wegnemen van sociale achterstanden een algemene wet dat de interventies kosteneffectiever zijn naarmate ze eerder in de levensloop ingrijpen. Deze wetmatigheid lijkt ook op te gaan voor criminaliteitspreventie (Junger, 2009). In figuur 6.4 is Heckmans wet grafisch weergegeven.

Figuur 6.4. Rendement van investeringen in menselijk kapitaal naar leeftijd waarop wordt geïntervenieerd
Bron: Heckman, 2006.

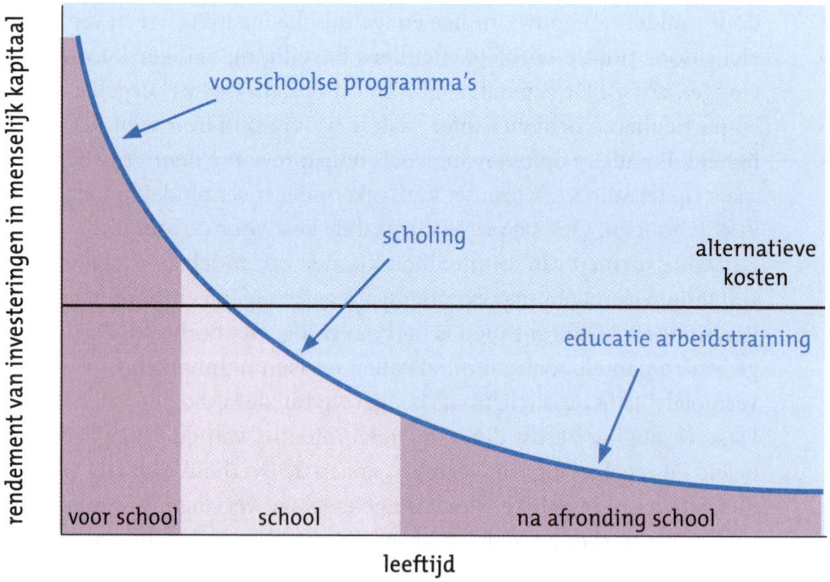

Het grootste probleem met de succesvolle vormen van dadergerichte preventie is, behalve de hoge kosten, dat de resultaten het minst gunstig zijn onder de inwoners van de meest kwetsbare wijken, dat wil zeggen: bij de belangrijkste doelgroepen. In wijken waarbinnen de meerderheid leeft van sociale uitkeringen en/of de handel in drugs ontbreken de randvoorwaarden voor dadergerichte preventie in de domeinen gezin, school of buurtgemeenschap. Ook geweld en seksueel misbruik in de gezinnen zijn juist in zulke wijken moeilijk aan te pakken. Dit algemene knelpunt speelt zeker in de Verenigde Staten. De toenemende tweedeling en het ontstaan van etnische getto's in veel West-Europese steden maakt de vooruitzichten voor dadergerichte preventie ook in Europa allengs minder gunstig.
Voor blijvende successen met de bestrijding van criminaliteit is een integrale en consequent toegepaste strategie vereist. Het ontstaan van concentratiewijken van structureel baanlozen, drugshandelaren en criminele illegalen moet worden voorkomen. Binnen de sociaal kwetsbare wijken moet extra aandacht worden besteed aan basisonderwijs, beroepsonderwijs en opvoedingsondersteuning. Op onveilige locaties moet worden geïnvesteerd in technopreventie en functioneel toezicht. Burgers en ondernemers moeten in het algemeen worden gestimuleerd meer aan situationele preventie te doen. De politie zou meer moeten doen aan het voorkomen van herhaald slachtofferschap en justitie aan het maatschappelijke herstel van chronische delinquenten. In de hoofdstuk 7 gaan we nader in op initiatieven om nieuwe inhoud te geven aan de resocialiserende functie van het (jeugd)strafrecht.
Van groot belang bij de planning van criminaliteitsbeleid is de doelstelling om ketting-effecten van criminaliteitsreducerende interventies te bewerkstelligen. De belangrijkste interventies creëren een klimaat dat andere interventies uitlokt. Bekende voorbeelden zijn het antigraffitibeleid in de metro van New York en het op preventie gerichte ontwerp van de metrostations in Washington (Junger, 2009). Deze metro's zijn thans zowel schoon als veilig. Voor succesvol preventiebeleid moet worden gezocht naar kleine veranderingen die een omslagpunt kunnen bewerkstelligen waardoor zichzelf versterkende sociale mechanismen worden ontketend.

6.8 Criminaliteitspreventie in Nederland

In de jaren zeventig van de vorige eeuw begon ook in Nederland het besef door te dringen dat in het bijzonder bepaalde vormen van jeugddelinquentie om een nieuwe aanpak vroegen. Deze toegenomen aandacht leidde in eerste instantie tot een versterking van de jeugdhulpverlening en tot de ontwikkeling van het jeugdwelzijnsbeleid. In veel gemeenten werden straathoekwerkers aangesteld die tot taak hadden contacten te leggen met (pre)delinquente jongeren – randgroepjongeren genoemd – en te proberen hun gedrag in positieve zin te beïnvloeden. Binnen de grotere politiekorpsen werden in diezelfde periode afdelingen ingesteld die zich bezighielden met het geven van voorlichting aan het publiek over tegen criminaliteit te nemen voorzorgsmaatregelen. Deze

initiatieven werden omstreeks 1980 gebundeld in de landelijke organisatie Voorkoming Misdrijven (VM). Het devies van de VM-organisatie luidde: 'Voorkoming van misdrijven; een zaak van de politie en u'. Relicten van deze politiële organisatie zijn bijvoorbeeld de borden bij parkeerplaatsen (Buit eruit!) of bij woonwijken (Attentie, buurtpreventie) .
In het midden van de jaren tachtig werd een breed samengestelde commissie ingesteld die de regering van advies moest dienen over de toekomstige aanpak van de 'kleine criminaliteit'. De commissie werd genoemd naar haar voorzitter, het voormalige lid van de Tweede Kamer, wijlen dr. H. Roethof (PvdA). De commissie-Roethof publiceerde in 1984 een interim-rapport. De probleemanalyse en aanbevelingen van dit rapport hebben gedurende vele jaren hun stempel gedrukt op het in Nederland gevoerde criminaliteitspreventiebeleid. In het rapport werd geconstateerd dat de criminaliteit in Nederland sterk was toegenomen en grote overlast veroorzaakte voor de bevolking. Als oorzaken werden genoemd: het wegvallen van de informele sociale controle en het verminderen van het functionele toezicht door functionarissen. Ook werd gewezen op de geringe binding die bijvoorbeeld langdurig werkloze jongeren hebben met de conventionele maatschappij. Geconcludeerd werd dat de oplossing niet moest worden gezocht in een eenzijdige versterking van de politie en justitie, maar mede in het mobiliseren van de eigen verantwoordelijkheid van de gemeenten, bedrijven en particulieren voor het nemen van preventieve maatregelen.
In 1985 kondigde de toenmalige regering een reeks maatregelen aan ter uitvoering van de adviezen van de commissie als onderdeel van het beleidsplan *Samenleving en criminaliteit*. Preventieve maatregelen zouden in het bijzonder moeten zijn gericht op drie doelstellingen, te weten:

- het versterken van de binding van de opgroeiende generatie aan de maatschappij;
- het zodanig inrichten van de stedelijke omgeving dat hierdoor de gelegenheden tot het plegen van delicten zou worden beperkt;
- het aanstellen van meer functionarissen met een toezichthoudende taak.

Ten behoeve van projecten die waren gericht op de verwezenlijking van deze doelstellingen werden aan gemeenten subsidies gegeven. Mede als gevolg van deze impuls voor de bestuurlijke preventie van criminaliteit zijn in vrijwel alle grotere gemeenten ambtenaren aangesteld die verantwoordelijk zijn voor de gemeentelijke criminaliteitspreventie of, zoals tegenwoordig vaak wordt gezegd, het gemeentelijke veiligheidsbeleid.
Elk jaar kent een jury een prijs toe aan het meest succesvolle preventieproject (de Roethofprijs) . Prijswinnaars zijn onder andere geweest het bewonerscomité in de Rotterdamse Opzoomerstraat dat het initiatief had genomen de straat schoner en veiliger te maken en een woningbouwcorporatie in Den Helder die als eerste inwoners inschakelde als assistent-toezichthouders. In 1994 ging de prijs naar een initiatief van Marokkaanse burgers uit Gent om door middel van sportbeoefening de plaatselijke risicojeugd in het gareel te krijgen. Meer recent ging de prijs onder meer naar de

zogenoemde stadsmariniers in Rotterdam. In 2013 ging de prijs naar het Rotterdamse project Wajaw bestaande uit een training in sociale vaardigheden voor risicojongeren. Sinds 1997 wordt naast de Nederlandse Roethofprijs een European Crime Prevention Award uitgereikt door de Europese Unie. De eerste winnaar was een Engels project ter voorkoming van herhaald slachtofferschap bij thuisgeweld. Ook aan een Nederlands project is inmiddels de Europese prijs voor misdaadpreventie uitgereikt. Het betrof een initiatief van wijkbewoners van het Amsterdamse stadsdeel Slotervaart/Overtoomse Veld om Marokkaanse vaders in de avonduren te laten surveilleren ter voorkoming van overlast door jongeren.

Een belangrijke ontwikkeling is de instelling geweest van het Nationaal Platform Criminaliteitsbeheersing in 1992. Dit platform is een samenwerkingsorgaan van het bedrijfsleven, de rijksoverheid, het Openbaar Ministerie en de politie. Het platform heeft onder andere gemengd samengestelde publiek-private projectorganisaties ingesteld met betrekking tot de onderwerpen roofovervallen, informatietechnologie en criminaliteit, autodiefstal, financiële instellingen en de beroepsmoraal binnen het bedrijfsleven, de vrije beroepen en de overheid met betrekking tot onder andere contacten met de georganiseerde misdaad. Inmiddels zijn in verschillende politiedistricten regionale platforms voor criminaliteitsbeheersing opgericht met een soortgelijke taakstelling als het Nationale Platform.

In 2001 hebben de ministeries van Justitie en Binnenlandse Zaken in samenwerking met het bedrijfsleven het Centrum voor Criminaliteitspreventie en Veiligheid (CCV) opgericht met als taken het ontwikkelen en verspreiden van '*best practices*' en het verstevigen van publiek-private samenwerking. Dit centrum is verantwoordelijk voor de uitreiking van de Roefhofprijs en geeft een tijdschrift uit met informatie over criminaliteitspreventie in binnen- en buitenland (*Secondant*) waarop belangstellenden zich gratis kunnen abonneren (e-mail: abonnementensecondant@hetccv.nl).

Als onderdeel van het grotestedenbeleid opende het ministerie van Justitie vanaf 1997 in sociaal kwetsbare wijken in enkele grote steden bureaus van waaruit het Openbaar Ministerie, de reclassering, HALT, slachtofferzorg, et cetera hun werk deden ('Justitie in de Buurt'). Preventiebevordering en bemiddeling behoorden tot hun kerntaken. In andere gemeenten zijn in samenwerking met het Openbaar Ministerie *Veiligheidshuizen* opgericht waarin de betrokken gemeentelijke diensten samenwerken met politie en justitie bij het terugdringen van jeugdcriminaliteit, veelplegers en huiselijk geweld. Kenmerkend voor de aanpak van de Veiligheidshuizen is dat alle betrokken diensten en instanties informatie uitwisselen over probleemgevallen en hun interventies met elkaar afstemmen. Vanaf 2010 zijn in alle grote gemeenten Veiligheidshuizen ingesteld.

Box 6.2. Internationale ontwikkelingen

Ook elders in West-Europa zijn initiatieven genomen ter bevordering van de criminaliteitspreventie. In België is bij het ministerie van Binnenlandse Zaken het Vaste Secretariaat voor het Preventiebeleid ingesteld. Het Belgische preventieprogramma bestaat, evenals het Nederlandse, uit een breed assortiment van dadergerichte, slachtoffergerichte en situationele maatregelen (Hebberecht, 2009). In grote delen van Duitsland is criminaliteitspreventie vooral een politiële aangelegenheid. Sinds 1995 wordt jaarlijks een *Deutscher Praeventionstag* georganiseerd die is uitgegroeid tot de grootste in zijn soort in Europa (http://www.praeventionstag.de). In de Scandinavische landen zijn Nationale Raden voor Criminaliteitspreventie ingesteld. In het bijzonder de Zweedse Raad heeft een belangrijke bijdrage geleverd aan de ontwikkeling van kennis over criminaliteitspreventie. Het organiseert een jaarlijks congres over *evidence-based crime prevention* in Stockholm ter gelegenheid van de uitreiking van de Stockholm Award for Criminology. In Frankrijk is in de jaren tachtig van de vorige eeuw gekozen voor de organisatie van criminaliteitspreventie door de gemeenten in de vorm van lokale raden voor de criminaliteitspreventie onder leiding van de burgemeesters. In het Verenigd Koninkrijk heeft het Home Office belangrijke initiatieven genomen voor de ontwikkeling van bestuurlijke criminaliteitspreventie (onder meer door de *safer cities*-projecten). De regering van Tony Blair (Labour Party) hanteerde hierbij als devies: *tough on crime, tough on the causes of crime.* De preventieve activiteiten van de Britse gemeentebesturen hebben een wettelijke basis gekregen. In een verzamelbundel onder redactie van Adam Crawford wordt een overzicht gegeven van het criminaliteitspreventiebeleid in enkele Europese landen gedurende de afgelopen dertig jaar (Crawford, 2009).

Door de Europese Commissie is in 2001 een Europees Netwerk Criminaliteitspreventie opgericht dat uitwisseling van succesvolle initiatieven moet bevorderen (2001/427/JHA). Het European Crime Prevention Network (EUCPN) heeft onder meer als taken het verzamelen en verspreiden van beproefde preventiemethoden, het organiseren van studieconferenties en het standaardiseren van statistische informatie over criminaliteit. Het secretariaat van dit EU-netwerk is inmiddels ondergebracht bij het Vaste Secretariaat voor het Preventiebeleid in België. In 2002 zijn door de Commission on Crime Prevention and Criminal Justice van de Verenigde Naties richtlijnen aanvaard over criminaliteitspreventie. Volgens de richtlijnen is het de verantwoordelijkheid van de overheid op alle niveaus om netwerken te ondersteunen van overheidsinstellingen, bedrijfsleven en particulieren ter preventie van criminaliteit. Als algemeen beginsel wordt ook aangemerkt dat 'strategieën, beleid, programma's en concrete acties gebaseerd moeten zijn op brede, multidisciplinaire kennis over criminaliteitsproblemen, hun veelsoortige oorzaken en over veelbelovende en beproefde interventietechnieken'. De richtlijnen behandelen de grondprincipes van zowel dadergerichte, situationele als slachtoffergerichte preventie. Ter bevordering van de internationale uitwisseling van *best practices* op het gebied van criminaliteitspreventie is in Montreal, Canada het International Center for the Prevention of Crime opgericht. Door het centrum is in 2010 in samenwerking met de Verenigde Naties in Wenen een *Handbook on the Prevention of Crime* uitgegeven (www.crime-prevention-intl.org).

Box 6.3. So you want to be a criminologist?

In de traditie van Bonger is de criminologie een toepassingsgerichte wetenschap. Van een criminoloog mag worden verwacht dat hij in staat is voor een concreet plaatselijk criminaliteitsprobleem een verklaring te geven die aanknopingspunten biedt voor een kosteneffectieve en humane aanpak ervan. Als voorbeeld kiezen we het geval waarin een gemeentebestuur zich bij enkele plaatselijke scholen voor lager beroepsonderwijs beklaagt over het grote aantal Marokkaanse leerlingen dat wegens overlast en berovingen in groepsverband met de politie in aanraking komt. Gemeentelijke diensten en/of de politie vragen een criminoloog om advies hoe deze 'staatterreur' kan worden teruggedrongen. Hoe zal de criminoloog met betrekking tot deze casus te werk gaan? Hoe zal hij zijn kennis over criminologische theorieën en *evidence-based crime prevention* aanwenden?

Alvorens zich te verdiepen in de oorzaken van deze manifestatie van criminaliteit zal een criminoloog zich allereerst de kritische vraag stellen welke groepen de criminaliteit ter plaatse als een acuut sociaal probleem zien en welke belangen daarbij een rol kunnen spelen. De aandacht gaat dus om te beginnen uit naar de politieke of culturele achtergronden van de problematisering van het gedrag in kwestie. Waarom maakt het stadhuis zich zo druk over enkele incidenten waarbij leerlingen van een 'zwarte school' waren betrokken? Waarom maakt het gemeentebestuur zich zo'n zorgen over Marokkaanse jeugdcriminaliteit? Is er een statistische analyse gemaakt van hun betrokkenheid bij de criminaliteit? Niet uitgesloten moet worden dat de plaatselijke politie de in de gemeente wonende Marokkaanse jongens op een overdreven manier in de gaten houdt en voor de kleinste vergrijpen meeneemt naar het bureau (selectiviteit). Dit kan onbewust gebeuren maar ook doelbewust, en wellicht zelfs op instigatie van het plaatselijke bestuur. Misschien valt het probleem in feite wel mee en is er sprake van een overreactie. Het omgekeerde is ook denkbaar, namelijk dat het probleem door de schoolleiding lange tijd onder tafel is gehouden uit vrees voor een slechte reputatie en juist daardoor volstrekt uit de hand is gelopen.

Hoeveel procent van de stemmen behaalden rechtse populistische partijen in de betrokken wijk bij de laatste gemeenteraadsverkiezingen? Welke rol speelt de plaatselijke pers in het benoemen van het probleem? Is het probleem wellicht op sensationele wijze gepresenteerd? Kortom, wie in het bijzonder maakt zich druk over deze problemen en waarom? Hierbij moeten ook de mogelijke geheime agenda's (de bureaucratische of politieke belangen) van de politie en justitie om juist nu aandacht voor dit probleem te vragen, kritisch worden bezien. Zijn er wellicht bezuinigingen of reorganisaties op komst waartegen men zich wil verzetten door aandacht te vragen voor een acuut handhavingsprobleem? Zijn er verkiezingen op komst en wil de burgemeester of een bepaalde wethouder zich wellicht als *crime fighter* profileren?

Vervolgens is het aangewezen om, alvorens het vizier te richten op de daders, eerst aandacht te besteden aan de situatie tijdens de delicten, respectievelijk aan de gelegenheidsstructuren in de gemeente. Welke groepsdynamiek heeft zich bij de gevallen van straatterreur afgespeeld? Waren er leiders, meelopers en passieve omstanders? Verkeerden de daders wellicht onder invloed van drugs. Wat zijn de regels op de school met betrekking tot spijbelen en drugsgebruik? Wordt bij de Marokkaanse jeugd door lakse toegeeflijkheid ten aanzien van spijbelen en andere kleine overtredingen wellicht onbewust de indruk gewekt dat zij zich alles kunnen permitteren? Is een deel van de betrokken jongens wellicht betrokken bij gelegenheidsprostitutie? Ook dient de vraag te worden gesteld of de plaatselijke middenstand voldoende maatregelen heeft getroffen om criminaliteit tegen te gaan? Zijn de winkelcentra wegens het gebrek aan toezicht niet een al te aantrekkelijke verzamelplaats voor spijbelaars en zwervende jongeren? Staan er wellicht in de winkelstraten overal spullen in rekken op de trottoirs uitgestald zodat er geen overzicht is en sociale controle dus wordt bemoeilijkt? Hangen er videocamera's en worden de beelden ook daadwerkelijk geanalyseerd?

Daarna komen de klassieke vragen naar de achtergronden en kenmerken van de (potentiële) daders aan de orde. Hierbij kan achtereenvolgens worden gekeken naar daderkenmerken op macro-, meso-, en microniveau. Tot de kenmerken op macroniveau behoren de maatschappelijke achtergronden van de daders. Behandeld zijn in hoofdstuk 5 onder andere de *strain*theorieën: Merton (crimineel gedrag als alternatieve weg naar succes), Cohen (criminaliteit als groepsprotest tegen de frustrerende wereld van school of werk) en Cloward en Ohlin (criminaliteit als levenswijze die door de omgeving kant-en-klaar wordt aangereikt of die men zichzelf op straat moet eigen maken). Met betrekking tot de Marokkaanse scholieren zou bijvoorbeeld moeten worden nagegaan hoe zij tegenover hun school staan en hoe zij hun toekomst zien. Met betrekking tot de Marokkaanse gemeenschap in het algemeen zou in kaart moeten worden gebracht hoe deze bevolkingsgroep er in de gemeente maatschappelijk voorstaat. Hoeveel van deze jongens stroomt door naar hogere schooltypes en welk deel verlaat de school met een diploma? Hoe staat het met de werkgelegenheid voor deze categorie in de gemeente? Worden zij in voldoende mate bereikt door het lokale werkgelegenheidsbeleid? Neemt het plaatselijke bedrijfsleven zijn verantwoording met de aanbieding van stageplaatsen? Relevant is ook de vraag of het gewelddadige karakter van de Marokkaanse jeugddelinquentie wellicht voortkomt uit wat Cloward en Ohlin een *conflict subculture* noemen. Het inzicht dat er voor de betrokken jongens geen rolmodel voor professionele misdaad bestaat, kan verhelderend werken. De betrokkenheid bij straatcriminaliteit wijst erop dat zij in ieder geval kennelijk niet onder controle van een lokale allochtone maffia opereren. Wellicht is het mogelijk de vaders in te schakelen bij een preventieprogramma zoals dat destijds in Overtoomse Veld is ontwikkeld.

Tot de criminologische scan behoort daarna de doorlichting van de onmiddellijke leefomgeving. Tot de kenmerken op mesoniveau rekenen we de kenmerken van het gezin, school, sportclubs en vriendengroepen. Behandeld in hoofdstuk 5 zijn de socialecontroletheorie van Hirschi (hechte banden met ouders en school weerhouden jongeren ervan met criminaliteit te experimenteren, hechte banden met verkeerde vrienden versterken de betrokkenheid bij crimineel gedrag). Met betrekking tot de Marokkaanse jongens laat zich de vraag stellen of de problemen wellicht ten dele voortkomen uit conflicten met vaders die hun ouderlijke gezag in het gezin willen laten gelden op een naar Nederlandse maatstaven autoritaire wijze die haaks staat op de democratische omgangsvormen die de jongens op school aantreffen. Is er zicht op de omvang van huiselijk geweld tegen moeders en kinderen bij de doelgroep? Bestaan er voldoende contacten tussen de scholen en de Marokkaanse gemeenschap? Is er samenwerking gezocht met de imams in de plaatselijke moskeeën? Zijn die zelf voldoende ingeburgerd?

Kenmerken op microniveau, dat wil zeggen persoonlijkheidskenmerken van de daders, komen als laatste aan bod. Er moet niet bij voorbaat van uitgegaan worden dat de daders aan psychische stoornissen lijden, maar het is altijd mogelijk dat er met een of enkele hoofddaders toch meer aan de hand is. In dat geval is een persoonlijkheidsonderzoek geïndiceerd. Hierbij gaat het om de mogelijke aanwezigheid van persoonlijkheidstrekken die de betrokken jongens zouden predisponeren tot het ontwikkelen van een criminele levensstijl. Tot de belangrijkste in hoofdstuk 4 behandelde concepten rekenen we sensatiezucht en een gebrekkige zelfdiscipline die bijvoorbeeld blijkt uit betrokkenheid bij verkeersongevallen of uit drank- of drugsmisbruik of vroegtijdige seksuele contacten. Mogelijkerwijze is op sommige jongens de diagnose van ADHD (ernstige aandachtsstoornissen) of van PTSS (posttraumatische stressstoornis) van toepassing. Relevant is verder het intelligentieniveau en, opnieuw, de relatie met de ouders/opvoeders. Of jongens die persoonlijkheidsproblemen lijken te hebben daadwerkelijk crimineel gedrag gaan vertonen, is mede afhankelijk van de kwaliteit van de opvoeding door ouders of verzorgers en de school. Met goede professionele begeleiding zal vaak nog veel onheil kunnen worden voorkomen. Als laatste redmiddel zijn er uiteraard de strafrechtelijke interventies. Hierbij moet worden bedacht dat een al te softe aanpak slecht aansluit op de machocultuur waarin de jongens waarschijnlijk verkeren. Bij de toepassing van alternatieve sancties zal een 'stok achter de deur' niet kunnen worden gemist.

Nadat door middel van een criminologische scan een degelijke en toegespitste diagnose is opgesteld, volgt de advisering over de interventies die aangewezen lijken. Hierbij kan figuur 6.5 als handleiding worden gebruikt. Dit schema bevat suggesties voor maatregelen voor situationele en dadergerichte preventie op micro-, meso- en macroniveau. Deze kunnen worden aangevuld met strafrechtelijke maatregelen waarvan de effectiviteit wordt behandeld in hoofdstuk 7. Hoofdstuk 8 behandelt beleidsmaatregelen die school of gemeente kunnen nemen om de gedupeerde detailhandel of andere slachtoffers bij te staan. Schadevergoedingsregelingen en preventievoorlichting behoren tot de opties. Wellicht ook zal blijken dat een rechtstreekse confrontatie en bemiddeling tussen de plaatselijke middenstand en de leerlingen en leerkrachten van de betrokken school nog de beste resultaten kan opleveren.

In figuur 6.5 is de hierboven geschetste benadering van criminaliteitsproblemen grafisch weergegeven.

Figuur 6.5. Checklist voor een criminologische scan

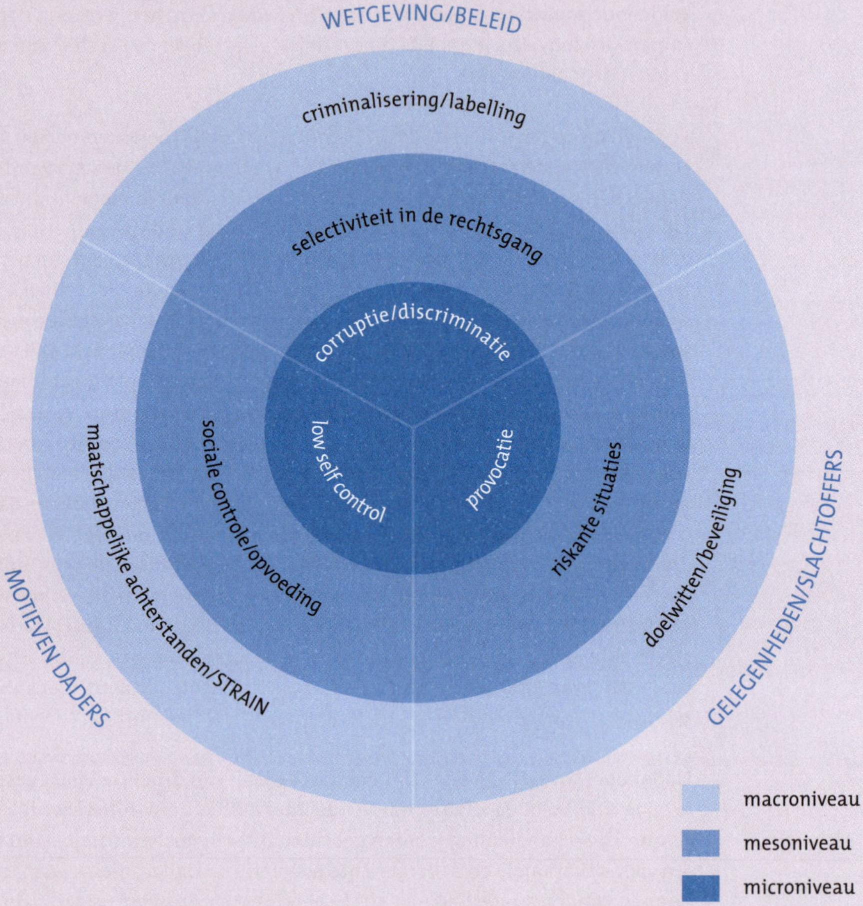

Voor het aanvragen van literatuurlijsten over preventie kan men in Nederland terecht bij de afdeling documentatie van de directie Preventie, Jeugdbescherming en Reclassering van het ministerie van Justitie (070-3706555/3706980). Rapporten over criminaliteitspreventie kunnen worden aangevraagd via 070-3706669. In navolging van de Cochrane Stichting die medische interventies toetst op gebleken effectiviteit, wordt door de hiervoor speciaal opgerichte Campbell Stichting een databank bijgehouden met resultaten van wetenschappelijk onderzoek naar de effectiviteit van criminaliteitsbeperkende interventies. De databank kan geraadpleegd worden via internet (zie www.aic.gov.au). Andere belangrijke bronnen zijn de databases van het Center for Problem Oriented Policing (www.popcenter.org) en www.whatworks.college.police.uk.

Actuele informatie over criminaliteitspreventie is te vinden op de volgende websites:
www.hetccv.nl
www.crime-prevention-intl.org
www.cji.edu
www.vps.fgov.be
www.kriminalpraevention.de
www.ezkev.de
www.dpmc.govt.nz
www.jdi.ucl.ac.uk
www.preventviolence.info/EvidenceBase
www.bra.se
www.albany.edu/scj
www.odccp.org
www.popcenter.org
www.ncpc.org
www.aic.gov.au
www.criminologyprize.com
www.what works.college.police.uk/toolkit/Pages/
Toolkit.aspx

7 Straffen en criminaliteit

7.1 Inleiding

In dit hoofdstuk staan de formele reacties van de zijde van het politiële en justitiële apparaat op criminaliteit centraal. Daartoe staan op verschillende niveaus allerlei middelen ten dienste van de autoriteiten, zoals de taakstraf, geldboete, vrijheidsstraf en terbeschikkingstelling van de regering. De hoofdvragen die in dit hoofdstuk in verband met de formele reacties worden gesteld, zijn: waarom straffen we eigenlijk? Hoe vaak worden verschillende vormen van straffen opgelegd? Wat voor effecten van straffen kunnen we verwachten? En: wat zijn de daadwerkelijke effecten van de formele reacties, mede gelet op de doelstellingen die in de criminologische literatuur worden genoemd?

7.1.1 De penologie

De studie van de doelstellingen en effectiviteit van formele straffen wordt van oudsher aangeduid als de penologie (naar het Latijnse woord voor straf: *poena*). De penologie bestudeert de doelstellingen van wettelijke straffen, de toepassing ervan in de praktijk en de uitwerking ervan op de gestraften of op andere groepen zoals potentiële plegers van delicten. Daarbij worden net als in de rest van de criminologie de begrippen, theorieën, methoden en technieken uit de empirische gedragswetenschappen toegepast. De moderne penologie omvat niet uitsluitend de door de rechter opgelegde straffen en maatregelen, maar alle strafrechtelijke sancties. Hieronder vallen ook de afdoeningen door het Openbaar Ministerie buiten de rechter om.
Zoals hierna nog zal blijken, vullen de strafrechtswetenschap en de penologie elkaar aan. Het strafrecht gaat uit van principiële uitgangspunten en (utilitaire) overwegingen. De penologie kan de beoefenaren van het strafrecht confronteren met de menselijke en maatschappelijke realiteit van de straf.
De criteria die bij de sanctioneringsbeslissingen van het Openbaar Ministerie en de rechter in concrete zaken een rol spelen, behoren tot het deelgebied van de penologie dat als empirisch straftoemetingsonderzoek bekendstaat. Het empirische penologische onderzoek is tot bloei gekomen in de jaren zestig van de vorige eeuw. Het onderzoek is vooral gericht op de mogelijkheden om (gevangenis)straffen zo goed mogelijk te benutten voor het voorkomen van recidive en de voorbereiding van de gedetineerde op zijn terugkeer in de samenleving. We behandelen deze onderwerpen in dit hoofdstuk in paragraaf 7.4.

7.1.2 Straffen in het (straf)recht

De betekenis van het woord straf kent iedereen uit zijn jeugd. Ouders, onderwijzers en leraren delen straffen uit. Zij reageren op een ongeoorloofde of onbezonnen daad met een leedtoevoeging, met de bedoeling om zulk gedrag van de gestrafte of van anderen in de omgeving in de toekomst te voorkomen. Hierbij speelt de van iedere straf uitgaande dreiging met nieuwe straffen een grote rol. De overwegingen die ten grondslag liggen aan het straffen door ouders vertonen psychologisch gezien zeker overeenkomsten met die van de strafrechtspleging. Hetzelfde geldt voor de sancties die door scholen, sportverenigingen of beroepsvakorganisaties worden opgelegd. Maar het gedrag dat door ouders, leraren of beroepsgenoten wordt gestraft, is meestal niet crimineel, dat wil zeggen: door de wetgever strafbaar gesteld gedrag. En hoewel zulke informele sancties bijzonder effectief kunnen zijn, behoren zij niet tot de wettelijke sancties of straffen.

In ons rechtssysteem maken we onderscheid tussen het burgerlijk recht, het staats- en bestuursrecht, het strafrecht en het tuchtrecht. De verschillende rechtsgebieden hebben elk hun eigen sanctiesysteem. Het burgerlijk recht kent bijvoorbeeld de verplichting tot de betaling van schadevergoeding als gevolg van een onrechtmatige daad of van een dwangsom bij niet-naleving van een rechterlijk bevel. Ook het bestuursrecht kent de dwangsom en de schadevergoeding. Het tuchtrecht van medische hulpverleners of advocaten kent eveneens een arsenaal van sancties waaronder berisping en uitsluiting van de beroepsuitoefening. Ook deze sancties zijn geen criminele straffen. Deze vinden we uitsluitend in het strafrecht.

Het verschil tussen criminele straffen en andere sancties ligt vooral daarin dat de eerste in veel sterkere mate dan alle andere sancties fundamentele rechten en vrijheden van de burgers inperken. Straffen in het strafrecht moeten dus met bijzondere waarborgen zijn omgeven. Criminele straffen moeten in principe voordat het misdrijf is gepleegd bij de wet zijn vastgesteld voordat zij kunnen worden opgelegd. Dit fundamentele beginsel (geen straf zonder voorafgaande wet, in het Latijn: *nulla poena sine lege*) staat letterlijk in het eerste artikel van ons Wetboek van Strafrecht. Artikel 1, lid 1, luidt namelijk: '*Geen feit is strafbaar dan uit kracht van een daaraan voorafgaande wettelijke strafbepaling*'. Dit beginsel, dat teruggaat tot het werk van de verlichtingsfilosoof Beccaria, beschermt de burger tegen willekeurige of onverwacht harde straffen.

Kenmerkend voor de criminele straf is verder dat zij in vergelijking tot de civielrechtelijke en bestuursrechtelijke sanctie dichter staat bij de ethiek, dat wil zeggen, dat het gaat om reacties op overtredingen van reeds lang en diep in het menselijke bewustzijn verankerde normen en waarden. Het strafrecht in een democratische rechtsorde gaat daarbij uit van een 'ethisch minimum', dat wil zeggen dat het in principe geen normen oplegt die niet algemeen worden aanvaard (Remmelink, 1984). Het strafrecht moet, met andere woorden, niet proberen de bevolking nieuwe normen bij te brengen, maar slechts algemeen aanvaarde kernnormen handhaven. Dit uitgangspunt is van groot belang omdat een strafrechtspleging die normen handhaaft die niet in brede kring worden onderschreven, al snel maatschappelijk draagvlak zal verliezen en als onderdrukkend zal worden ervaren. In de pluriforme, multiculturele samenlevingen van vandaag, waar over sommige normen zeer verschillend wordt gedacht, is deze zelfbeperking van het strafrecht extra belangrijk.

7.2 Doelstellingen van straffen en strafrechttheorieën

Over de doelstellingen en rechtvaardigingsgronden voor straffen en hun effectiviteit wordt sinds de oudheid gedacht, gediscussieerd en geschreven. Het door de staat bewust en opzettelijk toevoegen van leed aan burgers wordt niet als iets vanzelfsprekends ervaren. Het strafrecht streeft het goede na maar snijdt daarbij, zoals het wel is uitgedrukt, in eigen vlees. Het moet dus steeds opnieuw filosofisch of wereldbeschouwelijk worden gefundeerd (Honderich, 1984). De criminologie en de penologie kunnen daarbij een belangrijke rol spelen.

Zoals al is opgemerkt gaat de belangstelling van de criminologie en penologie niet uit naar de filosofische rechtvaardigingen die voor het straffen kunnen worden aangevoerd, maar naar de feitelijke uitwerking van straffen in de praktijk. Strafrechtstheorieën zijn daarom voor de criminologie en de penologie vooral interessant indien zij leiden tot uitspraken over de beoogde effecten van straffen die aan empirisch onderzoek kunnen worden onderworpen. Echter, omdat bij straffen de normatieve aspecten nooit uit het oog mogen worden verloren, worden hierna de belangrijkste groepen strafrechtstheorieën uitvoerig besproken.

Binnen de strafrechtstheorieën kunnen drie hoofdgroepen worden onderscheiden: de absolute theorieën, de relatieve theorieën en de verenigingstheorieën. De zin en doeleinden van straffen op basis van deze theorieën wordt in figuur 7.1 bij wijze van samenvatting schematisch weergegeven.

Figuur 7.1. Zin en doeleinden van de hedendaagse straf

Absolute theorieën (straf is doel in zichzelf)	
Vergelding	Door middel van straf wordt de schuld van de dader aan de maatschappij vereffend/wordt de deuk in de rechtsorde hersteld. NB. Genoegdoening voor het slachtoffer c.s. en herstel van de schade
Relatieve theorieën (straf is middel tot een sociaal doel)	
Generale preventie	Afschrikking potentiële daders. Normbevestiging.
Speciale preventie	Beveiliging maatschappij door middel van opsluiting/toezicht. Voorkoming recidive door middel van afschrikking van de gestrafte. Voorkoming recidive door middel van resocialisatie en/of genezing.
Verenigingstheorieën (straf moet proportioneel zijn aan de daad en de schuld (vergelding) en op evenwichtige wijze verschillende doeleinden dienen)	
Vergelding (als beneden- en bovengrens)	De boven- en benedengrens van de straf worden bepaald door de ernst van de daad en de schuld van de dader; daarbinnen bepalen speciale en generale preventieve overwegingen de soort, de maat en de modaliteit van de straf.

7.2.1 Absolute theorieën: vergelding

De moeder van alle strafrechtstheorieën is ongetwijfeld de vergeldings- of gerechtigheidstheorie. Volgens deze theorie ligt de zin van de straf uitsluitend in de vergelding. Het Oude Testament spreekt van *'oog om oog, tand om tand'* en '*Wie iemand slaat dat hij sterft, die zal zekerlijk gedood worden*' (Exodus, XXI, 12). Dit vergeldingsprincipe – het *ius talionis* – wordt in veel oude rechtsstelsels erkend. De dader wordt gestraft, omdat hij iets heeft misdaan. Zijn misstap moet door leedtoevoeging teniet worden gedaan opdat de rechtsorde of de gerechtigheid wordt hersteld. De dader wordt door de vergeldende straf als lid van de rechtsgemeenschap erkend. Hij schond het recht door zijn autonome beslissing een misdrijf te plegen en moet nu door middel van het ondergaan van de straf de rechtsorde herstellen. Het vergeldingsbeginsel impliceert echter tevens dat de pleger van een misdrijf niet onevenredig zwaar mag worden gestraft – niet een oog voor een tand! – en heeft dus ook een matigende werking op de uitoefening van het wraakrecht. De 'misse daad' moet worden vergolden door een leedtoevoeging die evenredig is aan de ernst van de aantasting der rechtsorde.
De straf blijft in deze visie geheel vrij van doelmatigheidsoverwegingen. Zij is uitsluitend bedoeld als leedtoevoeging ter vereffening van de verwijtbare schending van de rechtsorde. In deze visie kijkt de straf slechts terug op het verleden, op de daad die de dader heeft begaan. De toekomst, dat wil zeggen het effect van de straf op het leven van de dader en het slachtoffer, blijft buiten beschouwing. Een van de belangrijkste aanhangers van de zuivere vergeldingsleer in de moderne tijd was de Duitse filosoof Immanuel Kant (1724-1804). Volgens hem is de strafwet een 'categorische imperatief', dat wil zeggen een van alle doelgerichtheid vrij gebod van de gerechtigheid. Om duidelijk te maken dat ook overwegingen van generale preventie – het doel om anderen in de samenleving van strafbaar gedrag af te houden – geen rol mogen spelen, gaf Kant het beroemde voorbeeld van de executie van een misdadiger door een rechtsgemeenschap die vanwege een naderende meteoor spoedig zal ophouden te bestaan. Indien een eilandbewonend volk ten dode is opgeschreven, lijkt het executeren van veroordeelde misdadigers geen enkele zin meer te hebben. Volgens Kant moet echter in zo'n situatie toch eerst nog de laatste in de gevangenis aanwezige moordenaar worden opgehangen, opdat iedereen krijgt wat hem toekomt. Het moge duidelijk zijn dat het moderne, rationele denken over de straf intussen ver af staat van de vergeldingsleer van Kant. De absolute theorieën berusten op de opvatting dat de samenleving of de staat tot taak heeft de absolute zedelijkheid en gerechtigheid te realiseren. De moderne staat heeft echter vooral de taak om door middel van de strafrechtspleging een aanvaardbaar minimum van veiligheid en rechtvaardigheid na te streven. Daarom hoeft niet altijd te worden gestraft waar dit omwille van de gerechtigheid wellicht noodzakelijk zou zijn, maar slechts in die gevallen waar een straf in het belang van de bescherming van de samenleving noodzakelijk is.
Een ander verwijt dat de absolute theorieën treft, is dat zij de mens niet voldoende humaan behandelen. De absolute theorieën onderkennen de fouten makende mens

niet als zwak en/of hulpbehoevend. Zij dienen minder de concrete mens van vlees en bloed dan de mens als abstract filosofisch concept. De staat werd gezien als een hoeder van de gerechtigheid op aarde en de mens als een wezen dat beschikt over een vrije wil. De criminologie heeft echter al vanaf Lombroso betoogd dat veel daders slechts in beperkte mate rationeel voor hun delinquent gedrag kiezen en vaak zelf de dupe zijn van hun persoonlijkheid en hun levensomstandigheden. De absolute theorieën worden daarom tegenwoordig nog slechts door weinigen in hun zuivere vorm aangehangen (zie voor een bespreking hiervan: Braithwaite, 1990).

De moderne kritiek op de vergeldingsleer laat overigens geheel onverlet dat de bestraffing van de plegers van ernstige misdrijven ook in de huidige tijd tegemoetkomt aan een diepgevoelde behoefte van mensen die universeel lijkt te zijn (Robinson en Darley, 2007). Door een misdrijf wordt het fundamentele sociale beginsel van de wederkerigheid op een flagrante manier geschonden. Een crimineel eigent zich op brutale wijze iets toe wat hem niet toekomt. Het voor de onderlinge betrekkingen in een menselijke samenleving onmisbare geloof in elementaire rechtvaardigheid wordt hierdoor ten gronde aangetast.

Deze aantasting wordt in het bijzonder – maar zeker niet uitsluitend – door de slachtoffers van misdrijven en hun directe omgeving scherp ervaren (zie ook hoofdstuk 8). De oplegging van een straf aan de dader kan hen dan ook genoegdoening verschaffen. De strafrechtspleging kanaliseert aldus de behoefte om de dader zijn wandaad betaald te zetten en voorkomt daarmee eigenrichting (Walker, 1969). In dit opzicht is vergelding – waaronder het geven van genoegdoening aan de slachtoffers – een belangrijke maatschappelijke functie van de straf. Het strafrecht fungeert daarmee als noodventiel voor de door criminaliteit bij de betrokkenen en omstanders opgewekte emoties van woede, angst en morele verontwaardiging.

7.2.2 Relatieve theorieën: generale en speciale preventie

In tegenstelling tot de absolute theorieën beoogt de straf volgens de relatieve theorieën niet de in het verleden begane fouten te bestraffen, maar juist herhaling in de toekomst te voorkomen. De absolute theorieën kijken naar wat er in het verleden verkeerd is gedaan, de relatieve theorieën willen menselijke fouten in de toekomst voorkomen. De straf is volgens deze theorieën een doelstraf, ofwel een sociaal instrument. Zij leiden gedeeltelijk tot conclusies die strijdig zijn met die van de absolute theorieën. Terwijl de vergelding de schuld als oriëntatiepunt heeft, is dat voor de preventie de gevaarlijkheid van de persoon van de dader (speciale preventie) en de in iedere mens aanwezige dispositie tot crimineel gedrag (generale preventie).

Uitgaande van een strikt preventieve theorie zou bij het strafrechtelijke beleid de schuld van daders zelfs geheel buiten beschouwing kunnen blijven. De straf is dan uitsluitend middel tot voorkoming van toekomstige delicten. De daad is niet de grondslag of reden voor de straf, maar slechts de aanleiding ertoe. Het delict is een aanwijzing voor een gevaarlijke toestand waarop de staat moet reageren. Welke straf en welke strafmaat worden gekozen, is afhankelijk van preventieve overwegingen en niet van de omvang van de schuld van de dader. De zuivere preventieleer erkent slechts overwegingen van nuttigheid of instrumentaliteit.

De relatieve theorieën leiden ruwweg tot twee vormen van criminaliteitspreventie. Allereerst gaat het om *speciale preventie*: het voorkomen van crimineel gedrag bij personen die al criminaliteit gepleegd hebben. Hier gaat het erom de eenmaal bekend geworden dader van toekomstige strafbare gedragingen af te houden, oftewel 'recidive' te voorkomen. In de meeste landen probeert de overheid dit doel te bereiken door opsluiting, afschrikking, en door resocialisatie. Hieronder worden deze vormen eerst besproken. Daarnaast zal worden ingegaan op de *generale preventie*, dat wil zeggen: het afschrikken van potentiële daders en het bevestigen van de rechtsnormen in de samenleving.

Speciale preventie: effecten op recidive

Uitgaande van de relatieve strafrechttheorieën is het verminderen van criminaliteit van veroordeelde delinquenten na de straf een belangrijke doelstelling. De gedachte dat een (gevangenis)straf delinquenten tot minder recidive brengt en tot betere mensen kan en dus moet maken, heeft in Nederland altijd veel steun gevonden. Meer dan vierhonderd jaar geleden werd op de Heiligeweg in Amsterdam de eerste gevangenis op het Europese vasteland in gebruik genomen. Het opsluiten van criminelen was een alternatief voor de toentertijd gebruikelijke lijf-en doodstraffen of verbanning. Dit in 1596 geopende Rasphuis had ten doel om de 'tugtelingen' door middel van het raspen van campêchehout – voor de bereiding van rode kleurstof – werkdiscipline bij te brengen en daardoor van toekomstige criminaliteit af te houden. Het streven naar zedelijke verbetering is sindsdien een constante in de geschiedenis van het Nederlandse gevangeniswezen. In 1823 werd daartoe bijvoorbeeld het Nederlandse Genootschap tot Zedelijke Verbetering der Gevangenen opgericht, een voorloper van de latere reclassering. De vraag kan gesteld worden in hoeverre de opgelegde en uitgevoerde straffen daadwerkelijk leiden tot minder recidive en betere mensen. Deze vraag beantwoorden we in paragraaf 7.4.

Los van de vraag naar de effectiviteit van straffen ter preventie van recidive rijzen er ook principiële vragen. Een eerste vraag is of er als er geen preventie te verwachten is, dan ook niet gestraft mag worden. Indien de overheid zich slechts ten doel stelt de dader, ter bescherming van de maatschappij, van nieuwe delicten af te houden, zal het in veel gevallen nuttiger zijn om van bestraffing af te zien en hem of haar alleen een therapie of training aan te bieden. De dilemma's die deze theorie in zijn zuiverste vorm met zich meebrengt, liggen voor de hand. Zo zou men bijvoorbeeld, indien vast zou staan dat recidive zeer onwaarschijnlijk is, ook bij de zwaarste delicten niet mogen straffen. Men kan hierbij bijvoorbeeld denken aan een vrouw zonder strafblad die in een vlaag van razernij de vriendin van haar echtgenoot neersteekt. Gevaar van herhaling is er in zo'n geval meestal niet en de noodzaak anderen af te schrikken, is ook niet aan de orde. Het gaat immers typisch om een in drift gepleegd misdrijf, waaraan weinig of geen berekening voorafgaat. Toch zal naar veler rechtsgevoel op zo'n geval van dood-

slag toch enigerlei straf moeten volgen, onder meer om de familie en de vrienden van het slachtoffer genoegdoening te verschaffen.
Ook is er de principiële vraag of, en tot welke hoogte, ingrijpende vormen van heropvoeding of behandeling van delinquenten tijdens de tenuitvoerlegging van straffen toelaatbaar zijn. Hierbij gaat het om de vraag in hoeverre de overheid gerechtigd is via een therapie of socialisatieprogramma met toepassing van een zekere mate van dwang in de persoonlijkheid van de dader in te grijpen om aldus zijn levenswijze te veranderen. In hoeverre moet de overheid de autonomie van de dader respecteren om zijn eigen leven vorm te geven? Deze vraag rijst met name met betrekking tot intensieve psychiatrische behandelingen in een strafrechtelijke setting. In een rechtsstaat moeten het individuele en het algemene belang steeds zorgvuldig tegen elkaar worden afgewogen. Behandelingen onder dwang worden daarom slechts in uitzonderlijke situaties en omringd met garanties aanvaardbaar geacht.
Een derde principiële vraag is of de theorie van de speciale preventie er ook toe moet leiden dat reeds voordat een delict is gepleegd maatregelen worden genomen tegen potentiële daders. Want waarom zou men, uit speciaal preventief oogpunt, wachten tot het eerste delict is gepleegd? Deze vraag heeft betrekking op vroegtijdige interventieprogramma's en dus in feite op de grenzen van wat het vorige hoofdstuk de secundaire dadergerichte preventie is genoemd. Naarmate de kennis over het ontstaan van gedragsstoornissen toeneemt en betere therapieën beschikbaar komen, wordt de vraag naar de toelaatbaarheid van vroegtijdig ingrijpen nijpender.

Speciale preventie: effecten van incapacitatie
Als een maatschappij zich maximaal wil beveiligen tegen crimineel gedrag, kan zij ook besluiten recidiverende delinquenten die een gevaar voor de samenleving vormen gedurende (zeer) lange tijd op te sluiten. De achterliggende redenering hierbij is dat ze, zolang ze opgesloten zitten (in elk geval buiten de gevangenis) geen nieuwe slachtoffers maken. Deze gedachte van 'onschadelijkmaking' of 'incapacitatie' is niet vreemd aan het Nederlandse strafrecht. Ons land kent bijvoorbeeld de laatste jaren het stijgend aantal tot levenslang veroordeelden. Anders dan vroeger wordt aan deze categorie zelden of nooit gratie verleend. Daarnaast kent het Nederlandse gevangeniswezen tegenwoordig steeds meer speciale long-stayafdelingen voor tbs-gestelden die zo gevaarlijk worden geacht dat zij zo goed als zeker nooit meer zullen vrijkomen. Velen van hen zijn zedendelinquenten, waaronder pedofielen. Terwijl men de zedendelinquenten in de jaren zestig nog met een zekere clementie behandelde, is het beleid nu op grond van de tegenwoordige opvattingen in de samenleving sterk veranderd en worden deze daders ter bescherming van de samenleving – en ook om eigenrichting te voorkomen – voor de rest van hun leven opgesloten. Ook kent ons land de extra lange detentie van al dan niet verslaafde, stelselmatige daders (de ISD'ers). Deels worden zij langer opgesloten om ze langduriger (en daardoor effectiever) te kunnen behandelen, maar deels dient het ook het doel van voorkomen van nieuwe delicten door opsluiting.

In de Verenigde Staten is de beveiligingsfunctie – daar bekend als *selective incapacitation*: het selectief onschadelijk maken van de gevaarlijkste daders – in de jaren zestig van de vorige eeuw tot de belangrijkste strafrechtelijke doelstelling verheven. Voor zware misdrijven kent het Amerikaanse strafrecht wettelijke strafminima van bijvoorbeeld twintig of dertig jaar gevangenisstraf. De belangrijkste uitdrukking van deze strafrechtstheorie is de '*three-strikes and you're out*'-wetgeving. Met dit aan honkbal ontleende beginsel wordt bedoeld dat voor een verdachte die voor de derde keer voor een (gewelds)misdrijf wordt veroordeeld, een wettelijke minimumstraf geldt die bestaat uit levenslange gevangenisstraf (Benekos en Merlo, 1994). De consequenties van deze wetgeving voor de omvang van de reeds zeer grote gevangenispopulatie in de Verenigde Staten (circa 2 miljoen) zijn dramatisch geweest (Waller, 2006). Onlangs heeft de regering-Obama een begin gemaakt met een aanpassing van de draconische straftoemeting, onder meer door lagere straffen te eisen voor drugsdelicten bij de federale rechtbanken.

Generale preventie

Als wordt beoogd door middel van strafoplegging het gedrag van de gehele bevolking, of bepaalde risicogroepen, te beïnvloeden, dan spreekt men van 'generale preventie'. Door middel van strafbedreiging in de wet en de tenuitvoerlegging van de straf probeert de staat de normen te bevestigen en potentiële plegers van misdrijven onder de burgers af te schrikken. De gedachte is dat als het bedreigde nadeel maar groter is dan het met het plegen van de daad samengaande of verwachte genot (voordeel), de daad dan niet wordt gepleegd. De verwantschap met het huidige, in hoofdstuk 5 besproken rechtseconomische denken is evident. De dader wordt als een calculerende persoon gezien die de kosten en baten van het te plegen delict tegen elkaar afweegt (Becker, 1968).

Een probleem bij maatregelen op basis van de theorie van generale preventie is dat deze theorie geen afdoende maatstaf voor de omvang van de straf kan geven. Zij neigt, net als de speciale preventie, tot mateloosheid (Walker, 1969; Tonry, 2008). In de afschrikkingsfilosofie ligt de veronderstelling opgesloten dat harde(re) straffen meer indruk zullen maken op de potentiële daders, en dus effectiever zijn dan milde straffen. Op grond van deze utilitaire overweging zou de overheid om een voorbeeld te stellen kunnen besluiten het fout parkeren in de binnenstad tegen te gaan door incidenteel aan enkele overtreders lange gevangenisstraffen op te leggen. Dergelijk beleid van *exemplary sentences* zou waarschijnlijk wel effectief zijn en toekomstige potentiële parkeerovertreders afschrikken, maar ook op groot verzet stuiten.

Een ander probleem bij maatregelen op basis van de generale preventietheorie is dat strafdreiging niet alleen een afschrikwekkende werking kan hebben. Soms werkt strafbaarstelling namelijk zelfs averechts en komen groepen in de bevolking door de strafbaarstelling tot het gedrag dat de strafbaarstelling juist wil beletten. Een voorbeeld hiervan is het verbod op het gebruik van alcohol of softdrugs. Door bepaalde genotmiddelen tot 'verboden vruchten' te bestempelen, maakt men ze wellicht voor sommigen juist extra aantrekkelijk.

Ten slotte is een ander probleem bij maatregelen op basis van alleen generale (economische) preventietheorieën (zie ook hoofdstuk 5) dat betwijfeld kan worden of de doorsnee-delinquent een calculerende persoon is die de voor- en nadelen van zijn handelen op termijn steeds min of meer nauwkeurig afweegt en zich naar de uitkomst daarvan gedraagt. Vaak handelt deze impulsief. Dit geldt volgens de inzichten van de moderne criminologie *a fortiori* voor chronische delinquenten. Hun vermogen de bevrediging van behoeften uit te stellen, is, zoals we in hoofdstuk 4 hebben gezien, vaak relatief zwak ontwikkeld (Gottfredson en Hirschi, 1990). Potentiële daders die overwegen een delict te plegen, realiseren zich meestal onvoldoende dat tegenover het voordeel dat de daad direct oplevert de nadelen van de eventuele straf staan. Er zijn, kortom, legio bedenkingen tegen de generale preventietheorie in te brengen.

7.2.3 Verenigingstheorieën

De besproken absolute en relatieve theorieën benaderen de vraag naar de zin van de straf eenzijdig. De straf moet óf de boze daad omwille van de gerechtigheid vergelden, óf ertoe bijdragen recidive te voorkomen en/of anderen af te schrikken. De verenigingstheorieën pogen de absolute en relatieve theorieën te combineren. Volgens de verenigingstheorie kan de omvang van de straf niet uitsluitend op grond van generaal-preventieve of speciaal-preventieve overwegingen worden bepaald. De strafmaat moet steeds binnen de grenzen blijven van een rechtvaardige reactie op de aan de delinquent toerekenbare daad. Nogmaals, het opleggen van gevangenisstraf aan foutparkeerders moge nog zo effectief zijn in generaal-preventief opzicht, maar gaat als straf alle proporties te buiten. Ook kunnen straffen die vanwege hun strengheid de generale preventie dienen, de speciale preventie juist doorkruisen en ook om die reden minder gewenst zijn. De straftoemeting in concrete gevallen mag – volgens de verenigingstheorie – nooit zijn gebaseerd op slechts één van de strafrechtstheorieën, maar moet steeds de resultante zijn van een meerdimensionale afweging.
Het is belangrijk hierbij een onderscheid te maken tussen de verschillende fasen van straffen, zoals de strafbedreiging in de wet, de vervolging en de berechting alsmede de tenuitvoerlegging van de straf. Het is aannemelijk dat in elke fase verschillende principes en strafrechttheorieën voorrang moeten hebben (De Hullu, 2002). De officier van justitie zal bij zijn requisitoir in zware zaken vooral aandacht besteden aan de vergelding en de generale preventie. Ook bij zware delicten worden er tarieven gehanteerd met een bovengrens waar de officier slechts zelden overheen zal gaan. Bij lichtere delicten spelen bij de bepaling van de strafeis de persoon van de dader en zijn kansen op (re)socialisatie een grotere rol. Dit is in het bijzonder het geval in het jeugdstrafrecht. Bij de straftoemeting door de rechters zullen als regel de persoon van de dader en diens kansen op resocialisatie vrijwel altijd een rol spelen. Het is de taak van de verdediging en de reclassering hiervoor aandacht te vragen. In de fase van de tenuitvoerlegging zal doorgaans de speciale preventie, dat wil zeggen de (re)socialisatie van de dader, even-

eens veel aandacht krijgen. Dit is zeker het geval bij de tenuitvoerlegging van vrijheidsstraffen die volgens de wet mede dienen tot voorbereiding van de gedetineerde op zijn terugkeer naar de maatschappij. Bij alternatieve sancties, zoals taakstraffen, staat de speciale preventie voorop, zij het dat de uit te voeren taken wel altijd een zeker element van straf moeten bezitten om voor de maatschappij aanvaardbaar te zijn. Al met al kan worden vastgesteld dat de verenigingstheorie leidend is in de praktijk van de Nederlandse strafrechtspleging.

7.3 Soorten straffen

Hieronder geven we een kort overzicht van het Nederlandse sanctiestelsel zoals dat in het Wetboek van Strafrecht is geregeld. We richten ons daarbij op de straffen die kunnen worden opgelegd door de rechter. Dit zijn – zoals in hoofdstuk 3 uitgebreid is besproken – lang niet alle opgelegde straffen. Bij een belangrijk deel van alle door het Openbaar Ministerie behandelde strafzaken wordt immers een transactie of strafbeschikking opgelegd.
Het Nederlandse sanctiestelsel, zoals dat in het Wetboek van Strafrecht is vastgelegd, kent ruwweg drie soorten sancties: hoofdstraffen, bijkomende straffen en maatregelen. Een rechter kan hoofdstraffen en bijkomende straffen combineren, maar bijkomende straffen ook zonder hoofdstraffen opleggen. Ook de cumulatie van hoofdstraffen is toegestaan. De variatiebreedte van het rechterlijke sanctioneren is hierdoor in Nederland relatief groot. De variatiebreedte wordt verder verruimd doordat de rechter alle straffen, behalve gevangenisstraffen van meer dan twee jaren, geheel of gedeeltelijk voorwaardelijk kan opleggen. Een voorwaardelijk opgelegde straf of maatregel kan alsnog worden omgezet in een onvoorwaardelijke wanneer de veroordeelde binnen de proeftijd zich niet heeft gehouden aan de gestelde voorwaarde(n).

Box 7.1. Hoofdstraffen in het Nederlandse strafsysteem

Geldboete
De geldboete heeft een algemeen minimum van 3 euro. De maxima zijn verdeeld in zes categorieën. Bij elk van de in het Wetboek van Strafrecht genoemde strafbare feiten is telkens bepaald welke categorie van toepassing is. Bij niet-betaling van de geldboete wordt deze in principe vervangen door hechtenis volgens de formule 'een dag hechtenis voor 25 euro'. De vervangende hechtenis heeft een minimum van een dag en een maximum van een jaar.

Taakstraf: werk of leerstraf
In 2000 werd de taakstraf als een zelfstandige hoofdstraf ingevoerd. Deze kan thans bij ieder delict waarop een vrijheidsstraf of een boete staat, worden opgelegd. De maximale duur van de taakstraf is 240 uur. Een taakstraf bestaat uit een werkstraf, een leerstraf of een combinatie hiervan. Sinds 1 april 2012 bestaat er alleen voor minderjarigen een leerstraf. NB. Officieren van justitie kunnen ook in het kader van een transactie taakstraffen overeenkomen.

Gevangenisstraf/jeugddetentie
De gevangenisstraf is de zwaarst mogelijke straf in het Nederlandse sanctiebestel. Deze straf wordt alleen voor misdrijven opgelegd. De duur van de gevangenisstraf kan levenslang of tijdelijk zijn. Alléén door middel van gratie kan de levenslange straf worden omgezet in een tijdelijke gevangenisstraf. De tijdelijke gevangenisstraf kent een algemeen minimum van 1 dag en een maximum van 30 jaar.

Hechtenis
De hechtenis – een kortere en lichtere vorm van gevangenisstraf – wordt voornamelijk opgelegd voor (zware) overtredingen. Hechtenis duurt minimaal 1 dag en maximaal 1 jaar, onder bijzondere omstandigheden 1 jaar en 4 maanden. De maximale duur van deze straf is voor 12- tot 16-jarigen 1 jaar en voor 16- en 17-jarigen 2 jaar.

7.3.1 Hoofdstraffen: geldboetes, taakstraffen, hechtenis en gevangenisstraffen

In het Nederlandse strafsysteem worden vier hoofdstraffen onderscheiden (zie box 7.1). Tabel 7.1 geeft een overzicht van de door de rechter aan meerderjarigen en minderjarigen opgelegde soorten straffen en maatregelen in 2014 (het meest recente jaar waarover cijfers bekend waren bij het schrijven van deze druk van dit boek). Doordat rechters combinatiestraffen kunnen opleggen is uiteraard het aantal straffen groter dan het aantal vonnissen en strafzaken (zie figuur 3.2 in hoofdstuk 3). Rechters blijken in de praktijk echter hoofdstraffen niet heel vaak te combineren. Van alle afgedane misdrijfzaken wordt in ruim een kwart van de gevallen alleen een gevangenisstraf (incl. jeugddetentie) opgelegd, in ruim een kwart alleen een geldboete en in bijna een derde alleen een taakstraf. In totaal wordt in ruim 80 procent van de zaken een enkelvoudige straf opgelegd. Combinaties komen veel minder frequent voor. Een gevangenisstraf plus taakstraf is de combinatie die nog het meest wordt opgelegd, namelijk in ongeveer 10 procent van de zaken (C&R-2014).
Tabel 7.1. toont het aandeel van de verschillende sanctietypen. Uit de tabel blijkt dat de drie meest opgelegde straffen de hoofdstraffen zijn: de taakstraf, de gevangenisstraf en de geldboete. Samen vormen deze ongeveer drie kwart van alle in eerste aanleg door een rechter opgelegde straffen en maatregelen.

Tabel 7.2 laat zien dat de rechters – in vergelijking met taakstraffen of gevangenisstraffen – geldboetes relatief vaak opleggen aan plegers van verkeersmisdrijven. Ruim 40 procent van de geldboetes wordt opgelegd aan verkeersdeelnemers die onder invloed hebben gereden, gereden hebben zonder geldig rijbewijs, of overige verkeersmisdrijven gepleegd hebben. Personen die een gevangenisstraf opgelegd hebben gekregen zijn relatief vaak veroordeeld voor vermogensmisdrijven.

Tabel 7.1. Door de strafrechter in eerste aanleg opgelegde straffen en maatregelen, 2014
Bron: Verleij, C.M.P & R.M.F. Meijer (2015). Berechting. In: Kalidien, S.N., N.E. de Heer-de Lange, Criminaliteit en Rechtshandhaving 2014. CBS/WODC.

	Geheel of deels onvoorwaardelijk	Geheel voorwaardelijk	Totaal	
	Aantal	Aantal	Aantal	%
Hoofdstraf	**71.296**	**20.016**	**91.312**	
geldboete	22.007	4.493	26.500	23%
taak- of werkstraf	26.051	4.024	30.075	26%
gevangenisstraf & hechtenis	22.423	11.066	33.489	29%
jeugddetentie	815	433	1.248	1%
Bijkomende straf			**9.181**	
ontzegging rijbevoegdheid	6.089	2.002	8.091	7%
verbeurdverklaring & overige			1.090	1%
Maatregel			**15.840**	
volwassen tbs			173	0%
plaatsing in een inrichting (PIJ, ISD, psychiatrisch ziekenhuis)			511	0%
betaling aan de staat (schadevergoeding), ontneming wederrechtelijk verkregen voordeel			14.176	12%
onttrekking aan het verkeer, MGJ & overig			980	1%
Straf of maatregel onbekend			**464**	**0%**
Totaal			**116.797**	**100%**

MGJ = Maatregel gedragsbeïnvloeding jeugdigen.

Tabel 7.2. Door de rechter in eerste aanleg opgelegde (deels) onvoorwaardelijke geldboetes, taak- en werkstraffen en gevangenisstraffen (incl. hechtenissen) naar delictgroep, 2014
Bron: Verleij, C.M.P & R.M.F. Meijer (2015). Berechting. In: Kalidien, S.N., N.E. de Heer-de Lange, Criminaliteit en Rechtshandhaving 2014. CBS/WODC.

	Geldboete		Taak- of werkstraf		Gevangenisstraf & hechtenis	
	Aantal	%	Aantal	%	Aantal	%
Wetboek van Strafrecht	**9.726**		**19.337**		**18.212**	
vermogensmisdrijven	4.475	20%	9.055	35%	12.722	57%
vernielingen en misdrijven tegen openbare orde en gezag	1.767	8%	3.325	13%	1.584	7%
gewelds- en seksuele misdrijven	2.570	12%	6.477	25%	3.651	16%
overige misdrijven Wetboek van Strafrecht	914	4%	480	2%	255	1%
Verkeersmisdrijven	**9.295**	**42%**	**3.045**	**12%**	**1.088**	**5%**
Drugsmisdrijven	**824**	**4%**	**2.876**	**11%**	**2.639**	**12%**
(Vuur)wapenmisdrijven	**441**	**2%**	**436**	**2%**	**383**	**2%**
Misdrijven overige wetten	**1721**	**8%**	**357**	**1%**	**105**	**0%**
Totaal	**22.007**	**100%**	**26.051**	**100%**	**22.423**	**100%**

Tabel 7.3. Zwaarte van de door de rechter in eerste aanleg opgelegde (deels) onvoorwaardelijke gevangenisstraffen naar hoogte van het onvoorwaardelijke deel, 2014
Bron: Verleij, C.M.P & R.M.F. Meijer (2015). Berechting. In: Kalidien, S.N., N.E. de Heer-de Lange, Criminaliteit en Rechtshandhaving 2014. CBS/WODC.

Gevangenisstraf	Aantal	%
minder dan 1 maand	10.148	45%
1 maand tot 3 maanden	4.909	22%
3 maanden tot 6 maanden	3.206	14%
6 maanden tot 1 jaar	2.211	10%
1 jaar tot 3 jaar	1.201	5%
3 jaar en langer	702	3%
onbekend	46	0%
Totaal	**22.423**	**100%**

Tabel 7.3 geeft weer wat de duur is van de opgelegde gevangenisstraffen. Gevangenisstraffen zijn in ons land relatief kort. Twee derde van de gedetineerden krijgt een gevangenisstraf van maximaal 3 maanden opgelegd. Minder dan 10 procent van de ver-

oordeelden krijgt een gevangenisstraf van langer dan een jaar. Hierbij dient te worden opgemerkt dat de meeste gedetineerden hun volledige straf niet uitzitten in een penitentiaire inrichting. In verband met de regelingen rondom vervroegde en/of voorwaardelijke invrijheidsstelling komen de meesten gedetineerden al eerder vrij.
De regeling van de voorwaardelijke invrijheidstelling (VI) is van toepassing op onvoorwaardelijke vrijheidsstraffen met een duur van meer dan een jaar. De voorwaardelijke invrijheidstelling kan worden toegepast wanneer twee derde van de door de rechter opgelegde vrijheidsstraf is ondergaan. De VI wordt niet zoals vroeger automatisch na afloop van een bepaalde detentieperiode toegekend, maar moet met goed gedrag tijdens de detentie worden verdiend. Verder is de proeftijd aan bepaalde voorwaarden gebonden. Naast de algemene voorwaarde zich niet schuldig te maken aan een nieuw strafbaar feit, kunnen bijzondere voorwaarden worden opgelegd die op de persoon in kwestie en/of op het door hem gepleegde delict zijn afgestemd. Tot deze bijzondere voorwaarden behoren onder andere een alcoholverbod, het ondergaan van een behandeling, de deelname aan cursussen, een meldingsplicht, een straatverbod of een contactverbod. Verder kan de voorwaardelijk in vrijheid gestelde persoon onder toezicht worden geplaatst. De voorwaardelijke invrijheidstelling kan worden herroepen indien aan de opgelegde voorwaarden niet of niet naar behoren wordt voldaan.

Box 7.2. Levenslange gevangenisstraf

De levenslange vrijheidsstraf werd, zoals de toenmalige minister van Justitie Modderman het bij de invoering van het nieuwe Wetboek van Strafrecht in 1886 uitdrukte, 'met een bloedend hart' in het sanctiesysteem opgenomen, en wel voornamelijk omdat men de invoering nodig achtte om de doodstraf buiten het strafrecht te houden. Volgens Modderman is de levenslange vrijheidsstraf – net als de doodstraf – een inhumane straf. Als het uiterste middel ter bescherming van belangrijke rechtsgoederen wordt deze straf in ons huidige strafrecht toch onmisbaar gevonden (Remmelink, 1984).

Volgens het huidige Wetboek van Strafrecht zijn er een beperkt aantal delicten waarbij levenslange gevangenisstraf kan worden opgelegd. Het betreft voornamelijk zeer ernstige geweldmisdrijven en/of misdrijven tegen de veiligheid van de staat. De levenslange vrijheidsstraf is bij geen enkel delict als enige straf opgenomen. De rechter heeft altijd de keuze tussen een tijdelijke en een levenslange vrijheidsstraf.

In de periode van 1945 tot 1970 werd de straf in totaal slechts 14 maal opgelegd. Daarna is het aantal tot levenslang veroordeelden sterk gestegen. In 2013 zaten in Nederland 35 personen vast in verband met een levenslange gevangenis.

Recent is Nederland direct en indirect door het Europese Hof voor de Rechten van de Mens op het regime van levenslange gevangenisstraffen aangesproken. Vooral het feit dat levenslang in ons land ook echt levenslang is, omdat sinds 1970 geen verzoeken tot gratiëring meer zijn ingewilligd van na die datum veroordeelden, zou volgens het hof in strijd zijn met het Europees Verdrag voor de Rechten van de Mens (EVRM). Volgens het hof moet ook een levenslange straf in principe, maar ook daadwerkelijk altijd nog enig uitzicht bieden op invrijheidstelling. Een groep vooraanstaande Nederlandse juristen, verenigd in het Forum Levenslang, pleit er, onder verwijzing naar de uitspraken van het Europese Hof voor om op zijn minst weer systematisch tussentijdse evaluaties van levenslange gevangenisstraffen te laten plaatsvinden (Van Wely, 2013). Recent heeft de staatsecretaris van Justitie hiertoe maatregelen aangekondigd.

Bron: Mick van Wely, Levenslang! De straf en de daders, *Just Publishers, Hilversum 2013.*

7.3.2 Bijkomende straffen

Het Wetboek van Strafrecht noemt als bijkomende straffen de openbaarmaking van de rechterlijke uitspraak, de ontzetting uit bepaalde rechten, zoals de ontzetting uit een ambt of beroep, en de verbeurdverklaring.
Bij het laatste verliest iemand zijn eigendomsrecht op een bepaald voorwerp. Het gaat doorgaans om voorwerpen die door het strafbare feit zijn verkregen of tot het begaan daarvan hebben gediend. Met de verruiming van de mogelijkheden tot voordeelontneming zijn de mogelijkheden tot verbeurdverklaring per 1 juli 2011 uitgebreid. Ook voorwerpen die niet rechtstreeks afkomstig zijn van het strafbare feit waarvoor een veroordeling is uitgesproken, maar die uit de baten daarvan zijn verkregen, kunnen thans worden verbeurdverklaard (voordeelsontneming).
Ook andere wetten bevatten bijkomende straffen. Bijvoorbeeld, zoals eerder aangegeven, is in de Wegenverkeerswet 1994 geregeld dat een bestuurder de bevoegdheid om een motorrijtuig te besturen kan worden ontzegd. Dit is veruit de meest opgelegde bijkomende straf.

7.3.3 Maatregelen

Behalve het opleggen van straffen biedt het Nederlandse sanctiestelsel de mogelijkheid om maatregelen op te leggen. Het Nederlandse sanctiesysteem kent diverse maatregelen: de terbeschikkingstelling (tbs), de plaatsing in een inrichting voor jeugdigen (PIJ), de plaatsing in een inrichting voor stelselmatige daders (ISD), de plaatsing in een psychiatrisch ziekenhuis, de onttrekking aan het verkeer, en het betalen aan de staat (de ontneming van het wederrechtelijk verkregen voordeel en de schadevergoedingsmaatregel). Het doel van een maatregel is geen leedtoevoeging zoals bij de straffen, maar het herstellen van de oude toestand (betaling van schadevergoeding, ontneming van het wederrechtelijk verkregen voordeel) of de beveiliging van de maatschappij (tbs, plaatsing in een psychiatrisch ziekenhuis). Kwantitatief is de betekenis van de maatregelen gering (zie tabel 7.1), maar de maatregelen zijn soms wel zeer ingrijpend (met name de tbs).

Het Nederlandse strafrecht kent al meer dan 150 jaar een vrijheidsbenemende tbs-maatregel voor wie wel een delict pleegde, maar niet toerekeningsvatbaar is. Tbs is een maatregel met het doel de samenleving te beschermen tegen daders die hun daad wegens gebrekkige ontwikkeling of ziekelijke stoornis van hun geestvermogens niet of slechts gedeeltelijk kan worden toegerekend. De behandeling van forensische patiënten is erop gericht recidive te voorkomen. De meest voorkomende vorm van tbs is het 'bevel tot verpleging van overheidswege', dat wil zeggen dwangverpleging in een tbs-instelling. Tbs wordt aanvankelijk voor twee jaar opgelegd. Daarna beoordeelt de rechter of de tbs-maatregel verlengd moet worden. Dat kan hetzij met een jaar of met twee jaar. Het verzoek tot verlenging moet worden onderbouwd met een recent advies. Als verlenging betekent dat de totale duur meer dan zes jaar gaat bedragen, moet advies worden uitgebracht door twee onafhankelijke (gedrags)deskundigen. De rechter kan tot (voorwaardelijke) beëindiging van de tbs-maatregel besluiten. De voorwaardelijke beëindiging kan maximaal negen jaar duren. De rechter beoordeelt jaarlijks of de voorwaardelijke beëindiging kan blijven voortbestaan. Indien hij dat niet verantwoord acht, wordt de dwangverpleging hervat.
De meest recent ingevoerde vrijheidsbenemende maatregel is een 'plaatsing in een inrichting voor stelselmatige daders'. De maatregel wordt opgelegd met het doel de maatschappij te beveiligen en recidive van veelplegers te onderbreken of te beëindigen. Bij verslaafden en daders met een andere specifieke problematiek beoogt de maatregel ook een bijdrage aan de oplossing van de aanwezige problemen te leveren.
Een maatregel die tegenwoordig steeds vaker wordt opgelegd is het bevel tot betaling aan de staat van een som geld ten behoeve van het slachtoffer of vanwege het terugbetalen van wederrechtelijk verkregen voordeel. Daders van strafbare feiten kunnen op verschillende manieren worden verplicht of gestimuleerd tot zo'n schadevergoeding. Het Openbaar Ministerie kan bij een sepot of aan een OM-afdoening de voorwaarde verbinden dat de dader aan het slachtoffer schadevergoeding betaalt. Daarnaast kan een schadevergoeding worden opgelegd als bijzondere voorwaarde bij een voorwaardelijke veroordeling. Verder kan de rechter een schadevergoedingsmaatregel opleggen (zie hoofdstuk 8).

7.3.4 Sancties voor kinderen en jeugdigen

Kinderen jonger dan 12 jaar kunnen in Nederland niet strafrechtelijk worden vervolgd. Vergeleken met de leeftijd waarop andere landen de strafrechtelijke verantwoordelijkheid van kinderen laten ingaan, is de grens in Nederland relatief laag gesteld. In de meeste Europese landen ligt de drempel bij 14 jaar.
Voor jeugdigen tussen 12 en 18 jaar is er een speciaal jeugdstrafrecht. Het sanctiesysteem voor jeugdigen ziet er in grote lijnen hetzelfde uit als voor volwassenen. Als hoofdstraffen kunnen een gevangenisstraf (in de vorm van jeugddetentie), een taakstraf of een geldboete worden opgelegd. Alle combinaties van hoofdstraffen, bijkomende

straffen en maatregelen zijn mogelijk. Voor jeugdigen gelden wel andere maxima voor elk van de sancties dan voor volwassenen. Ook de bijkomende straffen en maatregelen zijn vergelijkbaar, maar wel toegespitst op jeugdigen.
Er is echter een belangrijk verschil tussen het algemene strafrecht (voor volwassenen) en het jeugdstrafrecht. Naast de algemene doelen van het strafrecht is een belangrijk doel van het jeugdstrafrecht namelijk ook de opvoeding van de jeugdige. Dit pedagogisch karakter van het jeugdstrafrecht is mede gegrondvest op het Internationaal Verdrag inzake de Rechten van het Kind.
Het jeugdstrafrecht kan in sommige gevallen ook nog worden toegepast bij volwassenen tussen 18 en 21 jaar. Beslissend hierbij zijn voornamelijk de ernst van de daad, de persoonlijkheid van de dader en de omstandigheden rondom de daad. Daarnaast kan op 16- en 17-jarigen – bij wijze uitzondering – het volwassenenstrafrecht worden toegepast. Van beide uitzonderingen wordt niet vaak gebruikgemaakt.
Een bijzondere sanctie in het jeugdstrafrecht zijn de HALT-afdoeningen. Deze afdoeningen geven de mogelijkheid om strafrechtelijk minderjarigen buiten het justitiële circuit te houden en toch een straf op te leggen die onder toezicht van het Openbaar Ministerie wordt uitgevoerd. De HALT-afdoening bestaat uit het zo snel mogelijk na de aanhouding verrichten van werkzaamheden (bijvoorbeeld herstel- en schoonmaakwerkzaamheden aan de door de jongere vernielde of bekladde objecten), terwijl daarnaast eventueel toegebrachte schade geheel of gedeeltelijk moet worden vergoed. De afdoening vormt een pedagogisch verantwoorde alternatieve reactie op overwegend eerste, relatief lichte strafbare feiten. Hij kan worden beschouwd als een toepassing van Braithwaite's theorie van *reintegrative shaming* (zie ook hoofdstuk 5).

Box 7.3. De doodstraf

In Nederland werd de doodstraf in 1870 in burgerlijke strafzaken afgeschaft, zij het aanvankelijk niet voor de koloniën. Bij Koninklijk Besluit van 22 december 1943 voerde de regering in ballingschap de doodstraf in het burgerlijke strafrecht weer in voor delicten die tijdens de Duitse bezetting waren gepleegd. Definitief afgeschaft werd de doodstraf met de invoering van artikel 114 van de Grondwet in 1983.

De afschaffing van de doodstraf is vastgelegd in het Europese Verdrag voor de Rechten van de Mens. Aansluiting bij dit verdrag is een voorwaarde voor het lidmaatschap van de Europese Unie. In Europa is de doodstraf intussen zo goed als overal uit de sanctiestelsels verwijderd.

In 2005 was de doodstraf nog in 85 landen ter wereld wettelijk toegestaan. In 2009 nog slechts in 58 landen. De afgelopen jaren is de doodstraf lang niet meer in al die landen feitelijk toegepast. In 2013 registreerde Amnesty International dat er nog in 22 landen executies waren uitgevoerd (Amnesty International, 2014). Dat betekent echter niet dat ook het aantal personen afneemt aan wie een doodvonnis wordt voltrokken. In 2013 werden in totaal nog ruim 778 executies uitgevoerd, buiten de onbekende aantallen executies in China. In China werden in 2013 meer doodsvonnissen uitgevoerd dan in hetzelfde jaar in alle andere landen ter wereld tezamen. Volgens de gegevens van Amnesty International werden in 2013 behalve in China de meeste doodvonnissen voltrokken in Iran, Irak en Saoedi-Arabië. In de Verenigde Staten werden in dat jaar nog 39 executies uitgevoerd. Ook in de Verenigde Staten is de doodstraf inmiddels duidelijk op zijn retour.

Er bestaan diverse principiële bewaren tegen de doodstraf. Allereerst wordt de doodstraf als inhumaan en vernederend gezien voor de betrokkene en diens nabestaanden. Een tweede belangrijk bezwaar tegen de doodstraf is de onherstelbaarheid ervan. In landen waar de doodstraf wordt toegepast, wordt zij met enige regelmatig voltrokken bij verdachten die achteraf onschuldig blijken te zijn. Een derde belangrijk bezwaar is dat in landen als de Verenigde Staten bij de veroordeling tot deze straf wordt gediscrimineerd ten nadele van etnische minderheden. Een vierde bezwaar is dat juist de zwaarste misdrijven vaak worden gepleegd door personen met ernstige psychische stoornissen en/of verstandelijke handicaps. Ten slotte is een bezwaar van de doodstraf dat de overheid door het opzettelijk ter dood brengen van een burger zich schuldig maakt aan een daad van wreedheid en daarmee de bevolking het verkeerde voorbeeld geeft.

Naast de principiële bezwaren tegen de doodstraf is het ook nog maar de vraag in hoeverre de doodstraf effectief is als middel om zware misdrijven tegen te gaan. Resultaten van penologische onderzoeken – veelal gedaan in de Verenigde Staten – zijn niet eensluidend in hoeverre de doodstraf een generaal preventieve werking heeft. Een overzichtsstudie concludeert dat er geen wetenschappelijk bewijs is voor de afschrikwekkende werking van de doodstraf (Nagin en Pepper, 2012).

7.4 Effectiviteit van straffen

Vanuit diverse theorieën uit verschillende sociaalwetenschappelijke disciplines, zoals de psychologie, economie, sociologie en criminologie, zijn verwachtingen af te leiden over mogelijke effecten van straffen op het leven van daders van criminaliteit. Zo kan gebruikgemaakt worden van diverse algemene theorieën over crimineel gedrag, zoals de rationele-keuzetheorieën, socialisatietheorieën, sociale-controle- en bindingentheorieën, culturele-deviantietheorieën, leertheorieën, en labelingtheorieën (zie ook hoofdstuk 4 en 5 van dit boek).
Een complicatie is dat, afhankelijk van de veronderstellingen die gemaakt worden, op basis van deze mechanismen tegengestelde hypothesen kunnen worden geformuleerd over de effecten van (gevangenis)straffen. Het hangt er bijvoorbeeld van af wat voor informatie iemand krijgt en wat voor kennis, vaardigheden en houdingen iemand leert tijdens de (gevangenis)straf of dit de kans op crimineel gedrag verkleint of juist vergroot. De huidige stand van zaken in de criminologische theorievorming is zodanig dat op grond hiervan voor individuele daders evengoed voorspeld kan worden dat

(gevangenis)straf een positief dan wel een negatief effect zal hebben, en dat zowel op zijn crimineel gedrag als op andere levensgebieden.
De verschillende wetenschappelijke theorieën kunnen dus tot tegenstrijdige verwachtingen leiden. Hoe belangrijk ook om te betrekken bij het ontwerpen en opleggen van straffen, criminologische theorieën kunnen beleidsmakers en strafrechters dus geen eenduidigheid en zekerheid bieden over de te verwachten effecten van een (vrijheid) straf. Meer richtinggevend voor de praktijk zijn dan ook de uitkomsten van empirische onderzoeken die zijn uitgevoerd naar de effecten van straffen.
In deze paragraaf bespreken we de resultaten van dergelijke onderzoeken. In aansluiting op de onder paragraaf 7.2 gevolgde systematiek, zullen we achtereenvolgens kijken naar de effectiviteit van de straf in het perspectief van vergelding, generale preventie en speciale preventie. Bij onderzoek naar speciale preventie kijken we naar effecten van incapacitatie, effecten van detentie op recidive, en effecten van detentie op resocialisatie.

7.4.1 Vergelding en genoegdoening

Indien we ervan uitgaan dat onrecht en schuld door middel van het toevoegen van leed in de vorm van een adequate hoeveelheid tijd- en/of werk- en/of geldeenheden en/of andere beperkingen van de rechtspositie van de dader, zoals bijvoorbeeld de ontzegging van de rijbevoegdheid, kunnen worden vergolden, dan zijn straffen in dat opzicht per definitie effectief. Met het ten uitvoer leggen van de straf zijn de daad en de schuld vereffend door de leedtoevoeging. Tevens worden de normen bevestigd en wordt het conflict tussen de dader en de samenleving, vertegenwoordigd door de staat, *in abstracto* opgelost.
Empirisch onderzoek heeft uitgewezen dat een meerderheid van de bevolking van mening is dat door de Nederlandse rechters in het algemeen niet zwaar genoeg wordt gestraft (Ettema, 2008). Indien echter aan een panel burgers concrete zaken worden voorgelegd met alle informatie over dader en daad, blijken de lekenoordelen over de op te leggen straf milder dan die van het Openbaar Ministerie en niet wezenlijk anders dan die van de rechters (Croes, Elffers en Klein, 2008).
Het opleggen van een straf kan tevens een bijdrage leveren aan conflictoplossing tussen dader en slachtoffer omdat de straf voor het slachtoffer genoegdoening kan bieden. De vraag welke strafmaat nodig is om in voldoende mate genoegdoening te bieden aan het slachtoffer is moeilijk objectief vast te stellen. De opvattingen hierover verschillen zowel bij de bevolking als bij slachtoffers. Slachtoffers van middelzware delicten zoals woninginbraak blijken gemiddeld vrij gematigd te oordelen over de op te leggen straf. Men kiest vooral voor een taakstraf of een korte vrijheidsstraf (Van Dijk, Van Kesteren en Mayhew, 2013). Bij zwaardere misdrijven ligt dit vaak anders en wensen veel slachtoffers langdurige gevangenisstraffen of tbs te zien opgelegd (Ten Boom en Kuypers, 2008). Belangrijk voor de strafbehoefte van slachtoffers is de vraag of de schade door de dader daadwerkelijk is vergoed (zie hiervoor verder hoofdstuk 8).

7.4.2 Generale preventie

Wat zou het maatschappelijke resultaat zijn wanneer er geen straffen meer worden opgelegd? Het is niet moeilijk deze situatie te schetsen. Hoogstwaarschijnlijk zou spoedig het recht van de sterkste gelden, dat wil zeggen: er zou een strijd van allen tegen allen losbarsten. Wij kennen vergelijkbare situaties uit het verleden en het heden tijdens revoluties en oorlogen. Het belang van normstelling, controle en bestraffing door de overheid voor het functioneren van het maatschappelijke leven wordt algemeen erkend en geen van de moderne samenlevingen heeft het tot nu toe zonder strafrecht kunnen stellen (Denkers, 1975).

Het vaststellen van de generaal-preventieve werking van specifieke straffen vergt gedegen empirisch onderzoek. Dergelijk onderzoek is veelvuldig gedaan, ook in ons land. Hierna geven we een aantal voorbeelden van Nederlands empirisch onderzoek. Opvallend is dat de meeste van deze studies niet recent zijn verricht. De onderzoeksresultaten blijven echter wel van belang.

1. In de jaren zeventig van de vorige eeuw bestonden er systematische verschillen tussen de rechtbanken in de strafmaat voor dronken rijders. Steenhuis (1975) ging na of in delen van het land waar hiervoor als regel korte gevangenisstraffen werden opgelegd, zoals in het arrondissement Haarlem, minder vaak onder invloed werd gereden dan in delen van het land waar dit vrijwel nooit gebeurde, zoals in het ressort Arnhem. Van enigerlei preventief effect van de opgelegde gevangenisstraffen bleek niets te bespeuren. De reden hiervoor was eenvoudigweg dat slechts weinig automobilisten weet hadden van het lokale straftoemetingsbeleid. Ten onrechte wordt ervan uitgegaan dat de doelgroepen van strafrechtelijk beleid automatisch kennis nemen van de opgelegde straffen.

Moerland (1991) ondervroeg een steekproef van Rotterdammers over hun percepties ten aanzien van de pakkans bij het delict winkeldiefstal, de te verwachten straf en de te verwachten reacties van familie, vrienden en kennissen. Twee jaar later voerde hij onder dezelfde proefpersonen een zogenoemde zelfrapportagestudie uit met betrekking tot winkeldiefstal (hij vroeg hun, met andere woorden, of zij het afgelopen jaar iets uit een winkel hadden meegenomen zonder te betalen). Uit zijn resultaten bleek dat de gepercipieerde pakkans en de strafkans geen relatie vertoonden met het plegen van winkeldiefstallen. De enige factor die van invloed bleek te zijn geweest, was de angst voor negatieve reacties van de politie en vooral van de sociale omgeving. Deze methodologisch fraaie studie relativeert dus ook voor dit type delicten de invloed van het strafrecht als een op zichzelf staand stuurmechanisme en bevestigt het belang van *shaming* in de informele sfeer (vgl. Braithwaite, 1989).

2. Een klassiek Nederlands veldexperiment naar de generaal-preventieve effecten van politiecontroles werd uitgevoerd door Buikhuisen en Van Weringh (1969). Uitge-

gaan werd van een experimentele gemeente (Groningen) en een controlegemeente (Leeuwarden), waarbij alleen in de eerstgenoemde stad via de lokale pers werd aangekondigd dat de politie een 'gladdebandenactie' zou voeren. Tijdens deze actie werd door de politie gedurende 5 dagen in beide steden een intensieve controle op de kwaliteit van autobanden uitgevoerd. Het bleek dat in Groningen, waar de actie was aangekondigd, 54 procent van de automobilisten gladde banden hadden vervangen door nieuwe, terwijl dit percentage in Leeuwarden, waar dus geen voorlichting was gegeven, slechts 27 was. Dit effect werd niet veroorzaakt door de politieactie zelf: geen van de onderzochte automobilisten was tijdens de actie bekeurd vanwege gladde autobanden. Buikhuisen en Van Weringh concluderen dat de aankondiging van een dergelijke actie dus een generaal-preventief effect heeft van 50 procent.

3. In Nederland betaalde gemiddeld ongeveer 5 procent van de autobezitters geen motorrijtuigenbelasting. Om na te gaan of maatregelen tegen dit misbruik een preventief effect kunnen sorteren, verrichtten Berghuis en Kommer (1982) een onderzoek naar de effecten van een experimentele voorlichtingscampagne op de aangifte als belastingplichtige. In dit experiment werden in een aantal middelgrote gemeenten huis aan huis folders verspreid waarin voorlichting werd verstrekt over de motorrijtuigenbelasting en de gevolgen van het al dan niet voldoen aan de plicht tot betalen. Deze voorlichting kende twee varianten: in de eerste werd het accent gelegd op de redenen waarom het goed is te betalen (solidariteit, zinvolle besteding van de opbrengst), in de tweede werd de nadruk meer gelegd op informatie over de pakkans bij het niet-betalen van de belasting en de boete die dan volgt. Zowel de 'positieve' als de 'negatieve' voorlichting werd elk in vier gemeenten gegeven, terwijl in vier controlegemeenten geen voorlichting werd verspreid. Uit de resultaten blijkt dat de voorlichting inderdaad van invloed is. In vergelijking met de gemeenten waarin geen voorlichting is gegeven, is het aantal eerste aangiften in de experimentele gemeenten in de voorlichtingsmaand 31 procent hoger en in de maand daarop 20 procent hoger. Tussen de positieve en de negatieve voorlichting blijkt geen noemenswaardig verschil in effect te bestaan. In hun eindconclusies noemen de onderzoekers het opvallend dat, gegeven de vaak gehoorde somberheid over de mogelijkheid tot preventief optreden, beperkte maatregelen als het geven van enige voorlichting althans bij dit type overtredingen wel degelijk tot gedragsverandering kunnen leiden.

7.4.3 Speciale preventie: onderzoeksmethoden

Onderzoek om vast te stellen in hoeverre (gevangenis)straf bepaalde preventieve effecten heeft is ingewikkeld. Zo zeggen hoge recidivecijfers voor ex-gedetineerden bijvoorbeeld op zichzelf niets over het effect van gevangenisstraf. Daarvoor moeten we weten hoeveel er gerecidiveerd zou zijn zonder die straf. Ook het uitblijven van recidive zegt nog weinig. Bekend is bijvoorbeeld dat er voor sommige delicttypen een leeftijdseffect is. Met het ouder worden wordt crimineel gedrag minder frequent. Het achterwege blijven van crimineel gedrag na een vrijheidsstraf kan dan evenzeer het gevolg zijn van het eenvoudigweg ouder worden als van de straf.

Om het effect van vrijheidsstraffen op recidive te meten, kan de recidive van ex-gedetineerden daarom beter worden vergeleken met die van andere personen, bijvoorbeeld personen die ook zijn veroordeeld, maar tot een andere straf. Dergelijke vergelijkingen zijn veelvuldig gemaakt. Het blijkt bijvoorbeeld dat de kans om binnen 2 jaar opnieuw te worden veroordeeld 23 procent is voor personen die tot een geldstraf zijn veroordeeld, van veroordeelden die een taakstraf kregen wordt 26 procent opnieuw veroordeeld, en van veroordeelden die tot een gevangenisstraf zijn veroordeeld, recidiveert ongeveer 50 procent binnen 2 jaar (Wartna, 2009).

Het patroon dat uit deze cijfers naar voren komt, lijkt op het eerste gezicht duidelijk: personen die gevangenisstraf opgelegd krijgen, hebben een grotere kans op recidive. Maar betekent dit nu dat gevangenisstraf dit effect daadwerkelijk veroorzaakt? Nee, in het geheel niet. Bij hun beslissing om al dan niet een vrijheidsstraf op te leggen, laten rechters zich leiden door de aard van het gepleegde delict, de voorgeschiedenis van de persoon en de inschatting dat een verdachte zal recidiveren. Gevangenisstraffen worden daardoor niet willekeurig opgelegd, maar juist vaker aan degenen die een grotere kans op recidive hebben. Een onderzoeker moet daarom ook rekening houden met verschillen die al vóór de detentie bestaan.

De beste strategie om rekening te houden met al bestaande verschillen tussen personen zou zijn om een gerandomiseerd experiment uit te voeren. In dat geval wordt aan een willekeurige groep te veroordelen personen een gevangenisstraf opgelegd (de behandelgroep) en aan een eveneens willekeurige groep andere personen wordt deze onthouden (de controlegroep). Op deze manier worden vooraf bestaande verschillen tussen de behandel- en de controlegroep gemiddeld genomen geneutraliseerd en krijgen we een adequate indruk van de werkelijke causale effecten van gevangenisstraf. In de medische wetenschap is deze wijze van onderzoek *standard practice* om de effecten van een bepaalde interventie/behandeling vast te stellen. Zeker als het om gevangenisstraf van lange duur gaat, is een dergelijk gerandomiseerd experiment echter om ethische en praktische redenen lastig uit te voeren. De rechterlijke macht is namelijk zeer terughoudend met het meewerken aan experimenten waarbij straffen – en zeker gevangenisstraffen – omwille van het experiment aan veroordeelden worden toegewezen.

In de huidige onderzoekspraktijk is daarom een zogeheten quasi-experimenteel design meestal de meest haalbare onderzoeksopzet om de gevolgen van gevangenisstraf te onderzoeken. In dat geval worden personen niet vooraf willekeurig verdeeld over twee groepen, maar wordt achteraf zo goed mogelijk rekening gehouden met de bestaande verschillen in kenmerken van de personen uit beide groepen.

7.4.4 Speciale preventie: effecten van incapacitatie

Reeds lange tijd weten we dat een relatief klein deel van de daders verantwoordelijk is voor een relatief groot deel van de criminaliteit. Dat betekent dat het korter of langer onschadelijk maken van deze groep veel effect zou kunnen hebben. Een eenvoudige manier om terugdringen van criminaliteit te bereiken, is dan ook door selectieve incapacitatie: zulke (veel)plegers vastzetten of streng controleren. Veel internationaal onderzoek naar dit effect van incapacitatie stamt uit de jaren tachtig en negentig van de vorige eeuw, maar recentelijk is ook in eigen land meer aandacht gekomen voor onderzoek naar de incapacitatie-effecten van de vrijheidsstraf. Daarbij zijn er ruwweg gezegd drie methoden gevolgd: macrostudies, microstudies en simulatiestudies.

Macrostudies

In ons land zijn het voornamelijk economen geweest die op macroniveau onderzoek naar incapacitatie-effecten hebben gedaan. Zo vond Van Tulder in 1994 op basis van een econometrisch model een insluitingseffect bij de berechting van gekwalificeerde diefstal (braak e.d.): 1 procent meer insluiting gaat volgens hem gepaard met 0,4 procent minder criminaliteit. Bij geweldmisdrijven en eenvoudige diefstallen is dit effect volgens hem geringer, bij 1 procent toename van vrijheidsstraffen komt er rond de 0,1 à 0,2 procent minder criminaliteit voor. Ook Scheele vond recentelijk, in 2006, een afschrikkings- en/of insluitingseffect van gevangenisstraf. Maar hij maakt geen onderscheid tussen soorten misdrijven. Zijn resultaten suggereren dat een 1 procent langere duur van gevangenisstraf leidt tot naar schatting 0,1 à 0,2 procent minder criminaliteit. De misdaadeconoom Vollaard (2010) bestudeerde met een quasi-experimenteel design de effecten van de toepassing van de speciale maatregel van plaatsing in een inrichting voor stelselmatige daders. Volgens Vollaard is dankzij het voor ruim twee jaar uit de roulatie nemen van enkele honderden veelal verslaafde veelplegers naar schatting het aantal aangiften van auto- en woninginbraak eind 2007 30 procent lager dan het anders geweest zou zijn. Daarmee zou ongeveer twee derde van de totale daling van auto- en woninginbraak in de periode 2001-2007 te danken zijn aan het insluitingseffect van de SOV/ISD-aanpak. De onderzoeker waarschuwt overigens voor onjuiste generalisaties over het effect van detentie op de criminaliteit. Het ging bij de eerste jaren van de ISD om de insluiting van een bijzondere groep van oudere, verslaafde veelplegers waarbij de gangbare schadelijke effecten van detentie nauwelijks optreden.

Microstudies

Bij de microbenadering probeert men zicht te krijgen op de omvang van het incapacitatie-effect van detentie door een schatting te maken van de individuele delictsfrequentie van gedetineerden. Hoe vaak zouden deze delinquenten hebben gerecidiveerd als zij niet gedetineerd zouden zijn geweest? Een dergelijke schatting voor individuele gedetineerden is uiteraard verre van eenvoudig. De meest voor de hand liggende ma-

nier is om aan te nemen dat gedetineerden op dezelfde voet door zouden zijn gegaan met het plegen van delicten als ze hun detentieperiode in vrijheid hadden doorgebracht. Die aanname is echter dubieus. Onderzoek wijst uit dat de criminele carrières van tot detentie veroordeelden een duidelijke stijging laten zien in het aantal justitiecontacten in de periode voorafgaand aan de veroordeling die uiteindelijk leidt tot detentie. Teruggrijpen bij de schatting op de direct aan de detentie voorafgaande periode dreigt daarom te leiden tot een overschatting van het insluitingeffect.
Een andere manier van schatten is om uit te gaan van de delictsfrequentie zoals deze is gevonden bij een vergelijkbare groep veroordeelden die in dezelfde periode niet gedetineerd werden. Deze is recent verricht door Wermink et al. (2011, 2012) Dit onderzoek laat zien dat wanneer rekening gehouden wordt met verschillende variabelen zoals sekse, etniciteit, stedelijkheid en sociaaleconomische status er een inschatting gemaakt kan worden van het aantal delicten dat delinquenten gepleegd zouden hebben als zij niet ingesloten zouden zijn. Wermink en collega's schatten in dat er door insluiting per 100 gedetineerden jaarlijks tussen de 17 en 21 delicten voorkomen worden.

Simulaties
Ten slotte kunnen effecten van incapacitatie worden vastgesteld door het doen van zogeheten simulatiestudies.
Een dergelijke simulatiestudie is voor ons land gedaan door Nieuwbeerta, Nagin & Blokland, 2007. De simulatie die zij uitvoerden, had de veroordeeldenpopulatie in 1977 als uitgangspunt. Verondersteld werd dat minstens 50 jaar na 1977 elk opeenvolgend jaar er weer een gelijke groep daders – in termen van aantal en type begaan delict – zou bijkomen. Ze gingen dus uit van een hypothetische vaste instroom van delinquenten. Verder lieten ze alle overige omstandigheden hetzelfde blijven, met uitzondering van het strafrechtelijk beleid waarmee veelplegers zouden worden aangepakt. Het enige wat verandert zijn de beleidsscenario's waarmee veelplegers worden aangepakt. Ze voerden vier verschillende scenario's uit: dat wil zeggen scenario's waarbij standaard bij elke derde veroordeling een detentiestraf van respectievelijk 2, 5, 10 of 20 jaar wordt opgelegd. Dit sluit aan bij het in de Verenigde Staten ingevoerde 'Three strikes you're out'-beleid.
De uitkomsten laten zien in hoeverre een bepaald gekozen detentiebeleid de geregistreerde criminaliteit kan laten dalen. Naarmate de gefixeerde straffen oplopen van twee jaar tot de – zuiver hypothetische – 20 jaar gevangenisstraf, daalt de criminaliteit met uiteindelijk 25 procent. Hiertegenover staat wel een sterke groei van de gevangenispopulatie: het strengste selectieve beleid van 20 jaar gevangenisstraf bij drie veroordelingen leidt tot een gedetineerdenpopulatie die 45 maal zo groot is.
Uit dit onderzoek blijkt dat het aantal misdrijven door een selectief strafbeleid wel kan worden teruggedrongen, wat grote besparingen met zich mee zal brengen. Aan de andere kant wordt ook duidelijk dat daar zeer aanzienlijke kosten tegenover staan: een veel grotere gedetineerdenpopulatie en veel (onnodig) lang opgesloten personen.

7.4.5 Speciale preventie: effecten op recidive

Wat is het preventieve effect van gevangenisstraf op de gestraften? Remt het hun criminele carrière of stimuleert het deze juist? Ook daar is tot nu toe weinig bruikbaar kwantitatief onderzoek naar gedaan. Wereldwijd zijn slechts zes voorbeelden bekend van experimentele studies waarbij gevangenisstraf willekeurig werd toebedeeld aan bepaalde veroordeelden (de behandelgroep) en geen of een andere straf aan andere veroordeelden (de controlegroep). (Zie voor overzichten van deze studies: Villettaz et al., 2006; Nagin et al., 2008.)

De bevindingen van deze gerandomiseerde experimentele studies zijn nogal uiteenlopend. In drie studies werd geen verschil in recidive gevonden tussen personen die een gevangenisstraf ondergingen en personen die een andersoortige sanctie kregen (intensieve supervisie in de maatschappij of deelname aan een programma voor schadeherstel). In de overige drie studies werd wel een effect van detentie op recidive gevonden: personen die gedetineerd waren geweest, recidiveerden vaker dan delinquenten die een taakstraf of een voorwaardelijke detentie hadden gekregen.

Een interessante experimentele studie naar het effect van vrijheidsstraf op daders is de Nederlandse studie van Van der Werff (1979). De onderzoekster had daarbij het voorrecht gebruik te kunnen maken van een ideale onderzoekssituatie die was ontstaan door het besluit om ter gelegenheid van het huwelijk van de toenmalige prinses Beatrix iedereen die tussen 28 februari en 10 maart 1966 was veroordeeld wegens een misdrijf de straf geheel of gedeeltelijk kwijt te schelden. Vrijheidsstraffen van maximaal 14 dagen werden geheel kwijtgescholden. Van der Werff vergeleek deze groep gegratieerden met een volledig vergelijkbare groep anderen die in 1965 en 1966 tot een zelfde straf waren veroordeeld, en die ook hadden ondergaan. Uit dit onderzoek bleek dat er geen preventieve werking uitgaat van dergelijke korte vrijheidstraffen. Na zes jaar bleken afgestrafte daders van verkeers- en vermogensdelicten even vaak te recidiveren als de gegratieerden. Daders van geweldsdelicten wier straf ongedaan was gemaakt, recidiveerden zelfs significant minder vaak dan daders van geweldsdelicten die wel ingesloten waren geweest.

Behalve deze experimentele studie zijn er in ons land ook twee quasi-experimentele studies verricht naar de effecten van gevangenisstraf op recidive van volwassen ex-gedetineerden met a) een voor- en nameting, en b) een controlegroep, die c) voldoende rekening houdt met al voor de gevangenisstraf bestaande verschillen tussen de experimentele en controlegroep. In de eerste studie maakten Nieuwbeerta, Nagin en Blokland (2007) gebruik van gegevens over officieel geregistreerde criminaliteit die zich bevinden in de dataset van de Criminele Carrière en Levensloop Studie (CCLS). De CCLS bestaat uit personen die in 1977 met justitie in aanraking zijn geweest. De onderzoekers gingen na wat het effect is van een eerste detentie op de kans op een veroordeling in de drie daaropvolgende jaren. Deze studie vond dat gevangenisstraf een significant criminogeen effect heeft. Het aantal veroordelingen van personen die gevangenisstraf opgelegd hebben gekregen, bleek tweemaal zo groot te zijn als die van personen die een andere straf kregen.

In een tweede studie onderzochten Wermink en haar collega's (2009) wat het effect is van een gevangenisstraf in het jaar 1997. Ze vergeleken recidivecijfers van personen veroordeeld tot een gevangenisstraf met die veroordeeld tot een werkstraf. Personen veroordeeld tot een gevangenisstraf recidiveerden veel vaker dan die in de controlegroep. Een eerste gevangenisstraf vergroot de kans op nieuwe veroordelingen in de vijf jaren na detentie met maar liefst 50 procent.

In de hierboven besproken evaluaties is steeds het effect van detentie vergeleken met het effect van een interventie zonder detentie.

Er is daarnaast veel onderzoek gedaan naar de effecten van bepaalde behandelingen of trainingen tijdens de detentie. Bij dit laatste type studies stuiten experimentele designs op minder ethische bezwaren en zijn er dus ook meer experimenten uitgevoerd. Internationale overzichtsstudies naar de effecten van interventies binnen de detentie laten zien dat bepaalde interventies onder bepaalde omstandigheden leiden tot een (beperkte) daling van het recidivisme (MacKenzie en Layton, 2002; Loesel, 1995). Deze effecten zijn vooral bij jongeren sterk genoeg om verdere investeringen in nieuwe interventies en evaluatiestudies te rechtvaardigen. Voorbeelden van kansrijke interventies zijn basiseducatie alsook specifieke opleidingscursussen (Redondo, Sanchez-Meca en Garrido, 2002; Mitchell en McKenzie, 2003) en cognitief-gedragsmatige programma's die erop gericht zijn sociale en cognitieve vaardigheden te ontwikkelen en te trainen (Sherman et al., 1998). Ook (korte) arbeidstoeleidingsprogramma's kunnen goede resultaten bieden (Webster, Hedderman, Turnbull en May, 2001). Minder goede resultaten zijn behaald met *boot camps* (Parent, 2003) en met de behandeling van drugsverslaafden tijdens de detentie met methadonverstrekking of ongestructureerde groepstherapieën (Bullock, 2003; Pearson and Lipton, 1999).

Samengevat leiden de resultaten van het bestaande onderzoek naar de effecten van detentie op toekomstig crimineel gedrag tot de voorzichtige conclusie dat detentie geen dan wel een criminogeen effect heeft op herhaald crimineel gedrag. Indien rechters met het opleggen van gevangenisstraf het doel hebben recidive te voorkomen, is het dus maar zeer de vraag of zij die doelstelling door detentie bereiken. De tweede algemene conclusie is dat de toepassing van getoetste en volgens plan uitgevoerde behandelings- of trainingsprogramma's tijdens detentie de recidive kan verminderen. Of daarmee per saldo betere resultaten worden bereikt dan met interventies waarbij in het geheel geen detentie plaatsvindt, is op basis van de beschikbare kennis moeilijk te zeggen.

7.4.6 Speciale preventie: effecten op resocialisatie

Een van de andere doeleinden van gevangenisstraf is resocialisatie: de dader moet worden voorbereid op terugkeer in de conventionele maatschappij. Geslaagde resocialisatie levert doorgaans een bijdrage aan recidivevermindering maar is ook een doel op zichzelf. In welke mate wordt dat doel ook bereikt? Een literatuurstudie van Dirkzwager et al. (2009) laat zien dat er veertien Nederlandse studies zijn verricht naar effecten van detentie op resocialisatie die ofwel een controlegroep hadden, ofwel een voor- of nameting. Acht studies zijn verricht naar de effecten van detentie op de psychische en lichamelijke gezondheid van (ex-)gedetineerden. Vijf studies zijn gedaan naar de effecten van detentie op de sociaaleconomische situatie (arbeidskansen, woonsituatie en financiële situatie) van (ex-)gedetineerden. Eén studie is uitgevoerd naar het welzijn van de partners van ex-gedetineerden. Geen van deze Nederlandse studies had echter een gerandomiseerd experimentele of een adequate quasi-experimentele opzet. Door de gebrekkige methodologische opzet van de bestaande studies kunnen dus nauwelijks conclusies worden getrokken over de mate waarin gevangenisstraf gevolgen op deze levensdomeinen veroorzaakt.

Drie Nederlandse studies zijn hier het vermelden waard. Allereerst de studie van Moerings (1978) die onderzoek deed naar de effecten van gevangenisstraf op het eigen gezin en de familierelaties in bredere zin, zowel tijdens als na de detentie. Hij ondervroeg daartoe kort- en langgestrafte gedetineerden tijdens hun detentie en een halfjaar na ontslag. Ook hun moeder of partner werd op twee tijdstippen in het onderzoek betrokken. In de gesprekken kwam het bezoek tijdens de detentie ter sprake en hoe dit door de gedetineerde en zijn partner werd ervaren. De relatie met de partner of de moeder van de gedetineerde en de eventuele veranderingen daarin waren een volgend gespreksonderwerp. Een derde cluster van vragen betrof de werksituatie van de gedetineerde, zowel vóór als na zijn detentie. Ten slotte werd zowel de gedetineerde als zijn partner gevraagd hoe de relaties met familie, buurt en vrienden/kennissen zich hadden ontwikkeld. Moerings voornaamste conclusie luidt dat er in de gevangenis weinig terechtkomt van de beoogde resocialisatie: 'Een verblijf in de gevangenis zet niet zozeer een proces van stigmatisering en maatschappelijke isolering op gang, maar is veeleer een *uitdrukking* van een lage, slechte maatschappelijke positie. De detentie is vooral de voortzetting van een ontwikkeling, maar dan in een negatieve richting' (Moerings, 240; curs. Moerings).

Twintig jaar na Moerings kwam Janssen (1999) in haar studie naar de werking van de korte vrijheidsstraf tot een vergelijkbare conclusie: 'Het uitzitten van een korte vrijheidsstraf heeft het merendeel van de respondenten geen goed gedaan. Hoewel er bij enkelen na de vrijlating sprake was van enige verbetering in hun levensomstandigheden, zijn de meesten er op achteruitgegaan en verder afgegleden naar de rand van de maatschappij.' Janssen interviewde in 1995 100 gedetineerden tijdens en 50 van hen een halfjaar na hun detentie. Het betrof 76 gedetineerden in gesloten inrichtingen voor kortgestraften en 24 zelfmelders in twee halfopen inrichtingen. Zij beschrijft detentie als een periode van stilstand of achteruitgang. De algehele situatie van de kortgestraften – afgemeten aan tijdsbesteding, leefsituatie, financiële situatie en riskante gewoonten – blijkt na hun detentie nog minder florissant dan ervoor. Binnen twee jaar is 70 procent opnieuw voor een delict veroordeeld, van wie de helft tot een vrijheidsstraf.

Een derde belangrijke studie betreft de effecten van vrijheidstraf op de arbeidsmarktpositie van (ex-)gedetineerden (Ramakers, 2014). De resultaten wijzen uit dat gedetineerden al voorafgaand aan detentie een marginale positie innemen op de arbeidsmarkt. Maar ook na vrijlating blijken velen niet te (re-)integreren op de arbeidsmarkt: ongeveer de helft vindt werk in het eerste halfjaar na detentie. Een detentieduur van meer dan zes maanden zorgt bovendien voor een achteruitgang in arbeidsmarktperspectieven bovenop de bestaande achterstand. Voor ex-gedetineerden met een baan geldt dat zij minder recidiveren indien zij in staat zijn om hun nieuwe baan voor langere tijd te behouden of als ze naar een vorige werkgever terugkeren.
Samenvattend: deze onderzoeksresultaten geven directe of indirecte aanwijzingen dat er mogelijk sprake is van detentieschade.

7.4.7 Speciale preventie: conclusie

Strafrechters leggen jaarlijks aan duizenden personen een gevangenisstraf op als sanctie voor een gepleegd delict. Hiermee beogen zij – naast generale preventie en vergelding voor het leed van slachtoffers en de samenleving – dat het opnieuw plegen van criminaliteit door de veroordeelden wordt voorkomen door opsluiting, specifieke preventie en/of resocialisatie. We hebben in dit hoofdstuk laten zien dat vele criminologische theorieën tot uiteenlopende en tegenstrijdige conclusies kunnen leiden over preventieve gevolgen van detentie. Daarnaast lieten we zien dat er in Nederland – maar ook in andere landen – nauwelijks criminologische studies zijn verricht die adequaat van opzet zijn om oorzakelijke verbanden tussen de gevangenisstraf en recidive vast te kunnen stellen. Verder gaven we aan dat de onderzoeksresultaten die er wel zijn eerder erop wijzen dat gevangenisstraf tot onbedoelde negatieve gevolgen leidt dan tot beoogde positieve gevolgen voor ex-gedetineerden en hun familie.
Wanneer rechters gevangenisstraf opleggen moeten zij zich dus weinig illusies maken over het realiseren van speciale preventie. Met gevangenisstraf voorkomen zij waarschijnlijk geen recidive, en resocialisatie wordt waarschijnlijk ook niet gerealiseerd. Hiermee is overigens niet gezegd dat rechters gevangenisstraf niet langer moeten opleggen. Als gezegd, straffen heeft meer doeleinden dan speciale preventie, en het is zeer legitiem om gevangenisstraf te zien als belangrijk middel tot leedtoevoeging en/of algemene preventie. Daarnaast is het op basis van de huidige criminologische kennis ook zeker niet gezegd dat gevangenisstraf in geen geval een preventieve werking heeft.

Paragraaf 7.4 van dit hoofdstuk is gebaseerd op Dirkzwager A., Lamet W., Nieuwbeerta P., Blokland A.A.J. & Laan P.H. van der (2009). *Na detentie: de gevolgen van rechtspraak.* Rechtstreeks 1: 6-34.

Actuele informatie is te vinden op de volgende websites:
www.wodc.nl
www.rijksoverheid.nl
www.dji.nl
www.homeoffice.gov.uk/rds
www.penalreform.org

8 Victimologie

8.1 Inleiding

De strafrechtspleging in westerse landen is in de moderne tijd altijd sterk dadergericht geweest. In het strafproces staat de overheid, vertegenwoordigd door de officier van justitie, tegenover de verdachte en diens raadsman. Voor het slachtoffer was tot voor kort, behalve als getuige, nauwelijks een rol weggelegd. In aansluiting hierop werd ook binnen de criminologie aan de slachtoffers van criminaliteit vrijwel geen aandacht besteed. Pas in de jaren zeventig van de vorige eeuw ontstond er enige serieuze belangstelling voor de andere kant van misdrijven, de kant van de slachtoffers, of anders gezegd: de gedupeerde partij. In Nederland werd bijvoorbeeld in 1973 het eerste Blijf van m'n Lijfhuis geopend waarin slachtoffers van huiselijk geweld werden opgevangen. Slachtofferhulp Nederland werd opgericht in 1984. In die jaren kwam er ook kritiek op de onverschillige, soms zelfs vijandige manier waarop politierechercheurs, officieren en rechters met slachtoffers omgingen. Empirisch onderzoek liet zien dat veel slachtoffers negatief oordeelden over hun ervaringen met functionarissen van politie en justitie of hulpverleners. De primaire slachtoffererervaring is vaak op zichzelf al pijnlijk genoeg, maar de slechte bejegening door allerlei instanties maakt het vervolgens alleen maar erger. Amerikaanse onderzoekers bestempelden het politieverhoor van slachtoffers van seksueel geweld daarom als *the second rape*. Het verschijnsel dat de institutionele reactie op slachtoffers hun problemen slechts vergroot, staat bekend als *secundaire victimisatie*. Door de negatieve ervaringen van slachtoffers met politie en justitie te documenteren, hebben criminologen ertoe bijgedragen dat de bejegening van slachtoffers de afgelopen decennia gaandeweg is verbeterd (Goodey, 2005; Waller, 2010).
Volgens Boutellier (1993) zou de strafrechtspleging zich noodgedwongen meer op het slachtoffer oriënteren omdat het strafrecht in de huidige postchristelijke cultuur geen duidelijke levensbeschouwelijke grondslag meer heeft. Het zou in een geseculariseerde cultuur niet meer evident zijn waarom crimineel gedrag moreel verwerpelijk is en tot het opleggen van straffen aan de daders zou moeten leiden. Wel bestaat er een brede consensus over de verwerpelijkheid van wreedheid jegens medemensen. Aandacht voor het leed dat het slachtoffer is aangedaan, kan de vervolging en bestraffing van de dader van een misdrijf legitimeren en zou daarvoor zelfs onmisbaar zijn geworden. In dit verband wordt gesproken van de *victimisering* van de strafrechtspleging. Deze heroriëntatie van de strafrechtspleging kan worden geïllustreerd met ontwikkelingen in de berechting van oorlogsmisdrijven. In de processen tegen nazikopstukken na de Tweede Wereldoorlog kwamen vertegenwoordigers van de Joodse gemeenschap of andere getroffen gemeenschappen niet aan het woord. De Processen van Neurenberg waren nog geheel slachtofferloos. Bij de berechting van oorlogsmisdadigers bij het Internationale Gerechtshof in Den Haag ligt dat tegenwoordig anders. De openbare aanklager verwijst in zijn requisitoir vrijwel altijd uitdrukkelijk naar het leed dat de slachtoffers

is aangedaan. Dat hof ontleent zijn morele gezag mede aan de uitvoerige getuigenissen van vertegenwoordigers van de slachtoffers. De meningen lopen uiteen over de vraag of dit een wenselijke ontwikkeling is. Veel strafrechtjuristen zijn sceptisch gestemd. Zij menen dat meer aandacht voor slachtoffers zal leiden tot verharding van het strafklimaat, terwijl de slachtoffers er zelf niet of nauwelijks bij zijn gebaat (Buruma, 1994). Politiek bezien is deze oppositie tegen slachtoffergerichte hervormingen een gepasseerd station. In de Nederlandse maatschappij bestaat thans brede steun voor zowel goede hulpverlening aan slachtoffers en een betere bejegening door politie en justitie (slachtofferzorg), als voor meer rechten voor slachtoffers in het strafproces. Slachtoffers zijn strijdbaarder geworden en worden beter ondersteund. Bij Slachtofferhulp Nederland zijn thans 400 beroepskrachten en ruim 1.000 vrijwilligers werkzaam die jaarlijks ruim 150.000 slachtoffers van misdrijven of verkeersongelukken bijstaan. Ook zijn er in Nederland verschillende lotgenotenorganisaties van slachtoffers en nabestaanden die lobbyen voor meer voorzieningen en rechten voor slachtoffers. Nog maar 50 jaar geleden zouden dergelijke initiatieven ondenkbaar zijn geweest.

8.1.1 Victimologie

Parallel aan deze ontwikkelingen is het onderzoek naar slachtoffers een steeds belangrijker onderzoeksthema geworden binnen de criminologie. Binnen de psychologie en psychiatrie heeft onderzoek naar de gevolgen van slachtofferschap een explosieve groei laten zien (vooral door studies naar posttraumatische stress). Deze toegenomen wetenschappelijke belangstelling heeft vanaf 1980 zelfs geleid tot de ontwikkeling van een nieuwe wetenschappelijke discipline, de victimologie (of slachtofferkunde). Het belangrijkste victimologische onderzoeksthema is de zorg voor en hulpverlening aan slachtoffers binnen of buiten het kader van de strafrechtspleging. Dit is niet altijd zo geweest. De eerste criminologen die zich in de slachtofferkant van criminaliteit verdiepten waren vooral geïnteresseerd in de rol die het slachtoffer speelt in de voorgeschiedenis van of aanloop tot het misdrijf. Het feit dat iemand slachtoffer van een delict wordt, is vaak niet een zuivere toevalligheid. Het slachtoffer kan het delict zelf hebben uitgelokt of bepaalde kenmerken bezitten op grond waarvan hij door de dader is uitgekozen. Niet zelden kennen de dader en het slachtoffer elkaar. De Nederlandse criminoloog Willem Nagel heeft er reeds in zijn proefschrift over de criminaliteit in Oss uit 1948 op gewezen dat veel misdrijven pas kunnen worden begrepen indien men mede de dader-slachtofferrelatie bestudeert (Kirchoff, 2010). Op grond van een problematische relatie tot de dader kan het slachtoffer soms zelf (mede) oorzaak zijn van de totstandkoming van een delict. Pioniers van de victimologie zoals Benjamin Mendelsohn en Hans von Hentig (1948) waren vooral geïnteresseerd in de mate waarin het slachtoffer zelf heeft bijgedragen tot het plegen van een delict door de dader. Von Hentig onderscheidde bijvoorbeeld zeven typen van slachtoffers van moord. Voorbeelden zijn de depressieve persoonlijkheid die het gevaar niet ziet aankomen, de stuurloze persoonlijkheid die zich

onder invloed van alcohol of drugs provocerend gedraagt en de hebzuchtige persoonlijkheid die de gevaren opzoekt. Op dit soort victimologische typologieën is later veel kritiek gekomen. Ze zijn niet gebaseerd op objectief onderzoek bij een representatieve groep slachtoffers. In plaats van kennis te vergroten, vervullen ze een heimelijke normatieve functie: door te wijzen op persoonlijkheidsproblemen van de slachtoffers wordt hen de schuld in de schoenen geschoven van wat hen is overkomen en wordt de dader dus vrijgepleit. In dit soort speculatieve slachtoffertypologieën manifesteert zich de hierna nog te bespreken menselijke neiging tot *blaming the victim*. Deze kritiek op de eerste victimologische typologieën is in het bijzonder ingebracht tegen publicaties waarin werd gesteld dat provocerend gedrag ook bij seksueel geweld een belangrijke rol zou spelen: slachtoffers van seksueel geweld zouden soms onbewust aanleiding hebben gegeven tot het delict (Amir, 1971). Door dergelijke speculaties zouden volgens de critici seksuele geweldmisdrijven worden vergoelijkt en zou worden weggekeken van de machtsongelijkheden tussen mannen en vrouwen die eraan ten grondslag liggen.
Deze vroegste vorm van victimologie wordt aangeduid als relationele of interactionistische victimologie. Hierin staat de noodlottige wisselwerking tussen dader en slachtoffer voorafgaande aan het misdrijf centraal. Allengs is de aandacht verlegd naar onderzoek naar wat het betekent om door een misdrijf te zijn getroffen en hoe de betrokkenen bij de verwerking van de gevolgen van het misdrijf zo goed mogelijk kunnen worden bijgestaan. Aandacht voor de hulpverlening aan slachtoffers is het hoofdonderwerp van de huidige victimologie en, binnen de psychologie, van de psychotraumatologie. De eigentijdse victimologie heeft een brede agenda. Hierbinnen kunnen drie hoofdthema's worden onderscheiden die in de hierna volgende paragrafen achtereenvolgens zullen worden behandeld:

1. de risicokenmerken van slachtofferschap en de mogelijke eigen rol van slachtoffers bij het ontstaan van misdrijven (paragraaf 8.2);
2. de materiële en immateriële gevolgen van misdrijven voor slachtoffers (paragraaf 8.3); en
3. de reacties op slachtofferschap, waaronder zowel negatieve reacties als positieve zoals de verschillende vormen van hulpverlening en van bejegening binnen de strafrechtshandhaving (slachtofferzorg) (paragraaf 8.4).

Sommige victimologen rekenen ook de problematiek van slachtoffers van ongelukken of natuurrampen tot hun studiegebied. Zij pleiten voor een 'algemene victimologie'. Vanuit het oogpunt van hulpverlening valt dit goed te begrijpen. De psychische en materiële problemen waarmee slachtoffers van ongelukken of calamiteiten worstelen zijn deels identiek aan die van misdaadslachtoffers. De context van ongelukken en rampen is echter een andere want, hoewel ook hierbij wel vaak de schuldvraag opkomt gaat het in de regel niet om schade die opzettelijk door een medemens aan een ander is toegebracht. De aard van de schokkende gebeurtenis maakt ook voor de gevolgen ervan verschil (Darves-Bornoz et al., 2008). Dit verschil is treffend verwoord in het

Amerikaanse gezegde: *Even a dog knows the difference between being kicked and being stumbled over.* Binnen de psychotraumatologie worden de gevolgen van alle schokkende gebeurtenissen (zogenoemde *life events*) bestudeerd. De meeste victimologen hanteren echter de beperktere definitie van slachtofferschap uit de hierna te bespreken verklaring van de Verenigde Naties over slachtofferrechten uit 1985. Deze verklaring definieert slachtoffers als: 'personen die schade hebben opgelopen ten gevolge van misdrijven of van ernstige schendingen van mensenrechten' (*abuse of power*). De victimologie richt zich op de slachtoffers van nationale misdrijven en internationale misdrijven zoals oorlogsmisdaden, foltering en genocide. Bezien vanuit de psychotraumatologie concentreert de victimologie zich dus op bestudering van de gevolgen van een subset van slachtoffers, waarbij vooral ook morele en juridische vragen aan de orde zijn.

8.1.2 Kringen van slachtofferschap

Binnen de verschillende vormen van slachtofferschap van criminaliteit kunnen drie cirkels worden onderscheiden:

1. *primaire slachtoffers:* individuele personen of rechtspersonen die rechtstreeks schade hebben geleden van een misdrijf, alsmede de directe nabestaanden van slachtoffers van levensmisdrijven en ouders van minderjarige slachtoffers;
2. *secundaire slachtoffers:* omstanders of hulpverleners die met de gevolgen van ernstige misdrijven zijn geconfronteerd;
3. *tertiaire slachtoffers:* personen die schade ondervinden van de in hun omgeving gepleegde criminaliteit omdat hierdoor hun welvaartsniveau wordt verminderd en/of omdat ze zich hierdoor persoonlijk in ernstige mate onveilig of bedreigd voelen.

Box 8.1. Kringen van slachtofferschap

Primaire slachtoffers
Secundaire slachtoffers
Tertiaire slachtoffers

Bij sommige categorieën delicten, bijvoorbeeld de vermogens- en geweldmisdrijven, valt er doorgaans een duidelijk slachtoffer aan te wijzen. Het gaat dan om een natuurlijk persoon aan wie door het misdrijf rechtstreeks economische, fysieke en/of psychische schade is toegebracht. In zulke gevallen is er een gedupeerde partij die volgens de normen van het burgerlijke recht aanspraak kan maken op schadevergoeding. De persoonlijk en onmiddellijk door een misdrijf getroffenen worden de *primaire slachtoffers* genoemd. De meeste juridische regelingen voor slachtoffers hebben betrekking op de primaire slachtoffers. Aan de directe nabestaanden van slachtoffers die aan de gevolgen van een misdrijf zijn overleden, worden vaak dezelfde rechten toegekend als aan de primaire slachtoffers. Ten aanzien van het hierna nog uitvoerig te bespreken spreekrecht van slachtoffers is onlangs door de Nederlandse wetgever besloten dat ook ouders van minderjarige kinderen hiervan gebruik kunnen maken. Tot de primaire slachtoffers worden ook gerekend organisaties en overheidsinstellingen die schade oplopen ten gevolge van misdrijven. Hierbij kan men denken aan schade ten gevolge van overvallen op banken, diefstallen in warenhuizen en vernielingen van openbare voorzieningen, zoals treinen en telefooncellen, en aan bedrijfsspionage of afpersing. In de juridische terminologie zijn de laatste slachtoffers geen natuurlijke personen maar rechtspersonen. Sommige regelingen, zoals het spreekrecht in de rechtszaal, zijn uitsluitend opengesteld voor natuurlijke personen vanwege de ernst van de psychische gevolgen die een natuurlijke persoon van een misdrijf ondervindt.

De schadelijke gevolgen van misdrijven blijven vaak niet beperkt tot de kring van primaire slachtoffers en directe nabestaanden. Ook anderen die rechtstreeks of via filmbeelden zijn geconfronteerd met ernstige misdrijven kunnen hierdoor psychische schade oplopen (zogenoemde shockschade). Denk bijvoorbeeld aan de omstanders van de aanslag op Koninginnedag in Apeldoorn in 2009. Na de 9/11-aanslagen in New York is gebleken dat tienduizenden mensen die de gebeurtenissen hebben waargenomen hierdoor ernstig waren getraumatiseerd en daarvoor hulp zochten (Silver et al., 2002). Bij grootschalige aanslagen dienen ook de hulpverleners en politiefunctionarissen tot de slachtoffers te worden gerekend waarvoor nazorg moet worden geregeld. Deze brede groep van zijdelings door een misdrijf getroffenen wordt secundaire slachtoffers genoemd (Letschert, Staiger en Pemberton, 2010).

Als derde cirkel van slachtoffers kan nog worden gedacht aan de schade die lokale of nationale gemeenschappen oplopen ten gevolge van oorlogsgeweld, georganiseerde misdaad en structurele corruptie in regeringskringen. Een voorbeeld van dergelijke indirecte schade is de noodzaak om na een periode van binnenlandse conflicten geheel verwoeste gemeenschappen weer op te bouwen. Andere voorbeelden zijn de negatieve effecten van georganiseerde misdaad en corruptie op de economieën van lokale gemeenschappen in Zuid-Italië of in bepaalde ontwikkelingslanden. In de Nederlandse context kan men denken aan woonwijken die in zodanige mate door criminele wietttelers worden gedomineerd dat hierdoor het economische en sociale klimaat wordt aangetast. In dergelijke gevallen is sprake van collectief slachtofferschap van de bevolking.

Tot de buitenste ring van slachtofferschap kunnen, ten slotte, nog worden gerekend degenen die zich onveilig voelen in hun eigen huis of buurt vanwege de dreiging die uitgaat van de vermeende kans op slachtofferschap. Een extreem voorbeeld hiervan zijn bejaarden die uit angst voor criminaliteit hun huis niet meer uitdurven (zogenoemde *prisoners of fear*). Het causale verband tussen de gepleegde misdrijven en dergelijke subjectieve gevolgen is minder sterk dan bij primaire en secundaire slachtoffers. Niet iedereen die risico loopt op slachtofferschap voelt zich daardoor bedreigd en gevoelens van onveiligheid kunnen ook door de media worden aangewakkerd. Bij terroristische aanslagen is het overigens de uitdrukkelijke bedoeling van de daders om naast de primaire en secundaire slachtoffers bredere bevolkingsgroepen angst aan te jagen en/of te provoceren tot extreme reacties. De personen binnen deze buitenste cirkel van slachtofferschap worden ook wel aangeduid als indirecte slachtoffers.
Bij misdrijven zoals berovingen of woninginbraken kan er geen verschil van mening bestaan over wie de dader is en wie het slachtoffer. Slachtofferschap en daderschap van misdrijven sluiten elkaar echter niet altijd uit. Vooral bij geweldmisdrijven is de rolverdeling tussen dader en het primaire slachtoffer niet altijd even duidelijk. Dit geldt bijvoorbeeld voor veel vechtpartijen in horecagelegenheden waarbij vaak achteraf niet meer goed valt vast te stellen wie de eerste klap heeft gegeven of met provoceren is begonnen. Helemaal vrijuit gaat het slachtoffer vaak niet. In zulke zaken wordt het slachtoffer mede als dader gezien. Er kunnen ook situaties voorkomen waarbij de vermeende dader (mede) als slachtoffer moet worden gezien. Men moet dan bijvoorbeeld denken aan vrouwen die geweld gebruiken tegen een (ex-)partner die hen jarenlang heeft vernederd en mishandeld. Hetzelfde geldt voor kinderen die een ouder vermoorden die hen heeft misbruikt. Een grensgeval lijkt de massamoord op een schoolplein in de Verenigde Staten. De daders zouden tot hun daad zijn gekomen omdat ze jarenlang door medeleerlingen waren buitengesloten en gepest. Advocaten van zulke daders zullen bij de rechtbank bepleiten dat de vermeende daders van zulke misdrijven als slachtoffers moeten worden gezien en de slachtoffers als daders. In de Amerikaanse jurisprudentie spreekt men dan van het *abuse excuse*. Niet alleen de rechtbanken maar ook organisaties die hulp verlenen aan slachtoffers zijn soms genoodzaakt om te kiezen wie als slachtoffer wordt gezien en wie als dader. Personen die toch vooral als dader worden gezien, worden dan als cliënt geweigerd. Bij de bepaling van schadevergoedingen aan slachtoffers van misdrijven wordt soms een korting toegepast op het door de dader te betalen schadebedrag in verband met medeschuld van het slachtoffer. Door het hierna te bespreken Schadefonds Geweldmisdrijven worden zulke kortingen regelmatig toegepast bij eerdergenoemde kroegruzies waarbij alcoholmisbruik een rol heeft gespeeld. Sellin en Wolfgang (1964) spreken in zulke zaken van 'wederzijdse slachtoffers'.
Ten slotte zijn er misdrijven waarbij geen onmiddellijk herkenbaar slachtoffer aanwezig is of althans lijkt te zijn. Deze categorie misdrijven worden slachtofferloze misdrijven genoemd (*victimless crimes*) (Schur, 1973). Bij victimless crimes worden er geen primaire of secundaire slachtoffers gemaakt. Illegaal gokken, prostitutie en de consumptie van

softdrugs worden vaak genoemd als voorbeelden van zulke victimless crimes. Ten aanzien van dergelijke misdrijven rijst de vraag waarom ze eigenlijk strafbaar zijn. Eerder bespraken we dat de strafrechtspleging in de huidige seculiere maatschappij in hoge mate is gevictimiseerd. De legitimiteit van het vervolgen van slachtofferloze delicten is daarmee problematisch geworden. Deze vraag naar de reden tot criminalisering van bepaalde gedragingen staat, zoals besproken in hoofdstuk 1, centraal in de vraagstelling van de kritische criminologie. Actueel in Nederland is de vraag naar de strafbaarstelling van de aanvoer van cannabis door gedoogde coffeeshops. Dit zou men een zuiver voorbeeld kunnen noemen van een slachtofferloos delict. Uit het oogpunt van consumentenbescherming heeft een reguleringssysteem waardoor kwaliteitscontroles op de geleverde cannabis zouden kunnen worden uitgevoerd louter voordelen. Bij andere misdrijftypen is vaak discussie mogelijk over de vraag of ze werkelijk geheel slachtofferloos zijn. De organisatie van prostitutie wordt vaak genoemd als een victimless crime. Het houden van een bordeel is in Duitsland en Nederland enkele jaren geleden gedecriminaliseerd (opheffing bordeelverbod). Internationaal valt echter juist een groeiende oppositie te ontwaren tegen het toelaten van prostitutie. In Zweden ziet men sinds enkele jaren alle vormen van prostitutie als geweld tegen vrouwen en benadrukt men de traumatiserende gevolgen voor de betrokkenen. Men ziet alle prostituees als slachtoffers van geweld. Ook over de vraag of de verkoop van bepaalde illegale drugs zoals cannabis of van alcohol een victimless crime is, of juist niet, wordt in de wereld verschillend gedacht. Over wat victimless crimes zijn, bestaan fundamentele verschillen van mening.

In de volgende paragrafen van dit hoofdstuk zullen, zoals gezegd, achtereenvolgens de drie zojuist genoemde kernvragen van de victimologie aan de orde komen. Ten eerste komt de vraag aan de orde wat de risicokenmerken voor slachtofferschap zijn en wat de bijdrage van het slachtoffer is geweest aan het ontstaan van het delict. Daarna komen de materiële en immateriële gevolgen van het delict voor het slachtoffer aan de orde waaronder mentale stress. Ten derde, en ten slotte, de maatschappelijke reacties op slachtofferschap en dan met name de aard en effectiviteit van verschillende typen van slachtofferhulp en slachtofferzorg.

8.2 Risicokenmerken van slachtofferschap

De kans om slachtoffer te worden van een misdrijf is niet voor iedereen even groot. Uit de eerder in hoofdstuk 2 besproken bevolkingsonderzoeken naar slachtofferschap, de slachtofferenquêtes, blijkt dat sommige groepen in onze maatschappij een relatief hoge kans lopen om slachtoffer van een misdrijf te worden (Wittebrood, 2007). Daarmee is zeker niet gezegd dat individuen die tot zulke risicogroepen behoren hun slachtofferschap bewust of onbewust uitlokken of bewust grote risico's nemen. Dit laatste kan bij wijze van uitzondering het geval zijn, maar veeleer geldt dat zij, vanwege bepaalde groepskenmerken, een verhoogde kans hebben om slachtoffer te worden van crimineel gedrag. Een aantal van deze risicogroepen zullen wij kort de revue laten passeren.

Inwoners van grote steden

Uit de analyses van de Nederlandse slachtofferenquêtes wordt duidelijk dat inwoners van grote steden een ongeveer tweemaal zo grote kans hebben om slachtoffer te worden van bepaalde veelvoorkomende vormen van criminaliteit als Nederlanders die elders woonachtig zijn. Deze criminaliteit betreft fietsendiefstal, diefstal uit auto's, zakkenrollerij, bedreiging en vernieling. Ook ten aanzien van de meeste andere delicten geldt dat de kans op victimisatie in grote steden hoger is dan elders in het land.

In zijn algemeenheid kan worden opgemerkt dat hoe kleiner de gemeente is waarin men woont, des te geringer de kans dat men slachtoffer wordt van criminaliteit. Deze regel geldt ook voor het slachtofferschap van winkels en horecabedrijven. De geringste kans op slachtofferschap lopen inwoners van kleine dorpen die zelden of nooit naar een grote stad gaan om te werken, winkelen of recreëren. In een dichtbevolkt, welvarend land als Nederland behoren overigens slechts weinig mensen tot deze categorie. Dit verklaart mede waarom het slachtofferschap van veelvoorkomende delicten onder Nederlanders betrekkelijk veel voorkomt.

Mannen en vrouwen

Volgens dezelfde enquêtes lopen mannen, ongeacht leeftijd of woonplaats, een iets grotere kans om slachtoffer te worden van veelvoorkomende criminaliteit dan vrouwen. Dit wil niet zeggen dat vrouwen voor elk delict afzonderlijk een geringere kans lopen op victimisatie. De slachtoffers van seksuele geweldmisdrijven en van ernstig huiselijk geweld zijn, blijkens de hiernaar uitgevoerde studies die in hoofdstuk twee zijn besproken, overwegend, maar overigens niet uitsluitend, vrouwen. Markant hierbij is dat van de vrouwen die door hun (ex-)partner zijn mishandeld, 55 procent aangeeft dat deze ook een huisdier heeft pijn gedaan of gedood (Garnier & Enders-Slegers, 2012). Tevens geeft een derde van deze vrouwen te kennen dat de (ex-)partner wel eens heeft gedreigd een huisdier pijn te zullen doen.

In tabel 8.1 zijn de *victimisatierisico's* (kansen op slachtofferschap van een geweldmisdrijf) weergegeven van bevolkingsgroepen onderscheiden naar woonplaats (stedelijkheid), geslacht, leeftijd, etnische achtergrond en seksuele geaardheid. Uit de tabel valt af te lezen dat de slachtofferkansen van jongeren drie keer zo groot zijn als die van bejaarden. Bij alle leeftijdsgroepen is de slachtofferkans van vrouwen iets kleiner. Leeftijd blijkt meer invloed te hebben op de slachtofferkansen dan geslacht. Tussen allochtonen en autochtonen bestaan in Nederland geen statistisch significante verschillen. Wel blijkt dat homo's en lesbiennes duidelijk verhoogde risico's lopen. De verklaring hiervoor is waarschijnlijk dat deze groepen het doelwit kunnen zijn van zogenoemde *hate crimes* (Van Kesteren, 2015).

Tabel 8.1. Slachtofferschap geweldmisdrijven naar achtergrondkenmerken, in percentages slachtoffers met onzekerheidsmarges op 95%, 2015
Bron: Veiligheidsmonitor 2015.

	Geweldsdelicten	Marge
	% slachtoffers	
Totaal	2,2	0,1
Stedelijkheid		
Zeer sterk stedelijk	2,7	0,3
Sterk stedelijk	2,4	0,3
Matig stedelijk	1,8	0,3
Weinig stedelijk	1,8	0,3
Niet stedelijk	1,7	0,4
Geslacht		
Man	2,6	0,2
Vrouw	1,8	0,2
Leeftijd		
15-24 jaar	3,9	0,5
25-44 jaar	2,8	0,3
45-64 jaar	1,8	0,2
65 jaar en ouder	0,8	0,1
Herkomst		
Autochtoon	2,2	0,1
Westerse allochtoon	2,3	0,4
Niet-westerse allochtoon	2,4	0,5
Seksuele geaardheid		
Homo	3,7	1,6
Lesbienne	4,8	2,5
Biseksuele man	2,8	1,4
Biseksuele vrouw	2,0	0,8
Hetero man	2,6	0,2
Hetero vrouw	1,9	0,2

Jongeren en kinderen nader bezien

Voor meerderjarigen geldt dat naarmate men jonger is, de kans op slachtofferschap groter is. De slachtofferenquêtes brachten aan het licht dat ongeveer 40 procent van de personen beneden de leeftijdsgrens van 24 jaar het afgelopen jaar ten minste één keer slachtoffer van een misdrijf was geworden; in de daarop volgende leeftijdsklassen van 25 t/m 34 jaar en 35 t/m 44 jaar ligt het percentage op circa 30. Na de leeftijdsgrens van

65 jaar neemt het percentage sterk af. De vrees van sommige bejaarden dat daders van vermogens- en gewelddelicten het in het bijzonder op hen hebben gemunt, is in zijn algemeenheid ongegrond. Specifieke problemen vormen wel de oplichting van bejaarden aan de deur of op internet en de mishandeling van bejaarden door familieleden of verzorgers (in de Verenigde Staten bekend als *granny bashing*). Wat verder nog opvalt is dat de slachtofferkansen vanaf het 18ᵉ jaar nog iets toenemen. De verklaring hiervoor is dat jongeren rond die leeftijd het ouderlijke huis verlaten en er een meer uithuizige levensstijl op na gaan houden. Zodra ze rond hun dertigste een eigen gezin stichten, neemt de slachtofferkans weer af. De ontwikkeling van slachtofferkansen gedurende de levensloop vormt het spiegelbeeld van de zogenoemde leeftijdscurve bij crimineel gedrag die besproken is in hoofdstuk 5. Zowel daderschap als slachtofferschap komen het meeste voor tijdens de adolescentie.
Landelijke enquêtes worden doorgaans uitgevoerd onder steekproeven van burgers ouder dan 16 jaar. Victimisatie van kinderen wordt daardoor niet gemeten. Hiervoor moeten afzonderlijke studies met aangepaste methoden worden uitgevoerd. Een bijzondere vorm van slachtofferschap van jongeren en kinderen die daarbij naar voren komt, is huiselijk geweld. Uit Nederlandse studies naar kindermishandeling onder steekproeven van schoolkinderen tussen 12 en 17 jaar blijkt dat 9 procent het afgelopen jaar door ouders of opvoeders was mishandeld op een manier die strafbaar is (Alink et al., 2011). In hun eigen beleving was 18 procent door ouders of opvoeders geslagen of anderszins mishandeld. Deze percentages liggen significant hoger onder kinderen van gescheiden ouders en kinderen uit niet-westerse allochtone gezinnen (zie ook Wetzels et al., 2002). Veel van de slachtoffers van kindermishandeling blijken in hun jeugd tevens te maken te hebben gehad met andere levensproblemen zoals ziekte, pesten of verwaarlozing (polyvictimisatie) (Finkelhor, Ormrod en Turner, 2009).

Andere riscogroepen
Naast de algemene risicokenmerken verstedelijking, jeugdige leeftijd, geslacht en seksuele geaardheid zijn er nog tal van andere specifieke risicoverhogende kenmerken gevonden. Personen uit de laagste 20-procentinkomensgroep lopen in Nederland een verhoogd risico slachtoffer te worden van zowel vermogens- als gewelddelicten (Eggen en Kalidien, 2008). Voor woninginbraken lopen zowel de allerarmsten als de allerrijksten de grootste risico's (de eerste groep van inbraken gepleegd door adolescenten in de eigen buurt en de tweede groep van inbraken door professionele bendes). Mensen met een hogere opleiding lopen een verhoogd risico, maar dit effect valt nagenoeg weg indien wordt gecontroleerd voor andere factoren zoals leeftijd en uitgaansgedrag (Van Kesteren, Mayhew en Nieuwbeerta, 2000). Gescheiden of nooit gehuwde mensen lopen een verhoogde kans op slachtofferschap van geweldmisdrijven, ook na controle voor het effect van leeftijd. Dit hangt vermoedelijk samen met de meer op kennismaking gerichte levensstijl van *singles* waardoor ze vaker met vreemden in aanraking komen. In het algemeen gaat een actief uitgaansleven samen met verhoogde risico's op slacht-

offerschap (Wittebrood, 2007). Andere en hiermee samenhangende risicofactoren zijn drugs- en alcoholgebruik en het dragen van een wapen. De grootste risico's op slachtofferschap van geweldmisdrijven lopen jongemannen die de uitgaanscentra van grote steden frequenteren en daarbij fors alcohol consumeren.

Werknemers in bepaalde beroepsgroepen worden relatief vaak geconfronteerd met verbaal en fysiek geweld. Koplopers zijn treinconducteurs, politieagenten, werkers in penitentiaire inrichtingen en medewerkers van de sociale diensten (Wittebrood, 2007). Meer dan de helft van de treinconducteurs en politieagenten wordt jaarlijks ten minste één keer met fysiek geweld geconfronteerd. Hoewel in Nederland de belangrijkste etnische minderheden niet duidelijk een verhoogd risico lopen op algemeen slachtofferschap, zijn zij wel vaker de target van strafbare discriminatie en van racistisch gemotiveerd geweld (FRA, 2009).

Vestigingen van bedrijven lopen over het algemeen in vergelijking tot particulieren zeer hoge risico's op vermogensdelicten, bijvoorbeeld inbraak. Het risico op een inbraak is twintig keer hoger voor een bedrijfspand dan voor een woonhuis. Van de detailhandelsbedrijven lopen in het bijzonder juweliers en winkels die dure elektronica verkopen extra grote risico's op diefstallen met geweld (Van Dijk en Terlouw, 1995). Bij roofovervallen worden zowel de werknemers persoonlijk slachtoffer alsmede het bedrijf als rechtspersoon. Bij overvallen op juweliers zijn de eigenaren vaak zowel slachtoffer van het geweld als van de vermogensschade, bijvoorbeeld hogere verzekeringspremies en beveiligingskosten.

Victimologische risicoanalyse

Criminologen hebben aan de hand van de resultaten van de eerste Amerikaanse slachtofferenquêtes laten zien dat de kans op slachtofferschap van verschillende bevolkingsgroepen in de Verenigde Staten kan worden verklaard door verschillen in levensstijl (*lifestyle/exposure theory*) (Hindeland, Goddfredson en Garofalo, 1978). Bij deze victimologische theorie wordt niet, zoals bij de vroegere typologieën, gekeken naar persoonlijkheidstypen die iemand voor slachtofferschap disponeren, maar naar gedragspatronen of andere sociale kenmerken die de relatieve kwetsbaarheid van bevolkingsgroepen voor slachtofferschap kunnen verklaren. Hierop voortbouwend hebben Steinmetz en Van Dijk (1979) op basis van de uitkomsten van de eerste Nederlandse slachtofferenquêtes een driefactorenmodel opgesteld ter verklaring van het objectieve risico van individuen om slachtoffer te worden van veelvoorkomende criminaliteit. Zij onderscheiden in hun model drie categorieën van risicoverhogende factoren, te weten: nabijheid, aantrekkelijkheid en blootstelling.

De nabijheidsfactor betreft het wonen in de buurt van potentiële delinquenten (het geografische aspect) en de hoeveelheid contacten met potentiële delinquenten ten gevolge van bepaalde levensgewoonten (het sociale aspect). Wie woont in een wijk met veel jeugdige gelegenheidsdieven, loopt extra risico's. Hetzelfde geldt voor mensen die graag uitgaan in minder goed bekend staande buurten. In een moderne grootstedelijke

omgeving is de nabijheid tot potentiële plegers van misdrijven groter dan in een meer traditionele, kleinschalige gemeenschap. Door de verstedelijking en het ontstaan van meer sociaal gemengde woonwijken en de schaalvergrotingen binnen de segmenten van wonen, werken, schoolbezoek, winkelen en recreëren neemt in beginsel het aantal contacten toe tussen individuen die elkaar niet kennen en wier goederen voor de ander een aantrekkelijk doelwit voor diefstal kunnen vormen. Stadslucht maakt vrij zei men in de negentiende eeuw. De keerzijde van deze vrijheid is een grotere kans op slachtofferschap van allerlei typen van criminaliteit.
De sociale nabijheid wordt voornamelijk bepaald door iemands levensstijl. Zo besteden jongeren relatief veel vrije tijd aan uitgaan (bezoek aan cafés, disco's, bioscopen) en hebben daardoor een verhoogde slachtofferkans door delicten als agressie, handtastelijkheden en diefstal. Een relevante ontwikkeling in dit verband is de toename van de vrije tijd waardoor vooral bij jongeren meer contacten tussen slachtoffers en potentiële daders plaatsvinden. De uitbreiding van het aantal uitgaansavonden en -uren heeft ongetwijfeld invloed op het risico van jongeren slachtoffer te worden van gewelddelicten. Zoals opgemerkt lopen ook oudere singles grotere risico's naarmate ze vaker en langer uitgaan. De emancipatie van de vrouw bevordert het aantal contacten van vrouwen met potentiële daders. Buitenshuis werken vergroot stellig de kans op slachtofferschap. Al deze ontwikkelingen wijzen dus in de richting van toenemende kansen op slachtofferschap van criminaliteit op grond van toenemende nabijheid tot potentiële daders. Zoals eerder besproken heeft de sterke toename van criminaliteit vervolgens weer geleid tot aanpassingen in de levensgewoonten van grotestadsbewoners. In reactie op criminele risico's valt in sommige landen een ontwikkeling te constateren dat de rijkere middenklasse zich geografisch en sociaal gaat afzonderen in extra beveiligde woonwijken en winkelcentra of clubs met pasjessystemen. Als een aanpassing om criminele risico's te verkleinen kunnen ook de speciale hotels en parkeergarages voor vrouwen worden gezien.
De 'aantrekkelijkheidsfactor' betreft de mate waarin een persoon of object een aantrekkelijk doelwit vormt voor potentiële delinquenten. Hierbij kan men wat betreft vermogenscriminaliteit allereerst denken aan het bezit van luxegoederen (auto's, dure fietsen, juwelen of antiek, maar ook aan consumentenelektronica). Het feit dat mannen iets hogere slachtofferkansen hebben, hangt samen met het feit dat ze gemiddeld iets meer luxegoederen bezitten. Het toegenomen bezit van smart phones en iPods onder scholieren heeft hun aantrekkelijkheid als doelwit van berovingen vergroot. Ook bij geweldmisdrijven zijn bepaalde bevolkingsgroepen aantrekkelijker als doelwit dan anderen. Jonge vrouwen zijn bij uitstek doelwit van seksueel geweld en jonge mannen van zinloos geweld. Een afwijkende seksuele geaardheid, lichamelijke handicaps of etniciteit zijn kenmerken die iemand een doelwit kunnen maken van zogenoemde *hate crimes.*
De 'blootstellingsfactor' ziet op de mate waarin delinquenten bij het in contact komen met een voor hen attractief doelwit de gelegenheid wordt geboden daadwerkelijk een delict te plegen. Potentiële slachtoffers proberen vanzelfsprekend hun blootstelling aan

criminaliteit zo veel mogelijk te verkleinen. Dit kan allereerst door het nemen van beveiligingsmaatregelen en/of het aanleren van verdedigingstechnieken (het technisch aspect van blootstelling). Veel inbraken blijven onvoltooid omdat een alarm afgaat en veel berovingen en geweldmisdrijven omdat het slachtoffer zich effectief verweert. Van groot belang is daarnaast het sociale aspect van blootstelling, dat wil zeggen: de mate waarin de sociale omgeving het slachtoffer te hulp zal komen om het misdrijf af te wenden (het sociale aspect van de mate van blootstelling). Zoals besproken in hoofdstuk 6 zijn omstanders in een anonieme setting minder geneigd te interveniëren. In de anonieme, stedelijke samenleving is de informele sociale controle over het algemeen zwakker dan in kleinere gemeenten waar men elkaar kent (Felson, 1994). Omstanders zijn in grotestadsbuurten vaak niet bereid om slachtoffers te hulp te komen. Ook het verzwakken van de sociale cohesie in stadswijken leidt tot grotere blootstelling van de inwoners. Indien de buren niet reageren bij onraad, verhoogt dat de kans op inbraken (Van Wilsem, 2003).

Herhaald slachtofferschap

Personen of bedrijven die slachtoffer van een bepaald misdrijf zijn geworden, lopen statistisch een verhoogd risico om binnen korte tijd opnieuw slachtoffer te worden. Herhaald slachtofferschap treedt zeer vaak op bij geweld tegen vrouwen door partners of ex-partners. Dergelijk geweld is vaak structureel of cyclisch van aard. Het delict stalken is per definitie een vorm van herhaald slachtofferschap. Herhaald slachtofferschap komt echter ook vaker voor dan men zou verwachten bij woninginbraken en diefstallen uit auto's. De kans om de komende twaalf maanden slachtoffer te worden van een inbraak is voor huishoudens waar recent is ingebroken vier à vijf keer groter dan voor andere huishoudens (Kleemans, 1996). Uit de internationale slachtofferenquête is gebleken dat in westerse landen van de inbraakslachtoffers 20 procent nog hetzelfde jaar wederom slachtoffer van een inbraak was geworden.

Voor het verschijnsel van herhaald slachtofferschap worden twee typen van verklaringen aangevoerd. Herhaald slachtofferschap kan ten eerste worden verklaard vanuit de hiervoor besproken structurele risicokenmerken zoals een jeugdige leeftijd, wonen in de grote stad en een uithuizige levensstijl. Onder recente slachtoffers zijn personen met deze bekende risicokenmerken sterk oververtegenwoordigd. Indien zij deze kenmerken niet veranderen, bijvoorbeeld door een wijziging in hun levensstijl, lopen zij ook in de toekomst een verhoogd risico op slachtofferschap. Vooral in sociaal zwakkere wijken waar veel daders van vermogensmisdrijven wonen, komt om deze reden veel herhaald slachtofferschap voor. Deze verklaring staat in de medische epidemiologische literatuur bekend als heterogeniteit (de bevolking is heterogeen qua risicokenmerken). Jongeren lopen grotere risico's, onder slachtoffers komen dus veel jongeren voor en om die reden lopen ex-slachtoffers een hoger risico dan niet-slachtoffers.

De tweede verklaring voor herhaald slachtofferschap zoekt de oorzaak van het verhoogde risico in de gevolgen van de victimisatie en wordt daarom incidentafhankelijk (*event dependent*) genoemd. Volgens deze verklaring zijn eerdere slachtoffers extra kwetsbaar omdat de dader op basis van zijn eerdere gunstige ervaringen met een bepaald doelwit kan besluiten zijn slag nog eens te slaan bij hetzelfde slachtoffer. Sommige inbrekers zijn bijvoorbeeld geneigd na enkele weken of maanden terug te keren naar adressen waar zij eerder met succes hebben ingebroken. Zulk gedrag van de dader valt goed te verklaren vanuit de eerder besproken theorie van de rationele keuze. Op deze adressen is immers al een keer gebleken dat de baten groter waren dan de risico's. Na enkele maanden is bovendien de kans groot dat de gestolen spullen zijn vervangen door nieuwe exemplaren (bijvoorbeeld nieuwe elektronische apparatuur) en wacht er dus een nog mooiere buit.

Herhaald slachtofferschap kan ook incidentafhankelijk zijn in de zin dat de slachtofferervaring bij het slachtoffer leidt tot psychische problemen en gedragsveranderingen die zijn risico's vergroten. Men kan hierbij bijvoorbeeld denken aan slachtoffers die vanwege opgelopen trauma's bangelijk zijn geworden en zich daardoor juist extra blootstellen aan criminaliteit. Traumatische ervaringen kunnen overigens ook leiden tot een verhoogde prikkelbaarheid. Ook dat kan ertoe leiden dat zulke slachtoffers vaker opnieuw slachtoffer worden. Voorbeelden hiervan zijn de aanpassingsproblemen die ex-militairen met traumatische ervaringen soms ondervinden. Met dit laatste voorbeeld zijn we terug bij de vroegere slachtoffertypologie van persoonlijkheidskenmerken die zouden disponeren tot slachtofferschap, zij het dat het hier gaat om een gevolg van een eerdere victimisatie.

Veel slachtoffers reageren, evenals daders, rationeel op inbraken of andere delicten, namelijk door het nemen van extra voorzorgsmaatregelen. Terugkerende daders staan in die gevallen letterlijk voor een gesloten, dat wil zeggen beter beveiligde deur. Op deze manier wordt herhaald slachtofferschap voorkomen. Indien de risico's op herhaald slachtofferschap algemener bekend zouden zijn, zouden waarschijnlijk door veel meer slachtoffers extra voorzorgsmaatregelen worden getroffen. Voorlichting over criminaliteitspreventie zou daarom een vast aandachtspunt moeten zijn bij de hulpverlening aan slachtoffers.

Bijzondere risicogroepen

Extra kwetsbaar voor slachtofferschap van criminaliteit zijn toeristen (Van Dijk, 2009b; Lemieux en Felson, 2011). Uit onderzoek is gebleken dat 10 procent van de Nederlanders die een vakantie in het buitenland doorbrengt tijdens die relatief korte periode slachtoffer wordt van enigerlei delict. Van de buitenlandse toeristen in Nederland wordt 11 procent tijdens hun veelal korte verblijf slachtoffer. Bijna de helft van alle gevallen van straatroof in Amsterdam wordt gepleegd tegen buitenlandse toeristen (Oomens en Van Wijngaarden, 1992). Ook de hogere kwetsbaarheid van toeristen kan worden geïnterpreteerd met behulp van de drie factoren van het hierboven besproken risicomodel. Toeristen zijn een attractief doelwit omdat zij vaak waardepapieren en dure foto- en filmapparatuur bij zich dragen of in hun auto, tent of hotelkamer hebben (laten) liggen. Veel toeristen zoeken bovendien de nabijheid van potentiële daders op door zich op te houden in uitgaanswijken van grote steden. Ten slotte is de toerist over het algemeen in een vakantiestemming en dus minder op zijn/haar hoede voor vreemden of verdachte situaties (blootstelling). Tot de verhoogde risico's draagt in sommige landen ook nog bij dat de omstanders wellicht minder zijn genegen om te interveniëren en dat de lokale politie weinig gemotiveerd is om aangiftes van buitenlanders op te nemen en daders van delicten tegen buitenlanders op te sporen.

Ook daders van criminaliteit lopen een verhoogd risico op slachtofferschap. Zoals hierboven besproken, bestaat er niet altijd een scherpe dichotomie tussen delinquenten enerzijds en slachtoffers anderzijds. Bepaalde typen delinquenten lopen een veel grotere kans dan andere burgers om slachtoffer te worden van een delict. Dit geldt in hoge mate voor de agressieve delinquent. Van degenen die de afgelopen 12 maanden zelf een geweldmisdrijf hebben gepleegd was 33 procent slachtoffer geweest van een geweldde-lict. Onder degenen die nooit dader waren geweest, was het slachtofferpercentage 5 procent (Wittebrood, 2007). De verklaring hiervoor is ten eerste dat veel daders risicokenmerken bezitten: het zijn veelal jeugdige mannen met een uithuizige levensstijl. Zij verkeren bovendien vaak in de nabijheid van andere daders. Naast deze verklaring vanuit de heterogeniteit van de bevolking qua risico's op slachtofferschap is er ook een incidentgerelateerde verklaring. Door gewelddelicten te plegen loopt men het risico doelwit te worden van vergeldingsacties. In zulke gevallen is het verhoogde risico dus een gevolg van het misdrijf (een voorbeeld van *event dependency*).

Slachtoffers als daders

Uit onderzoeken blijkt dat ook bij sommige vormen van diefstal, daders en slachtoffers elkaar in sterke mate overlappen Deze overlap berust ten dele wederom op het feit dat het om jongeren gaat met een uithuizige levensstijl. De victimisatie door een diefstal kan echter ook leiden tot een acute behoefte om zichzelf op de een of andere manier schadeloos te stellen, terwijl tegelijkertijd een manier wordt gesuggereerd waarop dit snel zou kunnen gebeuren, namelijk door zelf een soortgelijke diefstal te plegen. De normatieve remmingen om te stelen zullen bovendien kunnen zijn verzwakt door het besef dat anderen in dezelfde omgeving zich hierdoor ook niet hebben laten weerhouden. Met betrekking tot de 'abstracte' anderen kan het slachtoffer zichzelf ook voorhouden dat zij door het te plegen delict slechts met gelijke munt krijgen terugbetaald wat zij hem hebben aangedaan. Bijvoorbeeld bij het delict fietsendiefstal komen zogenoemde 'compenserende diefstallen' op grote schaal voor (Van Dijk, 1986). Dit verschijnsel vormt waarschijnlijk de verklaring voor het sterke, exponentiële verband tussen het fietsenbezit en de fietsendiefstal. In typische fietslanden zoals Nederland, Zweden en China wordt het niveau van de fietsendiefstallen opgedreven door het fenomeen van de *compenserende diefstal*. Naarmate er meer slachtoffers zijn, komen er vanzelf ook meer daders.

Een meer complexe en nog onvoldoende verklaarde samenhang is aangetoond tussen slachtofferschap van huiselijk geweld op jeugdige leeftijd en het plegen van soortgelijke delicten in de volwassenheid (National Crime Prevention, 1999). Dit fenomeen staat bekend als de intergenerationele geweldcyclus (*cycle of violence*). Er treedt een vicieuze cirkel van (seksueel) geweld op waarbij slachtofferschap en daderschap elkaar opvolgen en van de ene op de andere generatie worden doorgegeven (WHO, 2007). Nederlands onderzoek onder Marokkaanse jongeren heeft uitgewezen dat slachtofferschap van intrafamiliaal geweld tegen jongeren in de Marokkaanse gemeenschap relatief veel voorkomt – 60 procent van de Marokkaanse jongens is hiervan slachtoffer geweest – en sterk samenhangt met het vertonen van crimineel gedrag op latere leeftijd (Lahlah, 2013).

8.3 De materiële en immateriële gevolgen van criminaliteit

De laatste dertig jaar is er, zoals gezegd, gaandeweg meer aandacht gekomen voor de gevolgen van misdrijven voor de slachtoffers en de daarop gerichte hulpverlening. Deze gevolgen bestaan deels uit materiële schade zoals de waarde van gestolen of vernielde goederen en uit fysiek letsel waarvoor medische kosten moeten worden gemaakt. Tot de schade op langere termijn behoort inkomstenderving door verminderde capaciteit om te werken. Veel slachtoffers van ernstige misdrijven kunnen enige tijd in het geheel niet werken. Onderzoek heeft verder uitgewezen dat slachtoffers van geweldmisdrijven die ernstig letsel hebben opgelopen ook jaren later gemiddeld significant minder verdienen dan een controlegroep (Kunst, 2010). Door criminaliteit wordt meestal tevens aanzienlijke immateriële schade toegebracht aan individuele slachtoffers. Deze schade bestaat, behalve uit pijn, leed en gemiste levensvreugde, ook uit angstgevoelens en verlies aan vertrouwen in anderen. Deze laatstgenoemde, psychische gevolgen komen hierna nog uitgebreider aan de orde in een afzonderlijke paragraaf.

Schadebedragen en kosten

Door de meeste vormen van criminaliteit wordt materiële schade toegebracht aan individuen, bedrijven of de overheid. Mede op basis van de uitkomsten van slachtofferenquêtes onder particulieren en bedrijven hebben criminologen ruwe schattingen gemaakt van de totale materiële schade die criminaliteit veroorzaakt. Door economen zijn tevens schattingen gemaakt van de financiële waarde van de immateriële schade, waaronder gederfde levensvreugde. Men vraagt daartoe aan steekproeven uit de bevolking welke bedragen men over zou hebben voor extra levensjaren van hoge kwaliteit qua gezondheid. Op deze manier wordt berekend wat de waarde is van het bij misdrijven opgelopen letsel. Door deze laatste geschatte bedragen toe te voegen aan de materiële schade wordt het mogelijk de economische betekenis van criminaliteit in al zijn facetten te bepalen. In het statistische overzicht 'Criminaliteit en Rechtshandhaving' over 2015 is een overzicht opgenomen van de totale kosten van criminaliteit waarvan de schadeposten een deel uitmaken (Moolenaar, 2015). De volgende gegevens zijn daaraan ontleend.

De totale omvang van de schade ten gevolge van veelvoorkomende criminaliteit in 2014 wordt geschat op een bedrag van 19 miljard euro, bestaande uit materiële schade van particulieren en bedrijven en immateriële schade. Voor particulieren vormen woninginbraken en diefstallen van, vanaf of uit auto's de belangrijkste materiële schadeposten; voor bedrijven zijn dat de inbraken, de autodiefstallen en de roofovervallen. Per Nederlandse inwoner is dat 1.200 euro per jaar. Dit bedrag correspondeert met 3 tot 4 procent van het bruto binnenlands product (wat we gezamenlijk in Nederland verdienen).

Om een totaalbeeld te krijgen van de criminaliteitskosten moeten bij de schadeposten van de gedupeerden worden opgeteld de investeringen van particulieren en bedrijven in hun beveiliging en hun verzekeringskosten. Deze kosten bedroegen in 2014 2,7 miljard. Daarnaast zijn er de uitgaven van de overheid aan criminaliteitsbestrijding. Een minimale schatting van de kosten van deze indirecte schadeposten bedraagt 3,2 miljard. De meeste uitgaven gingen in 2014 naar preventie (5,9 miljard), opsporing (2,8 miljard) en tenuitvoerlegging van straffen (2,4 miljard). Aan ondersteuning van slachtoffers werd beduidend minder uitgegeven, namelijk slechts 60 miljoen euro.

In totaal lijdt de Nederlandse maatschappij jaarlijks ongeveer 30 miljard euro directe en indirecte schade door veelvoorkomende criminaliteit. Dit is ongeveer 2.000 euro per hoofd van de bevolking per jaar.

Het bedrag van 30 miljard euro schade en kosten is niet volledig verloren voor de Nederlandse welvaart. Er zijn uiteraard burgers die economisch baat hebben bij criminaliteit – behalve delinquenten, politierechercheurs en gevangenispersoneel, leven ook criminologen van de misdaad – maar voor een bedrag van 30 miljard per jaar zouden burgers, bedrijven en overheid ongetwijfeld nuttigere bestedingen kunnen verzinnen. Om slechts een voorbeeld te noemen: de ruim 2 miljard euro die jaarlijks wordt uitgegeven aan het gevangeniswezen, zou kunnen worden gebruikt voor onderwijs of gezondheidszorg. Veel burgers zouden daarvan kunnen profiteren. En de werknemers van het gevangeniswezen zouden waarschijnlijk meer arbeidsvreugde hebben in een andere werkkring.

De schattingen van de directe en de indirecte kosten van criminaliteit zijn tevens van belang voor de uitvoering van kosten-batenanalyses met betrekking tot interventies tegen criminaliteit. Door middel van zulke analyses kan bijvoorbeeld worden berekend of door een andere allocatie van de uitgaven voor criminaliteitsbestrijding – bijvoorbeeld meer geld voor preventieve maatregelen en minder voor opsporing en/ of gevangeniswezen – een gunstiger kosten-batenplaatje kan worden verkregen. Zowel Amerikaanse als Nederlandse analyses hebben aangetoond dat investeringen in bepaalde preventieve programma's betere kosten-batenverhoudingen laten zien dan investeringen in opsporing en strafrechtspleging (Welsh en Farrington, 2000). De uitgaven voor bestuurlijke criminaliteitspreventie zijn ook in Nederland nog steeds minimaal. Opvallend is ook dat aan de ondersteuning van verdachten door de reclassering bijna tien keer meer wordt uitgegeven dan aan slachtofferzorg.

8.3.1 Gevoelens van onveiligheid en opinies

In slachtofferenquêtes wordt doorgaans niet alleen gevraagd of men het afgelopen jaar slachtoffer is geweest. De slachtoffers wordt ook gevraagd of men al dan niet aangifte heeft gedaan. Aan degenen die dit deden, wordt vervolgens verzocht een oordeel te geven over de bejegening door de politie. Aan degenen die nalieten aangifte te doen, wordt gevraagd wat hiervoor de redenen waren. Bovendien worden in dergelijke enquêtes vaak enkele vragen opgenomen over de houding van de respondenten ten aanzien van criminaliteit. Aan deze houding van de bevolking kunnen verschillende aspecten worden onderscheiden: het cognitieve aspect (het beeld dat men heeft van de risico's), het affectieve aspect (de gevoelens die men daarbij heeft) en het gedragsmatige aspect (de consequenties voor het eigen gedrag die men aan die beelden en gevoelens verbindt). Door middel van enquêtevragen wordt geprobeerd deze aspecten te meten.

Box 8.2. Onveiligheidsgevoelens

In 2014 voelde 36 procent van de Nederlanders van 15 jaar en ouder zich volgens de Veiligheidsmonitor wel eens onveilig. De gevoelens van onveiligheid zijn over het algemeen het sterkste in de regio's waar de meeste (geweld)delicten worden gepleegd. Personen die recent slachtoffer zijn geworden van een misdrijf vertonen gemiddeld meer gevoelens van onveiligheid (Van Dijk, Mayhew en Van Kesteren, 1990).
Gevoelens van onveiligheid staan dus niet los van de objectieve veiligheid. Dit blijkt ook uit de dalende trend in onveiligheidsgevoelens. Sinds 2005 is het aantal Nederlan-

ders dat zich wel eens onveilig voelt met een kwart gedaald (Veiligheidsmonitor 2015). De trend in gevoelens van onveiligheid volgt dus grosso modo de neergaande trend in risico's op slachtofferschap. Van der Wurff (1992) spreekt van een elastisch verband tussen subjectieve en objectieve onveiligheid. De subjectieve gevoelens staan soms niet in een redelijke verhouding tot de objectief bestaande gevaren. Op de langere termijn is de relatie tussen de objectieve en de subjectieve veiligheid van bevolkingsgroepen in het algemeen vrij sterk. Als de veelvoorkomende criminaliteit daalt, volgt met enige vertraging de persoonlijke veiligheidsbeleving. De meeste mensen hebben kennelijk een tamelijk realistische kijk op de risico's die hen bedreigen.
In tabel 8.2 zijn enkele uitkomsten over gevoelens van onveiligheid, afkomstig van de door het CBS uitgevoerde landelijke enquêtes, uitgesplitst naar verschillende bevolkingsgroepen. Uit deze tabel blijkt dat vooral onder de inwoners van grote gemeenten gevoelens van onveiligheid in verband met criminaliteit wijd zijn verbreid. In het algemeen zijn gevoelens van onveiligheid het sterkste onder bevolkingsgroepen die ook de grootste risico's lopen. Naarmate in een stad het criminaliteitsniveau hoger ligt, voelt men zich er ook onveiliger. Inwoners van wijken waar veel sociale problemen zijn en waar, in verband daarmee, veel delicten worden gepleegd, voelen zich het meeste bedreigd. De subjectieve onveiligheid vormt echter geen zuivere weerspiegeling van de objectieve onveiligheid. De gevoelens van onveiligheid worden mede beïnvloed door de berichtgeving in de media. Lezers van dagbladen die veel sensationeel misdaadnieuws brengen, voelen zich gemiddeld iets onveiliger dan lezers van 'kwaliteitskranten'.
Ook blijkt systematisch dat vrouwen en meisjes zich gemiddeld meer zorgen maken, terwijl hun kansen slachtoffer te worden van de meeste typen van criminaliteit niet extra groot zijn. Van de vrouwen tussen de 15 en 24 jaar zegt 52 procent dat er plekken zijn in de eigen buurt of wijk waar zij maar liever niet komen. Van de mannen in die leeftijd deelt slechts 20 procent die mening. Opvallend is ook dat bejaarden meer voorzorgmaatregelen nemen tegen criminaliteit dan jongeren. Van de vrouwen boven de 65 jaar zegt bijvoorbeeld 33 procent 's avonds uit angst voor criminaliteit niet meer (de deur) uit te gaan.
In verband met de relatief sterke onveiligheidsgevoelens bij vrouwen en bejaarden wordt soms gesproken van de veiligheidsparadox: bevolkingsgroepen die het minste van de criminaliteit hebben te duchten, zouden zich er het meeste zorgen over maken. Nadere analyses hebben echter uitgewezen dat de meeste verschillen goed zijn te verklaren vanuit reële risico's. De grotere angstgevoelens onder vrouwen en meisjes zijn bijvoorbeeld terug te voeren op vervelende ervaringen met seksuele intimiteiten in zowel de publieke als de privésfeer (Junger, 1987). Het verschil in onveiligheidsbeleving tussen de geslachten is niettemin opvallend groot. Hierbij zou ook een rol kunnen spelen dat jongemannen minder genegen zijn om voor angstgevoelens uit te komen. De kans op slachtofferschap is statistisch voor bejaarden relatief laag, maar de medische gevolgen kunnen juist voor hen bij een misdrijf als straatroof vaak ernstig zijn. De beduchtheid van bejaarden voor criminaliteit is in dat opzicht dus allerminst irrationeel.

Uit de uitsplitsing van de onveiligheidsbeleving naar bevolkingsgroepen blijkt verder dat deze onder autochtone Nederlanders slechts weinig verschilt van die onder allochtonen. In 2015 heeft het CBS voor het eerst ook een uitsplitsing gemaakt naar seksuele oriëntatie. Homo's voelen zich significant vaker onveilig dan heteromannen. Dit geldt in mindere mate ook voor lesbiennes. Zoals besproken lopen homo's het risico slachtoffer te worden van *hate crimes*. Ook hier zien we dus weer een verband tussen reële risico's en veiligheidsbeleving.

Tabel 8.2. Onveiligheidsgevoelens naar een aantal achtergrondkenmerken, in percentages bevestigende antwoorden met onzekerheidsmarges, 2015
Bron: Veiligheidsmonitor 2015.

	Voelt zich wel eens onveilig	
	Percentage	Marge
Totaal	35,6	0,4
Stedelijkheid		
Zeer sterk stedelijk	41,6	0,9
Sterk stedelijk	38,0	0,7
Matig stedelijk	34,4	0,9
Weinig stedelijk	30,0	0,8
Niet stedelijk	27,5	1,2
Geslacht		
Man	26,9	0,5
Vrouw	44,0	0,5
Leeftijd		
15-24 jaar	43,5	1,2
25-44 jaar	40,1	0,8
45-65 jaar	33,8	0,6
65 jaar en ouder	26,2	0,6
Herkomst		
Autochtoon	35,1	0,4
Westerse allochtoon	37,0	1,3
Niet-westerse allochtoon	37,8	1,5
Seksuele geaardheid		
Homo	37,6	3,8
Lesbienne	51,1	5,0
Biseksuele man	27,4	3,7
Biseksuele vrouw	41,2	2,9
Hetero man	26,8	0,6
Hetero vrouw	46,5	0,6

Ervaringen met criminaliteit zorgen niet alleen voor gevoelens van onveiligheid, maar men verbindt ook consequenties aan deze gevoelens. Zo blijkt dat veel bejaarden hun reacties op aanbellers in de avonduren en hun uitgaansgedrag laten beïnvloeden door de angst slachtoffer te worden. Meer dan drie kwart van de Nederlanders heeft veiligheidssloten op de deur en 72 procent heeft buitenverlichting. 10 procent van de huishoudens heeft inmiddels een inbraakalarm geïnstalleerd (Politiemonitor, 2005). Veel mensen vragen hun buren een oogje in het zeil te houden tijdens hun afwezigheid of nemen deel aan een zogenoemd buurtpreventieproject waarbij in nauwe samenwerking met de politie wordt opgelet of zich verdachte situaties voordoen in de wijk. Dergelijk preventief gedrag vertoont al vele jaren een duidelijke stijging.
Ook het bedrijfsleven neemt op steeds grotere schaal maatregelen om criminaliteit en fraude te voorkomen. Bijna de helft van alle Nederlandse bedrijven heeft bijvoorbeeld apparatuur voor luid alarm aangebracht en een derde voor stil alarm (Monitor criminaliteit bedrijfsleven, 2010). 11 procent screent de eigen werknemers systematisch op criminele antecedenten. Dit laatste percentage is overigens in vergelijking tot het bedrijfsleven elders in Europa nog opmerkelijk laag. Criminaliteit door (toekomstige) werknemers is in de Nederlandse verhoudingen een gevoelig onderwerp dat men liever uit de weg gaat.
Als een reactie op de dreiging van de criminaliteit kan ook de roep om meer politie en strengere straffen van de zijde van burgers en ondernemers worden gezien.

Box 8.3. Onveiligheid in internationaal perspectief

De internationale slachtofferenquête bevat evenals de Nederlandse Veiligheidsmonitor enkele vragen over veiligheidsgevoelens en opinies over politie en justitie. Figuur 8.1 toont de resultaten met betrekking tot gevoelens van onveiligheid in de eigen buurt (antwoorden op de vraag: *How safe do you feel walking alone in your area after dark? Do you feel very safe, fairly safe, a bit unsafe or very unsafe?).*

De uitkomsten van de internationale slachtofferenquête bevestigen dat er in de meeste Europese landen, waaronder Nederland, een geringe daling is opgetreden van de gevoelens van onveiligheid (Van Dijk, Van Kesteren en Smit, 2007). De daling is opvallend sterk in ex-communistische landen (Polen en Estland). Onzekerheden over de overgang naar een democratische ordening lijken de gevoelens van onveiligheid destijds te hebben opgestuwd. De bevolking heeft het gevoel nu weer in rustiger vaarwater te zijn terechtgekomen. Deze dalende trend in onveiligheidsbeleving is, zoals hiervoor besproken, tevens aangetroffen in de Nederlandse nationale enquêtes. Bij de internationale cijfers valt op dat de Nederlandse en Deense bevolking relatief weinig last hebben van onveiligheidsgevoelens. Dit is temeer opmerkelijk omdat de slachtofferpercentages voor veelvoorkomende criminaliteit in Nederland en Denemarken in vergelijking met bijvoorbeeld Duitsland en Italië relatief hoog liggen. Bij gevoelens van onveiligheid spelen dus kennelijk ook andere, bijvoorbeeld culturele, factoren een rol dan alleen het niveau van de veelvoorkomende criminaliteit.

Figuur 8.1. Percentage van de bevolking dat zich (zeer) onveilig voelt op straat in het donker

Bron: icvs, 2005/Van Dijk; Van Kesteren en Smit, 2007.

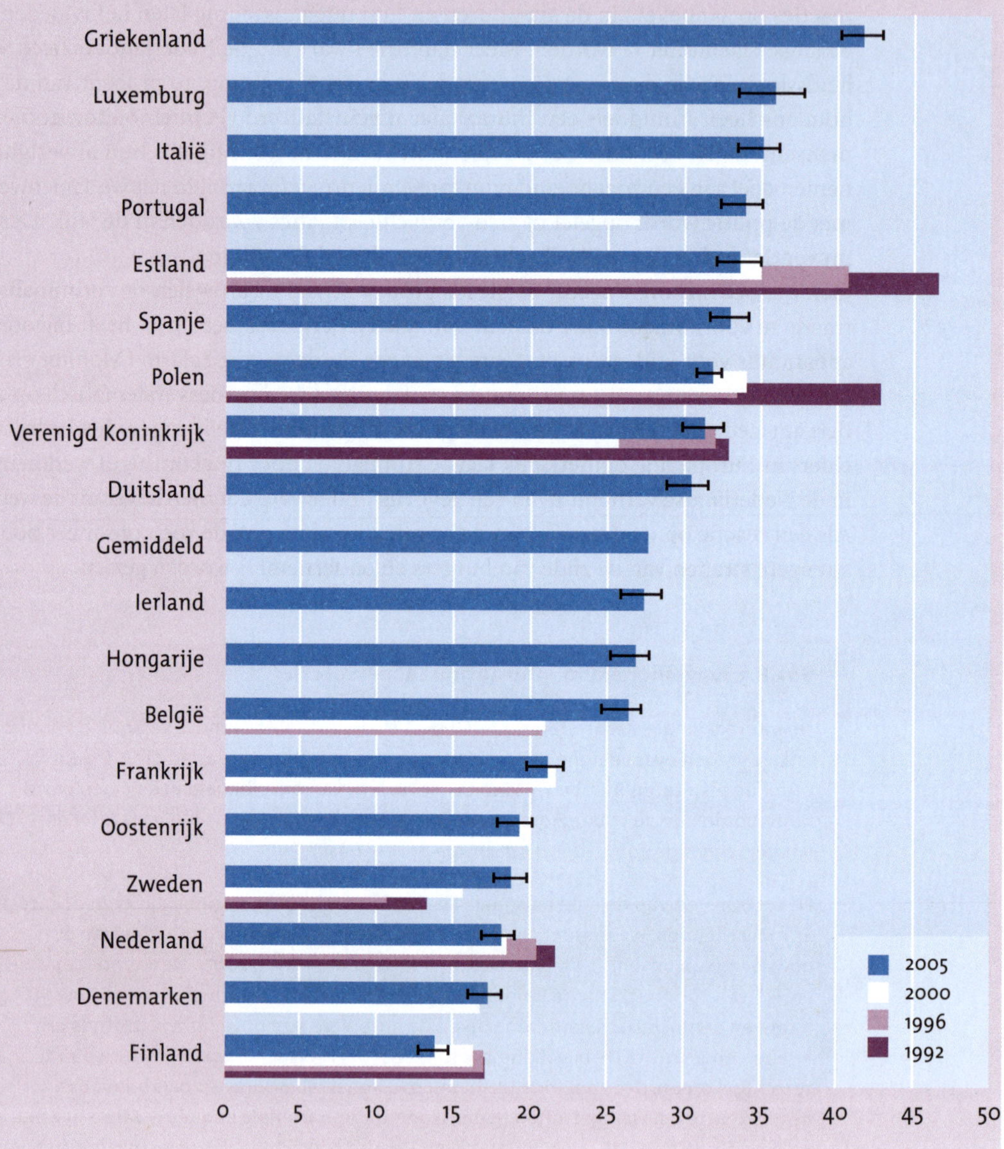

8.3.2 De psychische gevolgen van slachtofferschap: het posttraumatische stresssyndroom

Het slachtofferschap van criminaliteit kan tevens belangrijke psychische en emotionele gevolgen hebben. De verwerking van deze gevolgen kan maanden of zelfs jaren duren. Onderzoek heeft uitgewezen dat sommige slachtoffers van zware geweldmisdrijven met dezelfde psychische stoornissen kunnen worden geconfronteerd als slachtoffers van oorlogsgeweld of overlevers van concentratiekampen (vgl. Horowitz, 1986; Deering et al., 1996). Tot de symptomen behoren de herbeleving van het gebeuren op onverwachte en ongewenste momenten (flashbacks), angsten, vermijdingsgedrag en verhoogde prikkelbaarheid. Het geheel van deze symptomen wordt aangeduid als posttraumatische stressstoornis (PTSS) (Vermetten, Kleber en Van der Hart, 2012). De victimoloog Winkel vergelijkt het syndroom met een psychisch alarmmechanisme dat door excessief gebruik ontregeld is geraakt, en daardoor te scherp staat afgesteld (Winkel, 2007).
Onderzoek wijst uit dat van de volwassen slachtoffers van ernstige geweldmisdrijven, waaronder seksueel geweld, in Nederland een minderheid van 20 tot 30 procent posttraumatische stress ondervindt (Lamet en Wittebrood, 2009). Ter verdere illustratie: 40 procent van degenen die een beroep doen op het hierna te bespreken Schadefonds Geweldsmisdrijven lijdt aan PTSS (Kunst, 2010). Uit een recente overzichtsstudie blijkt dat van kinderen die slachtoffer zijn van interpersoonlijk geweld (in dit geval meisjes), circa 30 procent PTSS ontwikkelde (Alisic, 2014).
Het verwerkingsproces verschilt per type misdrijf en per categorie slachtoffers. Bij de gevoeligheid voor posttraumatische stressstoornissen spelen ook genetische en biologische factoren een rol (Digangi, 2003). In de literatuur worden enkele vrij algemene patronen in de verwerking van een ernstig misdrijf geschetst die als volgt kunnen worden samengevat (vgl. Horowitz, 1986; Steinmetz, 1990). In eerste instantie reageren slachtoffers van ernstige misdrijven, na soms een reactie van verbazing of ongeloof, met wilde paniek. Het slachtoffer voelt zich in de onmiddellijke nasleep van het gepleegde misdrijf bedreigd, en gedesoriënteerd. Nadat het gevoel van acute bedreiging is weggetrokken, lijken de gevolgen soms mee te vallen en wil het slachtoffer niet over de gebeurtenis praten. Vaak komt de herinnering aan het gebeuren na weken, maanden of zelfs jaren toch weer naar boven. Het gebeuren wordt afwisselend herbeleefd en dan weer vermeden om de nare indringende gevoelens te beperken. De verdringing wordt soms ondersteund door een vlucht in het gebruik van alcohol of drugs. Het vermogen van het slachtoffer om de pijnlijke herinneringen een plek te geven en te verminderen, kan worden vergroot door de beschikbaarheid van een vertrouwenspersoon in de omgeving. Soms zijn er geen vertrouwenspersonen en kan een hulpverlener die taak vervullen. Over de vraag of voor iedereen meteen een hulpverlener ingeschakeld moet worden, is veel debat: uit onderzoek blijkt dat dit de verwerking niet altijd ten goede komt (Van Emmerik, 2007).

Slachtoffers van ernstige misdrijven beseffen door de gewelddaad te zijn getroffen in de kern van hun persoon en ervaren een groot verlies aan controle. Ze zijn daarnaast begrijpelijkerwijze vaak sterk gefocust op de dader die bij hen zowel angst- als woedegevoelens oproept. Naarmate de herinnering aan het gebeuren minder heftig wordt, raakt gaandeweg de persoon van de dader als de veroorzaker van het leed enigszins op de achtergrond en komen zelfvertrouwen en vertrouwen in de omgeving terug. Het slachtoffer concentreert zich op de eigen gevoelens, gedachten en toekomstplannen, en zoekt, samen met zijn omgeving, naar een levensverhaal waarbinnen de slachtoffervaring is geïntegreerd. De terminologie van het filmwezen is hier verhelderend. Het slachtoffer haalt de beelden van het misdrijf net zo vaak terug uit het geheugen tot ze iets van hun emotionele scherpte hebben verloren. Er worden acceptabele verklaringen gezocht voor het misdrijf en de slachtofferervaring wordt opgenomen in een nieuwe visie op het leven. Het slachtoffer past als het ware het script van zijn eigen leven net zolang aan totdat de slachtofferervaring er een zinvolle plaats in heeft gekregen. Het misdrijf krijgt bijvoorbeeld de betekenis van een eindpunt of een beginpunt van een levensfase of wordt als een leerervaring, uitdaging of waarschuwing gezien. Door de slachtofferervaring een betekenis toe te kennen in het eigen, nog onvoltooide levensverhaal krijgt het slachtoffer de controle terug over wat hem/haar is overkomen. De soms nog terugkomende beelden van het misdrijf overweldigen daardoor niet meer. Als een dergelijke helende zingeving heeft plaatsgevonden, is het verwerkingsproces in beginsel tot een goed einde gekomen.

Naar de effectiviteit van therapievormen voor PTSS wordt de laatste jaren steeds meer onderzoek gedaan door middel van experimentele studies. Tot de therapieën die als *evidence-based* worden beschouwd, behoren cognitieve gedragstherapie en Beknopte Eclectische Psychotherapie voor PTSS (BEPP) (zie www.ggzrichtlijnen.nl; Van der Velden en Van Loon, 2013). Sterk in de aandacht staat Eye Movement Desensitization and Reprocessing (EMDR). Bij deze methodiek wordt de patiënt gevraagd het meest pijnlijke moment van de gebeurtenis uit het geheugen op te roepen en daarbij met de ogen een van links naar rechts bewegend lichtpunt te volgen. Hoewel over het hierbij optredende causale mechanisme nog geen helderheid bestaat, blijkt de aanpak bij veel patiënten te leiden tot vermindering van flashbacks en andere symptomen.

De laatste jaren is er bij onderzoekers ook meer aandacht gekomen voor de veerkracht die veel slachtoffers van schokkende gebeurtenissen vertonen (Bonnano, 2004) en voor mogelijke positieve effecten van slachtofferschap zoals posttraumatische persoonlijke groei (Zoellner en Maercker, 2006). Een deel van de slachtoffers van misdrijven of rampen meent door de negatieve ervaringen sterker te zijn geworden of voelt zich anderszins verrijkt, bijvoorbeeld omdat deze slachtoffers zich sterker verbonden voelen met naasten die hen hebben ondersteund. Deze groei wordt vooral aangetroffen bij niet al te sterke symptomen van posttraumatische stress (Kunst, 2010). Bij veel slachtoffers ontstaat na enige tijd een natuurlijke behoefte om zich in zetten voor het voorkomen van slachtofferschap van anderen of om lotgenoten bij te staan. Deze behoefte vindt zijn uitdrukking in verschillende lotgenotenorganisaties (posttraumatisch altruïsme). Voorbeelden hiervan zijn Muktar Mai en Natascha Kampusch (Van Dijk, 2008). De eerste is een Pakistaanse vrouw die een groepsverkrachting heeft overleefd in haar dorp en vervolgens een stichting heeft opgericht voor de emancipatie van meisjes in haar dorp. De tweede is overlever van een jarenlange gijzeling in Wenen; zij maakt zich nu sterk voor de financiële steun aan nieuwe slachtoffers van langdurige gijzelingen.

8.4 De reacties op slachtofferschap

Het derde onderzoeksthema van de victimologie betreft de reacties vanuit de maatschappij op slachtofferschap. Anders dan men zou verwachten zijn deze reacties niet alleen maar positief. Slachtoffers wekken mededogen op en gevoelens van solidariteit. Dit vormt de basis van de hier te bespreken verschillende vormen van hulpverlening en ondersteuning van slachtoffers. De confrontatie met het slachtofferschap van anderen kan echter ook negatieve reacties oproepen. Deze worden hieronder eerst behandeld.

8.4.1 Aversieve reacties: blaming the victim

Bij alle toegenomen aandacht voor de psychische problemen van slachtoffers dient niet te worden vergeten dat speciale slachtofferzorg en -hulp iets is van de laatste jaren en dat een positieve bejegening van slachtoffers kennelijk minder vanzelfsprekend is dan men zou denken. De westerse cultuur staat enigszins ambivalent tegenover slachtoffers. Familie, vrienden en kennissen reageren op het leed van de slachtoffers van misdrijven vaak minder meelevend dan men zou verwachten. Er bestaat de neiging om het slachtoffer de schuld te geven van wat hem of haar is overkomen (*blaming the victim*). Het psychische mechanisme dat hiervoor verantwoordelijk is, kan als volgt worden verklaard. Het sociale gedrag van de mens bestaat voor een groot deel uit het nakomen van afspraken. Hierbij is de nodige discipline en opoffering vereist. Deze offers brengen wij in de verwachting dat onze omgeving eveneens aan haar verplichtingen jegens ons zal voldoen, zodat we er per saldo beter van worden: 'voor wat, hoort wat' en ook 'wie goed doet, goed ontmoet'. Het is voor ieder mens van het grootste belang om een minimum aan geloof te behouden in dit 'maatschappelijke contract'. De Canadese psycholoog Lerner noemt dit *the belief in a just world*, ofwel: het geloof in een rechtvaardige wereld (Lerner, 1980). Wie dit vertrouwen verliest, wie niet meer gelooft dat het beginsel van wederkerigheid opgaat, kan als sociaal wezen niet meer goed functioneren. Misdrijven zijn per definitie flagrante schendingen van dit maatschappelijke contract. Het gaat immers om opzettelijk of wegens grove schuld door anderen aangedaan leed. Vanzelfsprekend wordt door een misdrijf het vertrouwen in de omgeving het sterkste geschokt bij de primaire slachtoffers ervan. Dit geldt voor een beroving op straat door een vreemde. Maar het geldt nog sterker voor een (seksueel) geweldmisdrijf gepleegd door iemand die men meende te kunnen vertrouwen. Het trauma dat slachtofferschap van een misdrijf teweegbrengt, bestaat voor een belangrijk deel uit het verlies van vertrouwen in de medemens. Juist omdat dit geloof zo'n essentiële betekenis heeft voor mensen, zou men verwachten dat op slachtoffers van ernstige misdrijven spontaan wordt gereageerd met medeleven en begrip. Men zou verwachten dat de omgeving zich zal inspannen om niet alleen de dader te straffen, maar ook om het geschokte vertrouwen van het slachtoffer weer zo goed mogelijk te herstellen. In werkelijkheid blijkt het grote belang dat het geloof in het maatschappelijke contract voor alle mensen heeft, juist vaak te leiden tot een afwijzing door vrienden en kennissen van degenen die slachtoffer zijn geworden. De confrontatie met het slachtoffer van een misdrijf vormt een ernstige en acute bedreiging voor het geloof in een rechtvaardige wereld. Indien het slachtoffer buiten zijn eigen schuld is getroffen, dan blijkt hieruit dat de wereld veel minder rechtvaardig is dan men altijd heeft geloofd. Wellicht zal men zelf het volgende slachtoffer zijn! Een effectieve manier om deze verontrustende gedachte af te weren, is de toerekening van het gebeuren aan het slachtoffer zelf. Indien het slachtoffer zijn lot geheel of toch minstens voor een deel aan zichzelf heeft te danken, wordt het geloof in het maatschappelijke contract door het misdrijf niet aangetast. Dit geloof wordt bij deze interpretatie zelfs door het misdrijf versterkt. Het slachtoffer heeft een stommiteit begaan en heeft vervolgens zijn verdiende loon gekregen (zie box 8.4: 'slechts wie rampspoed zaaien, die maaien het ook'). De omstander die de schuld bij het slachtoffer legt, stelt zichzelf door deze interpretatie dus gerust. Naarmate het misdrijf gruwelijker gevolgen voor het slachtoffer heeft, gaat er een grotere dreiging van uit voor anderen en is de aandrang om zichzelf gerust te stellen sterker. Naarmate het slachtoffer een grotere behoefte heeft aan begrip en sympathie, is zijn kans om deze ook te krijgen navenant geringer.

Voor veel lezers zal deze interpretatie wellicht herkenbaar zijn uit eigen ervaring. We maken ons zelf schuldig aan *victim blaming* of wij ondervinden het van anderen. Lerner beschrijft een experiment waarin de proefpersonen een moreel oordeel moesten geven over de dader en het slachtoffer van een verkrachting van respectievelijk een gescheiden vrouw en een meisje zonder enige seksuele ervaring. De meeste proefpersonen vonden dat de verkrachter van het meisje een zwaardere straf verdiende. Dit was misschien ook wel te verwachten. Minder voor de hand liggend was het oordeel over de eventuele medeschuld van de slachtoffers. Veel proefpersonen uitten, zonder dat daarvoor enige aanleiding was gegeven, juist ten aanzien van het meisje de veronderstelling dat 'ze waarschijnlijk wel aanleiding zou hebben gegeven'. De verklaring hiervoor is vermoedelijk dat men de gedachte van een brute verkrachting zonder medeschuld van het slachtoffer, juist in het geval van het meisje, dermate bedreigend vond dat men spontaan aan medeschuld begon te denken.

In een ander experiment liet Lerner vrouwelijke studenten een gefingeerde videotape zien waarop medestudenten pijnlijke elektrische schokken krijgen toegediend binnen het kader van een leerexperiment à la Milgram (eerder besproken in hoofdstuk 4).

Vervolgens gaf hij een deel van de studenten de gelegenheid het toegebrachte leed te verzachten door de gepijnigde proefpersonen in een volgende proef te belonen. De andere helft kreeg deze mogelijkheid niet. Beide groepen studenten moesten vervolgens de 'slachtoffers' typeren. De groep die de slachtoffers niet had kunnen compenseren, beschreef hen in veel denigrerender bewoordingen (traag, lui, et cetera) dan de controlegroep. Zij schreven aan de gepijnigde studenten eigenschappen toe waardoor zij het als het ware verdienden te worden gestraft. De Nederlandse psycholoog Jan Beijk stelde in dit verband in een artikel in het tijdschrift *Psychologie* dat de slachtoffers van een bij hun lot passend karakter werden voorzien (Beijk, 1986). Hij wijst in dit verband tevens op het gedocumenteerde verschijnsel dat oorlogsvliegers fatale ongelukken van hun collega's vaak wijten aan een *pilot error*, dat wil zeggen aan een fout van de piloot zelf. De gedachte dat oorlogsvliegers ook zonder eigen fouten kunnen worden neergeschoten, wordt uit het bewustzijn gebannen.

Box 8.4. Het boek Job

De algemeen menselijke neiging tot *victim blaming* kan worden geïllustreerd met het beroemde Bijbelverhaal over de lotgevallen van Job. Job wordt omschreven als een uiterst succesvolle, vrome man die geheel onverwacht door allerlei rampen wordt getroffen. Hij verliest zijn kinderen, have en goed. Het Bijbelverhaal gaat vooral over de gesprekken die Job voert met zijn beste vrienden. De vrienden zijn op het eerste gezicht gekomen om hem te steunen in zijn nood. Zij lijken model te staan voor een positieve bejegening van Job als slachtoffer. Ze komen slachtofferhulp aanbieden. Bij nadere beschouwing zijn de vrienden echter helemaal niet zo solidair met Job. Zij proberen hem ervan te overtuigen dat hij het noodlot dat hem heeft getroffen wel aan zichzelf te wijten zal hebben. Letterlijk zegt een van de vrienden: *'Voor zover ik gezien heb, slechts wie onrecht ploegen, en rampspoed zaaien, die maaien het ook'* (Job 4:7-8). Oftewel, Job zal het er zelf wel naar hebben gemaakt. *'Gedenk toch'*, zegt een van Jobs vrienden, *'wie kwam ooit onschuldig om en waar zijn immer rechtschapenen verdelgd?'* De vrienden van Job lijken niet zozeer te zijn gekomen om Job te troosten, maar om zichzelf gerust te stellen over het bestaan van een rechtvaardige wereld. Zij doen dat door Job schuldig te verklaren aan zijn lot. Job weigert echter schuld te bekennen. Hij eist om in de oude toestand te worden hersteld en dat zijn vrienden hem hierbij zullen steunen. Aan het einde van het verhaal schenkt God aan Job inderdaad 'vernieuwd geluk'. En Job stierf 'oud en der dagen zat'. De Bijbelse figuur van Job kan symbool staan voor het zich emanciperende, voor zichzelf opkomende slachtoffer in onze cultuur.

In hoofdstuk 5 is aandacht besteed aan de labellingtheorie. Volgens de theorie over secundaire deviantie van delinquenten wordt het gedrag van jeugdige delinquenten door de samenleving vaak gedramatiseerd (Lemert, 1967). Er bestaat een neiging om aan te nemen dat de plegers van misdrijven een afwijkende persoonlijkheid hebben, dat wil zeggen: geboren misdadigers zijn. De daders krijgen het etiket 'crimineel' of

'junkie' opgeplakt. Deze neiging om in de delinquent een geboren misdadiger te zien, komt voort uit de behoefte de bronnen van het kwaad te lokaliseren bij een kleine, herkenbare groep. Het is geruststellend om te menen dat alleen criminelen delicten plegen. Men weet dan voor wie men op zijn hoede moet zijn (bijvoorbeeld voor leden van een minderheidsgroep). Men plaatst hiermee bovendien zichzelf en de eigen groep boven iedere verdenking. De theorie van Lombroso over de 'geboren misdadiger' kwam in dit opzicht tegemoet aan een algemeen menselijke behoefte. Het gevolg van dit mechanisme is dat degenen die voor het plegen van een delict zijn gearresteerd, een stigma krijgen. Dit stigma kan ertoe leiden dat de betrokkene zich er vervolgens naar gaat gedragen. De betrapte daders worden als het ware gefixeerd in de rol van crimineel. Zij gaan hierdoor, zo stelt de theorie van Lemert, 'secundaire deviantie' vertonen.
Het mechanisme van *victim blaming* doet vermoeden dat de labellingtheorie ook op slachtoffers van toepassing zou kunnen zijn. Er zijn interessante overeenkomsten tussen de psychische mechanismen en de daarop gebaseerde sociale processen waardoor onbedoeld de recidive van daders van delicten wordt bevorderd, en de processen die de problemen van slachtoffers fixeren en daardoor verergeren. Van de slachtoffers van misdrijven wordt door de samenleving gaarne aangenomen dat 'ze het er wel naar zullen hebben gemaakt'. Ook dit mechanisme komt voort uit de behoefte het kwaad te lokaliseren bij een kleine groep. Het is een welkome, geruststellende gedachte dat de criminaliteit alleen mensen treft die het ernaar hebben gemaakt; men heeft dan zelf niets te vrezen. Het gevolg van dit mechanisme is dat slachtoffers weinig humaan worden bejegend. Als slachtoffers geloof hechten aan de bewering schuldig te zijn aan hun eigen ongeluk, krijgen zij bovendien een identiteit aangemeten die hen kwetsbaar maakt voor herhaald slachtofferschap (Cuijvers, 1985). Een mishandelde vrouw die van haar omgeving voortdurend krijgt te horen dat ze het er wel naar zal hebben gemaakt, verliest haar strijdvaardigheid om zich tegen herhalingen te verzetten. Dergelijk herhaald slachtofferschap berust niet op de aanwezigheid van risicokenmerken (*victim-proneness*) maar is incidentafhankelijk. In dit geval is de verhoogde kwetsbaarheid een gevolg van de negatieve reacties vanuit de sociale omgeving op het eerdere slachtofferschap.

8.4.2 Modellen van slachtofferhulp

Bij de interventies vanuit de maatschappij ten behoeve van slachtoffers van misdrijven kunnen drie benaderingswijzen worden onderscheiden, te weten: hulpverlening, genoegdoening en conflictoplossing. Ten eerste kan het slachtoffer worden gezien als behorend tot een categorie burgers waaraan vanuit de maatschappij hulpverlening zou moeten worden aangeboden. Volgens deze opvatting heeft de overheid een eigen bijzondere verantwoordelijkheid van verzorgende aard ten aanzien van slachtoffers. De schade zou zo veel mogelijk moeten worden vergoed en verder zou hulp moeten worden geboden bij de verwerking van psychische problemen. Slachtofferhulp is in deze visie een nieuwe loot aan de boom van de verzorgingsstaat. Deze benaderingswijze zou men het hulpverleningsmodel of verzorgingsmodel van slachtofferhulp kunnen noemen. In de meeste West-Europese landen, waaronder Nederland en Engeland, was dit tot voor kort het heersende model.

Volgens een andere opvatting moet aan slachtoffers primair genoegdoening worden geboden binnen een strafrechtelijke procedure voor het hen aangedane onrecht. Slachtofferhulp zou in deze visie vooral een onderdeel moeten zijn van de strafrechtspleging. Slachtofferhulp zou moeten bestaan uit rechtshulp, een goede bejegening door politie en justitie en daarop aansluitende justitiegerelateerde nazorg. Dit op genoegdoening van het slachtoffer gerichte model stond in de Verenigde Staten aanvankelijk voorop. Het belangrijkste speerpunt van de Amerikaanse slachtofferbeweging was in de vorige eeuw het in de grondwet vastleggen van elementaire slachtofferrechten zoals het spreekrecht in de strafrechtelijke procedure. In West-Europa is het genoegdoeningsmodel allengs belangrijker geworden terwijl in de Verenigde Staten het aanbod aan professionele, therapeutische hulp aan slachtoffers een grote vlucht heeft genomen. Er is in dat opzicht convergentie opgetreden tussen het Europese en Amerikaanse slachtofferbeleid.

Er bestaat een derde weg, een alternatief voor hulpverlening of genoegdoening. Een misdrijf waarbij slachtoffers zijn gevallen, kan ook worden gezien als een persoonlijk conflict tussen de dader en het slachtoffer. In deze visie heeft de overheid slechts tot taak om het vinden van een oplossing tussen die partijen te faciliteren. In deze visie behoort slachtofferhulp vooral tot het domein van het burgerlijke of civiele recht. Bij de burgerlijke rechter kan het slachtoffer een schadeclaim indienen. In de praktijk is deze weg voor individuele slachtoffers moeilijk begaanbaar. Uit onvrede met zowel de strafrechtechtelijke als de civielrechtelijke benadering is in veel landen geëxperimenteerd met alternatieve vormen van conflictbemiddeling of mediation. Volgens sommigen zou het hierbij zelfs gaan om een geheel nieuwe, eigenstandige rechtsvorm die herstelrecht wordt genoemd (in het Amerikaans: *restorative justice*). Het herstelrecht zou volgens sommige pleitbezorgers idealiter in de plaats moeten komen van het op vergelding gerichte strafrecht. Er kan dus worden gesproken van drie verschillende modellen van slachtofferhulp. In figuur 8.2 zijn deze drie modellen schematisch weergegeven. Daarin zijn tevens weergegeven de belangrijkste toepassingen van deze drie benaderingen in Nederland.

Figuur 8.2. Modellen van slachtofferhulp

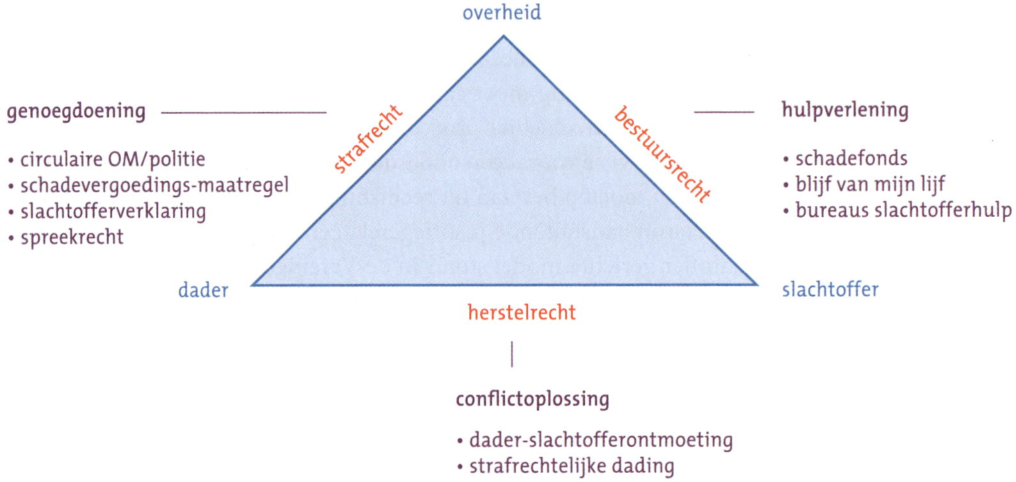

Het verzorgingsmodel: geldelijke tegemoetkomingen en hulpverlening

De oudste vorm van slachtofferhulp bestaat uit uitkeringen uit overheidsfondsen als tegemoetkoming voor de opgelopen materiële schade, zoals kosten van medische verzorging of gederfd inkomen en/of immateriële schade (smartengeld voor gederfde levensvreugde of verdriet om het verlies van naasten). In Nederland bestaat sinds 1975 het Schadefonds Geweldsmisdrijven. Personen die in Nederland zwaar lichamelijk of psychisch letsel oplopen door een opzettelijk gepleegd misdrijf waarbij geweld is gebruikt, kunnen uit dit fonds een uitkering krijgen als de schade niet op andere wijze kan worden vergoed. Maximaal kan thans voor vermogensschade 25.000 euro worden uitgekeerd en voor immateriële schade 10.000 euro. Aanvragers wier verzoek is afgewezen, kunnen allereerst in bezwaar gaan bij de Commissie Schadefonds Geweldsmisdrijven. Daarna kunnen zij tegen een afwijzende beslissing in beroep gaan bij de afdelingen bestuursrecht van de meest nabijgelegen rechtbank en ten slotte bij de Afdeling bestuursrechtspraak van de Raad van State. Het Nederlandse schadefonds is onder werking van het Nederlandse bestuursrecht gebracht. De Commissie Schadefonds Geweldsmisdrijven keert thans jaarlijks schadeloosstellingen uit aan ruim 7.000 slachtoffers. Ongeveer 20 procent van de aanvragen wordt afgewezen. Gemiddeld wordt 1.000 euro voor materiële schade en 2.000 euro voor immateriële schade per geval uitgekeerd (www.schadefonds.nl). Uit onderzoek blijkt dat slachtoffers het ontvangen van een uitkering vooral als symbolische erkenning van hun slachtofferschap ervaren (Mulder, 2010). De hoogte van het bedrag is van minder groot belang. Uit een doelgroepenonderzoek is gebleken dat van de groep slachtoffers die een beroep op het fonds zou kunnen doen slechts 20 procent wordt bereikt (Hoogeveen en Van Burik, 2009). De voornaamste reden hiervoor is onbekendheid met het fonds. Een deel van de slachtof-

fers geeft om principiële redenen de voorkeur aan het leggen van een claim voor schadevergoeding bij de dader. Een actueel discussiepunt is of het Schadefonds niet vaker zou moeten proberen om de schade naderhand alsnog op de dader te verhalen.
Door de rooms-katholieke kerk is een aparte regeling getroffen voor slachtoffers van seksueel misbruik in de rooms-katholieke kerk. Deze zogenoemde compensatieregeling rooms-katholieke kerk bood schadevergoedingen tot een maximum van 100.000 euro. Naar analogie van deze regeling heeft de Nederlandse overheid tijdelijke financiële regelingen ingesteld voor slachtoffers van seksueel misbruik in de jeugdzorginstellingen en pleeggezinnen die worden uitgevoerd door het Schadefonds Geweldsmisdrijven.
Naast de schadefondsen voor slachtoffers van geweldsmisdrijven behoren ook speciale voorzieningen voor slachtoffers van seksueel geweld en huiselijk geweld tot de oudste vormen van slachtofferhulp. Sinds het midden van de jaren zeventig van de vorige eeuw wordt hulp en ondersteuning geboden aan slachtoffers van seksueel geweld door lokale opvanggroepen (*rape crisis centres*) en aan mishandelde vrouwen in bijvoorbeeld de zogenoemde Blijf-van-mijn-lijfhuizen. Jaarlijks worden thans ruim 2.000 vrouwen in Blijf-van-mijn-lijfhuizen opgevangen. Daarnaast worden nog eens ruim 6.000 vrouwen in andere vrouwenopvangcentra opgenomen. Ook mishandeling van mannen door hun partners is geen zeldzaamheid. Mannelijke slachtoffers komen meestal terecht bij de algemene crisisopvang. In Nederland zijn in alle grote steden Advies- en Steunpunten Huiselijk Geweld opgericht van waaruit steun wordt verleend aan slachtoffers van geweld in de privésfeer. In dit kader zijn ook meldpunten voor oudermishandeling ingesteld. In 2008 is aan de burgemeesters de wettelijke mogelijkheid gegeven om plegers van huiselijk geweld voor enige tijd uit huis te plaatsen (Römkens, 2008). De verdachte kan tegen zo'n maatregel beroep instellen bij de bestuursrechter.
Bijzondere vermelding verdienen ook de in Nederland reeds langer bestaande vertrouwensartsen voor kindermishandeling. Vermoedens van (seksuele) kindermishandeling kunnen door iedere burger, al dan niet in overleg met de betrokkenen, worden gemeld bij de regionale Advies- en Meldpunten Kindermishandeling. De daarbij aangesloten vertrouwensartsen zullen als regel nader onderzoek verrichten en medeverantwoordelijkheid nemen voor eventuele interventies. In evidente gevallen van kindermishandeling kan ook rechtstreeks melding worden gemaakt bij de plaatselijke Raden voor de Kinderbescherming. In 2015 zijn de Steunpunten Huiselijk Geweld en de Advies- en Meldpunten Kindermishandeling samengevoegd onder de benaming Veilig Thuis.
In 1984 is de organisatie Slachtofferhulp Nederland opgericht. Deze organisatie beheert een landelijk netwerk van lokale bureaus voor slachtofferhulp. Vanuit deze lokale bureaus wordt door medewerkers of getrainde vrijwilligers contact opgenomen met slachtoffers van misdrijven en desgewenst hulp verleend bij de verwerking van het gebeuren en bij de oplossing van praktische en juridische problemen (waaronder schadevergoeding van de dader). Jaarlijks wordt contact opgenomen met meer dan 180.000 slachtoffers van misdrijven en ernstige verkeersongevallen. In 2015 werd aan ruim

68.000 slachtoffers emotionele en/of praktische hulp geboden en aan ruim 31.000 slachtoffers hulp bij schadeverhaal en/of bij de strafrechtelijke procedure. Ongeveer 4.500 slachtoffers werden ondersteund bij het uitoefenen van spreekrecht of de opstelling van een schriftelijke slachtofferverklaring (zie figuur 8.3).

Figuur 8.3 Hulpverleningscijfers over 2015 van Slachtofferhulp Nederland
Bron: Jaarverslag 2015.

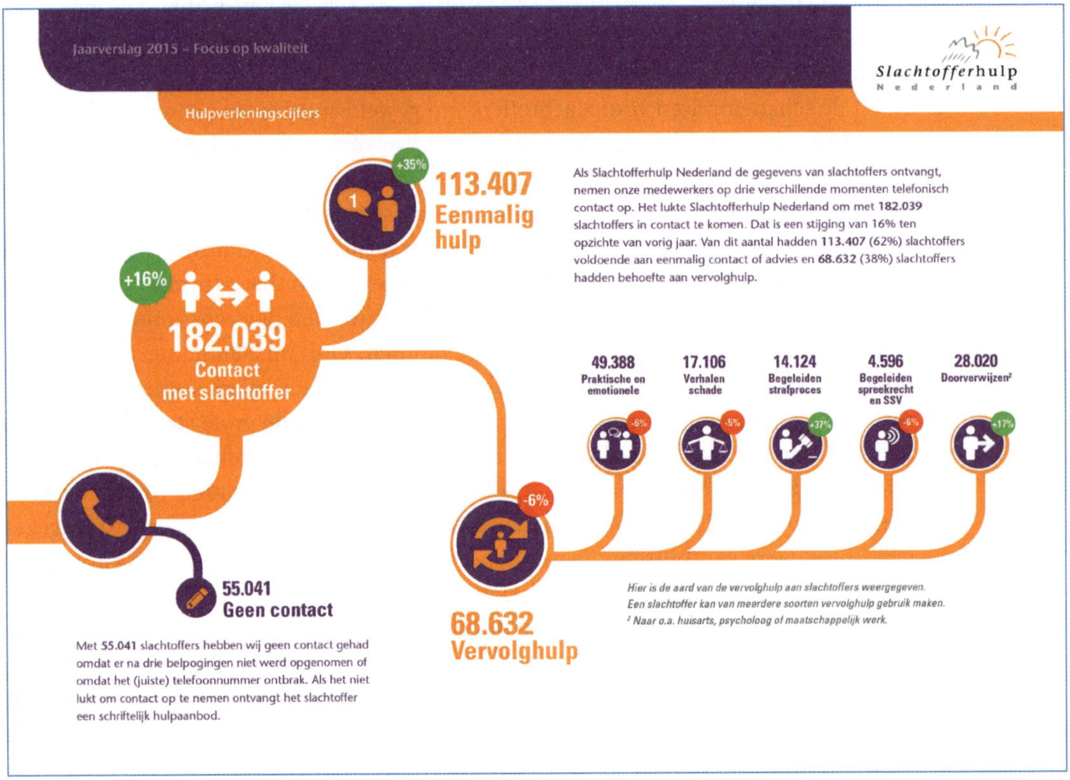

Enkele jaren geleden heeft de organisatie als nieuwe, wettelijk verankerde taak gekregen om slachtoffers te ondersteunen bij de uitoefening van hun rechten in de strafrechtelijke procedure (voor details zie hierna). Voor de intensieve ondersteuning van nabestaanden van levensmisdrijven of slachtoffers van zwaar geweld zijn casemanagers beschikbaar. Een deel van de slachtoffers kampt met ernstige psychische of sociale problemen en wordt doorverwezen naar de professionele hulpverlening. Slachtoffers waarbij de diagnose posttraumatisch stress is gesteld, kunnen in aanmerking komen voor de hierboven besproken therapieën zoals cognitieve gedragstherapie en EMDR, eventueel aangevuld met medicijnen (Cuijpers et al., 2013).

Gebleken is dat vooral slachtoffers van woninginbraken en geweld- en zedenmisdrijven behoefte hebben aan de door Slachtofferhulp Nederland geboden emotionele en praktische hulp. Bij slachtoffers van zware misdrijven en nabestaanden bestaat vaak behoefte aan meer langdurige hulp, bijvoorbeeld ondersteuning bij de uitoefening van slachtofferrechten in het strafproces. Voor dit doel worden door Slachtofferhulp Nederland zoals gezegd casemanagers ingezet. Hoewel de effecten van dit brede hulpaanbod moeilijk zijn aan te tonen, staat vast dat de slachtoffers er zeer positief over oordelen (Steinmetz, 1990; Van Wonderen en Moll, 2007). Allochtonen komen minder vaak dan autochtonen bij de Bureaus voor Slachtofferhulp terecht, maar lopen een even hoge kans op victimisatie (Lempens et al., 1998). Onderzoek heeft uitgewezen dat het op emotionele en praktische ondersteuning gerichte aanbod van Slachtofferhulp Nederland onvoldoende aansluit bij de verwachtingen in allochtone kring (Korf en Bovenkerk, 2007).

Het strafrechtelijke genoegdoeningsmodel
Uit onderzoek onder slachtoffers is gebleken dat vooral slachtoffers van ernstige delicten er groot belang aan hechten dat de dader straf krijgt opgelegd (Klerx-van Mierlo, Pemberton en Van Tol, 2009). Deze zogenoemde strafbehoefte leeft bij veel slachtoffers sterk. Het bieden van genoegdoening aan de slachtoffers of nabestaanden wordt door officieren van justitie in hun requisitoir vaak expliciet als doel van de geëiste straf genoemd. Zoals in de inleidende paragraaf besproken, zou volgens Boutellier (1993) de strafrechtspleging hieraan in de huidige tijd zelfs haar legitimiteit ontlenen. In doorsneezaken lijken de meeste slachtoffers, in tegenstelling tot wat vaak wordt verondersteld, overigens niet extreem punitief te zijn. Hun oordeel over de op te leggen straf wijkt niet veel af van die van de algemene bevolking (Van Dijk, 2007). Wat slachtoffers verwachten van het strafproces is procedurele rechtvaardigheid (*procedural justice*) (Wemmers, 1996). Belangrijker dan een zware straf zijn voor hen goede informatie en een respectvolle bejegening door politie en justitie (Klerx-van Mierlo, Pemberton en Van Tol, 2009).
In Nederland is de rechtspositie van de slachtoffers in het strafproces de afgelopen twintig jaar stapsgewijze verbeterd. Belangrijke verbeteringen betreffen de regeling van schadevergoedingen door de dader binnen het kader van het strafrechtproces (Wet Terwee, 1995) en het scheppen van de mogelijkheid voor slachtoffers om de strafrechter te informeren over de gevolgen die het misdrijf voor hen heeft gehad (2004). Sinds enkele jaren hebben slachtoffers van ernstige misdrijven recht op gefinancierde rechtshulp. Op 1 januari 2011 is een afrondende wetswijziging ingevoerd waarbij een slachtofferafdeling is toegevoegd aan het Wetboek van Strafvordering. In deze afdeling zijn alle de afgelopen jaren ingevoerde nieuwe slachtofferrechten bijeengebracht. Deze rechten vallen in vier groepen uiteen:

1. recht op correcte bejegening door politie en justitie;
2. recht op passieve informering door politie en justitie (informatie over de afloop van het onderzoek, de procedure en over rechten), eventueel in de vorm van een gesprek met de officier van justitie die de zaak behandelt;

3. recht op actieve informering van de rechter over de gevolgen van het delict (schriftelijk of mondeling);
4. recht op inspanning van Openbaar Ministerie en rechter om schadevergoeding door de dader te regelen.

De politie moet in het kader van het nieuwe, wettelijk verankerde beleid:
- de aangiften zorgvuldig opnemen en waar dat noodzakelijk is de slachtoffers doorverwijzen naar hulpverlenende instanties, zoals de bureaus voor slachtofferhulp;
- slachtoffers van seksuele misdrijven de mogelijkheid bieden door een vrouwelijke rechercheur te worden gehoord en anoniem te blijven;
- informatie geven over het verdere verloop van de zaak, volgend op de aangifte, en het slachtoffer uitdrukkelijk vragen of deze schadevergoeding wenst en over het verdere verloop van de zaak op de hoogte gehouden wil worden;
- inlichtingen geven over de schaderegeling en bij de schaderegeling bemiddelen en, waar de voorwaarden zijn gegeven, wijzen op de mogelijkheid een aanvraag in te dienen bij het Schadefonds Geweldsmisdrijven of het Waarborgfonds Motorverkeer;
- in het proces-verbaal alle relevante informatie opnemen over het slachtoffer en de bemoeienissen die de politie heeft gehad met het slachtoffer.

Het Openbaar Ministerie moet volgens het nieuwe beleid bij binnenkomst van een proces-verbaal waarop is aangegeven dat het slachtoffer bekend is, het slachtoffer schriftelijk vragen of hij/zij:
- op de hoogte wil worden gehouden over het verloop van de procedure;
- prijs stelt op een schadevergoeding binnen het strafproces;
- prijs stelt op een gesprek met de behandelende officier van justitie voorafgaande aan de behandeling ter zitting;
- prijs stelt op het opstellen van een schriftelijke verklaring die tijdens de zitting wordt voorgelezen of uitoefening van het mondelinge spreekrecht.

In 1995 is, zoals in hoofdstuk 7 reeds is vermeld, de strafrechtelijke maatregel van de schadevergoeding landelijk ingevoerd. De schadevergoedingsmaatregel bestaat uit de betaling van een som geld door de veroordeelde aan de staat ten behoeve van het slachtoffer. Voorwaarde is dat de verdachte jegens het slachtoffer naar burgerlijk recht aansprakelijk is voor de schade. Het Openbaar Ministerie is met de tenuitvoerlegging van de schadevergoedingsmaatregel belast. Deze is in handen van het Centraal Justitieel Incassobureau. Indien de veroordeelde niet voldoet aan zijn verplichting tot schadevergoeding op grond van de door de rechter opgelegde maatregel, beschikt het Openbaar Ministerie over de bevoegdheid executoriaal beslag te laten leggen op zijn loon en, in het uiterste geval, de veroordeelde in hechtenis te laten nemen. De nieuwe maatregel wordt op grote schaal toegepast (15.000 zaken per jaar). In de meerderheid

van de zaken wordt door de dader daadwerkelijk een schadevergoeding betaald. In ongeveer 20 procent van de zaken blijft de dader in gebreke te betalen. Een zwak punt in de regeling is dat een groot deel van de daders pas na lange tijd of in termijnen betaalt en dat een kleine minderheid dit, zoals gezegd, nooit doet. Om een dergelijke voor de slachtoffers teleurstellende gang van zaken te voorkomen, is in 2011 een voorschotregeling gecreëerd: indien de dader na acht maanden nog steeds niet heeft betaald, keert de overheid een voorschot uit dat vervolgens op de dader wordt verhaald. Vooralsnog is deze regeling beperkt tot slachtoffers van zwaar geweld.
Uit evaluatieonderzoek is gebleken dat slachtoffers die volgens de nieuwe wettelijke normen van de Wet Terwee (1995) waren bejegend positiever oordelen over de politie en het Openbaar Ministerie (Van Erp en Verberk, 2001). Deze positievere houding ten aanzien van de autoriteiten bleek tevens als neveneffect te hebben dat slachtoffers van misdrijven met positieve ervaringen meer genegen waren zich aan de wet te houden dan slachtoffers met negatieve ervaringen (Wemmers, 1996). Uit deze uitkomsten blijkt dat politie en justitie door middel van adequate slachtofferzorg ertoe kunnen bijdragen dat slachtoffers hun vertrouwen in de rechtsorde behouden of herwinnen. Op deze manier wordt niet alleen het vertrouwen in de rechtspraak ondersteund, maar ook een bijdrage geleverd aan het maatschappelijk draagvlak van de rechtsorde en aan de preventie van criminaliteit. Recenter onderzoek naar de ervaringen van slachtoffers met de politiële en justitiële autoriteiten laat zien dat vooral het oordeel over de bejegening door de politie positiever is geworden (Timmermans, Van den Tillaart en Homburg, 2012; 2013).
Een belangrijke hervorming is de invoering naar Amerikaans voorbeeld van de schriftelijke slachtofferverklaring en het beperkte spreekrecht in het Nederlandse strafproces in 2004. Slachtoffers of nabestaanden van zware misdrijven kunnen kiezen tussen twee mogelijkheden. Ze kunnen tijdens het proces door de rechter, met ondersteuning van een medewerker van Slachtofferhulp Nederland, een opgestelde schriftelijke verklaring laten oplezen over de gevolgen van het delict. Zij kunnen er ook voor kiezen om zelf tijdens het proces een korte verklaring af te leggen over deze gevolgen. Na een weifelende start heeft vooral de schriftelijke verklaring een grote vlucht genomen. Zowel de slachtofferverklaring als het spreekrecht worden door de betrokkenen positief gewaardeerd (Lens, Pemberton en Groenhuijsen, 2010). De uitoefening van het spreekrecht blijkt in de rechtspraktijk zelden problemen te geven. Wel voelen veel slachtoffers zich tekortgedaan omdat zij binnen het kader van het spreekrecht uitsluitend over de gevolgen van het misdrijf mogen spreken en niet over de strafwaardigheid van de dader. Deze beperking is gesteld omdat uitspraken over de strafwaardigheid van de dader onderhevig zijn aan de regels van het getuigenverhoor. In 2016 is een wet aangenomen die ertoe strekt slachtoffers spreekrecht zonder beperkingen te geven.

Box 8.5. Slachtofferverklaring

Het 23-jarige slachtoffer van een verkrachting op Stanford University in de Verenigde Staten schreef een brief aan de rechter over wat haar is overkomen. De dader, een veelbelovend zwemmer van 20 jaar oud, kreeg 6 maanden cel (bron: NRC/*Handelsblad*, 8 juni, 2016)

Edelachtbare,

Met uw goedvinden zou ik me met deze verklaring graag rechtstreeks tot de verdachte richten. Jij kent mij niet, maar je bent in mij geweest en daarom zijn we vandaag hier.

Op zaterdag 17 januari 2015 was ik een rustig avondje thuis. Ik ging mee naar dat stomme feestje op tien minuten van mijn huis, zou dansen als een idioot, en mijn jongste zus zou zich doodschamen voor mij. Ik trok gekke bekken, liet me een beetje gaan en dronk te snel sterke drank, zonder erbij stil te staan dat ik sinds mijn studietijd heel wat minder kan hebben.

Het volgende dat ik me herinner is dat ik in een gang op een brancard lag. Ik had geronnen bloed en verband op de rug van mijn handen en op mijn elleboog. (...) Er werd me gevraagd papieren te ondertekenen met daarop 'Slachtoffer Verkrachting' en ik begreep dat er echt iets gebeurd was. (..) Ik probeerde het uit mijn hoofd te zetten, maar het was zo zwaar dat ik niet meer praatte, niet meer at, niet meer sliep en met niemand meer contact had. (...)

Ik dacht dat dit nooit voor de rechter zou komen. Hij gaat schikken, officieel excuses aanbieden en daarna gaan we allebei weer verder. In plaats daarvan kreeg ik te horen dat hij een machtige advocaat in de arm had genomen, getuige-deskundigen, privédetectives die zouden proberen persoonlijke details over mijn leven te vinden die ze tegen me konden gebruiken, gaten in mijn verhaal om mij en mijn zus buiten gevecht te stellen, teneinde aan te tonen dat deze aanranding eigenlijk een misverstand was. (...) Maar uiteindelijk trapte niemand in zijn onbewezen uitspraken en de verwrongen logica van zijn advocaat. (...) En ik dacht: eindelijk is het voorbij, eindelijk zal hij toegeven wat hij heeft gedaan, echt zijn excuus aanbieden, en dan kunnen we allebei verder. Toen las ik je verklaring. Je zei: omdat ik dronken was, kon ik gewoon niet helder beslissen en zij ook niet. (...) Nogmaals, je fout was niet dat je gedronken had. Want, iedereen om je heen randde mij niét aan. Je fout was dat je iets deed wat niemand anders deed. Je misdaad is niet dat je Fireball dronk. Je fout is dat je me mijn onderbroekje uittrok en het als een snoeppapiertje weggooide om je vinger in mijn lichaam te steken. (...)

Tot slot zei je: ik wil mensen laten zien dat een avondje drinken een leven kan verwoesten. Een leven verwoesten, één leven, dat van jou, maar je vergeet het mijne. Laat ik het voor je herformuleren: ik wil mensen laten zien dat een avondje drinken twee levens kan verwoesten. (...) Ik ben een mens die onherstelbaar is gekwetst, die een jaar bezig is geweest om erachter te komen of ze iets waard is. Mijn onafhankelijkheid, blijmoedige natuur, zachtaardigheid en de evenwichtige levensstijl die ik genoot, zijn onherkenbaar beschadigd. Ik ben gesloten, boos, zelfminachtend, vermoeid, prikkelbaar, leeg geworden. (...)

En nu hebben we allebei een keuze. We kunnen ons hierdoor laten vernietigen, ik kan boos en gekwetst blijven en jij kan blijven ontkennen, of we kunnen dit eerlijk onder ogen zien: ik aanvaard de pijn, jij aanvaardt de straf en we gaan verder. (...) Ik hoop dat je een beter en eerlijker persoon zult worden, die met behulp van dit verhaal zal weten te voorkomen dat er ooit nog een verhaal als dit gebeurt. Ik sta volledig achter je reis naar genezing, naar de wederopbouw van je leven, want dat is de enige manier waarop je anderen zult gaan helpen.

Het herstelrechtelijke model

Door sommige critici wordt betwijfeld of de strafrechtelijke procedure, hoezeer ook aangepast aan de noden van de slachtoffers, ooit naar volle tevredenheid genoegdoening zal kunnen verschaffen aan het slachtoffer. Het strafrecht zou naar zijn aard nu eenmaal worden beheerst door de strijd tussen de openbare aanklager, die voor de publiekrechtelijke belangen opkomt, en de verdediging, die opkomt voor de belangen van de verdachte. Voor de derde partij, het particuliere slachtoffer, zou binnen deze tweestrijd nooit meer dan een marginale rol zijn weggelegd. Zij bepleiten, vanwege de schadelijke effecten van de strafrechtspleging op zowel daders als slachtoffers, dat het strafrecht terugtreedt ten faveure van alternatieve vormen van conflictoplossing (Walgrave, 2002). Zij grijpen hierbij terug op premoderne vormen van privaat of accusatoir strafrecht die in het Romeinse en Germaanse recht tot in de late middeleeuwen gangbaar waren. Daarbij laten zij zich vaak mede inspireren door traditionele vormen van conflictoplossing die bij sommige volken nog steeds worden toegepast, zoals *Family Group Conferencing* (FGC) bij de oorspronkelijke inwoners van Nieuw-Zeeland. De huidige projecten met herstelrecht of *restorative justice*, kunnen ook worden opgevat als een praktische toepassing van de in het vijfde hoofdstuk besproken theorie van Braithwaite over *reintegrative shaming*.

In een Engels document van het *Restorative Justice Consortium* wordt de volgende definitie gegeven: 'Herstelrecht probeert het juiste evenwicht te vinden tussen de belangen van het slachtoffer en van de gemeenschap enerzijds, en van het belang om de dader te re-integreren in de maatschappij anderzijds. Gepoogd wordt om het herstel van het slachtoffer te bevorderen en om alle betrokkenen partijen zo veel mogelijk aan de rechtsgang te laten deelnemen'.

Slachtoffers zouden in deze visie moeten worden bijgestaan om via bemiddeling of onderhandeling over schadevergoeding en dergelijke hun conflicten met de daders op te lossen. Hierbij kan eventueel de civiele rechter worden ingeschakeld. Een voorbeeld van de civielrechtelijke aanpak zijn de straatverboden die door de kortgedingrechter in Nederland kunnen worden opgelegd aan ex-partners die regelmatig overlast veroorzaken. Hier is inmiddels de hiervoor besproken bestuurlijke maatregel uithuisplaatsing voor in de plaats gekomen.

In veel landen is de afgelopen jaren op grote schaal geëxperimenteerd met bemiddeling (mediation) als alternatief voor een strafrechtelijke vervolging van de dader. In veel landen, waaronder Australië, Nieuw-Zeeland en België, worden vormen van restorative justice vooral toegepast als alternatief voor het jeugdstrafrecht. Experimenten in Australië en Engeland hebben uitgewezen dat de slachtoffers baat kunnen hebben bij deelname aan herstelachtige arrangementen, bijvoorbeeld omdat hun wraakgevoelens erdoor afnemen (Sherman et al., 2005).

Ook in Nederland is geëxperimenteerd met bemiddeling bij schaderegelingen als alternatief voor een strafrechtelijke afdoening (het project Strafrechtelijke dading). Door de Nederlandse overheid is aanvankelijk prioriteit gegeven aan de verdere uitbouw van het Schadefonds Geweldsmisdrijven en aan de hiervoor besproken reeks van slachtoffervriendelijke hervormingen van het strafprocesrecht. Slachtoffer-daderbemiddeling wordt in Nederland door de overheid niet ingezet als alternatief voor de strafrechtspleging maar als aanvulling hierop. Slachtoffer-daderbemiddeling kan plaatsvinden binnen het kader van het strafrecht. Eventuele uitkomsten van de bemiddeling kunnen worden voorgelegd aan de officier van justitie of rechter die er vervolgens in de formele afdoening rekening mee houdt. Daarnaast worden op enige schaal gesprekken gearrangeerd tussen dader en slachtoffer van zware misdrijven nadat het strafproces is afgerond, bijvoorbeeld in tbs-klinieken. Voor de begeleiding van slachtoffer-dadergesprekken is inmiddels de organisatie Slachtoffer in Beeld opgericht. In 2013 werden door deze organisatie 1.800 van dergelijke gesprekken gearrangeerd. Mits goed voorbereid, kunnen ontmoetingen met de dader slachtoffers helpen bij hun verwerking van het misdrijf, doordat de dader geruststellende informatie verstrekt (bijvoorbeeld over de toevalligheid van de keuze van zijn target) of op een geloofwaardige wijze berouw toont en zijn verontschuldigingen aanbiedt (Pemberton, Winkel en Groenhuijsen, 2007).

Box 8.6. Internationale wetgeving

De rechten van de slachtoffers zijn vastgelegd in een aantal internationale wetten. In 1985 aanvaardde de Algemene Vergadering van de Verenigde Naties een Verklaring over de rechten van slachtoffers (*The Declaration of Basic Principles of Justice for Victims of Crime and Abuse of Power*, Groenhuijsen en Letschert, 2011). In diezelfde tijd werden elementaire slachtofferrechten vastgelegd in twee resoluties van de Raad van Ministers van Justitie van de Raad van Europa (R85/11; R87/21). Hoewel deze wetsteksten normatief van grote waarde zijn, hebben ze voor de landen geen bindende werking. Door de Commission for Crime Prevention and Criminal Justice (CCPCJ) van de Verenigde Naties is in 1998 het *Handbook for Justice for Victims* uitgebracht waarin wordt aangegeven hoe de *Victims Declaration* in de praktijk kan worden gebracht.

Inmiddels zijn enkele internationale wetten over de rechten van slachtoffers tot stand gekomen die voor Nederland wel bindende werking hebben. Nederland heeft allereerst in 1988 het verdrag van de Raad van Europa van 1988 over de schadevergoedingsfondsen geratificeerd. Dit legt Nederland enkele verplichtingen op met betrekking tot de vergoeding van opgelopen schade. In 2002 is een zo genoemde *Framework Decision on the Standing of Victims in Criminal-procedure* van de Raad van de Europese Unie (2001/220/JHA) van kracht geworden. Dit Europese kaderbesluit is in 2013 omgezet in een EU-richtlijn. Deze richtlijn verplicht de lidstaten om de positie van het slachtoffer in de strafrechtelijke procedure op essentiële punten te versterken. Lidstaten die zich niet aan deze richtlijn houden, kunnen voor het Europese Gerechtshof in Luxemburg worden gedaagd.

Door de Algemene Vergadering van de Verenigde Naties is in 2001 een verdrag aangenomen tegen transnationaal georganiseerde misdaad en tevens een protocol tegen vrouwenhandel. In deze verdragen hebben enkele van de belangrijkste normen uit de eerdergenoemde verklaring, bijvoorbeeld het spreekrecht, een plaats gekregen. Deze slachtofferrechten zijn verdragsverplichtingen voor de toegetreden lidstaten, waaronder Nederland. Meer gedetailleerde slachtofferrechten zijn vastgelegd in het Verdrag over Mensenhandel van de Raad van Europa. Nederland heeft dit verdrag in 2010 geratificeerd. Bij dit verdrag hoort een mechanisme van monitoring door onafhankelijke deskundigen. In 2014 is het eerste rapport over Nederland uitgebracht (www.coe.int/t/dghl/monitoring/trafficking/docs/monitoring/country_reports_EN.asp).

De in de VN-verklaring uit 1985 neergelegde fundamentele slachtofferrechten hebben ook een plaats gekregen in het Statuut van Rome dat de wettelijke basis vormt van het Internationaal Strafhof voor oorlogsmisdrijven en misdrijven tegen de menselijkheid in Den Haag. Om uitkeringen te kunnen doen aan primaire en tertiaire slachtoffers van door het hof behandelde internationale misdrijven is een fonds voor slachtoffers ingesteld dat mede door de Nederlandse regering wordt gefinancierd.

8.5 Discussie

Enkele auteurs hebben de vrees geuit dat door de nieuwe oriëntatie op het slachtoffer het strafrecht punitiever zal worden en dat de rechtsbescherming van de verdachte in het gedrang kan komen (Buruma, 1994; Garland, 2001). Hierbij wordt vaak gewezen op de ontwikkelingen in de Verenigde Staten. Een van de onderdelen van de zogeheten *Victim Bill of Rights* is het recht om aan de jury en/of rechter mondeling of schriftelijk informatie te geven over de gevolgen van het misdrijf (een *victim impact statement*). In veel staten van de Verenigde Staten is aan de slachtoffers ook het recht toegekend om tegenover de rechter een mening uit te spreken over de straf die aan de dader zou moeten worden opgelegd (een *victim statement of opinion*). Nadat het *Supreme Court* aanvankelijk in '*Booth v. Maryland*' (1987) anders had beslist, oordeelde het in 1991 in '*Payne v. Tennesee*' dat slachtofferverklaringen ook toelaatbaar zijn in zaken waarbij voor de verdachte de oplegging van de doodstraf dreigt (Payne v. Tennessee, 501 U.S. 808 (1991)). Deze vorm van spreekrecht is in de Verenigde Staten controversieel.
De rechtsfiguur van de *Nebenklage*, waarbij het slachtoffer fungeert als hulpofficier van justitie, bestaat bij bepaalde categorieën strafzaken ook in het Duitse strafrecht. In Nederland is, zoals vermeld, in 2016 volledig spreekrecht ingevoerd. Tevens is de informering van slachtoffers/nabestaanden over proefverloven uit tbs-klinieken verbeterd en consulteert het Openbaar Ministerie slachtoffers/nabestaanden over de eventuele oplegging van voorwaarden bij vroegtijdige invrijheidstelling, bijvoorbeeld de voorwaarde dat de dader niet zal terugkeren naar de plaats waar het misdrijf is gepleegd.
De critici van dergelijke nieuwe slachtofferrechten wijzen erop dat de straffen hierdoor zwaarder zullen worden en dat een element van willekeur in de straftoemeting of -tenuitvoerlegging kan sluipen. De strafmaat zou immers hoger kunnen uitvallen in zaken waarin een getuigenis heeft plaatsgevonden van een slachtoffer met een uitzonderlijk sterke strafbehoefte. Hierbij moet worden bedacht dat de opvattingen van het slachtoffer over de hoogte van de straf op zichzelf losstaan van de objectieve verwijtbaarheid van het gepleegde delict. Langs de weg van de slachtofferrechten zou op deze wijze het door Beccaria bepleitte rechtsbeginsel van gelijke behandeling van gelijke gevallen onder druk komen te staan. Als nadeel van zulke verklaringen is ook genoemd dat het slachtoffer zich dan blootstelt aan tegenspraak en kritiek van de zijde van de verdediging, hetgeen tot secundaire victimisatie zou kunnen leiden. Een ander mogelijk nadeel zou zijn dat slachtoffers zich persoonlijk verantwoordelijk gaan voelen voor de opgelegde straf terwijl dit een verantwoordelijkheid van de overheid behoort te zijn.
Door de voorstanders wordt erop gewezen dat het slachtoffer onmiskenbaar een belanghebbende partij is bij de straftoemeting en strafuitvoering en derhalve volgens de beginselen van het bestuursrecht dient te worden gehoord. Ook zouden slachtoffers/nabestaanden voldoening kunnen vinden in het persoonlijk afleggen van een verklaring tijdens het strafproces. Dit zou hen kunnen helpen bij de verwerking van de gevolgen van het delict en hun door het misdrijf aangetaste gevoel van eigenwaarde kun-

nen versterken. Ook is erop gewezen dat door de verdediging vaak verzachtende omstandigheden worden aangevoerd die erop zijn gericht de strafmaat naar beneden toe te beïnvloeden. Het zou daarom niet meer dan fair zijn om ook de slachtoffers in de gelegenheid te stellen zich tijdens het strafgeding over alle aspecten van de zaak uit te spreken. Ten slotte zou volgens de voorstanders de rechter in staat moeten zijn de door beide partijen geboden partijdige informatie op waarde te schatten en om op basis daarvan tot een afgewogen eindoordeel te komen.

Wat willen slachtoffers?

Burgercomité tegen onrecht:
•Kinderlustmoordenaars en -verkrachters worden niet meer behandeld maar levenslang opgesloten
•Vrijgesproken verdachten moeten opnieuw kunnen worden vervolgd
•Verdachten verplicht aanwezig in de rechtszaal
Moordenaars krijgen op verzoek nabestaanden verplicht iedere week de foto's van hun slachtoffers te zien
•Minimumstraffen op levensdelicten moord (15 jaar) en doodslag (10 jaar) en op verkrachting (8 jaar) invoeren

Slachtofferhulp Nederland:
"Wij zien niets in dit onbesuisde initiatief, dat voorbijgaat aan de vele inspanningen en verbeteringen die al sinds jaren zichtbaar zijn. Wij staan niet achter het pleidooi voor standaard levenslange gevangenisstraf voor moord of verkrachting en het hameren op het aambeeld van wraak en vergelding.

NRC 22-9-2012: Veel slachtoffers zijn helemaal niet op zoek naar 'een soort geïnstitutionaliseerde troost'.

Uit evaluatiestudies is gebleken dat in deze internationale discussie vaak wordt uitgegaan van onjuiste veronderstellingen (Erez, Roeger en Morgan, 1994). De invloed van de verklaringen van het slachtoffer op de strafmaat blijkt in de praktijk gering te zijn. Aan de andere kant is gebleken dat het oordeel van slachtoffers over het nieuwe spreekrecht in de Verenigde Staten niet onverdeeld positief is. Het spreekrecht heeft daar niet geleid tot een grotere mate van tevredenheid onder de slachtoffers met de procedure. De evaluatie van het spreekrecht in Nederland heeft uitgewezen dat dit recht door de slachtoffers zeer wordt gewaardeerd en dat het risico op secundaire victimisatie gering is (Lens, Pemberton en Groenhuijsen, 2010). Tegelijkertijd lijkt het risico dat het spreek- of adviesrecht zal leiden tot zwaardere straffen juist in Nederland niet groot. Slachtofferhulp Nederland heeft zich, anders dan zusterorganisaties in de Verenigde Staten, nooit opgeworpen als pleitbezorger voor zwaardere straffen. De Nederlandse rechters zijn bovendien, anders dan hun Amerikaanse collega's, voor het leven benoemd en kunnen dus in volledige onafhankelijkheid beslissen over de op te leggen straffen.

Terwijl enerzijds de strafprocessuele slachtofferrechten verder worden uitgebreid, wordt er anderzijds, bijvoorbeeld door het European Forum for Restorative Justice, onverminderd gepleit voor meer herstelrechtachtige afdoeningen buiten het strafrecht. Door de aanhangers van deze beweging wordt een herstelrechtachtige afdoening, waarbij het slachtoffer schadevergoeding ontvangt, gezien als een win-winsituatie voor dader en slachtoffer. De dader blijft de schade en schande van een bestraffing bespaard en het slachtoffer ontvangt een tegemoetkoming in de opgelopen schade. Idealiter komt ook een verzoening tussen de partijen tot stand.
Volgens de critici wordt door de pleitbezorgers van herstelrecht over de wenselijkheid van een ontmoeting met de dader vanuit de optiek van het slachtoffer soms wat te gemakkelijk gedacht. Veel slachtoffers zijn daar korte tijd na het misdrijf nog niet aan toe. Door sociale druk uit te oefenen op slachtoffers om de dader te ontmoeten en te vergeven, kan hun verwerkingsproces worden verstoord. Ook staat allerminst vast dat een ontmoeting met de dader van een ernstig misdrijf voor het slachtoffer altijd voordelen oplevert. Alleen indien de dader op een overtuigende wijze zijn eigen gedrag verklaart en/of op een oprechte manier zijn verontschuldigingen aanbiedt, kan zo'n ontmoeting het slachtoffer helpen het geschonden vertrouwen in de medemens te hervinden (Pemberton, Winkel en Groenhuijsen 2007).
Politieagenten, officieren en rechters zien slachtofferzorg soms nog als een door de politiek afgedwongen bijkomstigheid. Zij lijken nog onvoldoende te beseffen dat zij, blijkens het eerder genoemde onderzoek van Wemmers (1996), door een goede bejegening van de slachtoffers een unieke bijdrage leveren aan het herstel van het vertrouwen van het slachtoffer in de rechtsorde. Zij zouden slachtofferzorg daarom niet als bijzaak maar als onderdeel van hun kerntaak moeten beschouwen, dat wil zeggen: als bijdrage aan de strafrechtelijke handhaving van de rechtsorde. De participatie in een openbaar strafproces tegen de dader is door Jan Philipp Reemtsma, slachtoffer van een brute ontvoering in Duitsland, getypeerd als een verwelkoming van het slachtoffer door de rechtsgemeenschap, vergelijkbaar met de vriendelijke kaartjes van onbekende medeburgers met de tekst 'welkom thuis' (Van Dijk, 2008). Een respectvolle bejegening door politie en justitie is voor het herstel van vertrouwen van slachtoffers in de medemens – en in de instituties van de overheid – van onschatbare betekenis. Zij voelen zich dan weer thuis in een vitale rechtsgemeenschap.

Victimologisch onderzoek wordt internationaal bevorderd door de World Society of Victimology (WSV). Deze organisatie organiseert driejaarlijkse symposia, waarvan er inmiddels twee in Nederland hebben plaatsgevonden. Door de WSV wordt tevens jaarlijks een tweeweekse cursus voor studenten en hulpverleners georganiseerd in Dubrovnik (Kroatië). Andere belangrijke fora voor onderzoek naar de gevolgen van schokkende gebeurtenissen zijn de conferenties van de International Society of Traumatic Stress Studies (ISTSS), de European Society of Traumatic Stress Studies (ESTSS) en de Nederlandstalige Vereniging voor Psychotrauma (NtVP). Over onderzoek naar herstelrecht wordt jaarlijks een conferentie georganiseerd door het European Forum on Restorative Justice waarvan het secretariaat is gevestigd in Leuven, België.

Victimologisch onderzoek wordt in Nederland in het bijzonder uitgevoerd door het International Victimology Institute Tilburg (INTERVICT). In 2014 is door het ministerie voor Veiligheid en Justitie en het Fonds Slachtofferhulp een jaarlijkse prijs ingesteld voor de beste masterscriptie over slachtofferrechten of victimologie bij een Nederlandse universiteit of hogeschool.

Actuele informatie is te vinden op de volgende websites:
www.slachtofferhulp.nl
www.euforumrj.org
www.tilburguniversity.nl/intervict
www.fh-niederrhein.de/fb06/index-home.html
www.victimology.nl
www.worldsocietyofvictimology.org
www.slachtofferinbeeld.nl
www.slachtofferwijzer.nl
www.universiteitvannederland.nl (Van Dijk, colleges 1, 2 en 3)
www.janvandijkaward.nl

9 Zware criminaliteit

9.1 Inleiding

In de voorgaande hoofdstukken is gesproken over de verschijningsvormen, de oorzaken en de beheersingsmethoden van criminaliteit in het algemeen. Er zijn echter veel verschillende soorten criminaliteit. Het meest gemaakte onderscheid is dat tussen geweldscriminaliteit en vermogenscriminaliteit, maar ook daarbinnen zijn vele onderscheidingen te maken zoals overvalcriminaliteit, fraude, huiselijk geweld, zedendelicten, voetbalhooliganisme, drugshandel, et cetera. De criminologie krijgt wel eens het verwijt te zeer gericht te zijn op de meest voorkomende criminaliteit, dat wil zeggen de alledaagse, huis-, tuin- en keukencriminaliteit, of in strafrechtelijke termen: de commune criminaliteit (Friedrichs, 2010). De criminologie zou te weinig aandacht hebben voor zwaardere, ernstiger vormen van criminaliteit.

Het is moeilijk een eenduidig criterium voor deze 'niet-commune' criminaliteit te vinden, maar er zijn wel diverse redenen aan te geven waarom deze vormen van criminaliteit 'anders' zijn en extra aandacht behoeven. Ten eerste gaat het om vormen van misdaad die relatief veel schade veroorzaken en een grote impact op de samenleving hebben. Vandaar het adjectief 'zware' criminaliteit. Ten tweede gaat het om meer complexe delicten. Dit betekent enerzijds dat er een bepaalde graad van specialisatie en organisatie nodig is om ze te plegen en anderzijds ook bijzondere expertise om deze vormen van criminaliteit op te sporen en te bestrijden. Ten derde heeft deze complexiteit tot gevolg dat sommige vormen van zware criminaliteit minder zichtbaar zijn in zowel de politieregistraties als slachtofferenquêtes en dat er dus aparte onderzoeksinstrumenten nodig zijn om ze te bestuderen. De complexiteit betekent ten vierde dat er vaak speciale wetgeving geldt voor deze vormen van criminaliteit en dat de strafrechtelijke aanpak bij speciale instanties of bijzondere afdelingen van politie en justitie is ondergebracht. Ten slotte roepen deze bijzondere kenmerken de vraag op in hoeverre de gangbare criminologische theorieën, die hoofdzakelijk zijn ontwikkeld voor de verklaring van commune criminaliteit, ook opgaan voor deze vormen van criminaliteit.

In dit hoofdstuk wordt ingegaan op vijf vormen van zware criminaliteit: levensmisdrijven, internationale misdrijven, terrorisme, georganiseerde misdaad en witteboordencriminaliteit.

9.2 Levensmisdrijven

Tot de criminaliteit die de bevolking het meeste zorgen baart, behoren van oudsher de verschillende vormen van gewelddadige criminaliteit. Het meest ernstig is uiteraard de geweldscriminaliteit die tot verlies van menselijk leven leidt, de zogenoemde levensmisdrijven.

9.2.1 Definitie

Het Nederlandse Wetboek van Strafrecht onderscheidt in de artikelen 287 tot 296 de categorie levensmisdrijven, waaronder doodslag en moord. Doodslag betreft een delict waarbij de dader het slachtoffer opzettelijk van het leven heeft beroofd. Als de doodslag plaatsvindt met voorbedachten rade is er sprake van moord. Moord veronderstelt dat de dader zijn delict niet heeft gepleegd in een impuls, maar het plegen ervan tevoren heeft beraamd (de dader heeft hiervoor bijvoorbeeld een wapen aangeschaft). In andere landen worden soortgelijke definities van levensmisdrijven gebruikt.

9.2.2 Aard en omvang

De criminoloog Eisner (2001) heeft gekeken naar de ontwikkelingen in levensmisdrijven in Europa door de eeuwen heen. Hij combineerde cijfers over moord en doodslag in steden, provincies en landen. Daarnaast combineert hij gegevens van lijkschouwers, de politie en rechterlijke uitspraken. Hierdoor kan hij voor vijf landen (waaronder Nederland samen genomen met België) de ontwikkelingen schetsen vanaf de dertiende eeuw tot aan de huidige tijd. Deze cijfers laten in alle landen een gestage daling zien. Waar gemiddeld genomen in Europa in de middeleeuwen per 100.000 inwoners ongeveer 40 tot 50 slachtoffers vielen door moord en doodslag, is dat momenteel nog slechts ongeveer één slachtoffer. Figuur 9.1 laat zien dat in vroegere eeuwen het risico op een gewelddadige dood in Nederland veel groter was.

Figuur 9.1. Aantallen gevallen van doodslag/moord per 100.000 inwoners in Nederland en België
Bron: Eisner, 2001.

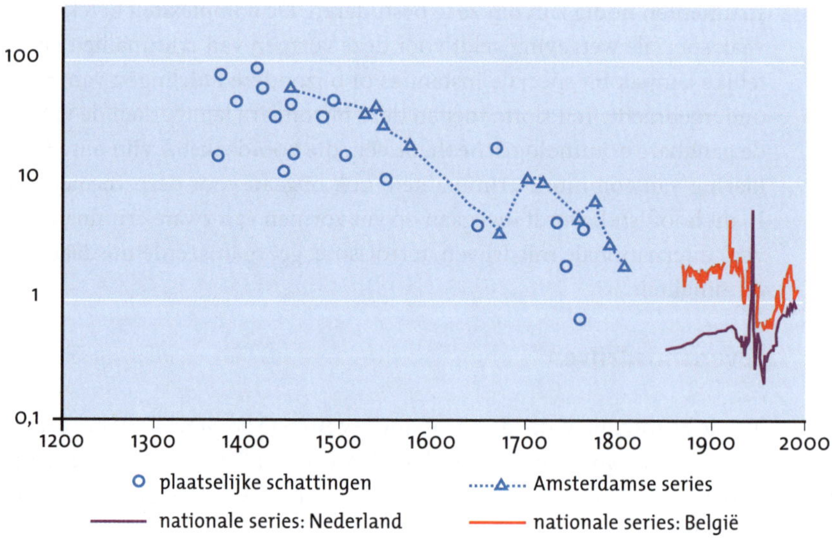

Om de ontwikkelingen in moord en doodslag in de twintigste eeuw nauwkeurig te beschrijven hebben Nieuwbeerta en Deerenberg (2001) de gegevens over alle bijna 8.000 slachtoffers van moord en doodslag in de periode 1911-2000 geanalyseerd. Deze gegevens waren verzameld voor de doodsoorzakenstatistiek van het Centraal Bureau voor de Statistiek (CBS). Ruwweg zijn in de cijfers van de doodsoorzakenstatistiek qua ontwikkelingen in levensdelicten – naast de twee wereldoorlogen – twee perioden te onderscheiden. De eerste periode loopt vanaf het begin van de twintigste eeuw tot 1965. In die periode schommelt het aantal slachtoffers van moord en doodslag rond de 0,4 per 100.000 inwoners. Het relatieve aantal is in deze eerste periode stabiel. De tweede periode loopt van 1965 tot en met 2000. In die periode is er een forse continue stijging waar te nemen. De kans slachtoffer van moord of doodslag te worden is in die periode bijna driemaal zo groot geworden. Werden er in het begin van de jaren zestig van de vorige eeuw zo'n 0,3 personen per 100.000 inwoners door geweld omgebracht, in 2000 werden er 1,2 per 100.000 inwoners vermoord.

Een nadeel van de gegevens van de doodsoorzakenstatistiek van het CBS is dat er nauwelijks gegevens voorhanden zijn over de daders van de levensdelicten. Ook verschillen de gegevens enigszins van de gegevens van de politie, het Openbaar Ministerie en de rechtbanken. Daarom hebben Leistra en Nieuwbeerta (2003, 2007) de databank Moord en Doodslag in Nederland opgezet. Deze databank is gebaseerd op diverse bronnen (mediaberichten, jaaroverzichten in het weekblad *Elsevier*, gegevens van de politie, het Openbaar Ministerie en het ministerie van Veiligheid en Justitie).

De gegevens van de databank Moord en Doodslag (en recente gegevens gepubliceerd door Gerlof Leistra in het weekblad *Elsevier*) laten zien dat het aantal moorden en doodslagen recent fors is afgenomen. In de periode 1992-2000 waren er ongeveer 250 slachtoffers van levensdelicten per jaar. Sinds het begin van deze eeuw is echter een daling ingezet. In de laatste 10 jaar waren er nog 'slechts' zo'n 160 slachtoffers van moord en doodslag per jaar (zie ook Ganpat en Liem, 2012). In 2014 werden 137 levensmisdrijven geregistreerd in de databank, het laagste aantal tot nu toe.

Kenmerken van moord en doodslag in Nederland

De gegevens van de databank Moord en Doodslag maakten het ook mogelijk om kenmerken van de daders en slachtoffers te onderzoeken (Nieuwbeerta en Leistra, 2006). Moord en doodslag blijken in Nederland vooral een mannenzaak te zijn. De daders zijn overwegend mannen (ruim 90 procent). Van alle slachtoffers is ruim twee derde man en bijna een derde vrouw. Van zowel de slachtoffers als de daders heeft ongeveer de helft een allochtone herkomst. Allochtonen zijn dan ook zowel als dader en als slachtoffers sterk oververtegenwoordigd bij levensdelicten.

Bij analyses van de gegevens van de databank Moord en Doodslag worden negen categorieën van levensmisdrijven onderscheiden: vier typen moord en doodslag in de familiesfeer (kinder- en ouderdoding, partnerdoding en overige moorden in de familie), twee typen in de criminele sfeer (roofmoord en overige moorden en doodslagen in de criminele sfeer, inclusief liquidaties), moord en doodslag bij ruzies, seksuele moorden en overige levensmisdrijven (Nieuwbeerta en Leistra, 2006).

Allereerst de hoofdcategorie van de levensmisdrijven in de familiesfeer. Het grootste deel van de moorden en doodslagen in de familie- en relatiesfeer betreft partnerdoding. Hieronder wordt een levensmisdrijf verstaan waarbij de ene (ex-)partner de andere (ex-)partner doodt. Ook zaken waarbij rivalen in de liefde worden gedood, zijn hierbij ingedeeld. Tezamen vormen de slachtoffers van partnerdoding en doding van rivalen bijna een vijfde van alle levensmisdrijven in Nederland. In de familie- en relatiesfeer vinden ook kinder- en ouderdodingen plaats die ongeveer 5 procent van alle levensmisdrijven uitmaken. Bij de resterende zaken in de familie- en relatiesfeer zijn anderen dan partners, ouders en/of kinderen om het leven gebracht. Het betreft hier gevallen van moord en doodslag op bijvoorbeeld broers, zussen, ooms en tantes. Ook gevallen van eerwraak en bloedwraak zijn hieronder gerekend. Tezamen omvat de categorie 'overige moorden in de familie' circa 7 procent van alle moorden.

De tweede hoofdcategorie betreft zaken die zich hebben afgespeeld in het criminele milieu. Dit houdt in dat de dader en/of het slachtoffer bij criminele praktijken betrokken was of waren. De meeste van deze zaken hebben te maken met drugs. Dit loopt uiteen van drugsverslaafden die elkaar doden en verslaafden die hun dealers doden, tot handelaars in drugs die elkaar doden bij een ripdeal. Ook afrekeningen in het criminele milieu vallen hieronder. Van alle moord- en doodslagzaken behoort bijna 15 procent tot deze categorie. Vanwege het vaak zeer gewelddadige karakter waarmee deze 'liquidaties' worden uitgevoerd (onder ander door gebruik van automatische wapens) en het veronderstelde verband van vetes in tussen criminele groepen, ontvangen ze veel aandacht van de media. Een dieptepunt in 2016 was de moord waarbij het slachtoffer werd onthoofd en het hoofd op de stoep werd geplaatst voor een horecagelegenheid in Amsterdam. Daarnaast worden roofmoorden onderscheiden. Bij 7 procent van alle moorden was sprake van een roofmoord. Hierbij vielen slachtoffers tijdens berovingen, overvallen en inbraken.

Een andere hoofdcategorie die onderscheiden wordt, zijn levensmisdrijven bij ruzies. In dergelijke gevallen leidt een kort- of langlopend conflict tussen vrienden, kennissen of onbekenden tot een gewelddadige dood. Hierbij worden alleen die gevallen van moord en doodslag opgenomen waarbij daders en slachtoffers geen naaste familie zijn en elkaar niet uit het criminele circuit kennen. In de bestudeerde perioden betrof het ruim 20 procent van alle moorden en doodslagen.

Als aparte categorie worden voorts nog moord en doodslag in de seksuele sfeer onderscheiden. Hieronder worden zaken verstaan in de prostitutiesfeer en/of dodingen waarbij slachtoffers zijn aangerand of verkracht. Van ongeveer 3 procent van alle zaken kon worden vastgesteld dat dit het geval was.

Anders dan bij de overige geweldmisdrijven leiden levensmisdrijven in Nederland in de meeste gevallen tot een arrestatie en veroordeling door de rechter. De gegevens van de databank Moord en Doodslag laten zien dat in de periode 1992-2006 ongeveer 87 procent van alle voltooide levensmisdrijven in Nederland wordt opgelost en vervolgens leidt tot een veroordeling van een of meer daders (Nieuwbeerta en Leistra, 2007; Van Wingerden en Nieuwbeerta, 2006). Van alle veroordeelde daders van moord en doodslag krijgt 70 procent een gevangenisstraf opgelegd, 2 procent jeugddetentie, 4 procent tbs en 18 procent zowel tbs als een gevangenisstraf. De gemiddelde lengte van de opgelegde gevangenisstraf was 6,7 jaar voor doodslag en 9 jaar voor moord.

Internationale vergelijking van moord en doodslag
Het 'moordcijfer' in Nederland komt thans neer op ongeveer één slachtoffer per 100.000 inwoners. In internationaal perspectief is dit een relatief bescheiden aantal. Voor de internationale vergelijking wordt vaak gebruikgemaakt van de medische statistieken van doodsoorzaken van de World Health Organisation (www.who.int/violence_injury_prevention/surveillance/databases/mortality/en/) en de Verenigde Naties (www.unodc.org/gsh/en/data.html). Volgens internationale statistieken hebben de landen in Zuid-Afrika en Latijns-Amerika inclusief het Caraïbisch gebied de hoogste moordcijfers. De landen Zuid-Afrika en Colombia hebben bijvoorbeeld ongeveer 50 slachtoffers per 100.000 inwoners (een niveau dat ligt op dat van Nederland in de middeleeuwen (!)). Ook het cijfer van de Verenigde Staten is vanuit Nederlands perspectief hoog, namelijk ongeveer 6 slachtoffers per 100.000 inwoners.
Binnen Europa liggen de moordcijfers veruit het hoogste in landen die onderdeel vormden van de vroegere Sovjet-Unie (Rusland 20, Estland 10). Figuur 9.2 toont de verdeling van het moordcijfer binnen Europa. Binnen Europa neemt het aantallen gevallen van moord en doodslag toe naarmate men oostwaarts trekt.

9.2.3 Oorzaken en achtergronden

Criminologen hebben zich uiteraard afgevraagd waarom er zulke grote historische en geografische verschillen zijn in moordcijfers (zie ook Liem en Pridemore, 2011). Drie verklaringen worden vaak aangedragen. Allereerst wordt verondersteld dat hoge moordcijfers in een land samenhangen met grote inkomensongelijkheid en extreme armoede (Van Wilsem, 2003; Pare, 2006). Dit past in wat criminologen de sociologische straintheorie noemen (zie hoofdstuk 5).
Een tweede verklaring is dat dodelijk crimineel geweld een onderdeel vormt van een overlevingscultuur in de sloppenwijken van de grote steden in de derde wereld. Dit past in de sociologische subcultuurtheorie (zie ook hoofdstuk 5). In Latijns-Amerika is het aantal moorden momenteel bijvoorbeeld sterk gerelateerd aan de handel in cocaïne. Bijna overal waar de cocaïnehandel welig tiert, zoals in Mexico, Venezuela, Centraal-Amerika en het Caraïbisch gebied zijn de moordcijfers hoog en stijgende. De hoge cijfers in Rusland en andere landen in Oost-Europa hangen samen met een relatief hoge consumptie van sterke drank (Van Dijk, 2007). Veel van de levensmisdrijven daar worden gepleegd onder invloed van wodka.

Figuur 9.2. Aantallen gevallen van doodslag/moord in Europa
Bron: Van Dijk, 2007.

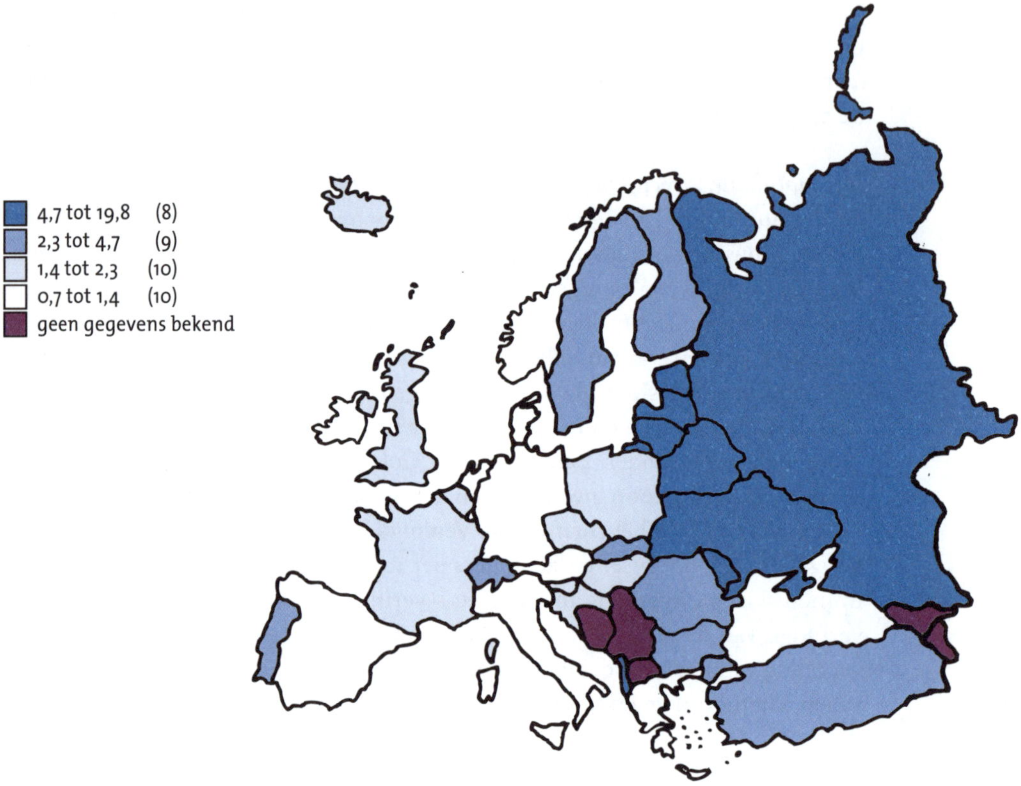

Een derde verklaring die vaak wordt gegeven heeft te maken met verschillen in gelegenheid tot het plegen van moord en doodslag. Duidelijk is dat de hoogte van de moordcijfers samenhangt met een groter bezit van vuurwapens, in het bijzonder vuistwapens (*handguns*). Vooral het in vergelijking met Canada en West-Europese landen hoge moordcijfer van de Verenigde Staten wordt vaak verklaard vanuit de grote omvang van in omloop zijnde vuurwapens. In de Verenigde Staten is in een op de drie huishoudens een vuurwapen aanwezig. In Nederland en Engeland is dit in minder dan 1 procent het geval. Door de machtige Amerikaanse lobbygroep voor wapenbezit, de National Rifle Association, wordt dit verband ontkend. Door de grote beschikbaarheid van vuistwapens zouden potentiële misdadigers juist worden afgeschrikt om misdrijven te plegen. Van de aanwezigheid van vuurwapens zou dus een preventieve werking uitgaan. Binnen de Verenigde Staten is er op het niveau van de staten echter een duidelijk verband gevonden tussen de omvang van het wapenbezit en de lokale moordcijfers (Felson, Pare en Haber, 2006). Uit onderzoek blijkt tevens dat de aanwezigheid van wapens in een huishouden de kans op huiselijk geweld met dodelijke afloop sterk doet toenemen. Door Van Kesteren is, gebruikmakend van de uitkomsten van de internationale slachtofferenquête in 47 landen, een analyse gemaakt van de relatie tussen het bezit van een vuistwapen en slachtofferschap van geweld met zo'n wapen, zowel op landenniveau als op individueel niveau (Van Kesteren, 2014). De resultaten bevestigen dat significant meer mensen slachtoffer worden van geweldmisdrijven met wapens in landen waar meer vuistwapens voor handen zijn. De resultaten bevestigen ook dat personen die een wapen bezitten – waarbij is gecontroleerd voor andere risico's – een verhoogd risico lopen zelf slachtoffer te worden van een geweldmisdrijf met een wapen.

9.2.4 Aanpak

De klassieke reactie op het plegen van levensmisdrijven is de repressieve toepassing van het strafrecht. Juist bij moord en doodslag wordt streng straffen als de enig passende reactie gezien. Dit heeft te maken met de maatschappelijke verontwaardiging als gevolg van deze ernstige delicten, vergelijkbaar met zedendelicten. Deze reactie op levensmisdrijven lijkt dus vooral te zijn ingegeven door de absolute straftheorie, zoals besproken in hoofdstuk 7. Het hoofddoel van straffen is vergelding. Ook al verzuchten nabestaanden soms: 'daar krijg ik mijn zoon niet mee terug'. Verder kan het onschadelijk maken van gewelddadige daders en het beveiligen van de samenleving een doel zijn van gevangenisstraf als reactie op levensmisdrijven. Generale en speciale preventie worden ook vaak opgevoerd als rechtvaardig voor zware vrijheidsstraffen na levensmisdrijven, maar zoals ook besproken in hoofdstuk 7 is er weinig bewijs voor een dergelijk positief effect van hard straffen van daders van levensmisdrijven.
Kijken we naar de besproken oorzaken van levensmisdrijven, dan liggen andere en meer preventieve vormen van aanpak voor de hand. Wanneer levensmisdrijven samenhangen met armoede, lijkt armoedebestrijding de beste reactie op hoge moord- en doodslagcijfers in een land. En wanneer zoals in Rusland hoge aantallen levensmisdrijven samenhangen met overmatig alcoholgebruik, dan lijkt regulering en beperking van dat alcoholgebruik de beste reactie. Voor de Verenigde Staten van Amerika lijkt beperking van het vuurwapenbezit onder de bevolking een voor de hand liggende aanpak van het hoge aantal levensmisdrijven. De – tot nog toe – tevergeefse strijd van president Barack Obama toont hoe moeilijk dat is in een land waarin veel mensen geloven dat vuurwapenbezit burgers nu juist de beste bescherming biedt tegen gewelddadige criminelen.

9.3 Internationale misdrijven

Internationale misdrijven zijn die geweldmisdrijven die vanwege het systematische en grootschalige karakter een ernstige schending van mensenrechten inhouden en om die reden zijn gecriminaliseerd door de internationale gemeenschap in internationale verdragen. Deze verdragen zijn vooral tot stand gekomen als reactie op de verschrikkingen

die zijn gepleegd in beide wereldoorlogen in de twintigste eeuw, zoals gebruik van gifgassen, marteling en volkerenmoord.
Het verwijt dat de criminologie te weinig aandacht heeft voor zware vormen van criminaliteit treft vooral doel wanneer het gaat om internationale misdrijven. Dit verwijt treft ook de Nederlandse criminologie. Terwijl er in de Tweede Wereldoorlog door de Holocaust meer dan 100.000 Nederlandse Joden, zigeuners en andere 'ongewensten' zijn omgebracht, heeft de Nederlandse criminologie daar na de oorlog nauwelijks aandacht aan besteed. De laatste jaren is hier verandering in gekomen en zijn criminologen ook deze meest ernstige vormen van misdaad gaan bestuderen. Zo werd in 2009 de Stockholm Prijs voor Criminologie uitgereikt aan John Hagan en Raul Zaffaroni voor hun onderzoek naar genocide (Haveman et al., 2011).

9.3.1 Definitie

Hoewel er etymologisch zeker een overlap is tussen internationale criminaliteit en transnationale criminaliteit, worden daarmee in de criminologie toch verschillende fenomenen aangeduid. Onder internationale misdrijven worden hier niet verstaan grensoverschrijdende vormen van criminaliteit, zoals drugshandel en mensensmokkel. Deze worden in paragraaf 9.5 bij de transnationale georganiseerde criminaliteit besproken. Met de term internationale misdrijven wordt verwezen naar de misdrijven die door de internationale gemeenschap in het internationale recht zijn gecriminaliseerd. Enerzijds omdat ze zo ernstig zijn dat de mensheid hiermee een universele afkeuring tot uiting brengt. Anderzijds omdat deze misdrijven voor een belangrijk deel worden gepleegd in gewapende conflicten tussen of binnen staten of zelfs door staatsorganen (bijvoorbeeld een geheime dienst van een dictatoriaal regime). In die gevallen kan het nationale recht onvoldoende soelaas bieden.
Er zijn verschillende internationale verdragen te vinden waarin internationale misdrijven zijn beschreven. Deze internationale misdrijven zijn in 1998 samengebracht in het Statuut van Rome dat de basis vormt voor de jurisdictie van het Internationaal Strafhof in Den Haag. Dit is een orgaan van de Verenigde Naties dat tot taak heeft daders van internationale misdrijven te berechten. Het Statuut van Rome onderscheidt vier categorieën internationale misdrijven: genocide, oorlogsmisdrijven, misdaden tegen de menselijkheid, en misdaden van agressie. Genocide betreft het plegen van moord of het veroorzaken van lichamelijke of geestelijke schade met het doel een nationale, etnische of religieuze gemeenschap geheel of gedeeltelijk te vernietigen. Oorlogsmisdrijven zijn de overtredingen van het oorlogsrecht die onderdeel zijn van een plan of beleid of van een grootschalige toepassing van deze misdrijven. Voorbeelden zijn het gebruik van verboden wapens zoals gifgassen en biologische wapens en het gericht aanvallen van burgerbevolking. Misdrijven tegen de menselijkheid omvat gedragingen zoals moord, deportatie, marteling en verkrachting die worden gepleegd als onderdeel van een grootschalige of systematische aanval tegen de burgerbevolking. De vierde categorie interna-

tionale misdrijven is vanwege politieke onenigheid over de betekenis ervan pas in 2010 nader ingevuld. Toen kwamen de landen die het Statuut van Rome hebben ondertekend tot de overeenstemming dat onder een *crime of aggression* wordt verstaan het plannen, voorbereiden en uitvoeren van een daad van agressie tegen een land hetgeen vanwege de aard, ernst of omvang een overtreding van het Verdrag van de Verenigde Naties vormt. We moeten dan denken aan militaire aanvallen, blokkades en bezettingen.

9.3.2 Aard en omvang

Uit bovenstaande definiëring blijkt dat internationale misdrijven vormen zijn van extreem, massaal en collectief geweld. Deze kenmerken betekenen dat 'de gehele mensheid' het slachtoffer is en dat daarom een reactie vanuit de internationale gemeenschap geboden is. Deze officiële legitimatie van het internationale strafrecht mag niet verhullen dat op de eerste plaats veel individuele mensen zeer ernstig worden gevictimiseerd. Het aantal slachtoffers is soms dermate groot dat het 'leed niet meer is te overzien' (Haveman et al., 2011). Paradoxaal betekenen de massaliteit en het systematische karakter dat de omvang van internationale misdrijven moeilijk te meten is. Want hoe kunnen we meten hoeveel mensen in een genocide zijn vermoord of verkracht? Criminologen proberen desondanks instrumenten te ontwikkelen om de omvang van het slachtofferschap bij genocide te kunnen schatten, waaronder het gebruik van slachtofferenquêtes betreffende vermoorde familieleden (Bijleveld, 2008). Een bijkomend probleem hierbij is dat deze misdrijven worden gepleegd in periodes van oorlog en conflict en niet zelden in *failed states*, dat wil zeggen landen waar nauwelijks sprake is van enig overheidsgezag. Kortom: in chaotische omstandigheden waarin het bijhouden van statistieken en het verrichten van wetenschappelijk onderzoek niet of nauwelijks mogelijk is. Daarbij komt vaak ook nog dat de staat of actoren die handelen namens de staat als aanstichter of dader betrokken zijn bij de misdrijven. Overheidsfunctionarissen hebben dan geen belang om hun rol te onthullen en zich zelf te incrimineren en zullen zelfs trachten hun misdaden te verhullen.

In het internationaal strafrecht wordt een onderscheid gemaakt tussen de feitelijke daders die de geweldplegingen hebben uitgevoerd en de intellectuele daders die daartoe de opdracht of de aanzet hebben gegeven. Feitelijke daders kunnen bijvoorbeeld soldaten, leden van milities of politiemensen zijn, maar ook burgers, zoals het geval was bij de genocide op de Tutsi-bevolking in Rwanda in 1994. Intellectuele daders kunnen bijvoorbeeld staatshoofden, legerofficieren of leiders van milities zijn die de opdracht tot het plegen van de misdrijven hebben gegeven of daartoe hebben aangezet door bijvoorbeeld haat te zaaien tegen een deel van de bevolking. Voorbeelden van staatshoofden die zijn vervolgd voor internationale misdrijven zijn de voormalige president van Liberia, Charles Taylor en de voormalige president van Joegoslavië, Milošević.

Naast deze daders kunnen er ook andere actoren zijn die hebben geprofiteerd van internationale misdrijven of die hebben gefaciliteerd. Zo staat de rol van de katholieke kerk bij de misdrijven gepleegd door de militaire junta in Argentinië ter discussie en blijkt uit criminologisch onderzoek dat ook bedrijven betrokken kunnen zijn bij internationale misdrijven. Het systematische karakter van internationale misdrijven vraagt al snel de levering van goederen en diensten door bedrijven (Huisman, 2010a). Zo werd naar schatting 36 procent van de geregistreerde gevallen van foltering in de door het Amerikaanse leger geëxploiteerde gevangenis Abu Ghraib in Irak gepleegd door medewerkers van twee Amerikaanse bedrijven. Ook in Nederland zijn twee zakenlieden vervolgd voor medeplichtigheid aan oorlogsmisdrijven: de handelaar in chemicaliën Frans van Aanraat werd tot 17 jaar gevangenisstraf veroordeeld vanwege het leveren van grondstoffen voor de gifgassen die door het regime van Saddam Hussein in Irak zijn ingezet tegen Koerdische burgers. De directeur van een houtkapbedrijf, Gus K., werd vervolgd voor medeplichtigheid aan oorlogsmisdrijven gepleegd door milities in Liberia en vermeende wapenleveranties aan het leger van Charles Taylor (Huisman en Van Sliedregt, 2010). Bij het ter perse gaan van dit boek was deze zaak nog aanhangig bij het gerechtshof.

9.3.3 Oorzaken en achtergronden

Een belangrijke vraag voor criminologen is in hoeverre de in de criminologie ontwikkelde theorieën over de oorzaken van criminaliteit ook opgaan voor deze zeer ernstige, systematische en vaak grootschalige vormen van geweld. Behalve het feit dat de gedragingen veel ernstiger zijn dan 'gewone' criminaliteit is ook de context waarin deze geweldmisdrijven worden gepleegd anders. De meeste criminologische theorieën zien criminaliteit als gedrag dat afwijkend is van de norm, dus van wat de meeste mensen doen en van wat mensen geacht worden te doen. Verklaard moet dan worden waarom mensen dit afwijkend en door de wet verboden gedrag toch vertonen. Maar internationale misdrijven worden vaak gepleegd in situaties waarin veel geweld wordt gepleegd, en waarin dat ook van daders wordt verwacht. Kelman en Hamilton (1989) spreken in dat opzicht treffend van *crimes of obedience*, waarbij daders handelen uit gehoorzaamheid aan orders van in hun ogen legitieme staatsautoriteiten. Zoals uiteengezet in hoofdstuk 5 zijn er met de sterke stijging van de criminaliteit in de tweede helft van de vorige eeuw ook theorieën ontwikkeld die een zeker niveau van criminaliteit als normaal zien en die proberen te verklaren waarom mensen gegeven bepaalde omstandigheden geen criminaliteit plegen. Dergelijke theorieën zijn ook gebruikt om internationale misdrijven, vooral genocide, te verklaren (Haveman en Smeulers, 2008). Zo zijn de controletheorieën van Hirschi (1969) (criminaliteit door een gebrek aan sociale bindingen) en Gottfredson en Hirschi (1990) (criminaliteit door een gebrek aan zelfcontrole) toegepast op genocide (Haveman et al., 2012).
Enerzijds worden internationale misdrijven dus vooral verklaard door de bijzondere normatieve context waarin zij plaatsvinden. De groepsdynamiek in situaties van onzekerheid en normvervaging kan verklaren hoe hele gewone mensen internationale misdrijven begaan. Vaak zijn dit situaties van gewapend conflict en onderdrukking. Zoals

de Tweede Wereldoorlog en het naziregime, de burgeroorlog in voormalig Joegoslavië en de recente conflicten in de Democratische Republiek Congo. De gedachte dat gewone mensen door de buitengewone omstandigheden tot gruweldaden in staat zijn, is door Arendt uitgedrukt als 'de banaliteit van het kwaad' in haar beroemde boek over het strafproces tegen Eichmann in Israël. Deze voormalige nazibureaucraat was verantwoordelijk voor het transport van Joden naar de concentratie- en vernietigingskampen. Deze man die medeverantwoordelijk was voor de dood van duizenden mensen bleek geen monster, maar een heel 'normale' ambtenaar die gewoon deed wat van hem werd verwacht (Arendt, 1963). De these van de banaliteit van het kwaad van Arendt (1963) werd later bevestigd door de in hoofdstuk 4 reeds uitvoerig besproken sociaalpsychologische experimenten in de Verenigde Staten van respectievelijk Milgram (1977) en Zimbardo. Het eerste experiment bevestigde de stelling van Ahrend dat doorsneepersonen gemakkelijk kunnen worden aangezet tot het toepassen van geweld als ze daartoe worden aangezet door een 'autoriteitsfiguur'. Het tweede experiment liet zien hoe snel mensen kunnen ontsporen in een setting van grote machtsongelijkheid, in dit geval een gefingeerde gevangenis. Hoewel de context dus veel kan verklaren, kunnen internationale misdrijven mogelijk ook verklaard worden door individuele kenmerken van daders die in bovenstaande contexten de gelegenheid krijgen deze te uiten, zoals persoonlijkheidseigenschappen als sadisme en narcisme en antisociale stoornissen (Smeulers, 2006).

9.3.4 Aanpak

De aanpak van internationale misdrijven vloeit voort uit de definitie ervan. Het zijn de misdrijven die door de internationale gemeenschap zijn gecriminaliseerd en die zijn samengebracht in het Statuut van Rome dat de basis vormt voor de oprichting en jurisdictie van het Internationaal Strafhof. Omdat het misdrijven zijn die zo ernstig zijn dat ze een inbreuk vormen op de internationale rechtsorde en de internationale vrede en veiligheid bedreigen, is het internationale strafrecht het aangegeven middel om hierop te reageren.

Het internationale strafrecht is tot ontwikkeling gekomen na de Tweede Wereldoorlog met de processen tegen Duitse en Japanse oorlogsmisdadigers in Neurenberg en Tokyo. Na het einde van de Koude Oorlog zette deze ontwikkeling zich voort met de oprichting van het Joegoslavië-tribunaal (formeel het *International Criminal Tribunal for former Yugoslavia)*, het Rwanda-tribunaal (formeel het *International Criminal Tribunal for Rwanda*) en diverse andere ad-hoctribunalen zoals voor de berechting van internationale misdrijven gepleegd in Oost-Timor, Sierra Leone, Cambodja en Libanon. Het doel van deze tribunalen en het strafhof is: *to end all impunity*, dus ervoor te zorgen dat internationale misdrijven niet onbestraft blijven. Dit moet bijdragen aan gerechtigheid en verzoening.

Het is echter de vraag in hoeverre het internationale strafrecht daadwerkelijk bijdraagt aan gerechtigheid en verzoening. Criminologen hebben veel vragen over de effectiviteit van het internationaal strafrecht als reactie op internationale misdrijven. Kan een straf ooit hoog en zwaar genoeg zijn om een passende vergelding te zijn voor massamoord of systematische marteling? Kan het internationaal strafrecht afschrikwekkend werken voor misdrijven die in de chaotische situaties van oorlog en dictatuur worden gepleegd? Het in hoofdstuk 3 besproken thema van de selectiviteit van de strafrechtspleging is extra relevant voor het internationale strafrecht: het strafhof en de tribunalen kunnen maar een zeer klein deel van de daders van internationale misdrijven vervolgen en berechten. Een ander punt van kritiek betreft de hoge kosten van de internationale strafrechtpleging en de vraag waar slachtoffers het meest mee gebaat zijn: dat geld wordt ingezet om enkele hoofddaders te berechten of dat dezelfde middelen worden ingezet om de leefomstandigheden van slachtoffers te verbeteren of een land na oorlog weer op te bouwen? Verder wordt zelfs gesuggereerd dat het internationale strafrecht soms de vrede kan blokkeren, bijvoorbeeld wanneer dictators of legerleiders liever doorvechten omdat ze weten dat ze bij een wapenstilstand zullen worden gearresteerd om te worden berecht door het Internationaal Strafhof.

Ten slotte is er kritiek op de versnippering van het internationale strafrecht door het bestaan van zoveel verschillende hoven en tribunalen. Zij ontwikkelen elk hun eigen jurisprudentie en straftarieven en dat zou haaks staan op het beginsel van rechtsgelijkheid. Mede vanwege deze zorgen is het de taak van de criminologie om niet alleen onderzoek te doen naar de omvang, gevolgen en oorzaken van internationale misdrijven, maar ook naar het functioneren en de effecten van de internationale strafrechtspleging, zoals de criminologie dat ook doet voor de nationale strafrechtspleging (hoofdstuk 3 en 8). Onderzoek van Hola laat bijvoorbeeld zien dat in tegenstelling tot wat vaak wordt verondersteld rechters van verschillende tribunalen consequent een reeks algemene veroordelingsprincipes hanteren. Consistente empirische patronen komen naar voren in de veroordelingen door de tribunalen (Hola et al., 2012).

Vanwege bovenstaande punten van kritiek is er in de criminologie ook veel belangstelling voor alternatieven voor het internationaal strafrecht. Een alternatief voor de strafrechtelijke procedures zijn zogenoemde waarheids- en verzoeningscommissies, zoals die bijvoorbeeld na de beëindiging van de apartheid (een internationaal misdrijf) in Zuid-Afrika zijn toegepast. Net als in het strafrecht hebben deze commissies waarheidsvinding tot doel: welke mensenrechtenschendingen zijn gepleegd en door wie, en wat waren de achterliggende oorzaken? Maar anders dan in het strafrecht is het doel hiervan niet om verantwoordelijke daders te straffen, maar om tot een verzoening tussen partijen te komen. Een voordeel hiervan is dat de bereidheid van alle partijen om mee te werken groter kan zijn omdat niemand het risico loopt te worden vervolgd en bestraft. Een in dit opzicht belangrijk ander punt van kritiek is dat het internationaal strafrecht en de internationale hoven en tribunalen op westerse leest zijn geschoeid en weinig aansluiten bij de rechtsbeleving en rechtsculturen van de landen waarin de internationale misdrijven zijn gepleegd. De vraag is of de doelen gerechtigheid en verzoening niet beter worden bereikt met traditionele vormen van conflictoplossing uit de eigen cultuur. Zo is het overgrote deel van de rechtszaken rond de genocide in Rwanda afgedaan

door de traditionele *Gacaca*-rechtspraak binnen dorpsgemeenschappen en niet door het in Tanzania gevestigde Rwanda-tribunaal.
Deze alternatieven voor een strafrechtelijke reactie op internationale misdrijven passen in de in hoofdstuk 8 besproken benaderingen van herstelrecht en *restorative justice*. Parmentier suggereert dat bij manifestaties van collectief geweld *restorative justice* betere perspectieven biedt (Parmentier et al., 2008). Herstelrecht is meer gericht op de participatie van alle partijen in de afhandeling van een conflictsituatie, niet enkel de dader, maar ook het slachtoffer en zelfs de gemeenschap. Het zou daarmee betere voorwaarden bieden om te voorkomen dat situaties die tot het plegen van internationale misdrijven hebben geleid zich herhalen. Om bovenstaande redenen neigen criminologische deskundigen te kiezen voor een combinatie van retributief recht (vooral via het strafrecht) en restoratief recht (bijvoorbeeld door middel van waarheidscommissies of traditionele vormen van conflictregeling) (Haveman et al., 2012).

9.4 Terrorisme

Terrorisme is nauw verwant aan internationale misdrijven. Ook hier gaat het om het met ideologische en/of politieke motieven plegen van ernstig geweld, vaak met het doel grote aantallen slachtoffers te maken. Sinds de aanslagen op het World Trade Center in New York op 9 september 2001 ('9/11') is er in de westerse wereld bijzonder veel aandacht voor deze vorm van criminaliteit. Toch is dit net als internationale misdrijven een vorm van geweldscriminaliteit waaraan van oudsher criminologen maar weinig aandacht hebben besteed. Het onderzoek vindt meer plaats binnen wetenschappelijke disciplines als politicologie en geschiedenis. Maar ook daar komt de laatste jaren verandering in. In de Verenigde Staten komt dit ook doordat de FBI na 9/11 de prioriteit en een belangrijk deel van de opsporingscapaciteit heeft verschoven van georganiseerde misdaad en witteboordencriminaliteit naar de aanpak van terrorisme.

9.4.1 Definitie

De lidstaten van de Verenigde Naties zijn er tot nu toe niet in geslaagd om overeenstemming te bereiken over de definitie van terrorisme. Het grootste struikelblok in de onderhandelingen over het begrip terrorisme is de wens van de Arabische landen om de gewelddadige strijd tegen de staat Israël waarbij aanslagen op burgers worden gepleegd uitdrukkelijk uit te sluiten van de definitie. Ook los van de Palestijnse vrijheidsstrijd is een probleem dat gewelddadige aanslagen tegen niet-democratische regimes in sommige situaties moreel te rechtvaardigen zijn. Denk bijvoorbeeld aan het gewapende verzet tegen de Duitse bezetters tijdens de Tweede Wereldoorlog waarbij moordaanslagen op Duitse functionarissen werden uitgevoerd of denk aan het gewapende verzet tegen het Zuid-Afrikaanse apartheidsregime. Een objectief criterium voor de afgrenzing van gerechtvaardigd politiek geweld is moeilijk te vinden.

De Nederlandse Nationaal Coördinator Terrorismebestrijding (NCTb) omschrijft terrorisme als: 'Het uit ideologische motieven dreigen met, voorbereiden of plegen van op mensen gericht ernstig geweld, dan wel daden gericht op het aanrichten van maatschappijontwrichtende zaakschade, met als doel maatschappelijke veranderingen te bewerkstelligen, de bevolking ernstige vrees aan te jagen of politieke besluitvorming te beïnvloeden.' In deze definitie wordt expliciet verwezen naar het bestaan van ideologische motieven. Hiermee kan ook een onderscheid worden gemaakt met de hierna te bespreken georganiseerde criminaliteit die vooral economisch gemotiveerd is. Dit element is echter ook al aanwezig in de verwijzing naar het doel om door het geweld maatschappelijke veranderingen te bereiken. Niet vermeld is dat de plegers van het geweld hiertoe niet door de staat gemachtigd zijn zoals militairen. Toch wordt er in de literatuur ook gesproken over 'staatsterrorisme' wanneer terreurdaden door of namens een overheid worden gepleegd tegen de eigen bevolking of die van een ander land. Verder valt op dat ook het toepassen van maatschappijontwrichtende zaakschade onder de definitie valt.

De Nederlandse politicoloog Hoogerwerf (1996) geeft een definitie die in enkele opzichten scherper is: 'het herhaaldelijk toepassen van geweldsmiddelen door personen die daartoe niet bevoegd zijn en doorgaans tegen betrekkelijk willekeurig gekozen personen die niet bewapend zijn, met het doel leden van de bevolking en/of de overheid angst aan te jagen en hen uiteindelijk tot een bepaalde beslissing te brengen'. Deze definitie benadrukt dat het om gewelddaden gaat door personen die daartoe niet bevoegd zijn, oftewel geen militairen. Verder wordt gewezen op de doelstelling om door middel van vreesaanjaging bevolking en regering tot bepaalde beslissingen te brengen. Deze laatste toevoeging lijkt een ongewenste inperking. De werking van het geweld kan er ook op gericht zijn om een situatie van chaos of ordeloosheid te creëren waardoor een staatsgreep en/of ingrijpen door politie of leger kan worden gelegitimeerd. Het doel van de aanslag op het World Trade Center lijkt niet in de eerste plaats gericht te zijn geweest op het aanjagen van angst. Doel was veeleer het uitlokken van militaire tegenacties die de positie van de Verenigde Staten in de Arabische wereld zouden verzwakken (Pemberton, 2011).

9.4.2 Aard en omvang

Er zijn verschillende soorten terrorisme te onderscheiden. Het begrip terrorisme is afgeleid van het Latijnse woord *terror* dat paniek betekent. Terreurdaden om maatschappelijke veranderingen teweeg te brengen, vinden we veel in de geschiedenis terug, zoals de moordaanslag op kroonprins Frans Ferdinand van Oostenrijk in 1914 dat het startpunt was voor de Eerste Wereldoorlog. Doelen van terrorisme kunnen zijn het omverwerpen van een machthebbend regime (zoals nagestreefd door de Colombiaanse terreurorganisatie FARC) en het verkrijgen van onafhankelijkheid voor een bepaald gebied of volk (zoals nagestreefd door de Noord-Ierse afscheidingsbeweging IRA en de

Baskische afscheidingsbeweging ETA). Terrorisme kan ook religieus geïnspireerd zijn, zoals de terreurbewegingen Klu Klux Klan in de Verenigde Staten en Al Qaida dat verantwoordelijk wordt gehouden voor de aanslagen op het World Trade Center in New York. Uiteraard vallen de recente aanslagen in Parijs en Brussel door Islamitische Staat ook in deze categorie.

De bekendste terroristische aanslagen die ooit in Nederland zijn uitgevoerd zijn de aanslagen van Molukse groepen in 1975, 1977 en 1978 waarbij verschillende doden waren te betreuren. De inzet hierbij was de wens steun af te dwingen van de Nederlandse regering voor een onafhankelijk Ambon in Indonesië. Daarna volgden enkele aanslagen van de Revolutionaire Anti-Racistische Actie (RARA) bij Makro-vestigingen en het huis van staatssecretaris van Justitie Aad Kosto. Hierbij was de inzet respectievelijk beëindiging van investeringen in Zuid-Afrika en bijstelling van het asielbeleid. Religieus-politiek geïnspireerd was de dodelijke aanslag op de filmer Theo van Gogh in Amsterdam.

De meest bekende internationale gegevensbank over terrorisme is momenteel de Global Terrorism Database die wordt bijgehouden door de Universiteit van Maryland (www.start.umd.edu). Deze gegevensbank ontleent zijn informatie in hoofdzaak aan openbare bronnen. In 2013 zijn er volgens deze databank 9.707 terroristische aanvallen uitgevoerd, waarbij 17.800 doden vielen en 32.500 gewonden. Tabel 9.1 toont de aantallen aanvallen, doden en gewonden van de tien landen die hiermee het vaakste te maken hadden.

Tabel 9.1. Tien landen met de meeste terroristische aanvallen in 2013
Bron: Universiteit van Maryland.

Land	Aantal aanvallen	Aantal doden	Aantal gewonden
Irak	2.495	6.378	14.956
Pakistan	1.920	2.315	4.989
Afghanistan	1.144	3.111	3.717
India	622	405	717
Filipijnen	450	279	413
Thailand	332	131	398
Nigeria	300	1817	457
Jemen	295	291	583
Syrië	212	1.074	1.773
Somalië	197	408	485

Binnen de door genoemde databestanden geregistreerde terroristische incidenten kunnen de afgelopen twintig jaar twee trends worden waargenomen (Schmid, 2004b). Het aantal aanslagen vertoont geen duidelijke stijging maar het aantal dodelijke slachtoffers neemt wel toe. De tweede trend is de toename van het aantal aanslagen gepleegd door religieuze groepen. Dit geldt vooral voor het internationale grensoverschrijdende terrorisme. Het lijkt erop dat er een verband bestaat tussen deze twee trends in die zin dat bij terroristische aanslagen uit religieuze motieven vaker dodelijke slachtoffers vallen dan bij aanslagen uit politieke motieven. Ook zelfmoordcommando's zijn een kenmerk van religieus geïnspireerd terrorisme.

9.4.3 Oorzaken en achtergronden

Zoals gezegd voeren terroristen politieke, ideologische of religieuze motieven aan voor hun terreurdaden. Deze motieven verklaren op zich nog niet het grijpen naar deze drastische middelen. Dezelfde doelen zouden vanuit dezelfde motivaties in theorie ook met niet-gewelddadige middelen kunnen worden bereikt, zoals in de geschiedenis treffend aangetoond door het geweldloze verzet geleid door Gandhi tegen de Britse koloniale overheersing van India. Terrorisme wordt daarom ook verklaard vanuit de strainbenadering zoals besproken in hoofdstuk 5: het gaat om gemarginaliseerde en gefrustreerde groepen (of mensen) die geen andere middelen zien om hun doelen te bereiken en hier soms zelfs voor bereid zijn te sterven. Terrorisme wordt ook vaak voorgesteld als een uitlaatklep voor economische frustraties. Analyses op de aantallen aanslagen per land en sociaaleconomische indicatoren bieden weinig of geen ondersteuning voor deze aanname. Wel zijn er statistische samenhangen gevonden tussen de rechtsstatelijke kwaliteit van de overheid en het voorkomen van terrorisme. Terrorisme komt vaker voor in landen waarbinnen de politieke oppositie weinig of geen rechten heeft (Van Dijk, 2007).
Sociaalpsychologische studies naar radicalisering – het proces dat kan leiden tot het uitvoeren van terreurdaden – laten zien dat op het individuele niveau wel sprake kan zijn van invloed van achterstand, marginalisatie en frustratie. Naast de mogelijke invloed van in hoofdstuk 4 besproken persoonlijkheidskenmerken, speelt bij de radicalisering van Nederlandse moslimjongeren een waargenomen onrechtvaardigheid en het gevoel gediscrimineerd te worden een rol. Een lage economische status frustreert hun maatschappelijke vooruitgang en zij hebben het gevoel dat de islamitische cultuur wordt bedreigd. Wanneer het gevoel van bedreiging en gebrek aan acceptatie ertoe leidt dat deze jongeren zich steeds meer terugtrekken in de eigen groep, kan dat een proces van radicalisering en de bereidheid de eigen groep met geweld te verdedigen in de hand werken (Doosje et al., 2005).
Door de Amerikaanse regering is herhaaldelijk gewezen op het bestaan van samenwerkingsverbanden tussen terroristische groeperingen en georganiseerde misdaad. Harde empirische bewijzen dat dit vaak voorkomt, ontbreken (Schmid, 2004a). De ultieme doelstelling van georganiseerde misdaadgroepen om middels drugshandel over een langere termijn zo groot mogelijke winsten te behalen, laten zich moeilijk rijmen met pogingen om bestaande regiems omver te werpen. Georganiseerde misdaadgroepen streven veeleer naar een symbiose met stabiele, corrupte regeringen. Ze hebben in

zulke situaties geen enkel belang bij acties die het bestaande overheidsgezag destabiliseren. Wel zijn er verschillende voorbeelden van terroristische groepen die zich met drugshandel of systematische afpersing inlaten als financieringsbron. Dit geldt bijvoorbeeld voor de PKK in Europa, de FARC in Colombia, de United Wa in Myanmar en de Tamiltijgers in Sri Lanka. De grootschalige betrokkenheid van terroristische organisaties bij georganiseerde drugshandel kan ertoe leiden dat profijtelijke criminaliteit gaandeweg een doel op zichzelf wordt en de strategie van de organisatie gaat beheersen. Dit lijkt te zijn gebeurd met (delen van) de FARC in Colombia en met de militaire vleugel van de IRA in Noord-Ierland.

9.4.4 Aanpak

Sinds de aanslagen van '9/11' wordt in vele landen van de wereld vooral een repressieve strijd tegen terrorisme gevoerd. De strijd tegen het terrorisme is, vooral op instigatie van de Amerikaanse regering, lange tijd een topprioriteit geweest. Dit heeft geleid tot de militaire invallen in Afghanistan en Irak en tot inperking van burgerlijke vrijheden zoals het recht niet zonder concrete verdenking door de overheid te worden afgeluisterd of bespied. Een onverwacht neveneffect van deze prioriteit is geweest dat minder aandacht is besteed aan de bestrijding van de georganiseerde misdaad. Onder de regering Obama is de *War on Terrorism* wat minder virulent geworden. De uitschakeling van Bin Laden in 2011 kan daartoe hebben bijgedragen. Criminologisch of ander wetenschappelijk bewijs voor de effectiviteit van een repressieve aanpak van terrorisme is er overigens nauwelijks.
Ook in Nederland zijn de bevoegdheden van justitie en veiligheidsdiensten uitgebreid ten behoeve van de strijd tegen terrorisme en zijn er, bijvoorbeeld tegen de zogenoemde Hofstadgroep, al rechtzaken vanwege voorgenomen terroristische aanslagen geweest. Toch is er naast een repressieve aanpak ook aandacht voor het voorkomen van radicalisering van Nederlandse moslimjongeren door ze betere kansen te geven in de Nederlandse samenleving.

9.5 Georganiseerde misdaad

Het vocabulaire van de doorsnee-Nederlander is sinds de jaren negentig uitgebreid met een breed arsenaal van begrippen die betrekking hebben op de georganiseerde misdaad en de strijd ertegen. De criminelen 'zetten lijnen op', rekruteren *mules* (koeriers), bezitten *stashes* en *safe houses*, plegen *rip deals*, 'liquidaties' en 'afrekeningen', laten zich adviseren door *consiglieri* en 'wassen hun gelden wit'. De politie houdt 'inkijkoperaties', opent *front stores* en *ghost banks*, laat 'gecontroleerd af- dan wel doorleveren', doet aan 'postvang', runt undercoveragenten, informanten en infiltranten, maakt *deals* met kroongetuigen en analyseert door de banken gemelde ongebruikelijke transacties.

De Nederlandse krantenlezer is inmiddels ook vertrouwd met de namen van enkele vermeende of reële hoofd- en bijrolspelers in de wereld van de Hollandse maffia: Willem Holleeder (alias 'de Neus', Heineken-ontvoerder, veroordeeld wegens betrokkenheid bij afpersing van de geliquideerde onroerendgoedhandelaar Endstra, alias Stille Willem, bekend als de bank van de Amsterdamse onderwereld), Cor van Hout (Heineken-ontvoerder, zwager van Holleeder, volgens Endstra geliquideerd in opdracht van Holleeder), Bettien Martens (alias 'La Bella Bettien', opgetreden als kroongetuige/*pentita* in Italië en inmiddels voorzien van een nieuwe identiteit), Klaas Bruinsma (alias 'de Dominee', de eerste grote – bekende – drugshandelaar in Nederland en in 2001 geliquideerd), Johan Verhoek (alias 'de Hakkelaar', rivaal van Bruinsma), G. la Serpe (alias 'Vieze Peter', huurmoordenaar en kroongetuige tegen Holleeder c.s.), Steve Brown (alias 'de Zwarte Prins' of 'de Bruine Rat'), Martin Hoogland (ex-rechercheur, veroordeeld voor de moord op Bruinsma, geliquideerd in 2004), Charles Zwolsman (ex-autocoureur, herhaaldelijk veroordeeld wegens drugshandel, in 2011 overleden in een Nederlandse gevangenis), John Mierenmet (alias Schele Johnny, geliquideerd in 2005), Jotsa Jocić (Servische maffia), en verder Etienne Urka en mr. John Engelsma (zakelijke partners en veronderstelde erfopvolgers van wijlen Klaas Bruinsma, alias de Dominee).
Inmiddels kennen de insiders ook de namen van de grote mannen binnen respectievelijk de Turkse, de Joegoslavische en de Marokkaanse criminele groepen. Met name deze laatste – in de media aangeduid met 'mocromaffia' – laat de afgelopen jaren van zich horen met een serie liquidaties in en rond Amsterdam. Net als in Chicago in de jaren twintig van de vorige eeuw zijn hoofdrolspelers uit de wereld van de georganiseerde misdaad publieke figuren geworden waarover biografieën, televisieseries en films zijn gemaakt. Het criminele milieu spreekt bij het grote publiek tot de verbeelding. Voor het overzicht schrijven misdaadjournalisten *Who is Who in Organized Crime*. Voor een actueel overzicht van de Amsterdamse scene raadplege men bijvoorbeeld Middelburg en Vugts (2008) en Vugts (2014).
Het bestaan van georganiseerde misdaad in de Verenigde Staten en in Italië is al lang een feit van algemene bekendheid. Het bestaan van een omvangrijk stelsel van groepen die zich in Nederland systematisch met drugshandel en andere vormen van lucratieve misdaad inlaten, is van betrekkelijk recente datum. De eerste signalen hierover kwamen in het begin van de jaren tachtig van de vorige eeuw van de Amsterdamse recherche. In Nederland stonden veel intellectuelen, onder invloed van de kritische criminologie, aanvankelijk gereserveerd tegenover het door de politie geschetste dreigingsbeeld. De dreiging van de georganiseerde misdaad zou een sociale constructie kunnen zijn van politie en justitie ter vergroting van hun eigen machtspositie en prestige.
In 1993 zijn er in het hofressort Amsterdam ernstige conflicten ontstaan in kringen van de politie en het Openbaar Ministerie over de bij de opsporing van criminele organisaties toe te passen methoden. Naar aanleiding hiervan heeft de Tweede Kamer vervolgens besloten tot de instelling van een parlementaire enquête naar de bij de aanpak van

de georganiseerde misdaad gehanteerde opsporingsmethoden. De Parlementaire enquêtecommissie opsporingsmethoden kreeg daarbij tevens tot taak de omvang, de aard en de ernst van de georganiseerde criminaliteit vast te stellen. Zij heeft op 1 februari 1996 haar eindrapport aan de Tweede Kamer aangeboden (Enquêtecommissie, 1996). De Parlementaire enquête opsporingsmethoden (de commissie-Van Traa) heeft geleid tot brede overeenstemming over het actuele dreigingsbeeld. Degenen die meenden dat het probleem van de georganiseerde misdaad een sociale constructie was van belanghebbende organisaties, zijn door de feiten in het ongelijk gesteld.
De vrees van sommige praktijkmensen dat er in Nederland een octopusachtige, alles overkoepelende misdaadorganisatie zou bestaan of ontstaan met vertakkingen in de legale economie en politiek, is achteraf niet gegrond gebleken. In dat opzicht is de kritische benadering dus juist gebleken. Anderzijds wordt inmiddels door niemand meer betwist dat het verschijnsel van de georganiseerde misdaad ook in Nederland verontrustende vormen heeft aangenomen en zeker niet op zijn beloop mag worden gelaten. Dit geldt met name voor de reeks afpersingen van onroerendgoedhandelaren en de ermee samenhangende liquidaties in Amsterdam en omstreken (Middelburg en Vugts, 2008).

9.5.1 Definitie

Over de definitie van georganiseerde misdaad bestaat verschil van mening. Slechts in weinig landen is het begrip georganiseerde misdaad in een wettelijke definitie omschreven. Dit is wel het geval in de Verenigde Staten en in Italië. Volgens artikel 416 bis van het Italiaanse Wetboek van Strafrecht is een organisatie 'maffioos' (maffiatype) indien de leden 'systematisch intimidatie en daaruit voortvloeiende vormen van onderwerping hanteren om misdrijven te plegen, economische activiteiten te beheersen en onwettige voordelen te behalen'. Deze definitie is duidelijk geschreven met het oog op de Siciliaanse maffia. Een centraal element is de maatschappelijke en economische machtspositie die wordt nagestreefd. Dit element staat ook centraal in de Amerikaanse definitie in de *Racketeer Influenced and Corrupt Organizations Act* (RICO) uit 1970.
In Nederland heeft de Parlementaire enquêtecommissie opsporingsmethoden op advies van de door haar ingestelde werkgroep van criminologen (de groep Fijnaut, zie paragraaf 2.1) voor een afwijkende, eigen definitie gekozen, namelijk:
'Van georganiseerde criminaliteit is sprake wanneer groepen van personen die:
1. primair gericht zijn op illegaal gewin;
2. systematisch misdaden plegen met ernstige gevolgen voor de samenleving;
3. in staat zijn deze misdaden op betrekkelijk effectieve wijze af te schermen, in het bijzonder door de bereidheid te tonen fysiek geweld te gebruiken of personen door corruptie uit te schakelen.' (Enquêtecommissie, 1996)

Ook deze definitie heeft met de wijzigingen van het Wetboek van Strafvordering om de strafrechtelijke aanpak van georganiseerde misdaad beter te reguleren een wettelijke basis gekregen. De definitie stelt buiten twijfel dat de betrokken organisatie primair moet zijn gericht op illegaal gewin. Hierdoor wordt een onderscheid aangebracht tussen 'organisatiecriminaliteit' en 'georganiseerde misdaad'. Ondernemingen die delicten plegen als nevenactiviteit – bijvoorbeeld boekhoudfraude of vervoersbedrijven die af en toe een partij drugs meenemen – worden niet tot de georganiseerde misdaad gerekend. Deze ondernemingen zijn immers niet primair gericht op illegale activiteiten. Deze afbakening is theoretisch zinvol omdat het begrip georganiseerde misdaad hierdoor scherper wordt afgegrensd. In de praktijk komen er echter tussenvormen voor, bijvoorbeeld legale bedrijven die gaandeweg steeds crimineler worden, en criminele groepen die ter investering van crimineel verkregen vermogen steeds meer legale activiteiten ontwikkelen. Ook kan er sprake zijn van een nauwe verwevenheid tussen georganiseerde misdaad en terrorisme, zoals eerder besproken in dit hoofdstuk.

Volgens de groep Fijnaut zouden de betrokken criminele groepen vaak bestaan uit gelegenheidscoalities, in plaats van uit organisaties met bureaucratische trekken. Dit wil niet zeggen dat hiërarchie geen rol speelt: er zijn wel degelijk leidende figuren in de criminele netwerken (Van de Bunt et al., 1998). Er zijn ook aanwijzingen dat sommige criminele organisaties, ter afscherming tegen de politie en justitie, zijn opgebouwd uit cellen van personen die elkaar niet kennen, met centrale aansturing door een kleine groep kernleden.

Het element 'ernstige gevolgen voor de maatschappij' heeft niet alleen betrekking op de directe schade door de gepleegde misdrijven (bijvoorbeeld drugsverslaving door drugshandel) maar ook op de economische gevolgen door de innesteling in de legale economie via witwassen van crimineel verkregen vermogen. De Nederlandse politie spreekt in dit verband van 'ondermijning'.

Het element van de afscherming sluit goed aan bij de belevingswereld van de Nederlandse politie en justitie. Misdaadgroepen proberen immers te voorkomen dat hun lucratieve criminele activiteiten worden ontdekt en zijn bereid daartoe opsporingsambtenaren om te kopen, te bedreigen of te vermoorden. Het feit dat steeds meer organisaties zich door allerlei contrastrategieën, zoals het intimideren en aftappen van politie- en justitiefunctionarissen te weer stellen tegen opsporing en vervolging, is zeker buitengewoon verontrustend. Maar is deze afscherming inderdaad kenmerkender voor het verschijnsel georganiseerde misdaad dan het geleidelijk veroveren van een machtspositie in de legale economie door het opkopen van legale bedrijven met witgewassen criminele winsten? De ontwikkelingen in Italië, Oost-Europa en Zuid-Amerika (Colombia en Mexico, maar ook op de Nederlandse Antillen) wijzen uit dat criminele organisaties, indien zij eenmaal kritische massa hebben gekregen, de economie en de rechtsorde in belangrijke mate naar hun hand kunnen zetten. Het terugdraaien van zo'n situatie is een moeizaam proces, zoals de inmiddels gestagneerde 'Operatie Schone Handen' in Italië heeft geleerd (Saviano, 2007). In Nederland – met name in Noord-Brabant en Limburg – staan bestuurders onder grote druk van lokale criminele ondernemers. Dit wordt onder meer geïllustreerd doordat de burgemeester van Roermond in 2010 en 2011 gedwongen was om enige tijd onder te duiken na bedreigingen en door de aanslag op het gemeentehuis van Waalre dat in 2012 volledig uitbrandde.

9.5.2 Aard en omvang

Het destijds door de groep Fijnaut voor de parlementaire enquêtecommissie uitgevoerde onderzoek is door het Wetenschappelijk Onderzoek- en Documentatiecentrum van het ministerie van Justitie en Veiligheid voortgezet onder de noemer Monitor georganiseerde criminaliteit (Kruisbergen et al., 2012). In deze doorlopende studie zijn sinds 1997 de dossiers van meer dan 140 grootschalige opsporingsonderzoeken naar georganiseerde misdaad geanalyseerd. Uit deze studie komt het beeld naar voren dat georganiseerde criminaliteit in Nederland vooral *transitcriminaliteit* betreft: de grensoverschrijdende smokkel van verboden goederen, zoals drugs en wapens. Ook mensensmokkel en mensenhandel kunnen hiertoe worden gerekend. In tegenstelling tot wat de in de media veelgebruikte metafoor van 'onderwereld' suggereert, is deze vorm van georganiseerde criminaliteit nauw verweven met de 'bovenwereld'. Transitcriminaliteit gedijt dankzij een goed functionerende logistiek en infrastructuur van het legale bedrijfsleven. En met grote zeehavens, een grote luchthaven en goede toegang tot het Europese achterland is de transportsector een van de belangrijkste economische sectoren van ons land. De georganiseerde criminaliteit profiteert daarvan.
Verder blijkt uit het onderzoek dat de criminele activiteiten worden uitgevoerd door redelijk los georganiseerde en flexibele criminele netwerken. In tegenstelling tot populaire beelden van georganiseerde criminaliteit in fictieve media – beelden die ook lange tijd bij de politie bestonden – bestaat georganiseerde misdaad dus niet uit stabiele, bureaucratische en hiërarchisch georganiseerde criminele organisaties met een *godfather* aan top. Dat is ook niet logisch: handel op transnationale illegale markten vergt een hoge mate van flexibiliteit en een breed netwerk. Sociale relaties zijn binnen deze netwerken heel belangrijk. Deze verklaren soms ook de aard en organisatie van criminele activiteiten: doordat een Nederlandse drugshandelaar bijvoorbeeld trouwt met een Antilliaanse krijgt hij via haar toegang tot Zuid-Amerikaanse leveranciers van cocaïne. Daarmee verschilt het Nederlandse beeld van traditionele beelden van criminele organisaties zoals we die kennen van historische voorbeelden van georganiseerde criminaliteit in andere delen van de wereld, zoals de maffiafamilies in Italië en de Verenigde Staten, de Triaden uit China en de Jakuza-groepen in Japan. Deze traditionele misdaadgroepen waren niet zozeer of aanvankelijk niet alleen betrokken bij de illegale handelspraktijken die de Nederlandse georganiseerde misdaad kenmerken. De kern van de criminele activiteiten lag bij het afpersen van legale ondernemers in de gebieden die zij controleerden. Een soort illegale uitvoering van overheidstaken dus: innen van 'belasting' in ruil voor het bieden van 'bescherming'. Ook hier verklaart de aard van de

criminele activiteiten de organisatiestructuur. Deze controle wordt uitgeoefend door meer stabiele, quasibureaucratische, hiërarchische en soms bijna militair georganiseerde groepen. In tegenstelling tot het Nederlandse voorbeeld spelen deze groepen niet in op de flexibiliteit van internationale markten, maar zijn ze juist gericht op stabiliteit en verdedigen zij hun territorium met geweld tegen bedreigingen van andere groepen en tegen overheidsbemoeienis.

Georganiseerde misdaad in bijvoorbeeld de voormalige Sovjet-Unie, het huidige Colombia, Zuid-China en Nigeria, alsmede in West-Europa inclusief Nederland, is niet in handen van stabiele megagroepen, maar van steeds wisselende gelegenheidscoalities (Paoli, 2001). De betrokken groepen zoeken op internationale markten naar criminele winsten, zonder te streven naar monopolieposities. Geweld wordt zoveel mogelijk vermeden en corruptie wordt ad hoc toegepast in concrete situaties. Criminele winsten worden witgewassen in internationale financiële centra met een sterk bankgeheim.

Binnen de georganiseerde misdaad valt een trend waar te nemen van toenemende *sophistication*. De nieuwere groepen vertonen de kenmerken van internetondernemers. Het opleidingsniveau van de kernleden en vooral van hun adviseurs neemt toe (Adamoli et al., 1998). Tegelijkertijd krijgen de criminele activiteiten een grotere complexiteit. Groepen leggen zich toe op elementen van ketens van criminele activiteiten: bijvoorbeeld op het rekruteren van migranten, het vervalsen van reisdocumenten, het binnensmokkelen van migranten of op het afpersen of door middel van prostitutie exploiteren van binnengesmokkelde vreemdelingen. Dergelijke criminele activiteiten worden niet centraal aangestuurd, maar zijn in handen van netwerken van gespecialiseerde groepen die elkaar aanvullen. De upgrading en de fragmentering van de georganiseerde misdaad plaatsen politie, justitie en bestuur voor nieuwe uitdagingen.

In het verleden werden er in Nederland periodiek inventarisaties gemaakt van de criminele organisaties die bij de Nederlandse politie bekend zijn. Zo telde de politie in 1995 450 criminele organisaties (Van der Heijden, Ho Tham en Nierop, 1995). Van deze groep bleek twee derde zich onder meer of uitsluitend bezig te houden met de handel in harddrugs (66 procent). Om een aantal redenen wordt tegenwoordig aangenomen dat het niet veel zin heeft de omvang van georganiseerde criminaliteit in beeld te brengen door het tellen van criminele organisaties. Ten eerste is er bij georganiseerde criminaliteit vermoedelijk sprake van een hoog (in hoofdstuk 2 besproken) *dark number*. Er wordt nauwelijks aangifte van gedaan bij de politie. Veel georganiseerde criminaliteit betreft consensuele delicten: illegale handel waarbij beide partijen een belang hebben en dus geen aangifte doen. Daarnaast vloeit uit de definitie voort dat leden van criminele organisaties hun activiteiten en hun betrokkenheid proberen af te schermen, onder andere door telkens wisselende gsm-kaarten te gebruiken of door alleen in omfloerste taal over de illegale handel te spreken. Ten tweede heeft het hierboven besproken fluïde karakter van de criminele netwerken tot gevolg dat het weinig zin heeft criminele organisatie te tellen wanneer die telkens van samenstelling veranderen.

Tot het huidige millennium werd door de politie en ook in criminologische studies een zekere mate van etnische specialisatie in de verschillende soorten criminele activiteiten waargenomen. Organisaties die goeddeels bestaan uit autochtone Nederlanders zouden vooral groot zijn in de wereldhandel in cannabis en xtc. Turkse groepen zouden zich vooral toeleggen op de heroïnehandel. Surinaamse en Antilliaanse groepen zouden zich toeleggen op de handel in cocaïne. Voor liquidaties zouden dan weer specialisten afkomstig uit voormalig Joegoslavië worden ingezet. Een laatste trend is dat voormalige Marokkaanse probleemjongeren en straatcriminelen zich steeds meer met zware en georganiseerde criminaliteit zouden gaan bezighouden, zoals de hasjhandel en complexere gewapende overvallen zoals op geldtransporten. Achter deze etnische specialisatie zit een zekere logica: namelijk de toegang die groepen via hun netwerken hebben tot de aanvoer van illegale goederen of diensten vanuit het land van herkomst. Verschillende recente studies wijzen erop dat deze etnische grenzen zijn gaan vervagen en de politie ziet dan ook steeds meer multi-etnisch samengestelde criminele netwerken (Van de Bunt en Kleemans, 2007).

Naast groeperingen die in handen zijn van ingezetenen opereren er op het Nederlandse grondgebied uiteraard buitenlandse groeperingen. Hierbij gaat het bijvoorbeeld om Chinezen, Italianen, Russen en andere Oost-Europeanen, Colombianen en Nigerianen.

9.5.3 Oorzaken en achtergronden

De opkomst van de georganiseerde misdaad kan worden verklaard door de gelegenheidstheorie (Bovenkerk, 1992). Evenals elders in de wereld is de illegale drugsmarkt de voornaamste inkomstenbron. Zoals de drooglegging destijds de Amerikaanse misdaadsyndicaten groot heeft gemaakt, danken de huidige misdaadorganisaties hun inkomsten vooral aan het verbod op de verkoop van opiaten en andere verdovende middelen. Zoals gezegd benut daarbij elke bevolkingsgroep de unieke kansen die samenhangen met relaties in de productielanden.

Vanaf het begin van de jaren tachtig van de vorige eeuw zijn er in Nederland extra kansen voor het maken van grote winsten met de handel in cannabis door het gedoogbeleid ten aanzien van het gebruik van en de detailhandel in softdrugs. De zogenoemde ‘Hollandse maffia’s’ zijn, zoals in hoofdstuk 2 al aan de orde kwam, vooral actief in de handel in cannabis en de amfetaminen en xtc (Van Duyne, Kouwenberg en Romeijn, 1990; Kleemans et al., 1998). Daarnaast bieden Europese subsidies, vanwege de gebrekkige controle, eveneens kansen voor de georganiseerde misdaad (Calvi, 1993). Door het restrictievere immigratiebeleid van de meeste westerse landen is er een lucratieve markt ontstaan voor mensensmokkel. Slechte economische vooruitzichten voor vrouwen in ontwikkelingslanden en de voormalige Sovjet-Unie bieden tevens geschikte rekruteringsgebieden voor vrouwenhandel ten behoeve van de florerende seksindustrie in de welvarende geïndustrialiseerde wereld.

Box 9.1. Softdrugs en georganiseerde misdaad

Het Nederlandse drugsbeleid wordt gekenmerkt door nuchterheid en pragmatisme en het zoeken naar een middenweg tussen een *War on Drugs*, zoals de Amerikanen die voeren, overigens met tanend animo, en volledige legalisering (Leuw en Haen-Marshall, 1994). De Nederlandse overheid streeft ernaar om de consumentenmarkten voor soft- en harddrugs gescheiden te houden omdat de gezondheidseffecten van het gebruik van harddrugs veel ernstiger zijn. Voor de aanpak van de handel in softdrugs geldt een richtlijn van de procureurs-generaal. De richtlijn schrijft voor dat de verkoop van kleine hoeveelheden softdrugs die bestemd zijn voor eigen gebruik niet strafrechtelijk wordt vervolgd. Coffeeshops zijn volgens de richtlijn alcoholvrije horecagelegenheden waar handel in en gebruik van softdrugs plaatsvindt. Nadat het aantal coffeeshops in de jaren negentig van de vorige eeuw sterk was toegenomen, was het lokale beleid gedurende de laatste jaren erop gericht het aantal coffeeshops door invoering van een soort vergunningenstelsel te reguleren en te reduceren om de overlast die door coffeeshops wordt veroorzaakt te verminderen. In 1999 telde Nederland 846 officieel gedoogde coffeeshops. Inmiddels is het totale aantal coffeeshops gedaald tot 619 in 2012. Er is sprake van een concentratie in de grote steden: Amsterdam, Rotterdam en Den Haag blijven de enige gemeenten met meer dan 20 coffeeshops. Samen hebben zij 286 coffeeshops wat neerkomt op 46 procent van het totale aantal coffeeshops in Nederland (Bieleman et al., 2013).

De 'coffeeshop scene' is het logische gevolg van de wettelijke differentiatie tussen hard- en softdrugs en de daarmede verband houdende differentiaties bij opsporing en vervolging. Door laagdrempelige verkooppunten voor cannabis te gedogen wordt een sociale barrière opgeworpen voor de aankoop van gevaarlijkere drugs. De verkoop van cannabis wordt op basis van het opportuniteitsbeginsel gedoogd, voor zover men aan de vijf criteria uit de AHOJG-richtlijn voldoet: (A) geen affichering; (H) geen harddrugs; (O) geen overlast (parkeeroverlast rond de coffeeshop, geluidshinder, vervuiling en/of voor of bij de coffeeshop rondhangende klanten); (J) geen verkoop aan jeugdigen en geen toegang tot een coffeeshop voor jeugdigen (strikte handhaving van de leeftijdsgrens van 18 jaar); alsmede (G) geen verkoop van grote hoeveelheden per transactie (niet meer dan 5 gram per transactie; transactie = 'alle koop en verkoop in één coffeeshop op eenzelfde dag met betrekking tot eenzelfde koper'). Volgens de OM-richtlijn mogen coffeeshops een handelsvoorraad tot 500 gram cannabis in hun bezit hebben.

Internationaal was er zowel veel kritiek als veel lof voor het Nederlandse drugsbeleid. In Nederland zelf werd het beleid jarenlang als een succes gezien omdat de aantallen verslaafden aan harddrugs lager waren dan in andere landen. De laatste jaren klinkt er echter ook veel kritiek. Zo was er in grensgemeenten veel overlast van 'drugstoeristen'. Als groot probleem werd ook gezien dat weliswaar de verkoop van kleine gebruikershoeveelheden cannabis wordt gedoogd, maar dat geen regeling is getroffen voor de aanvoer van de handelswaar (de voordeur-achterdeurparadox). De coffeeshophouders zijn dus gedwongen hun cannabis of hasj in te kopen bij criminele organisaties. De handel in cannabis is inmiddels uitgegroeid tot een belangrijke economische factor. De teelt van cannabis (nederwiet) is mede ten gevolge van het gedoogbeleid gedurende de laatste jaren een lucratieve business geworden. Het product wordt steeds 'beter', dat wil zeggen: bevat steeds meer van het werkzame bestanddeel tetrahydrocannabinol. De vraag naar nederwiet is groot, zowel in Nederland als daarbuiten. Nederwiet en de kennis om dit te verbouwen zijn belangrijke exportproducten geworden.

Door het gedogen van de voordeur en het verbieden van de achterdeur en het grote aantal coffeeshops is een illegale markt gecreëerd voor de teelt van en de handel in softdrugs. Deze markt heeft een belangrijke aantrekkingskracht op de georganiseerde misdaad. Een van de eerste grote bekende spelers in de georganiseerde misdaad, Klaas Bruinsma, werd rijk door de import, distributie en verkoop van hasj in coffeeshops (Middelburg, 1992). Tegenwoordig blijkt ook de grootschalige teelt van nederwiet in handen van criminele organisaties. Met de betrokkenheid van georganiseerde criminaliteit in de markt voor softdrugs komen ook de negatieve gevolgen hiervan, zoals de toepassing van geweld om onderlinge conflicten te beslechten en het verstoren van economische verhoudingen door het witwassen en investeren in legale economische sectoren van de enorme winsten die met de teelt en handel van cannabis kunnen worden gemaakt (Spapens et al., 2007).

Terwijl in Nederlandse de kritiek op het liberale drugsbeleid is toegenomen, zijn andere landen Nederland in de liberalisatie juist voorbij gestreefd. In Portugal, Uruguay en in de staten Colorado en Washington van de Verenigde Staten zijn in 2014 wettelijke mogelijkheden geschapen voor de legale teelt van cannabis ter bevoorrading van verkooppunten voor recreatief gebruik. Nu ook op Nederlands grondgebied op grote schaal cannabis wordt geteeld, zijn er ook hier mogelijkheden om de gehele productie- en handelsketen onder het gedoogbeleid te laten vallen. Op die manier zouden dan de kwaliteit van de verkochte cannabis kunnen worden bewaakt en de winstkansen voor Nederlandse criminele organisaties kunnen worden verkleind. De Nederlandse regering heeft vooralsnog besloten deze weg vanwege verdragsrechtelijke bedenkingen niet in te slaan.

Zoals gezegd vormt de wettige 'bovenwereld' ook een gelegenheidsstructuur voor georganiseerde criminaliteit. Vele ondernemers en ondernemingen blijken bereikt goederen of diensten te leveren die worden gebruikt voor bijvoorbeeld de productie van verdovende middelen, het vervoer van illegale handelswaar of het witwassen van het daarmee verdiende criminele vermogen, onder andere door investering in legale economische sectoren. Tot de gelegenheidsstructuur van de georganiseerde misdaad behoort ook de bereidheid van sommige banken, advocaten, accountants, notarissen, belastingadviseurs en dergelijke om criminele organisaties van advies te dienen, en van overheidsfunctionarissen om zich te laten omkopen (Kruisbergen et al., 2012). Hoewel niet kan worden gezegd dat deze medewerking in Nederland meer dan elders voorkomt, moet wel worden geconstateerd dat er ook in dit opzicht voldoende mogelijkheden voor de georganiseerde misdaad zijn om te gedijen. In de rapportage van de onderzoeksgroep Fijnaut worden 29 gevallen beschreven van verwijtbare betrokkenheid van advocaten bij de georganiseerde misdaad, 13 van zulke gevallen bij notarissen en 7

bij accountants. Het gaat hierbij deels om gevallen van doelbewuste ondersteuning van criminele activiteiten en deels om verwijtbare onzorgvuldigheid, bijvoorbeeld bij het doorvragen over kennelijk dubieuze transacties. In 1997 aanvaardde een Amsterdamse advocaat een transactieaanbod van het Openbaar Ministerie om vervolging te voorkomen wegens betrokkenheid bij de criminele activiteiten van een van de meer bekende misdaadsyndicaten. In 2005 werd in Amsterdam de voormalige advocaat mr. E. Hingst, die nauwe banden onderhield met enkele bekende criminelen, geliquideerd.
Veel criminele samenwerkingsverbanden hebben ook eigen ondernemingen of vennootschappen. Deze kunnen drie doelen dienen: logistieke ondersteuning, dat wil zeggen opslag, vervoer en ontmoetingsruimte; witwassen, vooral het fingeren van een legale geldstroom; en legitimering en verhulling, zoals het voorzien in een deklading voor een drugstransport of het dienen als tussenschakel tussen de daders en reguliere bedrijven (Kruisbergen et al., 2012).
Bij de opkomst van de georganiseerde misdaad zou naast de gelegenheidsstructuren ook een rol kunnen spelen dat bestaande criminele organisaties in toenemende mate de mogelijkheid hebben om nieuwe leden te rekruteren uit de groepen werkloze jongeren met een etnische achtergrond (Fijnaut, 1985). Ook de straintheorie kan dus een bijdrage leveren aan de verklaring voor de snelle opkomst van de georganiseerde misdaad in Nederland. Bovenkerk en Yesilgöz (1998) wijzen er overigens op dat Turkse jongens, betrokken bij de drugshandel, lang niet altijd tot de kansarmen behoren. Het zou steeds vaker gaan om relatief succesvolle jongeren die eenvoudigweg voor de verleiding van het relatief gemakkelijke criminele geld bezwijken.

9.5.4 Aanpak

Repressieve aanpak
In 1992 presenteerden de toenmalige ministers van Justitie en Binnenlandse Zaken een plan van aanpak van de georganiseerde misdaad. De door hen opgestelde beleidsnota heette *De georganiseerde misdaad in Nederland; dreigingsbeeld en plan van aanpak* (Tweede Kamer 1992/93, 22 838, nr. 2). Een van de belangrijkste voorstellen in de nota was de instelling van vijf interregionale rechercheteams die de georganiseerde misdaad eendrachtig en doelmatig zouden kunnen gaan opsporen. Deze rechercheteams zijn later opgegaan in de Nationale Recherche die staat onder de rechtstreekse leiding van het Landelijke Parket van het Openbaar Ministerie. Daarnaast richten zich enkele Bovenregionale Rechercheteams op de middelzware criminaliteit. Inmiddels maken deze eenheden deel uit van de nationale politie. De nationale politie is er mede gekomen om op landelijk niveau de strategie tegen de steeds meer internationale georganiseerde criminaliteit te kunnen bepalen.
Inmiddels is de nieuwe, geïntensiveerde aanpak van de georganiseerde misdaad niet zonder successen gebleven. Er zijn volgens opgaven van de politie enkele tientallen hooggeorganiseerde groepen ontmanteld, waaronder die van de eerdergenoemde

Charles Zwolsman, Johan Verhoek en Etienne Urka. De heer Holleeder is, zoals bekend, tot een langdurige vrijheidsstraf veroordeeld en wordt ten tijde van het ter perse gaan van dit boek vervolgd voor zijn vermeende rol bij de criminele afrekeningen op Cor van Hout en Robert ter Haak (2003), vastgoedmagnaat Willem Endstra (2004), Kees Houtman (2005), Thomas van der Bijl (2006) en John Mieremet (2005). Indien meer dan de helft van de kernleden van een groep is gearresteerd, wordt deze als 'ontmanteld' beschouwd. Of de groep daadwerkelijk en blijvend zijn criminele activiteit staakt, is daarmee echter nog niet verzekerd. Daarom wordt tegenwoordig in het bijzonder mede geprobeerd om de groepen financieel aan te pakken door middel van het afnemen van wederrechtelijk verkregen vermogen (de Plukze-wet zoals besproken in hoofdstuk 7) en het opleggen van naheffingen door de Belastingdienst. Binnen de strafrechtelijke aanpak wordt steeds meer de nadruk gelegd op het 'buitgericht rechercheren'. Hieraan wordt in toenemende mate een bijdrage geleverd door de antiwitwasteams van de FIOD. Criminele groepen vinden steeds nieuwe wegen om hun criminele transacties geheim te houden, bijvoorbeeld door het gebruik van informele bancaire systemen. Er lijkt een intellectuele wapenwedloop tussen de georganiseerde misdaad en politie en justitie plaats te vinden.

Uit ervaringen met de aanpak van de maffia in New York is gebleken dat tegen de gevaarlijkste organisaties slechts resultaten kunnen worden behaald indien de politie door diepte-infiltratie weet door te dringen tot de top of indien het Openbaar Ministerie deals sluit met overlopers uit die top, waarbij strafvermindering of -vrijwaring en levenslange bescherming wordt geboden (Jacobs, 1995). Indien dergelijke diepte-infiltratie en het maken van deals met criminelen wordt afgewezen, zijn maffiose organisaties voor de politie nauwelijks nog aan te pakken. In het eerdergenoemde VN-verdrag worden dergelijke gespecialiseerde onderzoeksmethoden aanbevolen als noodzakelijke hulpmiddelen in de internationale strijd tegen de georganiseerde misdaad. Hoewel het sluiten van deals met criminelen in Nederland grotendeels aan banden werd gelegd na de Parlementaire enquête opsporingsmethoden, werd deze methode in individuele zaken gaandeweg toch steeds meer toegepast. Een probleem daarbij kan de betrouwbaarheid van getuigen zijn zoals blijkt uit het grote liquidatieproces 'Passage' en rol van kroongetuige Peter la S. (Vugts en Middelburg, 2011).

Preventieve aanpak

Georganiseerde misdaad kan ook met preventieve maatregelen worden bestreden, juist omdat het niet mogelijk is gebleken dit met alleen een repressieve aanpak te doen.

Volgens het eerste plan van aanpak van georganiseerde misdaad van de Raad van Europa uit 1997 is '*prevention (...) no less important than repression in any integrated approach to organised crime*'. Ook in Nederland is het belang van een preventieve aanpak – naast de repressieve – doorgedrongen (Van de Bunt en Van der Schoot, 2003). Dit is in 2007 door de minister van Justitie samengebracht in het programma *Versterking aanpak georganiseerde misdaad*. Volgens dit versterkingsprogramma rust de aanpak van georganiseerde misdaad op drie centrale pijlers: a) de preventieve en bestuurlijke aanpak; b) de strafrechtelijke aanpak; en c) de internationale samenwerking. Het doel is niet alleen om criminele samenwerkingsverbanden te ontmantelen en individuele daders voor de rechter te brengen, maar vooral ook om onderliggende gelegenheidsstructuren en meer structurele factoren die de georganiseerde misdaad bedoeld of onbedoeld faciliteren, in beeld te krijgen en aan te pakken.

Tot de preventieve aanpak wordt in Nederland gerekend de screening op criminele antecedenten van personen die een besloten vennootschap (bv) oprichten of die deelnemen aan openbare aanbestedingen. Met deze bestuurlijke maatregelen wordt geprobeerd te voorkomen dat criminele organisaties zich naar het Italiaanse voorbeeld mede gaan toeleggen op het al dan niet door middel van corruptie binnenhalen van lucratieve overheidsopdrachten. Ook deze preventieve aanpak is niet zonder keerzijde. Het voorkomen van zakelijke contacten met criminele netwerken veronderstelt dat er onder bepaalde voorwaarden door de politie en justitie informatie wordt uitgewisseld met het openbaar bestuur, het bedrijfsleven en de relevante vrije beroepen over de betrokkenheid van bepaalde personen bij de georganiseerde misdaad. Hiervoor moet dus inbreuk worden gemaakt op het recht op privacy van de betrokkenen. Inmiddels is er een wet aangenomen die gemeenten formele gronden biedt om bedrijven met criminele antecedenten bij aanbestedingen te weren (Wet bevordering integriteitsbeoordelingen door het openbaar bestuur, Wet Bibob).

De Wet Bibob is een belangrijk wapen in de preventieve aanpak van de georganiseerde misdaad. Deze wet maakt het mogelijk dat bepaalde begunstigende beschikkingen en deelname aan aanbestedingen worden geweigerd of ingetrokken 'indien ernstig gevaar bestaat dat de beschikking mede zal worden gebruikt om uit strafbare feiten verkregen of te verkrijgen, op geld waardeerbare wijze voordelen te benutten, of strafbare feiten te plegen' (artikel 3 lid 1). De Wet Bibob voorziet daartoe in de aanvulling van de weigeringsgronden in de Drank- en Horecawet, de Opiumwet, de Wet goederenvervoer over de weg, de Wet personenvervoer, de Wet milieubeheer en de Woningwet. Tevens wordt voorzien in de mogelijkheid dat de Bibob-weigeringsgrond wordt toegepast met betrekking tot bepaalde inrichtingen die onder gemeentelijke verordeningen vallen, zoals de exploitatievergunningen voor coffeeshops en bordelen. Zo heeft de gemeente Utrecht in 2013 de vergunning van de exploitant van de prostitutiebedrijven in de woonboten aan het Zandpad ingetrokken wegens aanwijzingen van slachtofferschap van de sekswerkers van mensenhandel, waardoor in één klap alle raamprostitutie in de stad was gesloten. Verder is het mogelijk in een subsidieregeling de Bibob-weigeringsgrond op te nemen. Ten slotte maakt de Wet Bibob het mogelijk het aanbestedingsrecht te gebruiken voor het weren van criminelen uit aan te besteden projecten. Door het Amsterdamse gemeentebestuur wordt actief van de door deze wet geboden mogelijkheden gebruikgemaakt bij de sanering van het Wallengebied, dat volgens de Parlementaire enquêtecommissie opsporingsmethoden een 'brandpunt' is voor internationale georganiseerde criminaliteit (Huisman et al., 2005).

Landelijk is een aparte een structuur gecreëerd om de regionale en nationale inzet van de bestuurlijke aanpak en de daartoe benodigde informatie-uitwisseling en expertise-ontwikkeling te coördineren. Dit moet ook voorkomen dat er verplaatsings- of waterbedeffecten ontstaan van gemeenten of regio's die voortvarend zijn in de bestrijding van criminaliteit naar gemeenten die niet zo'n vaart maken. Daartoe worden onder andere elf regionale informatie- en expertisecentra (RIEC) opgezet die tot taak hebben uitwisseling van informatie te stroomlijnen, expertise en kennis te ontwikkelen en in lokale projecten in te brengen, en de uitvoering van de Wet Bibob te ondersteunen. Daarbovenop wordt ook een landelijk analyse- en expertisecentrum gevormd dat de regionale centra moet ondersteunen, voor de bestuurlijke aanpak benodigde deskundigheid moet ontwikkelen, moet voorkomen dat er parallelle nationale activiteiten plaatsvinden, en een landelijke informatiepositie moet opbouwen, onder andere om de genoemde waterbedeffecten te signaleren (Huisman, 2010b).

Tot de preventieve aanpak behoort ook dat allerlei wettige ondernemers en ondernemingen een verantwoordelijkheid hebben om te voorkomen dat ze meewerken aan het witwassen van crimineel vermogen. In Nederland geldt daartoe een wettelijke verplichting voor financiële instellingen alsmede voor notarissen, advocaten en nog andere ondernemers om ongebruikelijke transacties centraal te melden bij de Financial Intelligence Unit Nederland, voorheen het Meldpunt Ongebruikelijke Transacties (MOT). Transacties waaraan ook bij nadere beschouwing een luchtje lijkt te zitten, worden vervolgens ter kennis van de politie gebracht. In 2007 ontving het Meldpunt 214.040 meldingen van ongebruikelijke transacties. Na beoordeling door het Meldpunt werden hiervan 45.656 als verdacht doorgegeven aan onder andere de politie. Per 1 augustus 2008 is de Wet MOT (samen met de Wet identificatie bij dienstverlening) opgegaan in de Wet ter voorkoming van witwassen en financieren van terrorisme (Wwft).

9.6 Witteboordencriminaliteit

Bij het begrip 'criminaliteit' – en zeker bij het oudere synoniem misdaad – denken de meeste mensen aan louche figuren die tot de zelfkant van de maatschappij behoren. Dit stereotype 'boefbeeld' is echter eenzijdig. Misdrijven worden niet uitsluitend gepleegd door personen die zich onder aan de maatschappelijke ladder bevinden. Niet geringe aantallen, overigens oppassende en goed aangepaste personen maken zich, zoals bekend, op uitgaansavonden schuldig aan het misdrijf rijden onder invloed van alcohol. Veel financieel-economische criminaliteit wordt gepleegd door ogenschijnlijk eerbare burgers. Naar schatting knoeit bijvoorbeeld een op de drie belastingplichtige burgers in Nederland met zijn belastingaangifte (Hessing, Elffers en Christiaanse, 1989). In veel gevallen komt dit neer op het plegen van een fiscaal delict. Mensen kunnen niet alleen als privépersoon, maar ook als functionaris binnen een organisatie misdrijven plegen. Een enkele onjuiste aangifte door een burger of een greep uit de kassa door een caissière zijn wellicht geen ernstige misdrijven, maar economische criminaliteit als geheel brengt de samenleving wel veel schade toe (*Criminaliteit en rechtshandhaving*, 2014). Ernstiger wordt het wanneer de bestuurlijke of zakelijke elite van onze samenleving misbruik maakt van het vertrouwen dat verbonden is aan hun positie en maatschappelijke status om zichzelf of het bedrijf op een illegale wijze te verrijken.

9.6.1 Definitie

Deze laatste vorm van criminaliteit wordt in de criminologie witteboordencriminaliteit genoemd. Onder witteboordencriminaliteit (*white collar criminality*) worden delicten verstaan die worden gepleegd door maatschappelijk in hoog aanzien staande personen tijdens de uitoefening van hun beroep. De oorspronkelijke definitie, afkomstig van de Amerikaanse criminoloog Sutherland, luidt: '*A crime committed by a person of respectability and high social status in the course of his occupation.*'
Delicten die worden gepleegd door ondernemers of beoefenaren van vrije beroepen zouden volgens Sutherland (1949) ten onrechte door de criminologie zijn verwaarloosd. De maatschappelijke schade die erdoor wordt veroorzaakt, zou vele malen groter zijn dan die van de gewone criminaliteit gepleegd door dieven en inbrekers. De hogere milieus zouden ervoor zorg dragen dat hun misdragingen niet als crimineel worden bestempeld en in ieder geval niet strafrechtelijk worden aangepakt. Sutherland was overigens niet de eerste criminoloog die aandacht besteedde aan de misdaden van de maatschappelijke elite. In zijn proefschrift over criminaliteit en economische omstandigheden maakte de Nederlandse criminoloog Bonger , die we in hoofdstuk 1 al hebben leren kennen, een onderscheid tussen 'criminaliteit in de straten' en 'criminaliteit in de salons' (Bonger, 1916).
De observaties van Sutherland en Bonger zijn nog steeds uiterst actueel. Witteboordencriminaliteit is wijd verbreid en veroorzaakt veel schade, maar krijgt nog steeds betrekkelijk weinig aandacht binnen de criminologie. Hierin volgt de criminologie overigens de publieke opinie en de overheid, inclusief de politie en het Openbaar Ministerie. Er is echter wel sprake van toenemende aandacht (Huisman en Niemeijer, 1998), mede als gevolg van de economische crisis van 2007 (Huisman, 2010a).
Ondanks de lof voor het onder de aandacht brengen van deze vorm van ernstige criminaliteit en deze vergeten groep van daders, is er ook kritiek gekomen op Sutherland en dan in het bijzonder op zijn definitie van witteboordencriminaliteit.
Deze kritiek betreft ten eerste de precieze betekenis van *high social status*: wanneer heeft iemand een hoge sociale status en wanneer niet? Een voorzitter van een beursgenoteerde onderneming valt hier wel onder, maar ook de eigenaar van een winkel met tien werknemers?
Ten tweede was er kritiek op de ruime interpretatie die Sutherland gaf aan het element *crime* uit zijn definitie. Daaronder verstond hij bewust niet alleen in het strafrecht verboden gedragingen, maar bijvoorbeeld ook overtreding van bestuursrecht omdat de invloedrijke lobby van het bedrijfsleven wel zou weten te voorkomen dat hun schadelijk

gedrag onder het strafrecht zou vallen. Juristen waren van mening dat de term criminaliteit voor het strafrecht moet worden bewaard en alleen na een rechterlijke veroordeling gesproken kan worden van criminaliteit. Later vonden kritisch criminologen (zie hoofdstukken 1 en 5) dat Sutherland nog niet ver genoeg ging omdat veel schadelijk en moreel verwerpelijk gedrag van ondernemingen helemaal niet wettelijk verboden is. Bijvoorbeeld wanneer ze voor mens en milieu schadelijke productieprocessen naar ontwikkelingslanden verplaatsen waar nauwelijks wetgeving is.
Een derde punt van kritiek is dat criminologisch gezien twee heel verschillende fenomenen onder het begrip witteboordencriminaliteit vallen: criminele gedragingen gepleegd door individuele werknemers voor het eigen gewin en crimineel gedrag gepleegd door werknemers namens een organisatie en ten behoeve van die organisatie (Wheeler, 1983). Voor die twee vormen zijn respectievelijk de termen *occupational crime* en *corporate crime* geïntroduceerd (Quinney, 1973). Van de Bunt heeft dit laatste begrip naar het Nederlands vertaald als organisatiecriminaliteit (Van de Bunt, 1992). Dit soort gedragingen zullen al snel worden toegerekend aan de organisatie als geheel. In het Nederlands recht is het ook mogelijk rechtspersonen strafrechtelijk aansprakelijk te stellen en te vervolgen. Hoewel het begrip witteboordencriminaliteit verwijst naar de kenmerken van een individuele dader, spitst het onderzoek van Sutherland zelf zich toe op regelovertredingen gepleegd door Amerika's grootste ondernemingen. Zowel de methoden van onderzoek, de aard van de gedragingen alsmede de achterliggende oorzaken van individuele en corporatieve vormen van witteboordencriminaliteit kunnen aanzienlijk verschillen. Rond deze thema's ontwikkelen zich dan ook gescheiden onderzoekstradities.
Overigens laat het feit dat het goed is deze twee ideaaltypen witteboordencriminaliteit te onderscheiden onverlet dat er in de praktijk mengvormen kunnen zijn. De individuele en de corporatieve varianten van witteboordencriminaliteit zijn bijvoorbeeld moeilijk te onderscheiden wanneer criminele gedragingen in functie worden gepleegd door of in opdracht van de directeur-eigenaar van een onderneming. Het belang van de organisatie bij de regelovertreding valt immers samen met het individuele belang van de directeur. Een mogelijk voorbeeld is de strafrechtelijke veroordeling van leidinggevenden van het horecaconcern Van der Valk in de jaren negentig. De begunstigden van de kostenbesparingen als gevolg van gepleegde wetsovertredingen zijn uiteindelijk de leden van de familie Van der Valk die tevens leidinggevenden en eigenaren zijn van de horecaondernemingen waar deze fraudes plaatsvonden (Huisman, 2012).

9.6.2 Aard en omvang

Enron was eind van de vorige eeuw één van de grootste en meest succesvolle ondernemingen van Amerika, maar de successen bleken gebaseerd op een geraffineerd systeem van boekhoudfraude waarbij aandeelhouders alleen winsten werden voorgeschoteld en de verliezen verborgen werden gehouden. Madoff was een gevierd handelaar op de fi-

nanciële markten van New York en exploiteerde een ogenschijnlijk zeer succesvol beleggingsfonds dat eveneens gebaseerd was op bedrog. Beide zaken leidden tot een schade van tientallen miljarden dollars. Ook in Nederland deden zich recent ernstige gevallen van witteboordencriminaliteit voor. De zaak rond de boekhoudfraude bij Ahold leek bijvoorbeeld op die van Enron omdat ook hier de winsten van één van Nederlands grootste en tot dan toe succesvolste bedrijven kunstmatig met fraudeleuze boekhoudkundige trucs werd hooggehouden. En de zaak Palm Invest draaide net als de zaak tegen Madoff om een beleggingsfonds dat in werkelijkheid een piramidespel was (waarbij het ingelegde geld helemaal niet belegd werd in vastgoed in Dubai).
Amerikaans onderzoek laat zien dat witteboordencriminaliteit zich concentreert in bepaalde bedrijfstakken die daar kennelijk kwetsbaar voor zijn (Clinard en Yeager, 1980). Ook in Nederland lijken zaken zich te concentreren in bepaalde branches. Voorbeelden daarvan zijn de vastgoedsector en de bouwnijverheid. Ooit onthulde een voormalig medewerker van een grote Nederlandse bouwonderneming dat tal van bouwondernemingen jarenlang samenspanden om via illegale prijsafspraken en omkoping te hoge kosten voor projecten in rekening te brengen. Tal van bedrijven en soms ook particulieren, maar met name de overheid zouden op deze wijze voor vele miljoenen zijn gedupeerd. Naar de structurele fraudepraktijken in de bouwwereld is een parlementaire enquête uitgevoerd. Verschillende bouwbedrijven hebben boetes gekregen en managers zijn strafrechtelijk vervolgd (Van de Bunt, 2010).
In 2010 is een begin gemaakt met de afdoening van een kluwen van omvangrijke fraudezaken in de vastgoedsector waarbij verschillende grote partijen in enkele jaren voor in totaal 250 miljoen euro zijn benadeeld (Van der Boon, Van der Marel, 2009). De hoofdverdachte J. van Vlijmen, voormalig directeur van Bouwfonds Vastgoed, is veroordeeld tot een celstraf van 4 jaar. Verder zijn schadevergoedingen betaald van in totaal 70 miljoen euro aan onder andere Philips Pensioenfonds en het Rabo Bouwfonds als onderdeel van een initiële schikking met het Openbaar Ministerie. Ook andere verdachten zijn veroordeeld of een schikking aangegaan. Een opmerkelijk kenmerk van deze zogenoemde vastgoedfraude is niet alleen dat er ruim honderd daders uit verschillende beroepsgroepen (aannemers, financiële deskundigen, architecten, advocaten en notarissen) bij waren betrokken, maar ook dat de hoofddaders zakelijk verkeerden met de top van het Nederlandse bedrijfsleven en bankwezen (Van de Bunt en Van Wingerde, 2015).
Net als bij de andere vormen van complexe criminaliteit die zijn behandeld in dit hoofdstuk, is het ook bij witteboordencriminaliteit moeilijk om er de omvang van vast te stellen. Ten eerste heeft dat te maken met de aard van de dader. Het bepalen van aantallen daders kan bij reguliere criminaliteit zinvol zijn, maar het tellen van organisaties als dader minder. Binnen een grote organisatie kunnen vele regelovertredingen worden gepleegd, door medewerkers bij verschillende afdelingen of dochterbedrijven. Complexe organisatiemisdragingen zijn zelden aan individuele medewerkers toe te schrijven. Maar een beursgenoteerde onderneming met vijfduizend werknemers gelijk tellen met een klein bedrijf met vijf werknemers is ook weinig zinvol.

Het tweede meetprobleem is het ontbreken van data die zicht kunnen bieden op de omvang van witteboordencriminaliteit. Zoals behandeld in hoofdstuk 2, zijn de twee belangrijkste bronnen voor het meten van criminaliteit de politiestatistiek en de slachtofferenquête. De politiestatistiek betreft het aantal door de politie geregistreerde misdrijven. Anders dan commune criminaliteit komt witteboordencriminaliteit in politie- en justitiestatistieken als aparte categorie niet voor. Organisatiecriminaliteit betreft voornamelijk de overtreding van ordeningsregelgeving. Dit is doorgaans bestuursrechtelijke regelgeving waarvan de overtreding in Nederland afzonderlijk in de Wet op de economische delicten is strafbaar gesteld. Dit betekent dat heel andere instanties belast zijn met de handhaving, zoals de Autoriteit Financiële Markten, de Inspectie Sociale Zaken en Werkgelegenheid en de Nederlandse Voedsel- en Warenautoriteit. Toezichthoudende instanties zijn belast met de bestuursrechtelijke handhaving. Bijzondere opsporingsdiensten zoals de FIOD en een apart deel van het Openbaar Ministerie, het Functioneel Parket, zijn belast met de strafrechtelijke handhaving. Net als de politie produceren deze instanties data naar aanleiding van hun toezichthoudende en opsporingsactiviteiten. Deze gegevens zouden dus meer kunnen zeggen over de omvang van witteboordencriminaliteit. Het probleem is echter dat toezichthoudende instanties niet zoals de politie primair in actie komen na meldingen en aangiftes door slachtoffers, maar zelf actief de regelnaleving controleren. Cijfers van door toezichthoudende instanties en opsporingsdiensten geconstateerde overtredingen zeggen daarmee meer over de capaciteit en prioriteiten van deze diensten dan van de werkelijke omvang van witteboordencriminaliteit. Daarbij is de handhaving van sociaaleconomische ordeningsregelgeving, in vergelijking met handhaving van commuun strafrecht, nogal versnipperd over verschillende diensten.
Ook slachtofferenquêtes bieden weinig zicht op de omvang van organisatiecriminaliteit. In de reguliere slachtofferenquêtes die jaarlijks onder de Nederlandse bevolking worden gehouden wordt nauwelijks gevraagd naar slachtofferschap van delicten die door organisaties worden gepleegd. Wel wordt er sinds 2002 een slachtofferenquête gehouden onder het Nederlandse bedrijfsleven, maar deze meet vooral slachtofferschap van reguliere vormen van criminaliteit, zoals diefstal, vernieling, inbraak en geweld, en niet het slachtofferschap van de criminele gedragingen van andere organisaties.

9.6.3 Oorzaken en achtergronden

Sutherland toont zich met zijn aandacht voor criminaliteit in de hogere sociale klassen een voorloper van de latere kritische criminologie. Sutherland zelf was echter niet zozeer geïnteresseerd in criminaliseringsprocessen. Zijn kritiek betrof vooral de eenzijdigheid van de verklarende criminologie. Door de verwaarlozing van de witteboordencriminaliteit zou volgens hem de criminologische theorievorming eenzijdig zijn gericht op de maatschappelijke problemen en/of de psychische afwijkingen van de daders. Op ondernemers die elkaar of de overheid oplichten, zouden de gangbare criminologische theorieën niet van toepassing zijn. Deze categorie daders laboreert immers niet aan strain en ook niet aan een gebrekkige zelfcontrole. Deze etiologische theorieën hebben dus slechts een beperkte geldigheid, of behoeven aanpassing voor toepassing op witteboordencriminaliteit. Zo kan strain worden gezien als een relatieve deprivatie: het hoofd fiscale zaken van ABN AMRO zag dat zijn buren in zijn Hilversumse villawijk nog grotere huizen hadden met nog grotere zwembaden en hij vond het onterecht dat zijn collega's uit de commerciële afdelingen van de bank wel vette bonussen konden krijgen. Deze ervaren situatie van achterstand was mede motivatie voor de fraude waarvoor hij werd veroordeeld (Huisman, 2012). Volgens Sutherland zou de door hemzelf ontwikkelde leertheoretische benadering – de theorie van de differentiële associatie of criminele besmetting – wel goed toepasbaar zijn op de criminaliteit in alle lagen van de bevolking en in dat opzicht dus superieur zijn aan de rivaliserende theorieën. Ondernemers die omgaan met collega's die regelmatig de belasting ontduiken of het milieu vervuilen, zullen daartoe eerder overgaan dan ondernemers met in hoofdzaak integere zakelijke relaties. Dat zou verklaren waarom witteboordencriminaliteit meer voorkomt in bepaalde bedrijfstakken en bepaalde bedrijven. Deze worden gekenmerkt door een criminogene organisatiecultuur, waarin de illegale praktijken als normaal en toelaatbaar worden gezien (Denkers et al., 2013)

Sutherlands kritiek op de eenzijdige gerichtheid van de meeste criminologische theorieën op criminaliteit van economisch zwakkeren is nog steeds relevant. Behalve de leertheorie is echter ook de in hoofdstuk 5 behandelde criminologische gelegenheidstheorie goed toepasbaar op criminaliteit gepleegd door ondernemers en beoefenaren van vrije beroepen. Oplichting van de Belastingdienst en de bedrijfsverenigingen door tewerkstelling van door koppelbazen geleverde zwartwerkende werknemers nam bijvoorbeeld in Nederland in de jaren tachtig van de vorige eeuw een hoge vlucht. De directe oorzaak hiervan was de tekortschietende regelgeving en handhaving. Nadat de overheid de regelgeving en handhaving had verbeterd, nam het verschijnsel weer snel af (Cozijn, 1991). Ook hier maakt de gelegenheid de dief, in dit geval de witteboordencrimineel.

Een algemene criminologische theorie die daarom juist wel van toepassing zou zijn op witteboordencriminaliteit is de rationele keuzetheorie. Vanwege hun opleiding, hun maatschappelijke positie en de bedrijfseconomische context waarin zij opereren, wordt aan daders van witteboordencriminaliteit een hoge mate van rationaliteit toegedicht. Zij maken daarbij goed gebruik van de gelegenheden die verbonden zijn met hun werkzaamheden of bedrijfsactiviteiten. De schijn van legale bedrijfsactiviteiten bemoeilijk het toezicht. Anders dan gewone daders hoeven witteboordendaders zich meestal niet met braak of geweld toegang te verschaffen tot het doelwit. Hun werk brengt hen er vanzelf. De organisatie is als het ware 'het wapen' van de witteboordencrimineel (Wheeler, 1983). Ondanks deze toepasbaarheid van de rationele keuzetheorie laat veel onderzoek zien dat criminele keuzes van witteboordencriminaliteit sterk worden bepaald door de werkomgeving, zoals de druk om bepaalde commerciële doelen te behalen (Huisman, 2016). Tenslotte geeft recent psychologisch onderzoek indicaties dat ook het gedrag van witteboordendaders beïnvloed wordt door bepaalde persoonlijkheidskenmerken, zoals de neiging tot competitief gedrag en trekken van narcisme (Huisman, 2012)

9.6.4 Aanpak

De toepassing van het strafrecht op witteboordencriminaliteit is problematisch. Hierbij moet niet in de eerste plaats worden gedacht aan klassenjustitie in de zin dat de 'hoge heren' elkaar de hand boven het hoofd zouden houden. Complicerend bij de toepassing van het strafrecht op witteboordencriminaliteit is allereerst dat de gewraakte wanpraktijken vaak moeilijk zijn te bewijzen, terwijl bovendien moeilijk valt aan te tonen dat bepaalde leidinggevende personen ervoor verantwoordelijkheid dragen. De verdachten laten zich doorgaans bijstaan door duurbetaalde gespecialiseerde topadvocaten in plaats van de pro-Deoadvocaat die voor een geringe vergoeding commune criminelen bijstaat. Verder is veel witteboordencriminaliteit ook moeilijk te ontdekken of te bewijzen omdat het wordt verhuld achter de façade van reguliere legale bedrijfsactiviteiten. Ook stellen de wetten die het bedrijfsleven reguleren vaak niet dezelfde heldere grenzen als het commune strafrecht. Zo is het wel duidelijk dat je niet mag stelen, maar is het minder duidelijk wanneer een bepaalde boekhoudkundige methode een onjuiste voorstelling van zaken geeft. Zoals een Amerikaanse politieman het eens kernachtig uitdrukte: '*In traditional crime investigations, the police are searching for the* ***criminal****, but in cases of white collar crime they are searching for the* ***crime***' (Friedrichs, 2010). Het blijkt bijvoorbeeld bijzonder moeilijk om het delict 'misbruik van voorwetenschap' bij de handel in aandelen te bewijzen. Ook in milieuzaken is de bewijsvoering vaak uiterst technisch en daardoor juridisch lastig. Mede omdat de voorbereiding van dit soort strafzaken zeer arbeidsintensief is, zijn vrijspraken voor de politie en het Openbaar Ministerie frustrerend. Vrijspraken leiden bovendien doorgaans tot grote schadeclaims bij de overheid wegens misgelopen orders en dergelijke. Dit alles kan leiden tot een zekere mate van terughoudendheid bij het Openbaar Ministerie om aan zulke zaken te beginnen. Voor kritiek vatbaar is ook de kennelijke bereidheid van het Openbaar Ministerie om in complexe fraudezaken schikkingen te treffen met de verdachten voor ten minste delen van de gepleegde delicten. Zo was er veel kritiek op de transactie met de Rabobank in de Libor-fraudezaak waarbij medewerkers van de bank hadden gesjoemeld met de rentetarieven waarop het gehele financiële stelsel is gebaseerd. De in hoofdstuk 3 besproken 'selectiviteit in de strafrechtspleging' dwingt ook hier tot moeilijke afwegingen.

Een andere complicatie bij de strafrechtelijke aanpak is dat achter bedrijfsmatige organisaties vaak grote maatschappelijke belangen schuilgaan. Zodra een bedrijf in staat van beschuldiging wordt gesteld, verliezen klanten en geldschieters het vertrouwen, en dreigt een faillissement met alle consequenties van dien voor de crediteuren en de werknemers. Het strafrecht is hier dus vaak een bijzonder zwaar middel en straft mede personen die met het gepleegde delict niets van doen hadden. Vermoedelijk is mede om die reden door het Openbaar Ministerie een schikking getroffen met de Rabobank. Het grote belang dat bedrijven hebben bij een goed imago heeft ook een positieve zijde. Zowel Van de Bunt (1993) als Van den Heuvel (1993) wijzen erop dat grotere bedrijven het zich niet kunnen permitteren om in opspraak te raken. Vooral multinationals zijn beducht voor kritiek van internationale belangenorganisaties zoals Greenpeace of Amnesty International. Zij hebben er daarom alle belang bij zich sociaal verantwoordelijk te gedragen, althans verwijtbaar onmaatschappelijk gedrag te voorkomen. Indien bepaalde normen bovendien voor iedereen in de markt gelden, treedt hierdoor ook geen concurrentienadeel op.

Toch blijkt uit criminologisch onderzoek dat een strafrechtelijke aanpak van organisatiecriminaliteit nauwelijks een afschrikwekkend effect heeft (Simpson et al., 2014). Van preventieve maatregelen, zoals fraudebestendige wetgeving, adequaat toezicht en, waar mogelijk, samenwerking met branche- of beroepsorganisaties valt meer rendement te verwachten. De laatste jaren is het beleid van de overheid er sterk op gericht geweest om het zelfregulerend vermogen van het bedrijfsleven te versterken. Zo zijn er in veel bedrijfstakken gedragscodes opgesteld en hebben de meeste grote ondernemingen inmiddels *compliance managementsystemen* en *compliance officers* die ervoor moeten zorgen dat van directiekamer tot werkvloer wettelijke regels en interne voorschriften goed worden nageleefd. Belangrijker dan het strafrecht is een duidelijke normstelling die door de eigen branchegenoten wordt gedragen. Juist ook ten aanzien van witteboordencriminaliteit kan informele sociale controle zeer effectief zijn. Indien het in ondernemerskringen moreel afkeurenswaardig wordt gevonden om bijvoorbeeld het milieu te vervuilen, zal daarvan meer invloed uitgaan dan van reeksen strafzaken. Braithwaite (1984) acht zijn theorie over *reintegrative shaming* mede toepasbaar op ondernemers. Een tuchtrechtelijke behandeling in eigen kring heeft volgens hem meer effect dan strafrechtelijke processen.

Paradoxaler wijze klinkt juist bij de aanpak van bepaalde vormen van organisatiecriminaliteit zoals de Ahold-affaire en de vastgoedfraude vaak de roep om harde straffen. Door de daders van organisatiecriminaliteit te bestraffen wordt het rechtsgevoel van de rechtstreeks gedupeerden, andere belanghebbenden en het geïnteresseerde publiek bevredigd. Degenen die zichzelf direct of indirect door fraude ten koste van anderen of de gemeenschap hebben verrijkt, verdienen volgens de publieke opinie straf, ongeacht de vraag of daarmee soortgelijk gedrag in de toekomst kan worden voorkomen. De gedachte dat witteboordencriminelen hun verdiende straf zouden ontlopen wegens bewijsproblemen of hoge proceskosten, is voor velen onaanvaardbaar. Hierbij komt nog weer eens scherp aan het licht dat de strafrechtspleging naast instrumentele ook expressieve, symbolische functies vervult. Het strafrecht herstelt het vertrouwen in de overheid en de rechtsorde door het kwaad, zonder aanzien des persoon, te vergelden.

Een puur utilitaristische opvatting over het strafrecht schiet tekort om de functie van het strafrecht met betrekking tot organisatiecriminaliteit te begrijpen.

Actuele informatie is te vinden op de volgende websites.

Over corruptie:
www.transparency.org
www.worldbank.org
www.unodc.org
www.oecd.org

Over internationale misdrijven:
www.supranationalcriminology.org
www.cicj.org

Over georganiseerde misdaad:
http://policy-tracc.gmu.edu
www.eurojust.europa.eu
www.interpol.org
www.csd.org
www.riskmonitor.bg
www.minjus.nl
www.ojp.usdoj.gov/bjs
www.lindesmith.org
www.unodc.org
www.who.int/en/
www.incb.org

Afkortingen

AD	Algemeen Dagblad
ADHD	Attention Deficit and Hyperactivity Disorder
AHOJG	(A) geen affichering; (H) geen harddrugs; (O) geen overlast; (J) geen verkoop aan jeugdigen onder de 18 jaar en (G) hoeveelheden per transactie kleiner dan 5 gram
ASP (ASPD)	antisociale persoonlijkheidsstoornis (Antisocial Personality Disorder)
BFO	Bureaus Financiële Ondersteuning
BOA	bijzondere opsporingsambtenaar
BOS	beslissingsondersteuningssysteem
bv	besloten vennootschap
CBCL	Child Behavior Checklist
CBS	Centraal Bureau voor de Statistiek
CCLS	Criminele Carrière en Levensloop Studie
CCPCJ	Commission for Crime Prevention and Criminal Justice
CCV	Centrum voor Criminaliteitspreventie en Veiligheid
CD	conduct disorder
CDA	Christen-Democratisch Appèl
CVvi	Centrale Voorziening voorwaardelijke invrijheidstelling
D66	Democraten 66
DSM	Diagnostic and Statistical Manual of Mental Disorders
EMDR	Eye Movement Desensitization and Reprocessing
ESTSS	European Society of Traumatic Stress Studies
EU	Europese Unie
EuCPN	European Crime Prevention Network
Eurostat	Statistisch Bureau Europese Unie
FFM	vijffactormodel
FGC	Family Group Conferencing
FIOD	Fiscale Inlichtingen- en Opsporingsdienst
FLARE	Freedom, Legality and Rights in Europe
HALT	Het alternatief
HIC	high impact crimes
HKS	Herkenningsdienst Systeem
ICVS	International Crime Victims Survey
IQ	intelligentiequotiënt
INTERVICT	International Victimology Institute Tilburg
IRT	interregionaal rechercheteam
ISD	inrichting voor stelselmatige daders

ISTSS	International Society of Traumatic Stress
IVR	Integrale Veiligheidsmonitor Rijk
JDS	justitieel documentatiesysteem
JJI	justitiële jeugdinrichting
KGI	kindgerichte interactie
MOT	Meldpunt Ongebruikelijke Transacties
NCTb	Nationaal Coördinator Terrorismebestrijding
NtVP	Nederlandstalige Vereniging voor Psychotrauma
ODD	oppositional-defiant disorder
OESO	Organisatie voor Economische Samenwerking en Ontwikkeling
PCIT	Parent-Child Interaction Therapy
PEN	psychoticism, neuroticism, extraversion
PIJ	plaatsing in een inrichting voor jeugdigen
POP	problem-oriented policing
PPS	posttraumatische stressstoornis
PvdA	Partij van de Arbeid
PVV	Partij Voor de Vrijheid
RARA	Revolutionaire Anti-Racistische Actie
RICO	Racketeer Influenced and Corrupt Organizations Act
RIEC	regionale informatie- en expertisecentra
SCP	Sociaal en Cultureel Planbureau
TAS	thrill and adventure seeking
tbs	terbeschikkingstelling
TK	Tweede Kamer
UNICRI	United Nations Interregional Crime and Criminal Justice Research Institute
UNODC	United Nations Office on Drugs and Crime
VI	voorwaardelijke invrijheidstelling
VM	Veiligheidsmonitor Ook: landelijke organisatie Voorkoming Misdrijven
VN	Verenigde Naties
VVD	Volkspartij voor Vrijheid en Democratie
WODC	Wetenschappelijk Onderzoek- en Documentatiecentrum
WSV	World Society of Victimology
Wwft	Wet ter voorkoming van witwassen en financieren van terrorisme

Literatuur

Adamoli, S., A. di Nicola, E.U. Savona & P. Zoffi (1989), Organised Crime around the World. – Helsinki: HEUNI

Aebi, M.F., Aubusson de Cavarlay, B., Barclay, G., Gruszczyńska, B., Harrendorf, S., Heiskanen, M., Vasilika, H., Jaquier, V., Jehle, J.-M., Killias, M., Shostko, O., Smit, P., Þórisdóttir, R (2010). European Sourcebook of Crime and Criminal Justice Statistics – 2010, Fourth edition. – Den Haag: WODC

Agnew, R. (1992) Foundation for a General Strain Theory of Crime and Delinquency. – Criminology 30: 47-87

Akers, R.L. (1973) Deviant behavior: a social learning approach. – Belmond, CA: Wadsworth

Akkermans, M.M.P. en M.M. van Rosmalen ,(2014), Criminaliteit en slachtofferschap. In: N.E. de Heer-de Lange & S.N. Kalidien (eds) Criminaliteit en rechtshandhaving 2013, Ontwikkelingen en samenhangen. – Den Haag: WODC/CBS

Aletrino, A. (1902) Handleiding bij de studie der crimineele anthropologie, 2 dln. – Amsterdam: Tierie & Kruyt, 1902-1904

Alink, L.R.A., Van IJzendoorn, M.H., Bakermans-Kranenburg, M.J., Pannebakker, F., Vogels, T., & Euser, S. (2011) Kindermishandeling in Nederland Anno 2010: De tweede nationale prevalentiestudie mishandeling van kinderen en jeugdigen (NPM-2010). – Leiden: Casimir Publishers.

Alisic E., Zalta A.K., van Wesel F., Larsen S.E, Hafstad G.S, Hassanpour K., Smid G.E. (2014) Rates of post-traumatic stress disorder in trauma-exposed children and adolescents: meta-analysis. – Br J Psychiatry. 2014 May, 204:335-40

American Psychiatric Assn, W., DC, US. (1994) Diagnostic and statistical manual of mental disorders (4th ed.). – Washington, DC, US: American Psychiatric Association

Amir, M. (1971) Patterns of Forcible Rape. – Chicago: University of Chicago Press

Amnesty International, (2013) Proactief politieoptreden vormt risico voor mensenrechten, etnisch profileren onderkennen en aanpakken, Amsterdam: Amnesty International Afdeling Nederland , oktober 2013

Amnesty International (2014) Death Sentences and Executions 2013, Amnesty International Publications

Andel, H. van (1989) Crime prevention that works: the care of public transport in The Netherlands. – British Journal of Criminology, 29, p. 47-56

Anderson, C. A. , L. Berkowitz, E. Donnerstein, L. R. Huesmann, J. D. Johnśon,D. Linz, N. M. Malamuth and E. Wartella (2003) The influence of media violence on youth, psychological science in the public interest. – Amer. Psychological Society, vol. 4, no. 3

Aos, S. et al. (2001) The Comparative Costs and Benefits of Programs to Reduce Crime. – Olympia, WA: Washington State Institute for Public Policy (www.wa.gov/wsipp)

Aos, S., R. Lieb, J. Mayfield, M. Miller & A. Pennucci (2004) Benefits and costs of prevention and early intervention programs for youth, Technical Appendix. – Olympia: Washington State Institute for Public Policy

Arendt, H. (1963) Eichmann in Jerusalem: A Report on the Banality of Evil. – New York: The Viking Press

Atkinson, R.L., R.C. Atkinson & E.R. Hilgard (1983) Introduction to Psychology. – San Diego, CA: Harcourt Brace Jovanovich

Averdijk, M., & Elffers, H. (2012) The discrepancy between survey-based victim accounts and police reports revisited. – International Review of Victimology, 18, 19-107

Baker, D.B., K. Knight & D.D. Simpson (1995) Identifying Probationers with ADHD-related Behaviors in a Drug Abuse Treatment Setting. – Criminal Justice and Behavior, vol. 22, p. 33-43

Bandura, A. (1997) Self-efficacy: The exercise of control. – New York: W.H. Freeman & Co.

Bandura, A., D. Ross & S.A. Ross (1961) Transmission of aggression through imitation of aggressive models. – Journal of Abnormal and Social Psychology, 63, p. 575-582

Bandura, A. & R.H. Walters (1959) Adolescent Agression. – New York: Ronald Press

Bardone, A.M., T.E. Moffitt, A. Caspi, N. Dickson, W.R. Stanton & P.A. Silva (1998) Adult physical health outcomes of adolescent girls with conduct disorder, depression, and anxiety. – Journal of the American Academy of Child and Adolescent Psychiatry, 37, p. 594-601

Bartol, C.R. (1980) Criminal Behavior: A Psychosocial Approach. – Englewood Cliffs, NJ: Prentice-Hall

Baumeister, R.F., T.F. Heatherton & D.M. Tice (Eds.) (1994) Losing control: How and why people fail at self-regulation. – San Diego, CA: Academic Press

Beauchaine, T.P., D.N. Klein, S.E. Crowell, C. Derbidge & L. Gatzke-Kopp (2009) Multifinality in the development of personality disorders: A Biology × Sex × Environment interaction model of antisocial and borderline traits. – Development and Psychopathology, 21 (Special Issue 03), p. 735-770

Beccaria, C., (1764) Dei delitti e delle pene. –Livorno

Beccaria, C. (1971) Over misdaden en straffen, ingeleid, van aantekeningen voorzien en vertaald door J.M. Michiels. Met een voorwoord door J.M. van Bemmelen. – Antwerpen: Standaard Wetenschappelijke Uitgeverij en Zwolle: Tjeenk Willink

Becker, G.S. (1968) Crime and Punishment: An Economic Approach. – Journal of Political Economy, vol. 76, no. 2, p. 169-217

Bentham, J. (1789) An Introduction to the Principles of Morals and Legislation. – Oxford: Clarendon Press

Beijk, J. (1986) Het geloof in de rechtvaardige wereld. – Psychologie, vol. 5, p. 18-21

Belsky, J. (1984) The determinants of parenting: a process model. – Child Development 55: p. 83-96

Benekos, P.J. & A.V. Merlo (1994) Baseball Punishment: The Political Sentencing Game. – Glenwood Hills, PA: Mercyhurst College

Benson, Michael L., Sally S. Simpson (2015) White-Collar Crime: An Opportunity Perspective. – New York: Routledge.

Berg, P. T. van den, & Feij, J. A. (1988) De ontwikkeling van een selectieversie van de Spanningsbehoeftelijst, SBL-S. – Nederlands Tijdschrift voor de Psychologie, 43, p. 328-343

Bergen, S.E., C.O. Gardner & K.S. Kendler (2007) Age-Related Changes in Heritability of Behavioral Phenotypes Over Adolescence and Young Adulthood: A Meta-Analysis. – Twin Research and Human Genetics, 10(3), 423-433
Berghuis, A. (1992) De harde en de zachte hand – een statistische analyse van verschillen in sanctiebeleid. –Trema, p. 84-93.
Berghuis, A.C. & M.M. Kommer (1982) Effecten van voorlichting en controle. – Den Haag: Staatsuitgeverij
Bergsma, A. (1995) Psychofarmaca voor kinderen. – Jeugd en Samenleving, p. 656-665
Berman, A. & A. Siegal (1976) A neuropsychological approach to the etiology, prevention and treatment of juvenile delinquency. In: A. Davids (Ed.) Child Personality and Psychopathology, vol. 3. – New York: Wiley
Bickman, L. (1975) Bystander intervention in a crime. – Journal of Applied Social Psychology, no. 4, p. 296-302
Bieleman, B. et al. (2013) Aantallen coffeeshops en gemeentelijk beleid 1999-2012. Coffeeshops in Nederland 2012. – Groningen: Intraval
Bijleveld, C., J. Hendriks & M. Vinke (2003) Moeilijke meisjes – de relatie tussen delict- en persoon(lijkheid)skenmerken van delinquente meisjes. – Tijdschrift voor Criminologie, vol. 45, no. 1, p. 53-70
Bijleveld, C.C.J.H. (2008) Missing pieces. Methodological issues in the study of international crimes and gross human rights violations. In R.H. Haveman & A.L. Smeulers (Eds.), Towards a criminology of international crimes (pp. 77-100). – Antwerpen: Intersentia.
Bilsky, Pfeiffer & Wetzels (1993) Fear of Crime and criminal victimization. – Stuttgart: Ferdinand Enke Verlag
Blom, Oudhof, Bijl en Bakker (red.) (2005) Verdacht van criminaliteit. Allochtonen en autochtonen nader bekeken. – Den Haag: CBS en WODC
Bloom, R.W. (2002) On Media Violence: Whose Facts? Whose Misinformation? – American Psychologist, 57, p. 447-448
Body-Gendrot, S. et al. (2013) The Routledge Handbook of European Criminology, London: Routledge
Boeringer, S.B. (1994) Pornography and sexual aggression: associations of violent and non-violent depictions with rape and rape proclivity. – Deviant Behavior, vol. 15, no. 3, p. 289-304
Bokhoven, I. van, W. Matthys, S.H.M. van Goozen & H. van Engeland (2005) Prediction of Adolescent Outcome in Children with Disruptive Behavior Disorders: A Study of Neurobiological, Psychological and Family Factors. – European Child & Adolescent Psychiatry, 14(3), p. 153-163
Bommel, M. van, Prooijen, J.W. van, Elffers, H. & Lange, P.A.M. van (2014) Intervene to be seen: The power of a camera in attenuating the bystander effect. – Social Psychological & Personality Science, 5, 459-466
Bonger, W.A (1932) Inleiding tot de Criminologie. – Amsterdam: de Erven Bohn
Bonanno, G.A. (2004) Loss, trauma, and human resilience. Have we underestimated the human capacity to thrive after extremely aversive events? – American Psychologist, 59, 20-28

Boom, A. ten & K.F. Kuypers (2008) Behoeften van slachtoffers van delicten: een systematische literatuurstudie naar behoeften zoals door slachtoffers zelf geuit. – Den Haag: WODC/ Universiteit van Tilburg

Boon, V. van der & G. van der Marel (2010) De vastgoedfraude; miljoenenzwendel aan de top van het Nederlandse bedrijfsleven. –Amsterdam: Nieuw Amsterdam

Boone, M.M. en Korf, D.J. (2010). Bestraffing van cocaïnesmokkelaars. Richtlijnen, rechters, rechtbanken en de persoon van de dader. – Tijdschrift voor Criminologie, 52(3), p. 239-256

Boorsma, J.S.W. en A.J.G. Tijhuis (2009) Actoren in de strafrechtspleging. Een inleiding. –Den Haag: Boom Juridische uitgevers

Boutellier, H. (1993) Solidariteit en slachtofferschap: de morele betekenis van criminaliteit in een postmoderne cultuur. – Nijmegen: SUN

Bovenkerk, F. (2003) Over de oorzaken van allochtone misdaad. In: F. Bovenkerk F. et al. (Eds.) Multiculturaliteit in de strafrechtspleging. – Den Haag: Boom Juridische uitgevers

Bovenkerk, F. & Y. Yesilgöz (1998) De Maffia van Turkije. – Meulenhoff

Braithwaite, J. (1984) Corporate Crime in the Pharmaceutical Industry. – London: Routledge and Kegan Paul

Braithwaite, J. (1989) Crime, Shame and Reintegration. – Cambridge [etc.]: Cambridge University Press

Braithwaite, J. (1990) Not just deserts: A Republican Theory of Criminal Justice. – Oxford: Clarendon Press

Brandt Corstius, H./alias P. Grijs (1978) Buikhuisen, dom én slecht. – Amsterdam: BV Weekbladpers

Brink, G. van de (2007) Prachtwijken; de mogelijkheden en beperkingen van Nederlandse probleemwijken. – Amsterdam: Bert Bakker

Browne, K.D. & C. Hamilton-Giachritsis (2005) The influence of violent media on children and adolescents: a public-health approach. – The Lancet, 365(9460), p. 702-710

Bruinsma, G.J.N. (1981) De controletheorie van Travis Hirschi: toetsing van een causaal model. In: L. Gunther Moor et al. (Eds.) Grenzen van de Jeugd. – Nijmegen: Ars Aequi Libri

Bruinsma, G.J.N. (1983) De controletheorie voor het grote en het kleine verschil. – Tijdschrift voor Criminologie, vol. 25. p. 96-104

Brussel, G.H.A. van, D.H. van der Woude & S.J.M. Lieshout (1994) Werkt het Amsterdamse sociaal-medische drugshulpbeleid?: Jaarbericht 1993 van de Drugsafdeling GG & GD. – Amsterdam: GG & GD Amsterdam

Buikhuisen, W. (2006) Criminologie, biologie en de centrale betekenis van de amygdala. – Justitiële Verkenningen, vol. 32, no. 8, p. 11-32

Buikhuisen, W. & Mednick, S.A. (Eds.) (1988) Explaining criminal behaviour. – Leiden: E.J. Brill

Buikhuisen W. (1977) Rechterlijke macht en klassejustitie. Een beschouwing naar aanleiding van het onderzoek van het Criminologisch Instituut te Groningen. Den Haag: WODC, WODC-reeks 14

Buikhuisen, W., Jongman, R. & Oving, W. (1969). Ongeregistreerde criminaliteit onder studenten. – Nederlands Tijdschrift voor Criminologie, vol. 11, nr. 2, p.69-90
Buikhuisen, W. & J. van Weringh (1969) Politie, auto en veilig verkeer. – Groningen: Wolters-Noordhoff
Bullock, T. (2003) Key findings from the literature on the effectiveness of drug treatment in prison. In: Prisoners' drug use and treatment: seven research studies. Malcolm Ramsay (ed.). – Home Office Research Study 267
Bunt, H.G. van de (1992) Organisatiecriminaliteit: rede uitgesproken bij de aanvaarding van het ambt van bijzonder hoogleraar. – Arnhem: Gouda Quint
Bunt, H.G. van de, Kleemans, E.R. & Berg, E.A.I.M. van den (1998). Georganiseerde criminaliteit in Nederland; rapportage op basis van de WODC-monitor. Den Haag: Ministerie van Justitie
Bunt, H.G. van de & E.R. Kleemans (2007) Georganiseerde Criminaliteit in Nederland. Derde Rapportage op Basis van de Monitor Georganiseerde Criminaliteit. – Den Haag: WODC/Boom Juridische uitgevers
Bunt, H.G. van de & C. van der Schoot (Eds.) (2003) Prevention of Organised Crime: A Situational Approach. – Den Haag: Boom Juridische uitgevers/Cullompton: Willan Publishing
Burik, A. van & E. van Dijk (1998) Binden of boeien, voortgangsrapportage 1997. – Amsterdam: Van Dijk, Van Soomeren en Partners
Burke, J.D., Loeber, R. & Brimaher, B. (2002) Oppositional defiant disorder and conduct disorder: a review of the past 10 years, part II. – Journal of the American Academy of Child & Adolescent Psychiatry, 41(11). P. 1275-1293
Buruma, Y. (1994) Victimalisering van het strafrecht. In: M. Moerings et al. (Eds.) Hoe punitief is Nederland? – Arnhem: Gouda Quint
Bushman, B.J. & C.A. Anderson (2001) Media violence and the American public: Scientific facts versus media misinformation. – American Psychologist, 56(6), p. 477-489
Buys, D. (1983) Learning with and without memory. – Psychology Today, no. 4, p. 76
Calvi, F. (1993) Het Europa van de Peetvaders; de maffia verovert een continent. – Amsterdam: Balans
Cankaya, S. (2012) De controles van marsmannetjes en ander schorriemorrie: het beslissingsproces tijdens proactief politiewerk. – Den Haag: Boom Lemma uitgevers
Capaldi, D., D. DeGarmo, G.R. Patterson & M. Forgatch (2002) Contextual risk across the early life span and association with antisocial behavior. In: J.B. Reid, G.R. Patterson & J. Snyder (Eds.) Antisocial behavior in children and adolescents: A developmental analysis and model for intervention. – Washington DC: American Psychological Association, p. 123-145
Cao, Sun & Hebenton (ed.) (2013) The Routledge Handbook of Chinese Criminology, 2013. – London: Routledge
Caspi, A., T.E. Moffitt, P.A. Silva, M. Stouthamer-Loeber, R.F. Krueger & P.S. Schmutte (1994) Are Some People Crime-Prone? Replications of the Personality-Crime Relationship across Countries, Genders, Races, and Methods. – Criminology, 32(2), p. 163-196

Cavender, G. (1979) Special deterrence - An operant learning evaluation. – Law and Human Behavior, 3(3), 203-215

CBS (2015), CBS/statline

Chaffin, M., J.F. Silovsky, B. Funderburk, L.A. Valle, E.V. Brestan, T. Balachova et al. (2004) Parent-Child Interaction Therapy With Physically Abusive Parents: Efficacy for Reducing Future Abuse Reports. – Journal of Consulting & Clinical Psychology, 72, p. 500-510

Chenery, S., J. Holt & K. Pease (1997) Biting Back II: Reducing Repeat Victimisation in Huddersfield. – London: Home Office, Crime Detection and Prevention Series, Paper 82

Church, R.M. & Carnathan, J. (1963) Differential reinforcement of short-latency responses in the white rat. Journal of Comparative and Physiological Psychology, 56, 120-123

Clarke, R.V. (Ed.) (1992) Situational Crime Prevention: Successful Case Studies. – New York: Harrow and Heston

Clarke, R.V. & P. Mayhew (1989) Crime as Opportunity. – British Journal of Criminology, 29: p. 35-46

Clarke, R. V. G & G. R. Newman⊠ (2006) Outsmarting the Terrorists. – Westport: Praeger International Security/ Greenwood Publishing Group⊠

Clarke, R.V. & D. Weisburd (1994) Diffusion of Crime Control Benefits: Observations on the Reverse of Displacement. – Crime Prevention Studies 2: p. 165-184. Cullompton: Willan Publishing

Clinard, Marshall. B., and Peter C. Yeager (1980) Corporate Crime. – New York: Free Press

Cloninger, C.R., C. Bayon & T.R. Przybeck (1997) Epidemiology and Axis I comorbidity of antisocial personality. In: D.M. Stoff, J. Breiling & J.D. Maser (Eds.) Handbook of antisocial behavior. – New York, NY: John Wiley & Sons, p. 12-21

Cloward, R.A. & L.A. Ohlin (1961) Delinquency and opportunity. – Glencoe: Free Press

Cohen, A.K. (1955) Delinquent Boys: The Culture of the Gang. – Glencoe, IL Free Press

Cohen, L.E. & M. Felson (1979) Social change and crime rate trends: A routine activity approach. – American Sociological Review, vol. 44, p. 588-608

Coid, J., M. Yang, P. Tyrer, A. Roberts & S. Ullrich (2006) Prevalence and correlates of personality disorder in Great Britain. – The British Journal of Psychiatry, 188(5), p. 423-431

Compton, W.M., K.P. Conway, F.S. Stinson, J.D. Colliver & B.F. Grant (2005) Prevalence, Correlates, and Comorbidity of DSM-IV Antisocial Personality Syndromes and Alcohol and Specific Drug Use Disorders in the United States: Results From the National Epidemiologic Survey on Alcohol and Related Conditions. – Journal of Clinical Psychiatry, 66(6), p. 677-685

Cook, Ph. & J. MacDonald (2010) Public Safety through Private Action: An economic assessment of BIDS, locks, and citizen cooperation. – NBER Working Papers 15877, National Bureau of Economic Research, Inc.

Cooter, R.D. & B. Hall (1998) Models of Morality in Law and Economics: Self-Control and Self-Improvement for the 'Bad Man' of Holmes. – Berkeley, CA: University of California, Berkeley

Cornish, D. & R.V. Clarke (Eds.) (1986) The Reasoning Criminal. - New York: Springer Verlag

Costa, P.T.J., R.R. McCrae & I.C. Siegler (1999) Continuity and change over the adult life cycle: personality and personality disorders. In: C.R. Cloninger (Ed.) Personality and psychopathology. - Washington, DC: American Psychiatric Association, p. 129-154

Coyne, S. (2007) Does Media Violence Cause Violent Crime? - European Journal on Criminal Policy and Research, 13(3), p. 205

Cozijn, C. (1991) Aansprakelijkheid op grond van de Wet bestuurdersaansprakelijkheid bij faillissement. - Arnhem: Gouda Quint

Crawford, A. (2009) Crime Prevention Policies in Comparative Perspective. - Cullompton: Willan Publishing

Criminaliteit en rechtshandhaving 2012. Ontwikkelingen en samenhangen. - Den Haag: Boom Lemma

Crick, N.R. & Dodge, K.A. (1994) A review and reformulation of social-information-processing mechanisms in children's social adjustment.– Psychological bulletin, 115, 74-101

Croes, Marnix, Henk Elffers & Albert Klijn (2010) Leken en strafrechters vergeleken: Wagenaars' raadkameronderzoek en de discussies over punitiviteit en lekeninbreng. - Rechtstreeks, 2008, nr. 3, Raad voor de Rechtspraak

Cuijpers P., Sijbrandij M., Koole S.L., Andersson G., Beekma (2013) The efficacy of psychotherapy and pharmacotherapy in treating depressive and anxiety disorders: a meta-analysis of direct comparisons. - World Psychiatry. 12(2):137-48

Cuijvers, L. (1985) De maatschappelijke marginalisering van het slachtoffer van misdrijven: een inhoudsanalyse van de berichtgeving over slachtoffers van levensdelicten (proefschrift). - Leuven: Katholieke Universiteit Leuven

Darves-Bornoz, J. M., Alonso J., de Girolamo G., de Graaf, R., Haro J. M., Kovess-Masfety, V. (2008) Main traumatic events in Europe: PTSD in the European study of the epidemiology of mental disorders survey. – Journal of Traumatic Stress. 21(5):455–462. doi: 10.1002/jts.20357

Deering, C.G., Glover, S.G., Ready, D., Eddleman, H.C. & Alarcon, R.D. (1996) Unique patterns of comorbidity in posttraumatic stress disorder from different sources of trauma. - Comprehensive Psychiatry, 37, 336-346

Dekker, Paul & Van der Meer, Tom (2007) Vertrouwen in de rechtspraak nader onderzocht. –Den Haag: SCP

Denkers, F.A.C.M. (1975) Criminologie en beleid. - Nijmegen: Dekker en Van de Vegt

Denkers, F.A.C.M. (1993) Op eigen kracht onveiligheid de baas: de politie van pretentieuze probleemoplosser naar bescheiden ondersteuner. - Lelystad: Koninklijke Vermande

Derzon, J. H. (2010) The correspondence of family feature with problem, aggressive, criminal, and violent behavior: A meta-analysis. –Journal of Experimental Criminology, 6, 263-292

Derzon, J.H. (2001) Antisocial behavior and the prediction of violence: A meta-analysis. - Psychology in the Schools, 38(2), p. 93-106

Dettenboon, H. (1971) Beziehungen im psychologisch relevanten Determinationskomplex der Jugendkriminalität. – Probleme und Ergebnisse der Psychologie, 39, p. 27-79

Digangi J., Guffanti G., McLaughlin K.A., Koenen K.C. (2013) Considering trauma exposure in the context of genetics studies of posttraumatic stress disorder: a systematic review. – Biol. Mood Anxiety Disord. Jan 3, 3(1)

Digman, J.M. (1990) Personality structure: Emergence of the five-factor model. – Annual Review of Psychology, vol. 41, p. 417-440

Dijk, J.J.M. van (1986) Responding to crime: reflections on the reactions of victims and non-victims to the increase in petty crime. In: E. Fattah (Ed.) From Crime Policy to Victim Policy. – London: MacMillan, p. 156-166

Dijk, J.J.M. van (1991) Criminaliteit als keerzijde: een theoretische en empirische verkenning van de relaties tussen welvaart en criminaliteit (oratie). – Arnhem: Gouda Quint

Dijk, J.J.M. van (1992) Als de dag van gisteren: over de betrouwbaarheid van het slachtofferverhaal. – Justitiële Verkenningen, vol. 18, no. 3, p. 47-65

Dijk, J.J.M. van (1994) Understanding crime rates: on the interactions between the rational choices of victims and offenders. – British Journal on Criminology, Delinquency and Deviant Behaviour, vol. 34, nr. 2, p. 105-121

Dijk, J.J.M. van (2007), The World of Crime; breaking the silence on problems of crime, justice and development across the world. – Thousand Oaks: SAGE

Dijk, J.J.M. van (2008) Slachtoffers als Zondebokken, over de dubbelhartige bejegening van gedupeerden van misdrijven in de westerse cultuur – Apeldoorn: Maklu

Dijk, J.J.M. van (2009a) Comparing crime data based on general population surveys with police figures of recorded crimes. In: P. Robert (Ed.) Assessing Deviance, Crime and Prevention in Europe. – CRIMPREV. Brussels: Brussels University Press

Dijk, J.J.M. van (2009b) Tourist Victimization and the lack of information and services, Liber Amicorum Zvonimir Šeparović – Zagreb: Pravni Fakultet Sveučilišta u Zagreb, p. 105-111

Dijk, J.J.M. van (2012) Deuren op slot. Naar een verklaring voor de internationale daling van de criminaliteit, Justitiele verkenningen, jaargang 38, 7/12 (www.wodc.nl)

Dijk, J.J.M. van & J. Junger-Tas (1988) Trends in crime prevention in The Netherlands. In: T. Hope & M. Shaw (Eds.) Communities and crime reduction. – London: Home Office Research and Planning Unit, p. 260-277

Dijk, J.J.M. van, J van Kesteren & P. Mayhew (2014) The international crime victims surveys: A retrospective. – International Review of Victimology, Vol. 20, No. 1, p. 49-69

Dijk, J.J.M. van, J. van Kesteren & P. Smit (2007) Criminal Victimisation in an International Perspective; key findings from the 2004-2005 ICVS and EU ICS. – The Hague: Ministry of Justice/WODC

Dijk, J.J.M. van, P. Mayhew & M. Killias (1990) Experiences of Crime Across the World: Key Findings from the 1989 International Crime Survey. – Deventer: Kluwer Law and Taxation

Dijk, J.J.M. van & N. Nijenhuis (1979) Ja zeggen, nee doen?; een onderzoek naar de overeenkomsten tussen verbale attitudes en feitelijk gedrag bij angstgevoelens t.a.v. criminaliteit. – Tijdschrift voor Criminologie, 21 (6), p. 257-273

Dijk, J.J.M. van & G.J. Terlouw (1995) Fraude en criminaliteit tegen het bedrijfsleven in internationaal perspectief. – Justitiële Verkenningen, no. 4
Dijk, J.J.M. van & J. de Waard (1991) A two-dimensional typology of crime prevention projects: With a bibliography. – Criminal Justice Abstracts, 23, p. 483-503
Dirkzwager A., Lamet W., Nieuwbeerta P., Blokland A.A.J. & Laan P.H. van der (2009) Na detentie: de gevolgen van rechtspraak. – Rechtstreeks 1: 6-34
Dirkzwager A., Nieuwbeerta P. & Fiselier J.P.S. (2009) Onbedoelde gevolgen van vrijheidsstraffen. Een literatuurstudie. – Tijdschrift voor Criminologie 51(1): 21-41
Dodge, K.A. & G.S. Pettit (2003) A Biopsychosocial Model of the Development of Chronic Conduct Problems in Adolescence. – Developmental Psychology, 39 (2), p. 349-371
Donker, A.G., W.H. Smeenk, P.H. van der Laan & F.C. Verhulst (2003) Individual stability of antisocial behavior from childhood to adulthood: testing the stability postulate of Moffitt's developmental theory. – Criminology, 41(3), p. 593-609
Doosje, B., & Haslam,S. A. (2005) What have they done for us lately? The dynamics of reciprocity in intergroup contexts.– Journal of Applied Social Psychology, 35 , 508-535
Doreleijers, Th.A.H., E.M. Scholte & D. Matsier (2001) Het samengaan van ernstige en geweldsmisdrijven met andere problemen. In: R. Loeber, N.W. Slot & J.A. Sergeant (Eds.): Ernstige en gewelddadige jeugddelinquentie. – Houten/Diegem: Bohn, Stafleu & Van Loghum
Driessen, F.M.H.M., Duursma, F., Broekhuizen, J. (2014) Naar een verklaring voor de internationale daling van de criminaliteit. – Justitiele verkenningen, 3897, p. 7-43
Duipmans, D. (1993) Preventie of pretentie?: de effecten op recidive van een preventie-project in de provincie Groningen. – Amsterdam: Thesis
Durkheim, E. (1893) De la division du travail social. – s.l.; s.n.
Duyne, P.C. van, R.F. Kouwenberg & G. Romeijn (1990) Misdaadondernemingen: ondernemende misdadigers in Nederland. – Arnhem: Gouda Quint
Eck, J.E. et al. (2005) Mapping crime: understanding hot spots. – National Institute of Justice (http://purl.access.gpo.gov/GPO/LPS66131)
Eggen en Kalidien (2008) Criminaliteit en rechtshandhaving 2008. Ontwikkelingen en samenhangen. – Den Haag: Boom Juridische Uitgevers
Eisenberg, N., A. Cumberland, T.L. Spinrad, R.A. Fabes, S.A. Shephard, M. Reiser et al. (2001) The relations of regulation and emotionality to children's externalizing and internalizing problem behavior. – Child Development, 72(4), p. 1012-1135
Eisner, M. (2001) Modernization, Self-Control and Lethal Violence. The Long-term Dynamics of European Homicide Rates in Theoretical Perspective. – British Journal of Criminology, 41(4), p. 618-638
Ekkers, C.L. (1977) Aktivatie en agressie. –Leiden: TNO
Elffers, H. (2008) Een straffe aanpak (oratie VU). – Den Haag: Boom Juridische uitgevers
Elliott, D.S. et al. (1996) The effects of neighborhood disadvantage on adolescent development. – Journal of Research in Crime and Delinquency, vol. 33, p. 389-426
Ellis, L., K.M. Beaver & J. Wright (2009) Handbook of Crime Correlates. – Amsterdam: Elsevier, Academic Press

Ellis, L. (2005) A theory explaining biological correlates of criminality. – European Journal of Criminology, 2, 287-315

Emmerik, A. van & E. Berretty (2007) Leven met een trauma. – Bohn Stafleu van Loghum

Emsley, C. (2007) Historical perspectives on crime. In: Maguire M., Morgan R., Reiner R. (Eds.), The Oxford Handbook of Criminology, fourth edition. – Oxford: Oxford University Press,p. 122-138

Enquêtecommissie opsporingsmethoden (1996) Inzake Opsporing. – Den Haag: Sdu Uitgevers

Enzmann, Marshall, Killias, Junger-Tas, Steketee & Grusczynska (2010) Self-Reported Youth Delinquency in Europe and beyond: First results of the Second International Self-Report Delinquency (ISRD) Study in the Context of Police and Victimization Data. – European Journal of Criminology, 7

Erez, Roeger & Morgan (1994) Victim Impact Statements in South Australia: An evaluation. – Office of crime statistics, South Australian Attorney-General's Department, Series C, No. 6

Erp, J. & M. Verberk (2001) Evaluatie regelgeving Terwee; de bevindingen van slachtoffers. – Justitiële Verkenningen 3.01, jaargang 27

Ettema. A. (2008) De Staat van het Recht anno 2008. Amsterdam: TNS/NIPO (in opdracht van Trouw)

Eyberg, S.M., M.M. Nelson & S.R. Boggs (2008) Evidence-Based Psychosocial Treatments for Children and Adolescents With Disruptive Behavior. – Journal Of Clinical Child & Adolescent Psychology, 37(1), p. 1-23

Eysenck, H.J. (1991) Dimensions of personality: 16, 5, or 3? Criteria for a taxonomic paradigm. – Personality and Individual Differences, 12, p. 773-790

Farley & Sewell (1976) Test of arousal theory in delinquency: Stimulation-seeking in deliquent and nondeliquent black adolescents. – Criminal Justice and Behavior, 3, 315-320

Farrell, G. & K. Pease (1993) Once Bitten, Twice Bitten: Repeat Victimization and its Implications for CrimePrevention. – London: Home Office, Police Research Group

Farrell, G., A. Tseloni & N. Tilley (2011) The effectiveness of vehicle security devices and their role in the crime drop. – Criminology and criminal justice, SAGE

Farrington, D.P. (1989) Long-term prediction of offending and other life outcomes. In: H. Wegener, F. Losel & J. Haisch (Eds.) Criminal behavior and the justice system. Psychological perspectives. – New York: Springer Verlag, p. 26-39

Farrington, D.P. (1995) Crime and physical health: Illnesses, injuries, accidents and offending in the Cambridge Study. – Criminal Behaviour and Mental Health, Vol 5(4), 261-278

Farrington, D.P. et al. (1994) Changes in crime and punishment in America, England and Sweden between the 1980s and the 1990s. – Studies on Crime and Crime Prevention, 3, p. 104-111

Feenstra, R. (1984) Romeinsrechtelijke grondslagen van het Nederlands privaatrecht. – Leiden: E.J. Brill

Feldman Ph. (1977) Criminal Behaviour: a Psychological Analysis. –Toronto: John Wiley & Sons

Felson, M. (1994) Crime and Everyday Life: Insight and Implications for Society. – Thousand Oaks, CA: Pine Forge Press

Felson, M. (1997) Crime and Everyday Life (sec. ed.). – Thousand Oaks: CA Pine Forge Press/Sage

Felson, R.B., P-P. Pare & K. Haber (2006) Firearms and fisticuffs: region, race, and adversary effects on assault, paper. – Los Angeles: American Society of Criminology

Fergusson, D.M., L.J. Horwood, A.L. Miller & M.A. Kennedy (2011) Life stress, 5-HTTLPR and mental disorder: findings from a 30-year longitudinal study. – The British Journal of Psychiatry, 198(2), p. 129-135

Ferri, E. (1885) La scuola criminale positiva.– Napoli: Enrico Detken

Ferwerda, H.B., I.M.G.G. van Leiden, N.A.M. Arts & A.R. Hauber (2006) Halt: Het Alternatief? – Den Haag: Boom Juridische uitgevers

Fijnaut, C. (1971) De selectiviteit van het justitiële politieoptreden. –Leuven: Katholieke Universiteit, School voor Criminologie

Fijnaut, C. (1985) Georganiseerde misdaad. – Justitiële Verkenningen, no. 9, p. 5-13

Fijnaut, C. (2010), De voorlopers van de moderne criminologie in België en Nederland. – Den Haag: WODC/Boom, Justitiële verkenningen, 36(2), 10-29

Fijnaut, C. (2014), Criminologie en strafrechtsbedeling. – Antwerpen: Intersentia

Fijnaut, C.J.C.F., F. Bovenkerk, G. Bruinsma, & H. van de Bunt (1996) Bijlage VII: Eindrapport onderzoeksgroep Fijnaut (Inzake opsporing/Enquêtecommissie Opsporingsmethoden). – Den Haag: Sdu uitgevers

Finkelhor, D., R.K. Ormrod & H.A. Turner (2009) Lifetime Assessment of Poly-Victimization in a national sample of Children and Youth. – Child Abuse and neglect, 33, p. 403-11

Fiselier, J.P.S. (1985) Last en overbelasting van de recherche. In: C. Fijnaut en A. Kuijvenhoven (red.) De recherche onder de loupe. Inleidingen voor het recherchecongres op 14 en 15 oktober 1985 te Zutphen. – Lochem: J.B. van den Brink en Co, p. 62-95

Fiselier, J.P.S. (1991) Afstemming van de straftoemeting. – Trema, vol. 18, no. 4, p. 105-117

FRA: Fundamental Rights Agency (2009) EU-MIDIS, European Union Minorities and Discrimination Survey, main results report. –Vienna

Friedrichs, David O. 2010. Trusted Criminals: White-Collar Crime in Contemporary Society, 4th ed. Belmont, CA: Wadsworth Cengage Learning

Ganpat, S.M. & M.C.A. Liem (2012) Homicide in the Netherlands. In: Liem, M.C.A. & W.A. Pridemore. Handbook of European Homicide Research. Patterns, Explanations, and Country Studies. – New York: Springer

Garland, D. *(*2001*)* The Culture of Control: Crime and Social Order in Contemporary Society. – Oxford*:* Oxford University Press

Garnier, W., & Enders-Slegers, M.J. (2012) Huiselijk geweld en dierenmishandeling in Nederland. Een verkennend onderzoek naar de relatie tussen huiselijk geweld en dierenmishandeling onder vrouwelijke slachtoffers van huiselijk geweld. – Zwolle: Kadera aanpak huiselijk geweld

Garofalo, R. (1885), Criminologica: studio sul delitto, sulle sue cause et sui mezzi di repression. – Torino: Fratelli Bocca
Gemeentepolitie Amsterdam (1993) Project 'Beware Watch Out': evaluatierapport van het experiment waarin een zestal jongeren mede toezicht uitoefende op het Osdorpplein en omgeving. – Amsterdam: Gemeentepolitie, Bureau Meer en Vaart
Gershoff, E.T. (2002) Corporal punishment by parents and associated child behaviors and experiences: A meta-analytic and theoretical review. – Psychological Bulletin, 128(4), p. 539-579
Girard, R. (1982) De zondebok (vertaling). – Kampen: Kok Agora
Gladwell, M. (2000) The Tipping Point: How Little Things Can Make a Big Difference. – Little Brown
Glueck, S. & E. Glueck (1950) Unraveling Juvenile Delinquency. – New York: Harper and Row
Goffman, E. (1963) Behavior in Public Places. – New York: Free Press
Goldblatt, P. & Chr. Lewis (1998) Reducing Offending: An Assessment of Research Evidence on Ways of Dealing with Offending Behaviour. – London: Home Office, Research and Statistics Directorate
Goodey, J. (2005) Victims and Victimology: Research, Policy and Practice. – Longman Criminology Series
Goozen, S.H.M. van, G. Fairchild, H. Snoek & G.T. Harold (2007) The Evidence for a Neurobiological Model of Childhood Antisocial Behavior. – Psychological Bulletin, 133(1), p. 149
Göppinger, Hans (1971) Kriminologie. – München
Gottfredson, M.R. & T. Hirschi (1990) A General Theory of Crime. – Stanford, CA: Stanford University Press
Gottschalk, M. & L. Ellis (2009) Evolutionary and Genetic Explanations of Violent Crime. In: C. Ferguson (Ed.) Violent crime: Clinical and social implications. – Thousand Oaks, CA: Sage, p. 57-74
Graaf, De, Meijer, Poelman en Vanwesenbeeck (2005) Seks onder je 25ste. Seksuele gezondheid van jongeren anno 2005. – Delft: Eburon
Gralinski, J.H. & C.B. Kopp (1993) Everyday Rules for Behavior: Mothers' Requests to Young Children. – Developmental Psychology, 29, p. 573-584
Gray, J. (1971) The Psychology of Fear and Stress. – New York: McGraw-Hill
Gray, J.A. (1972) The structure of the emotions and the limbic system. In: R. Port & J. Knight (Eds.) Physiology, Emotion and Psychosomatic illness. – Amsterdam: Associated Scientific Publishers
Greenwood, P. (1996) Diverting Children from a Life of Crime: Measuring Costs and Benefits. – Santa Monica, CA: Rand Corporation
Groenhuijsen, M & R. Letschert (2011) Compilation of International Victim's Rights Instruments. – Nijmegen: Wolf Legal Publishers, 2nd edition
Haaf, J. van, J.A. de Muijnck, M.Y. Bruinsma & M.J.J. Kunst (2008) Herhaald Slachtofferschap; Evaluatie van het project herhaald slachtofferschap. – Tilburg: IVA/ INTERVICT
Hadfield, Ph. (2009) Nightlife and Crime; social order and governance in international perspective. – Oxford: Oxford University Press

Harden, K.P., Quinn, D.P. and Tucker-Drobl, E.M. (2012) Genetically influenced change in sensation seeking drives the rise of delinquent behavior during adolescence. – Dev Sci. 2012 Jan;15(1):150-63
Harrington, J. (2012) R2P and Natural Disasters. In: W.A. Knight & F. Egerton (eds.). The Routledge Handbook of the Responsibility to Protect. – London: Routledge, 141-151
Hauber, A.R., J.G.A. Zandbergen & L.G. Toornvliet (1991) Naar minder zwartrijden: mogelijkheden tot maatregelen. – Leiden: Rijksuniversiteit Leiden, Criminologisch Instituut
Hauber, A.R. et al. (1993) Hoe functioneel is functioneel toezicht?: verslag van een onderzoek naar de bijdrage van toezichthoudende functionarissen aan de rechtshandhaving. – Leiden: Rijksuniversiteit Leiden, Criminologisch Instituut
Haveman, R. & Smeulers, A. (2008). Criminology in a state of denial – Towards a criminology of international crimes: Supranational criminology. In: A. Smeulers & R. Haveman (Eds.) (2008). Supranational criminology: Towards a criminology of international crimes. – Antwerp: Intersentia, 3-26
Haveman, R. H., Smeulers, A. L., Parmentier, S. & de Poot, C. (2011), De staat van de criminologie van internationale misdrijven. – Tijdschrift voor Criminologie, 53(4), 287-309
Haveman, R.H. (2012)The Rule of Law in Rwanda: Prospects and Challenges. – HiiL
Hebberecht, P. (2009) Crime prevention at the Belgian federal level: from a social democratic policy to a neo-liberal and authoritarian policy in a social democratic context. – Crime prevention policies in comparative perspective, 179-197
Heijden, Van der, W.M., V. Ho Tham en N.M. Nierop (1995) Landelijke inventarisatie criminele groeperingen. – Divisie Centrale Recherche Informatie
Hentig, von, H. (1948) The Criminal and His Victim. – New Haven: Yale University Press
Hesseling, R.B.P. (1993) Huismeesters. Een stand-van-zakenonderzoek. – Den Haag: WODC
Hesseling, R.B.P. (1994) Displacement: A Review of the Empirical Literature. In: R.V. Clarke (Ed.) Crime Prevention Studies, Vol. 3, p. 197-230. – Monsey, N.Y.: Criminal Justice Press
Hesseling, R.B.P., et al. (1991) Huismeesters in problematische woningcomplexen Het effect van huismeesters op criminaliteiten verhuurbaarheid in de na-oorlogse etagebouw. – Den Haag: WODC
Hessing, D.J., H. Elffers en J.H. Christiaanse (1989) Belastingontduiking: juridische, economische en psychologische aspecten van belastingweerstand. – Deventer: Kluwer
Heuvel, van den, G. (1993) Onderhandelen of Straffen: Over organisatiecriminaliteiten overheidscontrole. –Arnhem: Gouda Quint
Hindeland, M., M. Goddfredson & J. Garofalo (1978) Victims of Personal Crime; An Empirical Foundation for a Theory of Personal Victimization. – Cambridge: Ballinger
Hirschi, T. (1969) Causes of Delinquency. – Berkeley, CA: University of California Press
Hirschi, T. (1983) Crime and the Family. In: James Q. Wilson (ed.) Crime and Public Policy.– Oakland, CA: ICS Press

Hirschi, T. & M.R. Gottfredson (Eds.) (1994) The generality of deviance. – New Brunswick NJ: Transaction Publishers

Hirschi, T. & M. Hindelang (1977) Intelligence and Delinquency. – American Sociological Review, 42, p. 571-578

Hoefnagels, G.P. (1980) Beginselen van de kriminologie. 2e uitg. – Deventer: Kluwer

Hoek, L. van der et al. (1994) Eindrapport van het onderzoek voor het handboek Ruimtelijke aanpak van sociale veiligheid en criminaliteitspreventie in de gemeentelijke praktijk. – Rotterdam: AREA

Holá, B., Bijleveld, C.C.J.H. & Smeulers, A.L. (2012) Consistency and predictability in international sentencing. ICTY and ICTR case study. – European Journal of Criminology, 9, 539-552

Honderich, T. (1984) Philosophy Through Its Past. – London: Penguin

Hoogerwerf. A. (1996) Geweld in Nederland. – Assen: Van Gorkum

Hoogeveen & van Burik (2008) Doelgroep Schadefonds Geweldsmisdrijven. Een onderzoek naar de omvang en het profiel van de doelgroep van het Schadefonds Geweldsmisdrijven. – Adviesbureau van Montfoort

Horowitz, M.J. (1986) Stress Response Syndromes, 2nd ed. – New York: J. Aronson

Horwitz, A.V., C.S. Widom, J. McLaughlin & H.R. White (2001) The Impact of Childhood Abuse and Neglect on Adult Mental Health: A Prospective Study. – Journal of Health and Social Behavior, 42(2), p. 184-201

Hovland, C.I. & R.R. Sears (1970) Minor Studies of Aggression: Correlation of Lynchings with Economic Indices. In: E.I. Megargee & J.E. Hokanson. – New York: Harper and Row

Huesmann, L.R., L.D. Eron & P. Warnick Yarmel (1987) Intellectual functioning and aggression. – Journal of Personality and Social Psychology, 52(1), p. 232-240

Huisman, W. (2010a) Business as usual? Corporate Involvement in International Crimes. – Eleven International Publishing

Huisman, W. (2010b), Gemeenten en de strijd tegen georganiseerde criminaliteit. – Tijdschrift voor Veiligheid (9)3, 45- 59

Huisman, W. (2012) Met biografieën een beter begrip van witteboordencriminaliteit? – Tijdschrift over Cultuur en Criminaliteit, 2(3), 33-52

Huisman, W., M. Huikeshoven, H. Nelen, H. van de Bunt en J. Struiksma (2005). – Het Van Traa-project. Evaluatie van de bestuurlijke aanpak van georganiseerde criminaliteit in Amsterdam. – Den Haag: Boom Juridische uitgevers

Huisman, W. & E. Niemeijer (1998) Zicht op organisatiecriminaliteit; een literatuuronderzoek. – Den Haag: Sdu uitgevers

Huisman, M., A.J. Oldehinkel, A. de Winter, R.B. Minderaa, A. de Bildt, A.C. Huizink et al. (2008) Cohort Profile: The Dutch 'Tracking Adolescents' Individual Lives' Survey'; TRAILS. – International Journal of Epidemiology, 37(6), p. 1227-1235

Huisman, W. & E. van Sliedregt (2010) Rogue Traders – Dutch Businessmen and International Crimes, Journal of International Criminal Justice, 8, 803-828

Huisman, S, M. Princen, P. Klerks en N. Kop (2016) Handelen naar waarheid. Sterkte- en zwakteanalyse van de opsporing. – Programmateam Herijking Opsporing, Nationale Politie

Hullu, J. de (2002) Enkele suggesties voor herziening van het strafrechtelijk sanctiestelsel. In: Handelingen Nederlandse Juristen-Vereniging, 132e jaargang 2002 - 1: Herziening van het sanctiestelsel, Preadvies. – Deventer: Kluwer

Integrale Veiligheidsmonitor 2012, Landelijke rapportage (2012). – Den Haag: Centraal Bureau van de Statistiek/Ministerie van Veiligheid en Justitie

Internationale slachtofferenquête / International Crime Victims Survey (ICVS). –Den Haag: SCP

Intomart (1995) Criminaliteitspreventie door burgers: Achtergronden en effecten van preventie op basis van een nadere analyse van de Politiemonitor Bevolking 1993. – Den Haag: Stafafdeling Informatievoorziening, Directie Criminaliteitspreventie, Ministerie van Justitie

Jacobs, J.B. (1995) Busting the Mob. U.S. v. Casa Nostra. – New York: University Press

Janssen, J.H.L.J. (1999) Laat maar zitten. Een exploratief onderzoek naar de werking van de korte vrijheidsstraf. – Den Haag: Boom Juridische Uitgevers

Jennissen, R.P.W. en Blom, M. (2007) Allochtone en autochtone verdachten van verschillende delicttypen nader bekeken. –Den Haag: WODC

Jeffries, S., Fletcher, G. J. O., and Newbold, G. (2003). Pathways to sex-based differentiation in criminal court sentencing. – Criminology 41: 329-354

Jong, J.D. de (2007) Kapot Moeilijk; een etnografisch onderzoek naar opvallend delinquent groepsgedrag onder Marokkaanse jongens. – Amsterdam: Aksant

Jong, W. de, S. Marber & R. Shaver (1980) Crime intervention: The role of a victims behavior in reducing situational ambiguity. – Personality and Social Psychology Bulletin, vol. 6, p. 113-118

Jongman, R.W. (1993) De armen van Vrouwe Justitia. Sociale positie, criminaliteit en justitiële reacties. – Nijmegen: Ars Aequi Libri

Jongman, R.W., & Schilt, T. (1976) Gelet op de persoon van de verdachte... – Nederlands Tijdschrift voor Criminologie, 18(6), 273-287

Jongman, R.W. en G.J.A. Smale (1973) De invloed van leeftijd, recidive en ... van justitie. – T.v.Cr. 1973, 55-65

Junger, M. (1987) Women's experiences of sexual harassment. – British Journal of Criminology, vol. 27, no. 4, p. 358-383

Junger, M. (1990) Delinquency and Ethnicity: An Investigation on Social Factors Relating to Delinquency Among Moroccan, Turkish, Surinamese and Dutch Boys. – Deventer: Kluwer

Junger, M. (1998) Daders, slachtoffers en andere tegenslag. Samenhang tussen ongewenste uitkomsten. In:

Junger, M. (2009) Criminaliteitspreventie: beleid en technologie (oratie). – Enschede: Universiteit Twente

Junger, M. & M. Dekovic (2003) Crime as risk-taking: Co-occurrence of delinquent behavior, health endangering behaviors and problem behaviors. In: M. Gottfredson & C. Britt (Eds.), Advances in Criminological Theory. New Brunswick NJ: Transaction Publishers, p. 213-248

Junger, M. & J. Dronkers (Eds.) (1998) Daders, slachtoffers en andere tegenslag. Samenhang tussen ongewenste uitkomsten. – Amsterdam: Amsterdam University Press

Junger, M., L. Feder & S. Côté (2007) Policy Implications of Present Knowledge on the Development and Prevention of Physical Aggression. – European Journal on Criminal Policy and Research, p. 301-326

Junger, M., P.G.M. van der Heijden & C. Keane (2001) Interrelated Harms: Examining the Associations Among Victimizations, Accidents, and Criminal Offending. – Injury Control and Safety Promotion, 8, p. 13-28

Junger, M., W. Stroebe & A. van der Laan (2001) Delinquency, health behavior, and health in adolescence. – British Journal of Health Psychology, 6, p. 103-120

Junger, M., G.-J. Terlouw, & P.G.M. van der Heijden (1995) Crime, Accidents and social control. – Journal of Criminal Behaviour and Mental Health, 5: 386-410

Junger-Tas, J. (1983) Jeugddelinquentie: achtergronden en justitiële reactie. – Den Haag: Staatsuitgeverij

Junger-Tas, J. (1985) De theorie van sociale controle of sociale binding. – Tijdschrift voor Criminologie, no. 5, p. 244-265

Junger-Tas, J. (1996) Jeugd en gezin – preventie vanuit een justitieel perspectief. – Den Haag: Ministerie van Justitie/Sdu

Junger-Tas, J., en G.J. Terlouw (1991) Het Nederlands publiek en het criminaliteitsprobleem I/II. – Delikt en Delinkwent, March/April 1991

Junger-Tas, J., G.J. Terlouw and M.W. Klein (1994) Delinquent behavior among young people in the Western world. First results of the International self-report delinquency study. –The Hague: RDC/ Kugler Publications

Kaiser, G. (1988) Kriminologie (2nd ed.). Ein Lehrbuch. – Heidelberg: C.F. Muller Juristischer Verlag

Kalidien, S.N.& N.E. Heer-de Lange (2010) Criminaliteit en Rechtshandhaving 2009; ontwikkelingen en samenhangen. – CBS/WODC/Boom Juridische uitgevers (www.wodc.nl)

Kalidien, S.N.& N.E. Heer-de Lange (2012) Criminaliteit en Rechtshandhaving 2012. – CBS/WODC (www.wodc.nl)

Kalidien, S.N.& N.E. Heer-de Lange (2015) Criminaliteit en Rechtshandhaving 2014. – CBS/WODC (www.wodc.nl)

Kapteyn, P. (1987) Publieke moraal en zelfcontrole. – Justitiële Verkenningen, vol. 13, no. 6, p. 65-67

Keizer, K., S. Lindenberg & L. Steg (2008) The spreading of disorder. – Science, 322, 1681-1685

Kelea Research (2013) Ontwikkelingen in de beveiligingsbranche. Kwantitatieve branchescan beveiligingssector 2012. – Breda: Kelea Research

Kelman, H.C. & Hamilton, V.L. (1989). Crimes of obedience. – New Haven: Yale University Press

Kester, J.G.C. and J. Junger-Tas (1994) Criminaliteit en strafrechtelijke reactie - ontwikkelingen en samenhangen. – Arnhem: CBS/WODC/Gouda Quint

Kesteren, van, J. (2013) Revisiting the gun ownership and violence link. – British Journal of Criminology Advance Access

Kesteren, van, J. (2016) Assessing the risk and prevalence of hate crime victimization in Western Europe. – International Review of Victimology, 22(2), pp.139- 160

Kesteren, J. van, P. Mayhew & P. Nieuwbeerta (2000) Criminal Victimization in Seventeen Industrialised Countries. Key findings from the 2000 International Crime Victims Survey. – The Hague: WODC

Kirchhoff, G. (2010) History and Theoretical Structure of Victimology. In: S. Shoham, P. Knepper & M. Kett (Eds.) International Handbook of Victimology. – CRC Press

Kleemans, E.R. (1996) Strategische misdaadanalyse en stedelijke criminaliteit (dissertatie Universiteit Twente. – Enschede: Internationaal Politie Instituut Twente

Kleemans, E.R., E.A.I.M. van den Berg & H.G. van de Bunt (1998) Georganiseerde misdaad in Nederland: Rapportage op basis van de WODC-monitor. – Den Haag: Ministerie van Justitie, WODC, Onderzoek en beleid series, no. 173

Kleinman, W.M. & G.-J. Terlouw (1997) Kiezen voor een kans; evaluatie van hardekern-projecten. – Den Haag: Ministerie van Justitie, WODC, 166

Klerx-van Mierlo, F., A. Pemberton & R. van Tol (2009) Van tevredenheid naar kwaliteit: Een meetinstrument voor de slachtofferzorg. –Tilburg: Universiteit van Tilburg

Knaap, van der, L.M. & S. Bogaerts (2010) Mannen en vrouwen als plegers van huiselijk geweld. – Justitiele Verkenningen, nr. 8, Huiselijk Geweld

Knaap, L.M., van der, Idrissi, F. el, Bogaerts, S. (2010) Daders van Huiselijk Geweld. – Den Haag: WODC/Boom Juridische Uitgevers

Knutsson, J. (1977) Labeling Theory: A Critical Examination. – Stockholm: Scientific Reference Group

Kokko, K. & L. Pulkkinen (2000) Aggression in childhood and long-term unemployment in adulthood: A cycle of maladaptation and some protective factors. – Developmental Psychology, 36, p. 463-472

Korf, D.J. & F. Bovenkerk (2008) Dubbel de Klos; Slachtofferschap van Criminaliteit onder Etnische Minderheden. – Den Haag: Boom Juridische uitgevers

Korthals Altes, H.J. (1994) Voorstudie 'Secured by Design' in Nederland: naar een politiekeurmerk Veilig Wonen. – Rotterdam: Stichting Experimenten Volkshuisvesting

Kroese, G.J. & R.H.J.M. Staring (1993) Prestige, professie en wanhoop: een onderzoek onder gedetineerde overvallers. – Arnhem: Gouda Quint

Kruisbergen, E.W., Bunt, H.G. van de & Kleemans, E.R. (2012) Georganiseerde criminaliteit in Nederland. Vierde rapportage op basis van de Monitor Georganiseerde Criminaliteit. (Onderzoek en beleid 306). – Den Haag: Boom Juridische Uitgevers

Kunst, M.J.J (2010) The Burden of Interpersonal Violence; examining the psychosocial aftermath of victimisation (diss). Tilburg: University of Tilburg

Kunst, M.J.J. et al. (2008) Preventie van Herhaald Slachtofferschap; Een research synthese van maatregelen ter voorkoming van herhaling. – Tilburg: INTERVICT/IVA, mei 2008

Laan. A.M. van der & M. Blom (2011) Jeugdcriminaliteit in de periode 1996-2010. Ontwikkelingen in zelfgerapporteerde daders, door de politie aangehouden verdachten en strafrechtelijke daders op basis van de Monitor Jeugdcriminaliteit. – Den Haag, WODC/CBS cahier 2011-2

Van der Laan, A.M. & H. Goudriaan (2016) Cahier 2016-1. Monitor Jeugdcriminaliteit. Ontwikkelingen in de jeugdcriminaliteit 1997 tot 2015. –Den Haag: WODC / CBS

Lahlah, E. (2013) Invisible victims? Ethnic differences in the risk of juvenile (violent) offending of Dutch and Moroccan-Dutch adolescent boys. – Ridderkerk: Ridderprint
Lamet, W. & K. Wittebrood (2009) Nooit meer Dezelfde, Gevolgen van Misdrijven voor Slachtoffers. – Den Haag: Sociaal Cultureel Planbureau
Lanier, M.M. & S. Henry (1998) Essential Criminology. – Boulder: Westview Press
Larzelere, R. E., Amberson, T. G., & Martin, J. A. (1992) Age differences in perceived discipline problems from 9 to 48 months. – Family Relations, 41, 192- 199
Latané, B. & J.M. Darley (1976) Help in a crisis: bystander response to an emergency. In: Contemporary Topics in Social Psychology. – New Jersey: General Learning Press
Laub, J.H. & G.E. Vaillant (2000) Delinquency and Mortality: A 50-Year Follow-Up Study of 1,000 Delinquent and Nondelinquent Boys. – American Journal of Psychiatry, 157, p. 96-102
Lemert, E.M. (1967) Human Deviance, Social Problems and Social Control. – New York: Prentice Hall
Lemieux, A. & Felson, M. (2011) Tourist and visitor crime. In: Natarajan, M. (ed) International crime and justice. – New York, NY: Cambridge University Press: 223–228
Lempens, A. et al. (1998) Slachtofferhulp aan allochtonen. – Den Haag: Ministerie van Justitie, Directie Preventie, Jeugd en Sancties
Lenke, L. (1990) Alcohol and criminal violence – Time series analyses in a comparative perspective. – Stockholm: Almqvist and Wiksell
Lens, K.M.E., A. Pemberton & M.S. Groenhuijsen (2010) Het spreekrecht in Nederland: Een bijdrage aan het emotioneel herstel van slachtoffers? – Tilburg: INTERVICT
Lerner, M.J. (1980) The Belief in a Just World: A Fundamental Delusion. – New York, London: Plenum Press
Leseman, P.P.M. & J. Cordus (1994) (Allochtone) kleuters meer aandacht. – Rijswijk: WVC
Letschert, R.M., I. Staiger & A. Pemberton (Eds.) (2010) Assisting victims of terrorism: Towards a European standard of justice. – Dordrecht: Springer
Leuw, Ed. & I. Haen-Marshall (Eds.) (1994) Between Prohibition and Legalization: The Dutch Experiment in Drug Policy. – Amsterdam, New York: Kugler Publications (Studies on Crime and Justice)
Liem, M., K. Geene & F. Koenraadt (2007) Partnerdoding door etnische minderheden. – Amsterdam: Dutch University Press
Liem M.C.A. & Pridemore W. (2011) Handbook of European Homicide Research. – New York: Springer
Lloyd, S., G. Farrell, and K. Pease (1994) Preventing Repeated Domestic Violence: A Demonstration Project on Merseyside.– London: Home Office Crime Prevention Unit
Loeber, R, Burke, J.D., Lahey, B.B., Winters, A. & Zera, M. (2000) Oppositional Defiant disorder and conduct: a reviews of the past ten years, part I. –Journal of the American Academy of Child & Adolescent Psychiatry, 39(1), p. 1468-1484
Loeber, R. & D.P. Farrington (1998) Serious & violent juvenile offenders. Risk factors and successful interventions. – Thousands Oaks, CA: Sage

Loeber, R. & M. Stouthamer-Loeber (1986) Family factors as correlates and predictors of juvenile conduct problems and delinquency. In: M. Tonry & N. Morris (Eds.) Crime and Justice, an Annual Review of Research (Vol. 7). – Chicago: University of Chicago Press, p. 29-150

Lombroso, C. (1876) l Uomo Delinquente, studiato in rapporto alla antropologia, alla medecina legale, ed alle discipline carcerarie. – Milano: Hoepli

Lombroso, C. (1876) Trattato anthropologico sperimentale dell'uomo delinquente. – Torino

Lorenz, K. (1963) Das sogenannte Böse, Zur Naturgeschichte der Aggression. Wien: Borotha Schoeler Verlag

Lösel, F. (1975) Handlungskontrolle und Jugenddelinquenz. – Stuttgart: Enke Verlag

Lösel, F. (1995) Meta-Evaluation der Behandlung von Straftätern in Sozialtherapeutischen Anstalten [Meta-evaluation of offender treatment in social- therapeutic prisons]. In: H. Heimann & D. Hartmann-Lange (Eds.) Psychische Erkrankungen im Erwachsenenalter. Forschung zur Therapie und Rückfallprophylaxe [Mental disorders in adulthood: Research on therapy and relapse prevention] (pp. 152-153). – Stuttgart: Gustav Fischer

Lünnemann, K.D. & M.Y. Bruinsma (2005) Geweld binnen en buiten; Aard, omvang en daders van huiselijk en publiek geweld in Nederland. – Den Haag: Boom/WODC

Lykken, D.T. (1957) A study of anxiety in the sociopathic personality. – Journal of Abnormal and Social Psychology, vol. 55, p. 5-10

MacKenzie, D. Layton (2002) Reducing the criminal activities of known offenders and delinquents: Crime prevention in the court and corrections. In: L.W. Sherman (Ed.) Evidence Based Crime Prevention. – New York: Routledge, p. 330-404

Markus, E. (2000) Antwoord op agressie, het effect van training op het omgaan mat agressief gedrag, klantgedrag en bankovervallen. – Rotterdam: Sanders Instituut, Gouda Quint

Matthews, R. (1986) Beyond Wolfenden? Prostitution, Politics and the Law. In: R. Matthews and J. Young (eds) Confronting Crime.– London: Sage, pp. 188–210

Mayhew, P.M., R.V.G. Clarke, A. Sturman & J.M. Hough (1976) Crime As Opportunity. – Home Office Research Study, n° 34. London: HMSO

Monitor Criminaliteit Bedrijfsleven 2010; feiten en trends inzake aard en omvang van criminaliteit in het bedrijfsleven. Den Haag: WODC

Meaney, M.J. (2010) Epigenetics and the biological definition of gene× environment interactions. – Child Development, 81(1), p. 41-79

Media Violence Commission (2012) Report of the Media Violence Commission, Media Violence Commission. –International Society for Research on Aggression (ISRA), Aggressive Behavior

Volume 38, Issue 5, pp. 335–341, September/October 2012

Mertens, N.M. et al. (1998) Meisjescriminaliteit in Nederland. – Den Haag: Ministerie van Justitie/WODC

Merton, R. K. (1938) Social structure and anomie. American Sociological Review, 3 (5), 672-682

Merton, R.K. (1957) Social Theory and Social Structure. – New York: Free Press

Middelburg, B. (1992) De Dominee: opkomst en ondergang van maffiabaas Klaas Bruinsma. – Amsterdam: Veen
Middelburg, B. & P. Vugts (2008) De oorlog in de Amsterdamse onderwereld. – Amsterdam: Nieuw Amsterdam
Milgram, S. (1977) The Individual in a Social World. – Reading, MA: Addison-Wesley
Miller, J.D. and Lynam, D. (2001) Structural models of personality and their relationship to antisocial behaviour: a meta-analytic review. – Criminology, 4, 765–98
Ministerie van Binnenlandse Zaken en Koninkrijksrelaties (2009) Diversiteit bij de politie, Inspectie van Openbare Orde en Veiligheid. – Den Haag
Mitchell, O. & D.L. McKenzie (2003) Crime-prevention via prison-based drug treatment: A systematic review and assessment of the research. In: H. Kury, & J. Obergfell-Fuchs (Eds.) Crime Prevention, New Approaches. – Mainz: Weisser Ring Gemeinnützige Verlags-GmbH, p. 390-410
Moerings, M. (1978) De gevangenis uit, de maatschappij in. De gevangenisstraf en haar betekenis voor de sociale contacten van ex-gedetineerden. – Alphen aan den Rijn: Samsom Uitgeverij
Moerland, H. (1991) Winkeldiefstal, een te riskante zaak?: (Shoplifting, a too risky business?). – Arnhem: Gouda Quint
Moffitt, T.E. (1993) Adolescence-limited and life-course-persistent antisocial behavior: A developmental taxonomy. – Psychological Review, 100, p. 674-701
Moffitt, T.E., L. Arseneault, D. Belsky, N. Dickson, R.J. Hancox, H. Harrington et al. (2011) A gradient of childhood self-control predicts health, wealth, and public safety. – Proceedings of the National Academy of Sciences, 108(7), p. 2693-2698
Monitor Zelfgerapporteerde Criminaliteit Jeugdigen (2015). – Den Haag: WODC
Montfrans-Hartman, G.W. van (voorz.); Commissie Jeugdcriminaliteit (1994) Met de neus op de feiten: aanpak jeugdcriminaliteit. – Den Haag: Ministerie van Justitie, Directie Jeugdbescherming en Reclassering
Moolenaar, D.G.E (2015) Jaarlijkse kosten van criminaliteit. In: Criminaliteit en Rechtshandhaving, 2015. –Den Haag: WODC
Mulder, J.D.W.E (2010) Compensatie na geweld; Wie krijgen er een vergoeding van het Schadefonds Geweldsmisdrijven en wat zijn de effecten van zo'n financiële vergoeding? Rapport INTERVICT. – Tilburg: University of Tilburg
Murphey, D.J.I. (1986) Customers and thieves: an ethnography of shoplifting. – Gower
Mutsaers, P. (1996) Woninginbraak: Omvang, achtergronden en mogelijkheden voor preventie. – Den Haag: Ministerie van Justitie, Dienst Preventie, Jeugdbescherming en Reclassering
Mutsaers, M. & L. Boendermaker (1990) Criminaliteitspreventie in het onderwijs. – Den Haag: Ministerie van Justitie, WODC
Nagin, D.S., Cullen, F.T. & Jonson, C.L. (2008) Imprisonment and reoffending. – Crime and Justice, vol. 38
Nagin, D.S. and J. V. Pepper (Eds.) (2012) Deterrence and the Death Penalty, Committee on Deterrence and the Death Penalty; Committee on Law and Justice; Division on Behavioral and Social Sciences and Education. –National Research Council USA

National Crime Prevention (1999) Pathways to prevention: Developmental and early intervention approaches to crime in Australia. –National Crime Prevention, Attorney-General's Department: Canberra.

National Scientific Council on the Developing Child (2006) Early Exposure to Toxic Substances Damages Brain Architecture: Working Paper No. 4. Retrieved from www.developingchild.harvard.edu

Newman, G., R.V. Clarke, & S.G. Shoham (Eds.) (1997) Rational choice and situational crime prevention: Theoretical foundations. – Aldershot, UK: Dartmouth

Newman, O. (1972) Defensible Space: Crime Prevention Through Urban Design. – New York: MacMillan

Nieuwbeerta P. en I. Deerenberg, (2001) Trends in moord en doodslag 1911-2004. – Demos, jaargang 21, nr. 10

Nieuwbeerta, P. & Leistra, G. (2007) Dodelijk geweld. Moord en doodslag in Nederland. – Amsterdam: Balans

Nieuwbeerta P., Nagin D. & Blokland A.A.J. (2009) Assessing the Impact of First-Time Imprisonment on Offenders' Subsequent Criminal Career Development: A Matched Samples Comparison. – Journal of Quantitative Criminology 25: 227-257

Nieuwbeerta P., Nagin D. & Blokland A. (2007) Het meten van effecten van gevangenisstraf op crimineel gedrag in een niet-experimentele studie. – Mens & Maatschappij 82(3): 272-299

Noye, L. van & K. Wittebrood (2008) Sociale veiligheid ontsleuteld, Veronderstelde en werkelijke effecten van veiligheidsbeleid. – Den Haag: SCP

Olson, S.L., E.M. Schilling & J.E. Bates (1999) Measurement of impulsivity: construct coherence, longitudinal stability, and relationship with externalizing problems in middle childhood and adolescence. – Journal of Abnormal Child Psychology, 27( ), p. 151-165

Oomen, C.P.Ch. M. (1970) Voorlopige hechtenis en vrijheidsbenemende straffen: Een poenametrischonderzoek. – Deventer: Kluwer

Oomens, H.C.D.M. & J.J. van Wijngaarden (1992) Toerisme en onveiligheid. – Arnhem: Gouda Quint, SMP-cahier, no. 2

Orlando, L. (2001) Fighting the Mafia and Renewing Sicilian Culture. – San Francisco, CA: Encounter Books

Orlando, L. (2003) Fighting the Mafia and Reviewing Sicilian Culture. – San Francisco, CA: Encounter Books

Ortiz, J. & A. Raine (2004) Heart Rate Level and Antisocial Behavior in Children and Adolescents: A Meta-Analysis. – Journal of the American Academy of Child & Adolescent Psychiatry, 43(2), p. 154-162

Oskamp E.W. & Schmidt A.H.J. (1998) Landelijke databank moet rechtsgelijkheid bevorderen. Automatiseringsgids: 21 en 31.

Pak, K. & D. Shadel (2007) The Psychology of Consumer Fraud, doctoral dissertation. – Tilburg: Tilburg University

Paoli, L. (2001) Drug trafficking in Russia: a form of organized crime?. – Journal of Drug Issues. vol.31 (4) , pp. 1005-1034

Pare, P.-P. (2006) Income inequality and crime across nations revisited (PhD thesis). – Pennsylvania: Pennsylvania State University

Parent, D.G (2003) Correctional Boot Camps: Lessons From a Decade of Research, Series: Research for Practice. – Washington: National Institute of Justice

Parmentier, S., Vanspauwen, K. & Weitekamp, E. (2008) Dealing with the legacy of mass violence: Changing lenses to restorative justice. In: A. Smeulers & R. Haveman (Eds.). Supranational criminology: Towards a criminology of international crimes. – Antwerp: Intersentia

Patterson, G.R. (1982) Coercive family process. – Eugene, OR: Castalia Publishing company

Patterson, G.P. (2005) The Next Generation of PMTO Models. – The Behavior Therapist, vol. 28, no. 2

Pearson, F. S., & Lipton, D. S. (1999) A meta-analytic review of the effectiveness of corrections-based treatments for drug abuse. – The Prison Journal, 79, 384-410

Pemberton, A. (2011) Al Qaeda and Vicarious Victims: Victimological Insights and Globalized Terrorism, In: R. Letschert & J. van Dijk (Eds.), The New Faces of Victimhood. – Dordrecht: Springer Press

Pemberton, A., F.W. Winkel & M.S. Groenhuijsen (2007) Taking victims seriously in restorative justice. – International Perspectives in Victimology, 3(1), 4-14

Polder, W. & F.J.C. van Vlaardingen (1992) Preventiestrategieën in de praktijk: een metaevaluatie van criminaliteitspreventieprojecten. – Arnhem: Gouda Quint, Onderzoek en Beleid: WODC, 117

Politiemonitor Bevolking (2005) Politiemonitor Bevolking: landelijke rapportage 2005. – Den Haag: Sdu uitgevers

Poyner, B. (1993) What works in crime prevention: An overview of evaluations. In: Ronald V. Clarke (Ed.) Crime Prevention Studies (Volume 1). – Monsey, NY: Criminal Justice Press, p. 7-34

Pratt, T.C. & F.T. Cullen (2000) The Empirical Status of Gottfredson and Hirschi's General Theory of Crime: A Meta-Analysis. – Criminology, 38, p. 931-964

Pratt, T. C., Cullen, F. T., Sellers, C. S.T., Winfree, L., Madensen, T.D., Daigle, L. E., Fearn, N. E. and J.M. Gau (2010) The Empirical Status of Social Learning Theory: A Meta-Analysis. – Justice Quarterly, 27: 6, 765- 802

Pulkkinen, L. (2004) Antisocial Behavior in Childhood and Adolescence. – International Encyclopedia of the Social & Behavioral Sciences, p. 549-553

Quinney, R. (1974) Critique of the Legal Order: Crime Control in Capitalist Society. – Transaction Publishers

Raine, A. (2002) Biosocial studies of antisocial and violent behavior in children and adults: A review. – Journal of Abnormal Child Psychology, 30, p. 311-326

Raine, A., P.H. Venables & M. Williams (1995) High autonomic arousal and electrodermal orienting at age 15 years as protective factors against criminal behavior at age 29 years. – American Journal of Psychiatry, vol. 152, p. 1595-1600

Redondo, S., J. Sanchez-Meca & V. Garrido (2002) Crime treatment in Europe: A review of outcome studies. In: J. McGuire (Ed.): Offender Rehabilitation and Treatment/ effective Programmes and Policies to Reduce Re-offending. – Chichester: Wiley, p. 113-141

Remmelink, J. (1984) Inleiding tot de studie van het Nederlandse strafrecht, bewerking van D. Hazewinkel-Suringa (negende druk). – Alphen a/d Rijn: Samsom

Rettig, A. & H. Rawson (1963) The risk hypothesis in predictive judgements of unethical behavior. – Journal of Abnormal and Social Psychology, vol. 66, p. 243-248

Reynald, D.M. (2011) Guarding Against Crime: a Theoretical & Empirical Elaboration of the Routine Activity Concept.- London: Ashgate Publishers

Rhee, S.H. & I.D. Waldman (2002) Genetic and environmental influences on antisocial behavior: A meta-analysis of twin and adoption studies. – Psychological Bulletin, 128(3), p. 490-529

Roberts, B.W. & W.F. DelVecchio (2000) The rank-order consistency of personality traits from childhood to old age: A quantitative review of longitudinal studies. – Psychological Bulletin, 126, p. 3-25

Robins, L.N. (1966) Deviant Children Grown Up. – Baltimore: Williams and Wilkins

Robinson, P.H. & Darley, J.M. (2007) Intuitions of justice: implications for criminal law and justice policy. –South. Cal. Law. Rev., 81 (1), p. 1-68

Röell G., J.J.M. van Dijk & C.H.D. Steinmetz (1982) Interventiegedrag door omstanders: een veldexperiment. – Tijdschrift voor Criminologie, vol. 24, no. 1, p. 21-35

Römkens, R. (1989) Onder ons gezegd en gezwegen, Ministerie van Welzijn, Volks-gezondheid en Cultuur. – Rijswijk

Römkens, R.(2008) Met recht een zorg? Overdenkingen bij wet- en regelgeving over geweld in de privésfeer. – Oratie Tilburg University: 12 december 2008

Römkens, R. (2010) Omstreden gelijkheid; over de constructie van (on)gelijkheid van vrouwen en mannen in partnergeweld. – Justitiële verkenningen, 36(8), 11–32

Rood-Pijpers, E. (1988) Mensen over misdaad en straf. – Arnhem: Gouda Quint BV

Rossow, I. (2001) Drinking and violence: a cross-cultural comparison of alcohol consumption and homicide rates in fourteen European countries. – Addiction 96

Rovers, B. (1999) Klassenjustitie. Overzicht van onderzoek naar selectiviteit in de Nederlandse Strafrechtketen. – Rotterdam: Erasmus Universiteit Rotterdam

Rozee, P. & M. P. Koss ((2001) Rape: A Century of Resistance. – Psychology of Women Quarterly,

Vol. 25, Issue 4, p. 295–311

Rutenfrans, C.J.C. (1989) Criminaliteit en sekse. – Arnhem: Gouda Quint

Rutter, M., H. Giller & A. Hagell (1998) Antisocial behavior by young people. – Cambridge UK: Cambridge University Press

Rutter, M., J. Silberg, T. O'Connor & E. Simonoff (1999) Genetics and child psychiatry: I. Advances in quantitative and molecular genetics. – Journal of Child Psychology and Psychiatry and Allied Disciplines, 40, p. 3-18

Sagarin, E. (1980) Taboos in Criminology. – Beverly Hills, CA: Sage

Sampson, R.J. & S.W. Raudenbush (2001) Disorder in Urban Neighbourhoods: Does it lead to crime? – US Department of Justice (www.ojp.usdoj.gov)

Sarre, R. (1994) Uncertainties and possibilities: A Discussion of Selected Criminal Justice Issues in Contemporary Australia. – Adelaide: University of South Australia
Saulsman, L.M. & A.C. Page (2004) The five-factor model and personality disorder empirical literature: A meta-analytic review. – Clinical Psychology Review, 23(8), p. 1055-1085
Saviano (2007) Gomorra, Een reis door het imperium van de Camorra. – Amsterdam: Rothschild en Bach
Schachter, S. (1959) The psychology of affiliation. Experimental studies of the sources of gregariousness. – Stanford, CA: Stanford University Press
Schmid, A. (2004a) Links between terrorist and organized crime networks: Emerging patterns and trends. In: D. Vlassis (Ed.), Trafficking: Networks and logistics of transnational crime and international terrorism. Proceedings of the International Conference on "Trafficking: Networks and Logistics of Transnational Crime and International Terrorism". – Courmayeur Mont Blanc, Italy. 6-8 December 2002
Schmid, A. (2004b) Statistics on terrorism, the challenge of measuring trends in global terrorism. – Forum in Crime and Society, 4,49-71
Scholte, E.M. & J.D. van der Ploeg (2000) Attention Deficit Hyperactivity Disorder (ADHD); een stoornis met vraagtekens. – Justitiële Verkenningen, vol. 26, no. 3, p. 37-50
Schram, P.J. & S.G. Tibbetts (2014), Introduction to Criminology, SAGE
Schur, E. (1973) Victimless Crimes: Two Sides of a Controversy. – The New York Times Company
Schurer, G (1999-2008) Gebruikershandleiding B.O.S/Polaris invoerprogramma. – Leuwarde: Giant Soft
Schweinhart, L.J. et al. (1993) Significant benefits: The High/Scope Perry Preschool Study Through Age 27. – Ypsilanti, MI: High/Scope Educational Research Center
Schwenkmezger, P. (1977) Risikoverhalten und Risikobereitschaft. – Weinheim: Beitz
SCP: Sociaal en Cultureel Planbureau (2010) Continu Onderzoek Burgerperspectieven, no 3. – Rijswijk: SCP
Sellin T & Wolfgang M E. (1964) The measurement of delinquency.– New York: Wiley
Shaw, C.R. & H.D. McKay (1942) Juvenile Delinquency and Urban Areas. – Chicago, IL: University of Chicago Press
Shaw, D.S., M. Gilliom & J. Giovannelli (2000) Aggressive behavior disorders. In: C.H. Zeanah, Jr. (Ed.) Handbook of infant mental health (2 ed.). New York, NY: Guilford Press, p. 397-411
Shaw, D.S., M. Gilliom, E.M. Ingoldsby & D.S. Nagin (2003) Trajectories leading to school-age conduct problems. – Developmental Psychology, 39, p. 189-200
Shelley, L. (1996) Policing Soviet Society: The Evolution of State Control. –London: Routledge
Shelley, L. (2007) Policing Soviet Society: The evolution of State Control. – London: Routledge
Sherman, L.W., D. Gottfredson, D. MacKenzie, J. Eck, P. Reuter & S. Bushway (1998) Preventing Crime: What Works, What Doesn't, What's Promising. – U.S. Department of Justice, Office of Justice Programs

Sherman, L.W., Strang, H. Angel, C., Woods, D.J. Barnes, G.C., Bennett, S. Rossner, M., and Inkpen, N. (2005) Effects of face-to-face restorative justice on victims of crime in four randomized controlled trials. –Journal of Experimental Criminology, vol. 1, nr. 3, p. 367-395

Shernock, S.K. (1987) Bystander response to criminal events: Rescue or crime control? – Criminal Justice Abstracts, no. 3, p. 481-511

Shotland, R.L. & M.K. Straw (1976) Bystander response to an assault. – Journal of Personality and Social Psychology, vol. 5, p. 990-999

Silver, R.et al. (2004) Exploring the Myths of Coping with a National Trauma: A Longitudinal Study of Responses to the September 11th Terrorist Attacks. – Journal of Aggression, Maltreatment & Trauma, Vol. 9, no. 1/2

Simpson, Sally, S., Melissa Rorie, Mariel Alper, and Natalie Schell-Busey with William S. Laufer and N. Craig Smith (2014) Corporate Crime Deterrence: A Systematic Review. – Campbell Systematic Reviews

Skinner, B. (1938) The Behavior of Organisms: An Experimental Analysis. – New York: Appleton Century Crofts

Skogan, W. (Ed.) (1981) Sample survey sof victims of crime. – Cambridge, MA: Ballinger

Slits, L.H.M. (1990) Elk zijn recht, voor de vrouw een gevecht: een evaluatieonderzoek naar cursussen zelfverdediging. – Utrecht: Rijksuniversiteit Utrecht

Smallbone, S., Marshall, W.L., & Wortley, R. (2008) Preventing child sexual abuse: Evidence, policy and practice. – Cullompton, Devon: Willan Publishing

Smeulers, A. (2006) Criminologie in een 'state of denial'? – Tijdschrift voor Criminologie, 48(3), p. 275-289

Smit, P.R., F.P. van Tulder, R.F. Meijer & P.P.J. Groen (2003) Het ophelderingspercentage nader beschouwd. – Den Haag: Boom Juridische uitgevers, WODC, Onderzoek en Beleid 213

Sonck , N. & J. de Haan (2015) Media: Tijd in Beeld. – Den Haag: Sociaal Cultureel Planbureau

Southwick, C.H. (2000) Conflict and Resolution in Primates -All Too Human? Response from Charles H. Southwick. – Letters. Science 290(5494), p. 1095-1097

Spapens, T. et al. (2007) De wereld achter de wietteelt. – WODC, Ministerie van Justitie

Spellacy, F. (1978) Neuropsychological discrimination between violent and non-violent men. – Journal of Clinical Psychology, vol. 34, p. 49-52

Spohn, C., and Beichner, D. (2000) Is preferential treatment of female offenders a thing of the past? A multisite study of gender, race, and imprisonment. – Criminal Justice Policy Review, 11, 149-.

Stangeland, P. (1996) The Crime Puzzle, Crime Patterns and Crime Displacement in Southern Spain (dissertatie Leiden). – Malaga: Miguel Gomez Ediciones

Steden, R. van (2007) Privatizing Policing: describing and explaining the growth of private security. – Amsterdam: VU Vrije Universiteit

Steenhuis, D.W. (1975) Generale preventie: het effect van de strafdreiging bij rijden onder invloed. – Groningen: Rijksuniversiteit Groningen

Steinmetz, C.H.D. (1990) Hulp aan slachtoffers van ernstige misdrijven: effecten van slachtofferhulp en primaire opvang. – Arnhem: Gouda Ouint

Steinmetz, C.H.D. (1993) Veiligheid en opvang van werknemers. – SEC, Tijdschrift over Samenleving en Criminaliteitspreventie, vol. 7, no. 4, p. 10-13

Steinmetz, C.H.D. & J.J.M. van Dijk (1979) De WODC-slachtofferenquêtes 1974-1979: verslag van een jaarlijks onderzoek naar de omvang en aard van de kleine criminaliteit in Nederland, de bereidheid van de bevolking om delicten bij de politie aan te geven en het verbaliseringsbeleid van de politie. – Den Haag: Staatsuitgeverij

Stichting Maatschappij, veiligheid en Politie (2011) Naar een nieuw elan. Strategisch plan 2011-2015. – Dordrecht

Straelen, F.W.M. van. (1978) Het seponerings- en strafvorderingsbeleid in het Openbaar Ministerie. In: Beslissingsmomenten in het strafrechtelijk systeem, p. 191-210

Straelen, F.W.M. van en C. van der Werff (1977) Gelet op de ernst van het gepleegde feit. – Tijdschrift voor criminologie, 19e jrg., nr. 1, p. 3-17.

Van Straelen en Van der Werff, 1977 (106)

Sutherland, E.H. (1947) Principles of Criminology, 4th ed.- Philadelphia: J.B. Lippincott

Sutherland, E.H. (1949) White Collar Crime. – New York: Dryden Press

Sutherland, E.H. and Donald R. Cressey (1970) Principles of Criminology. – Chicago: sLippincott

Swaaningen, R. van (1988) Strafrecht als sociaal probleem: een overzicht van abolitionistische theorievorming. – Recht en Kritiek, vol. 14, no. 1, p. 59-78

Szyf, M., I. Weaver & M. Meaney (2007) Maternal care, the epigenome and phenotypic differences in behavior. – Reproductive Toxicology, 24(1), p. 9

Takooshian, H. & H. Bodinger (1980) Straatmisdaad in achttien Amerikaanse steden. – Justitiële Verkenningen, vol. 6, no. 1, p. 34-41

Taylor, B., Koper, C.S. & Woods, D.J. (2011) A randomized controlled trial of different policing strategies at hot spots of violent crime. – Journal of Experimental Criminology, 7, 149-181

Taylor, I.R., P. Walton & J. Young (Eds.) (1975) Critical Criminology. – London [etc.]: Routledge & Kegan Paul

Tedeschi, J.T. & B.M. Quigley (1996) Limitations of laboratory paradigms for studying aggression. – Aggression and Violent Behavior, 1(2), p. 163-177

Tellegen, A. (1991) Personality traits: Issues of definition, evidence, and assessment. In: W.M. Grove & D. Cichetti (Eds.) Personality and psychopathology (Vol. 2). – Minneapolis, MN: University of Minnesota Press, p. 10-35

Thaler, R.H. & H.M. Shefrin (1981) An Economic Theory of Self-Control. – Journal of Political Economy, 89, p. 392-406

Thomas, R. & M.J. Zimmer-Gembeck (2007) Behavioral Outcomes of Parent-Child Interaction Therapy and Triple P-Positive Parenting Program: A Review and Meta-Analysis. – Journal of Abnormal Child Psychology 35(3), p. 475-495

Timmerman, H., Bosma, J. & Jongman, R. (1986) Minderheden voor de rechter. – Tijdschrift voor Criminologie, nr. 2, p. 57–72

Timmermans M., van den Tillaart J., Homburg G. (2012) Eerste meting slachtoffermonitor: ervaringen van slachtoffers met justitiële ondersteuning Deel 1: politie. – Regioplan beleidsonderzoek

Timmermans M., van den Tillaart J., Homburg G. (2013) Eerste meting slachtoffer-monitor: ervaringen van slachtoffers met justitiële ondersteuning. Deel 2: Openbaar Ministerie, Rechtspraak & Slachtofferhulp Nederland. – Regioplan beleidsonderzoek

Title, C.R & R. Paternoster (2000) Social deviance and crime: an organizational and theoretical approach. – Los Angeles, CA: Roxbury

Tonry, M. (2008) Onderzoek naar afschrikking; de noodzaak om klein te denken als we iets nieuws willen leren, in: Afschrikking en generale preventie. – Justitiële Verkenningen vol. 34, nr. 2, p. 98-117

Tonry, M. (red.) (1997) Ethnicity, Crime, and Immigration. – Chicago: Chicago University Press

Tonry, M. & D.P. Farrington (Eds.) (1995) Building a Safer Society: Strategic Approaches to Crime Prevention. – Chicago, IL: University of Chicago Press

Tremblay, R.E. (2000a) The development of aggressive behavior during childhood: what have we learned in the past century? – International Journal of Behavioral Development, 24, p. 129-141

Tremblay, R.E. (2000b) The Origins of Youth Violence. – Revue Canadienne de Recherche sur les Politiques, 1, p. 19-24

Tremblay, R.E. (2006) Prevention of youth violence: Why not start at the beginning? – Journal of Abnormal Child Psychology, 34 (4), 481-487

Tremblay, R.E. & C. Japel (2004) Prevention during pregnancy, infancy and the preschool years. In: D.P. Farrington & J.W. Coid (Eds.) Early prevention of adult antisocial behavior. – Cambridge: Cambridge University Press

United Nations (2006) In depth-study on all forms of violence against women, report of the secretary-general. – New York: UN

UNODC: United Nations Office on Drugs and Crime (2014) Global Study on Homicide, Trends/Contexts/Data. – Vienna: UNODC (www.unodc.org)

UNODC: United Nations Office on Drugs and Crime (2011) Global Study on Homicide. – Vienna: UNODC Vie (www.unodc.org)

UNODC: United Nations Office on Drugs and Crime (2008) World Drugs Report. – Vienna: UNODC (www.unodc.org)

UNODCCP: United Nations Office for Drugs Control and Crime Prevention (2000) World Drugs Report. – Oxford University Press

Veiligheidsmonitor (2013) Centraal Bureau voor de Statistiek

Veiligheidsmonitor (2015) Centraal Bureau voor de Statistiek

Velden, P.G. van der & Loon, P. van (2013) Psychotrauma nader beschouwd. – Counselingsmagazine. 3, 17-21

Velthoven, van B.C.J. (2012) Economie van misdaad en straf. – Den Haag: Boom/Lemma

Verhulst, F.C., Van der Ende, J. & Rietbergen, A. (1997). Ten-year time trends of psychopathology in Dutch children and adolescents: No evidence for strong trends. – Acta psychiatrica Scandinavica, 96, 7-13

Vermetten, E., R.J. Kleber en O.van der Hart (red.) (2012) Handboek posttraumatische stressstoornissen. –Utrecht: de Tijdstroom

Viding, E., H. Larsson & A.P. Jones (2009) Quantitative genetic studies of antisocial behaviour. – Phil. Trans. R. Soc. B, vol. 363, no. 1503, p. 2519-2527

Villettaz, P., Killias, M. & Zoder, I. (2006) The effects of custodial vs. non-custodial sentences on reoffending. A systematic review of the state of knowledge. – Philadelphia: Campbell Collaboration Crime and Justice Group
Vollaard, B. (2010) Het effect van langdurige opsluiting van veelplegers op de maatschappelijke veiligheid. – Amsterdam: Reed Elsevier
Vollaard, B. & J.C van Ours (2010) Does regulation of built-in security reduce crime, Discussion paper no. 2010-45. – Tilburg: University of Tilburg, CentER
Voordt, D.J.M. van der & H.B.R. van Wegen (1990) Sociaal veilig ontwerpen: checklist ten behoeve van het ontwikkelen en het toetsen van (plannen voor) de gebouwde omgeving. – Delft: Technische Universiteit, Publicatiebureau Bouwkunde
Vries, P.R. de (2006) De ontvoering van Alfred Heineken. – Baarn: Uitgeverij De Fontein
Vugts, P.(2014), Doorgeschoten; de nieuwe generatie onstuitbare criminelen, Amsterdam: Uitgeverij De Kring
Vugts P. en B. Middelburg (2011), De strijd tegen de Amsterdamse onderwereld, Amsterdam: Nieuw Amsterdam
Waal, F.B.M. de (1998) Van nature goed. – Amsterdam: Contact
Waal, F.B.M. de (2000) Conflict and Resolution in Primates - All Too Human? Response from Frans B.M. de Waal. Letters. – Science 290(5494), p. 1095-1097
Wagenaar, W.A., H. Israëls en P.J. van Koppen (2009) De slapende rechter. – Amsterdam: Bert Bakker
Walgrave, L. (Ed.) (2002) Restorative Justice and the Law. – Cullompton: Willan Publishing
Walker, N. (1969) Sentencing in a Rational Society. – Harmondsworth [etc.]: Penguin Books
Wallach, Michael A.; Kogan, Nathan; Bem, Daryl J. (1964) Diffusion of responsibility and level of risk taking in groups. – The Journal of Abnormal and Social Psychology, vol. 68(3), 263-274
Waller, I. (2006) Less law, More Order: The Truth about Reducing Crime. – Westport, CT: Praeger Imprint Series
Waller, I. (2010) Rights for Victims of Crime: Rebalancing Justice. – Rowman & Littlefield Pub
Walsh, A. & K.M. Beaver (2009) Biosocial criminology. In: M.D. Krohn, A.J. Lizotte & G.P. Hall (Eds.) Handbook on Crime and Deviance. – Dordrecht: Springer, p. 79-97
Wartna, B.S.J. (2009) In de oude fout. Over het meten van recidive en het vaststellen van het succes van strafrechtelijke inteventies. – Den Haag: WODC / Boom Juridische uitgevers
Watson, J.B. & R. Rayner (1920) Conditioned emotional reactions. – Journal of Experimental Psychology, vol. 3, p. 1-14
Webster, R., C. Hedderman, P.J. Turnbull & T. May (2001) Building Bridges to Employment for Prisoners. – Home Office Research Study 226
Weenink, D. (2007) de invloed van de etniciteit van jonge verdachten op beslissingen van het openbaar ministerie, Sociologie, 3(3), 291-322

Welsh, B.C. & D. Farrington (2000) Monetary Costs and Benefits of Crime Prevention Programmes. – Crime and Justice, A Review of Research, vol. 27, University of Chicago

Wely, van Mick (2013) Levenslang! De straf en de daders. – Just Publishers: Hilversum

Wemmers, J.M. (1996) Victims in the Criminal Justice System; A Study into the Treatment of Victims and its Effects on their Attitudes and Behavior (dissertatie Leiden). – Amsterdam/New York: Kugler

Van der Werff, C. (1979) Speciale preventive. – Dissertatie Universiteit van Amsterdam

Wermink H.T., Apel R., Nieuwbeerta P. & Blokland A.A.J. (2011) Het incapacitatie-effect van de eerste gevangenisstraf: een gematchte vergelijking. – Mens & Maatschappij 86(3): 233-255

Wermink H.T., Apel R., Nieuwbeerta P. & Blokland A.A.J. (2012) The incapacitation effect of first-time imprisonment: A matched samples comparison. – Journal of Quantitative Criminology

Wermink, H., Blokland, A. A. J., Nieuwbeerta, P., & Tollenaar, N. (2009) Recidive na werkstraffen en na gevangenisstraffen: Een gematchte vergelijking. – Tijdschrift voor Criminologie, 51(3), 211-227

Wermink, H., Keijser, J. de en Schuyt, P. (2012). Verschillen in straftoemeting in soortgelijke zaken. Een kwantitatief onderzoek naar de rol van specifieke kenmerken van de dader. Nederlands Juristen Blad, 11, 726-733

Wetzels, P., D. Enzmann, E. Mecklenburg, C. Pfeiffer (2002) Jugend und Gewalt. Eine repräsentative Dunkelfeldanalyse in München und acht anderen deutschen Städten. (Interdisziplinären Beiträge zur kriminologischen Forschung, Band 23). – Baden-Baden: Nomos Verlagsgesellschaft

Wheeler, M.E. (1983) The constitutional case for reforming punitive damages procedures, vol. 69, nr. 2, 269-351

WHO: World Health Organisation (2007) Third Milestones of a Global Campaign for Violence Prevention Report 2007. – Geneva: WHO

Williams, Katherine S. (2007) Textbook on Criminology. – Oxford University Press, Sixth edition, 2009 Tim Newburn, Criminology, Willan

Williams, M. R. (1999) Gender and sentencing: An analysis of indicators. – Criminal Justice Policy Review 10: 471

Wilsem, J. van (2003) Crime and Context; the impact of individual, neighbourhood, city and country characteristics on victimization. – Nijmegen: Katholieke Universiteit Nijmegen

Wilson, J.Q. & R.J. Herrnstein (1985) Crime and Human Nature. – New York: Simon and Schuster

Wilson, J.Q. & G. Kelling (1982) Broken Windows. – Atlantic Monthly, March, p. 29-38

Van Wingerden, S. Van & P. Nieuwbeerta (2006) Ontwikkelingen in de lengte van gevangenisstraffen voor moord en doodslag: een trend naar langere straffen. – Trema, 29(8), 329-337

Winkel, F.W. (1981) Sociopreventie – de rol van omstanders bij de totstandkoming van een delict. – Tijdschrift voor Criminologie, vol. 23, p. 53-71

Winkel, F.W. (2007) Posttraumatic Anger, missing link in the wheel of misfortune, oratie. – Tilburg: Universiteit van Tilburg (www.tilburg.edu/intervict)
Wittebrood, K. (2007) Slachtoffers van criminaliteit. een inleiding in de victimologie. – Boom Lemma Uitgevers
Wittebrood, K. & T. van Dijk (2007) Aandacht voor de wijk. Effecten van herstructurering op de leefbaarheid en veiligheid. – Den Haag: SCP
WODC/CBS (2015) Criminaliteit en Rechtshandhaving 2014. Den Haag: WODC
Wonderen, R. van & M. Moll (2007) Beoordeling Dienstverlening Slachtofferhulp Nederland. – Utrecht: Verwey Jonkers Instituut (www.slachtofferhulp.nl)
Wong, T., Blom, M. & Laan, van der, A. (2012) De inhaalslag van vrouwen? Omvang, aard en trends in criminaliteit onder meisjes en vrouwen. In: Slotboom, A., M. Hoeve, M. Ezinga & P. van der Helm. (Eds.). Criminele meisjes en vrouwen: Achtergronden en aanpak (pp. 11-42) . – Den Haag: Boom Juridische uitgevers
Wurff, A.W.I.M. van der (1992) Aard en achtergronden van onveiligheidsgevoelens in de woonomgeving (proefschrift Universiteit van Amsterdam) – s.l.: s.n.
Yeudall, L.T. (1979) A neuropsychological perspective of persistent juvenile delinquency and criminal behavior. Discussion paper: Human nature, crime and society. – New York: The New York Academy of Sciences
Young, J. (1988) Recent developments in criminology. In: M. Harralambos (Ed.) Developments in Sociology, vol. IV. – London: Causeway
Zimbardo, Ph., Craig Haney & Curtis Banks (1973) A study of prisoners and guards in a simulated prison. – Washington DC: Office of Naval Research, Department of the Navy
Zoellner, T., A. Maercker (2006) Posttraumatic growth in clinical psychology - A critical review and introduction of a two component model. – Clinical psychology review 26 (5), 626-653
Zuckerman, M. (1994) Behavioral expressions and biosocial bases of sensation seeking. – Cambridge: Cambridge University Press
Zuckerman, M. (2007) Sensation Seeking and Risky Behavior. –Washington DC: American Psychological Association

Afbeeldingen

1.1. Kinderdagverblijf 't Hofnarretje beklad met tekst tegen Robert M., Amsterdam 2011. Foto: Maurice Boyer/HH.
2.1. Overval Juwelier Kinkerstraat, Amsterdam 2011. Foto: Elmer van der Marel/HH.
3.1. Nederland, Breda, 27-11-2013, Wim Deetman als getuige in de rechtzaal. Deetman werd als getuige opgeroepen in de zaak van een oud-leerling van huize Sint Joseph in het Limburgse Cadier en Keer. De man eist een schadevergoeding van de congregatie als genoegdoening voor het fysieke geweld waar hij onder geleden zou hebben. Foto: Joyce van Belkom/HH.
4.1. Parent-Child Interaction Therapy (PCIT): Ouder en kind in de spelkamer. Foto: College of Public Health and Health Professions, Department of Clinical and Health Psychology, University of Florida.
5.1. Marokkaanse buurtvaders. Foto: Inge van Mill.
6.1. Straatverlichting en bewakingscamera's. Foto: Pallieter de Boer.
6.2. LoverAlert, Jongeren die slachtoffer zijn van verkeringsgeweld kunnen terecht bij de LoverALERT-lijn van de GGD Rotterdam-Rijnmond. Foto: Peter Hilz/HH. De campagne Datingfraude van FraudeHelpdesk.nl. Foto: OOHAMedia.
7.1. Leiden, Centraal Station, arrestatie van dief. Foto: Taco van der Eb/HH.
8.1. Slachtoffer van geweld. Foto: INTERVICT.
8.2. Kringen van slachtofferschap. Foto: HH.
8.3. Cartoon 'And finally, would you say your fear of crime has increased?': www.robertthompsoncartoons.com.
9.1. Cornelius van Hout en Willem Holleeder in 1985. Foto: Alexis Duclos/Gamma/HH.

Register

T

V

W

X

Z

Personenregister criminologen

K

L

M

N

P

R

S

U

V

W

Y

Z